DICTIONNAIRE GÉNÉRAL DU CINÉMA

DU MÊME AUTEUR

Livres

Marguerite Duras à Montréal, textes réunis et présentés par Suzanne Lamy et André Roy, Montréal et Paris, Éditions Spirale et Éditions Solin, 1981.

La vie parallèle. Un carnet, Montréal, Éditions Les Herbes rouges, 1994.

Voyage au pays du cinéma, Montréal, Éditions Les Herbes rouges, 1999.

Cent films à voir en vidéo, Montréal, Éditions Logiques, 1997 (épuisé).

Le rayon rose, Montréal, Éditions Les Herbes rouges, 2006.

J'ai toujours appris à écrire, Notre-Dame-des-Neiges, Éditions Trois-Pistoles, 2006.

Notre-Dame-des-Autres. L'œuvre vidéographique de Charles Guilbert et Serge Murphy, sous la direction d'André Roy, Montréal, Vidéographe, 2006.

Film

Traité du paysage (Saint-Joseph-de-la-Rive), court métrage, Québec, Productions Rhizome, 2006.

ANDRÉ ROY

DICTIONNAIRE GÉNÉRAL DU
CINÉMA

DU CINÉMATOGRAPHE À INTERNET
ART ■ TECHNIQUE ■ INDUSTRIE

FIDES

Illustration de la couverture
et en-têtes des lettres du dictionnaire : © Alain Reno

Direction artistique : Gianni Caccia
Mise en pages : Yolande Martel

*Catalogage avant publication de Bibliothèque et Archives nationales du Québec
et Bibliothèque et Archives Canada*

Roy, André, 1944-

Dictionnaire général du cinéma : du Cinématographe à Internet :
art, technique, industrie

ISBN 978-2-7621-2787-4

1. Cinéma – Dictionnaires français.
2. Cinéma – Production et réalisation – Dictionnaires français.
3. Cinéma – Industrie – Dictionnaires français. I. Titre.

PN1993.45.R69 2007   791.4303   C2007-940682-3

Dépôt légal : 3ᵉ trimestre 2007
Bibliothèque et Archives nationales du Québec
© Éditions Fides, 2007

Les Éditions Fides reconnaissent l'aide financière du Gouvernement du Canada par
l'entremise du Programme d'aide au développement de l'industrie de l'édition
(PADIÉ) pour leurs activités d'édition. Les Éditions Fides remercient de leur soutien
financier le Conseil des Arts du Canada et la Société de développement des entreprises culturelles du Québec (SODEC).
Les Éditions Fides bénéficient du Programme de crédit d'impôt pour l'édition de
livres du Gouvernement du Québec, géré par la SODEC.

IMPRIMÉ AU CANADA EN AOÛT 2007

à Janine Euvrard

Les choses ne se passent point pour ce qu'elles sont,
mais pour ce qu'elles semblent être. Savoir faire
et le savoir montrer, c'est double savoir.

Balthasar GRACIAN

Le cinématographe est une invention sans avenir.

Louis LUMIÈRE

...le cinéma est un regard qui se substitue au nôtre
pour nous donner un monde accordé à nos désirs...

Michel MOURLET

...le cinéma, c'est de la métaphysique par d'autres moyens.

Philippe SOLLERS

Le film révèle de plus en plus son caractère louche,
d'entremetteur, mais captivant. Il vous fait empocher
de l'argent, et cela, en quelque sorte est bien.
Derrière la signature du contrat, il y a un chèque :
ça, c'est très bien.

Federico FELLINI

Avant-propos

Depuis ses 110 ans d'existence, le cinéma s'est confirmé comme un art en constante mutation. Ses méthodes et ses techniques ont constamment évolué. Malgré tout, à l'heure du numérique, plusieurs s'interrogent sur son avenir et, même, sur sa fameuse ontologie dont parlait le théoricien et critique André Bazin, soit le cinéma comme art le plus apte à rendre compte du réel, à le faire surgir, à lui faire rendre gorge. Le développement des nouvelles technologies et, surtout, leur rapide intégration dans la réalisation, la production et la diffusion du cinéma ont peut-être plus que toute autre technique précédente (le parlant, la couleur, le CinémaScope...) ébranlé, bouleversé, voire même remis en question sa spécificité.

Quand j'ai commencé ce dictionnaire en 1993 — c'était une manière de vouloir fêter à ma façon son centenaire deux ans plus tard — mais je n'aurais jamais cru qu'il aurait demandé autant d'années de gestation —, je pensais que le cinéma perdurerait dans sa forme tant créatrice qu'industrielle et technique. Au cours des 14 ans de recherche, d'élaboration et de rédaction de ce dictionnaire, des changements nombreux, diversifiés et profonds ont transformé la donne sur plusieurs plans : les critères qui cernaient les champs du cinéma ont bougé et l'espace du septième art s'est reconstitué autrement. Mais pour moi, comme pour beaucoup d'autres, le cinéma n'est pas disparu. J'ai donc accepté d'évoluer (si je peux dire) avec lui, de m'ajuster à de nouveaux « habits » mais sans rejeter les anciens (qu'il porte toujours, si on me permet de filer la métaphore). Les multiples transformations qui ont jalonné l'histoire du cinéma se poursuivent avec les nouvelles technologies, que certains peuvent certainement voir comme une menace, mais que d'autres jugent comme un nouveau mode d'incarnation du réel. Il faut tout simplement qu'il y ait du cinéma à l'œuvre. Ce dictionnaire aura trouvé sa nécessité si on lui accorde le crédit d'avoir exploré le cinéma dans *toutes* ses mutations, et d'avoir ainsi renouvelé l'amour qu'on lui porte.

Par son étendue, ce *Dictionnaire général du cinéma* s'adresse donc non seulement aux professeurs et étudiants en cinéma, mais à tous les amateurs de films qui désirent avoir sous la main une nomenclature complète les informant d'une façon adéquate et actuelle sur l'art cinématographique. Même si plusieurs de ses termes sont techniques et complexes, il se veut clair et de consultation aisée, tant qu'il peut être accessible aux non-initiés.

Cet ouvrage constitue le premier dictionnaire de langue française dans lequel sont définis les termes de toutes les catégories du septième art sans qu'aucune hiérarchie n'ait été établie entre elles. Il en couvre tous les domaines, auxquels s'ajoutent, nécessaires, ceux de la télévision, de la vidéo et du multimédia que l'industrie du film n'ignore plus depuis plus de 15 ans. Y sont regroupés les termes sous les angles de l'art, de la technique et de l'industrie. Les mots de la profession, de l'économie et de l'histoire ainsi que les mots d'argot y sont définis. La terminologie de la production, de la distribution et de l'exploitation n'y est pas oubliée. Le vocabulaire de la conservation et de la présentation du patrimoine cinématographique y est retenu. L'attention est attirée sur la préhistoire du cinéma et sur les nouvelles technologies (le numérique, l'infographisme, l'interactivité, les jeux vidéo, le Web, les nouveaux pôles techniques et industriels, etc.). Les termes relevant de l'esthétique et de la théorie (les genres, les sous-genres, les mouvements esthétiques, les styles, etc.) y sont également précisés. La cinéphilie et le cinéma amateur n'y sont pas en reste. On y trouve à la fin un glossaire fort utile donnant les équivalents anglais de ses entrées.

Les mots et les définitions dans cet ouvrage appartiennent à l'une des sept catégories suivantes : *a)* la terminologie technique, liée en grande partie à l'activité et au savoir-faire des techniciens du film, et appartenant surtout à des champs comme l'optique, l'acoustique et la chimie ; *b)* la terminologie pratique, plus connue du public, entrant dans le discours commun sur le film et concernant la réalisation : les angles de prise de vues, la grosseur des plans, les mouvements de caméra, les formats de pellicule, les décors, les costumes, etc. ; *c)* le langage de l'industrie couvrant les secteurs de la production, de l'économie et du marché du film ; *d)* les termes historiques, évoquant tout autant le pré-cinéma et les grandes époques du ciné-matographe (le muet, le parlant, l'âge d'or américain, etc.) que les mouvements, les écoles et les courants d'hier et d'aujourd'hui ; e) le langage de la théorie et de la critique, plutôt spécialisé, permet-tant l'analyse et la compréhension du fonctionnement narratif et de la structure formelle de l'œuvre cinématographique ; f) les expres-sions et les termes familiers, souvent de nature argotique, employés tant chez les artisans que chez les cinéphiles ; et g) le vocabulaire des moyens et procédés audiovisuels, tant analogiques que numé-riques, comme la télévision, la vidéographie, l'informatique et le multimédia, qui ne peuvent plus être ignorés dans la production, la fabrication et la diffusion du film. Cette nomenclature se veut la plus à jour possible, et ce, pour toutes les sphères de l'activité cinématographique.

Quelle que soit leur catégorie, les mots ne sont pas isolés entre eux : en plus de renvoyer très souvent à d'autres mots de leur classe, ils ont parfois des corrélations très étroites avec des termes d'autres catégories ; ainsi, tel élément de l'industrie aura pris sa source dans des progrès technologiques, ou tel autre concernant la production aura des répercussions dans les secteurs de l'histoire ou de la cri-tique. Les interrelations multiples entre les mots doivent être soulignées afin d'embrasser tous les aspects du cinéma.

J'ai voulu avant tout être simple mais sans pourtant dédaigner le vocabulaire spécialisé. J'ai tenté de donner des définitions complè-tes et élaborées mais en tenant compte de leur importance. Pour illustrer certaines d'entre elles, j'ai cité des titres de livres à lire et des titres de films à voir. À ce propos, j'ai cherché à inclure des exemples d'œuvres filmiques récentes, au lieu de m'en tenir aux « classiques » comme c'est souvent le cas dans ce genre d'ouvrage. Je n'ai surtout pas voulu occulter mes goûts et mes ferveurs ; je ne renie donc pas un certain arbitraire dans le choix des œuvres, dicté tout autant par ma passion pour le cinéma que par mon engagement intellectuel ; je ne crois toutefois pas qu'il entrave l'accès à la termi-nologie ni qu'il altère sa scientificité.

La rédaction de ce dictionnaire s'appuie sur plusieurs sources : d'autres dictionnaires, évidemment, mais aussi des glossaires et des lexiques, des études historiques, critiques et théoriques, et des manuels techniques. Plusieurs sites Web, surtout de compagnies de production, ont été fort utiles dans ma recherche. Des catalogues et des cahiers des charges, publiés par des organismes d'État et des corporations professionnelles, ont été dépouillés. De nombreuses revues spécialisées dans le monde du cinéma, de la télévision et du spectacle en général (trois domaines regroupés sous le vocable américain d'*entertainment*) ainsi que des revues consacrées à l'informatique et au multimédia ont été épluchées. À partir de ces sources, et toujours dans le but de rendre compréhensible un vocabulaire exhaustif, j'ai voulu éviter les confusions dans les mots, corriger des erreurs et moderniser la définition de plusieurs termes. Malgré toutes mes vérifications, pondérations et précautions, il se peut que des erreurs et des fautes se soient glissées dans l'ouvrage ; je serais reconnaissant aux lecteurs de me les signaler.

Durant toute la durée de sa rédaction, j'ai toujours eu en tête le désir de rendre ce *Dictionnaire général du cinéma* agréable, enrichissant, intéressant et, même, passionnant. Pour ce faire, une méthodologie aisée, claire, précise, facilement et rapidement intelligible a été adoptée.

Pour les entrées, ne sont retenus — à quelques exceptions près — que les substantifs. Pour deux entrées identiques, le nom propre a préséance, dans l'ordre alphabétique, sur le nom commun. Quand un terme a plusieurs variantes, celles-ci se trouvent dans l'entrée principale, avec, dans l'ordre alphabétique, ses différentes graphies, qui sont également indiquées ailleurs avec renvoi à l'entrée principale. La majuscule est gardée pour le nom de certains appareils (même anciens), tiré de leur brevet d'invention, la plupart de ces noms n'étant d'ailleurs pas devenus d'un emploi générique (Choreutoscope, Phénakistiscope, Zoetrope, etc.). L'indication ▷ renvoie à des synonymes, des équivalences de sens et des réciprocités. Tous les mots étrangers sont en italiques, sauf pour les noms d'institutions, de mouvements cinématographiques et de marques de commerce. Chacune des entrées a son équivalent anglais (en italique) lorsque ce dernier existe. Pour les mots non encore traduits, une traduction française est parfois suggérée. Les titres des films étrangers apparaissent en français, dans leur traduction officielle ; pour certaines œuvres, le titre original prévaut parce qu'il est le seul utilisé (*La dolce vita*, *Taxi Driver*, *Happy Together*, par exemple) ; pour certains films n'ayant jamais été exploités en version française (doublée ou sous-titrée), le titre adopté est celui de leur première présentation. Les dates des œuvres sont en principe celles de leur sortie publique, que ce soit en salle ou dans un festival, et non celles de leur production; pour les dates des œuvres antérieures à 1996, ce sont celles données par *Le dictionnaire du cinéma*, publié sous la direction de Jean-Loup Passek chez Larousse (un ouvrage incontournable en langue française). Précisons enfin que j'ai opté pour des titres simplifiés; ainsi, seul le premier mot d'un titre français a une majuscule (sauf pour les noms propres compris dans le titre, évidemment).

◆

Lorsque j'ai entrepris cet ouvrage, j'ignorais qu'il me demanderait des centaines d'heures de recherche et de travail. Mais ce ne fut jamais fastidieux et décourageant. J'ai plutôt trouvé joie et, très souvent, étonnement dans mes découvertes. De nouvelles ferveurs, en particulier pour les avancées technologiques, sont nées et m'ont permis de mieux comprendre encore cet art du moment présent et de l'ultime réalité qu'est le cinéma. Ce fut un ravissement multiplié et remultiplié au fur et à mesure que je m'immergeais dans le monde des images et des sons. Le cinéma sous toutes ses formes et dans toutes ses manières demeure encore pour moi un *autre* monde, aussi extravagant et mystérieux, aussi fascinant et terrifiant que celui des rêves. C'est toute ma passion et tout mon désir de comprendre à la fois le cinéma et le réel qui m'ont guidé dans l'élaboration de ce dictionnaire et que j'ai voulu ainsi partager.

Puisse le lecteur, grâce à cet ouvrage, apprendre et comprendre tout le cinéma et plus que le cinéma.

ANDRÉ ROY

REMERCIEMENTS

Ne faisant partie d'aucune institution universitaire ou institut de recherche, je n'aurais pu mener à bien cet ouvrage commencé en 1993 sans l'aide, la collaboration et l'amitié de nombreuses personnes. Sans elles, tous mes efforts ne m'auraient pas permis que je parvienne à son terme. Je veux donc ici exprimer ma gratitude à tous ceux et à toutes celles qui au cours de ces quatorze ans de travail m'ont soutenu d'une manière ou d'une autre.

Je salue ici Marcel Jean et Serge Théroux qui ont été parmi les tout premiers à croire en mon projet et lui ont donné la poussée initiale.

Je ne saurais trop remercier André Dugas, linguiste, sans qui ce dictionnaire ne serait pas ce qu'il est dans sa forme.

J'ai eu le grand honneur d'avoir l'aide du cinéaste québécois Marcel Carrière, qui a accepté de revoir les termes techniques; je lui en suis très reconnaissant.

La Cinémathèque québécoise et son Centre de documentation cinématographique sont des institutions qui n'ont plus de réputation à défendre tant elles ont démontré leur nécessité. Je voudrais remercier pour leur temps et leur compétence les membres du personnel de ces institutions, en particulier René Beauclair, directeur du Centre, qui n'a pas hésité à mettre à ma disposition de nombreux documents pour des durées exceptionnelles. Je remercie également les projectionnistes de la Cinémathèque qui ont répondu immédiatement à mes appels téléphoniques, souvent urgents, sur des questions techniques. Je n'oublie pas Pierre Jutras, conservateur en chef, avec qui j'ai eu, en diverses occasions, de belles et longues discussions qui m'ont été salutaires car elles m'ont encouragé à poursuivre mon travail.

Naturellement, je remercie le personnel efficace et expert de Fides, en particulier Guylaine Girard et Yolande Martel, ainsi que son directeur général qui a cru sans la moindre hésitation en cet ouvrage, Antoine Del Busso.

La présence fidèle des amis Jean-Philippe Drouin, Francis Farley-Chevrier, Jean-Luc Loiselle et Yves Roy m'a été d'un grand secours. Ainsi que celle de Janine Euvrard, dont l'amitié s'est avérée et s'avère constamment précieuse dans ma vie, malgré les kilomètres d'océan qui nous séparent. Et je pense à toutes les autres personnes, tant au Québec et au Canada qu'aux États-Unis, en France, en Belgique et en Suisse, que la longue élaboration de ce dictionnaire m'a très souvent empêché de leur témoigner plus concrètement mon affection.

A. R.

TERMES, SIGNES CONVENTIONNELS
ET ABRÉVIATIONS DU DICTIONNAIRE

ADJ.	Adjectif		POP.	Populaire
ALL.	Allemagne		PORT.	Portugais
AMÉRIC.	Américanisme		QUÉB.	Québécisme
ANGL.	Anglais		RARE	Terme d'un usage particulier, exceptionnel
ANGLIC.	Anglicisme			
ARCH.	Archaïsme		SUBST.	Substantif
ARG.	Argot		SYN.	Synonyme
CHIN.	Chinois		V.	Verbe
CONTR.	Contraire		VAR.	Variante
ESP.	Espagne		VX	Vieux (vieilli, non courant aujourd'hui)
É.-U.	États-Unis			
FAM.	Familier		VOISIN	Terme proche, ressemblant
FÉM.	Féminin		$	dollars américains
G.-B.	Grande-Bretagne		M $	million(s) de dollars américains
ITAL.	Italien		MD $	milliard(s) de dollars américains
JAP.	Japonais		€	euros
LAT.	Latin			
MASC.	Masculin			
N.	Nom			
N. PROPRE	Nom propre			
NÉOL.	Néologisme			
PLUR.	Pluriel			

▷ suivi d'un mot en gras
Renvoi à un autre mot du dictionnaire ayant un rapport de corrélation avec le terme traité

L'italique est employé pour les termes étrangers et les titres d'œuvres

DICTIONNAIRE GÉNÉRAL DU
CINÉMA

A ▪ Symbole d'ampère.

AACCE ▪ Sigle de Academia de las Artes y las Ciencias Cinematográficas de España. ▷ **Académie des arts et des sciences cinématographiques d'Espagne.**

Aardman Animations ▪ Société de production de films fondée à Bristol, en Grande-Bretagne, en 1976 par les cinéastes Peter Lord et David Sproxton. Les films que produisent les Aardman Animations sont marqués par une volonté d'engagement social ainsi que par des techniques associant le son direct et l'animation. Les réalisations les plus connues de cette compagnie sont celles de Nick Park. Ce cinéaste utilise des figurines en pâte à modeler pour ses deux personnages burlesques, Wallace et Gromit. Parmi les œuvres qui font connaître cette maison de production, citons *Dernière édition* (1983) et *Histoire de guerre* (1989) de Peter Lord, et *Un mauvais pantalon* (1993) de Nick Park. Aardman Animations coproduisent avec DreamWorks en 2000 le premier long métrage de Nick Park, *Chicken Run*.

Aäton ▪ Marque de commerce d'une caméra française 16 standard et Super 16, mise au point en 1973 par l'ingénieur en électronique, inventeur et fabricant de caméras, Jean-Pierre Beauviala. Caméra légère, ergonomique, elle est dite du « chat à l'épaule ». La principale caractéristique de cette caméra est son marquage chronologique : la référence temporelle en heures, minutes et secondes, en clair (en chiffres) sur la pellicule et en signaux codés sur la bande magnétique, pour chaque plan tourné. Son système de traction donne une grande stabilité et une grande netteté à l'image. En 1997, est présentée par Aäton une plateforme sur ordinateur pour le travail du son sur film et sur vidéo appelée InDaw. En 2004, c'est le système Cantar pour le mixage sonore qui est mis au point. Dans les années 1990, une caméra 35 mm est également mise en marché par Aäton. Aäton est surtout connue pour sa caméra vidéo miniature appelée « La Paluche ».

aberration ▪ Défaut optique pouvant affecter l'image donnée par un objectif (*aberration*). L'aberration peut être liée à la géométrie des lignes (la distorsion), à la définition (la netteté de l'image) et au chromatisme (le rendu des couleurs).

1

aberration chromatique ▪ Variante d'aberration de chromaticité. ▷ **chromatisme.**

aberration de chromaticité ▪ Variante d'aberration chromatique. ▷ **chromatisme.**

abrasion ▪ Usure par frictions, frottements et manipulations de la pellicule causant des rayures sur la pellicule (*abrasion*). L'abrasion entraîne une perte de qualité de l'image et sa dégradation.

abri fiscal ▪ Disposition fiscale permettant de déduire des revenus des sommes investies dans la production de films (*tax shelter*). Originaire des États-Unis, ce système de compensation est adopté dans plusieurs pays des Amériques et de l'Europe. Il permet d'augmenter l'investissement dans une production. ▷ **sofica.**

abstraction allemande ▪ Terme donné aux films expérimentaux allemands des années 1920 dans lesquels le monde visuel est composé de dessins, de lignes et de formes géométriques et vise à exprimer directement des sensations plutôt que des idées (*German abstraction*). On inclut ces films dans le domaine de l'animation. L'exemple le plus connu de l'abstraction allemande est *Rythmus 21* (1921) de Hans Richter. Parmi les cinéastes rattachés à ce mouvement de films expérimentaux, citons les noms de Viking Eggeling et Walter Ruttmann. Au cours des années, les réalisateurs intègrent des vues réelles et leurs films se sont rapprochés du documentaire. Dans les années 1930, on associe la musique aux formes abstraites; voir les *Études* (1929-1934) d'Oskar Fischinger. Puis à la couleur; voir *Composition en bleu*

(1934) d'Oskar Fischinger. Les dadaïstes, les surréalistes, les cinéastes américains Mary Ellen Butte, Lewis Jacobs et Joseph Schilinger, auteurs de *Synchronization* (1934), et l'animateur Norman McLaren sont influencés par l'abstraction allemande. ◊ SYN. film abstrait. ▷ **film absolu.**

Academia de las Artes y las Ciencias Cinematográficas de España [AACCE] ▪ Nom original espagnol de l'Académie des arts et des sciences cinématographiques d'Espagne.

Académie des arts et des sciences cinématographiques d'Espagne ▪ Organisme espagnol qui remet annuellement les prix goya (*Premios Goya*, en espagnol) aux professionnels du cinéma. Son nom espagnol est: Academia de las Artes y las Ciencias Cinematográficas de España [AACCE]. Elle est créée en 1986 dans le but d'encourager et de récompenser les films espagnols qui atteignent un niveau international par leurs sujets et leurs qualités. Pour être membre de cette institution privée, il faut exercer une activité professionnelle dans le cinéma. Un professionnel étranger peut être exceptionnellement membre de l'Académie, sous la prérogative du conseil d'administration.

Académie des arts et des sciences du cinéma ▪ Traduction française de Academy of Motion Picture Arts and Sciences.

Academy ▪ Forme abrégée de Academy of Motion Picture Arts and Sciences.

Academy Award ▪ Récompense de l'Academy of Motion Picture Arts and Sciences de Hollywood remise au printemps de chaque année aux artisans de tous les secteurs de la réalisation et de la production cinématographiques. Ce prix se présente sous la forme d'une statuette appelée « oscar ».

Academy of Motion Picture Arts and Sciences [AMPAS] ■ Organisme américain créé en 1927 regroupant des membres et des associations de la profession cinématographique. On y compte environ 6000 membres, majoritairement des États-Unis, mais également des représentants de 36 pays. L'organisme est connu dans le monde entier pour sa cérémonie annuelle des oscars. Traduction française: Académie des arts et des sciences du cinéma.

accéléré ■ Procédé de prise de vues rendant le mouvement plus rapide à l'écran que dans la vie réelle (*fast motion*). On obtient l'accéléré par des images filmées au ralenti. Ce procédé donne un effet artificiel et syncopé à la scène ; les personnages ressemblent alors à des marionnettes. Mack Sennett l'utilise abondamment, surtout pour les poursuites ; Emir Kusturica l'emploiera pour illustrer la folie et le dérèglement dans *Underground* (1995). ◊ CONTR. ralenti. ▷ **cadence, trucage.**

accès à haut débit à Internet ■ Ensemble des techniques pouvant être utilisées pour augmenter la vitesse de transmission des données, dans les réseaux donnant accès à Internet (*high-speed Internet access*). Une connection à Internet par une ligne d'abonné à débit asymétrique est désignée par le sigle *ADSL* (pour *asymmetric digital subscriber line*). Ce type d'accès permet, entre autres, de recevoir plus rapidement le flux d'images vidéo, qui est une masse de données importante. L'accès au réseau Internet s'obtient en s'abonnant à un fournisseur de service Internet [FSI]. ◊ SYN. accès à haute vitesse à Internet.

accès à haute vitesse à Internet ▷ accès à haut débit à Internet.

accessoire ■ [1] Tout objet, généralement une petite pièce comme une glace, un revolver, un vase ou une canne à pêche qu'on peut facilement déplacer (*prop, property*). L'accessoire fait partie du décor et est utilisé pour l'action. ▷ **magasins.** ■ [2] Toute pièce autonome ou combinée, utilisée sur des appareils comme la caméra et le projecteur, ou pour l'éclairage (*accessory, attachment*).

accessoiriste ■ Personne responsable des accessoires, de leur recherche ou de leur fabrication ainsi que de leur manipulation et de leur emploi sur le plateau de tournage (*prop man, property man*). L'accessoiriste est l'assistant de l'ensemblier.

accréditation ■ Action d'accréditer un critique ou un journaliste à une manifestation cinématographique comme un festival, une biennale, etc. (*accreditation*). L'accréditation donne un droit d'entrée aux projections publiques ou privées ainsi qu'aux conférences de presse. Elle est plus ou moins difficile à obtenir selon l'importance de la manifestation.

accroche ■ Scène, images ou effets spéciaux destinés à éveiller la curiosité du spectateur au début du film (*teaser*). L'accroche prend souvent forme avec les premiers plans d'un film et en annonce le genre. On ne doit pas confondre l'accroche et l'amorce. ▷ **attrape.**

acétate ■ Sel, de l'acide acétique, employé dans la fabrication de la pellicule de film (*acetate*). Ce composant remplace au début des années 1950 le nitrate, trop inflammable et instable. ▷ **diacétate, Estar, triacétate.**

acétoïd ▪ Support en diacétate fabriqué par la société Pathé. L'acétoïd est commercialisé pour le Pathé-Baby, le Pathé-Rural et les copies tirées en 35 mm pour les projections dans les institutions scolaires.

achrome ▪ ADJ. Se dit d'une image dépourvue de couleur (*achrome*). Une image en noir et blanc est une image achrome. On ne doit pas confondre achrome et monochrome.

ACL ▪ Marque de commerce d'une caméra 16 mm commercialisée en 1971 par la société Éclair International Diffusion et utilisant un moteur à régulation par quartz.

acoustique FÉM. ▪ [1] Relatif au son (*acoustics*). ▪ [2] Au cinéma, ensemble des qualités particulières d'un lieu en ce qui a trait à l'enregistrement et à la diffusion du son (*acoustics*). Dans un studio, l'acoustique est basée sur l'insonorisation et dans une salle de projection, par l'utilisation judicieuse des haut-parleurs. Une acoustique idéale est celle qui permet une perception des sons à leur intensité égale et à leur timbre naturel.

actant ▪ Terme théorique de la linguistique. Celui ou celle qui fait en général l'action dans une œuvre de fiction. Il désigne également les différentes fonctions que peut exercer un personnage dans un film : celle d'agir, celle par qui est accompli une action, celle de subir une action, celle de recevoir les résultats d'une action et celle de permettre une action. A.J. Greimas classifie l'actant en six grands rôles : sujet, objet, destinateur, destinataire, opposant et adjuvant ; à lire : *Sémantique structurale* (1966). L'utilisation du mot actant a permis de minimiser l'interprétation psychologisante des personnages de film.

acteur, trice ▪ Toute personne incarnant un rôle à l'écran (*actor, actress*, FAM. *pic actor*). L'acteur doit se mettre dans la peau du personnage et s'identifier à lui. Son jeu est un élément important de la mise en scène et du langage cinématographique. Depuis les débuts du cinéma jusqu'à maintenant, l'image publique de l'acteur évolue constamment, suivant sa popularité auprès du public spectateur qui, souvent, s'identifie à lui et le déifie (vedette, étoile ou star). Son jeu évolue également, passant d'une théâtralité grossière à une interprétation plus composée et intériorisée des rôles. La nature physique de l'acteur (corps, gestes et voix) est exploitée pour donner un sens à la mise en scène. Pour un cinéaste comme Robert Bresson, l'acteur est un « modèle ». À la notion de « Politique des auteurs » élaborée par François Truffaut, le critique et cinéaste Luc Moullet préfère la notion de « Politique des acteurs », dans laquelle le réalisateur n'est qu'un simple faire-valoir de l'interprétation de l'acteur ; ▷ **Actors Studio.** On distingue plusieurs rôles pour un acteur : le rôle principal, le second rôle (ou rôle secondaire), le figurant, la silhouette, le cascadeur et la doublure ; ▷ **camée.** On distingue deux catégories d'acteurs : les professionnels et les non-professionnels (ou acteurs amateurs). ▷ **comédien, monstre sacré.**

acteur, trice amateur ▪ Acteur non professionnel (*non-professional actor*). ▷ **nonprofessionnel.**

actinisme ▪ Propriété de la lumière d'impressionner la pellicule (*actinicity*). Les radiations lumineuses peuvent exercer une action chimique sur certaines substances comme celles constituant la pellicule de film. ◊ CONTR. inactinisme.

actinomètre ▪ Appareil servant à mesurer l'intensité des radiations lumineuses, et plus particulièrement des radiations solaires. Le premier actinomètre est construit en 1840 par Jean-Baptiste Soleil à l'usage des premiers photographes. ▷ **posemètre.**

action ▪ [1] Événement dramatique ou narratif prenant place dans une scène ou une séquence (*action*). L'action est le composant élémentaire du film. Elle est déterminée par les faits et gestes accomplis par les personnages à l'écran. On distingue l'action principale et l'action secondaire. Il existe deux grandes théories de l'action, qui sont également deux approches du jeu de l'acteur : une première, issue de l'atelier de Lev Koulechov, plus réflexive, amenant à décrire et à comprendre les différentes actions dans un film, et une deuxième, venue des écrits de Constantin Stanislavski, plus analytique, enseignée par l'Actors Studio. On oppose souvent l'action physique à la scène dialoguée. ▪ [2] Description sommaire des séquences dans un scénario (*action print*). ▪ [3] ▷ **film d'action.**

«Action!» ▪ Ordre donné par le réalisateur afin de déclencher le jeu des interprètes («*Action!*»).

Actors Studio ▪ École d'art dramatique fondée à New York en 1947 par Cheryl Crawford, Elia Kazan et Robert Lewis, destinée à un groupe restreint d'étudiants prometteurs et dont Lee Strasberg prendra la direction à partir de 1951. Elle poursuit le travail entrepris pendant les années 1950 par le Theater Group dirigé par Lee Strasberg et Harold Clurman. La technique d'apprentissage des interprètes, propre à l'école, est appelée «la Méthode» («*the Method*») et est mise au point à partir des écrits de Constantin Stanislavski ; elle met l'accent sur l'introspection, l'identification, l'émotion et le naturel. L'aspect psychologique du personnage est l'élément fondamental de l'art de l'interprétation qui y est enseigné. La Méthode passe par les techniques d'improvisation et de mémoire affective, avec prise de risque psychique. Le corps y est un instrument à maîtriser grâce à la relaxation et à la concentration préalable. Des dramaturges américains travaillent en relation avec l'école, entre autres, Edward Albee, Arthur Miller et Tennessee Williams. Des metteurs en scène y collaborent, comme Mike Nichols, Arthur Penn et Martin Ritt. L'impact de la formation offerte à l'Actors Studio se révèle dans les films des années 1950 ; voir, entre autres films, *Sur les quais* (1954) d'Elia Kazan. Les grandes stars comme Marlon Brando, Montgomery Clift, James Dean et Julie Harris y sont formées. La technique de cette école influence également des interprètes comme Robert De Niro, Ben Gazzara, Dustin Hoffman, Harvey Keitel, Paul Newman et Al Pacino. La Méthode continue d'être enseignée aujourd'hui. Un équivalent de cette école, Actors Studio West, est fondé en Californie en 1966.

actualités ■ PLUR. Court ou moyen métrage illustrant un événement réel (*newsreel* ou *news reel*). Les actualités ne sont pas un genre cinématographique à proprement parler, mais un domaine de la production relevant de l'information; elles ne ressortissent pas non plus du documentaire ou du reportage. Le terme est donné par les frères Lumière à la projection à Paris, en 1895, de *L'arrivée d'un train en gare de La Ciotat*. Les actualités prendront par la suite la forme d'un journal, produit hebdomadairement et projeté en salle avant le film. Elles sont une œuvre collective et anonyme. Les principales actualités connues sont *Pathé-Journal, Gaumont-Actualités, Éclair-Journal, Fox-Movietone* et *Les actualités françaises*. Elles disparaissent dans les années 1970 avec le développement de l'information télévisée. ▷ **film de montage**.

acuité ■ Perception visuelle presque parfaite (*sharpness*). L'acuité visuelle est souvent mesurée à l'aide de mires graphiques.

acutance ■ Mesure exprimant la capacité d'un système photographique à reproduire fidèlement la transition brusque d'une plage blanche à une plage noire (*acutance*). L'acutance a la propriété de rendre la densité des détails dans une image. ◊ SYN. netteté des contours. ▷ **contraste, sensibilité**.

adaptateur, trice (1) ■ [1] Auteur d'une adaptation (*adapter, adaptor*). L'adaptateur travaille sur des romans, des récits, des nouvelles, des pièces de théâtre ou des biographies, et doit transformer l'œuvre initiale pour le cinéma en tenant compte de l'esthétique et de la technique de ce médium. ■ [2] Auteur des dialogues d'une version doublée ou des sous-titres d'une version originale (*adapter, adaptor*).

adaptateur (2) ■ Pièce mécanique, électrique, permettant d'adapter l'appareil pour un autre usage que celui auquel il est destiné (*adapter, adaptor*).

adaptation ■ Travail de modification et d'appropriation d'éléments d'une œuvre autre que cinématographique : un roman, une nouvelle, une biographie, une pièce de théâtre, un opéra, une émission de télévision, parfois même une chanson ou un poème (*adaptation, treatment*). L'adaptation est généralement une transposition des personnages, des lieux, des structures temporelles, de l'époque et des événements racontés dans l'œuvre initiale. La fidélité de l'adaptation se mesure au nombre d'éléments conservés de l'œuvre initiale. La première adaptation est *L'arroseur arrosé* (1895) des frères Lumière, qui adapte une série comique parue dans la presse écrite. Les adaptations les plus courantes proviennent de romans policiers. Parmi les titres d'adaptations fortes, citons *Autant en emporte le vent* (1939) de Victor Fleming, *Le mépris* (1963) de Jean-Luc Godard, *Mort à Venise* (1970) de Luchino Visconti, *Le parrain* (1972) de Francis Ford Coppola, *Le soulier de satin* (1985) de Manoel de Oliveira, *Chambre avec vue* (1986) de James Ivory, *Cyrano de Bergerac* (1990) de Jean-Paul Rappeneau et *Le temps retrouvé* (1999) de Raoul Ruiz. ▷ **feuilleton télévisé.**

additif ■ Abréviation pour procédé additif.

administrateur, trice de production ■ Personne chargée de l'administration dans la production d'un film (*production accountant, production auditor*). L'administrateur veille aux dépenses durant le tournage ainsi qu'aux versements des cachets des pigistes et du salaire du personnel. ▷ **producteur.**

ADR ANGL. ■ Sigle de *automatic dialogue replacement*. On retrouve ce sigle de plus en plus au générique des films, quelle que soit la langue du générique. Il désigne le doublage en boucle lors des séances de postsynchronisation.

ADSL ANGL. ■ Sigle de *asymmetric digital subscriber line*. Connection à Internet par une ligne d'abonné à débit asymétrique. ▷ **accès à haut débit à Internet.**

A et B ▷ **enroulement A et B, montage A et B.**

AFCAE ■ Sigle de l'Association française des cinémas d'art et d'essai.

affichage ■ Circuit permettant d'afficher sur un écran des données et des images (*display*). Les systèmes d'affichage les plus courants sont l'écran cathodique, l'écran plat à cristaux liquides et l'écran plasma. L'affichage se caractérise par sa définition en nombre de pixels et par sa profondeur en nombre de bits par pixel. ◇ VOISIN écran.

affiche ■ Feuille imprimée destinée à la publicité d'un film, conçue par un affichiste (*bill, poster*). L'affiche est placée à l'entrée des salles de cinéma, placardée sur les murs, reproduite sur les cartes postales, les pochettes de disque, les jaquettes des éditions vidéo, etc. Elle est importante car elle fait connaître le film et ses artisans. Elle peut faire l'objet d'intenses discussions au moment de sa conception quant à la prééminence accordée aux noms des acteurs, des réalisateurs et des membres de la production. Objet de collection, elle fait dorénavant partie du patrimoine cinématographique. L'expression « être à l'affiche » signifie pour un film « être projeté ».

affichiste ■ Personne responsable de la conception d'une affiche (*poster designer*). On commande une affiche à un artiste graphique, un dessinateur ou un peintre.

AFI ■ Sigle de l'American Film Institute.

afilmique ■ Terme de la théorie du cinéma. Tout ce qui relève de la réalité et qui n'a pas été modifié par la mise en scène au moment de son enregistrement. L'afilmique caractérise en particulier le cinéma documentaire par opposition au cinéma de fiction. ◇ CONTR. profilmique.

AFM ■ Sigle de l'American Film Market.

AFNOR ■ Acronyme de l'Association française de normalisation.

AgaScope ■ Format du CinémaScope en Suède et en Hongrie. L'AgaScope est de 2:35:1.

âge d'or ■ Des années 1920 aux années 1950, à Hollywood, période durant laquelle les films atteignent la perfection dans certains genres comme la comédie musicale et le film policier (*Golden Age*). Plus généralement, cette appellation désigne l'industrie cinématographique hollywoodienne dominée depuis les années 1920 par les cinq grandes compagnies appelées Majors (Paramount, Fox, MGM, Warner Bros. et RKO) qui contrôleront entièrement la production et la distribution de leurs films jusqu'en 1948, année de la loi antitrust qui les forcera à se départir de leurs salles et annoncera leur déclin; ▷ **Paramount Decision**. Avec les premiers films de réalisateurs comme Peter Bogdanovich, Michael Cimino, Brian De Palma, Francis Ford Coppola, Philip Kaufman, George Lucas, Martin Scorsese, Paul Schrader et Steven Spielberg, les années 1970 représentent un nouvel âge d'or du cinéma américain. ▷ **cinéma classique hollywoodien.**

agence ▪ Établissement commercial représentant divers métiers du monde du spectacle comme le cinéma, le théâtre et la télévision (*agency*). L'agence a sous contrat des interprètes, des réalisateurs, des directeurs photo, des scénaristes et des producteurs indépendants. Elle négocie leurs contrats et reçoit généralement 10 % d'un cachet déterminé. Le secteur «cinéma» y est extrêmement important. L'agence propose des packages à une maison de production, à une Major ou à un groupe de producteurs. Le pouvoir des agences aux États-Unis augmente au moment du déclin du système des studios. Parmi les agences les plus connues dans le monde, citons Creative Artists Agency [CAA], International Creative Management [ICM] et The William Morris Agency, aux États-Unis; Artmédia et Cinéart, en France. ▷ **casting, star.**

agent, e ▪ Personne chargée des intérêts d'un individu, pour le compte duquel elle agit (*agent*). Membre généralement du personnel d'une agence, l'agent est un intermédiaire entre un acteur, un réalisateur, un directeur photo, un scénariste, un producteur ou une société de production. Michael Ovtiz et Jeff Berg, aux États-Unis, et Dominique Besnehard, en France, sont des agents extrêmement influents dans l'industrie cinématographique.

Agfacolor ▪ Marque de commerce d'un procédé de pellicule couleur mis au point par la firme allemande Agfa AG en 1936 pour le 16 mm et en 1940 pour le 35 mm. Certaines séquences d'*Ivan le Terrible* (1943-1946) sont colorées en Agfacolor par S.M. Eisenstein en 1958. Agfacolor est un procédé trichrome, soustractif et sans trame. Ansco Color (aux États-Unis), Sovcolor (en Union soviétique) et Orwocolor (en Allemagne de l'Est) sont des dérivés de ce procédé.

Agfa-Gevaert ▪ Firme constituée par la fusion des compagnies Agfa AG et Gevaert NV en 1964. Agfa-Gevaert est l'un des leaders mondiaux du traitement de l'image et des technologies de l'information. La firme développe, produit et commercialise des systèmes analogiques et numériques destinés à l'industrie graphique et au secteur des soins de santé. La société est active dans 40 pays et compte des agents dans 100 pays à travers le monde. Ses quartiers généraux sont à Mortsel, en Belgique. Agfa-Gevaert désigne couramment la pellicule noir et blanc fabriquée par cette firme et reconnue pour son contraste de qualité. ▷ **Plestar**.

agit-film ■ Film de propagande en Union soviétique (*agitfilm*). Produit après la révolution d'octobre 1917, l'agit-film doit éveiller les masses aux idées révolutionnaires. L'agit-film est projeté dans un train qui comprend, outre une salle de cinéma, une salle de conférence, une bibliothèque et une presse à imprimer. C'est le plus souvent un court métrage. Il est monté comme une œuvre dramatique et ses sources stylistiques sont le mélodrame, le burlesque et le film d'aventure. Sa production cesse en 1921. ▷ **agit-prop**, **cinéma militant**, **ciné-tract**.

agit-prop ■ Abréviation russe de Département pour l'agitation et la propagande, organe des Comités centraux et régionaux du Parti communiste de l'Union soviétique (*agitprop*). L'agit-prop doit, entre autres, par des activités artistiques, diffuser les idées du marxisme-léninisme et expliquer la politique menée par le gouvernement. Par elle, les dirigeants soviétiques exercent des pressions sur les citoyens afin qu'ils se conforment aux idéaux proclamés du communisme. Au cinéma, l'agit-prop donnera l'agit-film.

agrandissement ■ [1] Reproduction agrandie d'une photo originale (*blow-up*). ■ [2] Reproduction agrandie d'un détail d'une photo (*blow-up*). ■ [3] Opération consistant à gonfler un film, le reproduisant ainsi sur un format supérieur (*blow-up*). ◊ SYN. gonflage.

agrandisseur ■ Projecteur permettant d'agrandir ou de réduire une image lors d'un tirage optique (*enlarger*).

à hauteur d'homme ■ Expression singularisant une prise de vues par une caméra placée à environ 1 m 60 du sol. Cette prise de vues caractérise le cinéma classique hollywoodien, particulièrement les films de Howard Hawks, John Ford et John Huston. Pour les critiques français des années 1950 et 1960, elle revêt une valeur morale, une manière de respecter la réalité. On dit : filmer à hauteur d'homme.

Akeley ■ Marque de commerce d'une caméra 25 mm conçue en 1915 par l'Américain Carl Akeley et fabriquée à partir de 1918. À cause de son magasin rond, elle est surnommée *pancake* (galette). Relativement légère (10 kilos environ), elle est renommée pour sa tête autorisant des mouvements fluides sur plus de 200 degrés et sa visée téléscopique à deux objectifs. Elle est reconnue pour le tournage de reportages et de films d'action.

Ailimount ■ Marque de commerce d'un système conçu pour la prise de vues en hélicoptère. Ce système est équipé d'une tête électronique placée sous l'hélicoptère et télécommandée à distance par un cadreur visualisant l'image sur un moniteur vidéo. ▷ **Hélivision**.

AIP ■ Sigle de l'American International Pictures.

Alan Smithee N. PROPRE ■ Pseudonyme utilisé par les réalisateurs de cinéma et de télévision refusant de signer de leur vrai nom une œuvre peu honorable. Il est l'anagramme ironique de *The Alias Men* (« Les hommes au nom d'emprunt »). Lorsque le film produit s'avère nul ou que le montage a échappé à l'auteur, on remplace le nom du réalisateur au générique par celui d'Alan Smithee. Ce pseudonyme apparaît pour la première fois dans un film destiné à la télévision intitulé *The Indiscreet Mrs. Jarvis*, de 1955. Le premier film pour le cinéma signé Alan Smithee est *Une poignée de plomb* (1967) de Don Siegel et Robert Totten. Des cinéastes comme John Frankenheimer, Dennis Hopper et Stuart Rosenberg ont pris ce nom d'emprunt. Le réalisateur qui désire voir son nom retiré du générique de son film doit en demander la permission à la Directors Guild of America [DGA]; ainsi David Lynch a demandé à la DGA de remplacer son nom par Alan Smithee pour son film *Dune* remonté pour la télévision par une autre personne. Certains épisodes de la série télévisée des années 1980, *McGyver*, sont signés Alan Smithee. Depuis la publicité faite autour du pseudonyme pour le film *An Alan Smithee Film : Burn Hollywood Burn* (1997) d'Arthur Hiller, ce nom n'est plus employé.

albédo ◼ Mesure du pouvoir réfléchissant d'une surface par rapport au flux lumineux renvoyé par la surface et au flux lumineux reçu. L'albédo est un des facteurs dont dépend la couleur d'un objet. La neige a ainsi un albédo de 0,98, la paume de la main de 0,30, et le velours noir de 0,004. ◇ SYN. réflectance.

Alec N., ARG., É.-U. ◼ Électricien de plateau.

Alekan-Gérard ◼ Abréviation de procédé Alekan-Gérard.

algorithme ◼ Formule mathématique intervenant dans la réduction de débit, dans la compression des séquences vidéo (*algorith*). Les algorithmes utilisent notamment la compression temporelle et spatiale.

alimentation ◼ [1] Approvisionnement essentiel au fonctionnement d'un appareil : le film vierge pour la caméra ou la copie de film pour le projecteur (*feeding*). ◼ [2] Source d'énergie électrique nécessaire au fonctionnement d'un appareil, comme la caméra ou le projecteur (*power supply, power unit*). L'alimentation électrique est fournie grâce à une batterie, à des piles ou à un branchement sur un secteur. ◇ SYN. alimentation en courant. ▷ **groupe électrogène**.

alimentation en courant ▷ **alimentation**.

alimentation secteur ◼ Système permettant d'alimenter la caméra à une prise de courant de secteur normal (*power adapter*). Ce type d'alimentation préserve des pannes éventuelles causées par une chute de puissance de la batterie. ◇ SYN. bloc d'alimentation.

Allefex ◼ Marque de commerce d'un appareil britannique mis au point en 1914, capable de produire 50 effets sonores différents pouvant accompagner la projection d'un film muet. L'Allefex ressemble sur plusieurs points au Multiphone de Rousselot.

allégorie ◼ Mot associé principalement à la littérature décrivant les éléments d'une œuvre et leur représentation symbolique (*allegory*). L'allégorie représente une idée générale sous forme de métaphore, par exemple : la mort par une faucheuse. *Zéro de conduite* (1933) de Jean Vigo est une allégorie sur la force et le triomphe de la jeunesse contre l'autorité et le monde adulte borné. ▷ **sujet, thème**.

Alliance Atlantis ▪ Forme abrégée d'Alliance Atlantis Communications.

Alliance Atlantis Communications ▪ Anciennement Alliance Atlantis Viva Film. Important groupe audiovisuel canadien. Alliance Atlantis est le premier distributeur de films, en salles et en vidéo, au Canada. C'est aussi un important exploitant de salles de cinéma au Canada. Il possède les chaînes de télévision thématiques que sont BBC Canada, Discovery, The Food Network, HGTV, History Television, The Life Network et Showcase. Alliance Atlantis coproduit et distribue aussi des séries télévisées et participe à la coproduction de films. Il détient 51 % des parts dans Motion Picture Distribution, un important distributeur de films canadiens, qui est aussi présent en Espagne et au Royaume-Uni. En janvier 2007, l'important groupe canadien CanWest Global Communications et le prestigieux groupe bancaire Goldman Sachs achètent l'entreprise pour 2,3 M$ canadiens. Ses bureaux sont situés à Toronto. Elle a une filiale à Montréal, Alliance Atlantis Viva Films, distributrice de films et très active par sa participation à des productions cinématographiques québécoises. ▷ **Viacom.**

Alliance internationale du cinéma de montagne [International Alliance for Mountain Film] ▷ film de montagne.

Allied Artists Productions ▪ Ancien nom de Allied Artists Pictures Corporation.

Allied Artists Pictures Corporation ▪ Compagnie fondée en 1946 sous la dénomination de Allied Artists Productions, une filiale de la Monogram qui est connue pour ses films de série B. La compagnie devient en 1953 Allied Artists Pictures Corporation et produit des films de science-fiction à faible budget, dont certains deviennent des films-cultes comme *L'invasion des profanateurs de sépultures* (1956) de Don Siegel. Un des plus grands succès de la compagnie est *La loi du seigneur* (1956) de William Wyler. La compagnie s'investira par la suite dans la production pour la télévision. Elle déclare faillite en 1989. ▷ **Monogram Picture Corporation.**

allocation quotidienne ▪ Somme d'argent donnée quotidiennement à chacun des membres d'une équipe pour ses dépenses lors de déplacements à l'extérieur du lieu principal de travail (généralement à plus de 50 kilomètres) (*living allowance*). ▷ **frais de séjour**, *per diem.*

allonger la focale ▪ Réduire le champ de la prise de vues par l'utilisation d'une longue focale. ◇ SYN. serrer la focale. ◇ CONTR. réduire la focale. ▷ ARG. **pincer.**

allusion ▪ [1] Référence indirecte dans le dialogue ou dans l'image à une personne, à un événement ou à une autre forme d'art que le cinéma (*allusion*). Le film de Bob Fosse, *Cabaret* (1972), fait une référence indirecte à l'avènement futur du nazisme. Le sketch *La ricotta* (1963) de Pier Paolo Pasolini reconstitue deux tableaux du peintre Pontormo. ▪ [2] Dans un film, référence directe à un autre film ou à l'œuvre d'un cinéaste (*allusion*). Les allusions sont une forme de reconnaissance envers un ou des auteurs. Les films de Francis Ford Coppola, Brian De Palma, Jean-Luc Godard et Wim Wenders sont riches en références directes au cinéma. ▷ **hommage**. ▪ [3] Symbolisme cinématographique (*allusion*). Par l'allusion, on évoque une action ou une moralité. Exemple : le ruisseau emportant des feuilles mortes évoque le temps qui passe.

alternance ▪ Terme de la théorie du cinéma. Présentation en alternance de divers éléments filmiques (*alternation*). L'alternance se distingue par sa répétition d'un plan et d'un groupe de plans, dans une relation simultanée ou successive dans le temps. Elle peut se situer à plusieurs niveaux : *a)* le niveau simple par alternance de deux personnages à l'écran par montage de champ-contrechamp et *b)* le niveau complexe dans l'organisation du récit par alternance de deux scènes différentes : les plans avec Mme Berkman et les plans avec la petite Elsie, au début de *M le Maudit* (1931) de Fritz Lang, ou alternance de deux ou plusieurs récits, dans les quatre épisodes d'*Intolérance* (1916) de D.W. Griffith. ▷ **montage alterné.**

Amanda ▷ Nordic Amanda.

amateur de cinéma ▪ Personne qui aime le cinéma, qui y va souvent, qui voit énormément de films (*moviegoer*). ◇ SYN. amateur de films, cinéphile. ◇ VOISINS cinémaniaque, cinéphage.

amateur de films ▷ amateur de cinéma.

ambiance ▪ Tonalité générale, climat du film (*atmosphere, mood*). L'ambiance d'un film est créée par des lieux, des décors, des costumes, des éclairages, des sons, des mouvements de caméra et le montage. Le réalisateur Tod Browning, avec l'aide de son directeur photo, Karl Freund, réussit à créer une ambiance intense et inquiétante pour son *Dracula* (1931). Les films de Federico Fellini, dont *Huit et demi* (1963), *Juliette des esprits* (1965) et *Fellini-Satyricon* (1969), baignent dans une ambiance bizarre, excentrique et décadente. ◇ SYN. atmosphère.

ambiophonie ▪ Ambiance sonore créée par l'augmentation de la réverbération des sons (*surround sound*). L'ambiophonie est l'équivalent de la stéréophonie. Utilisée dans l'audiovisuel, elle améliore la qualité sonore des films en vidéo et des émissions de télévision (les matchs sportifs, particulièrement) diffusées expressément en ambiophonie. ▷ **Dolby Stéréo, Digital Theater System, THX.**

américain ▷ plan américain.

American Cinematographer ▪ Revue américaine fondée en 1920 et publiée par l'American Society of Cinematographers. Elle traite des techniques de la direction photo, avec reportages sur les tournages et chroniques sur le nouveau matériel de prise de vues (caméra, lampe, tireuse, vidéo, pellicule, etc.) et, particulièrement, sur la technologie numérique. Parution : mensuelle, sur papier et dans le Web.

American Film Institute [AFI] ▪ Organisme américain à but non lucratif créé en 1967, regroupant des membres de l'industrie, des enseignants et des étudiants de cinéma. Les buts de l'American Film Institute sont : *a)* la conservation des films et des émissions de télévision ; *b)* la recherche et la formation de nouveaux talents en cinéma et télévision ; et *c)* la promotion du cinéma et de la vidéo comme formes d'art. L'Université de Californie à Los Angeles [UCLA] et le

John F. Kennedy Center à Washington sont les deux lieux d'où émanent les programmes créés par l'AFI. Cet organisme donne, entre autres, des bourses à des étudiants en scénarisation et en réalisation, et organise des rétrospectives et des hommages aux artisans du cinéma américain. Elle reconnaît chaque année le travail des créateurs en cinéma et télévision par des AFI Awards. Depuis 1975, l'AFI publie un magazine mensuel, *American Film*, qui veut atteindre un large public non spécialiste.

American Film Market [AFM] ■ Foire créée en 1981, destinée principalement aux producteurs et aux distributeurs de cinéma et qui se tient à Santa Monica au mois de novembre chaque année. L'American Film Market est l'un des plus importants marchés du film et offre des productions étrangères et majoritairement américaines à des participants venus du monde entier. Plus de 8000 personnes de l'industrie de 70 pays y viennent durant 8 jours pour faire des affaires et participer à des colloques. Plus de 70 % des 500 films projetés sont des avant-premières mondiales.

American International Pictures [AIP] ■ Compagnie fondée en 1956 par Samuel Z. Arkoff et James H. Nicholson, qui renomment ainsi l'American Releasing Company qu'ils ont créée en 1954, spécialisée dans la distribution de films à petit budget comme les films d'horreur. Cette compagnie est surtout connue par le travail prolifique du réalisateur et producteur Roger Corman, notamment pour son cycle d'adaptation des œuvres d'Edgar Allan Poe mettant en vedette Vincent Price. Elle se fusionne en 1979 avec Filmways, qui devient en 1982 un secteur de production de la compagnie Orion Pictures Corporation.

American Mutoscope et Biograph Company ▷ **Biograph**.

American Society of Cinematographers [ASC] ■ Association américaine des directeurs de la photographie fondée en 1919. Cette association n'est pas un syndicat, mais un organisme à buts culturel, éducatif et professionnel. L'adhésion se fait sur invitation. En être membre est un honneur qu'on accorde à des directeurs photo reconnus pour leurs hautes compétences et leur engagement dans la profession. Au générique des films, les membres font suivre leur nom du sigle de l'association [ASC] qui est un signe de prestige et d'excellence. Cette association publie un mensuel, sur papier et dans le Web, *American Cinematographer*. Sa devise: *Loyalty* (Loyauté), *Progress* (Progrès), *Artistry* (Talent).

American Standards Association [ASA] ■ Organisme de normalisation américain formé en 1928 et renommé en 1969 American National Standards Institute [ANSI]. Cet organisme propose en 1941 un indice de mesure de la sensibilité et de la rapidité d'émulsion de la pellicule. Cet indice est appelé ASA, du sigle de cet organisme; il est maintenant remplacé par l'indice ISO (International Standardisation Organisation). ▷ **DIN**.

amorçage ■ Opération consistant à placer l'amorce de la pellicule dans l'armement de la caméra (*threading*).

amorce ■ [1] Bout de pellicule au début et à la fin de chaque bobine de film (*leader*, *projection leader*). L'amorce facilite le chargement dans la caméra et le changement de bobines lors de la projection. Elle évite d'y toucher et donc de salir et de rayer les premières et dernières images du film. On distingue l'amorce de début (ou amorce initiale) (*head tailer*), et l'amorce de fin (ou amorce finale) (*end tailer*). ◊ SYN. amorce de lancement, bande amorce. ▷ **élément.** ▪ [2] Bande neutre, généralement blanche, placée entre deux bandes pour assurer le synchronisme de l'image et du son au montage (*spacer*). ▪ [3] Se dit d'un personnage au bord du champ, en bordure de l'écran, dans un champ-contrechamp (*over-the-shoulder shot*).

amorce de lancement ▷ amorce.

amortissement ▪ Imputation des dépenses en prévision des recettes prévues (*paying off*). L'amortissement est souvent négatif et on dit alors que le film ne fait pas ses frais. ▷ **superproduction, budget.**

amour ▷ film d'amour.

ampère ▪ Unité de mesure d'intensité de courant électrique équivalant à l'intensité d'un courant constant qui, maintenu dans deux conducteurs parallèles, rectilignes, de longueur infinie, de section circulaire négligeable et placés à une distance de 1 mètre l'un de l'autre, dans le vide, produirait entre ces conducteurs une force de $2,10^{-7}$ newton par mètre de longueur (*amp, ampere*). Son symbole est A.

Ampex ▪ Marque de commerce du premier magnétoscope apparu sur le marché dans les années 1950 et mis au point en 1948 par la compagnie américaine Ampex.

AMPAS ▪ Sigle de l'American of Motion Picture Arts and Sciences.

ampli ▪ ARG. Amplificateur.

amplificateur [ampli] ▪ Appareil utilisé pour augmenter le signal sonore (*amplifier*). Conçu pour alimenter un haut-parleur, l'amplificateur accroît l'amplitude des oscillations électriques. La découverte de l'amplification permettra une avancée importante dans le développement du cinéma parlant. ▷ **préamplificateur.**

amplitude ▪ [1] Rapport entre les focales extrêmes d'un zoom (*lenght*). L'amplitude 10 est le rapport d'un zoom 25/250 mm. ▪ [2] Grandeur d'un signal électrique (*amplitude*). L'amplitude est l'une des trois caractéristiques d'un signal ; les deux autres sont la fréquence et la phase. Elle est exprimée en volts.

anaglyphe ▪ Procédé de stéréoscopie mis au point par Louis Ducos du Hauron en 1891 (*anaglyph process*). On couple deux épreuves d'un seul négatif en deux couleurs complémentaires (rouge et verte). Ce procédé annonce les appareils pour la projection en relief ou en trois dimensions [3D]. Il est utilisé dans les années 1920 et 1930, puis abandonné parce qu'il cause la fatigue des yeux et qu'il ne peut s'appliquer à un film en couleur. En 1935, la MGM produit un premier film d'une série intitulée *Audioscopiks*, un court métrage documentaire de huit minutes utilisant une nouvelle version du procédé.

anaglyphoscope ▪ Sorte de lunettes que doit porter le spectateur pour voir les images projetées en stéréoscopie (*anaglyphoscope*). Chaque verre est de l'une des couleurs complémentaires des filtres utilisés pour les images. ▷ **anaglyphe**.

analogie ■ Terme de la théorie. Ressemblance entre deux choses qui ne se ressemblent pas dans leur aspect général (*analogy*). Ainsi, on établit une analogie entre le cinéma et la réalité à cause de la forte impression de réalité produite par le film. Or la réalité enregistrée par la caméra est déjà modifiée par des paramètres comme le jeu des acteurs, la mise en scène tout autant que par les angles de prise de vues, les mouvements de caméra, les couleurs, les sons ou le montage. Un spectateur établit, par sa propre perception du film, une analogie plus ou moins valable avec la réalité. ▷ **effet de réalité**.

analogique ■ ADJ. Se dit de la technique en vidéographie qui représente, traite ou transmet des données sous la forme de variations continues d'une grandeur physique. ◊ CONTR. numérique.

analyse ■ [1] Décomposition d'un mouvement en différentes phases successives. Eadweard James Muybridge développe l'analyse photographique dès 1879 en enregistrant le galop d'un cheval par 24 appareils photographiques; ▷ **Zoopraxiscope**. ■ [2] Première des deux phases dans les procédés de reproduction de la couleur (*color analysis*). Sur des émulsions en noir et blanc, on effectue une sélection des couleurs. Cette phase permet de distinguer les radiations bleues, vertes et rouges grâce à des filtres appropriés. L'autre phase est la synthèse. ■ [3] Approche raisonnée des films en tant qu'œuvres autonomes et singulières, et du cinéma en tant que moyen d'expression artistique, culturelle et sociale (*analysis*). Son but est de faire comprendre et aimer une œuvre. On distingue plusieurs sortes d'analyse: l'analyse historique, l'analyse idéologique, l'analyse structurale, l'analyse narratologique, l'analyse psychanalytique, l'analyse iconique, etc. Certaines approches comme l'analyse psychologique, l'analyse des personnages et l'analyse thématique sont désuètes; ▷ **actant**. L'analyse dissocie certains éléments d'un film pour trouver leur organisation et leur signification. Elle dégage les règles régissant le récit et son organisation. Elle est différente, quoique voisine, de la critique et de la théorie. ▷ **code**, **commentaire**, **interprétation**, **sémiologie**.

anamorphose ■ Procédé optique permettant, grâce à une lentille, de comprimer horizontalement une image et de lui donner une forme allongée (*anamorphic process*). Emprunté à certains dessins de la Renaissance et à la peinture du XVIe siècle, le procédé d'anamorphose pour le cinéma est mis au point en 1926 par Henri Chrétien, qui le baptise Hypergonar; ▷ **Dyaliscope, Franscope, Totalvision**. Claude Autant-Lara en fera la première utilisation en 1928 dans *Construire un feu*, court métrage muet. La Twentieth Century Fox achète en 1952 les droits du procédé, l'enregistrera sous le nom de CinémaScope et sortira l'année suivante le premier film en CinémaScope, *La tunique* de Henry Koster. Superscope, Panascope et Warnerscope en sont différents dérivés; ▷ **Anorthoscope**. Le format 16/9 en télévision est un procédé électronique d'anamorphose;

il faut être équipé d'un récepteur comportant un circuit de décompression.

Angénieux ▪ Compagnie française fondée en 1935, reconnue pour sa fabrication d'objectifs de grande qualité, notamment ses zooms, et ses systèmes optiques à haute performance, particulièrement dans le domaine de l'infrarouge. Depuis 1993, Angénieux est une filiale de Thomson-CSF.

angle de champ ▪ Angle formé par les limites horizontales et verticales du champ couvert et de l'objectif comme sommet (*field angle*). L'angle dépend de la focale ; il est étroit avec une grande focale et large avec une courte focale.

angle de prise de vues ▪ Ce qui apparaît à l'écran, du centre de l'image à ses extrémités (*angle of view*). Techniquement, il s'agit de la place de la caméra selon un axe horizontal et un axe vertical. Cet angle dépend également du format de la pellicule et des lentilles de la caméra. Il y a changement d'angle lorsqu'il y a déplacement de la caméra. ▷ **axe optique.**

angle de projection ▪ Angle formé par l'axe du rayon de projection à partir de la cabine de projection et sa trajectoire mesurée à partir du centre de l'écran (*projection angle*).

angle normal ▪ Angle de prise de vues rendant approximativement à l'écran la vision de l'œil humain (*normal angle*). La lentille de 50 mm d'une caméra 35 mm donne cet angle. ▷ **perspective.**

angle oblique ▪ Angle de prise de vues qui n'est pas droit, qui est à la verticale (*oblique angle*). L'angle oblique corres-pond à une image en diagonale, à un plan asymétrique dans lequel le sujet n'est pas filmé de face. Par son utilisation, on suggère un regard subjectif, une hallucination, etc. ; on peut donner l'impression d'un personnage en déséquilibre ou créer une tension, comme dans les films d'horreur. ▷ **axe optique.**

animal ▷ **film animalier, film d'animaux, Rin Tin Tin.**

Animascope ▪ Procédé de simulation du dessin animé mis au point aux États-Unis consistant à filmer en direct des acteurs de manière à ce qu'ils ressemblent à des personnages de dessin animé en augmentant leur silhouette et en atténuant leurs traits spécifiques. Ils sont filmés sur fond noir et ensuite leurs images sont intégrées par cache mobile (ou travelling matte) dans un décor dessiné.

animateur, trice ▪ Personne qui, dans un film d'animation, s'occupe des mouvements et de leur style (*animator*). L'animateur est responsable de l'expression et de la crédibilité des mouvements. En cinéma d'animation, le terme est souvent synonyme de réalisateur. ▷ **intervalliste, *layout man.***

animation ▪ Forme abrégée de cinéma d'animation.

animation de figurines ▪ Méthode d'animation réalisée avec des personnages façonnés avec de la pâte à modeler et photographiés image par image (*claymation*). Cette méthode utilise des figurines en trois dimensions dont les déplacements requièrent un lent et minutieux maniement : 6 à 8 heures de travail donneront 3 secondes de film. Les films du réalisateur britannique Nick Park sont réalisés avec des figurines. ▷ **Aardman Productions.**

animation de marionnettes ■ Méthode d'animation réalisée avec des poupées articulées et photographiées image par image (*puppet animation*). On utilise des marionnettes à fils ou à gaine. Les premiers animateurs de marionnettes sont Segundo de Chomón et Émile Cohl. L'animation tchèque est reconnue internationalement dans ce domaine, notamment grâce au cinéaste Jiri Trnka qui puise son inspiration dans le folklore de son pays pour ses longs métrages comme *Prince Babaya* (1950) et *Les vieilles légendes tchèques* (1952). On utilise également des marionnettes pour les intégrer dans des films avec des acteurs ; le dessinateur et technicien d'animation américain Willis O'Brien est un pionnier dans le domaine ; sa plus connue des marionnettes, pourtant haute de 45 cm, est le gorille géant de *King Kong* (1933) de Merian Cooper et Ernest B. Schoedsack.

animation de silhouettes ■ Méthode d'animation réalisée avec des silhouettes découpées et photographiées image par image (*silhouette animation*). Les figures sont noires et plates, placées sur un fond transparent éclairé par-dessous pour qu'elles soient parfaitement visibles comme des ombres chinoises. La plus belle réussite du genre est le film de l'Allemande Lotte Reiniger, *Les aventures du prince Achmed* (1926). Au Japon, le film de silhouettes à transparences colorées atteint la perfection avec les œuvres de Noboru Ofuji comme *La baleine* (1952) et *Le vaisseau fantôme* (1956).

animation d'objets ■ Méthode d'animation réalisée avec des objets en trois dimensions photographiés image par image, déplacés ou déformés à chaque prise d'image (*object animation*). Le film le plus célèbre d'animation d'objets est *Il était une chaise* (1957) de Norman McLaren.

animation multiplane ■ Technique qui permet de donner à un dessin animé profondeur et relief par superposition de cellulos éloignés les uns des autres (*multiplane*). Cette technique a été mise au point par Walt Disney par l'utilisation d'un banc-titre pour son premier long métrage de dessin animé, *Blanche-neige et les sept nains* (1938).

animation par cellos ■ Mouvement obtenu par les dessins sur différentes feuilles transparentes, dites de celluloïd (*cel animation*). Sur un fond de scène peint sur un papier épais, on empile les cellos qui formeront une séquence, chaque cello représentant une forme ou le segment d'une forme (personnage, objet), stable ou en mouvement. Chaque figure, personnage ou objet, peut requérir plusieurs feuilles ; ainsi le corps d'un personnage peut être séparé en plusieurs parties et chaque partie dessinée sur une feuille. Cette méthode permet flexibilité et économie.

animation par ordinateur ■ Procédé d'animation combinant l'informatique et l'infographie (*computer animation*). On distingue trois façons de créer des images par ordinateur : *a)* l'animateur utilise uniquement des images numérisées ; *b)* à l'aide de calcul par interpolation, l'animateur utilise l'ordinateur pour les intervalles (les images intermédiaires entre deux mouvements) (*key animation*); et *c)* l'animateur simule les mouvements et les transformations d'un objet à animer. Les images réalisées par ordinateur peuvent être visionnées sur un moniteur ou sur un écran de télévision. La première animation par ordinateur est le fait de Bell Labs en 1963 qui a besoin de savoir le mouvement et le positionnement d'un satellite de communications à lancer. ▷ **animatique.**

animation sans caméra ▪ Animation faite directement sur la pellicule par des dessins peints ou grattés (*noncamera animation*). Plusieurs films d'animation de Norman McLaren sont réalisés sans caméra, entre autres, *Blinkity Blank* (1955). ▷ **dessin sur film, peinture sur film.**

animatique ▪ Animation par ordinateur réalisée grâce aux possibilités que donnent l'électronique et l'informatique (*animatics*). Plus largement, l'animatique désigne l'image de synthèse. Elle requiert des équipements dispendieux, des techniciens programmeurs et des mathématiciens. Le premier long métrage pleinement réussi en animatique est *Histoire de jouets* (1995) de John Lasseter. ▷ **cinéma numérique, infographie.**

animatronique ▪ Technique d'animation électronique de marionnettes mise au point par Jim Henson, créateur des Muppets, et réutilisée au cinéma dans des films comme *Les Pierrafeu* (1994) de Brian Levant (*animatronics*).

anime ▪ JAP. Contraction du terme de la transcription en alphabet latin du mot *katakana* qui signifie « animation ».

Anime désigne les films d'animation, souvent des dessins animés, réalisés au Japon, c'est pourquoi on parle parfois de cette production de « japonimation ». Ses origines sont diverses : le cinéma d'animation en général (y compris les productions américaines) et les *manga* ont une influence déterminante sur l'*anime*. Le genre connaît un succès grandissant dans les années 1960 jusqu'à la reconnaissance internationale et aux succès commerciaux contemporains, en passant par l'âge d'or des années 1980. L'*anime* se décline en sous-genres : le *mecha* (mettant en scène des robots avec de fortes armures) et le *hentai* (qui est un *anime* érotique). Parmi les cinéastes connus du genre, citons Osamu Tezuka, Hideaki Anno, Hayao Miyazaki et Mamoru Oshii.

Animographe ▪ Marque de commerce d'un appareil mis au point au début des années 1960 par Jean Dejoux pour le Service de recherche de la chaîne française ORTF. L'Animographe permet de simplifier les étapes intermédiaires de la production de courts métrages d'animation pédagogique et de messages publicitaires, et d'en réduire les coûts de fabrication; ▷ **intervalliste.** Il réduit à 300 dessins la minute au lieu des 1440 habituels. Il n'y a qu'un seul prototype de cet appareil, qui ne sert que durant une saison, en 1968, pour la production de la série télévisée *Les Shadoks.*

annonce ▪ [1] Ordre donné au début d'une prise de vues (« Silence ! », « Action ! ») (*announcement*). ▪ [2] Indications orales lancées par le clapman avant le tournage d'un plan et le claquage du clap (*announcement*).

Anorthoscope ■ Appareil mis au point par le Belge Joseph Plateau en 1836 qui le décrit comme « une espèce toute nouvelle d'anamorphose ». L'Anorthoscope est composé de deux disques dont le premier porte une figure anamorphosée peinte sur papier huilé et le second est muni de trois ou quatre fentes radiales servant d'obturateur ; la rotation restitue l'image dans ses proportions réelles. L'Anorthoscope est un des nombreux appareils préfigurant le Cinématographe. Il est également à l'origine du CinémaScope.

Anscocolor ■ Marque de commerce d'un procédé d'une pellicule couleur monopack mis au point aux États-Unis en 1941 par Ansco, une filiale d'avant-guerre de la firme allemande Agfa. L'Anscocolor, qui doit remplacer l'Agfacolor, est un procédé tripack. Peu de films sont tournés en Anscocolor ; les deux plus célèbres sont *Brigadoon* (1954) de Vincente Minnelli et *Les sept femmes de Barberousse* (1954) de Stanley Donen. Il disparaît au début des années 1960. ▷ **Orwocolor, Sovcolor.**

antenne parabolique ■ [1] Antenne à réflecteur parabolique servant à capter les sons dans la nature (*antenna*). Cette antenne s'avère très utile pour le tournage de films animaliers. ◊ SYN. parabole. ■ [2] Antenne en forme de cercle servant à capter les émissions de télévision diffusées par satellite (*satellite dish*). Son diamètre varie de 50 à 80 cm. Elle est indispensable à la réception numérique. ◊ SYN. parabole.

antépisode ■ Terme proposé par le Comité de terminologie de Radio-Canada pour traduire *prequel*.

anti-abrasif SUBST. ■ Traitement de la pellicule relativement à son émulsion afin de la protéger des rayures (*anti-abrasion*).

antibourreur SUBST. ■ Mécanisme de sécurité placé sur certaines caméras pour arrêter l'entraînement du film en cas de mauvais fonctionnement (*anti-jam*).

anticalorique ▷ filtre anticalorique.

anticurl SUBST. ■ Couche de gélatine non sensibilisée étendue sur le support de la pellicule pour empêcher qu'elle se courbe à cause de l'humidité qui affecterait sa couche sensible et son émulsion (*anticurl*). ▷ curling, tuilage.

anti-film ▷ dadaïsme.

antihalo SUBST. ■ Couche ajoutée sur la face dorsale de la pellicule pour éviter que les rayons lumineux, par réflexion, réimpressionnent l'émulsion (*anti-halation*). L'antihalo disparaît au développement. ◊ SYN. couche antihalo. ▷ **halo de réflexion.**

antihéros ■ Contraire du héros (*antihero*). L'antihéros désigne un personnage, le plus souvent de sexe mâle, ne possédant aucune des vertus positives attribuées à un héros. L'antihéros est porteur de valeurs « corrompues » qu'il défend souvent par les armes ; il se meut dans la société comme une bête fauve, un rebelle aux fausses causes. Tom Powers (James Cagney), dans *L'ennemi public* (1931) de William Wellman, incarne l'un des tout premiers antihéros au cinéma. Humphrey Bogart interprète plusieurs antihéros dans sa carrière. Travis (Robert De Niro) est un antihéros moderne insomniaque, neurasthénique et paranoïaque dans *Taxi Driver* (1976) de Martin Scorsese.

antistatique SUBST. ▪ Couche protectrice en acrylique ou en acéto-maléate de cellulose appliquée sur la pellicule vierge afin d'y empêcher la formation d'électricité statique (*antistatic*). ▷ **arborescence.**

appareil de cadrage ▪ Dans le projecteur, ensemble des pièces nécessaires au cadrage (*framer*). ◊ SYN. dispositif de cadrage.

appareil de prise de vues ▪ Appareil permettant l'enregistrement des images cinématographiques (*camera*). ◊ SYN. caméra, appareil enregistreur VX.

appareil de projection ▪ Appareil permettant la projection des images cinématographiques (*projector*). ▷ **projecteur.**

appareil enregistreur VX ▪ Appareil de prise de vues, caméra.

apparition ▪ [1] Action d'apparaître brièvement à l'écran. Une apparition est le plus souvent le fait d'un acteur ou d'une actrice très populaire. ◊ SYN. camée. ▪ [2] Moment d'une action où les silhouettes apparaissent (*appearance*).

applet ▪ Abréviation couramment répandue de applet Java.

applet Java ▪ Type de programme écrit en langage Java (*Java applet*). Généralisé sous le terme applet, un applet Java est inséré dans un document Web au moyen d'un marqueur ; il peut prendre la forme d'une séquence d'animation, d'une séquence sonore ou d'un graphique dynamique. Synonyme peu utilisé : appliquette.

application ▪ Forme abrégée de logiciel d'application.

appliquette ▪ Terme adopté par la Commission générale de terminologie et de néologie de France pour traduire le terme anglais *applet*. Il est peu utilisé.

apprentie star ▪ Jeune actrice qui rêve de gloire.

Arabiscope ▪ Marque de commerce d'un procédé de prise de vues et de projection de type Techniscope. Il permet d'inscrire une image large sur un film 35 mm. Parce que ce procédé utilise une avance de deux perforations, la vitesse de défilement s'en trouve ralentie et altère la qualité de l'image et du son.

arborescence ▪ Parasite affectant l'image vierge d'un film à la suite d'une décharge électrique statique (*tree*). L'arborescence laisse des traces sous forme de ramifications après le développement. Une couche antistatique prévient cet accident.

arc électrique ▪ Émission de lumière intense fournie par une décharge électrique entre deux électrodes rapprochées (*arc light*). Ce type d'arc est surtout utilisé dans un projecteur de film. La lampe à arc est à la base du projecteur d'éclairage mais n'est presque plus utilisée, remplacée par les lampes à décharge comme les lampes HMI. ◊ SYN. lampe à arc. ▷ **graphite, xénon.**

archétype ▪ Personnage type qui représente un modèle de caractère, qu'on retrouve autant au cinéma qu'en littérature et au théâtre (*archetype*). Dans *Les hauts de Hurlevent*, le roman (1848) d'Emily Brontë et le film (1939) de William Wyler avec Laurence Olivier, le personnage de Heathcliff est l'archétype de l'amant sauvage et violent. Dans *Sur les quais* (1954) d'Elia Kazan, Terry Malloy (Marlon Brando) représente l'archétype du mauvais garçon devenu un sauveur sous l'influence bénéfique de l'amour et de la religion.

architecte-décorateur ▷ décorateur.

archives du film PLUR. ■ [1] Endroit où sont entreposés, pour l'étude et la recherche, films, scénarios et tout autre matériel ayant servi à la réalisation d'un film (*archive*). ■ [2] Se dit d'une institution qui se consacre à la conservation et au catalogage des films (*archives*). Les deux archives du film les plus connues sont la Britain's National Film Archives, à Londres, en Grande-Bretagne, fondée en 1935, et la Pacific Film Archives, de Berkeley, aux États-Unis, qui est intégrée en tant que Berkeley Art Museum et Pacific Film Archive à l'Université de Californie, et dont les activités débutent en 1963 avec la construction d'un édifice pour ses archives et son musée. ▷ **cinémathèque**, **dépôt légal**.

ardoise VX ■ Plaquette en ardoise préfigurant le clap et utilisée durant la période du muet (*slate*). Le numéro du plan y est inscrit à la craie. ◊ SYN. pancarte, tableau.

argentique ADJ. ■ [1] Se dit de la caméra utilisant de la pellicule, par opposition à la caméra numérique (*film camera*). ■ [2] Se dit du support qu'est la pellicule.

argot ■ Vocabulaire particulier à un groupe ou à une profession. Dans le milieu du cinéma, il existe un argot appelé communément argot de plateau. Les termes argotiques y sont nombreux. Familiers, ils sont souvent des abréviations ; exemples : « ampli » pour amplificateur, « labo » pour « laboratoire », « machino » pour « machiniste ».

argument ■ Exposé sommaire du scénario d'un film (*outline*). L'argument donne aux producteurs une idée générale de l'intrigue et des personnages. ◊ VOISIN synopsis.

armature métallique ■ Monture protectrice de métal qui sert de support à l'écran de projection (*metal mount*). Cette monture est surtout utilisée pour le cinéma amateur.

armement RARE ■ Opération consistant à placer une pellicule dans la caméra (*loading*). ◊ SYN. chargement.

armoire de séchage ■ Endroit vitré où la pellicule, placée sur des galets, est mise à sécher (*drying case*). La pellicule tourne en boucle et sous une ventilation d'air chaud.

AromaRama ■ Marque de commerce d'un procédé de cinéma odorant mis au point à la fin des années 1950 par l'Américain Charles Weiss. Un choix de 72 odeurs est diffusé durant la projection par un système de ventilation semblable à celui de l'air conditionné. On connaît la projection d'un seul long métrage en Aroma-Rama, le documentaire de Carlo Lizzani, *La muraille de Chine* (1959). ▷ **Odorama**, **Smell-O-Vision**.

ARP ■ Sigle de la Société civile des auteurs-réalisateurs-producteurs.

arrangement ■ Adaptation de partitions musicales préexistantes (*arrangement*).

arrangeur, euse ■ Personne qui fait l'adaptation ou l'arrangement orchestral d'une partition musicale (*arranger*).

arrêt ■ Commande permettant l'arrêt d'un appareil grâce à un bouton-poussoir ou à un interrupteur (*off*, *stop*).

arrêt sur image [arrêt sur l'image] ▪ [1] Mode de lecture de l'image sur les caméscopes et les lecteurs de vidéos obtenu par l'arrêt de défilement de la bande ou du disque (*stop frame*). ▪ [2] Trucage réalisé en laboratoire qui provoque l'arrêt du mouvement par la reproduction de la même image un certain nombre de fois (*freeze frame*).

arrêt sur l'image ▪ Variante d'arrêt sur image.

Arri ARG. ▪ Arriflex.

Arricode ▪ Créé par la société Arriflex, code généré par la caméra et lu uniquement par une machine. Il est inscrit sur une piste d'un demi-millimètre, à l'intérieur des perforations, et il n'interfère donc pas avec d'autres codes. Il peut être utilisé dans n'importe quelle chaîne utilisant le marquage temporel SMPTE. Il ne peut être inscrit que lorsque la caméra tourne à une vitesse nominale de 24 i/s ou 25 i/s. ◊ SYN. *FIS*.

arrière-plan ▪ Espace le plus éloigné de l'appareil de prise de vues, se situant derrière le sujet principal filmé (*background*). L'arrière-plan correspond pour l'œil du spectateur à ce qui est au fond du plan. Un rapport étroit est établi entre l'arrière-plan et la profondeur de champ. L'arrière-plan est souvent soigné par le directeur artistique car il permet de créer une ambiance. S'y tiennent souvent les seconds rôles et les figurants dont les gestes ou les actions ne sont pas prééminents dans le récit. ◊ CONTR. premier plan. ▷ **second plan.**

Arriflex [Arri] ▪ Marque de commerce de caméras 16 mm et 35 mm fabriquées par la compagnie allemande Arnold et Richter. Mises au point en 1937, elles sont munies d'une visée reflex. Elles se caractérisent par leur légèreté et leur volume relativement petit. Un nouveau modèle, plus petit et léger, portable, apparaît dans les années 1960 et est utilisé abondamment par les cinéastes de la Nouvelle Vague et du cinéma-vérité. L'Arriflex 765 est mise au point en 1989 pour le 70 mm.

Arrivision ▪ Marque de commerce appartenant à la compagnie Arriflex et désignant un dispositif employé sur des caméras pour réaliser un film en relief [3D].

art ▪ Ensemble des activités créatrices qui produisent un idéal esthétique (*art*). Une définition esthétique attribuée à une œuvre se rapporte le plus souvent au fait que cette œuvre provoque des sensations et des émotions. En 1908, on accole le mot « art » à « film » avec la société Le film d'art que fondent les frères Laffite, secrétaires de la Comédie-Française ; leur but principal est d'élargir le public du cinéma, alors plutôt populaire, aux couches plus cultivées de la population par l'adaptation de pièces de théâtre. En 1919, le critique Ricciotto Canuda définit le cinéma comme « septième art ». De nos jours, le cinéaste est un artiste dans la mesure où il impose sa vision par la mise en scène ; ▷ « **Politique des auteurs** ». ▷ **art vidéo.**

art director ANGL. ▪ Terme fréquemment utilisé en français au lieu de son équivalent qui est « directeur artistique ». Personne responsable de la conception artistique d'un film, de tout ce qui apparaît à l'écran (les décors, les costumes et les accessoires). Durant l'âge d'or du cinéma américain, Hans Dreier, attaché à la Paramount et travaillant avec Cecil B. DeMille et Josef von Sternberg, devient l'un des plus remarquables directeurs artistiques ; le décor est pour lui l'expression du climat psychologique du film. ▷ **décorateur.**

Arte ▪ Chaîne publique culturelle de télévision franco-allemande. Créée en 1991, cette chaîne est financée par des fonds publics et diffuse des émissions à caractère culturel et international de qualité, généralement exigeantes. Arte regroupe à parts égales la Sept (Société d'édition de programmes de télévision) et Arte Deutschland TB Gmbh, filiale des chaînes nationales ARD et ZDF. Elle s'associe par la suite à d'autres télévisions publiques en Europe : RTBF en Belgique, SRG SSR Idée Suisse en Suisse, TVE en Espagne, TVP en Pologne, ORF en Autriche, YLE en Finlande, NPS aux Pays-Bas, BBC en Grande-Bretagne et SVT en Suède. Elle est diffusée simultanément en plusieurs langues, dans toute l'Europe, depuis Strasbourg. Elle est un partenaire important de la production de films européens.

artefact ▪ [1] Altération dans la perception d'un phénomène, reproduite par une technique de représentation visuelle (*artefact*). ▷ **moirage, crénelage.** ▪ [2] Décalage entre le jeu d'un acteur et la situation de la scène ou du décor (*artefact*). L'artefact donne alors l'impression d'une mise en scène artificielle. Les films de Peter Greenaway fourmillent d'artefacts.

art et essai ▪ Label décerné par l'institution gouvernementale responsable du cinéma en France, le Centre national de la cinématographie [CNC], aux salles diffusant un cinéma de qualité et ayant un caractère de recherche et de nouveauté. Un décret du ministre de la Culture de 2002 définit et classe les établissements d'art et essai. Ce classement est révisé chaque année par le CNC sur avis de sept commissions régionales, puis sur celui d'une commission générale. On compte un peu plus de 1000 salles en France ayant obtenu ce label ; ces salles font partie de l'Association française des cinémas d'art et essai [AFCAE]. ▷ **cinéma d'art et essai.**

articulation ▪ Système d'attache, articulé ou non, servant à fixer la caméra sur le plateau du trépied (*tripod socket*).

artisan, e ▪ Personne participant à la réalisation d'un film (*artisan*). Il peut s'agir, entre autres, d'un technicien, d'un interprète ou d'un auteur. ▷ **participation.**

artiste ▷ **film d'artiste.**

Artistes associés ▪ Traduction française du nom de la compagnie américaine United Artists.

Artmédia ▪ La plus importante agence d'artistes de France. Artmédia est créée en 1970 par Gérard Lebovici après fusion avec la Société André Bernheim et la Société Gérard Lebovici. Depuis les départs successifs de Gérard Lebovici, en 1982, et de Jean-Louis Livi, en 1990, Bertrand de Labbey en assure la direction. Artmédia, représente à ce jour plus de 600 talents (artistes-interprètes, scénaristes, réalisateurs, metteurs en scène, compositeurs de musique) dans tous les domaines du cinéma. Elle emploie neuf agents, dont le plus connu est Dominique Besnehard.

art médiatique ▪ Forme d'expression artistique utilisant l'électronique, l'informatique, les moyens de communication (l'holographie, l'Internet, la télécopie, la radio, la télévision et la vidéographie) ainsi que le cinéma (*media art*). Les œuvres en art médiatique sont surtout des installations multimédias et interactives.

arts martiaux ▷ film d'arts martiaux.

art vidéo ▪ [1] Forme d'expression artistique utilisant le support vidéographique comme véhicule (*video art*). ▪ [2] Ensemble des expérimentations exploitant les techniques de l'électronique (la bande vidéographique, l'infographie, la télévision, etc.) (*video art*). Les premières expériences de la vidéo sont diffusées à la fin des années 1950 à la télévision, par la chaîne WGBH de Boston. L'art vidéo se propage dans les années 1960 dans les galeries d'art et se caractérise par ses multiples courants, genres et formes. Un de ses plus illustres auteurs est Nam June Paik, qui tient une première exposition sur support électronique en 1963 à la galerie Parnasse, de Rolf Jarhling, à Wuppertal, en Allemagne. Avec la vidéo légère, le marché de l'art vidéo se développe rapidement à partir de 1976; ▷ **Portapack**. L'art vidéo est consacré comme art à part entière lors d'une première exposition d'œuvres au Musée d'art moderne de New York [MoMA] en 1968. Parmi les principaux auteurs en art vidéo, citons les noms de Luc Bourdon, Jean-Michel Gautreau, Thierry Kuntzel, Steina et Woody Vasulka, Bill Viola et Wolf Vostell. ◊ VAR. vidéo d'art.

ASA ▪ Sigle de l'American Standards Association.

ASC ▪ Sigle de l'American Society of Cinematographers.

ASIFA ▪ Acronyme de l'Association internationale du film d'animation.

aspect ratio ANGL. ▪ Terme fréquemment utilisé dans le métier, mais ambigu puisqu'il peut désigner tout autant le format et le ratio que le standard du film.

asservissement ▪ Mécanisme permettant le contrôle d'un appareil par un signal provenant d'un autre appareil, entre un appareil vidéo et un ordinateur, par exemple (*slave*); ▷ **signal pilote**. Au cinéma, l'asservissement a de multiples fonctions, tant à la prise de vues qu'à la projection. Le Digital Theater System [DTS] utilise des cédéroms pour la projection de films; les disques et les projecteurs doivent donc être synchronisés constamment par un mécanisme d'asservissement.

assistant, e ▪ Personne qui en aide une autre dans son travail (*assistant*). On distingue l'assistant metteur en scène, l'assistant caméraman, l'assistant décorateur, l'assistant à la production, l'assistant animateur, etc. Selon le type de production, le film peut avoir plusieurs assistants pour un même travail, alors classés suivant leur nombre: le premier, le deuxième et le troisième.

assistant-caméraman RARE ▪ Pointeur (*focus puller*, en Europe).

Association française de normalisation [AFNOR] ▪ Association créée en 1926 ayant une triple mission: *a)* élaborer des normes; *b)* publier, diffuser et promouvoir les normes françaises dans les domaines de l'audiovisuel, de l'informatique et des télécommunications; et *c)* délivrer les certificats de produits (labels). Elle compte environ 3000 entreprises, possède un centre de documentation et organise des colloques et des séminaires pour les industriels. Son équivalent britannique est la British Standard Institution [BSI]. L'AFNOR est membre de l'ISO.

Association française des cinémas d'art et essai [AFCAE] ▪ Association créée en 1955 par des directeurs de salles et des critiques pour défendre et promouvoir le cinéma en tant que valeur artistique singulière afin qu'il ne soit pas soumis aux seuls diktats des lois du marché. L'Association française des cinémas d'art et essai obtient un statut officiel en 1959 du ministre de la Culture, André Malraux. Comptant à ses débuts 5 salles adhérentes, elle compte depuis plus de 1000 établissements (soit plus de 2000 écrans) qui sont presque tous classés en catégorie «Art et essai». Près de 20 associations départementales et régionales en font également partie.

Association internationale du film d'animation [ASIFA] ▪ Association créée en 1960 à Annecy, en France, dont le but est de protéger, conserver et promouvoir le cinéma d'animation. Référence internationale en cinéma d'animation, elle compte plus de 3000 membres dans 37 pays. L'association organise notamment la Journée mondiale du cinéma d'animation le 28 octobre de chaque année pour commémorer l'anniversaire de la première projection d'un film d'animation à l'aide du Théâtre optique par Émile Reynaud au Musée Grévin à Paris en 1892. Son siège social est situé à Paris.

assurance ▪ Partie du budget de la production d'un film ou d'un programme audiovisuel servant à couvrir les risques encourus lors de sa fabrication (*insurance*). L'assurance garantit généralement l'achèvement du projet dans les délais prévus. Elle protège le producteur contre des risques déterminés et porte sur les pertes pécuniaires et matérielles, et la responsabilité civile.

astigmatisme ▪ Aberration optique affectant les lignes verticales dans une image, qui ne sont pas aussi nettes que celles horizontales (*astigmatism*). ▷ **lentille correctrice**.

asynchronisme ▪ Décalage entre le son et l'image. ◊ CONTR. synchronisme.

atelier de menuiserie ▪ Lieu où travaillent les menuisiers responsables de tout le travail de menuiserie nécessaire à la construction des décors (*carpenter shop*).

atmosphère ▪ [1] Synonyme d'ambiance. ▪ [2] ▷ **film d'atmosphère**.

attaché, e de presse ▪ Personne responsable de la publicité d'un film (*press agent, publicist*). L'attaché de presse élabore les campagnes de presse. Son action est dirigée essentiellement vers les journalistes de la presse écrite et électronique afin de susciter des articles et des reportages sur les films dont il s'occupe. Il travaille étroitement avec le secteur des relations publiques dont il est aussi parfois responsable.

attractions PLUR. ▪ Autrefois, numéros de music-hall présentés entre deux séances d'un programme (*attractions*). ▷ **entracte**.

attrape ▷ accroche.

audi ARG. ▪ Auditorium.

audience ▪ Nombre de personnes ayant vu un film à la télévision ou un produit télévisuel (*ratings*). Il est l'équivalent de l'indice d'écoute (ou cote d'écoute). Le système de mesure d'audience connu en France est l'Audimat et au Canada, le BBM.

audio ▪ [1] ADJ. Ce qui se rapporte à l'enregistrement et à la reproduction des sons (*audio*). ▪ [2] SUBST. Élément distinct de l'image : le matériel et la bande sonores (*audio*). ▷ **bande audio.**

audiogramme ▷ stéréoscopie.

***audio video interleave* (AVI)** ANGL. ▪ En multimédia, procédé de compression logicielle qui inclut son et image synchronisés dans la production vidéo. Traduction française non courante : audio vidéo mélangés.

audio vidéo mélangés ▪ Traduction française de *audio video interleave*. Le terme n'est pas courant dans le domaine du multimédia.

audition ▪ Séance d'écoute pour la sélection d'un ou plusieurs comédiens pour une production donnée (*screen test*, ARG. *livestock show*). L'audition est généralement organisée par un responsable du casting. ▷ **bout d'essai [1].**

audiovisuel SUBST. ▪ [1] Ensemble des moyens mis en œuvre dans la production de l'image et du son : l'antenne, le caméscope, le magnétophone, le magnétoscope, le projecteur de diapositives, l'ordinateur, etc. (*audiovisual*). ▪ [2] Domaine couvrant tous les moyens de communication sonores et visuels, principalement la télévision (*audiovisual*). L'audiovisuel

a longtemps désigné un moyen d'apprentissage scolaire. On tend à y intégrer le cinéma, mais comme élément du marché du magnétoscope, de la vidéocassette et du cédérom ; le film devient alors un produit audiovisuel. « Audiovisuel » tend à être remplacé par « multimédia ». Par extension, le mot désigne en France l'ensemble des chaînes de télévision. ▷ **PAF.**

auditorium [audi] ▪ Salle aménagée pour les enregistrements des voix, les mixages, les doublages et les play-back ainsi que pour le bruitage et la musique (*auditorium, recording studio*). ◇ SYN. studio d'enregistrement.

Auricon ▪ Marque de commerce de caméras 16 mm permettant l'enregistrement direct de l'image et du son optique (et plus tard, du son magnétique) sur un même support. Le premier appareil de prise de vues est l'Auricon Pro, mis au point en 1942 et destiné aux reportages des correspondants de guerre. Auricon lance un modèle de caméra portable en 1957, le Cine-Voice.

auteur ▪ Terme venu de la littérature et du théâtre et qui désigne, au cinéma, toute personne ayant réalisé un film (*author*). Il peut s'agir d'un réalisateur ou d'un metteur en scène. Dans les années 1950, par l'action des critiques des *Cahiers du cinéma*, ce mot désigne le privilège d'un cinéaste d'avoir une vision du monde et un style qui se traduisent, dès lors, par la mise en scène ; on emploie alors l'expression « politique des auteurs ». L'auteur impose sa personnalité au film. Sa pensée s'incarne dans les matériaux cinématographiques, particulièrement dans l'intrigue filmée. Selon qu'on a affaire à tel auteur ou à tel autre, tout dans le film (le choix des plans, des couleurs et des cadrages) revêt une signification différente. Quoique distinct et identifiable à un auteur, le film n'en demeure pas une œuvre collective, créé dans un espace contraignant et normalisé. On oppose film d'auteur (ou cinéma d'auteur) à film commercial (ou cinéma commercial). ▷ **auteurisation, énonciation.**

auteurification NÉOL. ▪ Mot apparu à la fin des années 1980 dans la critique pour désigner la manière qu'ont certains cinéastes d'apposer leur signature à leurs films. L'auteurification se caractérise par des signes d'énonciation appuyés, comme le choix des plans ou des couleurs. Synonyme de maniérisme, ce terme dépréciatif est utilisé pour le cas de réalisateurs français comme Jean-Jacques Beineix et Luc Besson.

auteurisation NÉOL. ▪ Mot tiré de la théorie du cinéma désignant la façon dont le réalisateur se pose en tant qu'auteur en marquant son film de signes d'énonciation repérables : le choix des angles de caméra ou des couleurs, le jeu particulier des acteurs, etc. L'auteurisation désigne une manière qu'a un auteur de personnaliser son film ; on y reconnaît dès lors sa « signature ». L'auteurisation peut être évidente pour un film de fiction, elle l'est plus pour un journal et elle l'est moins pour un documentaire traditionnel.

autoblimpé ▪ Appareil de prise de vues muni d'un blimp incorporé (*self-blimped*).

autofiction ▪ Forme de discours cinématographique qui associe la narration à l'autobiographie. Dans une autofiction cinématographique, l'auteur raconte sa propre vie, sous forme romancée, parfois proche du documentaire. Elle se veut quête d'identité et de liberté autant que catharsis et roman d'apprentissage. C'est souvent une confession publique. Parmi les exemples d'autofiction cinématographique, citons *Nick's movie* (1980) de Wim Wenders, *Intervista* (1987) de Federico Fellini, *Blue* (1993) de Derek Jarman, *Journal intime* (1993) de Nanni Moretti, *No sex last night* (1994) de Sophie Calle, *JLG/JLG* (1995) de Jean-Luc Godard et *Tarnation* (2004) de Jonathan Caouette. ▷ **lettre, journal.**

autofocus ▪ Dispositif permettant de régler automatiquement la mise au point au moment de la prise sur une caméra amateur (*autofocal*).

automappage ▪ Procédé infographique de fabrication d'images kaléidoscopiques (*automapping*). Ce procédé donne une image qui se reproduit sur elle-même indéfiniment. ▷ **mappage.**

automate ▪ [1] Mécanisme autoréglable ajouté au projecteur (*automate*). Grâce à l'automate, le projectionniste programme l'exécution automatique de la projection, comme l'ouverture et la fermeture des rideaux, le réglage de la lumière ambiante, etc. ▪ [2] Technique permettant à une caméra de faire des mouvements très complexes grâce à un programme informatique (*motion control*). L'automate facilite le tournage des plans pouvant contenir des effets spéciaux.

automatisme ▪ Ensemble des dispositifs permettant de contrôler et de régler automatiquement certaines fonctions sur les caméras amateurs ou non professionnelles : la mise au point, l'ouverture du diaphragme, le niveau sonore, etc. (*automatic control*). ▷ **autofocus.**

autonomie ■ Durée maximale du fonctionnement d'une caméra entre deux chargements de pellicule ou de son moteur électrique entre deux recharges de batterie (*stand alone disponibility*).

autorisation de travail ■ Permis permettant de travailler sur un plateau dans son pays ou à l'étranger (*work permit*). Cette autorisation est délivrée par les syndicats, qui protègent ainsi leurs membres. ◊ SYN. permis de travail.

autoroute de l'information VX ■ Espace planétaire établi par des réseaux informatiques (*information superhighways*). ◊ SYN. autoroute électronique. ▷ **cyberespace, Internet.**

autoroute électronique ▷ **autoroute de l'information.**

AV ■ Abréviation courante indiquant que le matériel informatique est conçu pour la lecture et l'enregistrement audio et vidéo.

à-valoir distributeur ■ Somme versée à un producteur par un distributeur en échange de droits exclusifs d'exploitation du film anticipé (*advance against distribution*). ◊ SYN. avance distributeur.

avance distributeur ▷ **à-valoir distributeur.**

avance rapide ■ Touche de commande de rembobinage rapide d'une bande magnétique, magnétoscopique ou vidéographique (*fast forward*).

avance sonore ■ Décalage entre l'emplacement de la lecture du son et l'emplacement de l'image y correspondant (*sound advance*). Il y a décalage parce que la tête de lecture sonore sur le projecteur est placée avant la fenêtre de projection.

avance sur recettes ■ Fonds investis dans le film avant sa réalisation et dont le remboursement dépend des recettes (*advance against takings*). En France, l'avance sur recettes est gérée par une commission du Centre national de la cinématographie [CNC], qui accorde une avance à un film sur la présentation de son scénario. Cette avance constitue généralement moins de 5 % du budget total d'un film.

avant-garde ▷ **cinéma d'avant-garde.**

avant-plan ■ Espace situé entre l'appareil de prise de vues et le sujet principal filmé (*foreground*). L'avant-plan correspond pour l'œil du spectateur à ce qui est le plus proche dans le plan. Un rapport étroit est établi entre l'avant-plan et la profondeur de champ. ◊ SYN. premier plan. ◊ CONTR. arrière-plan.

avant-première ■ Projection d'un film avant sa sortie générale (*preview*). L'avant-première précède la première, souvent organisée avec faste. Le terme recouvre des activités aux buts différents mais proches ; il peut alors signifier : *a)* une projection dans une manifestation cinématographique comme un festival, qui donnera une aura particulière au film, et *b)* une projection devant un public ciblé pour vérifier ses réactions et permettre parfois un remontage de dernière minute. ▷ **avant-première fugitive.**

avant-première fugitive ■ Projection devant un public invité soit par le producteur, afin de modifier éventuellement le montage du film, soit par l'attaché de presse afin de favoriser le succès du film par le bouche à oreille (*sneak preview*).

Avant-scène du cinéma (L') ▪ Revue française de cinéma fondée en 1961 qui publie, à chaque numéro, le scénario *in extenso* d'un film important, avec en plus fac-similé de l'affiche du film, liste complète de la distribution, photos du film, analyses, histoire de sa création, présentation du film et de l'auteur. S'y trouve également un choix des critiques parues à la sortie du film. *L'avant-scène du cinéma* traite également, de manière plus concise, de films récents et de l'actualité cinématographique. Avec plus de 500 numéros, la revue constitue un catalogue irremplaçable et un outil précieux pour l'analyse de films. Parution : bimensuelle.

aventures ▷ film d'aventures.

avertissement ▪ [1] Déclaration du producteur placée au générique de fin de film attirant l'attention du spectateur sur un point particulier (*warning*). Cet avertissement signale que toute ressemblance avec des personnes vivantes ou décédées serait pure coïncidence. Le producteur se dégage alors de toute accusation ou poursuite qui pourrait survenir (*disclaimer*). Un nouvel avertissement est apparu au générique des films dans les années 1990 indiquant que les animaux employés dans le film n'ont pas été maltraités ou n'ont pas été réellement tués. ▪ [2] Message apparaissant au début de la lecture d'un vidéogramme signalant que son utilisation est strictement privée et que toute duplication et toute représentation publique de ce vidéogramme

constituent une infraction pénale (*warning*). ▪ [3] En audiovisuel, déclaration du diffuseur attirant l'attention sur un point particulier du film (*warning*). Les chaînes de télévision placent dorénavant, avant la présentation du film, un carton indiquant le classement du film (cote) ou avertissant le public que l'œuvre contient des scènes de violence ou des scènes sexuelles explicites. ▷ **classement**.

AVI ▪ Sigle de *audio video interleave*. Extension affectée aux fichiers vidéo pour Windows, de Microsoft. L'extension s'écrit à la suite du nom du ficher ainsi : [.AVI].

Avid ▪ [1] Abréviation de Avid Technology. ▪ [2] FAM. Abréviation donnée par les gens du métier aux différents appareils de la société Avid Technology. On dit : monter sur une Avid.

Avid Media Composer [Avid FAM.**]** ▪ En vidéographie, appareil de montage virtuel numérique mis au point par la société américaine Avid Technology et lancé en 1989. À partir de cet appareil, la société met au point différents modèles d'Avid pour le montage hors ligne et en ligne, fonctionnant avec un ordinateur Macintosh et stockant les images électroniques sur le disque dur de l'ordinateur. Le Avid Media Composer 8000, destiné au montage virtuel hors ligne et en ligne en vidéo, permet le montage du film et le mixage de 24 bandes audio. Son avantage est un gain de temps et une grande souplesse dans la manipulation des plans. Une version de cet appareil, le Avid Film Composer, lancé en 1994, est spécialement conçue pour le montage d'un film ayant une cadence de 24 images à la seconde. On peut y stocker huit heures de montage en ligne. Il permet également de fabriquer des effets spéciaux comme les fondus, les volets, les superpositions et les caches mobiles. La conformation de la copie film s'effectue à partir des numéros de bord du film conservés sur les images électroniques. ▷ **Final Cut Pro**.

Avid Technology ▪ Société américaine créée en 1987 et spécialisée dans le développement d'outils informatiques de production audiovisuelle et médiatique. Elle met au point une large gamme de logiciels de montage, de compositing, d'effets spéciaux, de mixage et d'infographie 2D et 3D pour le film, la vidéo et la haute définition. Ses produits sont reconnus pour leur performance. C'est en 1989 que Avid propose le premier système de montage virtuel hors ligne avec Avid Media Composer. Suivent durant les années 1990 plusieurs produits qui remplaceront rapidement des outils de montage comme la Moviola et annonceront le déclin du montage traditionnel de la pellicule 35 mm. *Pulp Fiction* (1994) de Quentin Tarantino est un des premiers films montés sur une Avid. La majorité des émissions de télévision, des publicités et des films de long métrage sont aujourd'hui montés sur des produits Avid ou d'autres systèmes concurrents ayant émergé depuis. Avid crée des versions grand public de ses produits professionnels comme Xpress DV ; elle propose même une version gratuite permettant de se familiariser avec le montage virtuel. Elle élargit à la fin des années 1990 son domaine d'activité au stockage et à la gestion des médias. Les produits clés de cet élargissement sont les systèmes de stockage partagé Unity MediaNetwork et Unity ISIS. En 2006, la société lance Avid Interplay pour simplifier les flux de travail et la gestion de contenus pour la télévision et la postproduction.

axe de projection ▪ Ligne droite imaginaire reliant l'objectif du projecteur au centre de l'écran (*projection axis*). ▷ **angle de projection**.

axe de visée ▪ Ligne droite imaginaire reliant l'œil du caméraman au centre de l'image, qu'il voit par le viseur (*viewfinder axis*).

axe optique ▪ Ligne droite imaginaire reliant l'objectif de la caméra, le champ couvert par cet objectif et le centre de l'image (*optical axis*). Un déplacement par rapport à cette ligne donne une plongée ou une contre-plongée. ▷ **angle de prise de vues**.

azimut ▪ Angle formé par les têtes de lecture ou la fente de lecture d'un magnétophone par rapport à l'axe de défilement de la bande (*azimuth*).

azimutage ▪ Action de régler l'azimut (*azimuth adjustment*). L'azimut est mal réglé si la bande d'un magnétophone ne défile pas exactement à la perpendiculaire par rapport aux têtes de lecture ou à la fente de lecture ; il y aura alors perte des hautes fréquences.

B ▷ enroulement A et B et montage A et B.

baby ARG. ■ Baby spot.

baby spot [baby] ANGLIC. ■ Petit projecteur de 750 watts (*baby spot*).

Babylone ■ Nom régulièrement donné à Hollywood, capitale de l'empire cinématographique, ville mythique par son éclat et son faste, comparée à la ville de Babylone, foyer de la civilisation asiatique reconnue pour ses monuments architecturaux. ▷ **Mecque du cinéma, usine à rêves.**

bac ■ Caisse du chutier pour recueillir en vrac la pellicule en cours de montage (*cutting barrel*).

back light ANGL. ■ Terme couramment employé en français en lieu et place de contre-jour.

back projection ANGL. ■ Terme employé couramment en français en lieu et place de rétroprojection.

baffle ARG. ▷ **baffle de scène.**

baffle de scène [baffle] AMÉRIC. ■ Plaque rigide sur laquelle est monté le diffuseur d'un haut-parleur afin d'améliorer le rendement acoustique (*baffle*). On ne doit pas confondre le baffle et l'enceinte acoustique.

BAFTA ■ Acronyme de British Academy of Film and Television Arts.

bafta ■ Acronyme de British Academy of Film and Television Award, récompense remise par la British Academy of Film and Television Arts.

bague allonge ■ Anneau placé entre l'objectif et la caméra (*extension ring*). En microcinématographie, la bague allonge permet de filmer de très près.

bague d'accouplement ■ Dispositif servant à fixer des objectifs et des accessoires standards ou non sur la caméra (*lens adapter*). ◊ SYN. bague intermédiaire.

bague intermédiaire ▷ bague d'accouplement.

bague de mise au point ■ Anneau gradué en mètres ou en pieds placé autour de l'objectif, qu'on peut déplacer d'avant en arrière afin d'assurer la mise au point (*focus ring*).

bain FAM. ■ [1] Récipient contenant une solution chimique pour le développement de la pellicule (*bath*). ▷ **bain de développement.** ■ [2] Lavage de la pellicule après son développement ou son tirage (*bath*). On connaît le bain affaiblisseur, d'arrêt, de blanchiment, de clarification, de fixage, de renforcement, de régénération, de renouvellement, de teinture, réducteur et tannant.

bain de développement ▪ Solution chimique dans laquelle on plonge la pellicule pour son développement (*bath*).

baïonnette ▪ Dispositif de fixation de l'objectif à la caméra qui rappelle la baïonnette (*bayonet*). La baïonnette peut être une monture, un anneau ou une bague.

balance ▪ [1] Organisation des volumes, des masses et de la lumière dans l'espace du champ afin d'obtenir l'image souhaitée (*balance*). ▪ [2] Réglage des appareils servant à l'enregistrement sonore dans le but d'obtenir l'enregistrement musical souhaité (*balance*). ▪ [3] Réglage de l'éclairage en fonction des couleurs et de l'adaptation de l'émulsion ou de l'utilisation appropriée de filtres (*color balance*).

balayage ▪ Mouvement de caméra, généralement un panoramique, montrant rapidement le décor ou les personnages dans un lieu (*sweep*). On dit: balayer l'espace. ▷ **fouettage**. ▪ [2] Procédé technologique recomposant des signaux électriques en images pour les moniteurs vidéo, les téléviseurs et les écrans d'ordinateur (*scanning*). ▷ **scannage**.

balcon ▪ Partie de salle de cinéma surplombant l'orchestre (*balcony*). Avant sa disparition dans les années 1960, le balcon était un endroit où les spectateurs pouvaient fumer et où se tenaient, disait-on, les amoureux.

banc d'animation ▷ banc-titre.

banc d'essai ▪ Bâti, généralement mobile sur rails, sur lequel on monte un appareil de prise de vues pour les essais caméra (*testing bench*). Ce banc permet d'ajuster les distances et de régler l'intensité des éclairages. On le trouve chez les loueurs d'appareils de prise de vues.

banc-titre ▪ Support pour le déplacement de la caméra devant une surface où sont disposés pour être filmés les titres (pour le générique) et les dessins (pour un film d'animation) (*animation stand*). Le banc-titre tend à disparaître avec l'avènement des générateurs d'images par ordinateur. ◊ SYN. banc d'animation; synonyme peu usité: table de tournage. ▷ **animation multiplane**.

bande ▪ [1] Forme que prend la pellicule lorsqu'elle est fabriquée (*film*). Placée sur une bobine, la pellicule est découpée en bandes de 122 ou de 303 mètres, rigoureusement repérées par des numéros. ▪ [2] vx Film. Peu usité, ce terme est dépréciatif.

bande amorce ▷ amorce.

bande-annonce ▪ Court film présentant des extraits d'un film qui sortira bientôt en salle (*preview, trailer*). La bande-annonce fait partie du matériel publicitaire du film. ◊ SYN. film annonce, bande de lancement vx.

bande audio ▪ Bande magnétique servant à l'enregistrement des sons (*audiotape*).

bande de lancement vx ▪ Bande-annonce.

bande de sécurité ▪ Copie de la bande internationale (*insurance print*). On recopie les éléments de la bande internationale afin de préserver la bande d'origine.

bande image ▪ Partie de la pellicule où est impressionnée l'image (*image track*). La bande image est distincte de la bande son.

bande inter ■ Forme familière de bande internationale.

bande internationale [bande inter] ■ Bande sonore magnétique sur laquelle sont enregistrés séparément les différents éléments sonores d'un film (musique et bruits) (*international track, M and E* pour *Music and Effects Track*). La bande internationale est destinée aux versions en langues étrangères. ▷ **doublage**. ◊ SYN. version internationale.

bande lisse ■ Bande non perforée.

bande magnétique ■ [1] Bande pour l'enregistrement et la reproduction des sons uniquement (*magnetic tape*). ■ [2] En vidéographie, bande pour l'enregistrement et la reproduction des sons et des images ; dans ce dernier cas, on l'appelle « bande vidéo » (*video-recording tape*). La bande magnétique est formée d'un ruban de polyester ou d'un film recouvert d'une couche d'oxyde de fer. ▷ **entrefer**.

bande maîtresse ■ Ruban magnétique qui comporte l'enregistrement final dont on tire des copies (*master tape*).

bande-mère ■ [1] Bande magnétique destinée au transfert optique (*magnetic master*). La bande-mère est obtenue par le mélange des différentes bandes comportant les éléments sonores du film. ◊ SYN. son mixé. ■ [2] En doublage et en postsynchronisation, pellicule blanche en 35 mm sur laquelle sont inscrits les dialogues principaux et l'adaptation qui serviront à l'enregistrement de la version doublée du film (*master tape*).

bande originale du film [BOF] ■ Enregistrement de la musique d'un film, commercialisé sous forme de disque, de CD ou de cassette (*original score*). La bande originale du film ne comprend généralement pas les dialogues, les sons et les bruits.

bande passante ■ [1] En électronique, bande de fréquences entre lesquelles l'amplification est acceptable (*passband*). Dans un amplificateur, le domaine de fréquences est compris entre deux limites, 30 Hz (hertz) et 15 000 Hz, que ne peuvent reconstituer intégralement les systèmes d'enregistrement et de reproduction du son. Le Dolby Stéréo a une bande passante de 50-15 000 Hz. ■ [2] En informatique, différence qui s'exprime en hertz (Hz) entre les deux fréquences extrêmes d'une bande. Par exemple, le tube cathodique d'un écran graphique doit avoir une bande de fréquences supérieures à 15 Mhz pour afficher au moins 80 caractères par ligne (*bandwidth*). ◊ VAR. large bande, largeur de bande. ■ [3] En télécommunications, capacité de transmission d'un canal ou d'une liaison de communication qui s'exprime en mégabits par seconde (Mbps) (*bandwith*).

bande quart de pouce ■ Bande magnétique lisse de 6,35 cm utilisée pour la prise de son au moment du tournage (*quarter-inch tape*).

bande rythmo ■ Forme familière de bande rythmographique.

bande rythmographique [bande rythmo] ■ Bande transparente sur laquelle sont lisibles les noms des personnages et les dialogues adaptés, ainsi que les indications de temps (en secondes), utilisée lors du doublage ou de la postsynchronisation (*timing track*). La bande rythmo est projetée sous l'écran en synchronisme avec la bande image. ▷ **calligraphie.**

bande son ▪ Forme familière de bande sonore.

bande sonore ▪ [1] Partie de la pellicule où sont enregistrés les sons du film (les paroles, la musique et les effets sonores) (*sound track*) ; ▷ *Foley artist.* La bande sonore est distincte de la bande image. Sur une copie définitive de film, elle est située à gauche, entre l'image et les perforations. ▷ **piste sonore.** ▪ [2] Par extension, ce qu'entend un spectateur en regardant un film.

bande synchro ▪ Bande sur laquelle est écrit le texte des dialogues d'un film, utilisée lors du doublage ou de la post-synchronisation (*lip-sync band*). La bande synchro est projetée sous l'écran en synchronisme avec la bande image.

bande vidéo ▪ [1] Support magnétique servant à l'enregistrement et à la reproduction des images vidéographiques (*videotape*). ▪ [2] En art vidéo, œuvre (*videotape*). On classe les bandes en art vidéo en quatre catégories : les bandes conceptuelles, les bandes expérimentales (ou formelles), les bandes de vidéo-enregistrement et les bandes de vidéo-performance. ▷ **film vidéo.**

bande vidéo promotionnelle ▪ Terme français officiel de vidéoclip.

bankable ADJ., ARG. ▪ Mot originaire de l'anglais employé en France depuis quelques années pour désigner un acteur ou une actrice susceptible de faire d'un film un grand succès et donc de rapporter de l'argent. Un acteur bankable permet donc de monter financièrement un projet de film. On emploie également ce mot pour parler des vedettes susceptibles de faire de l'audience à la télévision dans des émissions people et qu'on invite systématiquement. Christian Clavier, Clovis Cornillac, Jean Reno et Mathilde Seigner sont très bankables.

banlieue-film ▪ Nouveau genre cinématographique français, dont le terme a été créé à la sortie du film *La haine* (1995) de Mathieu Kassovitz. Comme son nom l'indique, le banlieue-film se déroule dans une banlieue où vivent en majorité les immigrés en France. Il met généralement en scène des jeunes qui sont en chômage, s'adonnent très souvent à la drogue et dont la musique rap est l'expression de leur sensibilité. Ces jeunes sont en conflit avec les autorités et développent une haine, particulièrement contre la police. Voir le film *L'esquive* (2003) de Abdellatif Kechiche. ◊ VAR. film de banlieue. ▷ **film beur.**

banque d'images ▪ Ensemble des images archivées sous forme numérique (*image bank, picture bank*).

barbouille ARG. ▪ Maquillage.

Barbus PLUR. ▪ Surnom donné par les critiques américains au trio de réalisateurs formé de Brian De Palma, Francis Ford Coppola et Martin Scorsese (*Men With Beards*). Les critiques considèrent ces cinéastes comme les héritiers directs de Howard Hawks et d'Alfred Hitchcock.

barre de cadrage ▪ Intervalle opaque entre deux images consécutives ou deux photogrammes consécutifs (*frame line*). ◊ SYN. barre de séparation, cadre de visée, interimage.

barre de séparation ▷ barre de cadrage.

barres horizontales PLUR. ▷ bretelles.

basculement ■ Mouvement de haut en bas ou de bas en haut de l'appareil de prise de vues (*tilt, tilt shot*). ◊ SYN. panoramique vertical.

basculer ■ Action de passer d'un projecteur à un autre, à chaque fin de bobine, dans le cas d'une projection à double poste (*tilt*). ◊ SYN. enchaîner.

base ■ [1] Appareil dans une cabine de projection qui est en état de marche (*base*). ■ [2] Constituant ou substance de la pellicule filmique, comme la cellulose (*base*).

base de pied ■ Pièce faite d'une seule embase posée sur le sol afin de permettre d'y placer le trépied de la caméra (*spreader*). La base de pied prend la forme d'un Y. ◊ SYN. patte d'oie ARG.

basher ANGLIC. ■ Projecteur flood de 500 watts (*basher*).

Bathing Beauties ANGL. ■ Baigneuses des films de Mack Sennett, à la Keystone Company. Carole Lombard, Mabel Normand et Gloria Swanson sont en 1916 et 1917 les *Sennett Beauties* ou les *Keystone Bathing Girls*. ▷ **burlesque**.

battement ■ Effet de clignotement à la projection d'un film, provoqué par un mauvais défilement de la pellicule dans la caméra lors de son enregistrement (*beat*).

batterie ■ Ensemble d'éléments générateurs d'électricité alimentant une caméra (*battery*). La batterie permet à l'appareil de fonctionner de façon autonome. Elle dispense du courant continu et comprend accumulateurs et piles. Elle s'avère très utile lorsqu'on tourne en extérieur.

batterie de ceinture ■ Ceinture renfermant des piles que porte le caméraman pour le tournage avec une caméra autosuffisante, c'est-à-dire sans qu'elle soit alimentée électriquement par un secteur (*battery belt*).

BBC ■ Sigle de la British Broadcasting Corporation.

Beachhead Bijoux N., ANGL. ■ Nom donné aux nombreuses bases militaires (les têtes de pont) où étaient projetés les films pour les combattants américains durant la Deuxième Guerre mondiale. Les récentes productions (de Frank Capra, William Wyler, John Ford, John Huston, etc.) y étaient présentées gratuitement, en 16 mm. « Bijou » est un nom régulièrement donné à des salles de cinéma en Amérique du Nord et en Angleterre.

Beaulieu ■ Marque de commerce française de caméras et de projecteurs 16 mm, compacts et légers, utilisée surtout par les explorateurs et les ethnographes. ▷ **Paillard Bolex, Coutant 16, Eyemo**.

bécane ARG. ■ Appareil de prise de son.

Bell and Howell ■ Compagnie américaine de Chicago fabriquant à partir de 1910 des caméras portables et des projecteurs de films pour les amateurs et les professionnels de cinéma. Elle cesse de fabriquer dans les années 1970 ses caméras pour le cinéma, mais offre sous licence des produits comme des caméras numériques. Elle devient en 2003 la Böw Bell and Howell et offre des services pour le bureau, comme la fabrication de microfilms et de numérisation de documents.

benshi JAP. ■ Au Japon, durant la période du muet, personne dans la salle de cinéma commentant le déroulement de l'action et lisant les intertitres des films. Le *benshi* invente souvent son texte et il n'est pas rare qu'il raconte une histoire différente du film. Certains *benshi* deviendront de véritables vedettes et contribueront au succès des films. ▷ **bonimenteur.**

Bergfilm ALL. ▷ **Film de montage.**

Berlinale ■ Nom familier donné au Festival international du film de Berlin.

Bertelsmann-CTL ■ Troisième groupe en importance dans l'industrie des communications, après Time Warner Inc. et Walt Disney Company. Ce groupe est le résultat d'une alliance entre une maison d'édition allemande de bibles fondée en 1835, Bertelsmann Verwaltungsgesellschaft, et la Compagnie de télévision luxembourgeoise de télévision [CTL]. Bertelsmann prend son essor à partir de 1980 en se lançant dans la télévision et en achetant des parts dans la production de films de l'Universum Film Aktien Gesellschaft [UFA]. La compagnie fait momentanément alliance avec Rupert Murdoch afin de créer la télévision numérique en Allemagne, avant de s'allier avec d'autres diffuseurs européens pour la télévision par câble. Elle tente de former en 1996 un consortium avec CTL pour la télévision numérique, mais elle renonce quelques mois plus tard à son projet de bouquet numérique. Le marché de Bertelsmann couvre l'édition de livres, de journaux et de magazines, et l'industrie du spectacle (musique, film, télévision et radio). En 1998, Bertelsmann se porte acquéreur des éditions américaines Random House, scelle une alliance avec la chaîne de librairies Barnes and Nobles, s'associe avec le groupe italien Mandadori (contrôlé par Silvio Berlusconi) pour le commerce des clubs de livres et des livres dans Internet. Le marché de CTL comprend les télévisions européennes suivantes : RTL, RTL 2, Super RTL, Vox et Première (télévision payante) en Allemagne ; RTL 4 et RTL 5 dans les Pays-Bas ; M6 et TMC en France ; Channel 5 en Grande-Bretagne ; s'y ajoutent 18 stations de radio paneuropéennes ainsi qu'Audofina, une compagnie de publicité formée par un holding complexe de participants belges, français et luxembourgeois, qui rapporte à CTL la majorité de ses revenus (97 %). Bertelsmann est également l'allié européen du service en ligne AOL.

Berthiot ■ Compagnie française reconnue pour ses objectifs. Elle met au point en 1950 un zoom connu sous le nom de Pan Cinor, qui possède un objectif à focale variable et connaît une large diffusion. Son nom officiel est SOM Berthiot, pour Société d'optique et de mécanique Berthiot.

Beta ■ Forme abrégée de Betamax. Ce terme désigne couramment la vidéocassette fabriquée selon le procédé Betamax.

Betacam ■ Marque de commerce d'appareils vidéographiques professionnels, caméras et tables de montage, mis au point par la compagnie Sony en 1981. Les caméras Betacam deviennent rapidement le modèle de l'enregistrement vidéographique demi-pouce. Dans le métier, Betacam désigne les caméscopes utilisés pour les reportages et les nouvelles télévisées. En 1987, Sony lance le Betacam-SP aux performances supérieures. En 1993, la compagnie fabrique de nouveaux appareils de format numérique, compatibles avec les anciens appareils de format analogique, en particulier la Digital Betacam.

Betamax [Beta] ■ Marque de commerce du format demi-pouce d'enregistrement vidéo mis au point par la firme Sony en 1975 et commercialisé en 1978. Ce format disparaît à la fin des années 1980. Malgré qu'il soit supérieur technologiquement, il est supplanté par le VHS.

Beverly Hills ■ Quartier de Los Angeles où résident des personnalités de l'industrie du cinéma et du monde des médias.

BFI ■ Sigle du British Film Institute.

Bianco e nero ■ Revue de cinéma italienne fondée en 1937, axée sur la pluridisciplinarité et publiant, avant la Deuxième Guerre mondiale, de nombreux textes théoriques de tendance marxiste. Après quatre années d'interruption, la publication reprend en 1947. Elle est la revue officielle du Centre expérimental du cinéma ; ▷ **Centro Sperimentale di Cinematografia**. Cette revue subit dans les années 1950 des pressions politiques. Toujours spécialisée, elle perd toutefois dans les années 1980 un peu de son aura intellectuelle en abaissant ses exigences. Elle est publiée à Rome.

BIFI ■ Sigle de Bibliothèque du film.

Bibliothèque du film [BIFI] ■ Établissement français créé en 1992 et ouvert en 1996, dont les fonds sont issus de la Cinémathèque française et de la FÉMIS, fonds renouvelés de façon permanente. On y trouve : 500 000 photos, 18 000 affiches, 10 500 maquettes et dessins originaux, 17 800 revues de presse numérisées, 19 000 ouvrages, 2700 vidéos, 1500 DVD, 73 fonds d'archives, 270 périodiques.

Une médiathèque est ouverte au public ainsi qu'un Centre d'information et de documentation pour les renseignements à distance. La Bifi édite aussi des ouvrages de référence. Sa fusion est prévue avec la Cinémathèque française, où se trouvent ses locaux parisiens.

bichromie ■ Procédé mis au point en 1904 par les Britanniques Benjamin et William N.L. Davidson qui emploie deux couleurs de base afin de restituer les couleurs d'un film (*two-color process*). Ces deux couleurs sont le plus souvent le rouge-orangé et le bleu-vert.

bidon ARG. ■ Matériel factice qui ne sert pas réellement dans un film. Un fusil en bois, par exemple, par rapport à un fusil réel susceptible de tirer des cartouches.

biformat ADJ. ■ Caractéristique des caméras et des projecteurs acceptant deux formats de films : 8/Super 8, 16/35 ou 35/70.

Big Eight (The) ANGL. ■ Appellation désignant les huit plus grandes compagnies formant l'association des producteurs aux États-Unis, la Motion Picture Association of America [MPAA]: Columbia, Paramount, Universal, Orion, Fox, MGM, Warner Bros. et Disney. ▷ **Little Three, Major, Minor**.

Big Five (The) ANGL. ■ Appellation désignant les cinq grandes compagnies nommées Majors que sont Paramount, MGM, Warner Bros., Fox et RKO. ▷ **Big Eight, Minor**.

bijoute ARG. ■ Caisse dans laquelle le chef électricien et le chef constructeur rangent leur matériel et leurs outils.

billet ■ Forme familière de billet de cinéma.

billet de cinéma ■ Coupon donnant un droit d'entrée dans une salle de cinéma, remis contre une somme d'argent (*ticket*). Il existe des billets à plein tarif, à demi-tarif, pour les enfants, les étudiants et les personnes âgées, des billets de faveur ou gratuits. Le billet est taxé et son prix comprend la taxe. ◊ SYN. billet d'entrée. ▷ **place exonérée, prix d'entrée.**

billet de faveur ■ Billet offert gratuitement à des spectateurs (*complementary ticket*, ARG. *comp*). ▷ **place exonérée.**

billet d'entrée ▷ billet de cinéma.

Biograph Company ■ Nom que prend en 1909 la compagnie American Mutoscope and Biograph Company, créée en 1899, qui elle-même dérive de l'appellation American Mutoscope Company fondée en 1895 par Herman Cassler, Eugene Koopman, Henry Marvin et William K. Dickson. Dickson met au point lorsqu'il travaille pour Edison un appareil de projection, le Kinétoscope. Avec ses trois associés, il invente le Mutoscope, puis un appareil de prise de vues et un appareil de projection appelés Biograph. La Biograph Company possède en 1903 un studio sur le toit d'un édifice de la 40ᵉ rue à New York et commence à produire des films ; entre 1908 et 1913, D.W. Griffith y tourne 400 films d'une et de deux bobines. Mack Sennett, Lillian et Dorothy Gish, Mary Pickford et Mae Marsh commencent leur carrière avec la Biograph.

Biographe ■ Marque de commerce d'une caméra conçue par le Français Georges Demenÿ et détenue par Léon Gaumont, qui l'enregistre en 1895. Cet appareil est commercialisé à la fin de la même année et fonctionne avec le Bioscope.

biographie ▷ film biographique.

biographie filmée ▷ film biographique.

Biopticon ▷ Panoptikon Latham.

Bioscope ■ Marque de commerce d'un projecteur conçu par le Français Georges Demenÿ et détenue par Léon Gaumont, qui l'enregistre en 1895. Il fallait reporter les prises de vues enregistrées par le Biographe sur le Bioscope.

Bioscope Skladanowsky ■ Appareil de projection conçu et construit par l'Allemand Max Skladanowsky en 1894. L'appareil comporte deux objectifs et deux magasins de film. Les films tournés avec le Bioscope Skladanowsky ne durent que dix secondes.

bip ■ Signal sonore bref (*beep tone*). Le bip est placé à l'amorce de tête et de fin de bobine.

bipack ■ [1] Film comportant une émulsion sur ses deux faces (*duplitized*). ■ [2] Procédé de cinéma en couleurs utilisant simultanément deux films dans la caméra (*bipack*). Il est employé dans le système Dunning. ARG. sandwich. ■ [3] Se dit d'un magasin d'une caméra possédant deux magasins séparés (débiteur et récepteur) (*bipack*). ▷ **monopack, tripack.**

bipiste ■ Magnétophone permettant d'enregistrer deux pistes audio sur un même support (*double track*).

bit (1) AMÉRIC. ■ Un rôle très court. Bout de rôle.

bit (2) ■ Acronyme de l'expression anglaise *binary digit*. Unité de mesure en informatique représentée par un chiffre (un 0 ou un 1) du langage binaire (*bit*). Il ne faut pas confondre bit et *byte*. Synonyme peu usité : chiffre binaire.

bitmap ADJ., ANGLIC. ■ Terme formé par les mots anglais *bit* et *map*. Extension désignant la technique utilisée dans la création de graphiques en multimédia [.bitmap] (*bitmap*). Les images au format bitmap sont constituées d'une multitude de points (pixels) qui leur donnent une grande précision; ▷ **dessin vectoriel**. Le graphique composé de points est alors appelé « graphique pixelisé » (*bitmap graphics*). Quoique couramment utilisé en français, « bitmap » est un anglicisme à éviter; on devrait utiliser l'adjectif « matriciel ». ▷ **GIF, JPEG**.

BitTorrent ■ Système de distribution de fichiers à travers un réseau informatique mis au point en 2001 par Bram Cohen. C'est un protocole de transfert de données et il faut utiliser un logiciel dédié pour télécharger les fichiers (de disques, de films, de jeux vidéo, de logiciels, etc.). BitTorrent est en fait une technique très aboutie d'utilisation du système poste-à-poste, appelé P2P, comme l'est le logiciel LimeWire. Comme pour tous les logiciels de partage, il fonctionne de la même façon: dès qu'un fichier est téléchargé par un internaute, il est disponible pour les autres, qui peuvent aller l'extraire sur le disque dur de l'internaute et le télécharger sur le leur. Il est également muni de pare-feu. Comme il est de source libre, il permet le piratage à grande échelle, c'est pour cette raison qu'il est poursuivi par des sociétés détentrices des droits d'auteur sur leurs productions, comme la Motion Picture Association of America [MPAA]. La société BitTorrent conclut en 2007 une entente avec la Warner Bros, Paramount Pictures, MGM-Fox et LionsGate pour protéger les films contre la copie illégale et devient une plateforme payante comme LimeWire et d'autres plateformes de partage poste-à-poste. En 6 ans, le site reçoit 135 millions de visiteurs.

Black Maria FAM. ■ Surnom donné au petit studio adjacent aux laboratoires d'Edison, construit au New Jersey en 1893, et permettant, grâce à son toit ouvrant, de filmer à la lumière naturelle. Ce surnom, donné aux fourgons de la police à l'époque, lui vient du fait que ses murs intérieurs et extérieurs sont couverts de feuilles goudronnées.

Black Tower FAM. ■ Surnom donné au siège social des studios de la Universal, en Californie.

blanc SUBST. ■ [1] Couleur blanche (*white*). ■ [2] Absence de son sur une bande audio, généralement provoquée par la mise en marche du magnétophone (*blank*). ■ [3] Silence dans le dialogue à cause des hésitations de l'acteur (*blank*).

blank ANGLIC. ■ Littéralement: blanc, vierge. Dans le procédé Technicolor, film argentique (muni d'une piste sonore) qui sera coloré au cours du *dye transfer* en cyan, jaune et magenta (*blank*). Le blank devient alors la copie d'exploitation Technicolor. ▷ **imbibition, virage par mordançage**.

blaxploitation NÉOL., ANGL. ■ Mot d'origine américaine formé de *black* et de *exploitation*. Exploitation de la culture noire dans des films réalisés par des Noirs. Ces films ont surtout pour but d'attirer la jeune clientèle noire et de rapporter rapidement de l'argent. Ils mettent en scène un justicier noir qui s'oppose à la violence raciale et ils révèlent les sentiments d'exclusion et de révolte de la communauté noire. Le phénomène de la *blaxploitation* est très bref et ne dure que cinq ans. Le film le plus célèbre de cette catégorie est *Shaft* (1971) de Gordon Parks. Des réalisateurs comme Spike Lee et Quentin Tarantino s'en réclament. ▷ **film black.**

bleu SUBST. ▪ Avec le rouge et le vert, couleur primaire du spectre (*blue*).

blimp ANGLIC. ▪ Caisson isolant qui empêche l'enregistrement du bruit du moteur de la caméra sur la bande son lors du tournage (*blimp*). Le blimp équivaut à un blindage de la caméra. Une caméra autoblimpée a un blimp incorporé.

bloc d'alimentation ▷ **alimentation secteur.**

bloc de collage ▪ Pièce de métal ou de plastique servant à la collure des fragments de films (*editing block, splicing block*). Cette pièce est munie d'une fente oblique qui permet de diriger la lame pour couper la pellicule. ◇ SYN. bloc de montage. ▷ **colleuse.**

bloc de montage ▷ bloc de collage.

blockbuster ANGL. ▪ Ce terme est de plus en plus employé en français pour désigner une superproduction qui pulvérise des records d'assistance. ▷ **gros calibre, locomotive, rouleau compresseur.**

bloc optique ▪ Partie mécanique du projecteur permettant la projection des images (*projector head*).

bobine ▪ Cylindre de métal ou de plastique, muni d'un noyau central, dans lequel se trouve une fente d'accrochage, et de deux flasques (pièces latérales pla-

tes) pour l'enroulement et le déroulement de la pellicule, pendant le tournage, le montage, le visionnage et la projection (*spool*). On distingue deux types de bobine : la bobine enrouleuse (ou réceptrice) et la bobine dérouleuse (ou débitrice). ▷ **galette.**

bobineau ▪ Petite bobine de film 35 mm permettant d'enrouler un maximum de 20 mètres de pellicule. Elle est utilisée pour le montage.

bobine débitrice ▪ Bobine sur laquelle se trouve la pellicule à dérouler dans le circuit de la caméra, du projecteur ou de la tireuse (*feed spool*). ◇ SYN. bobine dérouleuse. ▷ **pignon débiteur, plateaux.**

bobine de choix ▪ Bobine contenant tous les plans bruts des prises de vues montés avec les claps et selon la chronologie du découpage (*continuity cutting, first cut*). ◇ SYN. continuité.

bobine dérouleuse ▷ bobine débitrice.

bobine enrouleuse ▪ Bobine sur laquelle le film s'enroule dans le circuit de la caméra, du projecteur ou de la tireuse (*take-up spool*). ◇ SYN. bobine réceptrice. ▷ **pignon récepteur, plateaux.**

bobine réceptrice ▷ bobine enrouleuse.

bobineuse ▪ Appareil, muni de manivelles, servant à enrouler un film sur une bobine (*winder*). La bobineuse n'est guère utilisée de nos jours et le mot est désuet ; on emploie en lieu et place le mot « enrouleuse » (*rewinder*). ◇ SYN. table de bobinage.

BodyCam ▪ Nom abrégé à partir des mots anglais *body* (corps) et *camera*. Marque de commerce américaine d'un dispositif de caméra portable ressemblant à la Steadicam. ▷ **Panaglide.**

BOF ▪ Acronyme de bande originale du film.

boite ▪ [1] Récipient de métal pouvant contenir une bobine de film (*can*). ▪ [2] ARG. Appareil de prises de vues.

bol ▪ Partie hémisphérique d'une petite lampe servant à réfléchir et à diffuser une lumière ambiante (*scoop*).

Bolex ▪ Forme abrégée de Paillard Bolex.

Bollywood NÉOL. ▪ Mot-valise composé de Bombay (maintenant Mumbai) et de Hollywood. Il désigne les studios situés à Bombay, en Inde, pays qui est le plus grand producteur de films au monde (900 films par année, en 16 langues différentes). Les films y sont tournés principalement en hindi et en ourdou. Le terme ne désigne plus uniquement les films produits à Bombay, mais dans d'autres centres de production indiens comme Calcutta et Madras. Tout commence en 1905 quand les frères Lumière projettent le premier film à Bombay. Les Indiens qui adorent le théâtre et les spectacles folkloriques adoptent immédiatement cette nouvelle technique. Aujourd'hui, les grandes villes comme les petits villages de l'Inde ont leur cinéma et les acteurs indiens sont très célèbres. En général, ces films comportent de nombreuses chansons expressément composées par des chanteurs très populaires ; ▷ **Busby Beserkeley**. Ils sont hautement mélodramatiques et d'une grande pudeur car ils racontent généralement des histoires d'amour. Les films indiens commencent à être distribués en Europe et aux États-Unis et certains d'entre eux connaissent un succès très important. Les succès hors de l'Inde s'expliquent en grande partie par la présence de populations indiennes nostalgiques de leur pays et de leur culture. Les films indiens sont également populaires en Russie, au Japon et en Asie parce qu'ils sont destinés à la famille et n'ont pas la même dose de violence que les films hollywoodiens.

bon à tirer ▪ Mention exprimant l'accord du réalisateur pour le développement en laboratoire des prises jugées les meilleures lors du tournage.

bonimenteur ▪ Durant l'époque du muet, personne dans la salle commentant l'action du film, lisant, traduisant parfois les intertitres et imitant quelquefois les bruits (*barker*). Certains bonimenteurs, très célèbres, font le succès d'un film en attirant les foules. ◊ SYN. commentateur. ▷ *benshi*.

bonnette ▪ [1] Lentille convergente placée devant un objectif pour les prises de vues rapprochées (*additional lens*). ◊ SYN. lentille additionnelle, lentille d'approche. ▪ [2] Sorte de bonnet, en mousse ou en nylon, recouvrant le microphone pour atténuer l'effet du vent lors de l'enregistrement (*wind screen*). ◊ SYN. boule anti-vent.

« bon pour le son ! » ▪ Réponse lancée par l'ingénieur du son à la demande du réalisateur avant et après la prise de son (« *Okay for sound !* »).

« Bon pour la caméra ! » ▪ Réponse lancée par le chef opérateur à la demande du réalisateur avant la prise de vues (« *Okay inspection !* »). ◊ VAR. « Bon pour l'image ! ».

« Bon pour l'image ! » ▷ « Bon pour la caméra ! ».

bonus PLUR. ▪ Anglicisme couramment employé en français pour désigner les suppléments qui complètent un film de long métrage enregistré sur un DVD (*special features*). Les bonus peuvent prendre plusieurs formes : la ou les bandes-annonces du film, présentation du cinéaste, scènes tournées coupées au montage, interviews avec un ou des artisans du film, commentaire audio superposé au film, etc.

boomer ANGLIC. ▪ Haut-parleur conçu pour les basses fréquences (*woofer*).

bord à bord ▪ Type de collure. Les deux fragments du film ne se chevauchent pas, mais se trouvent côte à côte.

borgniol ARG. ▪ Tissu noir et opaque de grande taille servant à obstruer les fenêtres, pour faire un sas.

Barons rouges ▷ **école des Buttes-Chaumont.**

bouchage ▪ Action de boucher par des sons d'ambiance des lacunes dans la continuité sonore.

bouchon d'objectif ▪ Bouchon ou couvercle qu'on met sur l'objectif de la caméra avant de la ranger afin de protéger l'objectif de la poussière et des égratignures (*lens cap*). ◊ SYN. protège-objectif.

boucle ▪ Bout de pellicule de film placé avant et après le dispositif d'entraînement dans une caméra ou un projecteur (*loop*). La boucle donne une souplesse à la pellicule et évite ainsi la cassure du film. On distingue deux types de boucle : la boucle inférieure et la boucle supérieure.

boucle de Latham ▪ Courbe ou espace de sécurité qu'on donne à la pellicule dans les caméras, les projecteurs et les tireurs pour éviter une cassure du film en cas d'arrêts brusques des appareils (*Latham loop, american loop* É.-U.). La boucle de Latham est mise au point pour la caméra de Major Woodville Latham et pour le projecteur de Thomas Armat.

boucle inférieure ▪ Boucle que forme la pellicule après son passage dans le couloir d'exposition de la caméra ou de la fenêtre du projecteur (*lower loop*).

boucle supérieure ▪ Boucle que forme la pellicule avant son passage dans le couloir d'exposition de la caméra ou la fenêtre du projecteur (*upper loop*).

bougie ▪ Ancienne unité de mesure luminescente (*candela*). ▷ **candéla.**

bougie-pied ▪ Unité de mesure américaine d'éclairement (*foot-candle*). En unité métrique, la bougie-pied est égale à 10,7 lux.

boule anti-vent ▷ bonnette [2].

bouquet numérique ▪ Ensemble des chaînes regroupées pour la transmission de la télévision par satellite. ▷ **plateforme numérique.**

bourdonnement ▪ Défaut dans le rendu sonore lors de la projection d'un film (*buzz*). Le bourdonnement désigne plus spécifiquement un son sourd et continu, semblable à celui que font certains insectes, qui empêche d'entendre parfaitement les éléments de la bande sonore.

bourrage ▪ Engorgement de la pellicule dans le circuit de la caméra (*film jam*, ARG. *salad*).

bout à bout ▪ Premier montage des plans tournés, assemblés suivant l'ordre indiqué par le découpage (*rough cut*). Le bout à bout est différent de la bobine de choix, qui est un assemblage des plans avec les claps. ▷ **ours, premier assemblage, prémontage.**

bout d'essai ▪ [1] Séance d'essai filmée pour l'évaluation des aptitudes d'une personne à jouer un rôle dans un film (*screen test*). ▷ **audition.** ▪ [2] Séquence filmée, développée sur-le-champ, afin de vérifier la qualité technique de l'image d'une scène à tourner ou tournée (*test*).

bouton-poussoir ▪ Forme abrégée de bouton-poussoir de mise en marche.

bouton-poussoir de mise en marche ▪ Dispositif simplifié de mise en marche d'un appareil (*push-button release*).

bouts PLUR. ▪ Courts fragments d'un film. Ce mot n'est guère usité; on emploie en lieu et place le mot «rushes» (au pluriel).

box-office ANGLIC. ▪ [1] Mot qui, en anglais, désigne originalement le guichet dans le hall d'une salle où sont vendus les billets d'entrée. ▪ [2] Échelle du succès d'un film, calculé selon le montant des recettes. *Titanic* (1997) de James Cameron est un des plus grands succès de box-office du cinéma; ▷ **superproduction [3].** ▪ [3] Par extension: recettes globales d'un film.

Boy Meets Girl ANGL. ▪ Expression signifiant «rencontre d'un garçon et d'une fille», fréquemment utilisée par les producteurs américains pour définir l'idée directrice d'une comédie sentimentale.

branche ▪ Forme abrégée de branche de trépied.

branche de trépied ▪ Support en bois ou en métal, de forme tubulaire, servant de pied à un trépied (*tripod leg*).

branchement ▪ Action de brancher différents appareils entre eux (*plugging*).

braquer ARG. ▪ Diriger un spot, un projecteur ou une caméra vers les interprètes ou la scène à filmer.

bras Python ▪ Bras de grue de type Louma. Court, le bras Python peut être utilisé sur les grues-camions.

Bref ▪ Revue française fondée en 1989, destinée à la défense et à l'illustration du court métrage. Parution: trimestrielle.

bretelles PLUR. ▪ Les deux bandes horizontales, noires ou grises, encadrant l'image d'un film diffusé à la télévision ou enregistré sur support vidéographique dans son format normal (*horizontal bars*). Les bretelles donnent à l'écran une image de format rectangulaire, semblable à celui d'une boîte aux lettres. ◊ SYN. barres horizontales. ▷ **écran panoramique,** *letterbox.*

Brighton ▷ **école de Brighton.**

brillance ▷ **luminance.**

British Academy of Film and Television Arts ▪ Association regroupant les artisans britanniques de l'industrie du cinéma et de la télévision. Cette association, fondée en 1947 par le cinéaste Alexander Korda sous l'appellation British Film Academy, absorbe en 1958 la Guild of Television Producers and Directors pour donner naissance à la Society of Film and Television. C'est en 1976 qu'elle devient la British Academy of Film and Television Arts. Elle remet depuis 2002, au mois de février afin de précéder les oscars, les baftas [British Academy of Film and Television Awards] pour le cinéma, équivalents des oscars américains, aux meilleurs films de l'année parmi les cinématographies du monde, mais avec une catégorie spécifique pour le cinéma britannique. En avril, l'association remet les baftas pour les meilleures émissions de télévision annuelles. Les trophées ont la forme d'un masque de théâtre. En 2003, l'association crée les BAFTA Interactive Entertainment Awards pour les meilleurs sites Web et les meilleurs jeux vidéo. Ses bureaux sont situés dans le quartier Piccadilly à Londres.

British Broadcasting Corporation [BBC] ■ Service de production et diffusion d'émissions de radio et de télévision en Grande-Bretagne. Elle est fondée en 1922 sous le nom de British Broadcasting Company et diffuse alors des émissions de radio. En 1925, elle devient une société publique, la British Broadcasting Corporation. Plusieurs chaînes de télévision font partie de ce service, dont la BBC 1, la BBC 2, la BBC 3, une chaîne payante diffusant des émissions la nuit pour les jeunes adultes, la BBC 4 (ou Channel Four), une chaîne culturelle productrice de films, et la BBC News, une chaîne d'information en continu. Le mandat de la British Broadcasting Corporation est de fournir des programmes éducatifs. La BBC est reconnue mondialement pour le professionnalisme de ses artisans et l'exigence de qualité de ses émissions.

British Film Institute [BFI] ■ Organisme gouvernemental britannique créé en 1933 dans le but d'aider la production, le rayonnement et la connaissance du cinéma et de la télévision. Une des spécificités de son mandat est d'établir, de conserver et de développer des collections reflétant l'histoire et le patrimoine du cinéma du Royaume-Uni. Le BFI gère et développe les plus grandes archives cinématographiques du monde au National Film and Television Archive, soit environ 500 000 œuvres cinématographiques et télévisuelles. Il gère également une collection d'environ sept millions de photographies de cinéma ou de télévision et une importante base de données sur des films du monde entier. Le BFI projette les films au National Film Theater, ainsi qu'au Museum of the Moving Image de Londres et en distribue par l'entremise de la Film Distribution Library. L'organisme publie des livres sur le cinéma, la revue mensuelle *Sight and Sound* ainsi que des DVD. Ses bureaux sont situés à Londres.

British Sky Broadcasting Group ▷ BSkyB.

British Society of Cinematographers [BSC] ■ Association britannique des directeurs de photographie fondée en 1943. Elle est créée sur le modèle de l'American Society of Cinematographers [ASC] et poursuit les mêmes buts. En être membre est un honneur et un signe de très haute compétence. L'association compte 230 membres.

British Standards Institution [BSI] ■ Organisme britannique de standardisation. Son équivalent français est l'AFNOR. Le BSI est membre de l'ISO.

Broadcast Video U-Matic [BVU] ■ Format d'enregistrement vidéographique professionnel de $3/4$ de pouce, qui est une version améliorée du procédé U-Matic.

bromure d'argent ■ Composé chimique sensible à la lumière entrant dans la fabrication de la pellicule photographique et cinématographique (*silver bromide*). Le support photographique en bromure d'argent est inventé en 1860.

brouillage ■ Trouble, volontaire ou involontaire, dans la réception des ondes de radio ou de télévision, diffusées par voies hertziennes, par câble ou par satellite (*interference*). Le brouillage détériore la qualité de l'image et du son, mais n'est pas irréversible car on peut reconstituer le signal d'origine. ▷ **chaîne cryptée.**

bruit ■ Tout autre son que le dialogue, la voix off et la musique (*sound effect*). Employé généralement au pluriel, le mot est synonyme de fond sonore ou d'effets sonores. ▷ **bruits.**

bruitage ■ Reconstitution artificielle des sons qui composeront la bande sonore (*sound effects production*). Le bruitage est le plus souvent une simulation de bruits naturels. La qualité du bruitage repose sur sa fidélité dans la reproduction de bruits connus.

bruit de cadre ■ Bruit causé par le déplacement de la pellicule vers la droite lors de son défilement dans le projecteur (*sprocket noise*). Ce bruit provoque une fréquence parasite.

bruit de fond ■ Bruit parasite qui perturbe l'enregistrement sonore ou qui persiste dans la reproduction du son (*background noise*). Les bruits de fond proviennent de différentes sources : lors de leur enregistrement, par des poussières sur la piste sonore, par le vieillissement des émulsions, par la fatigue du ou des lecteurs optiques de l'appareil de projection, par le mauvais réglage des amplificateurs et des haut-parleurs, etc.

bruit de perforation ■ Bruit produit par les dents d'un débiteur entrant dans les perforations du film (*sprocket noise*).

bruiteur, teuse ■ Spécialiste du bruitage (*Foley artist, sound effects man,* ARG. *gafoon*). Le repérage, le rassemblement, la création, l'enregistrement et la synchronisation des éléments sonores requis par le film sont sous la responsabilité du bruiteur. ▷ **monteur sonore.**

bruits PLUR. ■ Éléments sonores du film autres que les paroles et la musique (*sound effects*). Synonyme de fond sonore ou d'effets sonores, les bruits sont généralement ajoutés après le tournage, car ils sont difficilement contrôlables et paraissent moins réels une fois enregistrés. On les crée donc artificiellement ; ils peuvent ainsi participer de l'ambiance dramatique du film ; synchronisés avec les actions des personnages, ils peuvent donner un impact à la scène ou la rendre plus fidèle à la réalité. La sonothèque d'une maison de production contient un volumineux choix de bruits, enregistrés sur bandes magnétiques et sur disques : coups de revolver, crissements de pneus, explosions de bombes, galops de chevaux, mouvements de vents (rafales, bourrasques, ouragans, cyclones), etc. Avec l'arrivée de l'ordinateur, la création de bruits particuliers et insolites en tant qu'effets spéciaux a pris de l'ampleur. La manipulation des bruits requiert un personnel spécialisé comme le bruiteur et le monteur sonore. ▷ *Foley artist.*

brute ■ Se prononce « broute ». Projecteur très puissant de 10 kw (*brute*). C'est la lampe la plus largement utilisée pour les extérieurs et pour les pellicules couleur. ▷ **maxibrute, minibrute.**

BSC ■ Sigle de la British Society of Cinematographers.

BSI ▪ Sigle de la British Standards Institution.

BSkyB ▪ Opérateur de télévision par satellite britannique créé en 1990 par la fusion de Sky Television et British Satellite Broadcasting. Son nom officiel est British Sky Broadcasting Group et il est contrôlé par News Corporation de Robert Murdoch. En 2005, BSkyB commercialise le bouquet satellite le plus populaire au Royaume-Uni et en Irlande, le Sky Digital. Il est aussi le propriétaire de certaines chaînes de son bouquet. En 2005, il compte près de 12 millions d'abonnés. ▷ **Pathé.**

buddy film ANGL. ▪ Expression couramment employée en français en lieu et place de film de copains. Genre consistant à placer dans l'intrigue principale deux héros très différents qui sont souvent des amis et qui doivent travailler ensemble, ce qui provoque entre eux des problèmes de communication ou de compétition. C'est une spécialité américaine que l'on retrouve surtout dans la comédie mais également dans le drame. Le *buddy film* apparaît dans les années 1960, au moment de la guerre du Viêt-Nam dans laquelle s'empêtrent les États-Unis. Comme films de copains, citons : *Butch Cassidy et le Kid* (1969) de George Roy Hill, *Le flic de Beverley Hills* (1984) de Martin Brest, *La couleur de l'argent* (1986) de Martin Scorsese et *Men in Black* (1997) de Barry Sonnenfield. Pour la France, on peut considérer les films de Claude Sautet comme des films de copains. ◊ VAR. *buddy movie.*

buddy movie ▪ Variante de *buddy film.*

budget ▪ [1] Ensemble des dépenses et des recettes prévues dans la production d'un film (*budget*). ▪ [2] ANGLIC. Devis du film.

Buena Vista ▪ Forme abrégée de Buena Vista Motion Pictures Group.

Buena Vista Motion Pictures Group [Buena Vista] ▪ Compagnie de distribution de films fondée en 1954 par Walt Disney Company. Elle est divisée en sept secteurs importants : Buena Vista Pictures, Buena Vista Television, Buena Vista International, Buena Vista Home Video, Buena Vista Home Entertainment, Buena Vista et Hollywood Pictures. Elle est associée avec la compagnie française Gaumont pour la diffusion des films labellisés Walt Disney Pictures, Touchstone et Miramax.

bungalow ANGLIC. ▪ Surnom donné au lieu de travail, notamment celui des scénaristes et des réalisateurs, dans les départements des studios hollywoodiens (*bungalow*). Tous les bungalows d'un département sont identiques. Le bungalow est également l'endroit où se repose la vedette d'un film entre les prises de vues.

bunker ▪ Surnom donné au nouveau Palais des festivals à Cannes, inauguré en 1983.

Bureau de liaison du cinéma de l'espace francophone ▪ Association internationale fondée en 1987 et formée de professionnels répartis dans 15 pays. Les objectifs de cette association sont l'échange d'informations et la communication entre professionnels de l'audiovisuel de la francophonie en vue de contribuer à la promotion et à la diffusion de films francophones. Elle publie un bulletin d'information trimestriel, *Liaison*. Ses bureaux sont situés à Bruxelles.

burlesque ▪ Du mot italien *burla*, qui veut dire « plaisanterie ». Genre cinématographique créé durant les années 1910 aux États-Unis, dont la caractéristique principale est un comique extravagant et déroutant qui accumule les gags, les farces et les plaisanteries de mauvais goût (*comic film*). Proche de la *commedia dell'arte* italienne et du music-hall anglais, le burlesque atteint son autonomie esthétique durant les années folles avec Mack Sennett, ses *Bathing Beauties* et ses *Keystone Cops*, et avec Hal Roach qui imposera Harold Lloyd, Stan Laurel et Oliver Hardy. Dans les films de Charles Chaplin et de Buster Keaton, il devient plus personnel tout en gardant son insolence. Il se modifie dans les années 1930 avec le film parlant : W.C. Fields et les Marx Brothers lui ajoutent une violence verbale et des dialogues absurdes. Il subit petit à petit une transformation, remplacé en tout et en partie par la comédie fantaisiste et la comédie musicale. Après la Deuxième Guerre mondiale, il périclite. Les plus sûrs représentants de la tradition burlesque dans les années 1950 et 1960 sont l'Américain Jerry Lewis et les Français Pierre Étaix et Jacques Tati. Le burlesque prend définitivement fin dans les années 1970, malgré les réussites de réalisateurs comme Woody Allen, Blake Edwards et Mel Brooks. Les Monthy Python en Grande-Bretagne et les frères David et Jerry Zucker aux États-Unis trouvent leur inspiration dans la tradition du burlesque. Otar Iosseliani donne une couleur particulière au genre, entre critique de mœurs facétieuse et divertissement subversif. ▷ *farce*, **rire**, **slapstick**.

Busby Beserkeley ▪ Terme ironique employé dans l'industrie américaine pour qualifier la comédie musicale indienne fabriquée à Bombay. Son origine vient de la déformation du nom de Busby Berkeley, réalisateur américain de comédies musicales somptueuses. Le terme désigne un opéra-savon dans lequel chansons et danses, graves et dramatiques mais au rythme entraînant, défilent à une vitesse vertigineuse ; les chansons, dans lesquelles les passions humaines sont intenses et ostentatoires, sont destinées avant tout à devenir des succès de l'industrie du disque. Les acteurs sont doublés, lorsqu'ils chantent, par des vedettes de la chanson très populaires au pays. Tout film indien comporte au moins quatre ou cinq chansons, nécessaires et attendues du public.

business ANGLIC. ▪ Importance monétaire d'un film, tant dans sa production que dans sa distribution (*business*). ▷ **showbiz**.

BVU ▪ Sigle de Broadcast Video U-Matic.

byte ANGL. ▪ Terme incorrectement utilisé au lieu de octet.

CAA ■ Sigle de la Creative Artists Agency.

cabine de projection ■ Pièce isolée abritant le ou les appareils de projection ainsi que les accessoires du projectionniste, dans une salle ou un complexe de salles de cinéma (*projection booth*). Généralement percée de quatre fenêtres, deux petites pour le flot lumineux des projecteurs et deux plus grandes pour la surveillance de la séance, la cabine de projection est également équipée d'un dispositif de sécurité et de ventilation.

câble ■ Faisceau de fils servant à transporter des images audiovisuelles sous forme de signaux (*cable*). Par analogie, le terme « câble » désigne l'ensemble des services de distribution de chaînes de télévision par câble. Au Québec et au Canada, on emploie le terme « câblodistribution » au lieu du terme « télédistribution ».

câble coaxial ■ Câble composé de fils métalliques monobrin ou multibrins en cuivre et entouré d'un matériau diélectrique (qui est un isolant) servant à transporter des signaux analogiques ou numériques sous tension électrique modulée (basse ou haute pression). Il peut transporter de l'information à haut débit et sur de longues distances, en particulier pour la téléphonie interurbaine, la télévision et le réseau câblé, l'Internet et les réseaux de transmission de données comme Ethernet. ◊ SYN. ligne coaxiale. Pour de longues distances, le câble coaxial est remplacé par la fibre optique.

câble en fibre optique ■ Câble mis au point dans les années 1970 et fait de fibres de silice, servant à transporter des informations sous forme d'impulsions lumineuses (*optical cable*). Un des éléments clés de la révolution des télécommunications, le câble en fibre optique permet un grand débit d'information et un haut degré d'interactivité. La fibre optique est remplacée de plus en plus par la fibre à cristaux photoniques.

câble à cristaux photoniques ■ Câble fait d'un matériau appelé cristal photonique, qui est le résultat de la propagation d'un photon dans une fibre optique (*photonic crystal cable*). Le premier cristal photonique est réalisé en 1987. Les cristaux photoniques sont des structures dont l'indice de réfraction de la lumière varie périodiquement et qui offrent ainsi la possibilité de stocker, filtrer et diriger la propagation de la lumière. Ils se calculent en nanomètre. Leurs applications sont nombreuses en télécommunications. Le câble à cristaux photoniques permet une transmission de données extrêmement fiables et une très grande interactivité.

câbleur ▷ câbliste.

câblier ▷ câbliste.

câbliste ▪ Personne responsable de la manipulation des câbles d'une caméra lors des déplacements dans les prises de vues (*cable man*). Le câbliste est différent du câbleur, qui effectue les montages électriques, et du câblier, qui fabrique ou pose les câbles.

câblodistributeur ▪ Entreprise assurant la pose et la gestion des installations câblées (*cable-operator*). Au Québec, un câblodistributeur est confondu avec un câblo-opérateur.

câblodistribution QUÉB. ▪ Terme employé en lieu et place de télédistribution.

câblo-opérateur ▪ Entreprise responsable de la définition, la mise en place ou l'exploitation d'un réseau câblé de distribution de programmes de radio et de télévision (*cable-operator*).

cache ▪ [1] Feuille de papier noir empêchant une partie de la pellicule d'être impressionnée (*mask, matte*). La cache peut être utilisée sur un plateau de tournage, en laboratoire, parfois même en projection. Elle permet des effets spéciaux comme l'ouverture ou la fermeture à l'iris. On améliore la cache avec la cache-contrecache en impressionnant la partie noire dans un second temps – la partie impressionnée étant alors masquée ; on peut ainsi multiplier un personnage, ajouter un élément étranger

qui n'était pas enregistré au moment du tournage. Georges Méliès utilise abondamment ce système. La cache se transforme de nouveau avec la cache mobile (*travelling matte*), puis avec l'arrivée de l'ordinateur. ▷ **écran divisé, fond bleu, fond noir**. Synonyme peu approprié : masque. ▪ [2] Rideau ou masque noir cachant une partie de l'écran à la projection et qui sert de cadre à l'image projetée (*screen mask*).

cache en rideau ▪ Effet de liaison consistant à introduire ou à sortir graduellement une cache qui fait disparaître ou apparaître l'image à la manière d'un rideau qui se ferme ou s'ouvre (*wipe*).

cache mobile ▪ Trucage amélioré de la cache et de la transparence (*travelling matte*). Le plan changeant de forme image par image explique l'emploi du mot *travelling* dans l'expression anglaise, et le terme *travelling matte* est, par ailleurs, souvent usité en français. La cache mobile intègre des images enregistrées ailleurs ; ▷ **image composite**. On distingue deux procédés de cache mobile : *a)* on filme un interprète dont une cache épouse parfaitement le contour ; le film *Qui a peur de Roger Rabbit ?* (1988) de Robert Zemeckis emploie ce type de cache devenu extrêmement précis grâce à l'ordinateur, ou *b)* on filme un interprète sur un fond bleu (pour la couleur) ou sur fond noir (pour le noir et blanc) sur lequel on incrustera plus tard un décor, ce fond servant de cache. La cache mobile se fabrique : *a)* soit avec un film et une caméra, ce qui nécessite de multiples recopies ; *b)* soit avec une caméra spéciale utilisant deux films à la fois; voir le film *Mary Poppins* (1965) de Robert Stevenson; ▷ **cache mobile ultra-violette**. *Les oiseaux* (1963) d'Alfred Hitchcock est le premier film à répéter plus d'une centaine de fois un trucage en cache mobile. Le *dunning* et la projection frontale sont des dérivés de ce procédé.

cache mobile ultraviolette ▪ Trucage fait par une caméra utilisant deux films à la fois (*ultraviolet travelling matte*). On filme l'action, ou généralement l'interprète, sur un fond éclairé par des rayons ultraviolets; un prisme à l'intérieur de la caméra envoie ces rayons sur un des deux films sur lequel se forme la cache mobile avec l'image de l'interprète et un fond opaque; l'autre film qui sera impressionné par une lumière incandescente a un fond clair, et l'image laissée par l'interprète est opaque.

cache peint ▪ Terme peu usité en français pour désigner le procédé traditionnel consistant en une glace partiellement peinte interposée entre le sujet filmé et l'appareil de prise de vues (*matte painting*). Il complète un décor ou masque des éléments étrangers au décor. ◊ SYN. maquette peinte.

cachet ▪ Rétribution d'un interprète pour son rôle dans un film (*fee*). S'il s'agit d'une vedette, le cachet sera élevé. ◊ VOISINS : honoraires, salaire. ▷ **club des 20 millions $.**

cadence ▪ Vitesse d'enregistrement ou de projection d'un film calculée en images/seconde (*frequency, frame frequency, frame rate*). Au cinéma, la cadence est de 24 images à la seconde; pour le petit écran, pour des raisons techniques pro-

pres à la télévision, la cadence du film est de 25 images à la seconde. À l'époque du muet, la cadence varie entre 16 et 18 images à la seconde. ◊ SYN. fréquence. ▷ **accéléré, ralenti.**

cadrage ▪ [1] Manière de filmer le sujet à l'image par rapport à l'espace autour de lui (*framing*); ▷ **cadrage serré, cadrage élargi, décadrage.** Le cadrage est sous la responsabilité du caméraman ou du cadreur. Le choix du cadre détermine notamment l'échelle du plan et l'angle de prise de vues. ▪ [2] Composition du plan. Le cadrage est un élément de la syntaxe cinématographique (*frame*). Il doit amener l'attention du spectateur vers un point précis ou plusieurs dans l'image, généralement vers le ou les personnages. ▪ [3] Action de placer correctement l'image par rapport à la fenêtre de la caméra ou du projecteur (*frame*). ◊ SYN. cadre. ▷ **appareil de cadrage, levier de cadrage.** ▪ [4] Réglage de l'image projetée (*framing*). Le projectionniste doit vérifier que les photogrammes défilent correctement dans la fenêtre de projection. ▪ [5] Image du film apparaissant à l'écran du téléviseur (*framing*). Ce cadrage ne respecte généralement pas le format original du film. ▷ *letterbox*, **plein écran.**

cadre ▪ En cinéma et en vidéo, image apparaissant à l'écran, de son centre à ses extrémités, et qui en constitue son fond statique ou mobile (*frame*). Les limites de l'image enregistrée constituent le cadre. Un cadre peut être délimité par une ou des caches. Tout ce qui n'apparaît pas dans le cadre est dit hors-cadre, hors-champ ou off. ◊ SYN. souvent usité : cadrage. ▷ **photogramme.**

cadre calque ▪ Forme abrégée de cadre en calque.

cadre de visée ▪ Lignes horizontales d'un rectangle gravées sur le verre dépoli de la visée, servant à délimiter le champ de l'image à enregistrer (*frame line*).

cadre diffuseur ▷ cadre en calque.

cadre en calque [cadre calque] ▪ Accessoire d'éclairage utilisé en vue d'adoucir la lumière et en diminuer la puissance (*diffuser frame*). ◊ SYN. cadre diffuseur.

cadre porte-diffuseur ▪ Dans un diffuseur, monture dans laquelle on glisse des filtres teintés (*filter holder, filter mount*). ◊ SYN. cadre porte-filtre.

cadre porte-filtre ▷ cadre porte-diffuseur.

cadre presseur ▪ [1] Dans une caméra, une tireuse ou un projecteur, petite plaque exerçant une pression sur le dos du film pour maintenir l'alignement de la surface de l'émulsion vis-à-vis du plan focal de l'objectif (*pressure plate*). ◊ SYN. presseur. ▷ **presse-film**. ▪ [2] En animation, plaque de verre exerçant une pression sur les feuilles de celluloïd pour les maintenir à plat, dans leur position initiale (*pressure plate*).

cadrer ▪ [1] Composer un cadre. Mettre en place tous les éléments qui apparaîtront ou non dans le cadre (*frame*). Cadrer est à la fois harmoniser et équilibrer une image. ▪ [2] Projeter correctement l'image avec un projecteur et voir à ce que les photogrammes du film soient alignés avec la fenêtre de projection du projecteur (*frame*).

cadreur, euse ▪ Personne responsable du cadre sous l'ordre du caméraman ou du metteur en scène (*camera operator, second*

cameraman). Aux États-Unis, le terme désigne le caméraman, la personne qui assiste le directeur de la photographie.

cahier de presse ▪ Ensemble de la documentation préparée pour la sortie d'un film et remise aux critiques et aux journalistes (*press kit* ou *presskit*). Ce cahier comprend tous les renseignements nécessaires au film : le synopsis, le générique, les filmographies, des interviews inédites (avec le cinéaste, les interprètes principaux), des photos. On dit également en français « press-book », anglicisme qui, originalement, désigne le matériel que la production fournit aux distributeurs.

Cahiers du cinéma (Les) ▪ Revue française de cinéma fondée en 1951 par André Bazin, Jacques Doniol-Valcroze et Lo Duca. Au cours des années 1950, les rédacteurs de cette revue privilégient le cinéma classique, incarné presque essentiellement par le cinéma américain, et combattent ardemment le cinéma dit de Qualité française. Ils créent l'expression « Politique des auteurs », et des critiques comme Claude Chabrol, François Truffaut, Jean-Luc Godard, Jacques Rivette et Éric Rohmer la défendent et jettent ainsi les bases de leur pratique future : la Nouvelle Vague. Dans les années 1960, des rapprochements sont établis avec des théoriciens comme Roland Barthes et Claude Lévi-Strauss, apportant un autre regard sur le cinéma. Par de nombreux reportages et critiques, le cinéma de pays comme le Brésil, la Hongrie, l'Italie, la Tchécoslovaquie et le Québec y est promu avec passion sous l'appellation « Nouveau Cinéma ». De 1968 à 1974, la rédaction des *Cahiers* opte pour une idéologie gauchiste et un engagement politique teinté de marxisme et de maoïsme qui a pour effet d'éloigner les lecteurs ; la revue perd de nombreux abonnés. Au milieu des années 1970, la direction éditoriale se réoriente et reconsidère le cinéma comme aventure esthétique ; elle soutient de nouveau le cinéma classique et les expériences limites, et accorde de nouveau une grande place à la critique de films. Son site permet la recherche dans tous les numéros parus depuis la fondation des *Cahiers* ainsi que des informations exclusives. Les principaux rédacteurs en chef des *Cahiers du cinéma* ont été Jean-Louis Comolli, Serge Daney, Antoine de Baecque, Jean-Michel Frodon, Thierry Jousse, Jean Narboni, Serge Toubiana. Parution : mensuelle.

caillou ARG. ■ Objectif. Le mot origine du monde des bijoutiers pour lesquels un caillou est un diamant médiocre.

caisson ■ Housse absorbante (*blimp*). Le caisson empêche d'enregistrer le bruit du moteur de la caméra lors du tournage. ▷ **blimp**.

calage ■ [1] Réglage de l'objectif de la caméra de façon à avoir une image nette dans le plan d'un sujet situé à l'infini (*wedging*). ■ [2] Tentative de synchroniser l'image et le son sur la table de montage afin qu'ils coïncident parfaitement (*wedging test*).

cale ■ Objet en bois dont se servent les machinistes pour donner à l'appareil de prise de vues de l'aplomb ou de la stabilité (*wedge*). La cale sert également à bloquer les portes, à incliner les miroirs et les tableaux, à indiquer des repères, etc. ▷ **cube praticable, support**.

caligarisme ■ Terme donné par les critiques et les historiens français, à partir du titre du film de Robert Wiene, *Le cabinet du docteur Caligari* (1919), au style de décors des films allemands durant la période dite de l'expressionnisme. Associé de manière simplificatrice à l'expressionnisme allemand, le caligarisme désigne une tendance à la représentation psycho-analytique d'un monde imaginaire. Le monde représenté est cruel et morbide, peuplé de personnages marqués par l'aliénation ou la folie et dont les traits sont accentués par leurs mimiques outrées ; Caligari, le personnage du film de Robert Wiene, est un monstre fiévreux et inquiétant ; les décors y sont fantastiques et son graphisme doit provoquer l'anxiété chez le spectateur. On dit qu'un romantisme désespéré, issu de la Première Guerre mondiale, a créé le caligarisme.

calligraphie ■ Étape de travail précédant l'enregistrement des voix au doublage ou à la postsynchronisation (*calligraphy*). Sur une pellicule blanche, appelée bandemère, contenant les dialogues principaux et l'adaptation finale, on superpose une autre bande, transparente, appelée bande rythmographique, sur laquelle sont inscrits à l'encre de Chine les noms des personnages et les dialogues adaptés, avec les indications de temps en secondes.

came ■ Dans certaines caméras et certains projecteurs, pièce mobile de forme non circulaire, provoquant la descente et le retrait du porte-griffes avant de le ramener à sa position initiale (*cam*). La came permet de faire avancer la pellicule dans l'appareil. Les procédés d'entraînement par cames sont très nombreux et leurs formes, multiples (en ovale, en triangle curviligne, à griffes, à roues dentées, etc.).

camée ▪ De l'italien *cameo*. Brève apparition d'une vedette dans un film (*cameo, cameo role*). ▷ **apparition**, *guest star*.

Caméflex ▪ Marque de commerce d'une caméra 35 mm dessinée par André Coutant et fabriquée par Éclair International Diffusion à partir de 1947. De taille réduite et très légère, cette caméra peut être portée à l'épaule. Elle n'offre toutefois aucune protection acoustique contre le bruit du mouvement d'entraînement; elle est donc très bruyante. Son avantage est sa maniabilité, surtout pour les scènes dialoguées. En 1959, Éclair lance une caméra biformat qui accepte le 16 mm et le 35 mm. Dans le métier, on dit le Caméflex plutôt que la Caméflex. Elle est la caméra mythique des années 1950 et 1960; c'est avec cette caméra qu'est tourné le premier long métrage de Jean-Luc Godard, *À bout de souffle* (1959).

caméra ▪ De l'italien *camera obscura*, qui veut dire « chambre noire ». Appareil pour la prise de vues à une vitesse donnée (16 ou 18 images par seconde pour le cinéma muet, 24 ou 25 images par seconde pour le cinéma parlant) (*camera*). Les images enregistrées par la caméra, développées sur une copie positive et projetées à la même vitesse que celle de leur enregistrement donnent l'illusion du mouvement. La caméra peut enregistrer les images à une vitesse inférieure ou supérieure; les images projetées donneront alors l'illusion d'un mouvement accéléré ou d'un mouvement ralenti. La caméra se compose d'un magasin débiteur et d'un magasin receveur de film vierge, d'un tambour d'entraînement continu, de griffes d'entraînement saccadé de la pellicule, parfois d'une contre-griffe, d'un couloir, d'une fenêtre, d'un obturateur, d'un objectif, d'un presse-film (ou presseur) et de la pellicule du film; ▷ **baïonnette, monture, zoom**. Une visée y est fixée; ▷ **caméra à crémaillère, œilleton, parallaxe, visée reflex**. Des accessoires peuvent y être ajoutés: la lunette de visée, le pied, la tourelle d'objectifs, le blimp (ou caisson), les filtres, le porte-filtre, le parasoleil (ou pare-soleil), la claquette automatique, le compteur et les caches. La caméra connaît une évolution remarquable; parmi les premiers appareils, citons: le Révolver photographique, le Chronophotographe, le Kinétoscope, le Kinétographe, le Cinématographe, le Vitascope et le Biograph. On distingue cinq types d'appareil: la caméra de studio en 35 mm, la caméra portable, la caméra légère 16 mm, la caméra d'amateur et la caméra spéciale (pour l'animation et les films scientifiques); ▷ **Aäton, Arriflex, Beaulieu, Caméflex, Moskva, Paillard Bolex, Panaflex**. En vidéo, l'appareil de prise de vues est appelé « caméscope ». Dans le langage courant, on distingue ceux qui sont devant la caméra, les acteurs, et ceux qui sont derrière, les membres de l'équipe sur le plateau (le réalisateur, le caméraman, les techniciens, etc.).

caméra à crémaillère ■ Caméra dont la lunette de visée est remplacée par un tube vidéo de prise de vues (*rack-over camera*). Cette caméra permet à l'opérateur de filmer dans des positions qui ne lui permettent pas de placer l'œil sur l'œilleton.

caméra à l'épaule ▷ caméra portable.

caméra à main ■ Caméra de petite taille et légère destinée en premier lieu aux amateurs (*hand camera, hand-held camera*). Utilisant une variété de format de pellicule, elle est souvent employée par des professionnels; elle est alors appelée «caméra portable». ▷ **caméra au poing, caméra portable.**

caméra analytique ■ Expression inventée par les cinéastes italiens Yervant Gianikan et Angela Ricci Lucchi pour définir leur travail sur les images d'archives qu'ils traitent à l'aide de ralentis, de recadrages, d'ajouts de couleurs et de sons.

caméra chronophotographique ▷ chronophotographie.

camera cut ANGL. ■ Montage déterminé au tournage. Ce terme est uniquement employé pour désigner la stratégie employée par les cinéastes hollywoodiens (comme John Ford et Alfred Hitchcock) afin d'éviter que leurs films soient charcutés par le producteur au moment du montage; ce dernier, à qui appartiennent les droits du film, a un droit de regard définitif sur la version finale du film. Avec cette stratégie, le metteur en scène ne tourne que les plans nécessaires en évitant l'enregistrement sous différents angles des scènes en continuité. Traduction suggérée: montage dans la caméra. ▷ ***director cut.***

caméra d'or ■ Prix décerné à un premier film par un jury indépendant à la clôture du Festival international du film de Cannes. Il est créé en 1978 par Gilles Jacob pour encourager de jeunes artistes au talent prometteur. Le film peut être choisi dans toutes les sections: la Sélection officielle (la compétition et Un certain regard), la Quinzaine des réalisateurs et la Semaine de la critique. Il est doté d'une somme d'environ 50 000 € offerte par la Commission supérieure technique de l'image et du son. Le premier lauréat est Robert Young pour *Alambrista!*.

caméra flottante ■ Caméra comportant un dispositif de type Steadicam, soit un harnais qui lui permet d'absorber les vibrations. Les déplacements sans heurts de l'opérateur donnent une impression d'ondoiement dans la prise de vues. ◊ VOISIN caméra portée.

caméra G.V. ■ «G.V.» pour «Grande Vitesse». Caméra spéciale à très grande vitesse de défilement (*high-speed camera*). Sa vitesse permet de saisir des phénomènes très rapides, comme le vol d'une libellule. ◊ SYN. caméra ultrarapide.

caméra Internet ▷ webcaméra.

caméraman, woman ■ Personne responsable des prises de vues. Aux États-Unis, le terme *cameraman* désigne le cadreur. ▷ **directeur de photographie, opérateur.**

caméra mini-DV ■ Format numérique d'enregistrement vidéographique des images et des sons au format numérique avec une caméra de petite taille.

La caméra mini-DV peut tenir dans la paume de la main. Elle utilise des cassettes d'une durée de 30, 60 et 80 minutes sous le mode rapide. Alors que les images au format VHS sont constituées d'environ 240 lignes horizontales, celles du format numérique mini-DV ont plus de 500 lignes. Le contraste est ainsi plus accentué, et les détails apparaissent plus nettement. De plus, la lentille possède un prisme qui sépare les trois couleurs primaires et les transmet à trois capteurs CCD distincts ; ce procédé procure ainsi aux images des couleurs fidèles à la réalité et fait de cette caméra un format acceptable pour la télévision. On peut transférer l'image obtenue directement sur un ordinateur pour ensuite la monter et l'éditer. ◊ SYN. caméra numérique mini-DV, minicaméra vidéo numérique.

caméra mobile ▪ Terme peu usité. Caméra qui permet de faire des plans mobiles et d'imprimer des mouvements comme le travelling et le panoramique (*mobile camera*). Les premières caméras sont fixes, sur trépied.

caméra numérique mini-DV ▷ caméra mini-DV.

caméra objective ▪ Technique d'utilisation de la caméra dont les prises de vues simulent le regard objectif d'un observateur extérieur à l'action ou au récit (*objective camera*). En principe, cette technique est celle du documentaire. Dans le film de fiction, on l'utilise pour rendre compte de certains événements à la manière d'un documentaire ; elle se caractérise le plus souvent par l'emploi de la voix off ; voir le film *Z* (1968) de Costa-Gavras. ▷ **point de vue**. ◊ CONTR. caméra subjective.

camera obscura ▪ Nom latin désignant un instrument d'optique appelé « chambre noire » permettant d'obtenir une projection de la lumière sur une surface plane, c'est-à-dire d'obtenir une vue en deux dimensions très proche de la vision humaine. Son invention est attribuée aux Italiens Léonard de Vinci et à Giambattista della Porta, qui l'ont utilisée probablement en 1588. Elle est à l'origine de la caméra telle qu'on la connaît maintenant pour le cinéma.

caméra portable ▪ Appareil de prise de vues léger et compact (*hand camera*). Une caméra portable peut être manipulée sans pied, à l'épaule ou au poing. ▷ **Arriflex, Bell and Howell, Coutant 16, Éclair, Eyemo, Filmo, Louma**. ◊ VOISIN caméra portée. ▷ **caméra à main**.

caméra portée ▪ Caméra portée à l'épaule ou au poing ne nécessitant pas de système de harnais pour les déplacements de l'opérateur (*hand-held camera*). ▷ **caméra flottante, caméra portable**.

caméra stylo ▪ Terme employé par Alexandre Astruc dans un article publié en 1948 dans la revue *L'écran français* intitulé « Naissance d'une nouvelle avant-garde : la caméra stylo ». Il y affirme que le cinéaste peut utiliser d'une façon personnelle la caméra, comme l'écrivain sa plume (son stylo). Astruc anticipe alors la « Politique des auteurs » défendue par *Les Cahiers du cinéma* dans les années 1950.

caméra subjective ▪ [1] Technique d'utilisation de la caméra dont les prises de vues simulent le point de vue du personnage (*subjective camera*). En principe, cette technique doit montrer ce qu'est censé voir le personnage. La caméra subjective débute souvent par le plan, généralement un gros plan, du personnage ; elle annonce alors que le point de vue adopté sera le sien. La caméra subjective peut également se confondre avec la voix off de l'interprète. Dans *La dame du lac* (1946) de Robert Montgomery, excepté le prologue et l'épilogue, tout est vu par les yeux du détective Marlowe ; ▷ **énonciation**. Un plan tourné en caméra subjective est appelé « plan subjectif ». ▪ [2] Désigne la vision du cinéaste. La subjectivité de l'auteur se traduit souvent par une accentuation d'expressivité dans les plans. Les films d'Alexandre Sokourov, au bord de l'indicible, donnent un caractère subjectif aux plans. ▷ **cinéma de poésie**.

caméra ultrarapide ▷ caméra G.V.

caméra vidéo ▪ Caméra pour la prise de vues électronique (*video camera*). La caméra vidéo transforme les signaux lumineux en signaux électroniques. Elle est appelée caméscope. ▷ **caméscope**.

caméscope ▪ Caméra servant à l'enregistrement et à la reproduction de films vidéo (*camcorder*). Le caméscope intègre une caméra vidéo et un magnétoscope. Il remplace progressivement dans les années 1980 les appareils de cinéma amateur utilisant de la pellicule. Puis à la fin des années 1990, il commence à être supplanté par la caméra numérique appelée DV ; ▷ **caméra mini-DV**. Elle est utilisée autant par les amateurs que les professionnels.

camion son ▪ Cabine de son mobile placée dans un camion pour les extérieurs (*sound truck*).

camp ▪ Mouvement de sous-culture valorisant le mauvais goût et exprimant une admiration pour le style kitsch ou pompier d'œuvres le plus souvent médiocres (*camp*). L'artifice, le bizarre, le délire et l'outrance, ingrédients que l'on retrouve dans le film homosexuel (ou gay), le film gothique ainsi que dans le film-culte, sont à rapprocher de la notion de culture camp caractérisée par l'anticonformisme et la subversion. Selon l'écrivain Susan Sontag, le camp mêle la stylisation théâtrale, l'esprit extravagant, le refus des critères du bon goût et de la mesure, l'affirmation d'une identité équivoque et ambiguë sur le plan de la sexualité et la complicité ironique. L'écrivain remet par la suite en question sa défense du style camp parce qu'on y érotise et esthétise la violence, la haine et les rapports de domination. Le film camp emblématique est *Hairspray* (1988) de John Waters. ▷ **parodie**.

CAMS ▪ Sigle de Computer Aided Movie System.

canal ANGLIC. ▪ Terme fréquemment utilisé pour « chaîne de télévision ».

Canal + ▪ Abréviation de Groupe Canal +.

candela ▪ Unité de mesure lumineuse (*candela*). Son symbole est cd. Son ancien nom est « bougie ».

Candid Eye ▪ Ensemble de la production d'une série de films de l'équipe anglaise de l'Office national du film du Canada à la fin des années 1950. Les cinéastes du Candid Eye privilégient un regard objectif par des prises de vues à l'improviste, très souvent sans son synchrone ; ils veulent ainsi jeter un regard non préconçu sur la réalité. Toutefois, les films du Candid Eye ne sont pas ouvertement politiques, les auteurs étant plus intéressés à brosser des portraits de personnalités; par exemple Paul Anka, dans le film *Lonely Boy* (1957) de Wolf Koenig et Roman Kroitor. Parmi les cinéastes importants du Candid Eye, citons les noms de Terence Macartney-Filgate, Wolf Koenig et Roman Kroitor. ▷ **Cinéma direct**, **cinéma direct québécois**.

Cannes ■ Ville de la Riviera française où se déroule depuis 1946 le plus important festival international du film, le Festival international du film de Cannes.

Cannon ■ Abréviation de Cannon Group.

Cannon Group ■ Société de production américaine dirigée par deux cousins, Yoram Globus et Menahem Golan, dont ils font l'acquisition en 1979. En dix ans, ils essaient de faire de Cannon Group un vaste empire de production, de distribution et d'exploitation de films, surtout en Europe, en tentant de rivaliser avec les plus grandes compagnies, mais en mettant en marché des films de série B qui manquent de subtilité et qui ont plus ou moins de succès, sauf la série avec le personnage Nija. Au milieu des années 1980, ils proposent des films signés par des auteurs prestigieux comme Robert Altman, John Cassavetes, Jean-Luc Godard et Andreï Kontchalovski. Après 100 films, Cannon cesse en 1989 toute production.

Canon ■ Société japonaise créée en 1933 qui lance en 1934 un appareil photographique 35 mm. Par la suite, elle étend ses activités à toute la chaîne photographique, y compris cinématographique, à partir des années 1950, avec des caméras 8 mm, 16 mm et 35 mm. Les objectifs de leurs appareils sont réputés pour leur grande qualité. Canon diversifie ses activités à partir des années 1960 en produisant du matériel de bureau comme les machines à calculer et les photocopieuses. Dans les années 1980, en s'affiliant avec d'autres sociétés comme Hewlett-Packard, elle fabrique des télécopieurs, des ordinateurs et des imprimantes. Elle continue à fabriquer des objectifs pour les caméras de cinéma et de télévision. Son siège social est situé à Tokyo.

cantine ■ Salle de restauration dans un complexe de studios réservée aux membres des équipes de film (*cafeteria*). Du temps des Majors, les studios possèdent deux cantines, dont une est réservée principalement aux producteurs, aux vedettes, aux réalisateurs et aux chefs des départements, et l'autre, aux techniciens. ▷ *corral*. Pour les extérieurs, on a recours aux services de traiteurs.

CAO ■ Abréviation de conception assistée par ordinateur.

cape et d'épée ▷ film de cape et d'épée.

capitale du cinéma ■ Surnom donné à Hollywood, la ville la plus importante de l'industrie du cinéma. Hollywood est devenue le modèle dans la réalisation, la production et la diffusion du film, les Majors s'y étant installées. Elle est également surnommée « capitale du rêve ». ▷ **Babylone**, **Mecque du cinéma**, **usine à rêves**.

capitale du rêve ▷ capitale du cinéma.

captation ■ Prise de vues ou de sons en extérieur (*captation*).

capteur ■ Dispositif permettant de traduire des phénomènes physiques (les fréquences sonores, l'intensité lumineuse ou la température atmosphérique) en signaux électriques (*sensor*). Certains capteurs servent d'interface lorsque leurs signaux sont numérisés ; ▷ **CD**. Couplés à un programme informatique, ils peuvent être corporels, gestuels, oculaires et vocaux.

capture ■ En informatique, prise d'images, de sons ou de données et de leur codage permettant leur représentation (*capture*). La capture est une technique importante dans le travail de l'infographie.

caractérisation ■ Dans l'écriture d'un scénario, méthode consistant à doter un personnage d'une psychologie et de manies particulières pour bien le différencier des autres (*characterization*). Le terme anglais désigne l'interprétation donnée par un acteur à son personnage.

car de reportage ■ Camion servant au transport du matériel pour le tournage en extérieur (*outside-broadcasting van*). ◊ SYN. cinébus VX.

carrière ■ [1] Se dit surtout des étapes du métier d'acteur (*career*). ■ [2] Exploitation d'un film : la carrière d'un film.

Carry On ■ Expression grammaticale anglaise qui signifie « continuer à faire » et qui fait partie des titres d'une série de 29 films britanniques à petit budget, réalisée par Gerald Thomas et produite par Peter Roger, dans les studios de Pinewood, près de Londres, entre 1958 et 1978. Les films sont des parodies loufoques où se mêlent les jeux de mots à double sens et les gags. Les mêmes interprètes se retrouvent dans plusieurs productions, comme Kenneth Williams (26 films) et Joan Sims (24 films). Les insinuations et la mise en boîte des institutions et des coutumes britanniques sont le carburant des scénarios, qui ridiculisent la royauté, l'armée, le système de santé, les vacances au bord de la mer et les étrangers. Le premier film de la série est *Carry On Sergeant*, qui prend l'affiche en 1958. Il est suivi de *Carry On Nurse* en 1959, le film qui remporte le plus gros succès de l'année au box-office en Grande-Bretagne.

cartel ■ Ensemble d'entreprises indépendantes d'une même branche industrielle qui tente de limiter ou de supprimer la concurrence par des accords et une réglementation commune (*cartel*). Le cartel est une situation propre à l'industrie cinématographique américaine par l'intégration verticale de ses activités de production, de distribution et d'exploitation. De 1929 à 1948, cinq grandes sociétés, appelées Majors, se partagent les deux tiers du marché américain et même mondial ; ce sont la MGM, la Paramount, la RKO, la Warner Bros. et la Twentieth Century Fox. La Paramount Decision, décret de la Cour suprême des États-Unis de 1948, déclare que ces Majors violent la loi antitrust ; elles devront dès lors se départir de leurs salles.

carter ■ Enveloppe métallique étanche (*housing*). En projection, on distingue deux carters dans lesquels se déroule et s'enroule le film, qui le protègent ainsi contre les risques d'incendie. Depuis l'apparition de la lampe à xénon, les carters n'existent plus sur les projecteurs.

carton ■ Texte calligraphié ou imprimé, photographié sur un cello ou un fond mat (*intertitle*). Durant l'époque du muet, le carton intercalé entre deux images donne une information sur le temps et le lieu de l'action, un commentaire explicatif ou un extrait du dialogue; ▷ **intertitre**. Aujourd'hui, il sert généralement de support au générique, mais tend à disparaître en tant que tel depuis les années 1990, avec l'utilisation en production cinématographique de l'ordinateur et de l'infographie.

carton d'étalonnage ■ Feuille sur laquelle sont indiqués tous les renseignements nécessaires au tirage d'une bobine, comme la densité des couleurs, les valeurs de lumière et les corrections chromatiques (*grading card, grading sheet*). ◊ SYN. fiche d'étalonnage.

carton-pâte VX ■ Terme péjoratif désignant l'aspect artificiel d'un décor dans un film (*pastedboard*).

cascades PLUR. ■ De l'italien *cascada*. Actions dangereuses dans un film : simulations d'accidents, chutes de cheval, courses-poursuites, sauts périlleux, effets de noyade, bagarres et duels. (*stunt*). Les cascades sont exécutées par un cascadeur, généralement une doublure du rôle principal.

cascadeur, euse ■ Personne spécialisée dans l'exécution de cascades (*stuntman, stuntwoman*). Acrobate ou sportif, le cascadeur se substitue à l'interprète principal pour les scènes aux actions dangereuses ou difficiles; costumé comme l'interprète, son visage reste habituellement caché dans la scène enregistrée. Pour un film requérant plusieurs cascadeurs, on emploie un coordinateur ou un directeur de cascades. Dans plusieurs pays, les cascadeurs sont regroupés en syndicat.

casque d'écoute ■ Dispositif formé de deux écouteurs reliés par un serre-tête (*headset*). Le casque d'écoute est utilisé par les techniciens du son, particulièrement l'ingénieur du son, sur les lieux du tournage d'un film. ◊ SYN. serre-tête.

casser le plan ARG. ■ Au tournage, passer au plan suivant (*to strike a shot*).

casserole ARG. ■ Réflecteur très puissant largement utilisé durant l'époque du muet. ◊ SYN. gamelle.

cassette ■ [1] Boîtier protecteur dans lequel sont incorporées deux bobines et une bande magnétique servant à l'enregistrement électronique des sons et des images (*cassette*). ■ [2] Boîtier contenant une vidéocassette ou un DVD. On parle de « coffret » quand un boîtier contient plusieurs vidéocassettes ou DVD.

cassette audio ■ Abréviation familière de cassette audionumérique.

cassette audionumérique ■ Boîtier contenant une bande magnétique servant à l'enregistrement et à la reproduction des sons (*audiotape*).

cassette mini-DV ■ Cassette de format réduit (66 × 12 mm) pour l'enregistrement des images et des sons en numérique avec caméra mini-DV (*DV compact cassette*).

cassette vidéo ■ Boîtier contenant une bande magnétique servant à l'enregistrement ou à la reproduction d'images et de sons (*videotape*). ◊ VAR. vidéocassette.

cassure ■ Rupture accidentelle de la pellicule (*break*). ▷ **déchirure**.

casting ■ Distribution des rôles dans un film (*casting*) ; ▷ **interprétation**. Le casting est de plus en plus dévolu à des spécialistes (directeurs de casting) qui ont pignon sur rue ou qui font partie d'une agence. Tous les seconds rôles et les figurants sont recrutés par des directeurs de casting, qui négocient également leurs contrats. ▷ **package**.

Castle Rock Pictures ▷ **PolyGram Filmed Entertainment**.

catalogue ■ [1] Liste des films et des droits audiovisuels appartenant à un groupe (*catalogue*). Dans l'industrie des communications, le catalogue détermine l'importance de son propriétaire qui peut exploiter les droits dérivés de ses films, surtout les droits d'exploitation pour la télévision et dans le format vidéo graphique. ■ [2] Publication donnant la liste des films, leur titre, leur générique, leur résumé et leur horaire dans une manifestation cinématographique (*catalogue*). ▷ **programme** [2].

catastrophe ▷ **film-catastrophe**.

« Ça tourne ! » ■ Interjection lancée par l'opérateur de prises de vues et par l'opérateur du son pour indiquer que la mise en marche des appareils est déclenchée. Cette interjection vient après l'ordre « Moteur ! » du réalisateur. ▷ **« Bon pour la caméra ! »**, **« Bon pour le son ! »**.

CBC ■ Sigle de la Canadian Broadcasting Corporation.

CCD ■ Sigle de *charged coupled device*. En français : dispositif de transfert de charge. Capteur assurant la transformation des éléments lumineux (photons) en signaux électriques (électrons) ; ces signaux sont ensuite numérisés par un convertisseur A / D (*analog digital* pour signal analogique) puis traités pour obtenir une image numérique.

cd ■ Symbole de candela.

CD ■ Sigle de *compact disk*. En français : disque compact. Disque à mémoire optique inventé conjointement par Philips et Sony en 1979. Il est apparu sur le marché en 1983. Sa méthode de lecture repose sur un faisceau de lumière cohérente, soit un rayon laser, qui vient frapper le disque en rotation. Les irrégularités, soit les cavités, dans la surface réfléchissante de celui-ci produisent des variations binaires et le rayon réfléchi est enregistré par un capteur. Répandu dans le domaine de l'enregistrement sonore, le CD a remplacé le disque de vinyle. Il existe plusieurs types de CD dont le CD audio, soit le CDDA pour *compact disc digital audio* ou, en français, disque compact audionumérique, le CD-ROM pour *compact disc read only memory*, officiellement cédérom ou DOC en français, le CD-R pour *compact disc recordable*, un disque inscriptible, le CD-RW pour *compact disc rewritable*, un disque réinscriptible, le VCD et SVCD. ▷ **CD-I**.

CD-I ■ Sigle de *compact disk-Interactive*. En français : disque compact interactif. Standard de disque compact audio courant adapté pour les images et les sons. Ce CD interactif est lancé sur le marché en 1991 par les compagnies Philips et Sony. Fonctionnant avec le téléviseur, son interactivité laisse le choix au spectateur entre plusieurs fins programmées d'un même film. Il est surtout utilisé pour les jeux interactifs. Le lecteur CD-I peut lire des vidéodisques et donne accès à Internet. Il n'a pas le succès escompté et est remplacé en 1997 par le DVD. ▷ **CD-TV**.

CD-ROM ▪ Abréviation de *compact disc read only memory*. En français : cédérom, DOC.

CDS ▪ Sigle du Cinema Digital Sound.

CdS ▪ Notation chimique de sulfure de cadmium.

CD-TV ▪ Abréviation de Commodore Dynamic-Total Vision. Marque de commerce d'un système de disque compact interactif mis au point par la compagnie Commodore International en 1991. Destiné au grand public, le CD-TV doit concurrencer le CD-I, mais il n'obtient pas le succès anticipé. La compagnie le repositionne comme ordinateur multimédia sous l'appellation Amiga CDTV, puis le transforme en console de jeux vidéo, appelé Amiga CD32, utilisant des disques compacts.

cédérom ▪ Disque optique compact mis au point en 1984 par Philips et commercialisé en 1985 (*CD-ROM*). Évolution du CD original, le cédérom est destiné au monde informatique et professionnel et est utilisé comme mémoire auxiliaire de l'ordinateur. Il remplace la disquette dans la distribution des logiciels et autres données informatiques. En 1991, le disque optique compact évolue vers un nouveau standard de disque, le CD-ROM-XA, pour le stockage de données multimédias (le son, le texte, les images fixes ou animées), usage pour lequel il n'est pas conçu au départ. Le disque optique compact nécessite un lecteur périphérique (interne ou externe), adapté au système d'exploitation de l'ordinateur. Son

application au cinéma n'est pas encore courante, mais elle permet de stocker une documentation multiple sur le septième art, son histoire, ses œuvres, son industrie, ses moyens techniques, etc ; en fait, pour le cinéma, c'est technologiquement le DVD qui lui succédera. ◇ VAR. DOC.

cell ▪ Forme abrégée de celluloïd.

cello ARG. ▪ Feuille de celluloïd. ◇ SYN. cellulo.

cellule photoélectrique ▪ Élément transformant la lumière en courant électrique (*photocell, photoelectric cell*). On distingue les cellules de mesure de la lumière incidente et les cellules de mesure de la lumière réfléchie. Elles entrent dans la fabrication de certains posemètres et de plusieurs caméras.

cellule voltaïque ▪ Élément transformant la lumière en courant électrique grâce à du sélénium. La conductivité électrique du sélénium augmente avec la lumière qu'il reçoit (*voltaic cell*). La cellule permet de mesurer la lumière.

cellulo ARG. ▪ Feuille de celluloïd.

celluloïd [cellulo, cello, cell] ▪ [1] Inventé en 1870, matériel transparent fait à base de nitrate de cellulose et entrant dans la composition de la pellicule cinématographique (*cel*). Le celluloïd est très inflammable. ▪ [2] Par extension, le film. ▪ [3] Feuille transparente plastifiée servant de carton ou de matériel de base pour le dessin animé (*cel*).

censure ▪ Action qui consiste à décider quelles parties d'un film seront interdites aux spectateurs (*censorship*). La censure dépend du droit de regard d'un organisme d'État sur le cinéma et vise à protéger la moralité et les mœurs. Quels que soient le système politique et l'époque, chaque pays possède son moyen de contrôle de la production et de l'exploitation des films. Le premier film censuré de l'histoire du cinéma est *The Serpentine Dancer* (1894) réalisé par William K. Dickson pour le Kinétoscope de Thomas Edison, appareil de projection à vision individuelle. Le film de Jean Vigo, *Zéro de conduite* (1933), subit une interdiction totale, qui n'est levée qu'en 1945. À la fin des années 1960, les règles de la censure deviennent moins sévères et, dans la plupart des pays de l'Europe de l'Ouest et de l'Amérique, les films ne sont plus coupés ou modifiés. Mais des interdits demeurent : la pilosité pubienne et les organes génitaux sont encore censurés au Japon ; ▷ **pink cinema**. La Suisse alémanique ne lève qu'en 2007 l'interdit sur la projection de *Salò ou les cent vingt journées de Sodome* (1976) de Pier Paolo Pasolini ; des lobbies catholiques ou fondamentalistes font des pressions pour l'interdiction de certains films ; ainsi, en France, plusieurs incidents sont provoqués par des extrémistes religieux contre *La dernière tentation du Christ* (1988) de Martin Scorsese. Il existe dans les pays socialistes une censure politique, qui disparaît après la chute du mur de Berlin. Les films proposés par la télévision font l'objet d'une étude par une direction rattachée à l'organisme qui les diffuse. La production, la distribution et la diffusion de films pornographiques sont longtemps totalement interdites. ▷ **Code Hays, commission de contrôle, interdiction, MPPA, visa de censure.**

Centre du cinéma et de l'audiovisuel ▪ Organisme du ministère de la Culture de la Communauté francophone de Belgique ayant pour mission principale d'aider à la production et à la promotion des œuvres audiovisuelles. Créé en 1994, le centre *a)* octroie des subventions à la diffusion et des primes à la qualité des œuvres audiovisuelles ; *b)* soutient les ateliers de production et d'accueil, petites structures d'aide à la production de films et de vidéos dispersées sur le territoire francophone belge ; *c)* encourage la coproduction entre producteurs indépendants et chaînes de télévision ; et *d)* établit des relais entre la production indépendante et les programmes européens. Il organise dans ce cadre une concertation structurée avec les représentants des milieux professionnels intéressés.

Centre expérimental du cinéma ▪ Traduction française de Centro Sperimentale di Cinematografica.

Centre national de la cinématographie [CNC] ▪ Organisme gouvernemental français créé en 1946 et placé sous la direction du ministère de la Culture en 1950. Le CNC intervient dans la profession cinématographique et réglemente son économie. Il prend des mesures en vue de favoriser l'industrie cinématographique : des projets de lois, des décrets et des crédits de soutien (son système de soutien automatique finance environ 10 % de chaque film français produit). Il coordonne une série d'activités concernant la profession : les festivals, la formation professionnelle (la Fondation européenne des métiers de l'image et du son [FÉMIS]), la conservation des films (la Cinémathèque française) et le contrôle des associations et des organismes subventionnés (Festival international du film de Cannes, Unifrance Film, etc.). Le CNC participe avec d'autres directions de l'État français à la définition et à la mise en œuvre d'une politique multilatérale, qu'elle soit européenne ou internationale, dans le secteur cinématographique et audiovisuel. ▷ **art et essai**.

Centro Sperimentale di Cinematografica [CSC] ■ École officielle de cinéma italienne fondée en 1936. Située à Rome, le CSC est la plus ancienne institution italienne destinée à la formation professionnelle de cinéastes. Un enseignement critique et théorique y est privilégié. L'influence de son enseignement se fait sentir dans la production italienne de l'après-guerre ; le néoréalisme est tributaire de l'approche théorique et pratique de cette école. Roberto Rossellini sera l'un de ses présidents les plus actifs et pilotera ce centre expérimental vers la multidisciplinarité ; pour sa part, Lina Wertmuller, autre présidente, tente d'intégrer la formation des élèves au monde de l'industrie cinématographique. L'école se voit à la fin des années 1980 fortement concurrencée par la création de nombreuses autres écoles, dont le Ipotesi Cinema, fondé par Ermanno Olmi et situé à Bassano, et par les facultés universitaires. En 1998, le gouvernement italien rebaptise le CSC en une école nationale de cinéma et change ses statuts pour en faire une institution privée associée à la Cineteca Nationale (une cinémathèque), la Scuola Nazionale di Cinema ; son enseignement, qui se fait principalement à Rome, est subdivisé en trois autres secteurs, dispersés en trois lieux différents : dans le Piémont (pour l'animation), la Lombardie (pour la formation télévisuelle) et la Sicile (pour le documentaire). Elle publie la revue *Bianco e nero*. Traduction française : Centre expérimental du cinéma.

cerisier ARG. ■ Pour les machinistes, tout végétal faisant partie du décor (arbre, gazon, fleurs, bouquet, etc.).

césar ■ Récompense remise annuellement par l'Académie des arts et techniques aux professionnels du cinéma français. Le césar est l'équivalent en France de l'oscar américain. La cérémonie de remise a lieu, selon les années, à la fin du mois de février ou au début du mois de mars. Cette récompense est remise pour la première fois en 1976 au film *Le vieux fusil* de Robert Enrico. Elle est symbolisée par une sculpture conçue par l'artiste français César.

chaîne FAM. ■ Chaîne de télévision (*channel*).

chaîne cryptée ■ Chaîne dont les émissions sont brouillées et nécessitent un décodeur pour être vues en clair. La télévision à péage et la télévision par satellite exploitent ce type de chaîne.

chaîne de télévision ■ Ensemble d'émetteurs de télévision transmettant un même programme (*television channel, television station*). Par extension, société produisant et diffusant des programmes de télévision. Les chaînes participent de plus en plus à la production de films en tant qu'entités productrices et coproductrices ; ▷ **chaîne cryptée**, **chaîne généraliste**,

chaîne thématique. Synonymes mais anglicismes souvent employés : canal, station.

chaîne généraliste ▪ Chaîne produisant et diffusant des émissions pour tous les publics : de l'information, des variétés, des émissions pour enfants, des dramatiques, du sport, du cinéma, etc. (*general-interest station*). ◊ CONTR. chaîne thématique.

chaîne publique ▪ Chaîne nationale appartenant à un État ou subventionnée en partie ou en totalité par un État (*public service channel*). La mission impartie à une chaîne publique est d'informer, de cultiver et de distraire. Une chaîne publique se caractérise par sa qualité, son originalité et sa diversité. La multiplication des chaînes privées dans les années 1980, les bouquets de télévision numériques, les compressions budgétaires et la nécessité de recourir aux revenus de la publicité mettent en péril la mission culturelle des chaînes publiques. Aux États-Unis, une chaîne publique est une corporation privée, financée à hauteur de 20 % par le gouvernement fédéral ; le reste des revenus proviennent de commanditaires et de campagnes de financement auprès du public ; le réseau public de télévision américain se nomme Public Broadcasting Service [PBS]. Un État peut posséder plusieurs chaînes publiques.

chaîne spécialisée ▷ chaîne thématique.

chaîne thématique ▪ Chaîne dont les émissions sont ciblées sur un thème. C'est une chaîne spécialisée dans un domaine particulier : l'information, le cinéma, le sport, la musique, les procès,

etc. La chaîne Cable News Network [CNN], américaine, est la plus connue des chaînes thématiques ; elle est dédiée entièrement à l'information. Music Television [MTV], autre chaîne d'origine américaine, est consacrée entièrement à la musique rock. ◊ SYN. chaîne spécialisée. ◊ CONTR. chaîne généraliste.

chambara-eiga JAP. ▪ Sous-genre du *jidaï-geki* mettant en scène des combats au sabre qui domine le cinéma japonais durant les années 1960 et 1980.

chambre d'échos ▪ Système permettant d'obtenir un effet d'écho lors de la reproduction de sons (*echo box* ou *echo chamber*). L'écho est reproduit par un dispositif de réverbération artificielle.

chambre noire ▪ De l'italien *camera obscura*. ▪ [1] Enceinte fermée où une petite ouverture, avec ou sans lentille, laisse pénétrer les rayons lumineux pour former sur un écran une image à l'extérieur (*darkroom*). Cette image est alors doublement inversée : latéralement et verticalement. La mise au point de la chambre noire est attribuée à Léonard de Vinci et à Giambattista della Porta. Le procédé de la chambre noire est employé par les artistes depuis le XVe siècle. Elle devient au XIXe siècle un divertissement public. Elle est à l'origine de l'enregistrement et de la projection d'images. ▷ **sténopé**. ▪ [2] Partie de la caméra par où entrent les rayons lumineux qui s'imprimeront sur la pellicule. ▪ [3] Lieu, dans un studio, où l'on peut charger et décharger la pellicule des magasins de la caméra.

champ ▪ Espace parcouru par la caméra et délimité par le cadre (*field*). Le format du cadre dépend des lentilles utilisées et de la distance entre l'objectif de la caméra et le sujet photographié. ▷ **hors-champ, contrechamp, profondeur de champ.**

champ-contrechamp ▪ Alternance de deux champs diamétralement opposés (*shot-reverse shot*). Le champ-contre-champ est généralement utilisé dans un dialogue lorsque la caméra prend la place de l'interprète qui ne parle pas. ▷ **loi des 180 degrés.**

chanchada PORT. ▪ Comédie brésilienne, musicale ou non, modelée sur la comédie légère américaine. Le *chanchada* naît après la Deuxième Guerre mondiale à la suite d'une législation sur le quota obligatoire de films brésiliens dans les salles. Il met en scène des gens du peuple. Il prend l'affiche juste avant le Mardi gras brésilien car il a fonction de servir de vitrine aux sambas et aux défilés. Malgré une légère évolution, passant de l'imitation des musicals américains à des intrigues policières, romantiques ou comiques plus développées, c'est un genre médiocre, méprisé par la critique et l'élite, qui disparaît lentement après 1955 avec l'avènement du Cinéma Nôvo et une tentative d'industrialisation d'un cinéma de qualité internationale, de même qu'avec l'arrivée de la télévision et ses *telenovelas*. Le *chanchada carioca* désigne une comédie de type carnavalesque se déroulant à Rio (*carioca* désigne l'habitant de Rio de Janeiro). ▷ ***porno-chanchada.***

changing bag ANGLIC. ▪ Manchon (ou sac) de chargement. Dans le métier, en France, on dit : charging bag.

Channel Four ▪ Chaîne privée de télévision britannique fondée en 1982, mais dont les membres sont nommés par le gouvernement. Les productions de Channel Four sont destinées aux minorités ethniques, aux jeunes et aux handicapés. Sa programmation est aventureuse. Une portion de 10 % de son budget est consacrée à la production cinématographique. Des cinéastes anglais comme Stephen Frears, Derek Jarman, Neil Jordan et Ken Loach ont bénéficié de son système de production, et des cinéastes non britanniques comme Atom Egoyan, Alain Tanner, Andreï Tarkovski et Agnès Varda, de son système de coproduction. En 1987, au Festival international du film de Cannes, le prix Rossellini est remis à la chaîne pour sa contribution au renouveau du cinéma britannique. La crise économique des années 1990 oblige Channel Four à réduire sa production à des films dont les capitaux sont majoritairement britanniques. Mais la chaîne se veut toujours innovatrice dans ses programmes (documentaires, fictions, information, émissions pour enfants, etc.).

chanson ▪ [1] Texte mis en musique et destiné à être chanté (*song*). La chanson est utilisée abondamment dans le cinéma et participe très souvent au succès commercial du film ; elle lui sert même souvent de faire-valoir. Le patrimoine cinématographique comprend environ 5000 titres de chansons. ▪ [2] Intermède musical dans la narration d'une comédie musicale (*song*). La chanson participe du jeu du récit et du spectacle. La plus célèbre chanson au cinéma est *Singin' in the*

Rain, signée Nacio Herb Brown et Arthur Freed, du film *Singin' in the Rain* (en français : *Chantons sous la pluie*, 1952) de Stanley Donen et Gene Kelly. ▷ **bande originale du film, musique.**

charbons PLUR. ■ Terme donné aux électrodes à base de graphite employées dans l'arc à charbons (*carbon*).

chargement ■ Action de charger la pellicule dans un appareil de prise de vues, de tirage ou de projection (*loading*). On utilise un sac de chargement pour approvisionner la caméra en pellicule vierge afin d'éviter qu'elle soit impressionnée. ◇ CONTR. déchargement. ◇ SYN. (rare) : armement.

chargeur ■ Boîte étanche de la caméra contenant les bobines débitrice et réceptrice et les débiteurs (*magazine*). ▷ **magasin.**

charging bag ▷ changing bag.

chariot ■ Plateforme montée sur rails ou pneumatiques où prennent place le caméraman et le cadreur (*dolly*, ARG. *buggy*). Le chariot permet de faire des travellings latéraux. Il n'est guère plus utilisé de nos jours et est remplacé par des appareils de type dolly qui permettent des déplacements verticaux.

chariot-crab ▷ crab dolly.

Charlot N. ■ Équivalent français du diminutif anglais « Charlie ». Charlot désigne le personnage interprété par Charles Chaplin dans la majorité des films muets qu'il a réalisés, principalement à la Keystone Company et à la First National.

charte ANGLIC. ■ De *chart* qui veut dire « diagramme », « graphique ». Panneau de couleurs et de gris dégradés servant à vérifier la qualité des couleurs lors du tournage (*color chart*, ARG. *lily*). La charte sert après chaque prise de vues à faire des tests pour les laboratoires de développement. ◇ SYN. gamma, lily.

chassé ■ Trucage qui donne l'impression d'une image chassant l'autre, la poussant hors cadre quand elle apparaît (*push off*, *pushover*). ◇ SYN. effet de chassé.

chasse aux sorcières ▷ liste noire, maccarthysme.

chasseur ARG. ■ Nom donné par Samuel Goldwyn au film documentaire projeté entre deux séances, qui doit entraîner les spectateurs à l'extérieur et les inciter à acheter une autre entrée pour la deuxième séance (*hunter*).

chasseur de talents ■ Dénicheur de vedettes (*talent scout*). Du temps du système des studios, le chasseur de talents est employé par une compagnie afin de trouver de futures stars. La rumeur veut que ce soit un chasseur de talents qui découvre Lana Turner, juchée sur un tabouret en train de boire dans un bar. Le chasseur de talents travaille dorénavant pour une agence de casting, qui mettra sous contrat le ou la future artiste. Dominique Besnehard, acteur, directeur de casting et agent pour Artmédia, est réputé pour être un des meilleurs ; c'est lui qui découvre Béatrice Dalle et Sophie Marceau.

châssis ■ Cadre de bois destiné à la construction de la paroi des décors (*canvas flat*). Le châssis est recouvert d'une toile.

chat à l'épaule ARG. ■ Surnom donné à l'ensemble des caméras portables fabriquées par Aäton à cause de leur ergonomie.

chatouiller ARG. ■ Prendre trop de temps pour régler les détails d'une scène.

chaud ADJ. ■ Caractéristique d'une couleur riche en radiations orangées (*hot*). ◊ CONTR. froid.

chauffeur ■ Conducteur d'automobile responsable du transport de certains membres de l'équipe de tournage, dont les interprètes et le réalisateur (*driver*). Le chauffeur assure ainsi le respect de l'horaire de tournage, ce qui évitera les retards de tournage et le dépassement des dépenses prévues aux devis.

chaussette ■ Tube de tissu léger, noir ou blanc, servant à canaliser la lumière dans son axe (*space light*). La chaussette sert de source d'ambiance.

chef ■ Spécialiste de son secteur, responsable de l'équipe de travail qu'il dirige. ▷ **chef constructeur, chef costumier, chef décorateur, chef de plateau, chef électricien, chef machiniste, chef monteur, chef opérateur, chef opérateur du son.**

chef constructeur ■ Personne responsable de la construction des décors (*construction manager*). Le chef constructeur est un contremaître qui supervise une équipe de menuisiers, de plâtriers et de peintres qui bâtiront, monteront, installeront ou modifieront les éléments des décors.

chef costumier ■ Personne responsable des costumes (*costume director, wardrobe master*, parfois *costumer*). Souvent confondu avec le créateur de costumes, comme on le désignait autrefois, le chef costumier est devenu son assistant. Il est responsable de la recherche, de l'achat et la location des costumes et des accessoires avant le tournage ainsi que des essayages. Il en assure également la conservation. Il assume souvent le travail d'un habilleur.

chef décorateur ■ Personne responsable de la conception et de la construction des décors (*art director, production designer*). Le chef décorateur choisit et adapte également les lieux de tournage hors du studio. Il peut être responsable de la conception des costumes ou, s'il y a un créateur de costumes, de voir à l'adaptation des costumes à l'ensemble des décors. C'est un architecte-décorateur qui doit non seulement posséder des dons artistiques, mais avoir des connaissances en menuiserie, en plomberie, en électricité, en tapisserie, etc., ainsi qu'en technique d'enregistrement des images (caméra, lentille, couleur, effets spéciaux) et des sons. Il établit les devis pour les décors et veille à leur exécution ponctuelle, à leur ameublement et aux accessoires qui s'y trouveront. Chez les Majors, il dirige un département, le Service artistique, où il a sous sa responsabilité un grand nombre d'artisans, de créateurs et de gens de métier. Du terme anglais *art director*, le terme français traduit par « directeur artistique » remplace de plus en plus celui de « chef décorateur ».

chef de plateau ■ Personne responsable du doublage (*dubbing director*). Le chef de plateau distribue les rôles, supervise les séances de doublage et contrôle le mixage.

chef de production VX ■ Directeur de production.

chef-d'œuvre ■ Film capital pour l'histoire du cinéma (*masterpiece*). Les films suivants sont les plus souvent cités comme chefs-d'œuvre : *Naissance d'une nation* (1915) de D.W. Griffith, *Le cuirassé « Potemkine »* (1925) de S.M. Eisenstein, *La ruée vers l'or* (1925) de Charles Chaplin, *La passion de Jeanne d'Arc* (1928) de Carl Th. Dreyer, *La règle du jeu* (1939) de Jean Renoir, *Citizen Kane* (1941) d'Orson Welles, *Rome ville ouverte* (1945) de Robert Rossellini, *Contes de la lune vague après la pluie* (1953) de Kenji Mizoguchi, *Le voyage à Tokyo* (1953) de Yasujiro Ozu, *Sueurs froides* (1958) d'Alfred Hitchcock, *L'avventura* (1960) de Michelangelo Antonioni, *Pierrot le fou* (1964) de Jean-Luc Godard, *Persona* (1965) d'Ingmar Bergman, *Raging Bull* (1980) de Martin Scorsese et *Le sacrifice* (1986) d'Andreï Tarkovski. ▷ **classique**.

chef électricien ▪ Technicien responsable du matériel électrique et de son utilisation adéquate durant le tournage en studio et en extérieur (*gaffer*). Le chef électricien est sous la responsabilité du directeur photo et commande les électriciens à son service pour installer, déplacer, orienter et régler les lampes, les éclairages et les projecteurs. ▷ **groupiste**.

chef machiniste ▪ Technicien responsable du matériel de tournage (*key grip, head grip*). Le chef machiniste dirige l'équipe de machinistes.

chef maquilleur ▪ Spécialiste assurant le maquillage des acteurs, en tenant compte de la nature du film, du type de pellicule, des éclairages, des effets spéciaux, des costumes et du physique des acteurs (*make-up artist*). Il peut superviser le travail d'autres maquilleurs.

chef monteur, euse ▪ Personne responsable des travaux de montage jusqu'au mixage (*editor*). Le plus souvent appelé « monteur », le chef monteur travaille en étroite collaboration avec le réalisateur, parfois avec le producteur si celui-ci possède un droit de regard sur le montage final ; on lui indique alors les scènes choisies pour être montées. Technicien hautement qualifié, il doit posséder l'esprit du scénario et avoir un sens du rythme. Il doit surtout posséder une grande mémoire visuelle pour se rappeler l'ordre des plans montés, à monter ou à remonter. Son travail longtemps méconnu est maintenant pris en compte par les critiques et les cinéphiles. Plusieurs réalisateurs ont commencé leur carrière comme chefs monteurs : Robert Wise, Hal Ashby et Gilles Groulx, entre autres. Le métier de monteur est souvent assumé par des femmes ; citons les noms de Jolanda Benvenuti, qui travaille avec Roberto Rossellini, Agnès Guillemot avec Jean-Luc Godard, Susan E. Morse avec Woody Allen et Thelma Schoonmaker avec Martin Scorsese.

chef opérateur ▪ Spécialiste responsable de la qualité de l'image apparaissant à l'écran, soit de son enregistrement et de son tirage (*cinematographer*). Ce terme est moins usité que celui de directeur de la photographie (ou directeur photo).

chef opérateur du son ▪ Technicien responsable de l'enregistrement du son pendant le tournage (*soundman*). Il est ainsi responsable de la qualité technique et artistique de l'enregistrement du son. Le chef opérateur peut également travailler à la conception sonore en studio, dans la dernière phase de la réalisation. Cette fonction remplace de plus en plus celle d'«ingénieur du son». ▷ *Foley artist.*

chenille ■ [1] Bande de travail destinée à la vérification de l'étalonnage (*color pilot*). La chenille comporte deux bandes négatives de chaque plan qui permettent les corrections de lumière et de couleurs prévues pour l'étalonnage. ◊ SYN. deux à deux. ■ [2] Système lumineux utilisé au mixage pour vérifier les fréquences sonores alors imprimées sur une bande passant sous l'écran.

chercheur de champ ■ Appareil, retenu par une chaîne au cou du réalisateur ou du chef opérateur, permettant de rechercher et de choisir le champ approprié avant la prise de vues (*auxiliary finder*). Le chercheur de champ permet de comparer le champ donné par différentes focales, qui sont adaptables individuellement à l'appareil. Certains appareils sont parfois munis de zooms. Le champ obtenu par le chercheur de champ est comparable à celui donné par le viseur de l'appareil de prise de vues. ◊ SYN. viseur de champ.

chevauchement ■ Technique de transition entre deux actions (*overlap*). Le son d'un plan se continuant dans le plan suivant est un exemple de chevauchement. On peut faire un chevauchement en répétant l'action du dernier plan dans le plan suivant; S.M. Eisenstein le fait au début du *Cuirassé «Potemkine»* (1925). Il y a également chevauchement dans le dialogue quand deux ou plusieurs personnages parlent en même temps.

cheville de guidage ■ Pièce d'une tireuse permettant l'entraînement précis du film (*guide roller*). ◊ SYN. galet de guidage.

chiffre binaire ▷ bit.

chlorure ■ Composé chimique sensible à la lumière entrant dans la fabrication de la pellicule (*chloride*).

chorégraphe ■ Personne planifiant et dirigeant les parties dansées d'un film (*choreographer*). Busby Berkeley est l'un des plus célèbres chorégraphes-réalisateurs des années 1930, alors que Bob Fosse se démarque dans les années 1970. ▷ **comédie musicale.**

chorégraphie ■ Composition et réglage des pas et des figures de danse dans un film, généralement une comédie musicale (*choreography*). Elle est souvent adaptée de la chorégraphie d'une œuvre musicale pour la scène. La chorégraphie dépend des dimensions du plateau, des lieux (comme les piscines dans les chorégraphies dirigées par Busby Berkeley) et de l'imagination du chrorégraphe. Elle fait le plus souvent partie d'une mise en scène d'un grand spectacle musical; à voir: *Les chercheuses d'or de 1933* (1933) de Mervyn Le Roy et *Les chercheuses d'or de 1937* (1936) de Lloyd Bacon. Elle occupe une grande place dans les films indiens, égyptiens et hongkongais. ▷ **Bollywood, Busby Beserkeley.**

Choreutoscope ■ Appareil mis au point en 1866 par le Britannique L.S. Beale permettant à la lanterne magique de projeter des dessins animés. Mais c'est en 1870 que le Français Henry R. Heyl met au point un dérivé du Choreutoscope, le Phasmatrope, qui projette des images photographiques en mouvement et qui ressemble au Phénakistiscope et au Praxinoscope, mais dont le déroulement des dessins est intermittent au lieu d'être continu. Chaque prise étant immobilisée un bref instant, cet appareil fournit une meilleure luminosité et une plus grande stabilité au dessin grâce à une croix de Malte. Le Choreutoscope est un des nombreux appareils à l'origine du Cinématographe.

chorus girls ANGL., PLUR. ■ Groupe de danseuses dans une comédie musicale.

chromatisme ■ [1] Dispersion des rayons lumineux dont les longueurs d'onde produisent les couleurs sur une surface (*chromaticism*). ■ [2] Défaut d'optique qui se manifeste par des images frangées ou floues sur les bords (*chromatic aberration*). On parle alors d'aberration chromatique ou d'aberration de chromaticité.

chrominance ■ En vidéographie, représentation des informations relatives aux couleurs d'une image (*chrominance*). Une bonne chrominance se caractérise par des couleurs réalistes, vives, saturées et sans bavures. ▷ **luminance**.

chromo ■ Film de mauvais goût et plein de clichés au plan esthétique (*chromo*). Les films de Franco Zeffirelli sont souvent qualifiés de chromos.

chronique ■ Genre cinématographique montrant des faits réels ou s'inspirant de faits réels, sous la forme d'un documentaire ou d'une fiction. Un ton intimiste et personnel y est adopté. Y sont également privilégiées la franchise et une liberté de ton. *Chronique d'un été* (1961) de Jean Rouch, qui donnera naissance au cinéma-vérité, en est l'exemple typique.

Le joli mai (1963) de Chris Marker est une chronique lucide d'une époque et le portrait attachant d'un certain nombre de Parisiens au printemps de 1962. La série des *Appunti* de Pier Paolo Pasolini, *Notes pour un film sur l'Inde* (1968) et *Carnet de notes pour une Orestie africaine* (1969), peut être classée dans ce genre. On peut y inclure la série des sept films de *Chronique de la vie quotidienne* (1977-1978) de Jacques Leduc. On dit de *Croque la vie* (1981), *Escalier C* (1985) et *Travelling avant* (1987) de Jean-Charles Tacchella qu'elles sont des chroniques chaleureuses et sincères sur l'amitié et la vie de quartier. ▷ **journal**.

Chrono ■ Appareil de prise de vues, qui est également un projecteur, inventé en 1895 par George William de Bedts. Cet appareil ressemble au Kinétoscope d'Edison. Il sera vendu sous le nom de Kinétographe.

chrono (1) FAM. ■ Forme abrégée de chronomètre.

chrono (2) ARG. ■ Partie entièrement mécanique du projecteur : le moteur, les mécanismes d'avancement du film, l'obturateur, la pompe à huile, etc. ▷ **bloc optique**.

Chronochrome ■ Marque de commerce d'un procédé trichrome lancé par Léon Gaumont en 1913, d'après le système de Camille Lemoine à base d'images superposées. Une caméra à trois objectifs munis chacun d'un filtre (rouge, vert et bleu) enregistre trois images juxtaposées et permet de restituer idéalement toutes les teintes. La caméra doit toutefois être manipulée avec précaution. ◊ VAR. Chronochrome Gaumont, Gaumontcolor.

Chronochrome Gaumont ▪ Variante de Chronochrome.

Chrono dit de Demenÿ ▪ Appareil d'enregistrement et de projection mis au point en 1893 par Georges Demenÿ pour des films à bande perforée de 60 mm, puis de 35 mm. La société Gaumont le commercialise en 1896. Les opérateurs apprécient grandement les Chronos 35 mm Demenÿ-Gaumont. Alice Guy-Blaché, première femme réalisatrice, l'utilise pour tourner ses films. Cet appareil sera soumis à de constantes améliorations jusqu'en 1915.

Chronomégaphone Gaumont ▪ Appareil mis au point par Léon Gaumont en 1906 et présenté en 1910. C'est un haut-parleur très puissant à air comprimé utilisé dans de grandes salles de cinéma.

chronomètre [chrono] ▪ Montre de précision permettant de mesurer les intervalles de temps en minutes, secondes et fractions de seconde (*stopwatch*). Le chronomètre est utilisé par la scripte dont l'une des tâches est de mesurer la durée de chaque prise.

Chronophone ▪ Appareil breveté en 1903 par Léon Gaumont et commercialisé en 1906. Le Chronophone allie le Chronophotographe et le phonographe, l'image étant synchronisée au son grâce à un disque. Cet appareil relance la fréquentation des salles de cinéma qui fléchit faute de nouveauté.

Chronophotographe ▷ chronophotographie.

chronophotographie ▪ Enregistrement d'images multiples grâce à une chambre photographique mise au point par le Français Étienne Jules Marey en 1882 (*chronophotography*). Ce nouvel appareil remplace le fusil photographique du même inventeur et est appelé caméra chronophotographique à plaque fixe. C'est un appareil voisin du Fantascope. En 1888, apparaît le Chronophotographe à bande mobile et, en 1890, le Chronophotographe à pellicule celluloïd mobile, deux ancêtres directs de la caméra. ▷ **Kinetograph**.

chutes PLUR. ▪ [1] Fragments de pellicule tournée non utilisés au montage (*cutouts*). ◊ SYN. déchets de film. ▷ **bac**, **chutier**. ▪ [2] Fragments de pellicule vierge n'ayant pas servi au tournage (*tails*). Dans le métier, ces chutes sont appelées « queues ».

chutier ▪ Sac surmonté de crochets sur lesquels sont suspendus les fragments de pellicule à être détruits, conservés ou parfois réutilisés pour un autre film (*trim bin*). L'extrémité de la pellicule tombe dans le sac pour éviter les rayures et les salissures. ▷ **bac**.

cinario ▪ Roman cinéoptique. ▷ **cinéoptique**.

ciné ▪ [1] FAM. Forme abrégée de « cinéma », qui est elle-même une abréviation familière de « cinématographe » (*cine*). Le radical de ce terme facilite la formation de mots relatifs aux activités cinématographiques (cinéaste, ciné-club, cinéroman, etc.) et à des noms de marque (Cinécolor, CinémaScope, Cinérama, etc.). ▪ [2] FAM. Salle de cinéma. ▷ **cinoche**.

cinéac ▪ De la contraction de « cinéma » et « actualités ». Dans les années 1910, en France, salle de cinéma spécialisée dans la projection de films d'actualités.

cinéaste ▪ Réalisateur ou metteur en scène du film (*film-maker* ou *filmmaker*). Personne qui contribue sur le plan artistique, technique ou économique à la réalisation d'un film. C'est en mai 1921 que Louis Delluc propose le mot « cinéaste » pour remplacer celui de « metteur en scène d'un film ». ▷ **cinégraphe, cinéplaste, écraniste, visualisateur.**

cinébus ▷ **car de reportage.**

Ciné Chiffres ▪ Organisme français de l'industrie cinématographique qui publie pour ses membres les relevés hebdomadaires de fréquentation des salles.

Cinecittà ▪ De l'italien, qui veut dire « cité du cinéma ». Ensemble des studios construits dans la banlieue de Rome et inaugurés en avril 1937 par Benito Mussolini. Ces studios doivent relancer la production cinématographique italienne et la rendre indépendante de l'étranger ; les films qui y sont produits doivent en premier lieu servir l'idéologie fasciste. Cinecittà regroupe, sur une superficie de 60 hectares, 73 édifices dont 16 studios et leurs loges, 4 hectares de voirie dont 75 kilomètres de rues, 3,5 hectares de jardins, une grande piscine utilisée pour les prises de vues « maritimes », trois restaurants, divers hôtels pour les dirigeants et les employés ainsi que tous les secteurs techniques nécessaires à la réalisation et à la production de films. On lui donne le surnom de « Hollywood sur Tibre ». Federico Fellini y met en scène presque tous ses films et il l'évoque directement dans *Intervista* (1987). Durant les années 1960, 150 péplums y sont tournés ainsi que les western-spaghettis de Sergio Leone. Avec la crise du cinéma italien des années 1980, les studios sont partiellement abandonnés. Dans les années 1990, ils serviront de plus en plus aux tournages de films et d'émissions pour la télévision anglaise et italienne, d'où le surnom qui leur est donné par le milieu cinématographique : *Telecittà*.

ciné-club, cinéclub ▪ Club d'amateurs de cinéma qui organise des séances de projection de films suivies de débats dans le but de promouvoir la culture cinématographique (*film society*). Les ciné-clubs apparaissent vers 1920 sous l'impulsion du cinéaste Louis Delluc et se consacrent à la présentation de films inédits. Le ciné-club prend une ampleur considérable après la Deuxième Guerre mondiale, élargit son éventail de films aux classiques du cinéma et forme, en France, avec la Cinémathèque française, de nombreux cinéastes, notamment ceux de la Nouvelle Vague. En France, les ciné-clubs sont regroupés sous la Fédération française des ciné-clubs, fondée en 1946. La télévision programme des émissions qui se substituent aux ciné-clubs qui ont disparu depuis la fin des années 1970 ; ces émissions montrent généralement des classiques du cinéma. ▷ *Cinéma*, **cinéphilie.**

Cinécolor ▪ Marque de commerce d'un procédé de film en deux couleurs utilisé de la fin des années 1930 aux années 1950 à la place du Technicolor qui est un procédé trop coûteux. ▷ **bichromie.**

Cinécosmorama ▷ **Cinéorama.**

Cinéfondation ▪ Organisme créé par le Festival international du film de Cannes en 1998 dans le but de soutenir la création cinématographique dans le monde et aider à préparer la relève d'une nouvelle génération de cinéastes. Cinéfondation organise la sélection de films d'écoles du cinéma, qui sont présentés à un jury officiel composé de cinq cinéastes et acteurs de renom international qui récompensent trois œuvres. En 2000, elle inaugure à Paris la Résidence du Festival qui accueille chaque année 12 cinéastes étrangers et les accompagne dans l'écriture de leur long métrage. En 2005, est créé l'Atelier qui a pour mission de choisir une vingtaine de cinéastes sur un projet de film abouti afin qu'ils accèdent à la production et à la distribution internationales en allant à Cannes.

cinégraphe vx ▪ Mot employé aux débuts du cinéma pour désigner le réalisateur. Il a été remplacé dans les années 1920 par le mot « cinéaste ».

cinégraphie vx ▪ Art des images animées, cinéma.

cinéholographie ▪ Système d'animation de séquences holographiques conçu aux États-Unis en 1967 par De Bitetto et Lehman (*holographic movie*). La cinéholographie nécessite un grand nombre d'images sur un écran lenticulaire afin que les spectateurs puissent percevoir en même temps l'effet tridimensionnel de l'holographie. Les premières images sont en noir et blanc ; en 1984, le Russe Victor Komar réussit à projeter des images couleur. Les films holographiques ne durent que quelques secondes et la projection doit se faire sur un écran spécial pour permettre un visionnement simultané par six personnes. On utilise un laser pulsé au rubis et à répétition pour créer les 24 images par seconde nécessaires à l'illusion cinématographique du mouvement. En France, en 1982, Claudine Eizykman et Guy Fihman mettent au point un autre système. En 1986, le professeur P. Smgielski, de l'Institut franco-allemand à Strasbourg, réalise le cinéhologramme le plus long : 80 secondes.

Cinéma ▪ Revue de cinéma fondée en 1947 et publiée par la Fédération française des ciné-clubs. Cette revue devient pour les amateurs de cinéma une importante source d'informations et d'analyses sur le cinéma. On y propose des dossiers, des reportages, des entretiens et des critiques. Avec les événements politiques de mai 68, les collaborateurs remettent en question leur approche et des divisions se forment au sein de la rédaction. Des collègues quittent la revue et fondent *Écran* 72 ; de nouveaux rédacteurs sont engagés. On compte parmi les collaborateurs de futurs cinéastes comme Bertrand Tavernier et Gérard Frot-Coutaz. La revue est aujourd'hui disparue.

cinéma [ciné] ▪ [1] Appellation familière de Cinématographe, une marque de commerce devenue nom commun (*cinema*). ▪ [2] Ensemble des activités artistique, industrielle, technique et commerciale constituant l'enregistrement, la reproduction et la diffusion du film (*film-making*). Le mot est utilisé familièrement comme synonyme de réalisation de films. On distingue quatre grands éléments au cinéma : la scénarisation, la réalisation, le filmage et le montage. On dit du cinéma qu'il est la réunion d'un art et d'une industrie. Comme branche d'une industrie, il exige un personnel spécialisé dans la fabrication et la diffusion du film. Le terme « technicien de cinéma » désigne une personne pratiquant un métier dans le cinéma : le chef opérateur, l'ingénieur du son, la scripte, le monteur, l'éclairagiste, le perchiste, etc. ▪ [3] Ensemble des œuvres filmées (*film*, FAM. *pix*). Ces œuvres sont regroupées selon des catégories (histoire, genres, courants esthétiques, etc.). On distingue le cinéma muet, le cinéma parlant, l'industrie du cinéma et l'art cinématographique. Les œuvres cinématographiques constituent une histoire du cinéma traversée de divers mouvements esthétiques : l'expressionnisme allemand, le néoréalisme, la Nouvelle Vague, le cinéma Nôvo, etc. On classe les œuvres cinématographiques en catégories (documentaire, fiction, reportage, dessin animé, etc.) et en genres (film noir, film de poursuite, comédie musicale, parodie, etc.). On parle de chefs-d'œuvre du cinéma et de classiques du cinéma. ▪ [4] Procédé technique d'enregistrement et de projection des vues animées (*film*). Ce procédé qui analyse et synthétise le mouvement photographié compte de nombreux ancêtres, entre autres, la lanterne magique, le Kinetoscope, le Phénakistiscope et le Praxinoscope. ▷ **bande, film, pellicule.** ▪ [5] Salle où sont projetés les films (*movie house, movie theater* É.-U., ARG. *hardtop*, ARG. *Kodak cathedral*, FAM. *picture house*, FAM. *pic spot* ; abréviations : *theatre* (G.-B.), et *theater* (É.-U.). On distingue la salle obscure, le cinéma en plein air et le multiplexe. ▷ **ciné, cinéma de quartier, cinéma permanent, ciné-parc, cinoche.** ▪ [6] Séance de cinéma (*movie*).

cinéma amateur ▪ Cinéma non professionnel (*amateur cinematography*). Le cinéma amateur est rendu techniquement possible grâce à un matériel de format réduit par rapport à celui du matériel professionnel. À ses débuts, il est une aimable distraction du dimanche, fait par des gens soucieux d'enregistrer des souvenirs personnels ou de garder sous forme de cinéma des images de voyages et de vacances. Il se développe après la Deuxième Guerre mondiale aux États-Unis, en Allemagne, en Angleterre et en France, avec l'apparition d'un matériel simple, robuste et économique, qui se perfectionne et s'automatise au fil des ans, passant du noir et blanc à la couleur, puis se sonorisant. Les amateurs se réunissent en clubs, participent à des concours, des compétitions et des festivals. Les formats de pellicule utilisés sont le 8 mm, le Super 8, le 9,5 mm et le 16 mm. La première caméra amateur est la Pathé-Baby, mise au point en 1922 par Charles Pathé. L'appareil avec pellicule est progressivement remplacé dans les années 1980 par le caméscope et la bande magnétoscopique. ◊ VAR. cinéma d'amateur.

cinéma artisanal ▪ Au Québec, synonyme de cinéma indépendant. Le cinéma artisanal désigne des films produits à faible budget, avec la participation financière de ses artisans et de ses techniciens. Il se distingue par une production d'œuvres généralement non traditionnelles, non narratives, de type expérimental.

cinéma autrement ▪ Expression créée à la fin des années 1960 pour désigner l'ensemble des films d'avant-garde dans lesquels priment les expériences et les recherches auditives et visuelles. Le cinéma autrement est un des nombreux labels désignant le cinéma d'auteur, le cinéma d'avant-garde, le cinéma expérimental et le cinéma moderne. Parmi les noms importants de cinéastes rattachés à ce mouvement, citons ceux d'Adolfo Arrieta, Stephen Dwoskin, Marguerite Duras, Jean Eustache, Philippe Garrel, Jean-Daniel Pollet, Daniel Schmidt et Werner Schroeter. À lire: *Le cinéma, autrement* (1977) de Dominique Noguez. ▷ **cinéma de poésie**, **cinéma underground**, **nouveau cinéma**, *unigrudi*.

cinéma bis ▪ Ensemble des films mineurs. Films hors norme, étranges et excentriques, parodiques et transgressifs. Le péplum, le western-spaghetti, le film d'arts martiaux, le film d'épouvante et le film érotique font partie de cet ensemble. Le cinéma bis est courant avec le programme double des salles jusqu'à la fin des années 1980, mais il existe toujours: voir le film *Des serpents dans l'avion* (2006) de David R. Ellis; de nombreux films de kung-fu peuvent être inclus dans cet ensemble. Les films comme *Spartacus* (1952) de Riccardo Freda, *L'attaque des crabes géants* (1957) de Roger Corman, *Lorna, l'incarnation du désir* (1964) de Russ Meyer, *La baie sanglante* (1971) de Mario Bava et *L'île sanglante* (1980) de Michael Ritchie sont emblématiques du cinéma bis. ▷ **camp**, **film psychotronique**, **kitsch**.

cinéma classique hollywoodien ▪ Expression donnée par les historiens et théoriciens au cinéma hollywoodien de l'âge d'or, des années 1930 aux années 1950, dominé par une forme narrative traditionnelle (*classic Hollywood cinema*). La narration est caractérisée par un récit clair reposant sur la triade «ordre-désordre-ordre»: 1) exposé d'une situation harmonieuse (un mariage, de bonnes relations entre parents, voisins ou collègues de travail, etc.), 2) situation perturbée par un événement (une mort, un conflit interpersonnel, une guerre, etc.) et 3) problème résolu et situation redevenue harmonieuse (*happy end*). Le film emblématique de ce cinéma est *Autant en emporte le vent* (1939) de Victor Fleming qui raconte une histoire d'amour sur fond de guerre civile américaine qui provoquera des conflits personnels entre les principaux protagonistes, eux-mêmes symboles des traditions sudistes et nordistes. Quel que soit le genre, film d'amour ou film de guerre, aucune ambiguïté de nature idéologique ne doit subsister à la fin du film: les amants doivent être réunis, les criminels, appréhendés, l'amitié, retrouvée, etc. La narration est centrée sur l'intrigue et les personnages, dans une continuité temporelle et spatiale logique, à laquelle doit être subordonné le style; celui-ci ne doit pas être remarqué: ni l'agencement des plans, ni l'éclairage, ni le montage, ni la mise en scène ne doivent attirer l'attention du spectateur; ▷ *master shot*, **montage invisible**, **transparence**. Ainsi, le champ-contrechamp doit reconduire le point de vue de chaque personnage; la lumière et la couleur doivent soutenir l'ambiance de la séquence; la musique doit renforcer la signification de la scène (l'appréhension d'un danger, le bonheur retrouvé, etc.). Les codes et les normes du cinéma hollywoodien sont imposés par les producteurs de l'époque (comme David O. Selznick), mais de nombreux cinéastes, Howard Hawks, Alfred Hitchcock, Fritz Lang, Nicholas Ray, entre autres, réussissent à les déjouer et affirmer ainsi leur vision singulière, particulièrement dans la mise en scène. Le cinéma classique hollywoodien est admiré et défendu par les critiques français des années 1950, notamment ceux des *Cahiers du cinéma* et de *Positif*. ▷ **à hauteur d'homme, hitchcocko-hawksiens, mac-mahoniens, « Politique des auteurs ».**

cinéma corporel ▪ Mouvement apparu dans les années 1970 en France, parallèlement à l'art corporel, dont les œuvres représentent le corps en transgressant les tabous. Le corps y est célébré dans des rituels érotiques, formels, théâtraux et sexuels. Malgré le discours politique qui les anime, les films du cinéma corporel sont souvent imprégnés de maniérisme. L'homosexualité est le sujet central de la majorité des œuvres. Le cinéma corporel est une des tendances du cinéma expérimental. Il est théorisé par deux cinéastes, Maria Klonaris et Katerina Thomadaki, qui, elles-mêmes, construisent une œuvre axée sur l'intersexualité et le corps comme lieu de complexité, d'étrangeté et de liberté. Voir *Un chant d'amour* (1950) de Jean Genet, œuvrephare du mouvement. Parmi les noms importants de cinéastes du cinéma corporel, citons Teo Hernandez, Stéphane Marti, Michel Nedjar et Lionel Soukaz.

cinéma criminel ▪ Ensemble de films comprenant deux genres importants qui s'opposent et se complètent : le film de gangsters et le film noir (*criminal film*). On distingue également des sous-genres : le film de détective, le film policier, le film de bandits et le film « de casse » (*big caper film*). La permanence du cinéma criminel, aux États-Unis, vient d'une évolution complexe et de l'entrecroisement constant des genres. Le sujet principal est le règlement de comptes sanglant entre gangs. Les films ont pour cadre une grande ville américaine (New York, Chicago, Los Angeles et San Francisco). Les scènes de nuit et de poursuites y sont nombreuses. On y trouve deux catégories de personnages : de dangereux et puissants hors-la-loi et des représentants incorruptibles de l'ordre public. Les réalisateurs y cherchent l'effet de choc par la violence, l'affrontement armé et la dualité entre le Bien et le Mal. Le premier film qu'on classe dans le cinéma criminel est *Les nuits de Chicago* (1927) de Josef von Sternberg. Parmi les œuvres importantes de ce cinéma, citons *Scarface* (1932) et *Le grand sommeil* (1946) de Howard Hawks, *Laura* (1944) d'Otto Preminger, *L'enfer est à lui* (1949) de Raoul Walsh, *Traquenard* (1958) de Nicholas Ray, *La soif du mal* (1958) d'Orson Welles, *Les bas-fonds new-yorkais* (1961) de Samuel Fuller, *Le parrain* (1971) de Francis Ford Coppola, *Les incorruptibles* (1987) de Brian De Palma, *Miller's Crossing* (1990) de Ethan et Joel Coen, *L.A. Confidential* (1997) de Curtis Hanson et *Les infiltrés* (2006) de Martin Scorsese.

CinémAction ▪ Revue française de cinéma fondée en 1978 par Guy Hennebelle. Cette revue publie sous format livre des dossiers et des documents cernant tous les aspects et les dimensions du cinéma. Elle publie des numéros portant sur le cinéma d'animation, la psychanalyse, la musique, les écoles, les métiers et les revues de cinéma, les cinémas africain, arabe, latino-américain, noir américain, homosexuel, etc. Elle consacre également des numéros à la télévision, aux nouveaux médias et aux auteurs de cinéma. On compte parmi ses rédacteurs des collaborateurs du monde entier. Parution : trimestrielle.

cinéma d'amateur ▪ Variante de cinéma amateur.

cinéma d'animation ▪ Méthode qui donne à une suite d'images l'impression de mouvement (*animation*). Ces images sont constituées de dessins, de marionnettes ou d'objets qui, entre chaque prise, ont été légèrement modifiés ; leur projection à la vitesse adéquate (24 images à la seconde) donne l'impression de mouvement. Le genre le plus connu d'animation est le dessin animé, dont les techniques et la conception évoluent considérablement avec l'arrivée de l'ordinateur et de l'infographie ; ▷ *key animation*. On distingue plusieurs techniques d'animation ; les plus connues sont le *stop motion* et la pixilation. On distingue deux grandes catégories : l'animation directe (l'image est créée avec des objets ou des personnages directement devant une caméra) et l'animation indirecte (qui est associée au dessin animé). L'animation directe comprend l'animation de figures (avec diverses matières), de figurines, de marionnettes, de silhouettes, d'objets, d'éléments découpés et l'écran d'épin-

gles. L'animation indirecte comprend le cinéma d'animation avec ou sans caméra et le cinéma par ordinateur. On dit du cinéma d'animation qu'il est le « 7ᵉ art *bis* ». Plusieurs festivals sont consacrés au cinéma d'animation ; les plus importants sont ceux d'Annecy, en France, et de Zagreb, en Croatie. Parmi les cinéastes importants du cinéma d'animation, citons Émile Cohl, Alexandre Alexeïeff, Norman McLaren, Noburo Ofuji, Břetislav Pojar, Lotte Reiniger et Walt Disney. ▷ **animatique, image par image.**

cinéma d'art et essai ▪ Salle de cinéma autorisée à porter le label « Art et essai » décerné par le Centre national de la cinématographie [CNC], de France. ◊ SYN. cinéma de répertoire (*art house*). Il y a plus de 1000 établissements classés en cinémas d'art et essai, regroupés dans l'Association française des cinémas d'art et essai. Près de 45 millions de spectateurs fréquentent annuellement ces salles. ▷ **cinéma de répertoire.**

cinéma d'auteur ▪ Cinéma considéré comme art personnel. Les œuvres du cinéma d'auteur livrent une vision qui est irréductiblement liée à celle de leur réalisateur. On l'oppose généralement à cinéma de divertissement. ▷ **auteurisation, cinéma de poésie.**

cinéma de divertissement ▪ Équivalent de cinéma commercial (*entertainment movie*). L'expression désigne des films dont le but premier est de rapporter rapidement un grand profit ; ▷ **superproduction.** On l'oppose généralement à cinéma d'auteur. Aux États-Unis, le cinéma est englobé dans l'industrie du divertissement : l'*entertainment*. ◊ SYN. cinéma traditionnel, cinéma narratif. ▷ **cinéma de prose.**

cinéma de femmes ■ Ensemble des films réalisés par des femmes (*women cinema*). Cette désignation naît au début des années 1970 dans la foulée du mouvement féministe et des études universitaires sur les femmes. Le cinéma des femmes comprend une grande variété de films, tant dans la fiction que dans le documentaire. Il existe dans une pluralité de styles : de l'exploration à la démonstration, du simple portrait social au discours dénonciateur, de la légèreté à la gravité. Les thèmes comme la famille, la maternité, la réalité sociale, la vie amoureuse et la sexualité y sont récurrents. Il est souvent militant et son discours se veut un rappel historique de la situation de la femme, une critique de l'idéologie masculine phallocratique et des rapports homme-femme, un appel à la mobilisation et une recherche d'un imaginaire féminin. Les femmes sont présentes dès les débuts du cinéma : Alice Guy-Blaché est la première femme à réaliser un film : *La fée aux choux*, en 1896 (certains historiens donnent une autre date : 1900) ; elle est probablement la première personne à avoir signé le premier film de fiction de l'histoire du cinéma, avant même Georges Méliès. Germaine Dulac, Léontine Sagan et Leni Riefenstahl sont les rares femmes qui tournent entre les deux guerres. Après la Deuxième Guerre mondiale, Jacqueline Audry et Agnès Varda demeurent encore des exceptions dans l'industrie du cinéma. C'est surtout à partir de mai 1968 et de la création du MLF (Mouvement de libération des femmes) en France que le cinéma des femmes prend un essor et qu'il est reconnu en tant que tel. Il est plus proche du cinéma indépendant et expérimental que du cinéma de divertissement et traditionnel. On y trouve un fort courant lesbien. À partir des années 1980, la spécificité du cinéma de femmes tend à s'estomper et les femmes réalisatrices visent plus à s'intégrer dans la production et la diffusion dominantes de l'industrie. De nombreux festivals sont consacrés au cinéma des femmes et contribuent à lui donner une vitrine, dont le plus important est le Festival international du film de femmes de Créteil, créé en 1978. Parmi les noms importants de cinéastes femmes, citons Catherine Breillat, Jane Campion, Shirley Clarke, Claire Denis, Marguerite Duras, Pascale Ferran, Barbara Kopple, Lucrecia Martel, Catherine Martin, Marta Meszaros, Léa Pool et Margarethe von Trotta. Et parmi les œuvres-phares du cinéma des femmes, citons *Jeanne Dielman, 23, quai du Commerce, 1080 Bruxelles* (1975) de Chantal Akerman, *Personne réduite de toutes parts* (1977) de Helke Sander, *Allemagne, mère blafarde* (1980) de Helma Sanders-Brahms, *Question de silence* (1981) de Marleen Gorris, *Born in Flames* (1983) de Lizzie Borden et *Les chercheuses d'or* (1983) de Sally Potter.

cinéma de papa ■ Expression créée par le critique François Truffaut pour désigner le cinéma français de l'après-Deuxième Guerre mondiale, conventionnel, désuet, sclérosé. Le cinéma de papa est synonyme de Qualité française.

cinéma de poésie ■ Appellation donnée par Pier Paolo Pasolini (dans une conférence donnée au Festival du nouveau cinéma de Pesaro en octobre 1965) à un cinéma rompant avec les conventions narratives traditionnelles et commerciales (*cinema of poetry*). P.P. Pasolini donne les qualificatifs suivants au cinéma de poésie : métaphorique, libre, expressif, expressionniste, subjectif et intérieur. Les films de Michelangelo Antonioni, Bernardo Bertolucci et Jean-Luc Godard se caractérisent par leur « langue de poésie », de même que ceux de Charles Chaplin, Kenji Mizoguchi et Ingmar Bergman. ◊ CONTR. cinéma de prose. ▷ **caméra subjective.**

cinéma de prose ■ Appellation donnée par Pier Paolo Pasolini à un cinéma naturaliste et objectif qui respecte les conventions narratives traditionnelles et commerciales (*cinema of prose*). Archaïque, le cinéma de prose désigne, selon P.P. Pasolini, un cinéma sans nouveauté stylistique ou formelle ; il a une « langue de prose ». ◊ CONTR. cinéma de poésie.

cinéma de quartier ■ Salle de cinéma fréquentée par les résidants d'un quartier (É.-U. *neighborhood movie house*). C'est dans le cinéma de quartier que les films sont repris en deuxième et troisième exclusivité. On y présente un programme double. Ce type de salle disparaît à la fin des années 1970. À Paris, le Kursaal (aux Gobelins), le Texas (à Montparnasse) et le Mexico (place Clichy) étaient des cinémas de quartier fort connus.

cinéma de répertoire ■ Salle destinée à la projection des films importants de l'his-

toire du cinéma (*repertory theater*). L'expression « cinéma de répertoire » est employée au Québec pour désigner une salle reprenant en majorité des films en deuxième exclusivité. Le Verdi est le premier cinéma de répertoire de Montréal ; il est fondé en 1966. ◊ SYN. cinéma d'art et essai.

cinéma des origines ■ Ensemble des films des 10 premières années qui suivent l'invention du Cinématographe des frères Lumière et qui établissent les bases de la grammaire cinématographique. ◊ SYN. cinéma des premiers temps.

cinéma des premiers temps ▷ cinéma des origines.

cinéma différent ■ Le cinéma différent est un des nombreux labels désignant le cinéma d'auteur, le cinéma autrement, le cinéma d'avant-garde, le nouveau cinéma, le cinéma expérimental et le cinéma moderne. On regroupe sous ce label des films de style non traditionnel. ▷ **cinéma artisanal, cinéma d'art, cinéma indépendant.**

Cinema Digital Sound [CDS] ■ Marque de commerce d'un procédé de cinéma numérique en 35 mm mis au point par la compagnie Kodak en 1990. Comme le 70 mm magnétique, le procédé utilise six canaux et ses données numériques sont enregistrées sur trois bandes. Le premier film tourné avec ce procédé est *Dick Tracy* de Warren Beatty, en 1990. Son principal handicap était de prendre la place de la piste optique analogique. Le CDS est alors abandonné en 1993 parce qu'on ne peut tirer des copies conventionnelles en analogique.

Cinéma direct ▪ Ensemble de documentaires tournés aux États-Unis durant les années 1960 et dont le nom a été donné par le réalisateur Albert Maysles (*Direct Cinema*). L'expression se substitue rapidement à celle de cinéma-vérité. Le Cinéma direct privilégie l'authenticité par une approche directe et sans fard de la réalité qui révèle la psychologie et l'attitude profonde des gens. Ses moyens sont le son synchrone et une caméra légère qui permettent d'enregistrer de manière improvisée la réalité. Son influence sera durable chez Johan van der Keuken et Raymond Depardon pour le documentaire, et chez Jacques Rozier, John Cassavettes, Robert Kramer et Maurice Pialat pour la fiction. Parmi les principaux cinéastes de ce mouvement, citons Robert Drew, Richard Leacock, Albert et David Maysles, D.A. Pennebaker et Frederick Wiseman. ◊ VAR. le Direct. ▷ **Candid Eye**, **Cinéma direct québécois**, **Free Cinema**.

Cinéma direct québécois ▪ Ensemble des films tournés dans les années 1960 par les cinéastes francophones travaillant à l'Office national du film du Canada, dans la mouvance du mouvement du Cinéma direct américain, du Candid Eye canadien, du Free Cinema britannique et du cinéma-vérité français (*Quebecois Direct Cinema*). Surtout documentaires, les films de ce mouvement tentent de restituer le plus honnêtement possible la réalité observée, et ce, grâce à des techniques nouvelles (caméra légère, pellicule plus sensible, etc.) et au recours à la subjectivité du regard. Il est l'équivalent d'un cinéma engagé. On y trouve de multiples tendances. Parmi les cinéastes importants de ce mouvement, citons Arthur Lamothe, Michel Brault, Bernard Gosselin, Gilles Groulx et Pierre Perrault.

cinéma du samedi soir ▪ Cinéma populaire (*saturday night movie*). L'expression désigne un film qu'on va voir après sa semaine de travail ou l'habitude de fréquenter une salle de quartier le samedi soir.

cinéma du Tiers-Monde ▪ Ensemble des films provenant des pays en voie de développement, ceux de l'Amérique latine, de l'Afrique et de l'Asie, pays ayant peu ou pas d'industrie cinématographique (*Third World cinema*). Ce cinéma est souvent synonyme de lutte révolutionnaire ou gauchiste ; ▷ **cinéma militant**. Cuba est probablement l'une des premières nations à consolider le cinéma tiersmondiste avec les films de Santiago Alvarez, Tomàs Gutiérrez Alea et Humberto Solas. Le Brésil, avec le Cinéma Nôvo, offre dans les années 1960 l'alliance du politique et du formel subversif, particulièrement avec les films de Glauber Rocha. Parmi les autres cinémas participant de ce mouvement, citons le cinéma algérien avec Mohamed Lakhdar-Hamina, le cinéma égyptien avec Youssef Chahine, le cinéma iranien sous le chah avec Dariush Mehrjui, le cinéma sénégalais avec Ousmane Sembène et le cinéma turc avec Yilmaz Guney.

Cinéma dynamique ▪ Marque de commerce d'un système de projection utilisé dans les parcs d'attractions (*Dynamic Motion Simulator*). Présenté la première fois en 1988, le Cinéma dynamique est le résultat du développement du procédé

Showcan. Ce système de projection d'un film réalisé en caméra subjective procure des sensations fortes aux spectateurs ; les sensations sont accentuées par le mouvement articulé des fauteuils, synchronisé avec les mouvements de la caméra. Le Cinéma dynamique prolonge le jeu vidéo et la réalité virtuelle. Sa technique est dite d'immersion et a pour but de recréer un cinéma du réalisme intégral. Une salle équipée pour ce type de projection existe sur le site du Futuroscope, à Poitiers, en France, et sur les sites de Disneyland. ◊ VOISIN IMAX.

cinéma élargi ■ Expression désignant les expériences de modification du dispositif classique de la projection de film (*expanded cinema*). Si le terme apparaît en 1965, le cinéma élargi remonte aux premiers temps du cinéma avec le Cinéorama mis au point en 1897 par le Français Raoul Grimoin-Sanson. La projection multiple et à écran large de *Napoléon* (1934) d'Abel Gance entre dans cette catégorie. Les manifestations des deux théoriciennes et cinéastes Maria Klonaris et Katerina Thomadaki le sont aussi parce que les techniques employées (le film, la photographie et la performance) élargissent la perception visuelle habituelle du cinéma. Dans le cinéma élargi, la projection devient un environnement global dans lequel le spectateur est immergé. Le cinéma élargi peut être qualifié de cinéma expérimental.

cinéma électronique ■ Méthode de tournage d'un film sur support vidéo avant qu'il ne soit converti par la suite sur support pellicule (*electronic cinema*). Les premiers films produits en cinéma élec-

tronique perdent leur brillance et leur précision, comme le confirment *Trafic* (1971) de Jacques Tati et *Coup de cœur* (1981) de Francis Ford Coppola. Depuis, l'évolution de la technologie a éliminé ces défauts.

cinéma en relief ■ Procédé de cinéma en trois dimensions [3D] donnant l'illusion de percevoir les images devant ou derrière la caméra (*3-D*). Le cinéma courant offre, lui, une image plate. Pour obtenir l'effet de binocularité, l'enregistrement se fait par stéréoscopie : deux objectifs séparés. On obtient également la stéréoscopie par artifice de couleur lors de la projection ; ce procédé, en vogue dans les années 1920, est appelé « stéréoscopie par anaglyphes » : le spectateur doit alors porter des lunettes spéciales (*spectacles*) pour obtenir l'effet de vision binoculaire. La stéréoscopie s'améliore grâce aux verres polarisants et les images peuvent être en couleurs ; la stéréoscopie par lumière polarisée demande au spectateur de porter des verres polarisants. Les divers procédés de cinéma en 3D sont Natural Vision, Space Vision et Stereo Vision. L'holographie est un autre procédé en 3D ; malgré de nombreuses expériences, surtout en France, ses résultats ne sont pas encore totalement dévoilés et ne semblent pas concluants.

cinéma expérimental ■ Ensemble des films qui sont considérés comme des expériences dans le domaine du son, de l'image et du récit, et qui tentent de renouveler le langage cinématographique (*experimental film*). Le cinéma expérimental est synonyme de cinéma non narratif, de cinéma personnel et de cinéma artisanal. La forme y prime avant le contenu et s'ouvre sur des visions nouvelles à travers des approches personnelles et des techniques particulières (le film à clignotements, l'intervention directe sur pellicule, etc.). Il est non narratif et non linéaire, non représentatif (par sa nature antinaturaliste) et non industriel (par sa production et sa diffusion). On distingue plusieurs genres selon les époques et les pays : le film abstrait, le film poétique, le film pur, le journal, etc. Il est marqué par les grands mouvements artistiques comme le futurisme, le dadaïsme, le surréalisme, le lettrisme, etc. Le cinéma expérimental est florissant en Union soviétique et en France dans les années 1920, aux États-Unis dans les années 1960, en Allemagne, en Hollande et en France dans les années 1970. Plusieurs festivals lui sont consacrés, notamment à Rotterdam, Toulon-Hyères, Knokke-Le Zoute, Bruxelles et Montréal. Les galeries d'art et les musées lui réservent une grande place dans leurs activités. Parmi les principaux représentants de ce cinéma, citons Kenneth Anger, Yann Beauvais, Carmelo Bene, Stanley Brakhage, Patrick Bokanowski, Jean Cocteau, Germaine Dulac, Stephen Dwoskin, Marguerite Duras, Philippe Garrel, Marcel Hanoun, Marcel L'Herbier, Jonas Mekas, Werner Nekes, Werner Schroeter, Michael Snow, Dziga Vertov, Rosa von Praunheim et Andy Warhol. ▷ **cinéma autrement, cinéma élargi, cinéma moderne, cinéma underground, film d'avant-garde, nouveau cinéma.**

cinéma fantastique ■ Genre cinématographique exploitant l'irrationnel et l'inconnu, dont les actions et les personnages sont improbables et impossibles (*fantastic film, fantasy horror film*). Parce qu'il laisse le spectateur dans l'incertitude entre la représentation d'un monde étrange et celle d'un monde merveilleux, le cinéma fantastique peut englober plusieurs types de films : *a)* le film de science-fiction, comme *La guerre des étoiles* (1977) de George Lucas ; *b)* le film d'épouvante, d'horreur et de terreur, comme *Frankenstein* (1931) de James Whale ; *c)* le conte merveilleux, comme *Le septième voyage de Sinbad* (1958) de Nathan Juran ; *d)* le conte de fées, comme *La belle et la bête* (1946) de Jean Cocteau ; et *e)* le conte fantastique à proprement dit, comme le film d'animation *La baron de Crac* (1961) de Karel Zeman. Mais c'est le film d'horreur et de terreur qui particularise le cinéma fantastique, un cinéma s'appuyant sur des effets chocs (apparitions, actes violents, trucages, etc.) et sur un décalage de la réalité dans le décor, l'éclairage ou le cadrage. Le cinéma fantastique doit provoquer l'angoisse et le suspense. L'univers qui y est généralement décrit est mystérieux, placé sous le signe de la névrose, et ses origines viennent des contes, des légendes et des croyances populaires. Son iconographie multiplie les paysages sombres et nus, les routes cahoteuses et poussiéreuses, les héros pâles et tourmentés, les monstres et les vampires, les agressions et les morts. On y exploite les personnages de fantômes, de loups-garous, de sorciers, de momies et de zombis. Le diable y a une place perma-nente. Les personnages les plus connus du genre sont Dracula et Frankenstein. On dit que le cinéma fantastique est né avec Georges Méliès, quoique ses films relèvent du burlesque et de la magie enfantine. Hollywood devient une terre fertile pour l'épanouissement du genre; dès 1910, Thomas Edison adapte le livre de Mary Shelley, *Frankenstein*. Un jalon important est posé avec le film de Rupert Julian, *Le fantôme de l'opéra* (1925). Le cinéaste Tod Browning et l'acteur Bela Lugosi sont devenus des noms mythi-ques du genre. Le genre se raffine avec *Dr. Jekyll et Mr. Hyde* (1932) de Robert Mamoulian et *La fiancée de Frankenstein* (1935) de James Whale. Si un certain épuisement du genre se fait sentir après la Deuxième Guerre mondiale, une sorte d'éclectisme apparaît; Roger Corman, producteur et réalisateur, renouvelle le genre avec des films à petits budgets, qui sont des adaptations d'écrivains renom-més, comme Edgar A. Poe, avec *La chute de la maison Usher* (1960) et *L'enterré vivant* (1962). Le perfectionnement des trucages et des budgets substantiels per-mettent par la suite des films d'horreur et d'épouvante de plus en plus efficaces, de *L'exorciste* (1972) de William Friedkin à *Halloween* (1978) de John Carpenter, en passant par *Shining* (1979) de Stanley Kubrick et *Scream* (1996) de Wes Cra-ven, ainsi que des films de science-fiction comme *Les rencontres du troisième type* (1980) de Steven Spielberg et *La mouche* (1986) de David Cronenberg. Avec ses adaptations de Dracula entre 1960 et 1970, le cinéaste britannique Terence

Fisher maintient en vie un genre qui s'épuise lentement. Les péplums bizar-res et les films gothiques italiens ont un large succès dans les années 1950 et 1960; ▷ **cinéma bis**, *giallo*. Le cinéma asiatique est un important réservoir de cinéma fantastique; voir les films *La fiancée aux cheveux blancs* (1994) de Ronny Yu, *Audition* (1999) de Takashi Miike, *Dark Water* (2003) de Hideo Nakata et *Deux sœurs* (2004) de Kim Jee-woon. Un important festival est consacré au cinéma fantastique, de 1973 à 1993, le Festival international du film fantasti-que d'Avoriaz, en France; il est remplacé par Fantastic'Arts qui se tient dans les Vosges depuis 1994. ▷ **fantôme, fantas-magorie**.

cinéma gay ▪ Expression de plus en plus courante pour désigner le cinéma homo-sexuel.

cinéma homosexuel ▪ Ensemble des films reflétant la vision et la sensibilité du monde homosexuel, masculin et fémi-nin (*queer cinema*). Le cinéma homo-sexuel est souvent confondu avec le cinéma pornographique en raison de son exploitation dans des salles spécialisées, alors qu'il est souvent de type expéri-mental et associé au cinéma militant. On y promeut une conscience et un senti-ment d'appartenance à la communauté gaie ou lesbienne. Plusieurs cinéastes y cultivent le style camp ou kitsch, comme Rosa von Praunheim et John Waters. Le cinéma homosexuel veut se distinguer des films dits commerciaux qui mettent en scène avec dérision et souvent sous forme de caricature des personnages homosexuels, comme *La cage aux folles*

(1978) d'Édouard Molinaro. L'homosexualité est bannie des écrans hollywoodiens par le code Hays, entre 1934 et 1960; dans certains films, on y fait allusion, mais indirectement, comme dans *Johnny Guitare* (1954) de Nicholas Ray; sur ce sujet, voir le film de Robert Epstein et Jeffrey Friedman, *The Celluloid Closet* (1995). Les pays communistes bannissent également l'homosexualité comme sujet ou la dénoncent comme une anormalité; une des rares exceptions du genre est *Coming out* (1989) de Heiner Carow, de l'ex-République démocratique allemande. Ce sont dans les films d'avant-garde et expérimentaux, tournés dans les années 1960, que l'homosexualité sera présentée d'une manière plus explicite, particulièrement dans le cinéma underground, avec des œuvres signées Kenneth Anger, Stan Brakhage, Paul Morissey et Andy Warhol. La majorité des films du cinéma corporel ont pour sujet l'homosexualité. Le sida devient un thème récurrent depuis la fin des années 1980 dans le film gay. Depuis le début des années 1990, producteurs et réalisateurs visent un plus large public que celui de la communauté homosexuelle par des films plus politiquement consensuels et plus commercialement ambitieux, seuls à pouvoir être projetés hors des circuits restreints des salles indépendantes et des festivals; les sujets et les genres se diversifient; voir le western de Ang Lee, *Le secret de Brokeback Mountain* (2006). Un film homosexuel est souvent signé par un gay mais ce n'est pas nécessairement la règle. Plusieurs festivals sont consacrés au cinéma homosexuel, notamment celui de San Francisco, aux États-Unis. Au Festival international du film de Berlin, un Teddy Bear d'or est remis annuellement au meilleur film gay. Parmi les œuvres importantes du genre, citons *Un chant d'amour* (1950) de Jean Genet, *The Queen* (1968) de Frank Simon, *Ce n'est pas l'homosexuel qui est pervers, mais la situation dans laquelle il vit* (1970) de Rosa von Praunheim, *Le droit du plus fort* (1975) de Rainer Werner Fassbinder, *Les cités de la nuit* (1978) de Ron Peck et Paul Hallan, *Ixe* (1980) de Lionel Soukaz, *My Beautiful Laundrette* (1985) de Stephen Frears, *Caravaggio* (1986) de Derek Jarman, *Anne Trister* (1986) de Léa Pool, *Encore / Once More* (1988) de Paul Vecchiali, *My Own Private Idaho* (1991) de Gus Van Sant, *Les nuits fauves* (1992) de Cyril Collard, *Les roseaux sauvages* (1994) d'André Téchiné, *Nowhere* (1997) de Gregg Araki, *La rivière* (1997) de Tsaï Ming-liang, *Happy Together* (1997) de Wong Kar-wai, *Revoir Julie* (1998) de Jeanne Crépeau, *L'arrière pays* (1998) de Jacques Nolot, *Les passagers* (1999) de Jean-Claude Guiguet, *Drôle de Félix* (2000) d'Olivier Ducastel et Jacques Martineau, *Lan Yu, histoire d'hommes à Pékin* (2001) de Stanley Kwan, *O Fantasma* (2001) de João Pedro Rodriguez, *Yossi et Jagger* (2002) de Eytan Fox, *La mauvaise éducation* (2004) de Pedro Almodovar et *Oublier Cheyenne* (2004) de Valérie Minetto. ◊ SYN. cinéma gay.

cinéma indépendant ■ Aux États-Unis, ensemble des films non produits par Hollywood (*independent cinema*). Le cinéma indépendant est surtout produit à New York et se fragmente en nombreuses tendances, et ses références culturelles sont multiples et même opposées. On inclut dans cet ensemble les films expérimentaux de Maya Deren, Kenneth Anger et Andy Warhol, la nouvelle fiction signée Hal Hartley, Amos Poe et Mark Rappaport, et les œuvres multimédias et vidéographiques de Scott et Beth B., et Leandro Katz. Les œuvres du cinéma indépendant sont rarement distribuées et présentées dans les salles appartenant à des grandes compagnies comme les Majors. On peut surtout les voir dans des espaces alternatifs newyorkais, comme les salles de projection indépendantes (celles du Film Forum et du Museum of Modern Art), les cinémathèques (la Anthology Film Archives) et des lieux non traditionnels comme les galeries d'art du quartier de Soho, à New York. Des revues comme *Film Culture* et *Film Forum* défendent principalement le cinéma indépendant. On ne doit pas confondre le cinéma indépendant et le film indépendant. ▷ **cinéma poétique**, **cinéma underground**, **film d'avant-garde**, *New American Cinema*, **New Wave**.

cinéma interactif ▪ Films tournés de façon à ce qu'un dispositif informatique puisse permettre aux spectateurs d'intervenir sur le déroulement du film à partir d'alternatives proposées (*interactive movie*). On trouve une salle de cinéma interactif au Futuroscope, à Poitiers, en France, le Cinéautomate.

cinéma lesbien ▷ **film homosexuel**.

cinéma maison ▪ Visionnage de films à domicile par lequel on cherche à reproduire les conditions visuelles et sonores d'une projection dans une salle de cinéma (*home theater*). Le cinéma maison connaît depuis la fin des années 1990 un essor grâce à la numérisation des appareils de télévision qui apporte la netteté à l'image par la haute définition et la clarté du son par l'ambiophonie de type Dolby. L'enregistrement et la reproduction des films par le DVD contribuent également à cet essor.

cinéma militaire ▪ Ensemble de films produits par des institutions militaires (*military drama*). Le cinéma militaire naît en France en 1915, par la création du Service cinématographique de l'armée [SCA]. Durant la Première Guerre mondiale, les Britanniques réalisent des films commandités par l'État. L'Allemagne nazie enrôle des correspondants de guerre et des militaires pour des films de propagande. Durant la Deuxième Guerre mondiale, l'armée américaine recrute des professionnels comme John Huston et Frank Capra, mais l'industrie hollywoodienne se montre hostile à toute production d'origine publique. L'URSS développe, elle aussi, un cinéma de guerre. Durant la guerre d'Algérie, des cinéastes comme Claude Lelouch, Philippe de Broca et Claude Zidi apprennent leur métier grâce au Service cinématographique de l'armée française. La guerre du Golfe en 1991 posera le problème de l'information transmise uniquement par les militaires. La différence entre le documentaire et le film de propagande est ténue, et le film de guerre est un genre mineur par rapport aux autres genres reconnus.

cinéma militant ▪ Cinéma qui aborde des thèmes politiques et qui se dit engagé.

Le cinéma militant existe depuis les débuts du cinéma : Méliès tourne en 1899 un film sur l'affaire Dreyfus. Le cinéma militant est souvent confondu avec le cinéma de propagande, principalement durant les guerres. Avec Mai 68 et ses suites, il connaît un regain de faveur, particulièrement avec le groupe Dziga-Vertov dont fait partie Jean-Luc Godard. À la même époque, il est fortement théorisé par *Les Cahiers du cinéma* dont l'orientation est alors marxiste-léniniste. Les films militants connaissent un ressac à partir des années 1980, sauf dans le mouvement féministe et le mouvement gay. En Amérique latine et dans les pays asiatiques comme le Viêt-nam et la Chine, on le désigne sous l'expression « film révolutionnaire ». On inclut le film militant dans un ensemble plus grand appelé « cinéma politique ». Selon les époques, le cinéma militant est prorévolutionnaire, prosyndicaliste, antifasciste, antinazisme, antifranquisme, généralement marqué par des propos très à gauche. Le propos du film militant est trop souvent démonstratif et son esthétique souvent médiocre. On l'oppose au cinéma de divertissement et de spectacle. Parmi les œuvres importantes du genre, citons *La grève* (1925) de S.M. Eisenstein, *Borinage* (1934) de Joris Ivens et Henri Storck, *Le bonheur* (1935) d'Alexandre Medvedkine, *La vie est à nous* (1936) de Jean Renoir, *Native Land* (1942) de Paul Strand et Leo Hurwitz, *Le sel de la terre* (1954) de Herbert Biberman, *Déjà s'envole la fleur maigre* (1960) de Paul Meyer, *L'heure des brasiers* (1966-68) de Fernando Solanas et Octavio

Getino, *Ice* (1968) de Robert Kramer, *One + One* et *Vent d'Est* (1969) de Jean-Luc Godard, *On est au coton* (1970) de Denys Arcand, *Family Life* (1971) de Ken Loach, *Minamata, les victimes et leur monde* (1971) de Noriaki Tsuchimoto, *Comment Yu Kong déplaça les montagnes* (1971-75) de Joris Ivens et Marceline Loridan, *Roger et moi* (1989) et *Fahrenheit 9/11* (2004) de Michael Moore, *Coûte que coûte* (1995) de Claire Simon, *Reprise* (1997) d'Olivier Le Roux et *La blessure* (2004) de Nicolas Klotz. ▷ **Ciné-Œil, cinéma du Tiers-Monde, marxisme.**

cinéma moderne ■ Expression désignant les films qui renoncent aux recettes classiques du récit cinématographique et aux poncifs imposés aux personnages (*modern film*). Le cinéma moderne est éloigné des genres établis et du naturalisme de type sociologique. C'est un cinéma où priment les formes et les expériences narratives. Il est synonyme de cinéma de poésie, de cinéma d'avant-garde et de nouveau cinéma ; il ne signifie pas nécessairement cinéma expérimental. Parmi les cinéastes importants dans ce domaine, citons Marguerite Duras, John Cassavettes, Pedro Costa, Jean-Luc Godard, Philippe Garrel, Danièle Huillet et Jean-Marie Straub, Hou Hsiao-hsien, David Lynch, Manoel de Oliveira, Jacques Rivette, Pier Paolo Pasolini, Hans Jurgen Syberberg, Tsaï Ming-liang et Apichatpong Weerasethakul. ▷ **cinéma autrement, cinéma différent, cinéma underground.**

cinéma muet ■ Ensemble des films réalisés durant la période du muet, soit entre 1895 et 1927 (*silent film*). Cet ensemble se divise en différents stades: *a)* les premiers films de Thomas Edison qui durent une minute ou moins; *b)* les actualités des frères Lumière; *c)* les films narratifs de Georges Méliès; *d)* aux États-Unis, les films des compagnies regroupées en 1909 sous le nom de Motion Picture Patents Company [MPPC]; *e)* le développement du film de fiction au moment où Hollywood devient le centre mondial de la cinématographie; *f)* l'âge d'or des comédies (Mack Sennett, Charles Chaplin, Buster Keaton, Harry Langdon et Harold Lloyd); *g)* le cinéma scandinave (Victor Sjöström, Carl Th. Dreyer); *h)* l'expressionnisme allemand (G.W. Pabst, Fritz Lang, F.W. Murnau, Robert Wiene); *i)* le cinéma soviétique postrévolutionnaire (S.M. Eisenstein, Vladimir Poudovkine, Alexandre Dovjenko); *j)* le cinéma français d'avant-garde (Louis Delluc, Germaine Dulac, Jean Epstein, Marcel L'Herbier); et *k)* la consolidation du système des studios des Majors aux États-Unis (Cecil B. DeMille, Ernst Lubitsch, Erich von Stroheim). Le cinéma muet est une période autonome de l'histoire du cinéma, avec ses chefs-d'œuvre signés par des cinéastes comme Charles Chaplin, Cecil B. DeMille, S.M. Eisenstein et F.W. Murnau. Il sera remplacé par le cinéma sonore à partir de 1927. ◊ VOISINS film muet, muet.

cinémaniaque ■ Amateur obsédé par le cinéma, qui a une passion excessive pour le cinéma (*movie fan*, FAM. *flicker fan*). ◊ SYN. cinéphage.

cinéma Nôvo ■ De l'expression brésilienne, qui signifie « cinéma nouveau ». Production cinématographique du Bré-

sil des années 1960, comprenant, entre autres, les œuvres de Carlos Diegues, Ruy Guerra, Nelson Pereira Dos Santos et Glauber Rocha, cinéastes qui produisent et distribuent leurs propres films (Cinema Nôvo). Très enraciné dans le pays, sa culture, son folklore, ses mythes, ses traditions religieuses, ce mouvement donne des films épiques et flamboyants à message politique. Le Cinéma Nôvo participe de la résistance intellectuelle contre la dictature, mais la répression de 1969 voue à l'exil plusieurs de ses auteurs; et ceux qui restent s'autocensurent. Né dans la foulée du renouveau du cinéma européen en France, en Italie, en Tchécoslovaquie et au Québec, il disparaît quelques années plus tard, soit au début des années 1970. Parmi les œuvres importantes de ce mouvement, citons *Ganga Zumba* (1964) de Carlos Diegues, *Les fusils* (1974) de Ruy Guerra, *Le dieu noir et le diable blond* (1964) et *Terre en transe* (1967) de Glauber Rocha, *Porto das Caixa* (1962) de Paulo Cesar Saracini et *Vidas secas* (1963) de Nelson Pereira dos Santos. ▷ *chanchada,* **cinéma du Tiers-Monde.**

cinéma numérique ■ Ensemble des films tournés et diffusés en format numérique. Si le tournage cinématographique s'effectue encore sur pellicule, c'est tout le processus intermédiaire qui est en numérique (*digital cinema*). Si un nombre croissant de films, comme *Sin City* (2005) de Robert Rodriguez et Frank Miller et les trois derniers épisodes de *La guerre des étoiles* (1999, 2002 et 2005) de George Lucas, sont tournés à l'aide de caméras numériques, c'est surtout le film d'animation qui profite du développement du numérique; *Histoire de jouets* (1995) de John Lassater est le premier film entièrement tourné avec des équipements en numérique. Les salles de cinéma équipées de systèmes numériques se multiplient. Les techniques en cinéma numérique se perfectionnent et se simplifient en même temps, et pourraient peut-être remplacer rapidement le cinéma tourné et distribué sur pellicule. ◊ SYN. d-cinéma.

cinéma parlant ▷ cinéma sonore.

cinéma permanent ▪ Salle qui projette le même programme sans interruption de séance (*continuous performance theater*, ARG. *grind house*). Le cinéma permanent n'existe plus depuis les années 1980.

cinéma poétique ▪ Expression désignant les films d'avant-garde américains dans les années 1940 et 1950 (*poetic cinema*). L'œuvre-référence est *Meshes of Afternoon* (1943) de Maya Deren. Le cinéaste Jonas Mekas utilise cette expression dans *Film Culture* pour décrire les films du mouvement New American Cinema. On ne doit pas confondre le cinéma poétique et le cinéma de poésie.

cinéma politique ▪ Catégorie qui prend en compte les films documentaires ou de fiction traitant de thèmes politiques (*political drama*). Cette catégorie apparaît dans les années 1970 et traduit sur le plan du cinéma la politisation *via* le marxisme et le maoïsme d'une frange importante de l'intelligentsia occidentale. Selon ses théoriciens, un film livre consciemment un message et inconsciemment une idéologie. Dans le cinéma politique, le divertissement passe au second plan; l'auteur s'engage dans son film, cautionne une ligne politique et impose un point de vue de classe. Le cinéma politique est vu comme un moyen d'action, comme une intervention dans le champ de la réalité sociale. On lui donne une assise anticapitaliste et anti-impérialiste, et une orientation socialiste. Il est généralement associé au cinéma militant et au cinéma de propagande dont une grande partie des œuvres demeurent inaccessibles au grand public, car elles circulent dans des circuits parallèles. Ses principaux thèmes sont l'injustice et les inégalités sociales, l'exploitation de la classe ouvrière, le pouvoir économique, la lutte des classes, la lutte de libération des peuples, l'Histoire, les guerres et les mouvements populaires (la Révolution française, la lutte contre le fascisme, la Résistance, les guerres de libération, les luttes syndicales et les grèves, etc.). En relation avec une idéologie de gauche en déshérence et la montée du politiquement correct, le cinéma politique marque un net recul à partir des années 1980. Le premier film politique est *L'affaire Dreyfus* de Georges Méliès, réalisé en 1899; le film fut interdit jusqu'en 1950. Parmi les œuvres spécifiquement politiques, citons *L'homme à la caméra* (1929) de Dziga Vertov, *Le bonheur* (1935) d'Alexandre Medvedkine, *La Marseillaise* (1937) de Jean Renoir, *Le dictateur* (1940) de Charles Chaplin, *Les raisins de la colère* (1940) de John Ford, *Le sel de la terre* (1955) de Robert Biberman, *Dix-septième parallèle* (1967) de Joris Ivens et Marceline Loridan, *Z* (1969) de Costa-Gavras, *Antonio*

Das Mortes (1969) de Glauber Rocha, *Ice* (1969) de Robert Kramer, *Family Life* (1972) de Ken Loach, *L'olivier* (1976) de Serge Le Péron, *24 heures ou plus...*(1976) de Gilles Groulx, *L'homme de marbre* (1977) d'Andrzej Wajda, *L'histoire officielle* (1985) de Luis Puenzo, *Palombella rossa* (1989) et *Le caïman* (2006) de Nanni Moretti, *Notre musique* (2003) de Jean-Luc Godard, *Farhenheit 9/11* (2004) de Michael Moore et *Bamako* (2006) d'Abderrahmane Sissako. ◊ VOISIN cinéma militant.

cinéma pour enfants ■ Production de films destinés aux enfants de 5 à 12 ans (*kids cinema*, FAM. *kidpix*). Le cinéma pour enfants n'est pas un genre en soi, mais un créneau cinématographique qui a fondamentalement pour but de divertir et d'éduquer les enfants. Complémentaire au film pédagogique ou éducatif, il comprend des productions de court, moyen et long métrages ; le film court est recommandé aux moins de 10 ans. Les films pour enfants sont majoritairement des comédies. L'URSS produit un cinéma pour enfants dès 1920. L'Angleterre est le premier pays, dans les années 1940, à le produire systématiquement. Les pays de l'Est en sont de grands producteurs. Les films à épisodes américains s'adressent à un public jeune. Walt Disney popularise auprès des enfants ses dessins animés et ses films de nature. Les films pour enfants sont présentés autant dans le circuit des salles que hors-circuit (écoles, sous-sols d'église, salles communautaires, etc.). Le cinéma pour enfants est très réglementé par les états ; ▷ **Commission de contrôle, Motion Picture Rating System.** Plusieurs festivals lui sont consacrés, notamment le Festival international du film pour enfants de Chicago ; Cannes et Berlin ont également chacun un festival parallèle consacré au film pour enfants.

cinéma pur ■ Ensemble de films d'avant-garde réalisés en France dans les années 1920, fortement inspirés de la musique (*pure cinema*). Le terme « cinéma pur » est utilisé par Henri Chomette qui réalise lui-même en 1925 *Cinq minutes de cinéma pur*. Ce cinéma est narratif et déroule ses images comme autant de thèmes musicaux. À la tête de ce mouvement, on trouve Germaine Dulac avec *La coquille et le clergyman* (1927). Les cinéastes de l'abstraction allemande subissent son influence. Les réalisateurs de cinéma pur sont également appelés « les impressionnistes ». ▷ **film absolu, film abstrait.**

cinéma rose ▷ *pinku eiga.*

cinéma rural ■ Ensemble des films ayant pour sujet la terre et son exploitation. Le cinéma rural n'est pas un genre cinématographique en soi : il se compose d'œuvres de natures très différentes, allant de la fiction au documentaire. Le cinéma rural revêt souvent un caractère militant, comme *La terre* (1930) d'Alexandre Dovjenko, *Notre pain quotidien* (1934) de King Vidor, *Les raisins de la colère* (1940) de John Ford et *La terre* (1969) de Youssef Chahine. Les sujets abordés dans le cinéma rural ont trait à l'exploitation agricole, la célébration de la nature, les mythes des éléments naturels, les légendes, la pauvreté rurale, l'émancipation paysanne, la révolte contre les propriétaires terriens, l'histoire et la généalogie du monde rural, la collectivisation agricole, l'opposition ville-campagne, etc. Le cinéma rural voit ses thèmes s'élargir à l'écologie et à la protection de la nature. On compte des œuvres importantes en Italie, comme *Paisa* (1946) de Roberto Rossellini et *L'arbre aux sabots* (1978) d'Ermano Olmi ; au Portugal, comme *Ana* (1982) d'Antonio Reis et Margarita Cordeiro, et *Chemins de traverse* (1977) de João Cesar Monteiro. Le Français Georges Rouquier est un grand cinéaste de la ruralité ; à voir : *Farrebique* (1946), *Biquefarre* (1984). *Heimat* (1984) du cinéaste allemand Edgar Reitz est une fresque monumentale retraçant la vie d'un village allemand entre 1919 et 1982. Parmi les œuvres documentaires du cinéma rural, citons *Terre sans pain* (1932) de Luis Buñuel, *Symphonie paysanne* (1944) d'Henri Stork, *Le règne du jour* (1966) de Michel Brault et Pierre Perrault, *La montagne verte* (1991) de Fredi Murer, *Profils paysans I : l'approche* (2001) et *Profils paysans II : le quotidien* (2005) de Raymond Depardon et *La vie comme elle va* (2003) de Jean-Henri Meunier.

CinémaScope [Scope] ■ De CinemaScope, marque de commerce d'un procédé lancé par la Twentieth Century Fox en 1953 utilisant la lentille anamorphique pour la projection sur écran large. Son ratio (ou standard) est de 2:55:1, qui devient du 2:35:1 avec la bande sonore optique. On tourne le film sur une pellicule 55 mm avant de le réduire sur une pellicule 35 mm au tirage. Le premier film produit en CinémaScope est *La tunique* (1953) de Henry Koster. Le procédé connaît un grand succès et suscite l'appari-

tion de nombreux procédés similaires à écran large avec anamorphose, comme le Dyaliscope et le Franscope, de procédés à écran large sans anamorphose, comme le Todd-AO, le VistaVision et le 70 mm, et de formats standards allongés donnant une image panoramique, comme le Panavision ; ▷ **Anorthoscope.** Il devient rapidement périmé et dans les années 1960 plus aucun film n'est tourné en CinémaScope. L'illusion d'un film projeté en Scope est donnée aujourd'hui par les lentilles de grande qualité de Panavision. Certains films contemporains ont été tirés sur des pellicules de type CinémaScope, comme *Playtime* (1967) de Jacques Tati et *Rencontres du troisième type* (1977) de Steven Spielberg. Le Cinémascope convient parfaitement à certains genres, comme le western et l'épopée.

cinéma sonore ■ Cinéma ayant la particularité d'associer en synchronisme l'image et le son (*sound motion-picture*). Thomas Edison, l'inventeur du phonographe, est le premier à concevoir des images filmées accompagnées de sons, avec le Kinétophone, utilisé pour la première fois en 1889. Louis Gaumont améliore la restitution du son avec le Chronophone. C'est toutefois l'Américain Lee De Forest qui conçoit le système d'amplification du son, avec amplificateur et haut-parleur, toujours utilisé aujourd'hui dans ses principes acoustiques. En 1892, trois Allemands, Josef Engl, Joseph Massole et Hans Vogt, proposent le procédé Tri-Ergon. En 1923, De Forest invente le procédé Phonofilm avec piste latérale ; malgré une centaine de films tournés entre 1923 et 1927, il ne réussit pas à convaincre Hollywood de l'adopter. Jusqu'au milieu des années 1920, les inventions pour le cinéma parlant restent sans écho ou presque. Ce sont les frères Warner, au bord de la faillite, qui présentent en août 1926 *Don Juan* d'Alan Crosland, avec John Barrymore, un film agrémenté de musique et de bruitage grâce au procédé Vitaphone. En mai 1927, Wallace Fox lance le Movietone et présente *L'heure suprême* de Frank Borzage, un long métrage avec accompagnement musical. En octobre 1927, les frères Warner frappent le grand coup avec *Le chanteur de jazz* d'Alan Crosland, dont le succès sera triomphal. Le Vitaphone, de la Western Electric, est acheté, en 1928 par la MGM, la Paramount, la United Artists, la First National et la Universal, qui lui assurent la suprématie sur les autres procédés. Les procédés à son optique par piste photographique latérale sont alors adoptés. La RKO opte, pour sa part, pour le Photophone, puis Pathé et les studios Mack Sennett en 1933 et Disney, Republic Pictures, Warner Brothers et Columbia Pictures font de même en 1936. L'avènement du son change radicalement l'industrie du cinéma (qui doit s'adapter rapidement et augmenter considérablement le budget de ses films), notamment la réalisation (on tourne en studio et le tournage en extérieur se fait sans son) et le style des films (apparaissent la comédie musicale et la comédie fantaisiste) ; ▷ *master shot*. Un dur coup est porté au cinéma comique des Mack Sennett, Buster Keaton et Charles Chaplin. L'Europe suit et, en deux ans, le cinéma est mondialement sonore. Les procédés optiques s'améliorent. En 1950, est introduite la piste magnétique, qui connaîtra une diffusion limitée malgré le CinémaScope et ses quatre pistes magnétiques ; le son optique demeure et progresse, notamment avec le procédé Dolby Stéréo qui apparaît en 1975 ; ▷ **stéréophonie**. La miniaturisation, qui demande peu d'équipements, multiplie les tournages en son direct. La numérisation améliore la qualité sonore et offre de vastes possibilités dans l'enregistrement et la reproduction du son. La conception sonore devient dans les années 1980 un domaine important de la réalisation, avec ses spécialistes. ◊ VAR. le sonore. ◊ SYN. cinéma parlant, le parlant.

cinémathèque ■ Institution publique ou privée où sont conservés, stockés et entretenus les films qui peuvent, dès lors, être présentés au public (*film archives*, ARG. *morgue*). Tout ce qui est relatif au cinéma et à son histoire, des origines à nos jours, y est également gardé : les appareils, les accessoires, les maquettes, les costumes, les affiches, les photos, les livres de cinéma, etc. La première cinémathèque est la Svenska Filmsamfundets Arkiv, fondée en 1933 par l'Académie suédoise du cinéma. On compte plus de 120 cinémathèques dans le monde, qui sont regroupées dans une association, la Fédération internationale des archives du film [FIAF]. La plus célèbre cinémathèque est la Cinémathèque française, fondée en 1936 ; elle est l'une des plus riches du monde de par ses collections (50 000 titres de films). Parmi les cinémathèques importantes, citons la Cinémathèque royale de Belgique (à Bruxelles), la Cinémathèque québécoise (à Montréal), la Gosfilmofond (à Moscou), la Film Library du Museum of Modern Art (à New York), le Motion Picture Department de la George Eastman House (à Rochester) et la National Film Library (à Londres). ◊ voisin archives du film.

Cinémathèque française ▪ Établissement fondé en 1936 par Henri Langlois, Georges Franju et Jean Mitry pour la sauvegarde et la diffusion du patrimoine cinématographique français et étranger sous toutes ses formes. Elle inaugure une salle de projection et un premier musée du cinéma en 1948. Elle s'installe au Palais de Chaillot en 1963. En janvier 1968, Henri Langlois est écarté de la présidence par les pouvoirs publics et déclenche « l'affaire Langlois » (Jean-Luc Godard, Claude Chabrol, Jeanne Moreau, Bertrand Tavernier, Simone Signoret réclament son retour ; Jean-Pierre Léaud appelle au boycott d'une « cinémathèque d'État »). Un feu en 1980 détruit 17 000 titres. Jack Lang, alors ministre de la Culture, crée en 1984 le « palais du Cinéma » dans les palais de Tokyo, quitté définitivement en 1997 suite à un incendie. En 2005, les locaux de la Cinémathèque sont déménagés rue de Bercy, à l'ancien American Center. Sa programmation de films, dans 4 salles, est remarquable (plus de 700 séances en 2005). Elle dispose d'espaces d'expositions permanentes et temporaires sur quatre niveaux, d'ateliers de formation pour enfants et adultes, d'une bibliothèque-médiathèque, d'une librairie et d'un restaurant. En 2007 est prévue la fusion de la Cinémathèque française et la Bibliothèque du film [BIFI].

cinématique ▪ [1] Tout ce qui a un rapport direct avec le mouvement des images : trajectoires, vitesses et accélérations (*cinematic*). ▪ [2] Dans le jeu vidéo, petit film réalisé en images de synthèse qui ouvre et clôt la partie (*cinématic*).

Cinématographe ▪ Marque de commerce de l'appareil inventé en 1895 par les frères Louis et Auguste Lumière, capable de reproduire le mouvement par des images. Le Cinématographe donne naissance au cinéma. L'appareil est construit par un ingénieur-constructeur, Jules Carpentier, qui en fabriquera 25 modèles entre octobre et décembre 1895. Le terme deviendra générique et désignera le cinéma.

cinématographe vx ▪ Cinéma.

cinématographie ▪ Ensemble des techniques et procédés mis en œuvre pour produire le mouvement par le film (*cinematography*).

cinématographie ultrarapide ▪ Ensemble des divers procédés de prise de vues à très grande vitesse pour le cinéma scientifique (*ultra-high-speed photography*). Grâce à ces procédés, on peut tourner entre 300 et un million d'images à la seconde. ◊ var. ultracinéma.

cinématon ▪ Terme forgé à partir de « photomaton » par Gérard Courant pour ses milliers de portraits filmés sur plusieurs années. Chaque cinématon comprend plus de 3600 photogrammes pour 2 minutes et 50 secondes de film, soit un portrait.

cinéma traditionnel ▪ Équivalent de cinéma de divertissement et de cinéma commercial, l'expression désigne un cinéma qui respecte les conventions et les genres. ◊ CONTR. cinéma d'auteur, cinéma d'art. ▷ **cinéma de papa**.

cinéma underground ■ Autre nom donné au cinéma d'avant-garde américain dans les années 1950 et 1960 (*underground film*). Le cinéma underground est propagé par la génération dite des beatniks (*Beat Generation*) vivant à New York et San Francisco. Dans ce cinéma non commercial, aux apparences crues et négligées, indépendant de la grande industrie cinématographique, est privilégiée la vision personnelle de l'auteur. Plusieurs innovations sont apportées et de nouvelles techniques sont utilisées par les réalisateurs du cinéma underground et changent la nature des films et leur perception. Un des participants du cinéma underground, Jonas Mekas, fonde avec Jerome Hill, P. Adams Sitney, Peter Kubelka et Stan Brakhage la Anthology Film Archives, qui ouvrira ses portes en novembre 1970 à New York. Parmi les cinéastes importants de ce mouvement, citons Kenneth Anger, Stan Brakhage, Robert Breer, Ed Emshwiller, Mike et George Kuchar, Gregory Markopoulos, Jonas Mekas et Andy Warhol. ▷ *Film Culture*, New Wave.

cinéma-vérité ■ Ensemble des documentaires tournés dans les années 1960 dans lesquels priment l'authenticité, l'immédiateté et la spontanéité, et réalisés par une petite équipe grâce à un équipement léger. L'expression est proposée en 1961 par Edgar Morin et Jean Rouch dans un manifeste public publié à l'occasion de la distribution de leur film, *Chronique d'un*

été. La caméra est un instrument de révélation de la vérité dans ce genre de documentaires. Le film s'apparente à une enquête. Le scénario naît du tournage ; l'improvisation y est importante. La mise en scène se fait au hasard des situations et des lieux ; elle est plus maîtrisée qu'elle ne le laisse transparaître dans l'importance attachée aux gestes et aux objets filmés. On y emploie le son naturel, qui y retrouve son pouvoir émotif. L'expression est rapidement remplacée par Cinéma direct.

Cinemax ■ Service de télévision à péage aux États-Unis réservé à la diffusion de films. Ce service est affilié à la chaîne Home Box Office [HBO].

Cinemaya ■ Revue de cinéma fondée en 1988, à New Delhi, par Aruna Casudev, et diffusée sur l'ensemble du continent asiatique. Comme son sous-titre l'indique, *The Asian Film Quarterly*, la revue est exclusivement consacrée aux cinémas asiatiques ; ses rédacteurs sont presque tous des critiques asiatiques. Elle s'interroge sur les traditions et l'évolution du cinéma des pays asiatiques au moment où il est porté par un vent de renouveau. Elle le fait par des reportages et des critiques. Elle publie un dossier à chaque numéro ; ses principaux dossiers portent sur le cinéma vietnamien, le cinéma iranien, les femmes réalisatrices et la censure. Une importante section est consacrée aux festivals ayant une forte sélection de films asiatiques. Parution : trimestrielle.

cinème ■ Terme de la théorie du cinéma. Le cinème désigne un objet filmé. Le cinéma étant apparenté à un langage, ses constituants sont des cinèmes. ▷ **grammaire cinématographique.**

Cinemiracle ▪ Marque de commerce d'un procédé d'écran panoramique à trois projecteurs. Issu des travaux menés par Russel H. McCullough, le Cinemiracle ressemble au Cinérama. Le premier film réalisé avec ce procédé est *Windjammer*, produit en 1957 par Louis de Rochemont. Ce procédé est vite abandonné en raison de son coût élevé et de son utilisation complexe.

Cinémonde ▪ Revue de cinéma française fondée en 1928, qui cesse de publier en 1940, mais reparaît en 1945. *Cinémonde* est l'une des revues les plus populaires de son époque; son tirage atteint 250 000 exemplaires après la Deuxième Guerre mondiale. On y publie des textes critiques et des reportages. Les principaux collaborateurs de la revue sont alors Alexandre Arnoux, Maurice Bessy, Jean Georges Auriol et René Lehmann. La revue fait également appel à des écrivains comme Henri de Montherlant, Claude Maurois et Paul Valéry. Des critiques comme Jacques Doniol-Valcroze, Robert Chazal et François Truffaut y collaborent plus tard. La revue disparaît en 1967.

Ciné-œil ▪ Théorie et méthode de travail mises au point par le cinéaste russe Dziga Vertov en 1923 afin de favoriser un cinéma militant exclusivement documentaire dont tout élément de fiction serait banni (*Kino-Eye*). En russe: *Kino Glaz*. Pour Vertov, le Ciné-œil désigne l'appareil de prises de vues cinématographiques qui permet de déchiffrer le monde de manière nouvelle. Il s'agit pour lui de filmer à l'improviste; mais dans les faits, le cinéaste met en place ses sujets de manière précise. La fonction du montage est primordiale dans la volonté d'enregistrer la réalité brute selon les principes du Ciné-œil. Vertov élabore sa théorie dans le magazine qu'il fonde et dirige, *Kino-Pravda*. Son film *L'homme à la caméra* (1929) est l'application de ses théories, qui influenceront plus tard des cinéastes comme Joris Ivens et John Grierson, de même que ceux du cinéma-vérité et du Cinéma direct. Le Groupe Dziga-Vertov créé autour de Jean-Luc Godard en 1969 est un hommage au cinéaste soviétique.

Cinéon ▪ Marque de commerce d'une chaîne complète de traitement du film mise au point par la compagnie Kodak en 1993 et utilisant l'ordinateur et ses accessoires (logiciel, scanner, etc.). Le système est abandonné en 1997.

cinéoptique ▪ Terme théorique élaboré par Alfred Machard visant à étudier le roman optique ou cinario, un genre hybride entre roman, scénario et film créé en 1925 et qui cherche à permettre au lecteur de s'imaginer le film possible.

Cinéorama ▪ Système de projection en 360 degrés mis au point par le Français Raoul Grimoin-Sanson. Ce système utilise dix films et autant de projecteurs différents pour reproduire l'effet visuel d'une envolée en montgolfière au-dessus de Paris, réalisant ainsi les premières prises de vues aériennes. Après quelques projections à l'Exposition universelle de Paris en 1900, le Cinéorama est fermé par crainte d'incendie. Autre nom donné au système: Cinécosmorama. ▷ **projection hémisphérique.**

ciné-parc, cinéparc QUÉB. ▪ Salle de cinéma en plein air (*drive-in*). Le spectateur assiste à la projection du film assis dans sa voiture. Synonyme qui est couramment usité mais qui est un anglicisme : drive-in.

cinéphage ▷ cinémaniaque.

cinéphile ▪ Personne qui aime et connaît le cinéma (*moviegoer*, FAM. *film buff, movie buff*). Le mot apparaît au début de l'année 1912. Amateur érudit, le cinéphile fonde son amour du cinéma sur la connaissance et la compréhension des œuvres cinématographiques. ◊ SYN. amateur de cinéma. ◊ VOISINS cinémaniaque, cinéphage. ▷ **ciné-club.**

cinéphilie ▪ Pratique amoureuse du cinéphile. Le terme est créé en France dans les années 1920, sous l'impulsion de critiques comme René Clair et Louis Delluc. Avant la Deuxième Guerre mondiale, la cinéphilie est liée aux mouvements d'avant-garde artistiques, comme le surréalisme. Dans les années 1950, elle est plutôt liée à la critique et à la formation cinématographique ainsi qu'à la réalisation anticipée de films ; elle consacre des cinéastes tels Howard Hawks, Alfred Hitchcock, Jean Renoir et Roberto Rossellini comme artistes majeurs du XXᵉ siècle ; ▷ *Cahiers du cinéma, Positif.* L'érudition constitue sa marque essentielle. Elle est moins présente aujourd'hui, même chez les étudiants en cinéma ; la disponibilité et l'abondance des films créées par les nombreux festivals, les chaînes télévisées, les vidéocassettes et les DVD lui ont enlevé son aura d'élection, de savoir privilégié et d'apprentissage sensible du cinéma. ▷ **télé-**

philie. À lire : *La cinéphilie. Invention d'un regard, histoire d'une culture. 1944-1968,* d'Antoine de Baecque (2003).

Cinéphone ▷ Gaumont-Petersen-Poulsen.

cinéplaste ARCH. ▪ À la fin des années 1910, terme employé pour désigner le metteur en scène. Créé par l'essayiste et historien d'art Élie Faure, il est remplacé, comme bien d'autres mots de l'époque, par le terme « cinéaste ». ▷ **cinégraphe, écraniste, visualisateur.**

cinéplastique ▪ [1] Mot créé par l'essayiste et historien d'art Élie Faure pour souligner le caractère original du cinéma. Le spectateur est impressionné par tout ce que montre le film : les volumes, les gestes, les attitudes, les contrastes, le passage d'un plan à un autre, etc. Les théoriciens du cinéma et les critiques n'adopteront pas ce terme. ▪ [2] ▷ **film cinéplastique.**

Cinérama ▪ De Cinerama, mot formé de « cinema » et de « panorama ». Marque de commerce d'un procédé créé par l'Américain Fred Waller pour l'enregistrement et la projection d'un film sur un écran vaste et courbe ; ▷ **projection hémisphérique.** Commercialisé en 1952 avec un large succès, le Cinérama emploie trois appareils de prises de vues et trois projecteurs 35 mm synchronisés pour trois images de la même scène filmée sous trois angles différents. À cause de son utilisation difficile et coûteuse, on ne compte qu'une réussite, *Les amours enchantées* (1962) de Henry Levin et George Pal. ▷ **Omnimax.**

ciné-roman ▪ Feuilleton cinématographique présenté hebdomadairement dans les salles de cinéma, parallèlement à la publication de ses textes dans les quotidiens (*film story*). ◊ VOISINS feuilleton, film à épisodes.

ciné-shop, cinéshop ▪ Boutique où sont offerts des articles en rapport avec le cinéma (livres, disques, affiches, produits dérivés, etc.). Ce terme n'est plus guère usité aujourd'hui.

Cinétoscope ▪ Nom donné en français au Kinetoscope de Thomas Edison.

Cine-Voice ▪ Marque de commerce d'une caméra portable mise au point par la compagnie Auricon en 1957.

cinoche ARG. ▪ Cinéma (*flicks* FAM.).

cinopéra NÉOL. ▪ Genre cinématographique mariant étroitement l'opéra et le cinéma. Le cinopéra est plutôt de type expérimental. De nature baroque et romantique, il apparaît dans les années 1970, en Italie, avec les films de Carmelo Bene (*Don Giovanni,* 1970), et en Allemagne, avec les films de Werner Schroeter (*La mort de Maria Malibran,* 1971).

Circle-Vision ▪ Marque de commerce d'un procédé d'écran large mis au point en 1955 par la compagnie Walt Disney Imagineering sur le modèle du Cinéorama inventé par Raoul Grimoin-Sanson. Le Circle-Vision est utilisé dans les différents parcs d'attractions de la compagnie. Pour la prise de vues, la technique consiste à placer ensemble neuf caméras sur un support mobile dans les lieux de tournage. Une évolution du système voit l'introduction de miroirs à 45° dans le dispositif afin d'avoir les neuf caméras en étoile autour d'un axe vertical, les neuf miroirs renvoyant les images horizontales. Ce système permet d'avoir moins de décalage entre les champs de vision de chaque caméra. Afin de réduire les distorsions dues aux vibrations, les images sont retraitées par ordinateur. Pour la projection, on utilise neuf écrans agencés en cercle et séparés par un interstice prévu pour loger les projecteurs. La première utilisation date de 1955 à Disneyland. Le modèle évolue au cours des années, et le dernier mis au point pour le parc Epcot en Floride utilise un appareil 35 mm, un écran de 85 mètres environ (140 pieds), 7 pistes sonores; il couvre toutefois un champ de 200°, au lieu du 360° du Cinéorama.

circuit de salles ▪ Réseau de salles appartenant à un même propriétaire, une même compagnie de production ou de distribution (*theatrical circuit*). Ces salles présentent fréquemment les mêmes films en même temps. Un circuit de salles permet une rentabilité plus rapide des films et à des conditions meilleures que leur exploitation par les salles indépendantes.

circuit du film ▪ Cheminement qu'emprunte le film à l'intérieur de la caméra ou du projecteur (*circuit*). ◊ SYN. trajet du film.

circuit indépendant ▪ Salles n'appartenant pas à un circuit (*indie circuit*). Ces salles ne bénéficient pas des conditions avantageuses des salles des grands circuits pour la location des films et leur publicité.

ciseau ▷ mouvement croisé.

ciseaux PLUR. ▪ [1] Outil servant à couper la pellicule lors du montage (*scissors*). ▪ [2] Symbole de la censure (*scissors*).

Cité Elgé ▪ Nom donné par Louis Gaumont (qui s'inspire des initiales de son nom « L » et « G ») à ses studios et ses ateliers de fabrication d'appareils et de pellicule, tous situés aux Buttes-Chaumont.

clap AMÉRIC. ■ De *clapboard*. Petite ardoise munie d'un rebord articulé que l'on fait claquer au début de chaque prise de vues (*clapper board, clapstick board*). Les renseignements qui sont inscrits sur le clap en lettres blanches sur fond noir permettront plus tard au monteur d'ordonner les plans et de synchroniser l'image et le son. Ces renseignements mentionnent le titre du film, le nom du réalisateur et, parfois, celui de l'opérateur, le numéro du plan et celui de la prise. Le clap est remplacé dans les années 1980 par le clap électronique. ◊ SYN. claquette, claquoir. ▷ **marquage temporel, synchronisation.**

clap électronique ■ Clap possédant une horloge électronique qui donne précisément l'heure en minutes, secondes et fractions de seconde, et qui émet, au lieu du bruit de la claquette, un signal sonore (*automatic start mark*). Certaines caméras ont un clap électronique incorporé qui envoie directement au magnétophone le signal sonore ; en même temps, une lampe voile quelques instants les images. ▷ **marquage temporel.**

clapman ■ Personne responsable du clap (*clapman, clapper boy*).

claquage ■ Son que fait une collure mal faite quand elle passe devant le dispositif de lecture sonore dans un appareil de projection (*clicking*).

claquette ▷ **clap.**

claquoir ▷ **clap.**

classification ■ Distribution par catégories, selon un certain ordre et une certaine méthode (*classification*). Tout au long de son existence, le cinéma est l'objet d'innombrables dénominations et classements, tant du point de vue de ses techniques que de ses contenus et de ses formes. La classification se base sur la différenciation des sujets : matériel technique utilisé (pellicule noir et blanc, couleur, stéréoscopie, etc.), moyens de représentation (film amateur, film industriel, film expérimental, etc.), longueur (court, moyen et long métrages), sujets (documentaire, fiction, adaptation, etc.), milieux décrits (film policier, film de cape et d'épée, western, etc.), genres (comédie, drame, érotisme, etc.), contenu idéologique (religieux, philosophique, politique, etc.), rapports avec la réalité (reportage, enquête, etc.), provenance (pays), production (société de production, organisme d'État), procédés de travail (scénario, tournage, montage, etc.), distribution (location, salle, ciné-club, etc.), diffusion (publicité, presse, etc.), conservation (archives, cinémathèque, musées, etc.).

Classification and Rating Administration ▷ **Motion Picture Rating System.**

classique SUBST. ■ Œuvre filmique de grande qualité faisant partie du patrimoine cinématographique (*classic film*). Un classique est digne d'être étudié comme toute œuvre d'art. Une liste de classiques du cinéma est dressée régulièrement par des institutions et des associations. Parmi les classiques du cinéma, les historiens citent les œuvres suivantes :

Intolérance (1916) de D.W. Griffith, *La ruée vers l'or* (1925) de Charles Chaplin, *M. le Maudit* (1931) de Fritz Lang, *La grande illusion* (1937) de Jean Renoir, *Allemagne, année zéro* (1947) de Robert Rossellini, *Les contes de la lune vague après la pluie* (1953) de Kenji Mizoguchi, *Les fraises sauvages* (1957) d'Ingmar Bergman, *Sueurs froides* (1957) d'Alfred Hitchcock, *À bout de souffle* (1959) de Jean-Luc Godard et *Viridiana* (1961) de Luis Buñuel. ▷ **chef-d'œuvre.**

climax ANGLIC. ■ Point culminant dans la progression d'une intrigue qui se situe généralement à la fin du film. ◊ SYN. nœud de l'action.

clip ANGLIC. ■ [1] De *video clip*. Court film sur support vidéographique servant à la promotion des chanteurs et des groupes musicaux. Le clip est un essai de visualisation des sons. L'industrie du clip se développe à la fin des années 1970 avec la création des chaînes de télévision musicales, comme Music Television [MTV]. Il se définit par rapport à la musique, à la publicité, à la photographie et au cinéma. L'existence du clip remonte aux années 1930 et 1940 avec la comédie musicale et les *musical shorts;* ▷ **Walt Disney Company.** Dans les années 1960, apparaît le Scopitone, son ancêtre immédiat. Lié à l'art vidéo et au multimédia, le clip est la synthèse des racines industrielles de l'audiovisuel. L'hybridité le caractérise. Les réalisateurs de clips font de nombreuses références directes au cinéma; mais les cinéastes subissent également son influence; voir le film *Flashdance* (1983) d'Adrian Lyne. On s'en sert énor-mément au lancement des films en utilisant leur bande sonore. Il existe une culture du vidéoclip, avec ses fans et ses détracteurs. Terme français officiel guère usité : bande vidéo promotionnelle. ◊ SYN. clip vidéo, vidéoclip. ■ [2] Court extrait d'un film servant à son étude ou à l'illustration d'une technique cinématographique (*clip*).

clip vidéo ▷ clip.

clonage ■ Nouveau procédé de trucage, graphique ou numérique, permettant la reproduction en copie conforme d'acteurs ou d'objets en trois dimensions [3D] (*cloning*). Le clonage est semblable au procédé mécanique de cache-contre-cache, mais il est numérisé et réalisé par des techniques très sophistiquées utilisant l'ordinateur. *La ligne de mire* (1993) de Wolfgang Peterson, *Forrest Gump* (1994) de Robert Zemeckis et *La cité des enfants perdus* (1995) de Caro et Jeunet sont les premiers films où cette technique est abondamment utilisée.

**club des 20 millions $** ■ Expression apparue en 1996 pour désigner l'ensemble des acteurs américains gagnant un cachet de 20 M$ par film (*$ 20 Million Club*). Parmi les acteurs faisant partie de ce « club », citons Jim Carrey, Tom Cruise, Leonardo Di Caprio, Harrison Ford, Mel Gibson et Tom Hanks.

club de vidéo ■ Boutique spécialisée en location et en vente de vidéocassettes et de DVD (*video club*). En expansion depuis 1985, ce commerce rapporte aux États-Unis 50 % de recettes d'un film. Aux États-Unis également, 30 % des films ne prennent jamais l'affiche dans une salle de cinéma et sortent uniquement en vidéocassettes et en DVD. ◊ VAR. club-vidéo, vidéoclub.

club-vidéo ■ Variante de club de vidéo.

c.m. ■ Abréviation de court métrage. Cette abréviation s'écrit parfois « cm ».

CNC ■ Sigle du Centre national de la cinématographie.

coach ANGL. ■ De *dialogue coach*. Spécialiste aidant l'acteur à apprendre et à interpréter son rôle. Un coach est souvent engagé pour aider un interprète à jouer dans une autre langue que sa langue maternelle. Pour avoir une idée du travail d'un coach, sous le mode de la comédie, voir le film *Chantons sous la pluie* (1952) de Stanley Donen et Gene Kelly. Traduction française : répétiteur, trice.

code ■ Terme théorique. Traits propres et communs soit effectivement, soit virtuellement, à tous les films : le panoramique, le champ-contrechamp, le gros plan, les effets optiques, etc. (*code*). Certains traits ne peuvent apparaître que dans une certaine classe de films, comme dans le western, l'expressionnisme allemand ou les films d'un cinéaste ; ils sont alors dits « codes particuliers ». Les codes donnent aux films leur spécificité. Il ne faut pas confondre le code et le symbole. ▷ **analyse**, **forme**, **motif**, **sémiologie du cinéma**.

code Breen (*Breen Code*) ■ Autre nom donné au code Hays, un code d'autoréglementation du cinéma américain, du nom de Joseph Breen, un journaliste catholique engagé au début des années 1930 pour renforcer ce code mis en place par la Motion Picture Producers and Distributors of America [MPPDA].

codec ■ Contraction des termes « codeur » et « décodeur ». En multimédia, nom générique donné aux algorithmes de compression et de décompression de fichiers audio et vidéo sans perdre une quantité considérable d'informations (*codec*). Une fois qu'un fichier, tel un film, est compressé par un codec, par RealVideo par exemple, il est réduit et donc plus facile à transmettre sur le Web ; il conserve toutefois une qualité visuelle fidèle à l'original. Les formats Windows Media Player et RealPlayer intègrent plusieurs codecs qui permettent le codage de signaux et de compression de différents fichiers. Les codecs sont automatiquement téléchargés par le lecteur de format audio et vidéo ; on peut également en rajouter en allant dans les sites des sociétés propriétaires de lecteurs.

code de la pudeur ▷ code Hays.

code Hays ■ Code d'autoréglementation du cinéma américain institué par les Majors de l'industrie réunis en association dans la Motion Picture Producers and Distributors of America [MPPDA] (*Hays code*). Le nom du code est dérivé du nom de son rédacteur, William H. Hays, qui sera président de la MPPDA de 1922 à 1945. Son nom officiel : Code of Self Regulation of the Motion Picture Association. Il se veut une réponse au scandale dans le milieu du cinéma, en particulier au moment de la mort d'une jeune actrice durant un party chez Fatty Arbuckle. Après plusieurs ébauches, le code est rédigé en 1927. Ce code doit contrôler notamment le contenu des films à caractère implicitement ou explicitement sexuel, ou qui font simplement allusion au sexe, et on encourage les producteurs à soumettre scénarios et films afin d'éviter la censure des États et du gouvernement fédéral. On y trouve 12 sections où sont listés les interdits : « crimes contre la loi », « sexualité », dont l'adultère (à ne pas présenter sous forme attrayante), le viol (seulement suggéré), les perversions, la traite des blanches, les accouchements, le mélange des races (entre acteurs) et les organes sexuels des enfants, « vulgarité », « obscénité », « jurons » (avec liste de jurons interdits), « costumes » (nudité et exposition indécente, exhibition des seins et des parties sexuelles), « danses » (celles suggérant des actions sexuelles interdites), « religions » (à ne pas ridiculiser), « décors » (bon goût dans les chambres à coucher avec leurs deux lits pour un couple), « sentiment national » (qui demande considération et respect), « titres de films » (sans suggestions licencieuses), « sujets repoussants » avec sept catégories (exécution capitale, application du « 3e degré », brutalité et horreur macabres, marquage au fer, vente des femmes et femmes vendant leur vertu, cruauté envers les enfants et les animaux, opérations chirurgicales). Voici quelques exemples d'éléments interdits : le nombril, le système pileux (le torse de Tarzan est rasé), le strip-tease, les décolletés de dos (permis jusqu'à la taille) et de face (de la naissance des seins au cou) ; dans les dessins animés, il est interdit de montrer des animaux buvant de l'alcool, des vaches qui se font traire, les danses du ventre, les personnages à peau noire, les êtres humains embrassant des animaux (mais non l'inverse). Le code entre en vigueur en 1934 ; en 1956, les drogues et les perversions sexuelles ne sont plus interdites ; en 1966, il est remplacé par un autre code de conduite, le Motion Picture Association of America Rating Code [MPAA Rating Code]. Les cinéastes rusent avec ce code qui limite même la durée d'un baiser à l'écran ; voir le film *Les enchaînés* (1946) d'Alfred Hitchcock. Ce code est surnommé « code de la pudeur ». ▷ **code Breen, Motion Picture Rating System.**

code numérique ▪ Résultat d'une numérisation (*digital code*).

Code of Self-Regulation of the Motion Picture Association ▷ code Hays.

code temporel ▪ [1] En cinéma, indication précise de l'instant de la prise de vues qui synchronise parfaitement l'enregistrement des sons et des images (*time code*). Le code temporel aide au transfert du son enregistré sur bande magnétique au son optique sur le support film. Il est très utile également pour le montage électronique. Le premier codage temporel date de 1967. Sa normalisation sera adoptée dans les années 1970. On ne doit pas confondre le code temporel et le code numérique. ▷ **Aäton.** ▪ [2] En vidéographie, lignes de service des images vidéo (*time code*). Le code sert à l'identification des images ; on l'appelle alors « code temporel vertical » et il est incrusté dans le signal vidéo.

coffret ▪ Ensemble de vidéocassettes ou de DVD placés dans un boîtier (*boxed* *set*). Le coffret est généralement dédié à des éditions soignées de classiques du cinéma.

coiffeur, euse ■ Spécialiste responsable de la coiffure (*hairdresser*). Le coiffeur coiffe les interprètes avant et après le tournage, et fait des retouches durant les prises de vues pour les raccords. Il s'occupe des perruques et des teintures, d'où parfois son nom de coiffeur-perruquier. Il travaille étroitement avec le directeur artistique, le chef costumier et le chef maquilleur. ▷ **perruquier.**

coiffeur-perruquier ▷ coiffeur.

coin sensitométrique ■ Échantillon de film vierge prélevé sur le stock destiné au tournage (*sensitometric strip*, RARE *step wedge*). Cet échantillon est exposé à une série de lumières étalonnées, appelée « sensitogramme », permettant de vérifier les caractéristiques de l'émulsion et d'en dresser la courbe.

colle ■ Solvant cellulosique qui assure la soudure entre deux fragments de pellicule (*cement*). On applique le solvant sur l'extrémité râclée des deux bouts de la pellicule et on place les deux bouts sur la colleuse; dissous par le solvant, ils se soudent. ▷ **grattoir.**

collage ■ Action de coller deux fragments de pellicule au moment du montage (*splicing*). On colle deux fragments de film à l'aide de ruban adhésif, de colle ou d'un dispositif thermique. On obtient alors une collure.

colleuse ■ Instrument permettant le collage (*splicer*). Il est muni d'un dispositif pour les perforations afin d'aligner la pellicule, d'un tranchoir, d'un grattoir et

d'un couvercle qui se rabat sur le film pour le presser. ◇ SYN. presse à coller.

collure ■ [1] Raccord entre deux fragments de film (*splice*). ◇ SYN. joint. La collure assure la continuité technique pour le tirage ou la projection. On distingue la collure au ruban adhésif (ou au scotch), la collure à la colle et la collure à chaud. Pour les supports en polyester, la collure est faite à l'ultrason. Il existe deux sortes de collure : la collure droite et la collure en diagonale. ■ [2] Passage d'un plan à un autre (*cut*). ▷ **coupe franche, montage cut.**

color assistant ANGL. ■ Mot anglais n'ayant pas d'équivalent français. Au début du cinéma en couleurs, spécialiste, employé d'un fabricant de pellicule couleur, qui conseille l'équipe responsable de l'image, du chef opérateur au réalisateur en passant par le décorateur et le costumier.

coloriage ■ Action de colorier un film noir et blanc. Le coloriage est une technique utilisée du temps du muet. On connaît le coloriage à la main (*hand-painted*), semblable au travail d'enluminure, fait au pinceau, le coloriage au pochoir (*stencil-tinting process*), avec la machine à colorier et le coloriage par imbibition (*imbibition process*).

colorier ■ Mettre en couleurs une image monochrome (*colorize*). En images de synthèse, on colorie en fausses couleurs, c'est-à-dire qu'on utilise une couleur pour une autre ou les couleurs en dégradé. ▷ **colorisation.**

colorieur ■ Matériel ou logiciel servant à colorier manuellement ou automatiquement une image achrome (*colorizer*).

colorimétrie ■ Mesure de la couleur (*colorimetry*).

colorisation ■ Technique moderne de coloriage des images en noir et blanc d'un film (*colorization*). La colorisation s'effectue par ordinateur sur une bande vidéo ou sur un disque numérique du film. La diffusion des films ainsi retouchés par une chaîne de télévision américaine dans les années 1980 suscite la colère des historiens de cinéma et des cinéastes qui partent en guerre contre cette dénaturation d'une partie du patrimoine cinématographique.

Colortran ■ Marque de commerce américaine d'un ensemble d'articles d'éclairage. À cause de leur coût économique, les lampes à incandescence Colortran sont fort utilisées dans les années 1960 et 1970 pour les tournages légers.

Columbia ■ Forme abrégée de Columbia Pictures.

Columbia Pictures [Columbia] ■ Minor américaine fondée en 1924 par Harry Cohn, Jack Kohn et Joseph Brandt. Son nom remplace CBC Films Sales Corporation créée en 1919, une petite compagnie de production dont la pauvreté est la risée de l'industrie ; la CBC produit alors une centaine de courts métrages et une vingtaine de longs avant de changer son nom. Fidèle à sa politique d'austérité, Columbia Pictures produit des films de série B en grande quantité et remporte de nombreux succès, notamment avec les films de Frank Capra dans les années 1930, avec les comédies mettant en vedette Rita Hayworth dans les années 1940 et avec les réalisations des indépendants (comme Elia Kazan) dans les années

1950 et 1960. La société développe un cinéma populaire, drôle et réaliste dont n'est pas absente une certaine critique sociale. Dans les années 1960, Screen Gems est créée pour la production télévisée de Columbia. Malgré des problèmes financiers au début des années 1970, la compagnie continue d'avoir des succès populaires avec des productions comme *Les rencontres du troisième type* (1977) de Steven Spielberg. Elle est achetée par la compagnie Coca-Cola en 1982 et, avec la chaîne de télévision Columbia Broadcasting System [CBS], fonde la même année TriStar pour la production de films destinés à la télévision à péage Home Box Office [HBO]. En 1989, la société japonaise Sony s'en porte acquéreur pour la somme de 3,9 MD$. Indépendants dans la production de leurs films, TriStar et Columbia sont totalement intégrés en 1991 dans le conglomérat Sony Pictures Entertainment Company. La société coproduit ou distribue les films de la Gaumont et de Castle Rock Entertainment. En 1992, on crée Sony Pictures Classics, un secteur qui produit, achète, finance et distribue des films indépendants. L'un de ses plus grands succès commerciaux : *Terminateur 2 : le jugement dernier* (1991) de James Cameron, avec 519 M$. Principaux films à retenir de cette maison : *New York-Miami* (1934) et *Monsieur Smith va au Sénat* (1939) de Frank Capra, *Toute la ville en parle* (1935) de John Ford, *Femme ou démon* (1939) de George Marshall, *La chanson du souvenir* (1945) de Charles Vidor, *La dame de Shanghai* (1946) d'Orson Welles, *Sur les quais* (1954) d'Elia Kazan,

Soudain l'été dernier (1959) de Joseph L. Mankiewicz, *Docteur Folamour* (1963) de Stanley Kubrick, *Taxi Driver* (1975) de Martin Scorsese, *Batman* (1988) de Tim Burton, *Men in Black* (1996) de Barry Sonnenfeld et *Spider-Man* (2002) de Sam Raimi. L'emblème de Columbia demeure toujours le même : la statue de la liberté habillée du drapeau américain.

coma ■ Aberration optique affectant l'image donnée par l'objectif (*coma*).

combo ARG., ANGLIC. ■ De *combination*. D'emploi récent, désigne dans le métier l'ensemble du matériel d'enregistrement des images que forme le couplage de la caméra vidéo et de l'appareil de prise de vues. Par extension, combo désigne la caméra vidéo attachée à l'appareil de prise de vues, qui retransmet immédiatement sur un moniteur la scène en train d'être répétée ou tournée.

comédie ■ Genre cinématographique fondé sur l'humour et la gaieté (*comedy, comical film*). On regroupe les comédies produites aux États-Unis sous la dénomination « comédie américaine ». On distingue plusieurs types de comédie : le burlesque, la comédie musicale (*musical*), la comédie sophistiquée, la comédie fantaisiste ou loufoque (*screwball comedy*), la comédie sentimentale et la comédie dramatique (*black comedy*). Son métissage avec d'autres genres (comme le film d'aventures ou de science-fiction), surtout depuis les années 1970, tend à brouiller les types de comédie reconnus. On peut affirmer que la comédie est le genre fondateur du cinéma : *L'arroseur arrosé* des frères Lumière est produit dès la première année du cinéma, en 1895. C'est le Français Max Linder qui lui donne ses lettres de noblesse au début du siècle ; on dit de ce cinéaste qu'il a influencé Mack Sennett et Charles Chaplin. Selon l'essayiste américain James Agee, les années 1920 demeurent l'âge d'or de la comédie avec les comiques que sont Charles Chaplin, Buster Keaton, Harry Langdon et Harold Llyod. Pourvue d'une fin heureuse et soumise au vraisemblable, la comédie demeure le genre par excellence du cinéma de tous les pays. On distingue des classifications qui ne recouvrent pas nécessairement celles de la comédie américaine : la comédie de mœurs, la comédie policière, etc. Le dessin animé n'est pas classé dans le genre « comédie », même si son but premier est de faire rire. ▷ **comédie « à l'italienne »**, **comédie anglaise**, **rire**.

comédie « à l'italienne » ■ Genre qui naît en Italie dès le début des années 1930, qui s'impose dans les années 1950 et 1960 et qui périclite dans les années 1980 (*comedy italian style*). La comédie « à l'italienne » est une forme de comédie de mœurs abordant les problèmes graves de la société italienne sous le prétexte du divertissement, et dans laquelle se côtoient l'humour et la critique politique, ce qui lui vaudra d'être qualifiée de « néoréalisme rose ». Réaliste et populiste, elle met en scène des personnages modestes dans des décors naturels, qui développent à travers des épreuves la fraternité sociale. *Deux sous d'espoir* (1952) de Renato Castellani lui donne une audience internationale, mais c'est le film de Mario Monicelli, *Le pigeon* (1959), qui affirme le genre, avec ses personnages de laissés-pour-compte et son mélange de drôlerie et de désespoir. Dans les années 1960, les films illustrent les répercussions du « miracle économique » et les thèmes sont l'égoïsme, l'amoralité et la médiocrité. Durant les années 1970, les thèmes et la critique sociale de la comédie « à l'italienne » ont une portée accrue : la vision du monde y est plus féroce et l'humour, plus cynique. À cause de la multiplication des chaînes de télévision dans les années 1980, le genre disparaît avec la crise du cinéma que traverse l'Italie à cette période. Une des figures emblématiques du genre est le comédien Toto, qui joue dans les films d'Eduardo De Filipo et de Mario Monicelli. Tous les acteurs italiens importants gagneront leurs galons en jouant dans ces comédies ; parmi eux, citons Gino Cervi, Vittorio Gassman, Gina Lolobrigida, Nino Manfredi, Alberto Sordi et Ugo Tognazzi. Parmi les cinéastes représentants du genre, citons Aldo Fabrizi, Renato Castellani, Mario Monicelli, Dino Risi, Luigi Comencini et Ettore Scola.

comédie américaine ▷ comédie.

comédie anglaise ▪ Comédie produite en Grande-Bretagne après la Deuxième Guerre mondiale, qui se distingue par son humour dit « britannique ». L'histoire de la comédie anglaise se confond avec les productions réalisées dans les studios Ealing dirigés par Michael Balcon et est connue sous l'appellation *Ealing comedy*. Le premier film reconnu du genre est *À cor et à cri* (1947) de Charles Crichton. On trouve dans la comédie anglaise un souci de représenter la réalité sociale de l'après-guerre et de critiquer le système social britannique, notamment sa bureaucratie. Parmi les fleurons du genre, citons *Passeport pour Pimlico* (1949) de Henry Cornelius, et *Tueurs de dames* (1955) de Alexander Mackendrick. ◇ VAR. comédie britannique. ▷ **Carry On**.

comédie britannique ▪ Variante de comédie anglaise.

comédie de mœurs ▪ Sous-genre de la comédie qui prend prétexte des habitudes des gens pour formuler une critique de la société et indiquer la démarcation entre le Bien et le Mal (*comedy of manners*). La comédie de mœurs dénonce, avec plus ou moins de virulence, les travers d'une époque, d'un groupe, d'une classe sociale, d'une institution et les valeurs qui y sont en vigueur. De nombreux films de Claude Chabrol sont considérés comme des comédies de mœurs. ▷ **comédie « à l'italienne »**.

comédie de situation ▷ sitcom.

comédie dramatique ▪ Film tournant en dérision certains sujets ou éléments sombres et négatifs de la vie, comme la maladie, la guerre et le meurtre (*black comedy*). Sous-genre de la comédie, la comédie dramatique est souvent marquée par le mauvais goût, les gros mots et les plaisanteries forcées. Elle se développe durant les années 1950 et 1960. Elle se veut ironique et, souvent, fataliste. La plus célèbre comédie dramatique est *Docteur Folamour* (1963) de Stanley Kubrick, dans laquelle la guerre, sujet sérieux s'il en est, est traitée sous le mode de la farce et veut faire rire.

comédie fantaisiste ▪ Ensemble des films américains tournés dans les années 1930, décennie de la Dépression, et les années

1940 (*screwball comedies*). La comédie fantaisiste est un sous-genre de la comédie américaine. Les personnages y sont joyeux, excentriques et riches. Les réalisateurs y font la satire de la classe bourgeoise et petite-bourgeoise et donnent une image de la femme, émancipée, libre, indépendante et sexuellement attirante; ils veulent briser les tabous, particulièrement sur le mariage et la sexualité. Malgré la construction souvent chaotique, même illogique, de la comédie fantaisiste, on y fait flèche de tout bois. George Cukor et Howard Hawks sont de grands réalisateurs du genre. ◊ SYN. comédie loufoque.

comédie loufoque ▷ comédie fantaisiste.

comédie musicale ■ Genre cinématographique américain axé sur la chanson et la danse (*musical, musical comedy*). La comédie musicale peut être classée comme un sous-genre de la comédie américaine. La comédie musicale est, avec le western, le genre par excellence du cinéma américain. Trois ingrédients la distinguent: la comédie, le chant et la danse. Les films d'opéra sont exclus du genre. Avec l'avènement du parlant, Hollywood investit tous ses efforts dans le développement technologique et artistique de la comédie musicale, en faisant particulièrement appel à Broadway et en adaptant ses triomphes musicaux. Le genre obtient un succès immédiat. *Le chanteur de jazz* (1927) de Alan Crosland, premier film sonore et parlant, est la première comédie musicale. La comédie musicale connaît son apogée dans les années 1930 et 1940 avec Busby Berkeley qui crée des chorégraphies précises et fastueuses pour *Chercheuses d'or de 1933* (1933) de Mervyn Le Roy, *Chercheuses d'or de 1935* (1935) qu'il réalise et *Chercheuses d'or de 1937* (1936) de Llyod Bacon, et avec des interprètes comme Fred Astaire et Ginger Rogers pour *La joyeuse divorcée* (1934) de Mark Sandrich, *Ziegfeld Folies* (1946) de Vincente Minnelli et *Parade de printemps* (1948) de Charles Walters. Les années 1950 et 1960 voient des grandes réussites du genre, grâce à la couleur et au CinémaScope: *Chantons sous la pluie* (1952) de Stanley Donen et Gene Kelly, *Gigi* (1958) de Vincente Minnelli, *West Side Story* (1964) de Robert Wise, *My Fair Lady* (1964) de George Cukor et *La mélodie du bonheur* (1965) de Robert Wise. C'est la Metro-Goldwyn-Mayer qui regroupe les meilleurs talents du genre: des réalisateurs comme Busby Berkeley, Roy del Ruth, Stanley Donen, Vincente Minnelli, George Sidney et Charles Walters; des acteurs comme Fred Astaire, Cyd Charisse, Judy Garland, Gene Kelly, Ann Miller, Ginger Rogers, Mickey Rooney, Esther Williams; et des scénaristes comme Betty Comdon et Adolph Green. Dans les années 1970, on tente difficilement de lui redonner vie; *Cabaret* (1972) de Bob Fosse est une exception. Seule la France va tenter de la récupérer et de la transformer avec Jacques Demy: *Les parapluies de Cherbourg* (1964), *Les demoiselles de Rochefort* (1967) et *Une chambre en ville* (1982). En Inde, la comédie musicale s'apparente à une sorte d'opéra-savon, avec chansons et danses graves et dramatiques, défilant à un rythme entraînant et à une vitesse vertigineuse, tablant sur les émotions physiques des spectateurs pour en faire des succès publics ; elle est qualifiée en Amérique par un terme ironique : Busby Beserkeley ; ▷ **Bollywood**. ▷ **musique**.

comédien, ienne ■ Personne dont le métier est d'interpréter des rôles (*performer*). Au cinéma, on parle plutôt d'acteur et d'actrice que de comédien et de comédienne.

comics ANGL., PLUR. ■ Bandes dessinées. Les héros de plusieurs films d'animation sont reproduits dans les bandes dessinées (Mickey la Souris), tandis que d'autres inspirent le cinéma (Superman, Batman).

comité de sélection ■ Ensemble des responsables de la sélection des films d'une manifestation (*selection committee*). ▷ **festival**.

COMMAG ■ Code international désignant le processus par lequel le son magnétique est couché sur une piste à la surface du film. Une copie COMMAG est une copie sonore munie d'une piste magnétique standard. ▷ **COMOPT**.

commande ■ Forme abrégée de film de commande.

commande automatique ■ Mécanisme commandant automatiquement le réglage du diaphragme d'une caméra (*automatic iris control switch*).

commande d'arrêt automatique ■ Mécanisme permettant d'arrêter immédiatement la projection en cas de problèmes techniques (*automatic switch-off*).

commanditaire ■ Organisme ou institution subventionnant la production d'un film (*sponsor*, FAM. *backer*). Les subventions du commanditaire sont données le plus souvent à des films documentaires ou à des films de fiction diffusés hors du circuit des salles. Les films subventionnés par l'industrie sont généralement produits dans un but de relations publiques. En télévision, les films, les feuilletons et les séries sont mis en production grâce à l'apport financier anticipé de commanditaires.

commentaire ■ Description, explication ou interprétation de ce qui est montré à l'image dans un film (*commentary*). Verbalisation des images, le commentaire caractérise communément un film documentaire. ▷ **voix off**.

commentateur ▷ **bonimenteur**.

Commères PLUR. ■ Surnom donné aux chroniqueuses de cinéma Hedda Hopper et Louella Parsons, qui répandent des commérages indiscrets et perfides sur les gens du cinéma à Hollywood (*Gossips*). Ces Commères peuvent défaire une carrière du jour au lendemain.

Commission de contrôle ■ Organisme français chargé de délivrer les avis pour le tournage et l'exploitation des films ; ▷ **visa d'exploitation**. Cette commission réglemente l'emploi des enfants dans un film. Elle classe également les films par catégories de spectateurs. ▷ **censure**.

Commission de sélection des films ■ Secteur du Centre du cinéma et de l'audiovisuel de Belgique fondé en 1976 dans le but de promouvoir la culture cinématographique belge d'expression française et octroyer des subventions à la production de films. Il assure des aides à l'écriture du scénario et à la production. Le financement à la production est versé sous la forme d'avances remboursables sur les recettes nettes provenant de l'exploitation du film.

Commission parlementaire des activités antiaméricaines ■ Traduction officielle de House Un-American Activities Committee [HUAC]. Aux États-Unis, commission de membres de la Chambre des représentants qui ont pour mission d'enquêter et de dévoiler les activités subversives, plus précisément communistes, dans le pays. Créée en 1938, la commission, sous la présidence de J. Parnell Thomas, entame en 1947 ses auditions publiques. Elle cherche à prouver que les communistes infiltrent l'industrie du cinéma, nommément la Screen Writers Guild, et que les films produits contiennent une propagande prosoviétique. Les membres de l'industrie sont sommés de se présenter devant le comité, de prouver leur loyauté envers les États-Unis et de dénoncer leurs collègues. Dix membres de l'industrie refusent alors de témoigner, et les 15 patrons des Majors les condamnent et les bannissent de leur société; ▷ **Hollywood Ten**. Les patrons sont priés d'éliminer la subversion et ils s'engagent à ne plus employer toute personne qui serait communiste ou associée à des communistes; elle est alors jugée antipatriotique et placée sur une liste noire. HUAC dresse une liste de plusieurs centaines de noms « rouges » avérés ou présumés. Certains dénoncent leurs anciens camarades (Edward Dmytryk dénonce John Berry, Robert Rossen, et Elia Kazan « donne » 16 noms); certains s'expatrient (Jules Dassin, Joseph Losey, John Berry, Charles Chaplin);

d'autres ont leur carrière brisée (Larry Parks, Anne Revere, Paul Robeson, John Garfield, qui meurt un an plus tard d'une crise cardiaque). La Commission tient des séances jusqu'en 1954. On estime que plus de 3000 personnes de l'industrie sont victimes de ses enquêtes. ▷ **maccarthysme**.

Commission supérieure technique de l'image et du son [CST] ■ Association fondée en 1946 regroupant la majorité des professionnels du cinéma français. Cette commission décide des mesures techniques, de leurs normes et spécifications, et de leur contrôle. Elle est placée sous l'égide du Centre national de la cinématographie [CNC]. Aux États-Unis, son équivalent est la Society of Motion Picture and Television Engineers [SMPTE] et, en Angleterre, la British Kinematograph, Sound and Television Society [BKSTS].

communication ■ [1] Toute action amenant le passage ou l'échange de messages entre un sujet émetteur et un sujet récepteur (*communication*). ■ [2] Ensemble des techniques et des moyens mis en œuvre pour réaliser la communication avec un public (*communication*). Les médias, comme la télévision, la vidéo, le cinéma et l'Internet, font partie de la communication, organisée industriellement. ▷ **industrie des communications**.

compact disc ▷ CD.

compact disc read only memory ▷ **cédérom**.

COMOPT ■ Code international désignant le processus par lequel le son optique est inscrit sur une piste du film. Une copie COMOPT est une copie standard munie d'une piste sonore optique. ▷ **COMMAG**.

compétition ▪ Dans l'expression « en compétition », film concourant pour un prix dans un festival (*in competition*).

complément de programme ▪ Film de court métrage présenté avec un film de long métrage dans une séance de cinéma (*fill up*). Il peut être aussi un film de long métrage. ▷ **programme double, film de série B**.

complexe ▪ Ensemble de plusieurs pièces d'un décor particulier (les appartements et les étages) contiguës entre elles et facilitant le déplacement de la caméra.

complexe multisalles ▪ Salles de cinéma regroupées dans un même immeuble et sous une même raison sociale (*cineplex*). Un complexe multisalles offre des écrans géants, des allées larges avec des sièges en gradins, une qualité audiovisuelle pointue ainsi que des arcades de jeux et de nombreux comptoirs à confiserie. Il fait une concurrence sévère aux petites salles indépendantes. Il est construit à partir de la fin de 1960 pour contrer la chute de fréquentation. Kinepolis est l'un des plus grands complexes au monde et se trouve en banlieue de Bruxelles ; il comprend 29 salles équipées en THX, dont une pour la projection en Imax ; tous les films y débutent à la même heure. ◊ SYN. mégacomplexe, multiplexe.

compositeur ▪ Personne qui compose une partition musicale spécialement pour un film ou une œuvre audiovisuelle (*music composer*). ▷ **adaptateur**.

compositing ANGLIC. ▪ Opérations d'incrustation d'éléments de diverses sources dans une image. Le compositing produit des images composites et se fait de plus en plus par ordinateur. ▷ *matte painting*, **Photoshop**.

composition ▪ [1] Partition musicale écrite spécialement pour un film ou une œuvre audiovisuelle (*score*). ▷ *mickey-mousing*. ▪ [2] Agencement de tous les éléments entrant dans l'image afin de lui donner une signification particulière (*composition*). La composition d'un film obéit à certaines règles d'ordre, de proportions et de corrélations. ▷ **code, forme**. ▪ [3] Mot entrant dans l'expression « rôle de composition » pour désigner la représentation par un interprète d'un personnage très typé qui nécessite une transformation et un travail de l'expression, de l'attitude du physique (*character part*).

composition sonore ▪ Organisation des différents éléments constituant la bande son d'un film : les paroles, les bruits, la musique et les silences (*music editing*). La composition sonore est sous la responsabilité du concepteur sonore. ◊ VOISIN montage sonore.

compression ▪ [1] En multimédia, réduction de la taille des données pour les images et les sons, avec des algorithmes entraînant une perte de qualité, quelquefois non perceptible (*compression*). Les films sur DVD sont compressés, par exemple. ▪ [2] En informatique, réduction de la taille des informations pour les transmettre par leur traitement, leur archivage ou leur transmission par réseau informatique ou téléphonie (*compression*).

compteur ▪ Sur la caméra, indicateur permettant de connaître à tout moment la quantité de pellicule disponible, non impressionnée (*footage counter*). ◊ SYN. palpeur.

Computer Aided Movie System [CAMS] ■ Marque de commerce d'une grue télécommandée de type Louma. La commande de mise au point d'une CAMS dépend d'un système informatisé.

concept ■ Idée générale ou sujet d'un film (*concept*).

concepteur, trice ■ Mot apparu dans les années 1970 dans le cinéma pour désigner la personne chargée de certains secteurs de l'industrie comme le décor, les costumes, le son et les effets spéciaux (*designer*). On emploie de plus en plus le terme « concepteur de décor » au lieu de « décorateur », « concepteur de costumes » plutôt que « costumier », « concepteur sonore » en lieu et place de « ingénieur du son » ou de « chef opérateur du son ». Avec la spécialisation poussée et la sophistication technique dans les effets spéciaux, un nouveau nom de métier apparaît officiellement : concepteur d'effets spéciaux. Le mot « concepteur » devrait préférablement être remplacé par le mot « créateur ».

conception assistée par ordinateur [CAO] ■ Application d'un système informatique à des problèmes de conception ou de création artistique (*computer-aided, computer-assisted design*). Un programme de CAO permet de concevoir un dessin ou un produit et ensuite de le simuler, de l'améliorer et de le corriger rapidement. Il est largement utilisé pour les représentations en trois dimensions [3D].

condenseur ■ Appareil optique sur certains projecteurs qui concentre la lumière sur la surface de la fenêtre de projection (*condenser lens*). ◊ SYN. lentille condensatrice.

conduite de montage ■ Cahier dans lequel est indiqué la liste des plans dans l'ordre voulu afin de faciliter le travail du monteur (*report sheet*).

cône ■ Accessoire d'éclairage métallique en forme de cône s'adaptant devant un projecteur, sur le porte-filtre (*cone*). Le cône resserre le faisceau lumineux. On distingue plusieurs formats de cônes, de longueur et de diamètre différents.

conformation ■ Montage de la copie négative en prenant comme référence la copie de travail du film (*conforming, negative cutting*). La copie négative permet de reproduire le film en plusieurs copies pour son exploitation.

connotation ■ Terme théorique. Ensemble de significations secondes qui s'ajoutent à la signification première ou littérale de l'œuvre. D'ordre symbolique, la connotation permet de caractériser le style d'un film. La couleur, les angles de prise de vues et le montage connotent volontairement ou non un film. La caméra portée à la main dans *Punishment Park* (1971) de Peter Watkins donne l'impression au film d'être un reportage ; elle connote le film en lui donnant une forte impression de réalité et de vécu. ◊ CONTR. dénotation.

conseiller, ère technique ■ Personne de métier conseillant, en principe, le réalisateur à ses débuts (*technical adviser*). Depuis plusieurs années, la quasi-totalité des plateaux de tournage ont des conseillers techniques en tous genres, selon le type de films à tourner. ▷ **consultant en scénario**.

conservation des films ▪ Action de conserver les films dans un état intact en préservant ses éléments : le support, la gélatine et l'image. Outre l'indexation, l'entretien et l'entreposage des films, la conservation des films comprend plus précisément la conservation des copies, la conservation du négatif, le tirage des copies et la restauration des films. ▷ **archives du film, cinémathèque, dépôt légal, stockage.**

console ▪ Microordinateur destiné uniquement au jeu vidéo, dépourvu de clavier et qu'on branche directement sur le téléviseur (*console*). Certaines consoles, comme la Game Boy, sont portables et munies de leur propre écran.

console de mixage ▪ Table ou bureau pour le montage et le contrôle du son (*mixing console*, ARG. *tea-wagon*). La console est munie de potentiomètres et de correcteurs correspondant aux nombreuses entrées sonores. Elle permet de contrôler le volume, la tonalité, la réverbération et le filtrage de chaque bande sonore en les mélangeant. ◊ SYN. console de montage, console de son, pupitre de mixage, table de mixage.

console de montage ▷ console de mixage.

console de son ▷ console de mixage.

consultant en scénario ▪ Scénariste chargé par le producteur d'améliorer les scènes d'un scénario (*script doctor*). On trouve généralement plusieurs consultants travaillant sur un même scénario. ▷ **conseiller, polir [2].**

contenu ▪ Ce qui est exprimé dans le film par les dialogues et les événements (*content*). Ensemble de tout ce qui peut faire partie de la signification de l'œuvre. Les thèmes font partie du contenu. On oppose contenu et forme.

continu ADJ. ▪ Se dit d'une narration sans heurts, sans hiatus (N. *narrative continuity*). La narration dans la majorité des films repose sur la continuité : l'agencement des plans, l'éclairage, le montage et la mise en scène ne doivent pas attirer l'attention du spectateur. ◊ CONTR. discontinu. ▷ **cinéma classique hollywoodien, montage invisible.**

continuité ▪ [1] Première ébauche du scénario d'une cinquantaine de pages (*continuity script*). ◊ VOISINS scénario, traitement. ▪ [2] Cahier où sont consignés tous les dialogues (*dialogue continuity*). ▪ [3] ▷ **bobine de choix.**

contraste ▪ Différence de luminosité entre les diverses plages de l'image ou du négatif (*contrast*). Selon les degrés de luminosité, on distingue le faible contraste (*low contrast*) et le haut contraste (*high contrast*). ▷ **acutance, gamma.**

contrat ▪ Convention entre le producteur et les collaborateurs d'un film fixant le cachet et les modalités de travail (*contract*). Le contrat, en particulier pour un acteur, doit comporter les indications sur les versements du paiement, les lieux de tournage et la durée du contrat (qui peut comprendre le temps des répétitions et du doublage). Il spécifie également les droits et usages propres à la diffusion ; les stars demandent dorénavant un pourcentage sur les recettes d'exploitation du film. Du temps du star-système, le contrat d'un acteur est de trois ou quatre ans, pour une moyenne de quatre longs métrages et pour un salaire fixe, qui lui est versé hebdomadairement.

contrecache ▪ Trucage améliorant la cache en impressionnant la partie noire dans un second temps, la partie déjà impressionnée étant alors masquée (*counter matte*). ▷ **écran divisé.**

contrechamp ▪ Portion de l'espace diamétralement opposée à une autre portion de l'espace (*reverse angle*). L'alternance d'un champ avec un autre donne le contrechamp. Le contrechamp est une figure traditionnelle du découpage. ▷ **champ-contrechamp.**

contre-cinéma ▪ Cinéma non traditionnel, non orthodoxe (*counter-cinema*). Le contre-cinéma s'oppose au cinéma courant par sa narration (intransitive), sa distanciation, son hétérogénéité et son opacité. Il est de type autoréflexif. On classe les films d'avant-garde dans la catégorie du contre-cinéma.

contre-emploi ▪ Rôle qui ne correspond pas au physique, au tempérament ou à l'âge de l'interprète. ▷ **rôle de composition.**

contre-griffe ▪ Griffe placée sur certaines caméras pour des trucages, permettant d'immobiliser et de maintenir parfaitement en place la pellicule (*registration pin*). ◊ SYN. griffe de fixité.

contre-jour ▪ Lumière éclairant un sujet par derrière (*back light*). Le contre-jour donne un effet lumineux appelé «décrochage». ◊ SYN. lumière de décrochage, par derrière.

contre-plongée ▪ Prise de vues effectuée avec l'axe de la caméra dirigé vers le haut (*low-angle shot*). Par la contre-plongée, on obtient des personnages grands

et plus imposants. Elle est souvent employée pour montrer l'exaltation d'un personnage lors d'une confrontation. ◊ CONTR. plongée.

contretype ▪ Reproduction sur film négatif ou positif du négatif original d'un film (*dupe, dupe negative, dupe neg, duplicate negative*). ◊ SYN. copie intermédiaire.

contretyper ▪ Tirer un contretype afin de garder le négatif original en toute sécurité (*dub*). Contretyper permet de tirer des copies.

Cooke ▪ Société britannique d'optique fondée en 1890, réputée pour ses objectifs à focales variables destinés aux caméras de film, de télévision et de vidéo.

copie ▪ Exemplaire d'un film (*print*). On distingue plusieurs copies selon les étapes de travail du film : la copie de travail, la copie zéro, la copie de série (ou copie d'exploitation, ou copie standard), la copie d'étalonnage (ou copie «Ô»), la copie-mère, la copie intermédiaire et la copie muette. On dit familièrement : copie film (*film print* FAM.). ◊ SYN. tirage. ▷ **copie vidéo.**

copie antenne ▪ Tirage spécial d'un film pour la télévision ou la vidéo, dans lequel les contrastes sont plus prononcés (*television print*). ◊ SYN. copie télé.

copie d'archives ▪ Copie d'un film déposée dans une cinémathèque.

copie de doublage ▪ Copie positive tirée pour le doublage. À la postsynchronisation, la copie de doublage est morcelée pour défiler en boucle ; ▷ *automatic dialogue replacement*. En Europe, on utilise la copie de travail pour la postsynchronisation.

copie de réduction ▪ Copie d'un film dans un format inférieur au format original : une copie 16 mm d'un film 35 mm (*reduction print*). ◊ VAR. copie réduite.

copie de seconde génération ▪ Copie d'un film ou d'une bande magnétique tirée à partir d'une copie originale dite de première génération (*second generation copy*).

copie de sécurité ▪ Copie sur un support de sécurité, généralement faite en triacétate de cellulose ou en polyester (*safety film, safe film*).

copie de série ▪ Copie destinée aux salles (*release print*). ◊ SYN. copie d'exploitation, copie standard. ▷ **conformation.**

copie d'étalonnage ▪ Copie servant à l'étalonnage (G.-B. *grading print*, É.-U. *timing print*). ◊ SYN. copie « Ô ».

copie de travail ▪ Copie utilisée pour le montage du film (*work print*). La copie de travail se fait sur une copie positive.

copie d'exploitation ▷ copie de série.

copie flam ARG. ▪ Pour copie inflammable. Copie en nitrate de cellulose (*cellulose nitrate film*).

copie intermédiaire ▪ Contretype négatif ou positif d'un négatif original (*intermediate*). ◊ SYN. film intermédiaire.

copie lavande ▪ [1] VX Dans les années 1930, contretype intermédiaire, un positif à grain fin d'une pellicule noir et blanc (*lavender print*). ▪ [2] FAM. Positif noir et blanc à faible contraste (*lavender print*). Une copie lavande est tirée du négatif original et permet le tirage de contretypes. C'est cette copie qu'on destine à l'exportation afin de garder et de protéger le négatif original. ◊ VOISIN copie marron.

copie marron ▪ Interpositif doux destiné à la conservation des films en noir et blanc (*B & W dupe positive*). ◊ VOISIN copie lavande.

copie-mère ▪ Copie permettant le tirage des copies d'exploitation (*master*).

copie muette ▪ Copie positive qui ne comporte que l'image positive (*mutte print*).

copie neuve ▪ Nouveau tirage d'une copie positive.

copie numérisée ▪ Copie d'images sur support film transformée en copie d'images sur support vidéographique (*scanning print*). Une copie numérisée peut être manipulée pour des effets spéciaux.

copie « ô » ▷ copie d'étalonnage.

copie réduite ▷ copie de réduction.

copie standard ▷ copie de série.

copie télé ▷ copie antenne.

copie vidéo ▪ Copie d'un film sur support vidéo (*video copy*).

copie zéro ▪ Première copie avec l'image et le son, tirée du négatif monté (*answer print*).

coprod FAM. ▪ Forme abrégée de coproduction.

coproducteur, trice ▪ Producteur dans une coproduction (*coproducer*).

coproduction [coprod] ▪ Film produit par plusieurs producteurs, généralement de pays différents (*coproduction, joint production*). La majoration des coûts de production impose de plus en plus la coproduction, qui permet de ventiler les dépenses entre les producteurs, de bénéficier d'abris fiscaux et de subventions de certains des pays coproducteurs et d'augmenter le nombre de spectateurs. La France est en tête des pays européens par son nombre de coproductions. ▷ **production délocalisée.**

cops FAM., ANGL., PLUR. ■ Flics, poulets (ARG.). Les *cops* font partie des comédies burlesques de Mack Sennett, Charles Chaplin, Buster Keaton, Laurel et Hardy, entre autres. ▷ **Keystone.**

copulant ■ Substance chimique entrant dans l'émulsion et permettant la création d'images en couleurs de ce qui est filmé (*coupler*). Le copulant entre dans la fabrication de la pellicule tripack où chacune des trois couches possède ses copulants (jaune, magenta et cyan) correspondant aux couleurs primaires (bleu, vert et rouge). ◊ SYN. coupleur.

corps ■ Support principal de l'action. Le corps est représenté par le physique de l'acteur, l'expression de son visage, sa gestuelle, les vêtements qu'il porte. Pour le théoricien français Jean-Louis Schefer, le corps a un caractère absolument original au cinéma à cause du rapport imaginaire qu'il entretient avec le propre corps du spectateur ; à lire de cet auteur : *L'homme ordinaire du cinéma* (1980). Le corps reproduit à l'écran, quoique réel, ne coïncide pas avec l'anatomie parce qu'il est d'ordre figuratif, soit une forme que la représentation rend visible. ▷ **figuration.**

corral ANGL., ARG., É.-U. ■ Terme d'origine espagnole signifiant « basse-cour ». Surnom donné à une partie de la cantine de la Warner Bros. réservée aux artisans des petits métiers du film (scriptes, figurants, machinistes, etc.).

correction de couleur ■ Retouche apportée au moment du tirage à l'équilibre chromatique d'image (G.-B. *colour correc-*

tion, É.-U. *color correction*). La correction se fait par le biais du filtrage coloré ou en jouant avec la lumière de la tireuse.

correcteur du gamma ■ Restauration du facteur de contraste du gamma permettant d'avoir le maximum de contraste entre les couleurs (*gamma corrector*).

correction de parallaxe ■ Obligation dans les systèmes de visée non reflex de corriger, pour les plans rapprochés, l'écart qui sépare le viseur de l'axe de l'objectif (*parallax correction*). ▷ **visée reflex.**

coscénariste ▷ scénariste.

co-staring ANGL. ■ Terme n'ayant pas d'équivalent français. Au générique des films, le terme annonce les interprètes de seconds rôles.

costumes PLUR. ■ [1] Vêtements et accessoires que portent les interprètes dans un film (*costumes*). Les costumes sont conçus dans un souci de photogénie, d'homogénéité et de cohérence entre les acteurs, la photographie, le décor et le maquillage. Les costumes sont en général plus réalistes au cinéma qu'au théâtre. Ils ont parfois un rôle expressif ou symbolique. Ils sont fabriqués en plusieurs exemplaires pour être remplacés lors des reprises, en cas d'accident ou pour les besoins des scènes (un verre renversé, un lancer de tarte à la crème, etc.). Certains costumes sont demeurés célèbres, comme les robes de Vivien Leigh dans *Autant en emporte le vent* (1939) ou celles de Marilyn Monroe dans *Certains l'aiment chaud* (1959). L'art du costume se perd à partir des années 1960, sauf pour certains genres de films comme le film historique et le film de science-fiction. ■ [2] Dans un studio, le service (ou département chez les Majors) où sont conçus, fabriqués et entreposés les costumes (*wardrobe*). ▷ **film à costumes.**

costumier, ère ▪ Personne travaillant sous les ordres du chef costumier, avec la collaboration de la couturière et de l'habilleuse (*costumer*). Le costumier est responsable de la fabrication et de la recherche des costumes ainsi que des essayages.

cote ▪ Évaluation morale donnée à un film par un organisme catholique ou d'obédience chrétienne (*code rating*). ▷ **censure, Commission de contrôle, Motion Picture Rating System.**

côté mat ▪ Flan de la pellicule où se trouve l'émulsion (*dull side*).

couche ▪ Surface d'enregistrement de données sur un disque (*layer*). ▷ **double couche, DVD.**

couche antihalo ▷ **antihalo.**

couche sensible ▪ Surface qui contient les éléments sensibles constituant la pellicule (*sensitive layer*). ◊ VAR. surface sensible. ◊ SYN. émulsion, face émulsionnée.

couleur ▪ [1] Reflet de la lumière sur la surface d'un objet (G.-B. *colour*, É.-U. *color*). La couleur est l'impression visuelle particulière produite par la réflexion de la lumière. ▪ [2] Résultat d'un ensemble de radiations monochromes indépendantes ayant chacune une longueur d'onde ; c'est cette longueur qui détermine la couleur. On distingue les couleurs primaires et les couleurs secondaires. La couleur est objective : la même couleur est attribuée à un objet ; elle est subjective : sa perception varie selon les personnes. La restitution des couleurs est obtenue par addition (synthèse additive) ou par soustraction (synthèse soustractive). ▷ **film couleur.**

couleur délavée ▪ Couleur affadie, peu saturée (*washed off color, washed out color*).

couleur dominante ▪ Défaut de couleur dans un film (*color cast*). La couleur dominante est le résultat d'un parasitage d'une couleur sur les autres. ▷ **effilochage.**

couleurs complémentaires PLUR. ▪ Couleurs opposées aux couleurs primaires et qui, combinées, donnent le blanc (*complementary colors*). Une couleur complémentaire est obtenue par la synthèse de deux couleurs primaires. Les couleurs complémentaires sont le jaune, le magenta (ou pourpre) et le cyan (ou turquoise).

couleurs primaires PLUR. ▪ Couleurs opposées aux couleurs complémentaires et qui, mélangées, permettent toutes les autres couleurs (*primary colors*). Les couleurs primaires sont le rouge, le bleu et le vert.

coulisse de studio ▪ Partie amovible du décor.

coulisses PLUR. ▪ Partie du plateau située hors du champ de l'appareil de prise de vues, derrière les décors (*wings*).

couloir ▪ Partie de la caméra constituée d'une plaque métallique polie mesurant la longueur de trois images et dans laquelle est pratiquée une ouverture, la fenêtre d'impression (*gate*).

coupe ▪ Suppression en partie ou en totalité d'un plan au montage (*cut*). ▷ **coupe franche, coupure, plan de coupe.**

coupe-flux ▪ Plaque opaque et noire, mobile, qu'on déplace en partie ou en entier devant le faisceau lumineux du projecteur (*flag*). ◊ SYN. volet. ◊ VOISINS drapeau, nez. ARG. mama (ou mamma).

coupe franche ■ Passage sans transition entre deux plans, sans utilisation de fondus et de trucages (comme le volet et le rideau) (*straight cut*). La coupe franche est à la base du montage ; on emploie alors en français le terme « montage cut ». Elle assure une continuité entre deux plans. Elle permet ainsi de passer d'une époque à une autre, d'un mouvement à un autre : dans un plan, une personne ouvre une porte donnant sur une pièce ; dans le plan suivant, la personne est entrée dans la pièce et referme la porte. Quand le passage d'un plan à un autre ne heurte pas le regard, il est dit transparent. Jacques Demy l'utilise systématiquement dans *Lola* (1961) ; ▷ **ellipse**. En anglais, on emploie alors le terme *cut*. Quand le passage entre deux plans n'est pas évident, il est dit non transparent (*jump cut*). Il crée une discontinuité dans l'action : le personnage peut donner l'impression de passer subitement d'un endroit à un autre. Il peut créer un heurt, une rupture, une montée dramatique ou un effet comique. Jean-Luc Godard l'utilise abondamment dans son premier film, *À bout de souffle* (1959). ▷ **effet de liaison, montage**.

« Coupez ! » ■ Ordre du réalisateur à la fin d'une prise (« *Cut !* »). On arrête alors la prise de vues et l'enregistrement du son.

coupleur ▷ copulant.

coupure ■ Suppression d'un ou de plusieurs plans dans un film pour des raisons esthétiques, commerciales ou morales (*cut*). ▷ « *edited for television* ».

courbe H et D ■ Courbe sensitométrique de l'émulsion photographique (*H & D curve*). La courbe H et D est calculée d'après la densité et le logarithme du temps d'exposition. On l'utilise dans le contrôle du développement de la pellicule.

courbure de champ ■ Aberration optique affectant l'image donnée par l'objectif (*field curvature*).

court ARG. ■ Court métrage.

courte focale ■ Objectif grand angulaire couvrant un champ très large (*short focal-lenght lens*).

court métrage [court ARG.**, c.m., cm]** ■ Film dont la durée ne dépasse pas 30 minutes (*short, short film, short subject,* ARG. *shortie*). Son métrage est moins de 900 mètres pour un film en 35 mm standard. En France, sa durée définie par le Centre national de la cinématographie [CNC] est supérieure à 3 minutes 39 secondes et inférieure à 58 minutes 27 secondes. Au début du cinéma, les films sont courts ; les premiers films des frères Lumière durent 56 secondes ; peu après, ils auront une durée d'une quinzaine de minutes, la durée d'une bobine. Dès 1905, les films peuvent durer un peu plus d'une heure. Avec le programme double, le court métrage disparaît des salles. À la fin des années 1950, le programme double abandonné, il réapparaît et accompagne l'unique film de long métrage projeté ; c'est souvent un dessin animé ; mais il tend à disparaître à nouveau à partir des années 1980. L'exploitation du court métrage passe dorénavant par la télévision. Un court métrage peut être un film de fiction, un film de non-fiction, un film à épisodes, un dessin animé, un documentaire, un film d'actualités, un film expérimental, un film publicitaire, un film scientifique, un vidéoclip, etc. Beaucoup de cinéastes commencent leur carrière par un court métrage, documentaire ou fiction. L'avant-garde recourt le plus souvent à ce format. Certains courts métrages sont devenus célèbres dans l'histoire du cinéma; citons *Rythmus 21* (1921) de Hans Richter, *Entr'acte* (1924) de René Clair, *L'hippocampe* (1934) de Jean Painlevé, *Les statues meurent aussi* (1953) de Chris Marker et Alain Resnais, *Opéra-Mouffe* (1958) d'Agnès Varda et *Les raquetteurs* (1958) de Gilles Groulx et Michel Brault. Dans l'industrie américaine, on distingue officiellement trois catégories de court métrage: *animated short film* (court métrage d'animation), *documentary short subject* (court métrage documentaire) et *live action short film* (court métrage de fiction). Le Festival international du court métrage de Clermont-Ferrand, qui se déroule à la fin janvier ou au début février en France, est une des plus importantes manifestations consacrées au court.

court métrage de fiction ■ Court film mettant en scène des acteurs et racontant une histoire (*live action short film*).

court métrage documentaire ■ Court film documentaire (*documentary short subject*).

court métrage musical ■ Visualisation de la musique sous forme de saynète ou de bande dessinée (*musical short*); ▷ **Walt Disney Company**. Très populaire aux États-Unis dans les années 1950, le court

métrage musical peut être considéré comme l'ancêtre du vidéoclip.

Coutant 16 ■ Première caméra portable silencieuse de fabrication française, dite aussi Éclair 16. ▷ **Éclair**.

couteau ARG. ■ Rôle peu important (*minor figure*). « Couteau » est souvent employé à la place des termes « second rôle » et « figurant »: deuxième couteau, second couteau.

couturière ■ Femme exécutant des travaux de couture pour la production d'un film (*dressmaker*). Sous la direction du costumier, la couturière coud, coupe, finit et retouche les costumes. Elle peut être également habilleuse.

couverture ■ Champ couvert par un objectif lorsque la distance de mise au point est précise (*coverage area*).

cow-boy ▷ western.

crab dolly ANGLIC. ■ Marque de commerce devenue nom courant pour désigner un petit chariot-grue dont l'élévation maximum est de 3 mètres (*crab dolly*). ◊ SYN. chariot-crabe.

créateur ▷ concepteur.

créateur, trice de costumes ■ Personne responsable de la conception des costumes portés par les personnages d'un film (*costume designer*). Appelé autrefois « costumier », le créateur de costumes doit prendre en compte l'époque (passée, présente ou future) dans laquelle se situent le film et le genre (une comédie, un film d'aventures, un film de science-fiction, etc.). Il choisit le tissu des costumes, détermine leur nombre, surveille leur fabrication et leur convenance pour les acteurs (vedettes, petits rôles et figurants), conçoit ou commande les accessoires (les souliers, les chapeaux, les bijoux, etc.). Il travaille étroitement avec le réalisateur, le directeur artistique et le directeur photo pour pouvoir maîtriser l'unité psychologique et décorative du film. Il est aidé dans son travail par un chef costumier, des couturières et des habilleuses. Parmi les créateurs de costumes importants, citons Adrian, Travis Banton, Paul Iribe, Orry-Kelly, Paul Poiret et Clara West. De grands couturiers reçoivent des commandes de costumes pour le cinéma; certains sont attachés à des vedettes qu'ils habillent à l'écran : Hubert de Givenchy habille Audrey Hepburn et Pierre Cardin, Jeanne Moreau.

Creative Artists Agency [CAA] ■ La plus importante agence d'artistes des États-Unis, fondée en 1975 par Bill Haber, Ron Meyer et Michael Ovitz. La CAA se caractérise par sa politique des packages. Ses agents ont un pouvoir quasi illimité et leur package, pour la mise en œuvre d'un film, peut atteindre plusieurs millions de dollars. Micheal Ovitz quitte l'agence en 1995 pour devenir président de Walt Disney Company, entraînant le départ de plusieurs artistes comme Alec Baldwin et Kevin Costner. Licencié de Disney en 1996, Ovitz met sur pied deux ans plus tard une nouvelle agence : Artists Management Group. CAA représente, entre autres, George Clooney, Tom Cruise, Cameron Diaz, Matt Dillon, Nicole Kidman et Meryl Streep. ▷ **casting**.

crédit ■ Prêt mis à la disposition d'un producteur par une institution financière (*credit*). Le crédit permet le financement d'un film.

Cremer ■ Marque de commerce d'un projecteur à lentille Fresnel. Cette marque est devenue un terme de métier. ▷ **spot**.

crénelage ■ Déformation d'une image graphique qui se manifeste par un effet dit d'escalier, avec les contours abrupts et pointus définissant le sujet (*aliasing*). Le crénelage est fréquent lorsqu'on fait passer une image d'un système analogique à un système numérique. Il est alors un artefact.

Cricket ■ Forme abrégée de Cricket Elemack.

Cricket Elemack ■ Marque de commerce d'un support de caméra à colonne hydraulique montante ou descendante, rechargeable sur courant électrique. Ce support peut être actionné durant le tournage du plan. ▷ **Panther, Spyder**.

criminel ▷ cinéma criminel.

critique de cinéma ■ [1] FÉM. Ensemble des personnes exerçant le métier de critique dans divers médias : les quotidiens, les hebdomadaires, les mensuels, les trimestriels, à la radio, à la télévision et dans le Web (*critic*). ■ [2] MASC., FÉM. Personne exerçant le métier de critique (*film critic*, FAM. *crix*). Les fonctions du critique de cinéma sont d'informer, d'évaluer et de promouvoir des œuvres cinématographiques. Son travail est à la fois combat, jugement et partage (des idées, des émotions, etc.). Un critique est rarement un théoricien de cinéma. On compte parmi les premiers critiques de cinéma l'Italien Ricciotto Canudo et le Français Louis Delluc. Parmi les critiques qui ont renouvelé le discours critique, citons James Agee, Barthélemy Amengual, Dudley Andrew, André Bazin, Serge Daney, Jean

Douchet, Manny Farber, Lino Micciché et Jonathan Rosenbaum. ▷ **Fipresci**.

critique de film FÉM. ▪ Jugement sur un film (*film review*). La critique de film est information et appréciation. Elle concerne inégalement le commentaire, l'analyse et l'étude. La critique sera différente par son écriture et sa longueur si elle est publiée dans un quotidien ou dans une revue spécialisée en cinéma.

croisement de regards ▪ Respect de la règle des 180 degrés dans une scène filmée en champ-contrechamp.

Croisette ▪ Célèbre promenade sur front de mer à Cannes. Par extension, la Croisette désigne Cannes et le festival qui s'y déroule en mai de chaque année.

croix de Malte ▪ Mécanisme placé sur les appareils de projection transformant le mouvement continu des images en mouvement saccadé par arrêts du film à intervalles réguliers (*Maltese cross, Geneva wheel*). Elle est d'abord utilisée en horlogerie au XVIIᵉ siècle. L'entraînement intermittent par croix de Malte est breveté en 1896 par le Français Pierre Victor Continsouza et il entre dans la fabrication industrielle des projecteurs Charles Pathé. Il s'est perfectionné depuis.

crosse ▪ Poignée fixée à une caméra très légère (*handgrip*).

crown-glass ANGLIC. ▪ Verre teinté verdâtre entrant dans la fabrication d'une lentille convexe et présentant une faible dispersion de l'image (*crown glass*). Au XVIIIᵉ siècle, John Dollond utilise le crown-glass pour son objectif achromatique, dit doublet achromat. ▷ **flint-glass**.

cryptage ▪ Opération consistant à crypter, c'est-à-dire à rendre invisible ou embrouillée une information (une image ou un son) (*scrambling*). Le cryptage est utilisé par les chaînes de télévision à péage et par les sociétés produisant des disques, des vidéocassettes et des DVD pour empêcher leur reproduction. ◊ SYN. embrouillage. ◊ VOISIN codage.

CSC ▪ Sigle du Centro Sperimentale di Cinematografica.

CST ▪ Sigle de la Commission supérieure technique de l'image et du son.

cube ▪ Objet de forme parallélépipédique dont se servent les machinistes pour le travail de prise de vues (*apple box*). Le cube permet de caler un travelling, de rattraper une marche, de surélever des objets, etc. On trouve sur un plateau des cubes empilables de différentes hauteurs et de tailles croissantes. ▷ **cale, support**.

cul de bouteille ARG. ▪ Objectif.

curling ANGLIC. ▪ Déformation longitudinale de la pellicule. La pellicule déformée tend à s'enrouler en boucles serrées. ▷ **tuilage**.

cut ANGLIC. ▪ Mot couramment usité en français. Passage d'un plan à un autre sans effet de liaison comme le fondu enchaîné ou le volet. ◊ SYN. coupe franche. ▷ **montage cut**.

«Cut!» ANGL. ▪ Ordre fréquemment employé en France et dans les pays francophones au lieu de « Coupez! ».

cuve ▪ Récipient servant aux divers stades de développement de la pellicule (*developing tank*).

cyan ▪ Couleur bleu-vert, complémentaire du rouge (*cyan*). Le cyan est à la base des procédés soustractifs du cinéma couleur. ◊ SYN. turquoise.

cyberespace ■ Traduction de *cyberspace*, mot anglais inventé par l'écrivain américain William Gibson. Ensemble de données numérisées circulant dans le monde par l'interconnexion entre ordinateurs. Ces données sont organisées en « villes » et « villages » électroniques et reliées par des « routes » et « autoroutes », sur le modèle physique des lieux et des voies de circulation des humains. L'accès instantané et l'abondance des informations transmises sont les deux qualités les plus appréciées du cyberespace. Par extension, cyberespace désigne un espace artificiel (ou espace logique), par opposition à un espace physique. Dérivés : cyberculture, cybermonde, cyberfilm, cyborg, cyberpunk, etc. ▷ **autoroute de l'information, Internet.**

cyberculture NÉOL. ■ Forme culturelle privilégiant les nouvelles technologies (*cyberculture*). ■ [1] La cyberculture propose des expériences en interactivité, dans un mode numérique, qui sont des prolongements des arts traditionnels comme la peinture et la musique. Ces expériences conduisent à la création de mondes virtuels, à des déplacements à l'intérieur de ces mondes et à des modifications dans la composition de ces mondes. ■ [2] Désigne un art de vivre

dans des pseudo-mondes. ■ [3] Ensemble des aspects, concepts et techniques issus de l'utilisation de l'ordinateur et de la réalité virtuelle.

cyborg NÉOL. ■ Contraction de l'expression anglaise *cybernetic organism*. Personnage créé par des moyens électroniques comme l'infographie (*cyborg*). Le cyborg désigne communément une créature artificielle, un mélange d'humain et de machine. On le retrouve dans des films de science-fiction. Le personnage de cyborg apparaît dans la série des *Terminator* et *Robocop*.

cycle ■ Présentation d'un ensemble de films d'un même réalisateur ou d'un genre cinématographique particulier (*cycle*). ▷ **festival, hommage, rétrospective.**

cyclo ■ Forme abrégée de cyclorama.

cyclorama [cyclo] ■ Fond de décor courbe et uniformément blanc (ou bleu pâle) utilisé sur un plateau de tournage (*cyclorama*, *cyc*). Le cyclorama est surtout utilisé sur les plateaux de télévision et sert à divers effets et trucages.

Cynégraphe ■ Appareil de prise de vues à bandes perforées breveté en mars 1895 par Jules Carpentier qui l'abandonnera pour se consacrer à la construction de l'appareil des frères Lumière, le Cinématographe.

dadaïsme ■ De la Première Guerre mondiale aux années 1920, mouvement littéraire et artistique d'avant-garde qui met l'accent sur l'instinct, l'irrationnel et la spontanéité (*Dadaism*). En cinéma, il n'existe pas de mouvement dadaïste en tant que tel, mais une série de films qui relève de l'esprit du dadaïsme dans la création d'un univers de dérision. *L'étoile de mer* (1925) et *Emak Bakia* (1927) de Man Ray, *Entr'acte* (1924) de René Clair, *Le ballet mécanique* (1924) de Fernand Léger et *Anemic Cinema* (1925) de Marcel Duchamp et Man Ray traduisent le sens visuel des peintres et la sensibilité des écrivains dadaïstes qui considèrent ces œuvres comme des « anti-films ». ▷ **cinéma pur.**

daguerréotype ■ Nom donné aux premières photographies du Français Louis Daguerre qui, en 1839, met au point un procédé de fixation de l'image sur une plaque métallique inventé par Nicéphore Niepce six ans auparavant (*daguerreotype*).

Daiei ■ Forme abrégée de Dai Nihon Eiga.

Dailymotion ■ Site Web créé en 2005 par deux Français, Benjamin Bejbaum et Olivier Poitrey, offrant un service de partage et de visionnage de clips vidéo. Utilisant la technologie Flash pour son contenu, il se distingue par son interface multilingue, l'utilisation d'un moteur d'encodage spécifique et par l'hébergement en interne des contenus proposés. Pour l'organisation des fichiers, Dailymotion fait appel à des catégories appelées « chaînes », des mots-clés appelés « tags » ou à des groupes. Le site dispose également d'un moteur de recherche interne. Les internautes peuvent également laisser un message. En février 2007, il compte deux millions de visiteurs par jour. Comme avec tous les sites de partage, Dailymotion favorise le piratage par des extraits de films et d'émissions de télévision. ▷ **Google Video, YouTube.**

Daily Variety ▷ *Variety.*

Dai Nihon Eiga [Daiei] ■ Compagnie de production japonaise dont le nom signifie « Films du Grand Japon ». Fondée en 1942, la Daiei survit après la Deuxième Guerre mondiale en regroupant sous l'ordre du gouvernement les compagnies Nikkatsu, Shinko et Daito; ▷ **Shochiku. Toho.** Elle connaît des succès internationaux dans les années 1950 avec, entre autres, *Rashomon* (1951) d'Akira Kurosawa. La compagnie produit des films de qualité, destinés avant tout aux festivals ; ainsi, plusieurs films de Kenji Mizoguchi se voient récompenser à Venise. De grandes vedettes et d'importants réalisateurs (Kon Ichikawa, Daisuke Ito) travaillent pour elle. La Daiei dépose son bilan en 1970, mais elle est reconstruite par les syndicats ; elle distribue alors ses anciens films, mais elle abandonne presque toute production.

danse ▷ chorégraphie, comédie musicale, musique.

dans la boîte ARG. ▪ Expression du métier désignant un film terminé, prêt à aller au tirage (*in the can*).

DAO ▪ Abréviation de dessin animé par ordinateur.

DAT ▪ Acronyme de Digital Audio Tape.

date de péremption ▪ Date limite d'utilisation d'une pellicule (*expiry date*). La date de péremption est donnée par le fabricant du film, au-delà de laquelle il ne peut plus garantir les performances de la pellicule. L'émulsion d'une pellicule se détériore avec le temps.

date de production ▪ Année de la production d'un film une fois terminé (*production year*). On ne doit pas confondre la date de production et la date de sortie.

date de sortie ▪ Année de la première projection publique d'un film (*release date*). La date de sortie est toujours retenue par les archives du film dans le classement des films. On ne doit pas confondre la date de sortie et la date de production.

david di donatello ▪ Prix remis chaque année, après Taormine et Florence, à Rome par l'Académie du cinéma italien (Accademia del cinema italiano) et, plus précisément, par l'Association David di Donatello (Ente David di Donatello) aux professionnels du cinéma italien et étranger. Créé en 1956, le david di donatello est l'équivalent de l'oscar américain et du césar français. La cérémonie a lieu au mois d'avril. Le prix est symbolisé par une statuette reproduisant le David de Michel-Ange. Federico Fellini est le cinéaste qui a reçu le plus de statuettes, de même, pour l'acteur Marcello Mastroianni.

Dawn ▪ Forme abrégée de procédé Dawn.

d-cinéma ▪ Mot formé par la contraction de *digital* et de cinéma. Équivalent de cinéma numérique, le terme désigne l'ensemble de la chaîne de production en numérique, du studio à l'écran (*d-cinema*). Il caractérise plus précisément la distribution et la diffusion d'œuvres en format numérique. Les images de d-cinéma doivent être au minimum en 2K. L'image numérique ne s'altère jamais ni ne se raye, quel que soit le nombre de projections. Les films numériques se distribuent sur disques ou sur réseaux, contrairement aux films sur pellicule. Les studios hollywoodiens établissent des normes très élevées pour le d-cinéma, soit plus 4 K. ◊ VOISIN e-cinéma.

débiteur ▪ Dans une caméra, une tireuse ou un projecteur, tambour denté qui fait avancer la pellicule, située dans la bobine débitrice, de façon continue ou intermittente dans la caméra, le projecteur ou la tireuse et l'entraîne vers la bobine réceptrice. (*sprocket*). On distingue le débiteur d'entrée et le débiteur de sortie. ◊ SYN. bobine débitrice, pignon débiteur. ◊ CONTR. récepteur.

débiteur d'entrée ▷ débiteur.

débiteur de sortie ▷ débiteur.

déblayer le décor ■ Enlever du plateau tout élément indésirable après la plantation du décor (*clear the stage*).

Debrie ■ Société française fondée en 1900 par Joseph Debrie, fabricant de matériel cinématographique. La société Debrie met au point des caméras (la Parvo, la Super-Parvo), des projecteurs (le Jacky, le Debrie) et des tireuses, comme la célèbre tireuse Truca.

décadrage ■ [1] Mouvement lent qui décadre en décentrant l'action à l'image lors des prises de vues (*out of frame picture*). Une image décadrée désigne une image décentrée. Le décadrage peut être accidentel ou voulu. ▷ **scanneur**. ■ [2] Accident de projection qui fait apparaître deux images partielles en même temps sur l'écran (*out of frame condition, misframe*). Le décadrage provient généralement d'une mauvaise position de la fenêtre du projecteur par rapport aux griffes. ◊ CONTR. recadrage.

décalage ■ Défaut de correspondance entre le son et l'image (*sound advance*). Le décalage équivaut à la longueur de pellicule qui sépare l'image projetée et le point sur la piste sonore marquant le synchronisme sonore. ▷ **lecture du son**.

décaleur de bande ■ Dispositif permettant de faire avancer et reculer la bande sonore à volonté. Utilisé en auditorium, le décaleur de bande permet une mise en place parfaite du son.

décapage ■ Élimination de la couche protectrice d'une pellicule de film (*scrubbing*).

décharge ▷ lampe à décharge.

déchargement ■ Opération consistant à décharger de l'appareil de prise de vues la pellicule impressionnée (*unloading*). ◊ CONTR. armement RARE, chargement.

déchets du film PLUR. ■ Plans non utilisés, écartés au montage du film (*cut-outs*). ◊ SYN. chutes.

déchirure ■ Rupture accidentelle importante de la pellicule dans la caméra, le projecteur ou la tireuse (*tear*).

déclencheur ■ Dispositif destiné à mettre en marche le mécanisme d'une caméra (*trigger*). ◊ SYN. déverrouillage.

décodeur ■ Appareil permettant le décodage des émissions de télévision à péage (*decoder*). Le décodeur permet de recevoir des émissions en clair, désembrouillées. Homologué, il est loué avec l'abonnement à la télévision payante par câble ou par satellite.

décomposition ■ Détérioration extrême de la pellicule, dont la phase ultime est son autodestruction (*decomposition*).

décor ■ Décoration d'un espace (lieu, emplacement, environnement), artificiel (en studio) ou réel (à l'extérieur), pour le déroulement de l'action du film (*set*). Le décor participe tant du genre cinématographique adopté que de l'ambiance du film, de son unité visuelle et de son style. Son élaboration, de la table à dessin à sa construction en studio ou à sa localisation à l'extérieur, doit tenir compte de critères esthétiques et pratiques. L'élaboration du décor est de plus en plus confiée à un directeur artistique qui doit, avec une équipe technique (ses assistants) et une main-d'œuvre spécialisée (menuisiers, peintres, plâtriers, staffeurs, etc.), être en symbiose avec le chef opérateur et le réalisateur ; ▷ **scénographie**. On distingue le décor naturel, qu'on peut adapter et modifier, et le décor artificiel, entièrement construit ; ▷ **extérieurs, repérage**. Il est parfois moins onéreux de construire un décor que de tourner dans un décor naturel. On a souvent recours aux trucages pour compléter un décor ; ▷ **cache mobile, effets spéciaux**. Avec l'image de synthèse, on dispose de possibilités multiples de fabriquer des décors virtuels. Le décor participe de l'ambiance créée dans un film ; ▷ **caligarisme**. Lié intimement à l'action, il doit donner généralement un effet comparable à la réalité.

décorateur, trice ▪ Personne responsable de la conception des décors (*set designer*). Le décorateur trace les plans du décor, en construit les maquettes, détermine les besoins en matériaux, en meubles et en accessoires, choisit les couleurs, etc., en tenant compte des lieux de tournage et de la mise en place (les déplacements de la caméra). Il travaille étroitement avec le directeur de la photographie, le réalisateur, le chef costumier et l'ensemblier. Il doit posséder de grandes notions d'architecture. On le désigne également sous les noms de chef décorateur et d'architecte-décorateur, mais il est le plus souvent appelé «concepteur des décors».

découpage ▪ [1] Cahier dans lequel l'action du film est découpée en plans et en séquences (*script, shooting script*). Le découpage est l'un des moments de l'écriture filmique ; il prépare le réalisateur à marquer son style et sa personnalité au film. Il précède le tournage ; il fournit les repères visuels et sonores nécessaires à la continuité. ▪ [2] En cinéma d'animation, croquis avec lesquels le chef animateur met en scène les personnages et prévoit les mouvements et les durées (*layout*).

découpage technique ▪ Découpage dans lequel les indications techniques sont très précises quant aux décors, à l'éclairage, au cadrage et aux déplacements de la caméra, au jeu des comédiens, etc. (*shooting script*). Le découpage technique est élaboré par le réalisateur avant le tournage. ▷ **story-board**.

découper ▪ Procéder à un découpage.

découpeur vx ▪ Personne responsable du découpage.

découverte ▪ Toile peinte placée derrière une ouverture du décor et simulant l'arrière-plan (*background*). La découverte est un décor de fond. Peinte auparavant en trompe-l'œil, elle est de plus en plus remplacée par une photographie. Un paysage de ville avec ses gratte-ciel derrière une fenêtre, comme dans *La corde* (1948) d'Alfred Hitchcock, est un exemple de découverte. ▷ **arrière-plan**.

décrochage ▪ Effet lumineux entourant le sujet filmé obtenu par une source lumineuse l'éclairant par derrière (*back light*). Le décrochage a un effet de halo. ◇ SYN. contre-jour, lumière de derrière.

décryptage ▪ Opération consistant à décrypter, c'est-à-dire à rendre lisible une information (une image ou un son) embrouillée (*descambling*). Le cryptage est pratiqué dans les systèmes de télé-communication, en particulier pour la télévision à péage, mais également dans les produits comme le disque, la vidéo-cassette et le DVD pour empêcher leur reproduction. ◊ SYN. désembrouillage. ◊ VOISIN décodage.

dédicace ▪ Hommage d'un réalisateur à une ou plusieurs personnes (*dedication*). La dédicace est généralement placée après le générique de début, mais parfois aussi au générique de fin du film.

dédoublage ▪ Action de séparer les prises gardées pour le montage de celles rejetées (*laying*). Les prises gardées sont regroupées sur une bobine. ◊ SYN. dégrou-page. ▷ **chutier.**

déesse ▪ Se dit d'une actrice devenue une idole du public (*goddess*). La déesse est une star dont le charme éblouit. Joan Crawford, Ava Gardner, Marilyn Monroe et Lana Turner sont des actrices deve-nues des déesses.

défilement ▪ [1] Déroulement continu ou intermittent de la pellicule à l'intérieur d'une caméra, d'un projecteur ou d'une tireuse (*run*). ▪ [2] En audiovisuel, trajec-toire de déplacement de la bande magné-toscopique devant les têtes de lecture (*scrolling*).

défileur ▪ Lors des séances de mixage de la bande sonore, banc de lecture du son utilisé en synchronisme avec l'image (*dubber*).

défiloir VX ▪ Magasin contenant la pelli-cule.

définition ▪ Précision et finesse des détails dans une image (*resolution, defini-tion*). La définition est un des éléments du langage cinématographique; elle renforce l'effet de réalité. ◊ SYN. netteté. ◊ CONTR. flou. Anglicisme à éviter: réso-lution.

dégradation ▪ Détérioration d'un film soumis à des copies durant les différen-tes étapes du tirage (*degradation*).

dégradé ARCH. ▪ Disparition progressive de l'image. Synonyme actuel: fondu au noir.

dégroupage ▷ dédoublage.

délocalisation de tournage ▷ production délocalisée.

De Luxe Color ▪ Pellicule couleur tirée par De Luxe Laboratories, compagnie fondée au début du siècle à Fort Lee, dans le New Jersey, dont les laboratoires sont situés actuellement à Los Angeles. De Luxe Color ne constitue pas un pro-cédé de couleur original; la pellicule utilisée est probablement la Eastman Color. ▷ **Métrocolor, Warnercolor.**

démagnétiseur ▪ [1] Appareil servant à effacer une bande en vue de la préparer à servir pour un nouvel enregistrement (*degausser*). ▪ [2] Appareil servant à éli-miner un champ magnétique indésirable lors d'un enregistrement sur bande magnétique (*head demagnetizer*). Le démagnétiseur permet de redonner une certaine brillance au son.

dématriçage ▪ Opération de décodage de la piste sonore en Dolby Stéréo (*deco-ding*). Lors du dématriçage, un décodeur analyse le son donné par deux canaux optiques pour le transmettre aux quatre canaux sonores.

demi-ensemble [1/2ᵉ] ▪ Plan pour la mise en place des personnages dans le décor ; le décor n'est pas cadré complètement ou tel qu'il apparaîtra dans le plan tourné. ▷ **échelle des plans.**

1/2ᵉ ▪ Abréviation de plan de demi-ensemble.

dénotation ▪ Terme théorique. Signification référentielle ou littérale d'un objet ou d'un fait dans une œuvre. La dénotation produit des effets d'analogie visuelle ou auditive et permet au spectateur de reconnaître et d'identifier objets ou faits montrés. Elle est de l'ordre de l'objectivité. Les films pédagogiques et scientifiques seraient dénotés. ◊ CONTR. connotation.

dénouement ▪ Fin du récit, quand tout est résolu et révélé aux spectateurs (*conclusion*). En théorie cinématographique, le dénouement est appelé « occurrence dramatique ». ▷ **cinéma classique hollywoodien, climax.**

densité ▪ [1] Degré d'opacité de l'image du film (*density*). ▪ [2] Éléments se trouvant dans l'image (*density*). ▪ [3] Opacité relative d'un filtre (*filter density*).

densité fixe ▪ Trace sur la piste sonore optique traduisant la longueur du son (*variable area*). Une élongation transversale figure l'intensité du son, et une élongation longitudinale, les longueurs d'onde. ◊ SYN. élongation variable.

densitomètre ▪ Appareil mesurant la densité de l'image du film (*densitometer*). Un mécanisme photoélectrique mesure la lumière transmise par l'image. ▷ **sensitométrie.**

densitométrie ▪ Mesure de la densité des images d'un film (*densitometry*). La densitométrie permet de connaître l'opacité relative des émulsions photographiques exposées.

département ANGLIC. ▪ De *department*. À l'époque des grands studios, administration autonome d'une Major où les différents corps de métier conçoivent les films. On distingue différents départements : le département des scénarios, le département du décor, le département de la distribution, le département de publicité, etc. ▷ **système des studios.**

dépassement ▪ Excédent du montant des sommes prévues au devis d'un film (*overspending, overspend on budget*).

déphaseur électronique ▪ Accessoire électronique reliant le magnétoscope ou le moniteur à la caméra lorsqu'on filme un écran de télévision. Le déphaseur électronique a la même fonction que le déphaseur mécanique.

déphaseur mécanique ▪ Pièce entre le moteur et sa fixation sur la caméra pour filmer un écran de télévision. Le déphaseur mécanique permet de maintenir la synchronisation avec la vitesse de la caméra et de la télévision (20 images par seconde en France, 30 images par seconde en Amérique).

déplacement ▪ Action par laquelle une personne ou un objet passe d'un point à un autre (*movement*). On distingue le déplacement de l'acteur dans le cadre et le déplacement de la caméra qui caractérisera le plan.

dépoli SUBST. ▪ Verre à l'intérieur de la caméra où se forme l'image grâce aux rayons lumineux réfléchis par le miroir de l'obturateur (*ground glass viewfinder*). Sur ce verre sont tracés les repères de format qui indiquent les limites du cadre de l'image.

dépolissage ■ Première étape de l'opération de dérayage consistant à rendre mat le côté brillant de la surface de la pellicule (*depolishing*).

dépôt ■ Particules provenant de l'émulsion déposées dans le couloir du projecteur (*deposit, shedding*). Ces particules peuvent détériorer le film. ◊ SYN., ARG. gâteau.

dépôt légal ■ Obligation de remettre une copie de toute production cinématographique à un organisme responsable désigné par l'État, telle une cinémathèque (*registration of copyright*). ▷ **Institut national de l'audiovisuel.**

dépouillement ■ Cahier où est consigné, scène par scène, tout ce qui est nécessaire au tournage (*breakdown*). Le dépouillement contient des notes et des observations générales à l'intention de tous les artisans du film : les interprètes, les figurants, les costumiers, les accessoiristes, les machinistes, les maquilleurs et les concepteurs d'effets spéciaux. Plusieurs semaines sont parfois indispensables à la réalisation du dépouillement. Le dépouillement est supervisé par le réalisateur et le directeur de production. ▷ **dérushage, rapport de montage.**

dépoussiéreur ■ Papier tendre, parfois imbibé de liquide antistatique, placé sur deux rouleaux entre lesquels le projectionniste fait défiler le film avant sa projection. Le papier retient les poussières accumulées sur la pellicule.

dérayage ■ Opération consistant à rendre moins visibles les rayures d'un film lors de sa restauration (*descratching*). Le dérayage s'effectue en deux temps (le dépolissage et le repolissage) à l'aide de solvants appropriés. Il doit rendre au film son brillant d'origine. ◊ SYN. polissage (*polishing*).

dérive chromatique ■ Variation chromatique plus ou moins prononcée des trois couches colorées d'une émulsion (*chromatic distortion*).

déroulant ■ Bande de papier déroulée devant la caméra, sur laquelle défile un texte expliquant l'action ou montrant le générique (*roller titles, rolling titles*).

déroulement ■ [1] Dans le projecteur, passage de la pellicule d'une bobine à une autre (*continuous projector*). ■ [2] Par extension, séance de cinéma (le déroulement du film) et narration (le déroulement du récit). ◊ SYN. fond de générique, fond neutre.

dérouleur ■ Large plateau horizontal placé à côté du projecteur, sur lequel est enroulée la pellicule (*unwinder*). Le dérouleur peut contenir 4 ½ heures de film en 35 mm (ou 5000 mètres de pellicule). Il est surtout utilisé dans des complexes multisalles dont les cabines de projection sont reliées entre elles, avec projecteurs programmés par ordinateur. Il permet la projection d'un film sans changement de bobines ou la projection d'un même film dans plusieurs salles en même temps. ▷ **enchaînement, plateaux.**

dérushage ■ De *rush*. Opération consistant à relever par écrit le contenu des copies de travail du tournage en cinéma, en télévision et en vidéo (*logging*). Chaque plan est alors décrit et les chiffres d'entrée et de sortie des images inscrits.

Le dérushage est la base du découpage qui servira au montage. ▷ **dépouillement, rapport de montage.**

désanamorphoser ▪ Rétablir une image anamorphosée dans son format d'origine (*unsqueeze*). ◊ CONTR. anamorphoser.

désaturation ▪ Perte de la pureté d'une couleur (*desaturation*). La désaturation est une détérioration du film causée par l'âge de la pellicule, par un défaut de développement de la pellicule ou par les générations d'une copie. Elle est parfois voulue par le réalisateur; voir le film *Le choix de Sophie* (1982) d'Alan Pakula où les scènes au passé sont légèrement voilées, peu contrastées. ▷ **préflashage.** ◊ CONTR. saturation.

désembrouillage ▪ Terme officiellement recommandé en lieu et place de décryptage.

désexcitation ▪ Phénomène de vieillissement affectant les particules métalliques d'une bande vidéographique enregistrée (*drop-out*). La désexcitation se traduit par des éclairs lumineux ou noirs à l'écran.

déshuilage ▪ Action d'enlever tout gras déposé sur la pellicule lors de la rénovation d'une copie de film (*dewaxing*). Le déshuilage est un relavage chimique, qui se pratique à chaud ou à froid.

dessin animé ▪ Film obtenu par la méthode du cinéma d'animation (*cartoon, colortoon* pour dessin animé en couleurs). Il existe des dessins animés dans tous les styles, fabriqués à l'aide de plusieurs techniques différentes, selon les cinéastes, appelés animateurs. La fabrication d'un dessin animé demande une grande somme de travail et de nombreux collaborateurs. C'est en 1908 qu'on découvre le principe à la base du dessin animé pour le cinéma: le déplacement d'un objet ou d'un mouvement dessiné, d'un plan à l'autre, avec de légères variantes. Le Français Émile Reynaud est le premier à s'intéresser aux possibilités de l'animation; ▷ **Praxinoscope, Théâtre optique.** C'est toutefois Émile Cohl, un compatriote, qui est le véritable créateur du dessin animé; ▷ **Fantasmagorie.** L'Américain Earl Hurd est le premier animateur à utiliser les feuilles de celluloïd transparentes: les feuilles sur lesquelles se trouve un dessin sont superposées sur un décor fixe et unique; il dépose en 1917 un brevet pour son procédé. Au moment du parlant, les premiers personnages animés, Betty Boop et Popeye, sont lancés par deux frères, Dave et Max Fleischer. Walt Disney influence durablement, à partir de 1933, les créateurs de dessins animés, tant du point de vue technique que du point de vue artistique; ▷ **Walt Disney Company.** Le dessin animé est généralement drôle et très souvent satirique. Entre 1950 et 1980, il sert de complément de programme. ▷ **école de Zagreb, Looney Tunes.**

dessin assisté par ordinateur [DAO] ▪ Programme informatique appliquant l'art du dessin à l'ordinateur (*computer-aided drafting*). Le DAO permet de produire des dessins avec un logiciel informatique. On le distingue de la synthèse d'image dans la mesure où il ne s'agit pas du calcul de rendu d'un modèle numérique mais de l'exécution de commandes graphiques (traits, formes diverses, etc.) grâce à la souris et le clavier qui remplacent alors le crayon et les autres instruments du dessinateur. Les dessins produits sont le plus souvent réalisés en mode vectoriel (traits cohérents), alors que l'image de synthèse est une association de pixels indépendants appelés bitmap. Le dessin assisté par ordinateur facilite l'édition de plans, de schémas ainsi que les modifications, l'archivage, la reproduction et le transfert de données. Le DAO est encore utilisé à petite échelle dans le dessin animé. ▷ **conception assistée par ordinateur.**

dessinateur de fonds ▪ Terme très peu usité en français ; on emploie en lieu et place le terme anglais *layout man*. Personne responsable de la mise en place du dessin animé.

dessin sur film ▪ Dessin peint ou gravé directement sur la pellicule (*direct animation, handmade film*). L'animateur canadien Norman McLaren a été l'un des tout premiers cinéastes à utiliser cette technique dans *Color Box* (1938). ◊ VOISIN peinture sur film. ▷ **animation sans caméra.**

dessin vectoriel ▪ Représentation composée d'objets géométriques (lignes, points, polygones, courbes) et ayant des attributs de forme, de position, de couleur qui lui permettent de produire des images par calcul mathématique (*vector graphics*). Le dessin vectoriel se différencie de cette manière des images matricielles composées de pixels. ▷ **bitmap.**

désynchronisation ▪ Arrêt du synchronisme entre le son et l'image (*out-of-sync*). La désynchronisation est généralement accidentelle. ◊ CONTR. synchronisation.

détecteur ▪ Artisan pour le doublage qui transcrit, en synchronisme avec l'image et le son, les dialogues et les ambiances du film (*detector*). Grâce à une machine, il indique par des signes conventionnels (« o », « O », « - », « -> », etc.) les respirations, les ouvertures et les fermetures de bouche, les changements de plans, etc.

Deutsche Industrie Norm [DIN] ▪ Organisme de normalisation allemand, connu pour ses normes en photographie. Le sigle DIN est donné comme nom de l'indice de la sensibilité d'émulsion d'un film. DIN est membre de l'ISO.

deux à deux ▷ chenille [1].

deuxième équipe ▪ Équipe légère chargée de tourner les plans ne nécessitant pas la présence du réalisateur et du directeur photo (*second unit*). La deuxième équipe tourne généralement les plans de coupe (les paysages, les villes, les foules, etc.). Elle est souvent spécialisée dans le tournage des effets spéciaux. Anglicisme à éviter : seconde équipe.

2 K ▪ Abréviation pour 2000. Mesure indiquant que les appareils de tournage, de montage, d'étalonnage et de projection en haute définition fonctionnent pour des images qui ont au moins 2000 pixels par ligne. ▷ **4 K.**

développement ▪ Opération de laboratoire soumettant la pellicule à divers traitements afin de rendre ses images visibles (*developing, processing*). La pellicule est plongée dans un révélateur, puis rincée, fixée, lavée et séchée. On distingue deux sortes de développement : le développement chromogène et le développement poussé. ◊ SYN. traitement du film.

développement chromogène ■ Développement d'une pellicule couleur (*color developing*).

développement poussé ■ Développement prolongé dans un révélateur afin d'augmenter la sensibilité de la pellicule (*forced developing*).

développeur ■ Technicien de laboratoire responsable du développement (*developing machine operator*).

développeuse ■ Machine destinée au développement de la pellicule (*developing machine*).

déverrouillage ▷ déclencheur.

devis ■ Estimation du coût d'un film (*cost estimate*). Au cinéma, on emploie plutôt le terme « budget » (*budget*), qui est un anglicisme. ▷ **dépassement.**

dévisser ARG. ■ Pour le cadreur, action de faire faire à un objet une rotation sur lui-même dans le sens des aiguilles d'une montre. On peut ainsi faire apparaître une étiquette publicitaire sur une bouteille sans la changer de place. ◊ CONTR. visser.

DGA ■ Sigle de la Directors Guild of America.

diacétate ■ Forme abrégée de diacétate de cellulose.

diacétate de cellulose ■ Matériau utilisé pour des pellicules ininflammables (*cellulose diacetate*). ▷ **acétoïd, nitrate, triacétate.**

dialectique filmique ■ Notion théorique désignant le jeu et l'organisation des différents paramètres cinématographiques que sont le découpage, le montage, la durée des plans, la netteté des images, les couleurs et les sons (*cinematic dialectic*). Ces paramètres élaborent parfois des systèmes narratifs extrêmement complexes ; voir les films de Michelangelo Antonioni. La dialectique filmique est inséparable de la structure du film, mais indépendante de son contenu. Le théoricien Noël Burch utilise cette notion dans ses travaux. Dans ses écrits, S.M. Eisenstein amorce une approche de la dialectique filmique pour définir le travail de montage.

dialogue ■ Ensemble des phrases prononcées par les interprètes et synchronisées sur le mouvement des lèvres (*dialogue*). Le dialogue peut être enregistré en direct, postsynchronisé ou doublé. Dans la narration, il peut être séparé de l'action par une voix off, le personnage parlant au passé ou ravivant un souvenir. En voix hors-champ, il annonce l'apparition prochaine d'un personnage dans le champ de la caméra. De l'avènement du parlant jusqu'aux années 1950, le dialogue est souvent lourd et envahissant. Par la suite, il sera mieux intégré à l'espace filmique. Il permet les mots d'auteur, comme ceux caustiques et brillants d'Henri Jeanson, Billy Wilder et Woody Allen. Plusieurs films français qui marquent leur époque ont d'excellents dialogues, comme *Les enfants du paradis* (1943-44) de Marcel Carné, *Ma nuit chez Maud* (1969) d'Éric Rohmer, *La maman et la putain* (1973) de Jean Eustache et *Marius et Jeannette* (1997) de Robert Guédiguian.

dialoguiste ■ Personne responsable de l'écriture des dialogues du film (*dialogue writer*, ARG. *dialogian*).

diaphotie ■ Apparition d'images fantômes à l'écran de télévision causée par le transfert d'une ligne sur une autre. La diaphotie provient de la trop grande proximité des lignes transportant les signaux.

diaphragme ▪ Disque formé de lamelles mobiles, situé à l'intérieur de l'objectif, pour le réglage de la pénétration d'une quantité de lumière (*diaphragm*). On parle de réglage de diaphragme. C'est à Nicéphore Niepce qu'on doit l'invention et la première application du diaphragme. ▷ **iris.**

diascope ▪ Projecteur à diapositives.

diégèse ▪ Terme théorique de la sémiologie introduit par Christian Metz dans ses travaux désignant tous les éléments essentiels à la narration (*diegesis*). Les éléments de la narration (l'action, le dialogue, l'espace et le temps) sont autant déterminés par les plans et leurs mouvements que par la mise en scène et la scénographie. Diégèse a le sens de récit. ▷ **énonciation, narration.**

diélectrique ADJ. ▪ Se dit d'une substance qui ne conduit pas le courant électrique ou d'un isolant. ▷ **câble coaxial.**

diffuseur ▪ [1] Pièce ou matière, comme une glace teintée, une gaze, un tissu de nylon, de la gelée, qu'on place en face d'une source de lumière pour adoucir l'éclairage (*diffuser*). ▪ [2] Pièce ou matière, comme celles indiquées plus haut, placées sur l'objectif de la caméra pour atténuer les détails du sujet filmé (*filter*). ▪ [3] Dans un projecteur, surface hémisphérique réfléchissante d'une lampe (*reflector*). ◇ SYN. réflecteur. ▪ [4] Toute surface pouvant réfléchir la lumière : un panneau de bois blanc, un panneau recouvert de papier d'aluminium ou un tissu

blanc tendu (*reflector board*). ◇ SYN. panneau diffuseur, panneau réflecteur. ▪ [5] Hémisphère utilisant un matériau translucide placé devant la cellule pour mesurer la lumière incidente. ◇ SYN. intégrateur, sphère d'intégration. ▪ [6] Opérateur de télécommunications spécialisé dans la gestion des réseaux de diffusion de programmes audiovisuels (*broadcaster*). Par extension, chaînes de télévision responsables de la diffusion et de la distribution de programmes. ▷ **éditeur [2].**

diffusion ▪ [1] Action de diffuser la lumière des projecteurs à l'aide de filtres (*diffusion*). ▷ **diffuseur.** ▪ [2] Procédé consistant à adoucir l'image par l'atténuation de ses détails (*soft focus*). Dans les scènes de nudité ou d'amour des films japonais, on met de la gelée sur la lentille pour brouiller des détails. ▪ [3] Distribution de films auprès du public (*release*). ▪ [4] Présentation de films à la télévision (*film presentation*). ▷ **diffusion en rafale, passage.** ▪ [5] Action de faire connaître et apprécier le cinéma. ▪ [6] Radiodiffusion et télédiffusion (*broadcasting*).

diffusion en rafale ▪ Traduction suggérée de *stripping*, dans le vocabulaire de la télévision. Programmation à la télévision d'un feuilleton à la même heure, sur plusieurs jours consécutifs, de 3 à 5 jours.

Digital 8 ▪ Format vidéographique d'enregistrement numérique des images et des sons lancé par Sony en 1999. Il utilise le même format de caméra que celui de la Hi8, mais avec codec, et les mêmes cassettes que celles du Video 8. C'est en fait une sorte de caméra mini-DV à laquelle, d'ailleurs, elle fait concurrence.

Digital Audio Tape [DAT] ▪ Marque de commerce d'un procédé d'enregistrement du son sous forme numérique sur un support magnétique commercialisé par Sony en 1987. DAT est également le nom donné au lecteur et à la cassette utilisant ce procédé. Il comprend un appareil et un support miniaturisés qui donnent un son de grande qualité. Il sert plus tard comme support pour les sauvegardes de données de grande capacité et comme bande-mère pour les enregistrements en studio. Le DAT existe en version professionnelle portable pour l'industrie du cinéma : le PORTADAT.

Digital Theater System [DTS] ▪ Marque de commerce d'un système de reproduction du son numérique commercialisé en 1993 aux États-Unis et au Canada par Universal Pictures. Destiné à la distribution, le DTS utilise un cédérom à six pistes sonores dont le lecteur est relié synchroniquement au projecteur ; le son ne se trouve donc pas lu sur la pellicule. Lancé pour la sortie du *Parc jurassique* de Steven Spielberg, il a l'avantage de faciliter le passage sans encombre d'une version en langue originale à une version en langue étrangère. Dolby a également mis au point un système semblable.

digital versatile disk ▪ Nouvelle appellation du disque compact vidéonumérique. ▷ **DVD**.

digital video ▷ **DV**.

digital video disk ▪ Ancienne appellation pour le disque compact vidéonumérique qui, au fil des ans, est devenu le *digital versatile disc* (disque numérique à usage multiple). ▷ **DVD**.

digital video express ▪ En français : disque compact vidéo express. ▷ **DivX**.

Dimension Films ▷ **Miramax Films Corp.**

DIN ▪ Acronyme de Deutsche Industrie Norm.

Dioptichrome ▪ Procédé de photographie mis au point en 1908 par le Français Louis Dufay pour restituer les couleurs au cinéma.

Diorama ▪ Spectacle mis au point en 1822 par Louis Daguerre et Charles Bouton. Le Diorama est un dérivé du Panorama. Une ouverture est pratiquée dans les murs d'une salle en forme de rotonde ; lors de la rotation de la salle, l'ouverture présente un tableau fixé à l'intérieur de la rotonde ; la rotonde pivote sur son axe et un deuxième tableau apparaît dans l'ouverture, comme dans un fondu enchaîné, par un jeu d'éclairage, les deux faces du tableau étant peintes et éclairées par transparence ou réflexion. Le Cinéorama est inspiré du même procédé. Le Diorama est un des ancêtres du Cinématographe.

directeur, trice ▪ Nom générique donné au spécialiste qui a sous sa direction plusieurs employés formant une équipe dans un domaine de la réalisation, du tournage et de la production d'un film. Il peut s'agir d'un directeur artistique, d'un directeur de la photographie, d'un directeur de production, d'un directeur de cascades, etc.

directeur, trice artistique ▪ Terme de plus en plus usité en français pour désigner anciennement le décorateur ou le concepteur des décors (*art director*). En français, mais rarement usité : directeur de la scénographie. Aux États-Unis, le directeur artistique a une responsabilité plus large que celle d'un décorateur, car son travail s'étend à tous les éléments visuels du film.

directeur, trice de la photographie [directeur, trice photo] ■ Spécialiste responsable de la prise de vues (*director of photography*). Le directeur de la photographie s'occupe de l'éclairage, de la composition des couleurs, des lentilles, des filtres et de la pellicule employés, de l'emplacement et des déplacements de la caméra et de l'intégration des effets spéciaux ; il participe au choix des lieux de tournage ; il surveille également le travail du laboratoire pour le développement, le tirage, l'étalonnage et les effets spéciaux. Il agit souvent comme caméraman pour des petites productions comme les documentaires. Il est généralement assisté par un caméraman qui manipule la caméra ; ▷ **cadreur, pointeur.** Il est le grand responsable de la qualité de l'image apparaissant à l'écran. Il travaille étroitement avec le réalisateur et le directeur artistique. Son métier exige une grande acuité visuelle, une culture artistique approfondie et des connaissances techniques très spécialisées (en physique, en chimie, etc.). Les directeurs de la photographie se regroupent en association dont ils font suivre le sigle à côté de leur nom dans un générique ; ▷ **American Society of Cinematographers.** Parmi les noms importants de directeurs de la photographie, citons Nestor Almendros, Renato Berta, Billy Bitzer, Raoul Coutard, Christopher Doyle, Sven Nykvist, Vittorio Storaro, Gregg Toland et Haskell Wexler. ◇ synonyme moins usité : chef opérateur.

directeur de la scénographie RARE ▷ **directeur artistique.**

directeur, trice de production ■ Spécialiste responsable de la gestion et de l'administration d'un film (*line producer, production manager,* RARE *unit producer*). Choisi par le producteur du film, le directeur de la production passe les contrats, met quotidiennement au point l'horaire de tournage, voit à la location des extérieurs, du matériel et des accessoires, à l'engagement des surnuméraires, à l'organisation du transport, aux réservations d'hôtel et aux services d'un traiteur, en veillant à ce que les coûts soient toujours les plus bas possible. Il est présent dans toute la chaîne de production, du scénario au tirage de la copie standard. ▷ **producteur délégué.**

directeur, trice de salle ■ Propriétaire ou gestionnaire de salles (*cinema manager, exhibitor*). Le directeur de salles présente des films fournis par les distributeurs. ▷ **location.** ◇ SYN. exploitant de salles.

directeur, trice photo ■ Forme abrégée de directeur et de directrice de la photographie.

direction du regard ■ Orientation du regard de l'interprète durant une scène (*direction of look, direction of glance*). La direction du regard est très importante surtout dans les scènes en champ-contrechamp.

directionnalité ■ Caractéristique des microphones décrivant la sensibilité des sons en fonction de leur provenance (*directionality*). ▷ **micro bidirectionnel, micro omnidirectionnel.**

directivité ▪ Dans la prise de son, caractère de la variation de la sensibilité (ou du niveau sonore) en fonction de la position de la source du son par rapport à l'axe dans l'agencement du microphone (*directivity*). La directivité dépend également du type de micro (directionnel, bidirectionnel, omnidirectionnel, micro canon ou micro cravate).

director's cut ANGL. ▪ Expression uniquement usitée dans l'industrie américaine du cinéma. Montage du film assemblé par le cinéaste. À Hollywood, le film appartient au studio et au producteur qui, dès lors, peuvent contrôler le montage. Selon les conditions de la convention de la Directors Guild of America [DGA], le réalisateur a environ six semaines pour monter son film et il doit travailler étroitement avec le directeur de la production. ▷ *camera cut, final cut.*

Directors Guild of America [DGA] ▪ Association professionnelle américaine fondée en 1959 qui regroupe les réalisateurs, les assistants réalisateurs, les directeurs de production, les adjoints aux directeurs de production et les régisseurs de scène, du cinéma, de la télévision, de la radio et de la vidéo. C'est un syndicat qui compte 10 000 membres. ▷ *director's cut.*

diriger ▪ Action d'assurer la mise en scène d'un film (*direct*). On parle de direction d'acteurs. ◊ SYN. mettre en scène, réaliser.

discothèque ▪ Endroit où sont conservés les enregistrements musicaux sur disques, CD, bandes magnétiques, etc.

(*record library*). ◊ SYN. musicothèque. ▷ **sonothèque.**

discours ▪ Terme de la critique et de la théorie cinématographiques. Ce qui est exprimé par les images et les sons (*discourse*). Le discours désigne le plus souvent le sujet traité dans le film : les messages, les idées ou les énoncés que révèlent les images ou les séquences d'un film. Ce qu'on perçoit n'est pas le réel, mais un discours sur le réel. ▷ **contenu, énonciation.**

Disneyland ▪ Parc d'attractions de la compagnie de production Walt Disney situé en Californie. Un autre Disneyland se trouve en Floride, à Orlando, ainsi qu'à Tokyo, au Japon, appelé familièrement Diznelando. Euro Disney est un Disneyland situé près de Paris, à Marne-la-Vallée.

dispersion ▪ Séparation de la lumière dans les différentes longueurs d'onde de son spectre (*dispersion*).

dispositif de cadrage ▷ appareil de cadrage.

dispositif de transfert de charge ▷ CCD.

dispositif d'enchaînement ▪ Système permettant le passage automatique de la fin d'une bobine d'un projecteur avec le début d'une bobine dans l'appareil voisin (*change-over device*). ▷ **double poste.**

disque ▪ [1] Plaque circulaire de matière thermoplastique sur laquelle sont enregistrés des sons dans la gravure du sillon (*disk*). Le procédé d'enregistrement du disque est analogique. Lorsque le procédé d'enregistrement est numérique, on emploie alors le terme « disque audio-numérique » (ou « disque compact »). ▷ **CD.** ▪ [2] Support utilisé pour la postproduction, l'archivage et l'édition à grande diffusion des produits audiovisuels (*disk*). ▷ **DVD**.

disque audionumérique ▷ **CD**.

disque compact ▷ **CD**.

disque compact interactif ▷ **CD-I**.

disque compact vidéo express [DIVX] ▪ Nouvelle mouture du disque compact vidéonumérique mise au point en 1998 par une firme californienne et la chaîne de vente d'appareils électroniques américaine Circuit City. Communément appelé DIVX (Digital Video Express), le disque compact vidéo express doit fonctionner sur son propre lecteur muni d'un modem (qui le lie à une ligne téléphonique) et d'une puce de sécurité qui enregistre le nombre de fois qu'est lu le disque ; sauf durant les premières 48 heures, chaque visionnage est facturé au propriétaire de l'appareil ; la facturation est mensuelle. Le coût de l'appareil doit être plus élevé que celui du lecteur DVD, mais l'appareil peut lire tous les DVD. Le coût d'achat d'un disque compact vidéo express est par contre très bas. Pour la location, on facturerait le client au nombre de jours d'utilisation, inscrit au moment de la location ; le client n'aura pas à rapporter le DIVX au vidéoclub, le disque désactivé après la date n'étant plus réutilisable. Le produit est rapidement abandonné. Il ne faut pas confondre DIVX et DivX.

disque compact vidéonumérique ▪ Traduction de *digital video disc*. ▷ **DVD**.

disque dur ▪ Support d'enregistrement de grandes quantités d'informations, parfois dit « mémoire de masse » d'un ordinateur (*hard disk*). Le signal électri-que est conduit jusqu'à une tête magnétique, laquelle inscrit des impulsions magnétiques qui sont stockées sur un disque en rotation. Sa capacité va de 20 Mo à plusieurs gigaoctets. Il peut être fixe ou amovible. Il est mis en marché depuis 1994 par différentes sociétés (Conner Peripherals, IBM, Quantum, Seagate, Western Digital, etc.). ◊ VAR. disque rigide.

disque laser ▪ Disque à lecture numérique contenant des images animées et des sons (*laserdisc*). Le disque laser est lu par un faisceau laser, d'où son nom. Il peut contenir plusieurs heures d'informations audio et vidéo. Il permet une édition critique de films comprenant la version originale de l'œuvre, les commentaires du réalisateur et des autres membres de l'équipe, des documents photographiques, sonores et vidéographiques, la reproduction d'un story-board et de la bande annonce, des analyses par des spécialistes, des références à d'autres œuvres filmiques, etc. ◊ SYN. vidéodisque. ▷ **CD**, **DVD**.

disque numérique à usage multiple ▷ **DVD**.

disque numérique polyvalent [DNP] ▪ Traduction de *digital versatile disk* qui n'a pas été retenue. Disque numérique à usage multiple est la traduction suggérée. ▷ **DVD**.

disque optique compact ▷ cédérom.

disque optique vidéo compact ▪ Une des appellations en langue française donnée au disque numérique à usage multiple et qui est rapidement abandonnée.

disque rigide ▪ Variante de disque dur.

distance de projection ▪ Espace séparant

la fenêtre de projection du projecteur du centre de l'écran (*throw*).

distance focale [focale] ▪ Caractéristique d'un objectif déterminant la taille de l'image filmée (*focal length*). Elle est souvent synonyme d'objectif, d'où sont tirées des expressions comme « tourner en courte focale », « tourner en longue focale ». La distance focale est représentée par le symbole « f : ». ▷ **distance hyperfocale.**

distance hyperfocale [hyperfocale] ▪ Mise au point rendant nets, dans la profondeur de champ, tous les objets qui s'étendent de la moitié de cette distance jusqu'à l'infini (*hyperfocal distance*).

distanciation ▪ En cinéma, dissociation entre le spectateur et le personnage ou les situations. Il faut éviter au spectateur de s'identifier au spectacle. La distanciation est un procédé de démystification, qu'un certain cinéma appelé moderne pratique ; ▷ **contre-cinéma.** Il faut interpréter le film et non se laisser influencer par lui. La théorie de la distanciation vient de Bertolt Brecht et de sa notion de *Verfremdungseffeckt.* ▷ **regard, reproduction [2].**

distorsion ▪ [1] En optique, aberration pouvant affecter l'image donnée par un objectif (*optical distortion*). On distingue la distorsion chromatique, la distorsion en coussinet, la distorsion en S et la distorsion trapézoïdale. ▪ [2] En acoustique, déformation du son lors de son enregistrement ou de sa reproduction (*sound distortion*).

distorsion chromatique ▪ Défaut d'équilibre dans la restitution des couleurs (*color contamination*).

distorsion en coussinet ▪ Déformation de l'image causée par le gonflement des bords de la pellicule (*cushion distortion*).

distorsion en S ▪ Déformation en S des lignes horizontales de l'image quand la caméra se déplace d'un lieu à un autre, d'un personnage à un autre ou d'un objet à un autre (*S distortion*).

distorsion trapézoïdale ▪ Distorsion de l'image projetée sur un écran par rapport à l'axe de projection (*keystoning*). Ce défaut se remarque particulièrement lorsque la cabine de projection est située très haut dans la salle ; l'axe de projection ne se trouve plus alors perpendiculaire par rapport au plan de l'écran.

distributeur (1) ▪ [1] Pièce qui régularise l'entraînement du film dans le chargeur de la caméra. ▪ [2] Entreprise de distribution (*releasing organization*). ◊ SYN. maison de distribution.

distributeur, trice (2) ▪ Personne qui diffuse et lance un film (*distributor, releaser*). Le distributeur se place entre le producteur, qui lui vend un film, et l'exploitant de salle, qui le lui loue. Du temps des studios, les Majors sont leurs propres distributeurs. Le distributeur se spécialise dans certains genres : les films étrangers, les films éducatifs, les films d'art et d'essai, les films pornographiques, etc. Il participe souvent à la production d'un film par un préachat, une sorte d'avance sur les recettes ; ▷ **à-valoir distributeur.** Il achète également les droits pour la distribution en vidéocassettes, ou en DVD et pour la télévision notamment, à laquelle il loue le film pour deux ou trois passages à l'antenne. ▷ **diffusion.**

distribution ▪ [1] Ensemble des interprètes d'un film (*cast*). ▷ **bout d'essai**. ▪ [2] Recherche et répartition des rôles (*casting*). La distribution des rôles est de plus en plus confiée à un directeur de casting. ▷ **agence**. ▪ [3] Activité d'un distributeur ou d'une maison de distribution dans l'acquisition, la location, le transport et la publicité des films (*release*).

divertissement ▪ Catégorie dans laquelle on entre le spectacle cinématographique comme un loisir (*entertainment*). ▷ **show-business**.

DivX ▪ Sigle de *digital video express*. Format de compression vidéo mis au point en 1999 par la firme DivX de San Diego. Il est basé sur la norme MPEG-4, ce qui permet aux internautes de graver sur un CD (650 Mo) un film issu d'un DVD (4,7 Go), sans en altérer la qualité. Il peut ainsi réduire par dix la taille d'un fichier vidéo de qualité DVD. Le DivX est en fait un codec. Il est très populaire : en 7 ans, il est téléchargé 200 millions de fois. Ce procédé de compression peut être intégré dans des lecteurs de DVD et dans des appareils de photo numériques.

DL ▪ Abréviation de *double layer*, double couche en français. ▷ **DVD**.

17,5 mm ▪ Format de pellicule créé par Pathé en 1927, destiné à l'exploitation de la caméra Pathé-Rural. Le 17,5 est tout simplement une pellicule 35 mm coupée en deux.

DNP ▪ Sigle de disque numérique polyvalent.

DOC ▪ Acronyme de disque optique compact. ▷ **cédérom**.

docu ARG. ▪ Forme abrégée de documentaire.

docudrame ▪ Type de documentaire dans lequel sont intégrés des éléments de fiction pour aborder un sujet (*docudrama*). Le docudrame est surtout produit pour la télévision. Ses caractéristiques sont d'aborder des événements historiques, de les exposer le plus objectivement possible à l'aide de moyens narratifs et d'éviter le plus souvent un commentaire en voix off qui serait trop personnel ou énonciatif. ◊ SYN. docufiction.

docufiction ▷ docudrame.

documentaire ▪ Film qui a le caractère d'un document (*documentary*). Le documentaire est essentiellement un film de non-fiction. Il a pour but de rendre présente la seule réalité. On traite principalement dans un documentaire des événements, des gens et de leurs activités, en tentant de donner directement un sens, une perspective ou un but à la réalité observée. Le documentaire peut être un court, un moyen ou un long métrage. On peut y intégrer de la fiction ; il est alors appelé « docudrame ». Le mot « documentaire » apparaît en 1926 dans un article de John Grierson sur le film *Mona* de Robert Flaherty ; Grierson y décèle un « traitement créatif de l'actualité ». Les premiers films des frères Lumière, comme *La sortie des usines Lumière* (1894) et *L'arrivée d'un train en gare de La Ciotat* (1895), sont des documentaires ; les premiers opérateurs envoyés pour montrer et vendre le Cinématographe rapportent des images des principaux événements se produisant dans le monde qui sont des documentaires. Durant la Première

Guerre mondiale, on voit apparaître le film de propagande. Dziga Vertov est un farouche défenseur du documentaire dans lequel il voit des possibilités esthétiques et visuelles illimitées ; ▷ **Ciné-œil.** Les mouvements d'avant-garde donnent des documentaires formalistes ; voir *Berlin, symphonie d'une grande ville* (1927) de Walther Ruttmann et *Le pont* (1928) de Joris Ivens ; ▷ **abstraction allemande.** Robert J. Flaherty est considéré comme le père du documentaire ; voir *Nanouk L'Esquimau* (1922). John Grierson inaugure l'école du documentaire dans les années 1930 en Angleterre ; travaillant dans différents ministères britanniques et recevant des subventions, il forme des cinéastes comme Alberto Cavalcanti, Humphrey Jennings, Paul Rotha, Henry Watt et Basil Wright, qui donneront au cinéma britannique ses meilleures œuvres. Les États-Unis, dans l'entre-deux-guerres, lors du grand mouvement de syndicalisation des travailleurs et du New Deal, produisent d'excellents documentaires. Avec le nazisme, l'Allemagne produit un cinéma de combat et de propagande excessif. Après la Deuxième Guerre mondiale, les pays de l'Est favorisent la production de documentaires. Dans les années 1950 naît le Free Cinema, qui s'inspire de l'école de Grierson. Ce dernier fonde en 1939 l'Office national du film du Canada [ONF] ; l'ONF produit une série télévisée en 1956 qui donnera le nom au mouvement du Candid Eye ; de son côté, les expériences de l'équipe française de l'ONF aboutissent au Cinéma direct québécois. Jean Rouch, en France, déjoue les codes du documentaire avec

Moi un Noir (1959), inaugurant ainsi le mouvement du cinéma-vérité. La France connaît dans les années 1950 et 1960 d'excellents documentaristes comme Chris Marker, Alain Resnais et Agnès Varda. Avec l'arrivée de la télévision, le documentaire est produit pour le petit écran ; il y est principalement programmé, ce qui lui donne une visibilité plus grande qu'auparavant. Parmi les cinéastes contemporains importants du documentaire, citons Raymond Depardon, Claude Lanzmann, Marcel Ophuls et Nicolas Philibert (France), Emile de Antonio, Barbara Kopple, Robert Kramer et Frederick Wiseman (États-Unis), Johan van der Keuken (Pays-Bas), Richard Dindo (Suisse), Pierre Perrault, Robert Morin et Sylvain L'Espérance (Québec) ; Fernando Solanas (Argentine et France) et Wang Bing (Chine). Plusieurs festivals importants lui sont consacrés, dont le Festival du Réel, qui se tient au mois de mars de chaque année à Paris. ▷ **cinéma militant, cinéma politique, film de montage, style documentaire.**

documentariste ▪ Auteur de films documentaires (*documentary film-maker, documentary filmmaker*).

document-fiction ▪ Film de fiction destiné à alimenter un débat télévisé.

documentaire rock ▪ Genre cinématographique né à la fin des années 1960, présentant des spectacles de groupes rock (*rock documentary*). Le film d'Albert et David Maysles, *Gimme Shelter* (1970), est l'exemple d'un remarquable documentaire rock sur un spectacle des Rolling Stones à Altamont (Californie), monté avec diverses séquences de la tournée du groupe aux États-Unis. Martin Scorsese filme le concert d'adieu du groupe Band dans *The Last Waltz* (1978), y poursuivant sa réflexion sur le monde du spectacle entreprise dans *New York New York* (1977). Depuis les années 1980, les chaînes télévisées musicales, en retransmettant en direct les spectacles rock, mettent presque fin au genre.

Dogma 95 ▪ Manifeste esthétique conçu par de jeunes cinéastes danois regroupés dans un collectif qui porte le même nom, fondé au printemps 1995 sous la houlette du réalisateur Lars von Trier. L'objectif du manifeste est de contrecarrer certaines tendances du cinéma contemporain, notamment dans l'utilisation des nouvelles technologies. Les signataires de Dogma 95 contestent la notion d'auteur, inspirée selon eux par un romantisme bourgeois décadent et faux. Parmi les dix commandements énumérés dans leur manifeste, ils prônent la disparition du nom du réalisateur au générique du film, l'exclusion de tout système d'éclairage, le rejet de l'emploi de la musique, le tournage de films exclusivement en couleurs et dans des décors naturels, la prise de son uniquement en direct, l'utilisation absolue de la caméra portable et du format 35 mm standard. Ces principes ne sont guère respectés ; ainsi, *Célébration* (1998) de Thomas Vinterberg, premier film portant l'emblème du Dogma 95, est tourné en vidéo et reporté sur un film standard. Il est manifeste également que les cinéastes veulent marquer leurs films par leur style et en participant étroitement à leur promotion.

Dolby ▪ Laboratoire britannique fondé par Ray Dolby en 1965, spécialisé dans le traitement du son. Dolby est reconnu pour ses systèmes d'enregistrement et de reproduction sonores de qualité supérieure mis au point en 1967, dont le Dolby SR, le Dolby Stereo et le Dolby Digital EX. Le système Dolby est le résultat de la compression des sons lors de leur enregistrement et de leur décompression lors de leur reproduction.

dolly ARG., AMÉRIC. ▪ De l'argot américain *doll*. Chariot complexe mis au point dans les années 1940 afin de faciliter les mouvements de caméra, travellings et panoramiques, grâce à un dispositif pneumatique ou hydraulique. La dolly est manœuvrable sur deux ou quatre roues ; ▷ **crab dolly**. Dolly est devenu un terme générique pour désigner tous les appareils qui lui ressemblent : la Stindt, la Peewee Chapman, la Hustler Chapman, la Hybrid Chapman et la Fisher.

domaine ▷ nom de domaine.

Domitor ▪ Nom que veut donner en 1894 Antoine Lumière, père d'Auguste et Louis Lumière, à l'appareil qui deviendra le Cinématographe. Il veut une désignation simple, contrairement à celles, compliquées, en usage alors, comme le Phénakistiscope. C'est un représentant des champagnes Moët et Chandon qui suggère ce nom.

doublage ▪ Opération de substitution des dialogues dans une langue par des dialogues dans une autre langue (*dubbing*). Le spectateur entend une autre voix que celle, originale, de l'acteur en regardant un film doublé. Les personnes qui font du doublage sont de véritables acteurs, spécialisés dans cette technique. Le doublage est fort critiqué par les cinéphiles qui lui préfèrent le sous-titrage. Depuis le début de l'an 2000, les films devant sortir simultanément dans plusieurs pays pour éviter le piratage sont rapidement doublés et la traduction de dialogues originaux ainsi que l'enregistrement du son sont bâclés. Certains écrivains donnent ses lettres de noblesse au doublage, comme Raymond Queneau avec *La Strada* (1954) de Federico Fellini et *Certains l'aiment chaud* (1959) de Billy Wilder. ▷ **postsynchronisation.**

doublage en boucle ▪ Postsynchronisation faite avec des copies de doublage (*ADR pour automatic dialogue replacement*). La copie de doublage est découpée en fragments, qui sont mis en boucle.

doublé ADJ. ▪ Se dit d'un film qui a subi l'opération de doublage.

double bande ▪ Film se présentant sous la forme de deux bandes séparées : une bande image et une bande son (*double band, double-head*). Le montage d'une copie de travail s'effectue en double bande. ◊ SYN. SPEMAG, code international, de l'abréviation de *separated magazine*. ▷ **projection double bande.**

double couche ▪ Se dit de DVD dont la capacité de stockage de données est augmentée par l'adjonction d'une seconde couche enregistrable (*double layer*). Les deux couches sont superposées et permettent une capacité de stockage de 8,5 Go (gigaoctets). L'abréviation DL est alors ajoutée au type de DVD. ◊ SYN. double face.

double face ▷ double couche.

double image ▪ Trucage optique consistant à montrer deux images dans le même plan (*split screen*). L'image de deux personnages qui sont dans deux endroits différents et se parlent au téléphone est un exemple de double image. ▷ **écran divisé, multi-image.**

double négatif ▪ Prise négative développée au laboratoire mais non retenue au montage du négatif.

double positif ▪ Prise positive tirée, gardée dans le bout-à-bout, mais non retenue dans la copie de travail. On distingue le positif image (*picture positive*) et le positif son (*sound positive*).

double poste ▪ Installation dans une cabine de deux projecteurs qui fonctionnent alternativement, un des projecteurs enchaînant le début d'une bobine avec la fin d'une autre dans l'appareil voisin. ▷ **dispositif d'enchaînement.**

doubler ▪ [1] Faire le doublage (*dub*). ▪ [2] Remplacer un acteur par une autre personne pour le tournage des scènes dangereuses ou osées (*stand-in*). ▷ **cascadeur, doublure.**

doublet achromat ▪ Imaginé en 1758 par l'opticien anglais John Dollond, ensemble convergent formé d'une lentille convexe en verre crown et d'une lentille concave en verre flint (*achromatic lens*). Le doublet achromat permet de corriger les aberrations chromatiques, soit la déformation des images projetées et l'irisation parasite. ◊ SYN. objectif achromatique.

doubleur-chant [doublure-chant] ▪ Personne qui en double une autre supposée chanter dans un film (*singing voice*). Les voix des personnages des *Parapluies de*

Cherbourg (1964) de Jacques Demy sont celles de doublures-chant.

Double X [XX] ▪ Marque de commerce d'une pellicule négative en noir et blanc de Kodak fabriquée dans l'entre-deux-guerres.

doublure ▪ Personne remplaçant un interprète (*understudy, stand-in*). À cause de sa ressemblance avec l'interprète, la doublure prend sa place pour le réglage des éclairages, les prises de vues en amorce ou en silhouette. La doublure peut être également un cascadeur. ▷ **doubleur-chant.**

doublure-chant ▷ doubleur-chant.

doux ADJ. ▪ Caractéristique d'un négatif ou d'une image présentant un faible contraste (*soft*). ◊ CONTR. dur.

dragonne ▪ Lanière ou courroie fixée à la caméra qu'on enroule autour du poignet pour éviter de laisser tomber par mégarde l'appareil (*wrist-strap*). La dragonne est surtout adaptée pour les caméras amateurs.

drame ▪ Catégorie de films dont l'action, tragique ou pathétique, s'accompagne d'éléments réalistes (*dramatic film*). Ces éléments peuvent être parfois comiques; ▷ **comédie dramatique.** La structure d'un drame commence par l'exposition d'une situation dramatique (un accident, une maladie grave, la perte d'un emploi, etc.), suivie par le récit de ses conséquences dans la vie quotidienne, et se termine par un dénouement, généralement positif. Les films d'Ingmar Bergman, comme *Persona* (1965), et de Michelangelo Antonioni, comme *L'avventura* (1969), sont des chefs-d'œuvre de maîtrise de drames exceptionnels. On distingue plusieurs catégories de drame : le drame biographique, le drame de guerre, le drame fantastique, le drame judiciaire, le drame historique, le drame musical, le drame policier, le drame psychologique, le drame sentimental, le drame social et le drame sportif. ◊ SYN. film dramatique.

drame judiciaire ▪ Film dont l'action se déroule principalement dans une cour de justice et en partie dans un bureau d'avocat ou une salle de délibération de jury (*courtroom drama*). *Le procès Paradine* (1947) d'Alfred Hitchcock, *Douze hommes en colère* (1957) de Sidney Lumet, *La vérité* (1960) d'Henri-Georges Clouzot, *Le mystère von Bülow* (1990) de Barbet Schroeder et *L'idéaliste* (1998) de Francis Ford Coppola sont des drames judiciaires. En France, André Cayatte en fait une spécialité, avec, entre autres, *Justice est faite* (1950) et *Nous sommes tous des assassins* (1951). ◊ SYN. film judiciaire.

drapeau ▪ Panneau noir fixé sur un projecteur en vue de contrôler son flux lumineux (*flag,* ARG. PLUR. *elephants ears*). ◊ SYN. feuille. ARG. nègre. ◊ VOISIN coupe-flux.

DreamWorks ▪ Forme abrégée de Dream-Works SKG.

DreamWorks SKG ▪ Studio américain fondé en 1994 par David Geffen, Jeffrey Katzenberg et Steven Spielberg. Au moment de sa fondation, DreamWorks SKG, en plus de vouloir produire des films, élabore des plans de production d'émissions de télévision, de disques (y compris des cédéroms et des vidéodisques), de logiciels, de jouets et de création d'arcades avec la compagnie Sega et les studios Universal (GameWorks), mais ne parvient pas à devenir le grand studio multimédia rêvé. Sa branche cinéma est particulièrement active. Parmi sa soixantaine de productions, citons tous les films de Steven Spielberg ainsi que *American Beauty* (1999) de Sam Mendes, *Gladiator* (2000) de Ridley Scott, *Shrek* (2001) de Andrew Adamson et Vicky Jenson, *Shrek 2* (2004) de Andrew Adamson (son plus grand succès financier avec près de 1 MD$ de recettes), *Hollywood Ending* (2002) de Woody Allen, *Mémoires de nos pères* (2006) et *Lettres de Iwo Jima* (2007) de Clint Eastwood. Ses studios sont à Glendale, à Los Angeles. En décembre 2005, la Paramount Pictures achète DreamWorks SKG pour 1,6 MD$. Son emblème : un petit garçon avec une canne à pêche, assis sur un croissant de lune.

drive-in ANGLIC. ■ De *drive-in movie, drive-in theater*. Salle de cinéma en plein air où le spectateur assiste à la projection d'un film dans sa voiture (ARG. *ozoner*). Le drive-in est très populaire aux États-Unis après la Deuxième Guerre mondiale. Au Québec, la traduction du terme est « ciné-parc ».

droite caméra ■ Tout ce qui correspond à la droite du champ couvert par la caméra. ◇ CONTR. gauche caméra.

droits PLUR. ■ Redevances tirées de l'exploitation d'un film (*royalties*). Secteur important à cause des sommes en jeu, mais aux règles aléatoires selon les pays et les types de production, les droits appartiennent généralement au producteur qui, s'il n'est pas lui-même distributeur, les cède pour un temps limité à un distributeur pour une certaine somme en avance et un pourcentage sur les recettes ; on l'appelle « droit de projection » ; ▷ **à-valoir distributeur**. La musique et les chansons des films sont des droits à part, exploités par leurs créateurs. Pour la télévision et les enregistrements sur support vidéographique, les droits sont également cédés pour un temps limité (entre deux et sept ans) au distributeur (si celui-ci n'est pas le producteur) qui les acquiert. Le scénario en Europe est considéré comme une œuvre originale et le ou les scénaristes perçoivent alors des redevances lors de la diffusion d'un de leurs films à la télévision. Il en est de même pour le réalisateur, qui se voit attribuer le titre d'auteur pour son film et perçoit des redevances lors de la diffusion de son œuvre à la télévision ; ▷ **SACD, droits d'auteur**. Avec les lecteurs, les enregistreurs de cassettes et les graveurs de DVD, les droits ne sont généralement pas respectés ; ▷ **piratage**. ▷ **catalogue, droits d'auteur, passage**.

droits d'auteur PLUR. ■ Droits légaux et exclusifs appartenant à un auteur ou à un groupe d'individus pour le contrôle durant un temps limité de l'exploitation et de la reproduction d'une œuvre, qu'elle soit littéraire, musicale, cinématographique ou autre (*copyright*). Au cinéma, les droits d'auteur sur un film appartiennent durant 75 ans à la compagnie productrice (comme aux États-Unis) ou ils appartiennent durant 50 ans à un individu (souvent le réalisateur, comme en Europe).

droits de projection ▷ droits.

DTS ■ Sigle de Digital Theater System.

Dufaycolor ▪ Marque de commerce d'un procédé de reproduction des couleurs mis au point dans les années 1930, en Grande-Bretagne, à partir des travaux du Français L. Dufay. Par méthode additive, on utilise dans le Dufaycolor une trame trichrome (rouge-orangé, bleu-violet et vert) à la base de l'émulsion. Une image en noir et blanc est enregistrée et projetée à travers cette trame. Ce procédé est rapidement abandonné parce qu'il ne permet pas le tirage en couleurs des copies. ▷ **réseau coloré.**

dumping ANGLIC. ▪ Pratique des Majors consistant à inonder le marché extérieur des États-Unis en distribuant exclusivement leurs films dans des circuits de salles avec lesquels ils sont affiliés; les films, rentabilisés aux États-Unis et au Canada, sont ainsi cédés à bas prix à des associés (*dumping*). Le dumping s'est exercé en Europe après la Deuxième Guerre mondiale, et en Amérique latine depuis les années 1920. Un même genre de dumping est également pratiqué par l'Union soviétique avec les pays socialistes (Pologne, Hongrie, Cuba, etc.). ▷ **réservation en lot.**

dunning VX ▪ Procédé de trucage qui permet de filmer des interprètes dans un studio sur un fond préalablement filmé ailleurs (*Dunning process, Dunning-Pomeroy self-matting process*). Le dunning est mis au point en 1927 par C. Dodge Dunning. Utilisé pour le noir et blanc, le dunning demande un décor et des interprètes éclairés en jaune-orangé; le fond de scène est constitué d'une surface bleu-violet; le tout est filmé par une caméra bipack munie d'un négatif vierge et d'un positif viré en jaune-orangé. La réflexion de la lumière orangée venant des acteurs joue le rôle d'un cache mobile sur la pellicule positive, tandis que l'image des interprètes est enregistrée sur le négatif. Le dunning ne peut pas s'appliquer à la couleur. Il est l'ancêtre du cache mobile et de la projection frontale.

dupli ARG. ▪ Forme abrégée de duplicata.

duplicata ▪ [1] Copie intermédiaire (*duplicate*). ▪ [2] Copie d'un film à n'importe quelle étape de sa production (*duplicate*).

duplication ▪ [1] Action de copier un enregistrement sur un support (*duplication*). La duplication doit créer une copie exacte de cet enregistrement. ▷ **avertissement [2].** ▪ [2] ▷ **clonage.**

DuPont ▪ Marque de commerce d'une pellicule noir et blanc fabriquée dans les années 1950 et 1960 par DuPont de Nemours. Cette pellicule sera largement utilisée en Italie.

dur ADJ. ▪ Caractéristique d'un négatif ou d'une image présentant un fort contraste (*hard*). ◊ CONTR. doux.

durcissement ▪ Procédé visant à durcir et à tanner la couche gélatineuse du film (*hardening*). Le durcissement permet de rendre la pellicule plus résistante à l'abrasion et aux rayures. ◊ SYN. tannage.

durée ▪ Temps de la projection en 24 ou 25 images par seconde d'un film en son entier (*running time*). La durée normale d'un film se situe entre 90 et 120 minutes. Les premiers films des frères Lumière sont des bandes de 56 secondes; les films muets ont par la suite une durée d'environ 15 minutes (une bobine); ils passeront à 70 minutes en 1905. Le premier cinéaste à imposer un film long est D.W. Griffith avec *Naissance d'une nation* (1915), d'une durée de 170 minutes. Avec l'avènement de la télévision durant les années 1950, les écrans sont envahis par les superproductions en couleurs et souvent en CinémaScope de près de trois heures : *Quo Vadis ?* (1951) de Mervyn LeRoy, *Géant* (1956) de George Stevens et *Ben Hur* (1959) de William Wyler. Certains cinéastes travaillent à l'extrême la durée de leurs films : Jacques Rivette avec une première version de *Out one : Noli me tangere* (1971) d'une durée de 12 heures et 40 minutes, présentée une seule et unique fois en copie de travail, et avec une deuxième version d'une durée de 4 heures et 15 minutes exploitée en salle sous le titre *Out one*. Le documentaire, divisé en plusieurs parties, peut être très long ; voir *À l'ouest des rails* (2004) de Wang Bing, divisé en quatre parties inégales (« Rouille I », « Rouille II », « Vestiges » et « Rails ») qui totalisent neuf heures. En revanche, la quasi-totalité des films de Jean-Luc Godard atteignent rarement les 90 minutes régulières. La durée détermine la catégorie d'un film : un court métrage pour une durée de moins de 30 minutes, un moyen métrage pour une durée se situant entre 30 et 60 minutes et un long métrage pour une durée de plus de 60 minutes.

DV ■ Sigle de *digital video*. Caméra vidéo mise sur le marché en 1996 qui permet d'enregistrer en numérique des vidéos sur cassettes avec une faible compression pour l'image grâce à des capteurs CCD. Le transfert se fait directement de la vidéo vers un ordinateur pour ensuite effectuer le montage. Destinée au départ aux amateurs, la DV est rapidement adoptée par les professionnels. Il existe plusieurs formats de caméras numériques, dont la DV, la mini-DV, la DVCAM, la Digital8 et la DVCPRO. Son prix varie de 250 $ pour les amateurs à 135 000 $ pour les professionnels.

DVD ■ Sigle de *digital video disc* et de *digital versatile disc*. Standard de disque compact contenant des images animées accompagnées de sons, enregistrées selon le système d'information numérique, et pouvant être lu par un rayon laser. Communément appelé DVD (*digital versatile disk*), le disque numérique à usage multiple remplace à partir de 2000 la cassette préenregistrée et le disque laser. Conçu pour être adapté au lecteur de CD courant et de cédérom (sa première appellation est *digital video disc*, disque compact vidéonumérique), il est toutefois mis en marché avec son propre lecteur, au Japon à la fin de 1996, aux États-Unis au printemps de 1997 et en France au début de 1998. Il est le résultat d'un commun accord entre Sony et Philips, à la suite de discussions qui ont duré trois ans, entre 1992 et 1995, à l'instigation de Warren Lieberfarb, alors patron de Warner Home Video. De la taille d'un CD, on peut y stocker, sur chacune de ses faces, 7 fois plus de données que sur un CD, soit au moins 4,7 Go (gigaoctets) en format compressé, comme un film de long métrage avec différentes pistes audio en plusieurs langues et différents suppléments ; ▷ **bonus**, **coffret** ; dans le commerce, la capacité courante d'un DVD enregistré est de 8,5 Go. Il offre une qualité du son et de l'image comparable à celle d'une salle de cinéma. Le lecteur de DVD peut être raccordé à un poste de télévision ou intégré dans un ordinateur pour être lu. Il connaît un succès énorme dès sa mise en marché. On tente d'en empêcher la copie par des systèmes de protection, rapidement déjoués par des logiciels disponibles dans le Web. Destiné avant tout au cinéma, son enregistrement est codé selon différentes zones correspondant aux grandes divisions du monde afin de protéger les œuvres de l'exportation et de permettre aux éditeurs de ces zones de contrôler leur marché. Ces zones, au nombre de sept, sont : zone 1 : États-Unis, Canada ; zone 2 : Japon, Europe, Afrique du Sud, Moyen Orient, Égypte ; zone 3 : Asie du Sud Est, Asie de l'Est, Hongkong ; zone 4 : Australie, Nouvelle Zélande, Amérique Centrale, Mexique, Amérique du Sud, Caraïbes ; zone 5 : Russie, Inde, Afrique, Corée du Nord ; zone 6 : Chine ; zone 7 : non définie, réservée ; zone 8 : lieux internationaux spéciaux (avions, bateaux de croisière, etc.). Il existe des lecteurs DVD qui peuvent lire les disques de toutes ces zones. Les graveurs DVD permettent de graver différents formats : DVD-Rom, DVD-R, DVD-RW et DVD-Ram (qui peut contenir 9,4 Go). L'abréviation DL ajoutée au type de DVD signifie *Dual Layer*, soit « double couche » en français ; elle indique que le DVD est enregistré ou peut être enregistré sur ses deux faces. Les capacités minimales des DVD existent en quatre types : le DVD-5 pour 4,7 Go, le DVD-9 pour 8,5 Go, le DVD-10 (sur 2 faces) pour 9,4 Go et le DVD-18 (sur 2 faces) pour 17 Go. Des nouveaux formats de DVD s'ajoutent aux anciens : le disque Blue-Ray (de 25 Go et, sur 2 faces, de 50 Go) et le HD-DVD (de 15 Go et, sur 2 faces, de 30 Go). Les principaux fabricants de DVD sont : Hewlett Packard, Panasonic, Philips, Pioneer, Samsung, Sony, TDK et Toshiba. Plusieurs traductions françaises complètes du terme DVD sont suggérées mais rarement usitées ou simplement abandonnées : disque numérique à usage multiple, disque compact vidéonumérique, disque numérique polyvalent, disque optique vidéo compact et vidéodisque numérique.

dvdthèque NÉOL. ■ Terme calqué sur le mot « bibliothèque ». Collection de DVD.

Dyaliscope ■ Format du CinémaScope en France. Le Dyaliscope est de 2 : 35 : 1.

dye transfer ANGLIC. ■ Littéralement : transfert de colorant. Opération de tirage utilisée notamment dans le procédé Technicolor (*dye transfer*). La gélatine en relief des trois matrices positives trichromes est imbibée de colorants (cyan, jaune et magenta) qui revêtent alors la surface du blank. ▷ **imbibition, virage par mordançage.**

Dynalens ■ Marque de commerce d'un stabilisateur de caméra placé sur les objectifs afin d'éliminer les vibrations dans les déplacements à bord d'un véhicule ou dans les prises de vues avec zoom. C'est un dérivé d'un procédé datant de 1962, le Dynalens de Juan de la

Cierva, que les sociétés Canon et Sony ont mis au point. Deux capteurs mesurent l'amplitude des mouvements de la caméra, l'un dans le sens vertical, l'autre dans le sens horizontal, et un microprocesseur calcule les corrections à apporter et envoie les ordres aux bagues des objectifs de la caméra. Le stabilisateur est utilisé sur les caméras de type Steadicam.

dynamique SUBST. ■ [1] En acoustique, valeur exprimée en décibels de l'écart entre les niveaux les plus forts et les plus faibles d'un son enregistré ou à être enregistré par un appareil (*dynamic range*). ■ [2] ▷ **Cinéma dynamique.**

Ealing comedy ANGL. ■ Appellation donnée aux films comiques produits par les studios britanniques Ealing, en particulier aux films produits entre 1948 et 1955, année où les studios sont achetés par la BBC. Plusieurs de ces films sont devenus des classiques du cinéma de Grande-Bretagne, comme *Passeport pour Pimlico* (1949) de Henry Cornelius et *L'homme au complet blanc* (1959) de Alexander Mackendrick. ▷ **comédie britannique**.

Eastman Color, Eastmancolor ■ Marque de commerce d'une pellicule couleur mise au point par la firme Kodak en 1952, dont le procédé est le monopack soustractif trichrome. Au cours de ses améliorations, en particulier à cause de la température dans les bains de développement, le grain est devenu très fin et il peut être utilisé plus facilement pour le tournage en intérieur et de nuit. Eastman Color est largement utilisé en Europe à cause de son coût d'utilisation moins élevé que celui du Technicolor, qu'il remplace le plus souvent; il se dégrade toutefois plus rapidement que le Technicolor.

Eastman Kodak ■ Marque de commerce d'une pellicule noir et blanc de la compagnie Eastman Kodak.

Eastman Kodak Company [Kodak] ■ Nom d'une société américaine, véritable empire de produits et services en photographie et en cinéma. La société est fondée par George Eastman en 1881 sous le nom de Eastman Dry Plate Company (Compagnie des plaques sèches Eastman). Eastman est le premier à substituer le celluloïd à la plaque de verre. Et c'est en 1885 qu'il redonne un nouveau nom à sa compagnie: Eastman Kodak Company. Plusieurs mythes entourent l'appellation Kodak; on dit que le nom est inspiré par celui d'un village africain que George Eastman visite, que son vocable s'identifie au nom de la mère d'Eastman, Kilbourn, ou qu'il est forgé phonétiquement à partir du cri de la poule. En 1889, Eastman fait des recherches pour l'obtention d'une pellicule cinématographique avec perforations. Thomas Edison lui passe sa première commande de pellicule 35 mm. La société lance plusieurs procédés de films en couleurs et elle devient le premier fabricant mondial de pellicules. Elle met en marché sous le nom de Eastman une pellicule pour films professionnels et, sous le nom de Kodak, des pellicules destinées généralement au marché amateur. Elle fabrique également des caméras et des projecteurs. Elle s'adapte aux nouvelles technologies, et vise le marché de la vidéo et du multimédia. ▷ **Eastman Color, Ektachrome, Kodachrome, Kodacolor.**

écart de réciprocité ■ Invalidation de la réciprocité entre le temps de pose et d'éclairement lorsque le temps de pose est soit extrêmement bref (moins d'un millième de seconde), soit extrêmement long (plusieurs secondes) (*reciprocity failure*).

échantillon ■ Résultat obtenu par échantillonnage (*sample*).

échantillonnage ■ Prélèvement à intervalles déterminés d'un nombre des valeurs d'un analogique (*sampling*). Le nombre de prélèvements effectués durant une seconde donne la valeur de l'échantillonnage. Plus on prélève d'échantillons durant la seconde, meilleur est le son. Pour une bonne qualité d'un CD audio, il faut 44 000 échantillons sur une seconde.

échantillonneur ■ Appareil pour effectuer un échantillonnage (*sampler*).

échelle des plans ■ Importance spatiale assurée à un objet dans le plan par rapport à la distance réelle ou apparente entre cet objet et la caméra. L'échelle des plans correspond à la grosseur des plans. Par rapport au décor, on la caractérise par le plan général, le plan d'ensemble et le plan de semi-ensemble ; par rapport à

un ou plusieurs personnages, par le plan moyen, le plan américain, le plan rapproché, le gros plan et le très gros plan. ◊ SYN. grosseur de plan. ▷ **demi-plan.**

écho ■ Effet produit par le prolongement du son entre son point de départ (son direct) et son point d'arrivée (son réfléchi) (*echo*). L'écho produit deux sons distincts. ▷ **effet d'écho.**

e-cinéma ■ Mot formé par la contraction de « électronique » et par « cinéma ». Diffusion et projection de films en vidéo pour les salles de cinéma (*e-cinema*). La mise en place de ce système élaboré à la fin des années 1990 est plus longue que prévue, en particulier à cause de la résistance des studios hollywoodiens face à la qualité des projections. Le réseau d'exploitation de salles AMC aux États-Unis et au Canada équipe presque toutes ses salles en e-cinéma. ◊ VOISIN d-cinéma.

Éclair ■ Marque de commerce d'appareils de prise de vues 16 mm et 35 mm fabriqués par la compagnie française Éclair International Diffusion. La première caméra de cette compagnie est l'Éclair-Grillon, lancée en 1912. Dans les années 1950, Éclair met sur le marché des caméras légères, portables et à visée reflex, qui seront largement utilisées en Europe ; elles contribueront à la naissance et au développement du cinéma-vérité. ▷ **Caméflex, Coutant 16.**

éclairage ■ [1] Action d'éclairer le champ d'un plan dans un film (*lighting*). Activité essentielle du cinéma, l'éclairage consiste à éclairer les scènes d'un film, les interprètes et les décors par diverses sources lumineuses, naturelles ou artificielles. Le rendu des images à l'écran dépend de l'éclairage. L'éclairage est sous la responsabilité du directeur de la photographie ; ce dernier travaille étroitement avec le réalisateur et le directeur artistique, et doit maîtriser tous les aspects techniques (installation et nature des sources d'éclairage) et esthétiques de l'éclairage. L'éclairage évolue avec la technique cinématographique : avec les prises de vues en studio, l'avènement du parlant, l'augmentation de la sensibilité des pellicules, l'avènement de la couleur, le matériel d'éclairage (les projecteurs à arc, les floods, les lampes et les réflecteurs), l'utilisation des effets spéciaux, les équipements électroniques et numériques de tournage. Il fait partie intégrante de la mise en scène et participe de sa cohérence et de son sens. ■ [2] Manière d'éclairer de façon naturelle ou artificielle le décor d'un film (*light*). ◊ SYN. lumière.

éclairage ambiant ■ Degré d'obscurité nécessaire à la projection d'un film (*ambient light*). ◊ SYN. éclairage de la salle.

éclairage artificiel ■ Lumière produite artificiellement et dont la source est autre que celle du soleil (*artificial lighting*). Au cinéma, la lumière artificielle apparaît tôt afin de remédier aux inconvénients et à l'instabilité de la lumière solaire. Elle nécessite des lampes pour être produite. ▷ **éclairage de studio.** ◊ CONTR. éclairage naturel.

éclairage de la salle ▷ éclairage ambiant.

éclairage de studio ■ Matériel nécessaire à l'éclairage artificiel en studio (*studio lighting*). On utilise en studio un matériel plutôt lourd et encombrant, l'éclairage par décharge électrique (avec des lampes à arc, lampes aux halogénures, lampes à décharge, etc.). Pour les extérieurs, on utilisera un matériel plus léger et portable, l'éclairage par incandescence (avec des floods, lampes à halogène, lampes à quartz, etc.).

éclairage naturel ■ Lumière dont la source est autre que l'éclairage de studio (*natural lighting*). Le terme décrit le plus souvent un éclairage dont la source peut être la lumière du soleil, la lumière du jour, la lumière d'une chandelle, la lumière d'un feu de foyer. ◊ CONTR. éclairage artificiel. ▷ **lumière d'accessoire.**

éclairagiste ■ Spécialiste responsable de l'éclairage, de son installation et de son bon fonctionnement (*lighting engineer*). ▷ **chef éclairagiste.**

éclairement ■ Quotient du flux lumineux que reçoit une surface par la mesure de cette surface (*illumination*). L'éclairement se calcule en lux. ▷ **photométrie.**

éclairer ■ D'un point de vue technique et artistique, régler l'éclairage d'une scène pour la prise de vues (*light*).

éclatement des perforations ■ Déchirure de la pellicule dans l'angle des perforations. ◊ VOISIN piqûre des perforations.

école de Brighton ■ Groupe de cinéastes britanniques qui, entre 1886 et 1906, apportent par leurs expériences techniques des innovations formelles au film, entre autres, le gros plan et le montage parallèle. D.W. Griffith sera fortement influencé par l'école de Brighton. Parmi les cinéastes importants de ce groupe, citons Cecil Hepworth, George Albert Smith et James Williamson.

école de cinéma ▷ enseignement du cinéma.

École de cinéma de l'Institut fédéral d'État de la cinématographie ▷VIGK.

École de cinéma de Lodz ■ Organisme d'enseignement du cinéma fondé en 1945 à Lodz, en Pologne (Łódź Film School). Remarquable pépinière, elle forme des cinéastes qui susciteront l'admiration dans le monde entier. En sortent, entre autres, Krzysztof Kieslowski, Wojciech Has, Stanislaw Lattalo, Roman Polanski et Krzysztof Zanussi. Son nom officiel est École nationale supérieure de cinéma, de télévision et d'art dramatique Leon Schiller de Lodz (Leon Schiller's National Higher School of Film, Television and Theatre in Łódź). Son nom en polonais : Państwowa Wyzża Szkoła Filmova Telewizyjna i Teatralna im. Leona Schillera w Łodzi.

école des Buttes-Chaumont ■ Ensemble de réalisateurs de la télévision française qui, de 1959 à 1968, travaillent dans les studios des Buttes-Chaumont, à Paris, et qui signent des dramatiques de grande qualité. Parmi les réalisateurs importants de l'équipe de ces studios, citons Marcel Bluwal, Stellio Lorenzi, Michel Mitrani, Jean Prat, Claude Santelli et Paul Seban. Du fait de leur appartenance au Parti communiste français [PCF], ces réalisateurs sont surnommés « les Barons rouges ». Certains d'entre eux passeront au cinéma, comme Michel Mitrani avec *Les guichets du Louvre* (1974).

école de Zagreb ■ Ensemble de la production du dessin animé yougoslave. Le premier dessin animé yougoslave est réalisé en 1922. Dans les années 1930, plus d'une centaine de productions sont réalisées, la plupart des films publicitaires, mais également des films éducatifs et de propagande. On fonde en 1956 le Zagreb Film, qui permet à un grand nombre de cinéastes de développer leur talent et leur imagination. De nombreux prix dans les festivals reconnaissent la qualité de la production de Zagreb Film, composée de films satiriques, parodiques et sociocritiques, signés Nikola Kostelac, Vatroslav Mimica, Vako Kritl et Dusan Vukotic ; ce dernier obtient un oscar avec *Ersatz* (1961). Une nouvelle génération apparaît à la fin des années 1960, certains cinéastes avec des dessins plus formalistes (comme ceux de Vladimir Jutrisa et Aleksandar Marks) et d'autres, plus caricaturaux (comme ceux de Borivoj Dovnikovic, Nedelko Dragic, etc.). Une autre génération apparaîtra dans les années 1980, formée de cinéastes tels Milan Blazetovic, Zlatko Pavlinic, Josko Marusic et Kresimir Zimonic. La production du dessin animé à Zagreb ralentit en 1991 avec la fin du système communiste et la séparation de la Croatie de la fédération yougoslave.

École nationale du film ▷ Centro Sperimentale di Cinematografica.

École nationale supérieure de cinéma, de télévision et d'art dramatique Leon Schiller de Lodz ▷ École de cinéma de Lodz.

écouteurs PLUR. ■ Partie du casque d'écoute appliquée sur les oreilles (*headphones*). Les écouteurs sont en quelque sorte de minuscules haut-parleurs.

écran ■ [1] Surface blanche sur laquelle est projetée l'image (*screen*). Du pouvoir réfléchissant de l'écran dépend la qualité de l'image perçue. On distingue plusieurs types d'écrans, à la fois pour la projection en tant que telle (les écrans aluminisé, courbe, gaufré, large, mat, panoramique, perforé, perlé et plat), pour l'éclairage (l'écran réflecteur, le filtre) et pour la production d'effets spéciaux (les écrans bleu, divisé, translucide et noir). En animation, on distingue le procédé d'écran d'épingles. ■ [2] Cinéma. On distingue le grand écran, pour le cinéma, et le petit écran, pour la télévision. ■ [3] Contenu de l'image reproduite sur une surface vidéographique : un tube cathodique ou un moniteur (*screen, monitor*). ■ [4] Surface d'un terminal, d'un ordinateur ou d'un microordinateur (*screen, monitor, display screen*). On parle d'affichage pour la visualisation produite à l'écran. L'affichage peut faire appel aux rayons cathodiques, aux cristaux liquides ou au plasma, en version monochrome ou couleur, doté d'une matrice active (dont chaque pixel est contrôlé individuellement) ou passive (dont les pixels sont contrôlés par ligne et par colonne).

écran à cristaux liquides ■ Écran d'un moniteur utilisant la technologie LCD (*Liquid Crystal Display*). Cette technologie emploie un écran composé de deux plaques parallèles rainurées transparentes, orientées à 90°, entre lesquelles est coincée une fine couche de liquide contenant des molécules (cristaux liquides) qui ont la propriété de s'orienter lorsqu'elles sont soumises à du courant électrique. Combinée à une source de lumière, la première plaque striée agit comme un filtre polarisant, ne laissant passer que les composantes de la lumière dont l'oscillation est parallèle aux rainu-

res. Il existe deux types d'écran : écran à matrice active et écran à matrice passive. Selon la provenance de la source lumineuse pour la projection, il y a l'écran réflectif, l'écran transmissif et l'écran transflectif. ▷ **écran plat**.

écran aluminisé ■ Écran composé d'une multitude de paillettes de poudre d'aluminium (*metallic screen*). L'écran aluminisé possède une grande puissance de réflexion car la dispersion de la lumière y est contrôlée et les contrastes, intensifiés. ◊ VAR. écran métallique.

écran bleu ■ Écran uniformément bleu permettant le cache mobile (ou travelling matte) (*blue screen*). L'écran bleu est apparu dans les années 1950 avec le Technicolor et le CinémaScope. C'est une méthode de trucage plus avantageuse que la projection frontale et la projection par derrière ; ce type d'écran ne requiert pas de caméra spéciale et permet de travailler sur plusieurs effets spéciaux à la fois à l'étape du tirage. ◊ SYN. fond bleu.

écran cathodique ■ Surface du tube cathodique ou d'un moniteur (*cathodic screen*). L'écran cathodique est notamment utilisé en télévision.

écran courbe ■ Écran prévu au départ pour la projection d'un film en Cinérama (*wraparound screen*). L'écran courbe est largement utilisé dans les salles de cinéma afin d'offrir une image plus large environnante. ◊ CONTR. écran plat.

écran de contrôle ■ Récepteur témoin de caméra qui permet de vérifier la scène tournée (*monitor*). ◊ SYN. écran témoin, moniteur (ANGLIC.).

écran d'épingles ■ Procédé de cinéma d'animation mis au point par Alexandre

Alexeieff (*pin screen*). Par ce procédé, il est possible de créer des images sur une planche recouverte de milliers d'épingles (jusqu'à 500 000). Selon que les épingles sont plus ou moins enfoncées, on obtient des zones claires et des zones foncées, grâce à un éclairage latéral qui s'accroche à leur pointe. Chaque prise correspond à un nouveau tableau qui a globalement changé. Le premier film à écran d'épingles d'Alexeieff, commencé en 1932 et terminé en 1934, est *Une nuit sur le mont Chauve*. Jacques Drouin, cinéaste d'animation à l'Office national du film du Canada [ONF], reprend et développe cette technique dans un style personnel ; voir *Le paysagiste* (1976).

écran divisé ■ Écran scindé en deux parties ou davantage, qui présentent chacune une image différente (*split screen*). L'écran divisé est souvent employé au cinéma pour montrer généralement deux personnes se parlant au téléphone. Il est réalisé par l'utilisation du trucage cache-contrecache. ◊ SYN. image double. ▷ **multi-image.**

écran gaufré ■ Écran couvert d'une multitude de prismes minuscules permettant une réflexion précise de l'image projetée (*lenticular embossed screen*). ◊ SYN. écran lenticulaire, écran prismatique.

écraniste ARCH. ■ Dans les années 1910, terme employé pour désigner le metteur en scène. Créé par le théoricien Ricciotto Canudo, il a été remplacé, comme bien d'autres mots, par le terme « cinéaste ». ▷ **cinégraphe, cinéplaste, visualisateur.**

écran large ■ Écran plus allongé que l'écran standard (*wide screen*). ▷ **Ciné-**maScope, Todd-AO. ◊ VOISIN écran panoramique.

écran lenticulaire ▷ écran gaufré.

écran mat ■ Écran enduit d'une matière gélatineuse qui rend une brillance uniforme et identique quel que soit l'angle de vision du spectateur (*matte screen*). L'écran mat convient surtout pour les films en noir et blanc.

écran métallique ■ Variante d'écran aluminisé.

écran panoramique ■ [1] VX Écran large du CinémaScope (*panoramic screen*). ■ [2] Sur l'enregistrement d'un film en vidéocassette ou en DVD, indication du respect du format original du film (*letterbox, widescreen*). ◊ CONTR. plein écran. ▷ **bretelles.**

écran perforé ■ Écran composé d'une multitude de minuscules trous (*perforated screen*). À cause de la qualité de sa réflexion, l'écran perforé ressemble à l'écran mat. Il permet au son d'être diffusé par des haut-parleurs placés derrière lui.

écran perlé ■ Écran composé d'une multitude de petites perles très précisément calibrées (*pearl screen*). L'écran perlé a un pouvoir réfléchissant élevé et donne une image très précise ; la dispersion de la lumière y est contrôlée. Son rendement est supérieur dans une salle étroite.

écran plasma ■ Écran d'un moniteur utilisant la technologie plasma (*PDP, plasma display panel*). Cette technologie se base sur une émission de lumière grâce à l'excitation d'un gaz. Le gaz utilisé dans les écrans est un mélange d'argon (90 %) et de xénon (10 %). Du gaz est contenu dans des cellules, correspondant aux pixels, dans lesquelles sont adressées une électrode ligne et une électrode colonne permettant d'exciter le gaz de la cellule. En modulant la valeur de la tension appliquée entre les électrodes et la fréquence de l'excitation, il est possible de définir jusqu'à 256 valeurs d'intensités lumineuses. Le gaz ainsi excité produit un rayonnement lumineux ultraviolet (donc invisible pour l'œil humain) ; le rayonnement lumineux ultraviolet est converti en lumière visible, ce qui permet d'obtenir des pixels de 16 millions de couleurs ($256 \times 256 \times 256$). La technologie plasma permet d'obtenir des écrans de grande dimension avec de très bonnes valeurs de contraste. ▷ **écran plat.**

écran plat ▪ [1] Écran prévu pour la projection d'un film en format standard (*flat screen*). ◊ CONTR. écran courbe. ▪ [2] Écran de faible épaisseur pour la projection des images en e-cinéma ou d-cinéma (*flat screen*). ▪ [3] Écran pour le téléviseur utilisant la technologie LCD ou à cristaux liquides, ou la technologie PDP ou à plasma.

écran prismatique ▷ écran gaufré.

écran réflecteur ▪ Drapeau, fait de matière translucide, placé devant une source d'éclairage afin d'adoucir la lumière sans en altérer la température de couleur (*scrim*).

écran réflectif ▪ Dans la technologie LCD, écran éclairé par-devant, par une lumière artificielle ou tout simplement par la lumière ambiante (comme c'est le cas pour la plupart des montres numériques) (*reflective display*).

écran témoin ▪ Moniteur ANGLIC. ▷ **écran de contrôle.**

écran translucide ▪ Écran utilisé pour la technique de la transparence au cinéma (*process screen*).

écran transmissif ▪ Dans la technologie LCD, écran utilisant un rétro-éclairage pour afficher les informations (*transmissive display*). Ce type d'écran est particulièrement adapté pour un usage en intérieur ou dans des conditions de faible éclairage et fournissant habituellement une image contrastée et lumineuse. En contrepartie, il devient difficilement lisible utilisé en extérieur (en plein soleil, par exemple).

écran transréflectif ▪ Dans la technologie LCD, écran utilisant un rétroéclairage ainsi qu'un polariseur composé d'un matériau translucide capable de transmettre la lumière d'arrière-plan tout en réfléchissant une partie de la lumière ambiante (*transreflective display*). Ce type d'écran convient en particulier aux appareils destinés à une utilisation tant en intérieur qu'en extérieur.

écriture cinématographique ▪ Notion littéraire appliquée au cinéma et désignant la part d'invention, d'expression et de technique dans l'art de filmer. L'écriture donne à ce qui est représenté à l'écran ses véritables significations. Le cinéma étant un art créateur en lui-même, l'écriture dépend de l'utilisation que l'on fait de ses matériaux (des plans, des couleurs, du son, etc.) et des techniques cinématographiques (de l'enregistrement photographique et sonore, des trucages, des effets spéciaux, etc.). La valeur et le sens du film dépendent de l'écriture, de l'agencement des signes et du mode de lecture qu'impose l'œuvre elle-même. En France, cette notion est employée dans les analyses de Marie-Claire Ropars-Wuilleumier, qui la distingue de la notion de style ; à lire de cet auteur : *Le texte divisé* (1981).

écurie ARG. ■ Dans le monde du spectacle, ensemble des acteurs appartenant à une firme, à une Major ou à une agence.

Edison Company ■ Une des toutes premières compagnies de cinéma, dont les films sont tournés grâce au Kinetograph et présentés au public grâce au Kinetoscope, en 1893. Les premiers films sont tournés dans un studio qui sera appelé Black Maria ; c'est le premier studio de cinéma qu'on connaisse. La compagnie mettra au point en 1894 la pellicule 35 mm avec quatre perforations sur chaque bord de la pellicule ; ce format sera adopté en 1909 comme standard de l'industrie cinématographique. Dirigée par Thomas Alva Edison, la Edison Company produit en 1903 *L'attaque du Grand Rapide* d'Edwin Stanton Porter, un des premiers films ayant un découpage narratif. Thomas Edison crée en 1909 la Motion Picture Patents Company [MPPC] en vue de contrôler l'industrie entière du cinéma (la fabrication des pellicules et des appareils, le contrôle de la distribution et de l'exploitation) ; une longue guerre s'ensuit avec les producteurs indépendants (dont plusieurs fuiront en Californie et y fonderont Hollywood) ; elle se soldera par la défaite de Edison, car la MPPC est déclarée illégale par la cour fédérale en 1917. La compa-gnie Edison en subit les conséquences et disparaît en 1918. ▷ **Vitascope**.

« *edited for television* **»** ANGL. ■ Aux États-Unis, présentation d'un film remonté spécialement pour la télévision. Cet avertissement avant la présentation du film signifie généralement que des coupures ont été apportées soit pour que le film entre dans le temps imparti par la case horaire, soit pour retrancher des scènes à connotation sexuelle explicite.

éditeur ■ [1] RARE Distributeur. ■ [2] En audiovisuel, toute personne morale ou physique qui diffuse ou distribue des informations auprès du public (*editor*).

editing ANGL. ■ Synthèse de tous les éléments visuels et sonores du film. *Editing* est différent de *cutting* (l'action de monter et de coller les fragments du film) et de *montage* (la relation de sens imposée par le montage) ; ces trois termes sont traduits en français par « montage ».

édition VX ■ Distribution et diffusion de films.

effet de battement ■ Effet ondulatoire dans la reproduction du son (*thump*). ◇ VAR. effet vibratoire.

effet d'écho ■ Bruit indésirable ou parasite dans les enregistrements magnétiques (*print-through*). Cet effet est causé par la migration du son d'une spire à l'autre.

effet de laboratoire ■ Trucage obtenu au laboratoire et au tirage (*laboratory effects* PLUR.).

effet de liaison ■ Technique permettant de passer d'une scène à une autre, dans l'espace et le temps (*transitional effects* PLUR.). Pour éviter un hiatus au moment du passage, on crée un effet dit de liaison, qui harmonise les éléments photographiés. On utilise alors des trucages : le fondu en ouverture, le fondu enchaîné, le volet, la fermeture de l'iris et le chassé. L'effet de liaison évite la coupe franche. ▷ *jump cut*.

effet de pluie ■ Effet que donnent les rayures sur une pellicule à la projection du film (*rain effect*).

effet de réalité ■ Terme de la théorie cinématographique. Illusion produite par un film sur le spectateur qui confond dès lors ce qui est présenté avec la réalité (*reality effect*). L'effet de réalité provient de l'illusion du mouvement créée par le cinéma, de la précision et de la profondeur de l'image, de la richesse des matériaux picturaux et sonores, qui trompent ainsi la perception du spectateur ; il crée alors une analogie avec la réalité. De plus, les éléments de l'histoire racontée s'accordent avec l'imaginaire du spectateur ou le complètent ; tout ce qui est présenté alors à l'écran apparaît vraisemblable. L'effet de réalité crée une identification du spectateur d'une part, avec les personnages du film, d'autre part, avec un point de vue exprimé sur la réalité. Jean-Louis Baudry et Christian Metz ont été les premiers théoriciens à définir l'effet de réalité au cinéma.

effet-film ■ À l'étalonnage, procédé utilisé en vue de donner à l'image vidéo l'illusion de la texture d'une pellicule de film (*film look*).

effet Koulechov ■ Expérience mise au point par le cinéaste russe Lev Koulechov en vue de montrer l'importance et l'impact émotionnel que produit le montage (*Kuleshov effect*). Le cinéaste affirme que l'expression de l'acteur peut être créée par le montage, tout comme le sont l'espace ou l'action. Il vérifie cette hypothèse avec un plan du visage inexpressif du célèbre acteur Mosjoukine ; monté avec des fragments de pellicule représentant une assiette de soupe, un cercueil et un enfant, ce plan suscite l'admiration des spectateurs qui y voient l'art admirable de l'acteur de pouvoir jouer tour à tour la faim, la tristesse et l'attendrissement paternel. L'hypothèse Koulechov ne se vérifie qu'avec la bande-image, sans le son.

effet Larsen [Larsen] ■ Sifflement causé par des oscillations parasites lorsqu'une chaîne électroacoustique réagit à l'entrée d'un microphone (*acoustic feedback*, *Larsen effect*).

effet « phi » ■ Illusion de mouvement créée par le cerveau qui perçoit un mouvement continu là où il n'y a que des images fixes séparées par des noirs (*phi effect*, *phi phenomenon*). Cette théorie de la perception, aujourd'hui contestée, a expliqué l'illusion du mouvement à la base du cinéma. Phénomène d'ordre psychologique, l'effet « phi » est le résultat des effets de la persistance rétinienne qui sont masqués par les noirs des temps d'obturation ; sans ces noirs, les images rémanentes s'accumuleraient au point de créer un halo persistant autour de chaque mouvement.

effets lumineux PLUR. ■ Effets d'éclairage obtenus par une composition de la lumière provenant de lampes, de spots, de projecteurs, etc. (*lighting effects*). ◊ SYN. jeux de lumière.

effets optiques PLUR. ■ Modification apportée à l'image enregistrée, obtenue en laboratoire, au tirage (*optical effects*). On peut changer les éléments existant à l'image, en rajouter de nouveaux ou en retrancher. Ces effets peuvent être également produits par ordinateur.

effets sonores PLUR. ■ Effets acoustiques entrant dans la composition de la bande sonore (*sound effects*). Ces effets sont créés artificiellement à l'enregistrement, au réenregistrement, à la postsynchronisation et au mixage des dialogues, des voix off, de la musique et des bruits. Les effets sonores donnent une crédibilité et un impact aux scènes, y intègrent et y accentuent l'action. Ce terme est de plus en plus usité, au lieu de « bruits ». ▷ *Foley artist*.

effets spéciaux (FX) PLUR. ■ Techniques et procédés photographiques et acoustiques, mécaniques, électriques ou numériques, utilisés au tournage, au laboratoire ou à l'ordinateur, transformant l'apparence et le contenu d'une image ou d'un son (*special effects*). Par les effets spéciaux on crée des éléments artificiels au film par simulation et on donne l'illusion d'une réalité impossible ou fantastique ; ▷ **effets sonores, effets optiques, effets visuels**. Ce terme est synonyme de « trucage », mot qu'il remplace de plus en plus ; on distingue les trucages mécaniques, les trucages optiques et les trucages du décor. La magie du cinéma offre très tôt un champ aux effets spéciaux, réalisés alors directement au tournage et mécaniquement avec la caméra (le fondu au noir, le ralenti, l'accéléré, etc.). Les premiers effets spéciaux apparaissent avec le Kinetoscope de Thomas Edison, pour *L'exécution de Marie, reine d'Écosse* (1895) d'Alfred Clark. Le maître fondateur des effets spéciaux demeure le Français Georges Méliès qui s'inspire des trucages du théâtre ; ▷ **cache, découverte**. Durant la période du muet, l'animation, les maquettes et les miroirs apportent un supplément de crédibilité aux trucages ; dans *Metropolis* (1927), le réalisateur Fritz Lang utilise d'une façon convaincante et puissante ces trucages ; ▷ **cache mobile, dunning**, *matte painting*, **procédé Schüfftan**. L'avènement du parlant verra la création d'un département d'effets spéciaux dans les studios ; les trucages optiques, réalisés au tirage et au laboratoire, y deviennent de plus en plus importants ; ▷ **arrêt sur image, fondu enchaîné, chassé, double image, escamotage, image composite, incrustation, multi-image**. Willis O'Brien, un haut technicien de la RKO, utilise tous les trucages existant à l'époque pour *King Kong* (1933) de Merian Cooper et Ernest B. Schoedsack ; ▷ **animatronique**. La couleur et le CinémaScope ont un fort impact sur leur utilisation ; ainsi, les effets spéciaux sont impressionnants dans *Les dix commandements* (1956) de Cecil B. DeMille et *Ben-Hur* (1957) de William Wyler. Stanley Kubrick leur redonne vitalité et finesse avec *2001 : l'odyssée de l'espace* (1968). Dans le courant du cinéma d'horreur et de science-fiction des années 1970, la méthode de fabrication renouvelle la nature des effets spéciaux, grâce à l'utilisation de l'ordinateur, de la vidéographie, du numérique et de l'infographie. George Lucas en profite pour fonder Industrial Light and Magic [ILM], une firme spécialisée qui ne cesse de grandir depuis 25 ans; à voir: les six films de la série *La guerre des étoiles* (1977, 1980, 1983, 1999, 2002 et 2005). Parmi les grands spécialistes des effets spéciaux, citons les noms de Douglas Trumbull, John Dystra et Richard Edlund. Un nouveau nom de métier apparaît dans les années 1910: concepteur d'effets spéciaux. Les années 1980 voient ce domaine envahi par la virtualité. ▷ **clonage, compositing, image numérique,** *matte painting,* **morphage, ordinateur, rotoscope, synthèse d'image, warpage.**

effets visuels PLUR. ▪ Au cinéma, effets dérivés de la photographie, réalisés mécaniquement à la caméra ou devant la caméra (*visual effects*).

effet Vertigo ▷ Transtrav.

effet vibratoire ▪ Variante d'effet de battement.

effilochage ▪ Sur un film couleur, empiétement des couleurs les unes sur les autres (*color fraying*).

effluve ▪ Trace arborescente que laisse une décharge d'électricité statique sur la pellicule (*static mark*). L'électricité statique provient du frottement de la pellicule contre les pièces métalliques de la caméra ou contre les spires.

égalisation ▪ Action d'égaliser par moyen électronique la courbe de réponse d'un dispositif de restitution des sons (*equalization, EQ*). L'égalisation est un réglage de la qualité du son. Elle se fait parfois à l'enregistrement des sons, mais généralement au mixage et au tirage.

égaliseur ▪ Appareil électronique servant à l'égalisation des sons (*equalizer*).

Eidophor ▪ Marque de commerce d'un procédé très complexe de téléprojection. C'est le Suisse Fritz Fischer qui met au point en 1939 ce projecteur permettant la transmission d'images télévisées sur un grand écran. La première projection avec l'Eidophor a lieu en 1943. Mais c'est la société suisse Gretag, à Zurich, qui termine en 1958 le prototype inventé par Fischer. L'appareil offre une image d'une grande luminosité, comparable à celle d'un projecteur cinématographique. C'est toutefois un système de projection complexe et onéreux. Tous les systèmes de projection actuels d'images télévisées sur grand écran dérivent de l'invention de l'Eidophor.

Eidoloscope ▷ Panoptikon Latham.

Ektachrome ▪ Marque de commerce d'une pellicule couleur 16 mm fabriquée par Eastman Kodak. C'est un film inversible monopack soustractif et trichrome. Lancée en 1958, cette pellicule de film inversible est utilisée jusque dans les années 1980 par les professionnels de la télévision pour les reportages et les nouvelles télévisées. Son développement est facile (en une journée seulement) contrairement au Kodakrome qui exige un laboratoire de marque, ce qui allonge les délais de livraison de sept jours. L'Ektachrome est également utilisée par les amateurs. ▷ **Kodachrome.**

élargir ▪ Augmenter le champ de la prise de vues ou le faisceau lumineux du projecteur (*woden*). ◊ SYN. ouvrir. ◊ CONTR. pincer, serrer.

électricien [électro] ▪ Technicien travaillant sous les ordres du chef électricien, responsable de l'installation, du branchement et du réglage des projecteurs, du matériel électrique ainsi que des accessoires électriques (comme les sonnettes, les lampes, etc.) (*electrician*, ARG. *sparks*).

électro ARG. ▪ Électricien.

électronique N. ▪ Partie de l'électrotechnique qui étudie et utilise la structure corpusculaire de l'électricité pour capter, exploiter et transmettre l'information traitée sous forme de signaux (*electronics*). Dans les domaines de l'informatique et des télécommunications, cette information peut être une image, un son ou un code.

Elemack ▪ Marque de commerce italienne d'une plateforme montée sur rails ou sur pneumatiques pour l'exécution des travellings simples. L'Elemack fonctionne sur quatre roues solidaires et à géométrie variable. Elle sert de support aux petites grues. ▷ **chariot, Elemack Spyder.**

Elemack Spyder ▪ Marque de commerce italienne d'un support mobile de caméra permettant de se déplacer sur un sol lisse ou sur des rails et de choisir la hauteur de l'appareil. On commande la montée par un pompage manuel direct ; la descente est rendue possible par le poids de la caméra. ▷ **grue.**

Elemech ▪ Marque de commerce allemande d'un support de caméra équipé d'une colonne montante électrique amovible. Cette colonne peut être remplacée par une colonne montante manuelle. ▷ **chariot, grue.**

élément ▪ [1] Catégorie de matériel entrant dans le tirage : le négatif, l'interpositif, le contretype, l'internégatif et la copie (*element*). ▪ [2] Amorce placée à la fin d'une copie standard (*tail leader*).

ellipse ▪ [1] Omission de plusieurs plans dans une scène ou une séquence (*ellipsis*). L'ellipse la plus connue est celle du saut dans le temps narratif ; elle est un raccourci narratif qui peut faire passer sous silence des événements que le spectateur doit le plus souvent reconstituer. Dans le vocabulaire de la syntaxe cinématographique, elle est alors appelée « occurrence ». ▪ [2] Coupure dans la continuité narrative par le jeu des raccords. Une déambulation raccourcie par de brèves ellipses est un exemple d'ellipse. On l'appelle alors « ellipse interne ». Les cinéastes de la Nouvelle Vague l'utilisent abondamment dans leurs premiers films ; par exemple, Jacques Demy, dans *Lola* (1960). ▷ **coupe franche, rythme, temps.**

ellipse interne ▷ ellipse [2].

Elmo ▪ Fabricant japonais de projecteurs Super 8 et 16 mm.

élongation variable ▷ densité fixe.

embase ▪ Partie plate ou renflée du pied de la caméra, sur laquelle est posée la tête qui supporte la caméra. ▷ **support.**

embobinage ▪ Enroulement d'un film sur un noyau ou sur une bobine (*wind*). ▷ **bobine enrouleuse.**

embrouillage ▪ Terme officiellement recommandé en lieu et place de « cryptage ». Opération consistant à rendre illisible ou embrouillée une information (une image ou un son) transmise par un système de télécommunications (*scrambling*). L'embrouillage se pratique aussi pour les produits comme le DVD afin d'empêcher leur reproduction.

émergent ADJ. ■ Se dit d'un rayon lumineux sortant du dispositif optique.

émission pilote ■ Première émission d'une série à produire (*pilot program*). L'émission pilote est généralement d'une durée plus longue que l'émission projetée, entre une heure ou deux heures ; elle contient l'embryon des développements possibles d'une future série. Présentée à une heure d'écoute maximum (ou *prime time*), elle est ainsi soumise à l'appréciation du public, pour être ensuite retenue ou rejetée. ◊ SYN. programme pilote, prototype.

empâtage ■ Application d'un révélateur sur la piste sonore optique d'un film couleur lors de son développement (*coating*).

emplacement de la caméra ■ Détermination de l'endroit où sera placée la caméra par rapport au sujet filmé, en tenant compte de sa distance et de son angle de prise de vues (*camera set-up*). ◊ SYN. position de la caméra.

emploi ■ [1] Rôle confié à une personne (*role*). ■ [2] Rôle caractéristique du physique, du tempérament ou de l'âge de l'interprète : un jeune premier, une femme fatale, un voyou, etc. (*part*). On dit : avoir le physique de l'emploi. ◊ CONTR. contre-emploi.

émulsion ■ Mélange chimique des particules, solides ou liquides, sensibles à la lumière, tenues en suspension dans la gélatine (*emulsion*). L'émulsion photographique ou cinématographique est composée de bromure d'argent en suspension colloïdale dans la gélatine. On distingue deux grandes variétés d'émulsion : l'émulsion noir et blanc et l'émulsion couleur. Une émulsion peut être vierge, exposée ou développée. Selon la qualité de la pellicule, l'émulsion sera lente, rapide, à grains fins, à bas ou à haut contraste. ◊ SYN. couche sensible, face émulsionnée, surface sensible.

en attente ■ Moment d'attente avant le tournage (*stand-by*). On dit : être en attente.

enceinte acoustique ■ Caisse dans laquelle est incorporé le haut-parleur (*loudspeaker baffle*). L'enceinte acoustique est destinée à accroître et à améliorer la restitution des sons. On ne doit pas confondre l'enceinte acoustique et le baffle.

enchaîné ▷ fondu enchaîné.

enchaînement ■ Opération consistant à passer sans heurt de la fin d'une bobine d'un projecteur au début de la suivante dans un autre projecteur (*change-over*). ▷ **dérouleur, double poste, dispositif d'enchaînement.**

en clair ■ Expression désignant une émission de télévision non brouillée, non embrouillée (*decoded*). Un décodeur est nécessaire pour la recevoir. Une chaîne passe en clair pour la diffusion de certaines émissions afin d'en faire la publicité et recruter ainsi de nouveaux abonnés. ▷ **télévision à péage.**

encoche ■ Découpe ou espace à la tête d'un négatif dans une tireuse, qui permet de déclencher le mécanisme réglant la quantité de lumière nécessaire au tirage de la copie (*notch*).

encocheuse ▪ Pièce utilisée pour encocher la pellicule (*punch*). ◊ SYN. poinçonneuse.

«encre de lumière» ▪ Expression forgée par Jean Cocteau pour désigner le cinéma : la lumière est l'écriture du film.

en différé ▪ À la radio et à la télévision, ce qui est préalablement enregistré (*recorded, pre-recorded*). ◊ CONTR. en direct.

en direct ▪ À la radio et à la télévision, transmission immédiate (*live*). ◊ CONTR. en différé.

endoscope ▪ Appareil mis au point dans les années 1930 et composé d'un tube optique muni d'un système d'éclairage qui permet des prises de vues en microcinématographie (*endoscope*). En médecine, on utilise abondamment l'endoscope pour filmer les conduits et les cavités du corps humain.

enduction ▪ Action d'enduire un support d'une couche d'émulsion (*emulsion coating*).

enfant ▷ cinéma pour enfants, film d'enfants.

en ligne ▪ [1] Se dit d'un magasin dont la bobine débitrice et la bobine réceptrice sont placées en parallèle (*in line*). ▪ [2] ▷ montage en-ligne.

énonciation ▪ Terme de la théorie. Acte de filmer par lequel le film se détermine (*enunciation*). L'énonciation est identifiée au discours du film, mais non aux personnages en tant que tels. Elle renvoie à une instance – l'auteur – qui montre ce qui est à l'écran ; le film est dès lors pris comme un message, une forme de communication. L'énonciation passe par des indices tels les mouvements de la caméra, le montage des plans, le type de narration, etc. ; ces indices suscitent des émotions, des jugements, des attitudes particulières. Elle donne une place au spectateur et permet son adhésion à la fiction. ▷ **caméra subjective, transparence [2]**.

enregistrement ▪ Action d'enregistrer des images ou des sons avec un appareil (*recording*). L'enregistrement des images désigne communément la prise de vues par la caméra. ▷ **enregistrement sonore**.

enregistrement sonore ▪ Action d'enregistrer des sons pour les conserver et les reproduire (*sound recording*). Le son est enregistré grâce à un microphone, qui peut être fixé à une perche ou à une girafe ; ▷ **prise de son**. Le premier appareil qui enregistre les sons est le Phonautographe, construit en 1857 par le Français Edouard Léon Scott. Thomas Edison l'adapte en 1859 pour son Phonograph et le fait breveter en 1877 ; avec William K. Dickson, il tourne le premier film sonore en 1888, qui dure environ 10 secondes ; en 1894, il lance le Kinetoscope synchronisé avec un phonographe. On tente durant plusieurs années de synchroniser l'image et le son ; ▷ **Chronophone, Tri-Ergon, Movietone**. C'est avec le Vitaphone que les frères Warner lancent en 1927 « le premier film sonore et parlant », *Le chanteur de jazz*. Les supports de l'enregistrement sont, outre la pellicule cinématographique, le microsillon, la bande magnétique, la cassette, la microcassette, la cartouche et le CD. L'enregistrement sonore peut être multipiste, par des signaux simultanés de plusieurs microphones enregistrés sur plusieurs pistes parallèles de la même bande magnétique, et en stéréophonie. À partir de 1970, l'enregistrement numérique se répand. ▷ **DAT, dynamique.**

enroulement ▪ Mode d'embobinage du film en fonction du sens de l'émulsion (à l'intérieur) et de l'emplacement des perforations (*winding*). ▷ **enroulement A et B.**

enroulement A et B ▪ Mode de perforation et d'enroulement du film 16 mm lorsque la pellicule du film est perforée sur une seule rangée (*A-and-B-winding*). L'émulsion étant à l'intérieur de la pellicule, l'enroulement est dit A quand les perforations sont à gauche, le film se déroulant dans le sens des aiguilles d'une montre. L'enroulement B est l'inverse, avec les perforations à droite.

enrouleur ▷ bobine enrouleuse.

enrouleuse ▷ bobineuse.

enseignement du cinéma ▪ Formation dans un établissement public ou privé des divers métiers du cinéma: la direction photo, le montage, la réalisation, la production, etc. L'enseignement du cinéma prépare professionnellement les personnes désireuses de travailler dans les milieux du cinéma et de la télévision. Plusieurs établissements d'enseignement sont célèbres dans le monde, entre autres, la Fondation européenne des métiers de l'image et du son [FÉMIS] à Paris qui a remplacé l'Institut des hautes études cinématographiques [IDHEC], le Centro Sperimentale de Cinematografica à Rome, devenu en 1998 l'École nationale du film, la University of California in Los Angeles [UCLA], l'École de cinéma de l'Institut fédéral d'État de la cinématographie [VGIK] à Moscou, la National Film and Television School [NFTS] à Londres et l'Institut national supérieur des arts du spectacle [INSAS] à Bruxelles. On enseigne également le cinéma dans les écoles primaires, secondaires et collégiales, surtout comme expression culturelle.

ensemblier ▪ Personne responsable des meubles et des objets destinés au décor (*set decorator*). L'ensemblier travaille sous la direction du chef décorateur et dirige les accessoiristes. ▷ **accessoiriste.**

entracte ▪ [1] Temps qui sépare les bandes annonces et la projection du film proprement dite, entre la projection du court métrage et du long métrage (*intermission*). L'entracte est généralement consacré à la publicité. Autrefois, il donnait lieu à des numéros de music-hall. ◇ SYN. interlude. ▷ **attractions.** ▪ [2] Pause entre deux parties d'un film d'une longueur inhabituelle (*intermission*). ▷ **publicité.**

entraînement du film ▪ Action d'entraîner le film dans les différentes pièces composant la caméra afin d'assurer son exposition (*film feed*).

entrée ▪ Accès à une salle de cinéma (*admission*). L'achat d'un billet donne un droit d'entrée. ▷ **prix d'entrée, box-office.**

entrefer ▪ Partie d'un circuit magnétique où le flux d'induction ne circule pas dans le fer (*air-gap*). ▷ **longueur d'entrefer.**

entrefils ▷ fil à fil.

entrepôt ▪ Bâtiment où sont déposés et conservés du matériel servant à la fabrication d'un film, comme les décors, les costumes, les accessoires, le matériel électrique, etc. (*warehouse*). ◇ VOISIN magasin.

épique ▷ film épique.

épiscope ▪ Appareil de projection par réflexion (G.-B. *opaque projector*, É.-U. *episcope*). L'épiscope permet de projeter sur un écran des images opaques, cartes postales ou photographies. ▷ **rétroprojecteur.**

épisode ▪ [1] Se dit d'une partie d'un film comprenant plusieurs courtes histoires (*episode*). *La ronde* (1950) de Max Ophuls est un exemple de film constitué d'épisodes. On ne doit pas confondre un film constitué d'épisodes et un film à épisodes. ▪ [2] Série d'événements présentés de manière brève, non développés (*sequence*). Cette série est constituée de plusieurs plans décrivant des actions qui se déroulent, sur le plan narratif, sur une longue durée. Elle permet de condenser l'action, de la rendre plus serrée. ▷ **ellipse.**

épopée ▷ film épique.

épopée fantastique ▪ Sous-genre du cinéma fantastique décrivant une action qui se déroule dans des lieux et des temps inhabituels (*heroic fantasy*). L'épopée fantastique est de style baroque et mélange le conte de fées, la légende, la magie et le mysticisme. *Conan le Barbare* (1981) de John Milius en est un bon exemple.

époque ▪ [1] Partie d'un film projetée en tant que long métrage. Un film est divisé en plusieurs époques afin de faciliter son exploitation. Le film *Les enfants du paradis* (1945) de Marcel Carné est divisé en deux grandes époques, chaque époque ayant son titre particulier. ▪ [2] ▷ **film d'époque.**

épreuves PLUR. ▪ Prises retenues lors du tournage et tirées afin d'être projetées le lendemain à l'équipe du film. Le terme est peu usité en français ; il est remplacé par celui de rushes.

équilibrage ▪ Action de répartir la copie de travail du film sur des bobines d'environ 300 mètres.

équipe ▪ [1] Ensemble des personnes travaillant sur un film (*production unit*). On emploie alors l'expression « équipe principale » (ou « équipe de production »). ▷ **deuxième équipe.** ▪ [2] Ensemble de techniciens spécialisés dans un domaine de la production et de la réalisation (*crew*). Différentes appellations distinguent alors les équipes affectées à une activité particulière : l'équipe image, l'équipe son, l'équipe décor, etc.

équipe de production ▷ équipe.

équipe principale ▷ équipe.

éraseur ANGLIC. ▪ De *eraser*. Machine de démagnétisation. Avec son puissant champ magnétique, l'éraseur permet d'effacer les bobines de son pour qu'elles puissent être réutilisées.

Ernemann ▪ Marque de commerce d'un fabricant allemand de caméras et de projecteurs 8 mm, 16 mm, 17,5 mm, 35 mm, en vidéo et numériques, fondée à Dresde en 1902 et dont la première caméra est construite en 1903.

érotique ▷ film érotique.

escamotage ▪ Phase d'un film au tournage, au montage ou en projection, correspondant à l'avance d'une image. L'escamotage est au début du parlant un procédé d'effet spécial réalisé au tirage.

ESF ▪ Sigle de l'European Script Fund.

espace ■ [1] Dimension physique d'un lieu, d'une pièce ou d'un paysage (*space*). ◊ SYN. décor. ■ [2] Dimension géométrique du jeu de lignes, de masses, de coupes et de leurs relations qui donne à l'image son poids de réalité et sa valeur esthétique (*space*). L'espace n'est jamais statique, car il se développe et se caractérise dans la continuité des images par les positions de la caméra et les angles de prise de vues. Le spectateur en tire une information qui permet son adhésion à la fiction par l'impression de réel que crée l'espace ; on emploie alors le terme « espace cinématographique ». L'espace filmique désigne l'espace en deux dimensions du cinéma. En théorie cinématographique, on distingue : *a)* l'espace diégétique, qui concerne les modes de représentation, de construction et de signification du film ; *b)* l'espace narratif, qui se rapporte au fonctionnement et à la fonctionnalité du récit ; et *c)* l'espace spectatoriel, qui appréhende la place du spectateur, sa perception et son savoir vis-à-vis du film comme moyens de communication.

espace cinématographique ▷ espace [2].

Esquimau ■ Marque de commerce de sucettes glacées de la compagnie française Findus-Gervais vendues à l'entracte, entre deux séances. En France, pour les amateurs de cinéma, l'Esquimau est devenu une glace mythologique. ▷ **friandise.**

essai ■ [1] Opération par laquelle on s'assure du bon fonctionnement de toutes les pièces d'un appareil (*test*). ■ [2] Fragment de pellicule qui a été exposée et développée en vue de vérifier les conditions de tournage, le bon fonctionne-ment des appareils et la qualité du tirage (*test strip*). ▷ **essais caméras.**

essais caméras PLUR. ■ Opérations permettant la vérification du bon fonctionnement du matériel de prise de vues fourni, du réglage des objectifs et de l'adaptation du matériel aux conditions de tournage (*camera test*). Les essais caméras sont généralement effectués par les assistants opérateurs avant le tournage de chaque film. ▷ **banc d'essai.**

essais sons PLUR. ■ Essais de sons et de voix effectués par l'ingénieur du son en vue de vérifier le rendu du son et l'audibilité des dialogues (*sound test*).

Essanay ■ Maison de production fondée en 1907 par George K. Spoor et G.M. Anderson et achetée en 1917 par Vitagraph. Le nom vient de la prononciation en anglais (« *S and A* ») des lettres S et A, S pour Spoor et A pour Anderson.

Estar ■ Marque de commerce d'une pellicule Kodak commercialisée dans les années 1970. À cause du polyester qui y remplace l'acétate courant, l'Estar possède des qualités exceptionnelles de résistance aux déchirures. Cette pellicule est fort utilisée pour le tournage des effets spéciaux qui demande plusieurs enregistrements de mêmes fragments de pellicule. ▷ **Plestar.**

esthétique ■ [1] Branche de la philosophie créée au milieu du XVIIIe siècle qui se fixe comme objet de définir l'essence du Beau et d'établir les principes à la base de la création artistique et de poser les problèmes du jugement du goût (*aesthetics*). ■ [2] Caractéristique plastique des productions de l'image (*aesthetics*). L'esthétique désigne la conception et la fabrication de tous les éléments du film, leur sens et leur harmonie. Par l'esthétique, on peut reconnaître les traits distinctifs de chaque film ou d'un ensemble d'œuvres ; on parlera alors de l'esthétique de tel ou tel cinéaste. En théorie, une approche esthétique du film recouvre une réflexion sur le film en tant que message artistique et sa place parmi les arts (littérature, musique, peinture, théâtre) ; elle sous-tend une conception de la beauté, du goût et du plaisir du spectateur.

ethnographique ▷ film ethnographique.

étalonnage ■ Opération de tirage déterminant l'intensité et la couleur de chaque plan pour une copie positive correcte, dite alors copie étalonnée (G.-B. *grading*, É.-U. *timing*) ; ▷ **film équilibré**. L'étalonnage est indispensable à la continuité artistique du film, qui n'est jamais techniquement parfaite et homogène lors du tournage. Par l'étalonnage, on recherche l'éclairage approprié à chaque film : le rendu des couleurs (la quantité et le dosage chromatiques). ▷ **lumière unique, tireuse**.

étalonner ■ Procéder à l'étalonnage.

étalonneur, euse ■ Technicien responsable de l'étalonnage. L'étalonneur travaille étroitement avec le directeur photo afin d'obtenir la qualité d'image appropriée au film.

États généraux du cinéma français ■ Assemblée des professionnels du cinéma français qui s'est tenue en mai 1968 à Paris et en juin 1968 à Suresnes (en banlieue de Paris) à la suite des événements de mai 68 en vue de discuter de la situation de l'industrie et d'y proposer des changements radicaux (autogestion, suppression de la censure, etc.).

étendue des luminences ■ Valeur du rapport entre la partie la plus lumineuse du sujet filmé et la partie la moins lumineuse. L'étendue des luminences permet de mesurer le contraste de l'image obtenue. ▷ **facteur de contraste**.

étoile ■ Personne connue dont le talent brille d'une manière particulière au cinéma (*star*). L'étoile est généralement une personne riche et célèbre. ◊ SYN. star, vedette.

étouffoirs PLUR. ■ Du temps de la pellicule en nitrate, dispositifs placés entre les débiteurs et les bobines afin d'éviter que le feu se propage aux bobines lorsqu'il se déclare devant le couloir de la fenêtre de projection.

Eurimages ■ Fonds européen d'aide au cinéma créé en 1989 par le Conseil de l'Europe. Trente-deux États européens participent à ce fonds. Créé dans le but de mettre en évidence la valeur et la diversité du cinéma européen, et de favoriser la coopération entre professionnels, Eurimages offre une aide à la coproduction, à la distribution et à l'exploitation de films. Les trois premiers films soutenus par ce fonds en 1995 sont *Underground* d'Emir Kusturica, *For ever Mozart* de Jean-Luc Godard et *La promesse* de Luc et Jean-Pierre Dardenne.

EuropaCorp ■ Société de production et de distribution de films français et étrangers créée en 1999 par Luc Besson et Pierre-Ange Le Pogam. EuropaCorp produit la série des *Taxi* (1998, 2000, 2003 et 2007) réalisées par Gérard Pirès et

Gérard Krawczyk. Un des plus gros succès de la société est *Ze Film* de Guy Jacques (2005).

European Script Fund [ESF] ■ Fonds de plus de 2 millions d'euros (environ 2,5 M$) financé par la Communauté européenne en vue d'aider les cinéastes, les scénaristes et les producteurs dans le développement de projets de films (écriture du scénario, montage financier, repérages, recherches et documentation, etc.). L'aide accordée par l'ESF prend la forme d'un prêt, remboursable le premier jour de tournage. Tous les genres (fictions, documentaires, films expérimentaux, téléfilms) et tous les formats (court, moyen et long métrages) sont admis. *Toto le héros* (1991) de Jaco Van Dormael est l'un des tout premiers films à bénéficier de cette aide. Les bureaux de l'ESF sont situés à Londres.

euro-pouding ■ Expression péjorative désignant une coproduction européenne avec casting international, belles images et budget élevé. Ce genre de coproduction prestigieuse est synonyme de cinéma commercial à prétention culturelle, de cinéma haut de gamme. Les critiques citent souvent le film *L'amant* (1992) de Jean-Jacques Annaud comme exemple type d'un euro-pouding.

excentrisme ■ Mouvement d'avant-garde russe exploitant l'excentricité et la bizarrerie dans le jeu de l'interprète. La source de l'excentrisme est, entre autres, le cabaret, les arts du cirque, le folklore, la pantomime et le burlesque américain. Les cinéastes Grigori Kozintsev, Georgij Krysitskii, Léonid Trauberg et Serguеï Youtkévitch fondent en 1921 le FEKZ

(Fabrique de l'acteur excentrique), laboratoire de l'excentrisme.

exclusivité ■ Film sorti exclusivement dans certaines salles avant sa sortie générale (*first run*). On emploie alors le terme « salles d'exclusivité ». Le système d'exclusivité est mis en place dans les années 1950, au moment de l'avènement de la télévision. Un film est ainsi distribué dans un nombre limité de salles de cinéma ; le prix d'entrée est plus élevé que dans les salles de quartier où le film est ensuite distribué après sa première sortie ; la durée d'une exclusivité est généralement de deux semaines. Le système d'exclusivité cessant dans les années 1970, l'exclusivité désigne dorénavant la première sortie du film. ▷ **programme principal, programme double.**

exploitant ■ Forme abrégée de exploitant de salles.

exploitant de salles [exploitant] ■ [1] ▷ **directeur, trice de salles.** ■ [2] Le terme est également employé pour désigner une chaîne de salles.

exploitation ■ [1] Activité commerciale consistant à tirer profit de la présentation d'un film au public (*exhibition*). ■ [2] Par extension, ensemble des exploitants.

exposition ■ Action d'exposer le film à la lumière dans une caméra ou une tireuse (*exposure*). L'exposition dépend, à la prise de vues, de la performance de la caméra (de sa vitesse, des lentilles et du choix d'ouverture) et de la sensibilité du film. Un film bien exposé est un film qui a reçu un éclairement suffisant pour qu'une image latente se forme sur l'émulsion.

On peut se servir de l'exposition pour des recherches esthétiques, comme la création d'une ambiance particulière (mystérieuse, glaciale, etc.). ◊ SYN. lumination, impression, insolation. ▷ **sous-exposition, surexposition.**

expressionnisme ▪ Forme abrégée de expressionnisme allemand.

expressionnisme allemand ▪ Mouvement artistique allemand né après la Première Guerre mondiale en cinéma, en littérature, en musique et en peinture (*German expressionism*). Ce mouvement représente notamment une réaction aux concepts bourgeois de la représentation de la réalité et de l'art conventionnel. Pour la période s'étendant de 1919 à 1933, l'expressionnisme allemand désigne un mouvement cinématographique qui présente la réalité sous le visage de l'angoisse, de l'horreur, de l'inquiétant et du chaos. Le monde profondément noir qui y est montré préfigure le nazisme. Les cinéastes de ce mouvement apportent un soin particulier à l'image (angles obliques, caméra subjective), aux décors (contrastes, jeux de perspective, ombres et silhouettes dramatiques), aux costumes, au maquillage (masques) et au jeu (jeu théâtral, gesticulations forcées). Par leurs scènes de rêve et de délire, leur vision déformée et subjective et leur caractère troublant, les œuvres de l'expressionnisme auront un fort impact en Allemagne et une grande influence dans le monde entier. On compte très peu de films expressionnistes, mais parmi les films importants, citons *Le cabinet du*

Dr Caligari (1919) de Robert Wiene, *Nosferatu le Vampire* (1922) de F.W. Murnau et la série des *Dr Mabuse* (de 1922 à 1933) de Fritz Lang.

Ext. ▪ Forme abrégée de extérieurs.

extérieurs [Ext.] PLUR. ▪ [1] Lieux de tournage hors du studio, dans un décor réel (*exterior*). ▷ **repérages.** ▪ [2] Scènes de studio simulant un décor en plein air (*exterior*). ◊ CONTR. intérieurs.

extra ANGLIC. ▪ De *extra*. Figurant ou petit rôle dans un film. Le nom des extras ne figure pas au générique.

extraction trichrome ▪ Utilisation d'un négatif pour chacune des trois couleurs primaires obtenues par le procédé soustractif des couleurs, comme le procédé du Technicolor (*color separation*).

extrait ▪ Courte séquence significative d'un film (*extract*). À la télévision, où il est fort utilisé, l'extrait sert à la publicité de l'œuvre ou à illustrer un commentaire sur le film. ▷ **clip [2].**

extrêmes PLUR. ▪ Dans le dessin d'animation, les positions du début et de la fin d'un mouvement (*keys*). Les extrêmes sont les phases principales que dessinera l'animateur après avoir minuté la durée du mouvement (un saut, par exemple) et déterminé son ampleur, en sachant qu'il faut au moins 12 dessins à la seconde. ▷ **intervalliste.**

Eyemo ▪ Caméra légère et portable 35 mm, sans visée reflex, mise en marché en 1926 par la firme américaine Bell and Howell. La Eyemo est généralement employée pour les reportages à la télévision. ▷ **Filmo.**

f ▪ Symbole de la distance focale employée pour indiquer l'ouverture relative du diaphragme par rapport à la lumière. Les ouvertures les plus courantes sont f:1, f:2, f:4, f:8, f:16, f:22, f:32, f:45 et f:64. Elles représentent une progression géométrique: plus une valeur augmente, moins il y a de lumière qui traverse l'objectif, et plus une valeur diminue, plus il y a de lumière qui traverse l'objectif. ▷ **f-stop, t-stop.**

fabricant ARCH. ▪ Dans les premiers temps du cinéma, manufacturier du film.

fabrique ARCH. ▪ Studio de tournage.

Fabrique de l'acteur excentrique [FEKZ] ▪ Mouvement d'avant-garde fondé en 1921 à Pétrograd (Leningrad en 1924; Saint-Pétersbourg en 1992) par Grigori Kozintsev, Georgij Krysitskii, Léonid Trauberg et Serguei Youtkévitch (Society for Eccentric Actors, FEX Group). Son nom russe est: Fabrika ekscentriceskogo aktëra. Tout en se mettant au service de la révolution politique, les animateurs de la FEKZ tentent de fusionner théâtre et cinéma dans le jeu de l'acteur en s'inspirant du cirque, du cabaret, du music-hall, du burlesque et des films à épisodes américains; ils enseignent diverses disciplines insolites, comme l'acrobatie, la boxe, les claquettes, la gymnastique, le trapèze volant, etc. Ils expérimentent également les diverses techniques de trucage. Ils vouent un culte à la modernité, représentée par la machine et la vitesse. Par la parodie et la caricature, ils se détachent du réalisme prêché à l'époque. Ils créent en 1924 un collectif au sein des studios de Leningrad, le Feksfilm. La Fabrique est dissoute avec la défense de la méthode du réalisme socialiste au congrès panrusse des écrivains soviétiques de 1934 et la répression politique qui s'abat sur les artistes, accusés d'élitisme. Le film emblème du groupe est *La nouvelle Babylone* (1929) de Grigori Kozintsev et Léonid Trauberg.

face émulsionnée ▷ émulsion.

facteur de contraste ▪ Caractéristique d'un film développé établissant un rapport entre le contraste du sujet à filmer et le contraste de l'image obtenue (*contrast factor*). ▷ **filtre à contraste.**

facture ▪ Manière dont est construit le film, qui lui donne son style, sa forme (*technique*). Chaque réalisateur a sa manière spécifique d'agencer tous les éléments d'un film. ▷ **forme.**

faire la bulle ARG. ▪ Pour l'opérateur de prise de vues, vérifier l'horizontalité de la caméra à l'aide d'un niveau à bulle.

faire le foyer ARG. ▪ Faire la mise au point.

faire le métrage ARG. ▪ Continuer le tournage, tourner une autre scène.

faire le poil ARG. ▪ S'assurer qu'aucun poil, déchet ou poussière ne se trouve au niveau de la tête de lecture de la caméra.

faire le point ▪ Assurer la netteté de l'image à enregistrer ou à projeter (*focus*).

faire un ciseau ARG. ▪ Déplacer la caméra dans le sens contraire du déplacement du personnage à cadrer. En faisant un ciseau, on accélère le mouvement. ◊ SYN. mouvement croisé.

faire-valoir ▪ Dans un film, personnage qui met en valeur un autre personnage (*sidekick*). Un faire-valoir est souvent représenté par un personnage gentil, souvent astucieux, qui est l'ami du héros du film.

faisceau lumineux ▪ Ensemble de rayons lumineux (*beam of light*). On peut créer plusieurs sortes de faisceaux selon les besoins de la scène et du plan: un faisceau d'ambiance, un faisceau moyen, un faisceau étroit, etc.

Famous Players ▪ [1] Compagnie de production et de distribution fondée en 1912 par Adolph Zukor, appelée alors Famous Players Film Company, qui est fusionnée en 1916 avec la Jesse Lasky Feature Play Company. Elle devient alors la Famous Players-Lasky Corporation, qui est fusionnée à son tour, en 1918, avec la Paramount Pictures, une compagnie de distribution de films. Son président est Adolph Zukor. La nouvelle compagnie signe des contrats avec des acteurs comme William S. Hart, Pola Negri, Adolphe Manjou et Gloria Swanson, et des réalisateurs comme Victor Fleming et Ernst Lubitsch. En 1927, elle devient la Paramount Pictures, une des plus importantes Majors d'Hollywood. ▪ [2] Filiale de Viaparamount, du géant de la communication Viacom, compagnie propriétaire d'une chaîne d'environ 800 salles de cinéma aux États-Unis et au Canada, et distributrice de films. Cineplex Galaxy achète Famous Players en 2005.

fan ANGLIC., ARG. ▪ Admirateur inconditionnel (*fan*). Le fan est une personne qui voue un culte frénétique, entre autres, aux vedettes de cinéma. ▷ *fan-club*, fétichisme.

fan-club ANGLIC. ▪ Regroupement de fans d'une vedette, un acteur ou une actrice de cinéma, en particulier. Ces fans ont dorénavant des sites officiels dans le Web pour leur idole, avec photos, clips vidéo, interviews, potins, forum, concours, jeux, fonds d'écran, sonneries, etc.

Fantascope ▪ Marque de commerce de l'un des premiers appareils ancêtres du cinéma, breveté en 1799 par Étienne-Gaspard Robert, dit Robertson. Le Fantascope est une grande lanterne magique, munie de trois lentilles réglables grâce à une crémaillère, qui assure des projections par transparence (ou par rétroprojection) et, grâce à son déplacement sur rails, des projections également mobiles. Les séances où l'on projette les dessins du Fantascope sont appelées « fantasmagories ». Le Fantascope ressemble à un autre appareil de la même époque, le Mégascope.

fantasmagorie ■ À la fin du XVIIIᵉ siècle, désigne la projection et l'animation sur un écran de toile ou de fumée de tableaux miniatures peints sur des plaques de verre ou bien gravés sur un support opaque. On l'appelle alors « l'art de faire parler les fantômes en public ». Cette forme de spectacle est héritière de la lanterne magique et connaît un énorme succès. L'appareil utilisé pour les spectacles de fantasmagorie est la Fantascope, mis au point par Étienne-Gaspard Robert dit Robertson. Le premier spectacle est donné en janvier 1798.

Fantasound ■ Système optique en stéréophonie mis au point par William E. Garity et John N.A. Hawkins pour le film *Fantasia* (1940), une réalisation collective sous la direction de Walt Disney, et qui comporte quatre pistes optiques.

fantastique ▷ cinéma fantastique.

fantastique social ▷ réalisme poétique.

fantoche ■ De l'italien *fantaccio*. Figurine articulée utilisée par le cinéaste Émile Cohl, pionnier du cinéma d'animation.

fantôme ■ Apparition surnaturelle d'une personne morte. Spectre, revenant, ectoplasme, esprit frappeur ou poltergeist, le fantôme est un personnage mythique du cinéma. On le retrouve principalement dans le cinéma fantastique et il doit susciter la peur et l'angoisse. Il inspire les premiers cinéastes, comme Georges Méliès. Pour la période du muet, voir le film *La charrette fantôme* (1920) de Victor Sjöström. Hollywood est un terrain fertile pour les apparitions fantomatiques et les créatures qui se métamorphosent,

comme les zombies; voir le film *Le fantôme de l'opéra* (1925) de Rupert Julian, et son remake parlant *Le fantôme de l'opéra* (1943) d'Arthur Lubin, *L'invasion des profanateurs de sépultures* (1956) de Don Siegel, *La nuit des morts-vivants* (1969) de George Romero, *Le fantôme du paradis* (1974) de Brian de Palma et *Poltergeist* (1982) de Tobe Hooper. Dans les pays asiatiques, le fantôme fait partie de la mythologie traditionnelle et inspire de multiples films; à voir de Hongkong: la fameuse série de *Histoires de fantômes chinois* (1987, 1990, 1991 et 2000) réalisée par Ching Siu-tung et produite par Tsui Hark; et du Japon: *Kwaidan* (1965) de Masaki Kobayashi, *Ring* (1998) de Hideo Nakata, *Kaïro* (2001) de Kiyoshi Kurosawa et *Audition* (1999) de Takashi Miike. Parfois, le film mettant en scène des fantômes peut être une comédie, comme *Le bal des vampires* (1967) de Roman Polanski. ▷ **fantasmagorie.**

farce ANGL. ■ Terme employé aux États-Unis pour désigner un film comique, le plus souvent court, dans lequel personnages, situations et jeu des acteurs sont exagérés en vue de provoquer le rire. L'ingrédient principal de la *farce* est le « coup de bâton » (*slapstick*), un effet comique originaire de la *commedia dell'arte*, qui donnera la comédie « tarte à la crème » (*slapstick comedy*). Les comédies de Mack Sennett sont des *farces*, souvent grossières, qui mettent en scène des personnages extravagants dans des situations tout aussi extravagantes. Des acteurs-réalisateurs comme Charles Chaplin, Buster Keaton et Harold Lloyd donneront plus de raffinement à la *farce*.

Les comédies mettant en scène les Marx Brothers et W. C. Fields sont également considérées comme des *farces*. ▷ **burlesque.**

fatty ANGL., FAM. ■ Surnom signifiant « gras » donné au comique Roscoe Arbuckle dont la taille est impressionnante. Fatty Arbuckle joue dans les films de Mack Sennett.

fausse bougie ■ Accessoire simulant l'effet de lumière (bougie, lampe à pétrole, torche électrique, etc.).

fausse teinte [FT] ■ Variation de l'intensité et de la qualité de la lumière provoquée par le passage d'un nuage devant le soleil. Une fausse teinte empêche le raccordement de deux images successives à cause de leur rendu cinématographique différent pour chacune. Elle est la plaie des tournages en extérieur et cause des pertes de temps et, donc, d'argent.

fauteuil ■ Siège destiné au spectateur de cinéma (*seat*). Les fauteuils dans les salles de cinéma sont disposés en rangs et en gradins. ▷ **balcon.**

fauteuil pliant ■ Siège à dossier et à bras, à une place, en toile noire (*folding chair*). Sur le dossier d'un fauteuil pliant, on voit inscrit le nom du réalisateur ou celui de la vedette du film, qui s'y repose entre deux prises. Le fauteuil pliant est devenu un objet mythique du cinéma et est encore utilisé aujourd'hui.

faux raccord ■ Erreur de liaison dans l'espace et le temps entre deux plans successifs et contigus (*jump cut*). Il y a un faux raccord lorsqu'il n'existe pas d'homogénéité entre les mêmes éléments (éclairage, couleur, décors, accessoires, costumes, sons, etc.) dans la continuité des plans. Si on ne respecte pas une certaine logique spatiale dans le tournage de deux plans successifs, il y aura également faux raccord ; ▷ **loi des 30 degrés.** Le faux raccord crée une discontinuité dans le récit. Un des faux raccords les plus connus est celui, provoqué intentionnellement, par Jean-Luc Godard dans *Pierrot le Fou* (1965) : le personnage Ferdinand, interprété par Jean-Paul Belmondo, allume la mèche de bâtons de dynamite ; au plan suivant, la mèche qu'il essaie d'éteindre est plus longue que celle précédemment montrée. ◇ SYN. saute d'images.

FDA ■ Sigle du Filmverlag der Autoren.

FDT ■ Sigle du film data track.

Fédération internationale de la presse cinématographique [FIPRESCI] ■ Regroupement d'associations de critiques du monde entier fondé en 1930. La FIPRESCI défend la liberté de la critique et promeut le cinéma comme moyen d'expression artistique et culturelle et de formation civique. Elle remet un prix, le Prix de la critique internationale, dans les principaux festivals compétitifs internationaux ; il s'agit d'un diplôme remis au lauréat. Elle organise également des colloques sur des sujets intéressant la critique.

Fédération internationale des archives du film [FIAF] ■ Regroupement de plus de 120 institutions, situées dans 65 pays, qui consacrent leurs acitivés à la sauvegarde des films, considérés tant comme des œuvres d'art que comme des documents historiques. Fondée en 1938, la FIAF a pour but de coordonner et de rendre efficace le travail des conservateurs. Cette organisation permet d'échanger des documents et des films pour des expositions et des projections, de faire le point et d'établir des normes au sujet de la conservation de films, de promouvoir l'art cinématographique en rendant accessibles à tous, amateurs comme professionnels, étudiants comme professeurs, simples spectateurs comme cinéphiles, les œuvres connues et inconnues du septième art. La FIAF publie régulièrement le *Journal of Film Preservation* (anciennement *Bulletin de la FIAF*). Un bureau spécialisé publie l'*Index international des périodiques du cinéma* et l'*Index international des périodiques de télévision*, publication disponible sous forme de CD-ROM. Elle édite également l'*Annuaire de la FIAF*, les actes de son congrès annuel ainsi qu'un volume rassemblant les rapports annuels de ses affiliés. D'autres publications comprennent une bibliographie des ouvrages édités par les membres, les actes des symposiums et séminaires, des études et rapports, des manuels et des dossiers rédigés par les commissions spécialisées, ainsi que les résultats d'autres projets de la FIAF. Ses bureaux sont situés à Bruxelles.

Fédération internationale des associations de producteurs de films [FIAPF] ▪ Regroupement de producteurs de films du monde entier fondé en 1933 et réorganisé en 1948 (International Federation of Film Producers Associations). En 1950, la FIAPF reconnaît, organise et classe certains festivals internationaux de films. Elle compte 31 membres de 25 pays, représentant les festivals compétitifs importants, comme ceux de Cannes, Venise, Berlin, Karlovy-Vary, Montréal et Moscou, qui reçoivent une cote : « A » ; ▷ **festival A**. La fédération s'occupe également de la propriété intellectuelle et ses principaux dossiers sont le piratage, le renforcement des législations sur le droit d'auteur, la normalisation des procédés cinématographiques ainsi que le financement du cinéma tant dans le secteur privé que public.

feed-back ANGLIC. ▪ [1] Terme couramment employé en français. Réponse attendue à une action, comme la présentation d'un film ou la campagne publicitaire pour un film. ▪ [2] Par extension, retombées financières d'un film.

Feksfilm ▷ Fabrique de l'acteur excentrique.

FEKZ RUSSE ▪ Acronyme de la Fabrika ekscentriceskogo aktëra (Fabrique de l'acteur excentrique).

Félix le Chat ▪ Traduction française de Felix The Cat, nom d'une créature de dessin animé créée en 1928 par Pat Sullivan. *Feline Follies* (1919) est le premier film mettant en vedette le chat. La série a un succès international tout au long des années 1920, mais perd sa popularité avec la venue des films parlants américains et la création de Mickey la Souris (Mickey Mouse).

FÉMIS ▪ Acronyme de la Fondation européenne des métiers de l'image et du son.

femme ▷ cinéma de femmes.

femme fatale ▪ Séductrice dans le film noir américain. La femme fatale est généralement décrite comme une femme sexuellement insatiable. À cause de leur allure grave et romantique, et de leur personnalité envoûtante, Lauren Bacall, Joan Bennett et Rita Hayworth jouent souvent les femmes fatales. ▷ **vamp.**

fenêtre de cabine ■ Dans une cabine de projection, ouverture vitrée par laquelle passe le faisceau lumineux du projecteur (*booth porthole*). La fenêtre permet au projectionniste de surveiller et de contrôler la projection de l'image. ◇ VAR. fenêtre de visée, fenêtre d'observation. ◇ SYN. hublot de cabine.

fenêtre de prise de vues ■ Partie de l'appareil de prise de vues située sur le même plan focal que l'objectif (*camera aperture, camera gate*). Tout en délimitant le cadre de l'image, la fenêtre permet d'impressionner la pellicule lorsque l'obturateur est ouvert. ◇ VAR. fenêtre d'exposition, fenêtre d'impression.

fenêtre de projection ■ Pièce métallique comportant une ouverture située dans le couloir de l'appareil de projection (*projection aperture, projection gate*). La fenêtre est interchangeable, adaptée au format du film.

fenêtre de visée ■ Variante de fenêtre de cabine.

fenêtre d'exposition ■ Variante de fenêtre de prise de vues.

fenêtre d'impression ■ Variante de fenêtre de prise de vues.

fenêtre d'observation ■ Variante de fenêtre de cabine.

fente de chargement ■ Fente dans laquelle on introduit l'amorce du film pour son entraînement dans le projecteur (*loading slot*).

fente de lecture ■ Ouverture étroite et perpendiculaire à l'axe de la piste sonore, éclairée à la hauteur de la cellule photo-électrique, permettant de lire les détails de la piste (*optical slit, sound gate, sound scanning slit*). On distingue la fente mécanique, la fente projetée et le lecteur à piste projetée.

fente mécanique ■ Fente de lecture employée au début du cinéma sonore.

fente projetée ■ Fente de lecture dans la plupart des appareils de projection. La lampe excitatrice éclaire une fente et un petit objectif projette sur la piste l'image réduite de cette piste.

fermeture à l'iris ■ Disparition de l'image au centre d'un cercle qui se rétrécit, dont la forme rappelle celle de l'iris de l'œil (*iris out*). La fermeture à l'iris est un effet spécial mécanique, réalisé à la caméra, abondamment utilisé au temps du muet. Des cinéastes modernes l'ont toutefois utilisée ; voir le film *La maman et la putain* (1973) de Jean Eustache. ◇ CONTR. ouverture à l'iris.

fermeture en fondu ■ Disparition progressive de l'image jusqu'au noir complet (*fade-out*). ◇ SYN. fondu au noir.

Ferraniacolor ■ Procédé d'une pellicule négative-positive couleur mis au point par la société italienne Ferrania en 1947 à partir du procédé de l'Agfacolor allemand devenu du domaine public après la Deuxième Guerre mondiale.

festival A ■ Festival compétitif reconnu par la Fédération internationale des associations des producteurs de films [FIAPF] (*A-festival*).

festival de films ■ Manifestation nationale ou internationale, compétitive ou non, organisé périodiquement et présentant par catégories particulières des films récents ou anciens de différents pays (*film festival*). En 1932, Venise est la première ville à présenter un festival de films. Trois festivals internationaux réputés et très courus ont lieu en Europe, ceux de Berlin, Cannes et Venise. Les festivals de Locarno, Los Angeles, Moscou et Toronto sont également des festivals importants sur l'échiquier mondial. On distingue des festivals pour le cinéma d'auteur indépendant ou marginal, comme ceux de Rotterdam et City Park (le Festival du film de Sundance). On distingue également des festivals pour tous les genres de films (les documentaires, les films expérimentaux, fantastiques, les courts métrages, les films d'animation, les films pour les enfants, etc.); parmi ceux-ci, citons le Festival du réel (de Paris) pour le documentaire, les festivals d'Oberhausen et de Clermont-Ferrand pour le court métrage, et les festivals d'Annecy, Cracovie et Ottawa pour l'animation. Les festivals compétitifs membres de la Fédération internationale des associations des producteurs de films [FIAPF] sont réglementés et classés en différentes catégories; ▷ **festival A**. ◊ VAR. festival du film.

festival du film ▪ Variante de festival de films.

Festival du film de Sundance ▪ Festival fondé en 1985 par le cinéaste Robert Redford et consacré aux films indépendants. Son nom original anglais est le Sundance Film Festival. Il se tient au mois de janvier de chaque année à Park City, dans l'État de l'Utah, aux États-Unis. Il remplace le Festival du film américain qui avait été mis sur pied par la Utah Film Commission en 1978. Outre une section compétitive, on y compte trois sections parallèles : Premières, Cinéma mondial et American Spectrum. Depuis 1990, les Majors y envoient leurs films jugés difficiles grâce à la création de leur nouveau secteur de distribution de films indépendants (la Fox avec Fox Searchlight, Time Warner avec Fine Line Features, PolyGram avec Gramercy, etc.). Parce qu'il serait devenu un simple relais de l'industrie hollywoodienne, le festival est contesté par les cinéastes indépendants, qui créent en 1994 un festival parallèle : le Slamdance Film Festival. De nombreux réalisateurs indépendants sont révélés par le festival; parmi ceux-ci, citons Jim Jarmusch, Steven Soderbergh et Quentin Tarantino. Le premier lauréat du Grand Prix du jury est *Sang pour sang* (1985) de Ethan et Joel Coen.

Festival du film de Venise ▪ Festival international fondé en 1932 (Venise Film Festival). Son nom original italien est Mostra Internazionale d'Arte Cinematografica; sa forme abrégée familière est Mostra. Le Festival du film de Venise est le premier festival de films créé au monde. Il devient compétitif en 1934. La Mostra cesse ses activités de 1940 à 1945. Il n'y a pas de compétition de 1970 à 1979. Le festival débute le dernier mercredi du mois d'août de chaque année. On y remet deux principaux prix : le lion d'or et le lion d'argent. Plusieurs autres prix sont remis dont celui du jury et ceux pour l'interprétation; ▷ **volpi**. Le premier prix remis pour le meilleur film, prix appelé Coupe Mussolini, est remis à *L'homme d'Aran* (1934) de Robert Flaherty. C'est *Hamlet* (1948) de Laurence

Olivier qui reçoit le premier lion d'or. Le festival comprend également des sections parallèles, entre autres, Panorama des nouvelles productions italiennes. Il est l'un des trois plus importants festivals de films au monde, avec ceux de Cannes et de Berlin.

festivalier, ère SUBST. ■ Personne qui assiste ou participe à un festival (*festivalgoer*).

Festival international du film de Berlin ■ Festival international fondé en 1951 par les Alliés qui veulent établir ainsi une « vitrine du monde libre » (Berlin International Film Festival). Son nom original allemand est Internationale Filmfestspiele Berlin; sa forme abrégée est Berlinale. Originellement, il se déroule en été, mais depuis 1978 il a lieu en hiver. Compétitif, il débute le deuxième jeudi du mois de février de chaque année. On y remet deux principaux prix: l'ours d'or et l'ours d'argent. Plusieurs autres prix sont remis dont ceux pour l'interprétation. En 1951, *Quatre dans une jeep* de l'Allemand Leopold Lindtberg obtient l'ours pour le drame, *Sans laisser d'adresse* du Français Jean-Paul le Chanois obtient celui pour la comédie et *Justice est faite* du Britannique Henry Cornelius celui pour le thriller et le film d'aventures. Ce festival comprend également des sections parallèles: Panorama, Nouveaux films allemands et le Forum international du jeune cinéma. Un marché du film lui est attenant. Il est l'un des trois plus importants festivals de films au monde avec ceux de Cannes et de Venise.

Festival international du film de Cannes ■ Festival fondé en 1939 (Cannes International Film Festival). À cause de la Deuxième Guerre mondiale, il ne se tient qu'à partir de 1946. Il est annulé en 1948 et 1950; il sera interrompu avant sa fin, au moment des événements de mai 68. Jusqu'en 1996, il débute le deuxième jeudi du mois de mai de chaque année; depuis 1997, il débute le deuxième mercredi du mois de mai, excepté en 2007. C'est un festival compétitif. On y remet deux principaux prix: la palme d'or et la palme d'argent, qui sont créées en 1955; c'est *Marty* de l'Américain Delbert Mann qui reçoit la première palme d'or. Plusieurs autres prix prestigieux y sont également remis, entre autres, le Prix spécial du jury, le Prix de la mise en scène et les Prix d'interprétation féminine et masculine. Le festival comprend des sections parallèles: Un certain regard, la Quinzaine des réalisateurs, la Semaine internationale de la critique et les Cinémas en France. En 1998, s'est ajoutée une nouvelle section, Cinéfondation, vouée aux courts métrages réalisés par des étudiants en cinéma du monde entier. Est également ajouté la même année, le Marché international des techniques et de l'innovation du cinéma. Un marché du film important lui est attenant. Il est l'un des trois plus importants festivals de films au monde avec ceux de Berlin et de Venise. ▷ **bunker, Croisette.**

Festival international du film de Rotterdam ■ Festival fondé en 1961 qui a pour but de promouvoir le cinéma innovateur et expérimental et de défendre le cinéma indépendant. Le festival débute le dernier mercredi du mois de janvier de chaque année. On y compte plusieurs sections où sont présentés des premières mondiales, des films de long métrage et court métrage et des documentaires. On y organise des conférences et des tables rondes. Est créé en 1973 CineMart, une sorte de marché où des réalisateurs, au cours de rencontres organisées avec des professionnels, présentent leur projet de film afin de trouver un financement. En 1998, on y crée le Fonds Hubert-Bals (Hubert Bals Fund) pour aider le cinéma des pays du Sud par des subventions au scénario, à la production numérique, à la postproduction et à la distribution; la fondation a également un programme d'aide pour la présentation des films des lauréats à Cannes, Venise, Locarno, Toronto et Pusan. Le festival remet plusieurs prix dont le tigre d'or et le tigre d'argent pour le premier ou deuxième long métrage et pour le court métrage.

Fête du cinéma ■ En France, journées consacrées au cinéma. La Fête du cinéma est créée en 1985. Durant trois jours, on accorde des entrées à rabais dans les salles: un billet pour plusieurs séances. L'opération est relayée par 5300 salles sur l'ensemble du territoire français. Elle a pour but d'endiguer la baisse de fréquentation.

fétichisme ■ Terme de la psychanalyse. Vénération excessive, outrée (*fetishism*). Le cinéma, tant comme outil technique que comme objet culturel, suscite du fétichisme: fétichisme de la consommation de films, fétichisme des stars, fétichisme de la femme, fétichisme phallique et fétichisme de l'outil technologique. Le fétichisme est proche du voyeurisme. ▷ **fan.**

feuille ■ [1] Panneau de contreplaqué monté sur un châssis, utilisé pour un décor en studio (*sheet*). ■ [2] ▷ **drapeau.**

feuille de service ■ Page quotidienne sur laquelle sont indiqués tous les renseignements sur la journée de tournage du lendemain: le nombre de plans et leur numéro respectif, la liste des interprètes, des costumes et des accessoires à utiliser, etc. (*call sheet*). Rédigée par le régisseur ou le premier assistant, approuvée par le réalisateur et le producteur et ensuite photocopiée, cette liste est distribuée à toute l'équipe du film. ◇ SYN. tableau de service.

feuille de sous-titres ■ Liste de tous les sous-titres avec indications de métrage du début et de la fin de chaque bobine (*subtitle cue sheet*).

feuilleteur ■ Cahier inventé en 1769 par l'artiste allemand Philippe Jacob Lautenberg, dont chaque page comporte le dessin d'une figure (*flip book*). Les mouvements de la figure sont décalés sur chacune des pages; en faisant tourner les pages, on voit la figure en mouvement. Le feuilleteur applique le principe de la persistance rétinienne.

feuilleton ▷ film à épisodes.

feuilleton télévisé ■ Suite d'émissions exploitant en plusieurs tranches d'égale longueur un sujet dramatique (*television serial*, ARG. É.-U. *chapter play*). Ces sujets peuvent être un personnage historique, une saga familiale, l'histoire d'une région ou d'un peuple. On adapte pour la télévision des romans à succès (*serialization*).

Le feuilleton *Roots* (*Racines*), produit en 1977 pour la télévision américaine, lance le genre. Un feuilleton télévisé occupe une case exceptionnelle dans la programmation d'une chaîne. Il est tourné avec les moyens du cinéma, en 35 mm. On ne doit pas confondre le feuilleton télévisé et la série télévisée. On dit au Québec : télésérie. ▷ **diffusion en rafale.**

FIAF ▪ Acronyme de Fédération internationale des archives du film.

FIAPF ▪ Sigle de la Fédération internationale des associations des producteurs de films.

fibre optique ▪ Matière constituée de silice ou de matière plastique utilisée dans le transport de rayons optiques (*optical fiber*). La fibre sert dans les transmissions terrestres et océaniques de données. Elle a un débit d'informations supérieur à celui des câbles coaxaux et supporte un réseau « large bande » par lequel peuvent transiter aussi bien la télévision, le téléphone ou les données informatiques ; ▷ **bande passante.** Le principe de la fibre optique est mis au point dans les années 1970 dans les laboratoires de la firme américaine Corning. ▷ **câble en fibre optique.**

FICA ▪ Acronyme de Film Conditioning Apparatus.

fiche ▪ Pièce amovible destinée à être engagée dans une douille pour établir un contact (*jack*).

fiche de montage vx ▪ Du temps du muet, feuille établie par le metteur en scène destinée aux ouvrières chargées du montage (*editing sheet*). La fiche de montage dressait la liste des plans à monter, la nature des virages et des teintages.

fiche d'étalonnage ▷ carton d'étalonnage.

fichier ▪ En multimédia, emplacement dans lequel sont stockées des données pour les conserver ou les modifier ultérieurement (*file*). Le fichier demande pour être conservé d'être enregistré sur le disque dur de l'ordinateur. Il est identifié par un nom, suivi de son extension. Il peut contenir un logiciel d'application, un logiciel utilitaire, un dossier, un document, etc.

fiction ▪ Forme abrégée de film de fiction (*fiction*).

fidélité des couleurs ▪ Degré d'exactitude d'un procédé couleur capable de reproduire les couleurs de la scène originale (*color fidelity*).

figurant, ante ▪ Personne représentant un personnage, mais ne l'interprétant pas (*extra*). Le rôle du figurant est généralement effacé. Le figurant peut également remplacer l'interprète principal dans des scènes en amorce ou en silhouette. Les noms des figurants ne sont pas inscrits au générique. ◊ SYN. extra.

figuration (1) ▪ [1] Rôle de figurant (*extra*). ▪ [2] Ensemble des figurants d'un film (*extras*).

figuration (2) ▪ Action de figurer (*representation*). Forme visible d'une représentation par des images. La figuration induit un effet de réel ou impression de réalité.

fil ▪ [1] Matériau entouré d'un isolant servant à la circulation de l'électricité (*wire*). ▪ [2] ARG. Mot employé par superstition pour désigner les câbles, les cordes, les ficelles et les fils électriques sur un plateau. ▷ **fils.**

fil à fil ■ Méthode qui désigne au laboratoire le début et la fin d'un fragment de film à tirer (*paper to paper*). ◊ SYN. entrefils.

filage ■ [1] Défaut de l'image lors d'un mouvement rapide de caméra en panoramique (*ghost travel*). À cause d'un mauvais synchronisme entre l'obturateur et le mécanisme d'avance intermittent du film, le filage laisse une traînée lumineuse sur l'image. ▷ **filé**. ■ [2] Répétition complète d'une scène avec les acteurs, les figurants, les costumes, les accessoires, les appareils de prise de vues et de prise du son, mais sans l'enregistrement de l'image et du son (*run through*).

filé ■ Panoramique rapide laissant des traits horizontaux indéchiffrables sur l'image (*whip pan, whip shot*). À l'époque du muet, le filé est abondamment utilisé pour passer d'une séquence à l'autre. ▷ **phénomène de stroboscopie**.

filiale ■ Société distincte juridiquement mais étroitement contrôlée par la société mère (*subsidiary company*). Tous les grands studios américains ont des filiales dans le monde entier.

fill light ANGL. ■ Lumière d'ambiance. Ce terme anglais est usité en français en lieu et place du terme « lumière de bouchage ». ◊ VAR. *fill-in light*. ◊ CONTR. *key light*.

fill-in light ■ Variante de *fill light*.

film ■ Mot d'origine anglaise signifiant « couche », « membrane », « pellicule ». ■ [1] Bande perforée servant de support aux images et aux sons cinématographiques (*film*). Le film de celluloïd est inventé par George Eastman et mis au point par Thomas Edison en 1891 ; avec sa couche de nitrate, il est extrêmement inflammable et se désintègre rapidement. Le film d'acétate en 1950, puis le film de diacétate et de triacétate dans les années 1960 améliorent les conditions de projection et de conservation du celluloïd ; ▷ **Estar**. Les dimensions de l'image sont relatives au format du film : 1:33:1 (format standard) ; 2:35:1 (CinémaScope) ; 2:40:1 (Panavision) ; 2:20:1 (70 mm) ; ▷ **ratio, standard**. On distingue le film vierge, le film exposé (ou impressionné) et le film développé. Selon la nature de l'émulsion, on distingue le film noir et blanc, le film orthochromatique, le film panchromatique et le film en couleurs (ou film couleur). Selon les possibilités techniques, on distingue le film à faible sensibilité, à sensibilité moyenne, à haute sensibilité, le film à haut et à bas contraste, le film muet, le film sonore et le film holographique. Selon le nombre d'émulsions, nous avons le film monopack, bipack, tripack et multicouches. Selon l'usage de l'émulsion, on distingue le film négatif, le film positif, le film inversible et le film intermédiaire. On distingue plusieurs formats, ou largeurs, de film ; les plus connus sont le 8 mm, le 9,5 mm, le Super 8, le 16 mm, le Super 16, le 17,5 mm, le 35 mm (ou format standard), le 65 mm et le 70 mm. Selon la durée de la copie, on distingue le film de court métrage, de moyen métrage et de long métrage. ■ [2] Œuvre cinématographique (*film, movie*, FAM. *flick*). On distingue le film d'auteur et le film commercial, le film de fiction et le film documentaire, le film expérimental et le film éducatif. ■ [3] Par extension, une œuvre avec des images en mouvement enregistrée sur un autre support que la pellicule. ▷ **vidéo**. ▪ [4] Ensemble des œuvres cinématographiques (*film*). On distingue les œuvres par leur genre (un drame, une comédie de mœurs, une comédie musicale, un film d'horreur, un film de science-fiction, etc.), par leur domaine (le film amateur ou d'amateur, le film d'actualités, le film de montage, le film publicitaire, etc.) ou par leur pays d'origine (le film américain, le film français, le film iranien, le film italien, le film mexicain, etc.). ▪ [5] Par extension, ensemble des activités liées au cinéma : production, réalisation, conservation, enseignement, culture, esthétique, etc. (*film*). Dérivés : filmer, filmage, filmeur, filmographie, filmologie.

film absolu ▪ Terme créé par le théoricien Béla Balázs dans son livre *Le cinéma : nature et évolution d'un art nouveau* (1948, en français : 1979) en vue de désigner les films documentaires d'avant-garde des années 1920 dans lesquels une vision subjective déjoue la réalité extérieure montrée (*absolute film*). Comme exemple de film absolu, Béla Balázs cite *Le pont* (1928) de Joris Ivens. On étend ce terme aux films de l'abstraction allemande. Selon le théoricien P. Adams Sitney, dans son livre *Le cinéma visionnaire : l'avant-garde américaine 1943-2000* (2002), tout film expérimental est un film absolu. Il y a souvent confusion entre film absolu et film abstrait, et les termes sont souvent interchangeables.

film abstrait ▪ Tout film de nature non figurative (*abstract film*). Le genre est originalement attribué au cinéma d'avant-garde allemand des années 1920 ; ▷ **abstraction allemande**. Toute tentative de trouver un moyen d'expression purement imagé, par le montage ou des formes, qui peuvent parfois être des dessins, et dans laquelle n'existe aucun schéma narratif, constitue un film abstrait. Les historiens et les théoriciens citent comme exemples de films abstraits : *Le ballet mécanique* (1924) de Fernand Léger et *L'étoile de mer* (1928) de Man Ray, mais également certaines œuvres des Américains Len Lye et Stanley Brakhage, et les films d'animation gravés sur pellicule de Norman McLaren. ▷ **cinéma pur, dadaïsme**.

film à costumes FAM. ▪ Film historique, dit aussi film de reconstitution (*costume film*). ▷ **péplum**.

film à épisodes ▪ Film exploitant en plusieurs épisodes un sujet inspiré de la littérature populaire : aventures, histoire d'amour, suspense, etc. (*serial*). La durée de l'épisode se situe entre 40 et 60 minutes. Louis Feuillade est l'un des grands maîtres du film à épisodes (*Fantomas,* 1911-1913 ; *Les vampires,* 1915-1916 ; *Judex,* 1916). Né en France, avec *Nick Carter, le roi des détectives* (1908-1909) de Victorin Jasset, c'est en Amérique qu'il acquiert ses lettres de noblesse avec *Les mystères de New York* (1914-1915), 36 épisodes réalisés par Donald Mackensie ; c'est la société française Pathé qui l'introduit aux États-Unis. Les réalisateurs de films à épisodes trouvent leur inspiration dans les *comics* où sont mis en vedette des personnages comme Flesh Gordon, Dick Tracy, Jungle Jim, Lone Ranger et Batman, qui, plus tard,

feront également les délices des spectateurs de la télévision. Le film à épisodes
est le plus souvent présenté en matinée
et destiné aux enfants. Sa production
diminue dans les années 1950, pour cesser complètement à la fin de la décennie. Steven Spielberg rend hommage au
genre avec son héros Indiana Jones, dans
Les aventuriers de l'Arche perdue (1981),
Indiana Jones et le temple maudit (1984)
et *Indiana Jones et la dernière croisade*
(1989). On ne doit pas confondre le film
à épisodes, le film de série et le film à
sketchs. ◊ SYN. feuilleton. ◊ VOISIN ciné-
roman. ▷ **film à suspense** [2].

filmage ▪ Action de filmer, de tourner un
film (*filming shooting*).

film à grand spectacle ▪ Film à grand
déploiement, produit grâce à des moyens
financiers énormes, avec des décors
immenses, une figuration importante et
une mise en scène fastueuse. ◊ SYN.
superproduction. ▷ *blockbuster*, **locomotive.**

film à message ▷ **film à thèse.**

film animalier ▪ Documentaire sur la
faune, la vie et l'habitat des bêtes (*wildlife film*). Le film animalier est surtout
produit pour la télévision. La compagnie
Walt Disney est une grande productrice
de documentaires animaliers, destinés
avant tout aux enfants. Certains films
animaliers se démarquent par leur succès au grand écran, comme *La marche de
l'empereur* (2005) de Luc Jacquet, sur les
manchots empereurs de l'Antarctique et
leur mode de reproduction. ▷ **film d'animaux, film scientifique.**

film annonce ▷ **bande annonce.**

film à petit budget ▪ Film dont le budget
est inférieur à celui de la moyenne des
films produits (ARG. *cheapie, cinderella
film*). Aux États-Unis, une production a
petit budget est souvent associée à un
film indépendant. ◊ SYN. production à
petit budget. ▷ **American International
Pictures.**

film à sketchs, film à sketches ▪ Film
comprenant une suite de courts métrages ayant le même thème, signés par un
ou plusieurs réalisateurs (*film made up
of sketches*). On cite comme exemples de
film à sketchs *Kwaidan* (1964) de Masaki
Kobayashi, *Stranger Than Paradise* (1984)
de Jim Jarmush, *Paris vu par...* (1965)
de Jean-Daniel Pollet, Jean Rouch, Jean
Douchet, Éric Rohmer, Jean-Luc Godard
et Claude Chabrol et *Paris vu par... vingt
ans après* (1984) de Chantal Akerman,
Bernard Dubois, Philippe Garrel, Frédéric Mitterand, Vincent Nordon et Philippe Venault. *New York Stories* (1989)
présente trois sketchs qui ont pour cadre
la ville de New York : « Apprentissages »
de Martin Scorsese, « La vie sans Zoe »
de Francis Ford Coppola et « Le com-
plot d'Œdipe » de Woody Allen. *11'9"01*
(2002) est un film français constitué de
courts métrages de Samira Makhmal-
baf, Claude Lelouch, Youssef Chahine,
Danis Tanovi´c, Idrissa Ouedraogo, Ken
Loach, Alejandro González Iñárritu,
Amos Gitaï, Mira Nair, Sean Penn, Shohei Imamura qui donnent leur vision
des événements du 11 septembre 2001 à
New York et Washington ; chaque court
métrage, généralement une fiction, doit
durer 11 minutes, 9 secondes et 1 image

par allusion symbolique à la date des événements. On ne doit pas confondre le film à sketches, le film de série et le film à épisodes.

film à succès ■ Superproduction. ▷ *blockbuster*, **film à grand spectacle, gros calibre, rouleau compresseur.** ◊ SYN. ARG. locomotive.

film à suspense ■ [1] Film s'appuyant sur le suspense et les actes criminels (*mystery film*). Le film à suspense n'est pas considéré comme un genre particulier et on le classe dans le film policier. Sa construction s'appuie sur une gradation dans la perpétration d'un meurtre ou d'une série de crimes, dans la recherche de leurs causes ; on essaie de retrouver le meurtrier. Ce type d'œuvre existe depuis le cinéma muet, mais c'est au parlant qu'on lui donnera sa forme exemplaire grâce à l'adaptation de romans noirs mettant en vedette des personnages comme Nick Carter, Sam Spade, Philip Marlowe et Hercule Poirot. Les films à suspense sont généralement sombres, pessimistes, offrant une vision dérangeante et critique de la nature humaine ; parmi ceux-ci, citons *Laura* (1944) d'Otto Preminger, *Les diaboliques* (1954) de Henri-Georges Clouzot, *La maison du Dr Edwards* (1945), *Sueurs froides* (1958) et *Psychose* (1960) d'Alfred Hitchcock. Les cinéastes britanniques tourneront des films à suspense comiques, avec, notamment, le personnage tiré des romans d'Agatha Christie, Mlle Marple, interprétée par Margaret Rutherford. ■ [2] Terme suggéré pour la traduction de *cliffhanger,* un mot argotique venu des États-Unis qui signifie « scène à suspense » dans

un film à épisodes. Le mot vient de l'action des *serials* où l'héroïne en danger est suspendue (*hanged*) au-dessus d'un gouffre et attend que le héros lui sauve la vie à la dernière minute. Le spectateur est ainsi « accroché » à une scène de la fin d'un épisode, anxieux de connaître sa résolution.

film à thèse ■ Terme péjoratif désignant une œuvre qui livre un message clairement et, généralement, avec simplisme, caractérisé par une morale religieuse, politique, philosophique ou sociale (*thesis film*). On dit des œuvres d'André Cayatte qu'elles souffrent des défauts des films à thèse, qu'elles sont démonstratives et emphatiques. Le film à thèse fleurit dans la production du réalisme socialiste de l'Union soviétique après la Deuxième Guerre mondiale, jusque vers 1955, et de 1969 à 1975 ; sa production paralysée par la censure est appauvrie par une vision manichéenne de la réalité. On trouve le même genre d'œuvres dans les anciens pays socialistes ainsi qu'en Chine. On peut considérer *JFK* (1991) d'Oliver Stone comme un film à thèse sur l'assassinat du président Kennedy par lequel le réalisateur remet en cause le rapport officiel de la Commission Warren, accuse la CIA de complicité et réclame l'ouverture des archives gardées secrètes. ▷ **cinéma militant, film de propagande, film du Tiers-Monde.**

film beur ■ Film réalisé par un émigré arabe de la deuxième génération en France. C'est dans les années 1980 qu'apparaissent les premiers films beurs. Ils décrivent la vie, la plus souvent misérable, des immigrés vivant dans les banlieues ;

▷ **banlieue-film**. Le ton de la comédie est une des caractéristiques du film beur. Parmi les titres importants de films beurs, citons *Le thé au Harem d'Archimède* (1984) de Mehdi Charef, *Le thé à la menthe* (1984) d'Abdelkrim Bahloul et *Bâton rouge* (1985) de Rachid Bouchareb. *L'esquive* (2004) d'Abdellatif Kechiche est un film beur devenu un film-culte.

film biographique ■ Film reconstituant la vie et l'œuvre d'une personne célèbre (*biographical film, biog, biopic*). Des individus de tous les milieux et de toutes les époques inspirent le film biographique : des saints, des héros bibliques, des rois, des empereurs, des hommes d'État, des écrivains, des peintres, des musiciens, des chanteurs, des savants, des sportifs, des découvreurs, des hors-la-loi, des gangsters, etc. À cause des moyens mis en œuvre, le film biographique est souvent une superproduction. Son genre est plutôt dramatique et tragique. Les États-Unis sont le pays par excellence du film biographique. La Warner Bros. sera une des toutes premières compagnies à se spécialiser dans le genre avec les vies de Pasteur, de Zola et de Juarez mises en scène par William Dieterle. Orson Welles détourne la biographie du magnat de la presse William Randolph Hearst dans *Citizen Kane* (1941). Ken Russel réalise des biographies filmées baroques à l'authenticité historique douteuse : *La symphonie pathétique* (1971) sur Piotr Tchaïkovski, *Mahler* (1974) sur Gustav Mahler, *Lisztomania* (1975) sur Franz Liszt et *Valentino* (1977) sur Rudolph Valentino. Certains cinéastes n'abandonnent ni leur style ni leurs obsessions en s'y adonnant, comme Maurice Pialat avec *Van Gogh* (1991). Le genre est devenu populaire, particulièrement depuis les années 1980, grâce aux progrès des techniques d'imagerie rendant possible la reconstitution de paysages et de zones urbaines d'époque crédibles pour le spectateur. Parmi les titres importants du genre, citons *Napoléon* (1925) d'Abel Gance, *La passion de Jeanne d'Arc* (1928) de Carl Th. Dreyer, *L'impératrice rouge* (1934) de Joseph von Sternberg, *Les onze fioretti de Saint-François d'Assise* (1950) de Roberto Rossellini, *Napoléon* (1954) de Sacha Guitry, *Salvatore Giuliano* (1961) de Francesco Rosi, *Ludwig : requiem pour un roi vierge* (1972) de Hans-Jürgen Syberberg, *Raging Bull* (1979) de Martin Scorsese, *Adieu Bonaparte* (1986) de Youssef Chahine, *Thérèse* (1986) d'Alain Cavalier, *Malcolm X* (1992) de Spike Lee, *Basquiat* (1997) de Julian Schnabel, *Aviator* (2003) de Martin Scorsese et *Sophie Scholl : les derniers jours* (2005) de Marc Rothemund. ◊ SYN. biographie filmée. ▷ **film d'époque, film historique**.

film black ANGLIC. ■ Catégorie cinématographique désignant une production cinématographique issue de la communauté noire afro-américaine (*black movie*). On emploie en français l'expression « film black » au lieu de celle de « film noir » en vue d'éviter la confusion avec le genre qu'est le film noir. Le film black naît aux États-Unis au début des années 1920 avec les films d'Oscar Micheaux, romancier, scénariste, cinéaste et producteur, dans lesquels des acteurs de couleur tiennent des rôles principaux, ce qui ne se faisait pas dans la production courante. À partir des années 1930, les Majors ébauchent un *All Black Cast* : des films interprétés uniquement par des noirs mais réalisés par des blancs. Jusqu'aux années 1970, peu de cinéastes noirs signent des œuvres cinématographiques. Parmi les cinéastes noirs, Melvin Van Pebbles est le premier à être reconnu à la fin des années 1960 et au début des années 1970, avec *La permission* (1967) et *Sweet Sweetback's Baadasssss Song* (1971). On voit apparaître à cette époque des cinéastes comme Robert Gardner, Shirley Clark, Sharon Larkin et Julie Dash. Dans les années 1980, on assiste à la blaxploitation avec des films destinés surtout aux adolescents, signés, entre autres, par Gordon Parks et Mario Van Peebles (fils de Melvin). À la fin de la décennie 1980, Spike Lee s'impose comme un réalisateur incontournable du film black avec *Do The Right Thing* (1989) et *Jungle Fever* (1991). John Singleton s'affirme dans le genre avec *La loi de la rue* (1991) et *Poetic Justice* (1993).

film-catastrophe ■ Film qui donne à voir, grâce à ses effets spéciaux, de multiples catastrophes naturelles comme des cataclysmes et des fléaux (*disaster film*). Le film-catastrophe dépeint des relations humaines dans des situations extrêmes. Les personnages doivent se surpasser face au danger. Les catastrophes y prennent une large part du récit, souvent au détriment des personnages, sommairement développés. Il connaît un énorme succès, surtout durant des années difficiles, économiquement et socialement, comme les années 1930 (avec la Dépres-sion) et 1970 (avec la guerre du Viêtnam). Outre les États-Unis, le Japon est un grand producteur du genre. Les effets spéciaux sont une composante importante du film-catastrophe. Le plus connu est *La tour infernale* (1974) de John Guillermin.

film choral ■ Qualificatif récent donné à un film à plusieurs personnages et dont les rôles ont une égale importance (*choral movie*). Le film choral n'est pas un genre. Le plus ancien exemple de ce type de film est *Intolérance* (1916) de D.W. Griffith. C'est Robert Altman qui remet au goût du jour le film choral par sa pléiade de personnages dans *Nashville* (1975), *Un mariage* (1978), *Health* (1980), *Short cuts* (1995) *et The Company* (2003). La majeure partie des films à sketchs sont des œuvres chorales, comme *La ronde* (1950) de Max Ophuls. Le film de guerre l'est très souvent, comme *Le jour le plus long* (1963), signé par plusieurs réalisateurs et *Il faut sauver le soldat Ryan* (1998) de Steven Spielberg. *On connaît la chanson* (1997), *Pas sur la bouche* (2003) et *Cœurs* (2006) d'Alain Resnais sont également des exemples singuliers de films chorals. *Babel* (2006) d'Alejandro González Iñárritu, dont le récit se déroule dans quatre contrées différentes, et *Vol 93* (2006) de Paul Greengrass, qui se passe presque uniquement dans un seul lieu, un avion, le sont également par leur structure.

film cinéplastique ■ Dans le mouvement underground, film sans narration, abstrait (*cineplastic*). Un film cinéplastique est marqué essentiellement par son rythme et ses effets de couleurs. *The*

Flicker (1965) de Tony Conrad est un exemple extrême de film cinéplastique : durant 45 minutes, des photogrammes noirs alternent avec des photogrammes blancs.

film classique ▷ classique.

film comique ▷ comédie.

film commandité ■ Film produit pour un commanditaire. Le film commandité est proche du film de commande. Il peut être également un film de type éducatif. Ses fonds proviennent généralement d'institutions gouvernementales, comme les ministères et les agences, et parfois de sociétés industrielles, comme un groupe pétrolier ou d'avionnerie. ▷ **film publicitaire.**

Film Comment ■ Revue de cinéma américaine fondée en 1962 par Gordon Hitchens. À la fondation de la revue, les rédacteurs ont des goûts très éclectiques et défendent le cinéma d'avant-garde américain et le cinéma documentaire. À partir de 1970, sous la direction de Richard Corliss (devenu depuis rédacteur à l'hebdomadaire *Time*), ils se tournent vers la « Politique des auteurs » et la théorie. Cet engouement est de courte durée. Par la suite, ils se préoccupent de l'état du cinéma hollywoodien et européen. Leurs articles sont exhaustifs et leur ton plutôt neuf dans l'ensemble. Ses bureaux sont situés à New York. Parution : sept fois l'an.

film commercial ■ Film produit dans une intention lucrative et dans le but de plaire à un large public. Un film commercial est souvent associé à une œuvre médiocre. ◇ CONTR. film d'auteur. ▷ **film d'évasion, film grand public.**

Film Conditioning Apparatus [FICA] ■ Méthode de conservation du film en couleurs mise au point par l'Institut du film suédois en 1983. Elle consiste à placer une bobine, préalablement conditionnée à un taux d'humidité de 25 %, à l'intérieur d'un double sac hermétique scellé sous vide.

film couleur ■ Forme abrégée de film en couleurs. /

film criminel ▷ cinéma criminel.

film-culte ■ Film admiré par un groupe particulier de spectateurs qui peuvent le voir un nombre incalculable de fois (*cult film, cult movie,* FAM. *cult flick*). Le film-culte exploite le plus souvent le mauvais goût, le style kitsch ou pompier, en ayant parfois recours à des gadgets comme les lunettes pour les films en trois dimensions [3D] ou la plaquette odorante, comme pour le film *Polyester* (1981) de John Waters. La prédominance de certains genres y apparaît : le film de série B, le cinéma érotique ou pornographique et le cinéma expérimental. Le film-culte est souvent produit en marge des grands studios ou des compagnies importantes ; il s'agit la plupart du temps d'un film à petit budget. Il est souvent projeté tard le soir, en guise de dernière séance. L'exemple le plus célèbre du film-culte est *The Rocky Horror Picture Show* (1975) de Jim Sharman que certains spectateurs, souvent habillés comme les personnages à l'écran, ont vu jusqu'à 300 fois. Les films comme *La nuit des morts-vivants* (1969) de George A. Romero, *El Topo* (1970) d'Alejandro Jodorowsky et *Eraserhead* (1977) de David Lynch commencent leur carrière comme films-culte ; ▷ **camp,**

cinéma bis, film psychotronique. La notion de film-culte est souvent détournée de son sens originel et devient équivalente d'œuvre majeure du cinéma. Ainsi *Le troisième homme* (1949) de Carol Reed, *Les 400 coups* (1958) de François Truffaut, *Blow-Up* (1967) de Michelangelo Antonioni, *Annie Hall* (1977) de Woody Allen, *Maurice* (1997) de James Ivory, la série de *La guerre des étoiles* (1977, 1980, 1983, 1999, 2002 et 2005) de George Lucas et *L'esquive* (2004) d'Abdellatif Kechiche sont considérés comme des films-culte.

Film Culture ■ Revue de cinéma américaine fondée à New York en 1955 par Jonas Mekas, défendant particulièrement le cinéma expérimental et, plus précisément, le cinéma underground. De grands noms y collaborent sporadiquement, dont Orson Welles, Luis Buñuel, Jean-Luc Godard, Michelangelo Antonioni et Anaïs Nin. Le dernier numéro de la revue, le numéro 79, paraît en 1996. ▷ *New American Cinema.*

film d'action ■ Film qui multiplie les scènes d'action telles que les péripéties, généralement sous forme de poursuites et de cascades (*action film*). Le film d'action est une catégorie qui regroupe plusieurs genres de films, comme le film policier, le film d'espionnage et le film d'aventures. Le western entre facilement dans cette catégorie parce que sa narration est axée sur des scènes d'action. Le film d'action est très découpé, les nombreux plans permettant de faire progresser ou de prolonger la narration. Il est généralement parsemé de scènes très violentes. Il s'inspire des films à petit budget, appelés films de série B, des années 1930 à 1950. *L'inspecteur Harry* (1971) de Don Siegel avec Clint Eastwood est l'exemple type du film d'action. Comme le personnage de Rambo, interprété par Sylvester Stallone dans la série de *Rambo* (1982, 1985 et 1988), y est emblématique. Par son mélange d'ironie et de finesse, *Volte/face* (1997) de John Woo est reconnu être un film d'action moderne, qui empêche ce type de films de disparaître.

film d'amour ■ Œuvre cinématographique dont le sujet porte généralement sur les relations homme-femme (*romance*). Il n'est pas un genre en soi, mais son thème principal est l'amour sous toutes ses formes, du flirt aux relations sexuelles, celles-ci généralement peu explicites. L'amour évoqué peut être enfantin, adolescent, naïf, impossible, romantique, incestueux, exotique, contrarié, réaliste, maternel ou homosexuel. Le film d'amour permet, dit-on, au spectateur d'échapper à la dure réalité de la vie et de participer à une escapade dans la fantaisie et l'émotion. Les cinéastes Frank Borzage, George Cukor, Henry King, François Truffaut et Douglas Sirk sont connus pour avoir excellé dans le genre. ▷ *« Boy Meets Girl »*, *love story.*

film d'animaux ■ Film utilisant ou mettant en vedette des animaux. Les films d'action, dont les westerns, utilisent souvent des animaux. La Keystone et la Gaumont tournent de nombreux films avec des chiens, des lions, des ours et des éléphants. Il existe une sorte de star-système canin avec Rin Tin Tin et Lassie. On donne quatre emplois majeurs à l'animal : *a)* celui-ci est un héros positif et sauve généralement les gens de catastrophes (le chien Lassie, le dauphin Flipper) ; *b)* il est un faire-valoir (la guenon de Tarzan, la vache de Fernandel) ; *c)* il est un animal étrange menaçant (une araignée géante, un animal préhistorique, dans les films de science-fiction) ; et *d)* il est un animal naturel menaçant (les oiseaux chez Hitchcock, le requin chez Spielberg). Avec la souris Mickey, le lapin Bugs, le chat Fritz ou le chien Gromit, les cinéastes d'animation s'inspirent des animaux et leur donnent des fonctions humaines.

Film d'art (Le) ▪ Société française créée en 1908 par André Calmettes et Charles Le Bargy en vue de réaliser des films exploitant des œuvres romanesques et théâtrales et de faire appel à des romanciers et des gens de théâtre. Les films sont distribués par Pathé. Cette société produit généralement des films à costumes, voués au gigantisme, et au service de ses vedettes (comme Sarah Bernhardt) ; ils donneront naissance au péplum italien. Par ses qualités, *L'assassinat du duc de Guise* (1908) d'André Calmettes et Charles Le Bargy est une exception dans la production de la compagnie, qui est très conservatrice. De 1919 à 1929, la société produit quelques œuvres excellentes, comme *Au bonheur des dames* (1929) de Julien Duvivier. Puis elle disparaît. Parmi les metteurs en scène du Film d'art, citons Paul Adréani, Jacques de Baroncelli, Gérard Bourgeois et Germaine Dulac. On retrouve l'influence des œuvres produites par cette société chez Abel Gance et D.W. Griffith.

film d'art ▪ [1] Œuvre filmique de haut niveau, distincte d'un film de divertissement, populaire et commercial (*art film*). Aux États-Unis, dans les années 1950, les films d'art désignent généralement les films signés par des Européens (Vittorio De Sica, Roberto Rossellini, Luchino Visconti, etc.) et vus par une clientèle instruite. Le film d'art désignera dans les années 1960 un film s'adressant à un public dit minoritaire (désigné ainsi par les producteurs hollywoodiens), réalisé par un cinéaste comme Robert Altman, Mike Nichols ou Arthur Penn. ▪ [2] Film de non-fiction utilisant les procédés graphiques des arts visuels et de l'infographie (*art film*). Il a son équivalent en vidéographie : vidéo d'art ou art vidéo. Le film d'art est apparenté au film expérimental. ▷ **film d'artiste**.

film d'artiste ▪ Film de type expérimental réalisé par un artiste peintre. Le film d'artiste témoigne généralement des préoccupations esthétiques de l'artiste qui le réalise. Il apparaît dans les années 1960, en même temps que les films du cinéma underground ; il est subventionné par les galeries, notamment aux États-Unis. Il se développe également en France et en Grande-Bretagne. Les premiers artistes à signer un film de ce genre sont Marc Adrian, Robert Breer, Robert Lapoujade, Andy Warhol et Michael Snow. Le film d'artiste couvre un large champ esthétique : l'art conceptuel, l'art minimal, le happening, le *body art*, le *land art*, etc. Il se voit supplanté dans les années 1980 par l'art vidéo, qui mêle installations, performances et pratiques multimédias. Parmi les noms de cinéastes importants du film d'artiste, citons Joseph Beuys, Christian Boltanski, Daniel Buren et Robert Morris. ▷ **film sur l'art.**

film d'arts martiaux ▷ film de kung-fu.

film d'atmosphère ▪ Film dont la création d'ambiance, par les décors et l'éclairage, est importante, généralement pittoresque ou dramatique, créée artificiellement dans les studios. Le film d'atmosphère est caractéristique des films français tournés durant la Deuxième Guerre mondiale et immédiatement après, signés, entre autres, par Marcel Carné, Henri-Georges Clouzot, Christian-Jacque, Louis Daquin et Jean Delannoy. Alexandre Trauner est le décorateur le plus connu du film d'atmosphère. ▷ **gueules d'atmosphère.**

film d'auteur ▷ auteur.

film d'avant-garde ▪ Film dont la technique renouvelle l'image et le son en subvertissant les formes traditionnelles établies (*avant-garde film*). Par ses recherches et ses expériences auditives et visuelles, le film d'avant-garde ouvre des voies inédites au cinéma. Il se définit par opposition au cinéma narratif traditionnel et commercial. Il tire son inspiration principalement de la peinture, de la photographie et de la musique. Ses auteurs peuvent être autant des réalisateurs professionnels qu'amateurs. Sa diffusion est souvent limitée à des ciné-clubs, des festivals et des salles d'art et essai. Il existe depuis le début du cinéma. Le film d'avant-garde se développe grandement aux États-Unis durant les premières années du cinématographe. De l'après-Première Guerre mondiale jusqu'aux années 1930, il est très vivant en France et en Allemagne. Les cinéastes russes pratiquent un cinéma d'avant-garde, des premières années de la révolution soviétique jusqu'au milieu des années 1930. Le cinéma underground américain marque le cinéma d'avant-garde dans les années 1950 et 1960. Le développement de la vidéo dans les années 1970 prend le relais de ce cinéma. On le désigne également sous les termes « nouveau cinéma », « cinéma expérimental » et « cinéma autrement ». ▷ **abstraction allemande, Impressionnistes, cinéma moderne, cinéma pur, cinéma underground.**

film d'aventures ▪ Film multipliant des péripéties mouvementées (*adventure film*). Le film d'aventures, dont l'origine vient des films à épisodes américains, emprunte plusieurs ingrédients au film de poursuite, au film d'espionnage, au film de cap et d'épée et au western. Ces ingrédients sont, sur le plan thématique, la lutte entre le Bien et le Mal, le sens du droit et de la justice, la défense des opprimés et, sur le plan formel, l'exotisme, le suspense et le comique. Dans un film d'aventures, le héros défend le Bien, risque sa vie soit pour sauver les siens, soit pour sauver sa fiancée. Ce héros est un homme exempt de contradictions, astucieux et athlétique, qui possède grâce et prestance. Politiquement ou sentimentalement, il est un héros symbolique, comme Tarzan, Zorro, Robin des Bois, James Bond ou Indiana Jones. De nombreux acteurs jouent dans des films d'aventures, s'en faisant presque une spécialité, voire une exclusivité : Humphrey Bogart, Douglas Fairbanks, Errol Flynn, Stewart Granger, Cary Grant,

Charlton Heston et Sean Connery. Parmi les films les plus connus du genre, citons *Le voleur de Bagdad* (1924) de Raoul Walsh, *Le masque de fer* (1929) d'Allan Dwan, *Capitaine Blood* (1935) de Michael Curtis, *Le signe de Zorro* (1940) de Robert Mamoulian, *Gentleman Jim* (1941) de Raoul Walsh, *Le corsaire rouge* (1952) de Robert Siodmak, *Les contrebandiers de Moonfleet* (1955) de Fritz Lang, *Traquenard* (1958) de Nicholas Ray, *Hatari* (1962) de Howard Hawks et *Goldfinger* (1964) de George Hamilton. La suite réalisée par Steven Spielberg, mettant en vedette de 1981 à 1989 le personnage Indiana Jones, représente pleinement la tradition du film d'aventures. Genre majoritairement anglo-saxon, le film d'aventures est peu produit en dehors des États-Unis et de la Grande-Bretagne. En France, des cinéastes comme Philippe de Broca, Claude Chabrol et Claude Zidi le pratiquent avec succès, en y ajoutant de l'humour et de la parodie.

film de ballet ▪ Film qui enregistre un ballet interprété sur scène ou interprété spécialement pour le cinéma (*ballet film*). Le film de ballet n'est pas un genre. Il est difficile de rendre toute la valeur artistique d'un ballet par son enregistrement cinématographique ou vidéographique, les gros plans et les plans américains venant abolir les aspects spécifiques du ballet, tout particulièrement les mouvements du corps dans l'espace. Le problème de la durée s'impose également et on doit souvent couper dans l'interprétation des danseurs. Un des ballets le plus souvent enregistré pour le cinéma est *Casse-Noisette* de Piotr Tchaïkovski.

Raoul Ruiz transpose judicieusement le ballet *Mammane* (1986) de Jean-Claude Gallota. James Kudelka adapte de manière originale *L'oiseau de feu* (2004) d'Igor Stravinski en utilisant abondamment les effets spéciaux. Les grandes compagnies de ballet comme le New York City Ballet, l'Opéra de Paris et le Royal Ballet de Londres éditent en vidéocassettes et en DVD leurs productions.

film de banlieue ▪ Variante de banlieue-film.

film de cape et d'épée ▪ Catégorie regroupant le film d'aventures et le film historique (*cloak and dagger film*). Le film de cape et d'épée accorde une large place aux combats avec des épées. La cape et l'épée sont les attributs de l'action chevaleresque, qui se produit le plus souvent dans un château, à cheval ou sur mer. Le film de cape et d'épée se déroule dans une époque située entre le XVe siècle et la fin du XVIIIe siècle. L'action a généralement lieu en Angleterre, en Espagne, en France, en Italie et quelquefois dans les pays américains et sud-américains. Les personnages sont des chevaliers ou des pirates. Le premier film de cette catégorie est suédois: *Une bataille dans le vieux Stockholm* (1897) d'Ernest Florman. Le muet fait une large place aux combats de cape et d'épée; à voir: *Le signe de Zorro* (1920) et *Les trois mousquetaires* (1921) de Fred Niblo, *Robin des bois* (1922) et *Le masque de fer* (1925) de Allan Dwan. Hollywood en fait une tradition de 1930 à 1950; à voir: *Capitaine Blood* (1935) et *L'aigle des mers* (1940) de Michael Curtiz, et *Le signe de Zorro* (1940) de Rouben Mamoulian. La

France connaît certaines réussites avec *Fanfan la Tulipe* (1952) de Christian-Jacque, *Le Bossu* (1959) d'André Hunnebelle et *Cartouche* (1961) de Philippe de Broca. Il y a plusieurs remakes de classiques, dont *Le Bossu* (1997) de Philippe de Broca, *L'homme au masque de fer* (1998) de Randall Wallace et *Le masque de Zorro* (1998) de Martin Campbell. La série des *Pirates des Caraïbes* (2003, 2006 et 2007) de Gore Verbinski fait revivre de façon spectaculaire le film de cape et d'épée.

film de chambre ■ [1] ▷ *Kammerspielfilm*. ■ [2] Genre non officiel. Dénomination qui tire son origine du *Kammerspielfilm* pour désigner un film contemporain ayant peu de personnages et se déroulant généralement dans un lieu unique (*chamber film*). Le film de chambre est une transposition à l'écran de l'idée de musique de chambre. Ses caractéristiques sont l'intimité du drame, la portée considérable du sujet et l'épure de la mise en scène. Par sa réalisation concise et mesurée, il est qualifié de film ascétique. Ingmar Bergman classe dans cette catégorie certaines de ses œuvres dont celles de la trilogie qui comprend *À travers le miroir* (1961), *Les communiants* (1963) et *Le silence* (1963). Plusieurs films de Satyajit Ray, entre autres, *Kanchenjunga* (1962) et *Le visiteur* (1991), empruntent à la musique de chambre une intimité élégiaque.

film de collage ■ Équivalent du film d'animation directe avec des éléments découpés: papiers découpés, photographies, dessins, etc.

film de commande ■ Film qu'un réalisateur tourne sur commande. Le film de commande est souvent synonyme de film impersonnel et de peu de valeur artistique. ▷ **film commandité**. ◊ VOISIN film publicitaire.

film de copains ▷ *buddy film*.

film de cow-boys ▷ western.

film de cul FAM. ▷ **film pornographique**.

film de danse ▷ chorégraphie, film de ballet.

film de détective ■ Film dont l'intrigue consiste à trouver la solution d'un crime et dont le héros est un enquêteur privé ou un policier enquêteur (*detective film, private-eye film*). Classé comme sous-genre du film policier ou du film noir, le film de détective est de type film-enquête, proche du thriller. Il se développe surtout en Amérique, mais la France en est aussi grande productrice. Sa figure-référence demeure Sam Spade, du *Faucon maltais* (1941) de John Huston, interprété par Humphrey Bogart. Les héros du film de détective se nomment Harry Callahan, Sherlock Holmes, Arsène Lupin, Philip Marlowe, Maigret, Hercule Poirot et, dans la veine comique, Jacques Clouseau. De héros positif, le détective se transforme dans les années 1970 en protagoniste immoral et décadent, comme dans *Chinatown* (1974) de Roman Polanski. Parmi les films de détective importants des États-Unis, citons *Laura* (1944) d'Otto Preminger, *Le grand sommeil* (1946) de Howard Hawks, *La dame du lac* (1947) de Robert Montgomery, *Règlement de comptes* (1953) de Fritz Lang, *En quatrième vitesse* (1955) de Robert Aldrich, *Sueurs froides* (1958) d'Alfred Hitchcock, *L'inspecteur Harry* (1971) de Don Siegel, *Le privé* (1973) de

Robert Altman, *Blue Velvet* (1986) de David Lynch, *Fargo* (1996) de Ethan et Joel Coen et *Créance de sang* (2002) de Clint Eastwood ; de la France, citons *La nuit du carrefour* (1932) de Jean Renoir, *L'assassin habite au 21* (1942) et *Quai des orfèvres* (1947) de Henri-Georges Clouzot, *Le cercle rouge* (1970) de Jean-Pierre Melville, *Police Python 357* (1975) d'Alain Corneau, *Garde à vue* (1981) de Claude Miller, *Police* (1985) de Maurice Pialat, *Inspecteur Lavardin* (1986) de Claude Chabrol et *Le mystère de la chambre jaune* (2002) de Bruno Podalydès.

film de famille, film familial ■ Film amateur tourné sur pellicule ou en vidéo, chez soi (*home movie, home videos*). ◊ SYN. vidéo de famille, vidéo familial.

film de fantômes ▷ fantôme.

film de fiction ■ [1] Film dont le contenu, les situations et les personnages, relèvent de l'imaginaire (*fiction, fiction film*). Par la fiction, on tente de créer une aura de vérité et des liens de similitude avec la réalité. D'après les théoriciens du cinéma, étant de l'ordre du discours, donc reposant sur un langage imaginaire, tout film peut être considéré comme un film de fiction, même un documentaire. Le film de fiction est quasi hégémonique dans le cinéma. ▷ **récit**. ◊ CONTR. film documentaire, documentaire.

film de gangsters ■ Film qui décrit la vie et la mort de gangsters, dans un décor urbain (*gangster film*). Le film de gangsters devient un genre typique lors de la prohibition de l'alcool aux États-Unis dans les années 1930 ; il est inspiré notamment par les hauts faits d'un gangster connu de l'époque, Al Capone.

Une autre source de ce film de genre est le roman noir américain et anglais. On classe souvent le film de gangsters comme un sous-genre du cinéma criminel ou du film noir. Son héros est un membre de la pègre, le plus souvent victime de sa mégalomanie, qui meurt dans une violence qu'il a lui-même entretenue ; il est combattu par des policiers « incorruptibles ». Le portrait du criminel qui y est dressé est souvent ambigu : ce dernier est à la fois auréolé de gloire et condamné par la société. On dit que le premier film du genre est *Les nuits de Chicago* (1927) de Joseph von Sternberg. *Scarface* (1932) de Howard Hawks, mettant en vedette Paul Muni, demeure le modèle du genre ; Brian De Palma en donnera un remake en 1984. De Palma est un des auteurs, avec Clint Eastwood, Arthur Penn et Don Siegel, qui participeront à la résurgence d'un genre qui a presque disparu dans les années 1960. Parmi les films de gangsters importants, citons *Le petit César* (1931), avec E.G. Robinson, de Melvin LeRoy, *Rue sans issue* (1937), avec Humphrey Bogart, de William Wyler, *Les tueurs* (1947), avec Burt Lancaster, de Richard Siodmak, *L'enfer est à lui* (1949), avec James Cagney, de Raoul Walsh, *Quand la ville dort* (1950), avec Sterling Hayden, de John Huston, et *L'ennemi public* (1957), avec Mickey Rooney, de Don Siegel. Pour la période contemporaine, citons les trois *Parrain* (1972, 1979 et 1990) de Francis Ford Coppola, *Les affranchis* (1990), *Casino* (1995) et *Les infiltrés* (2006) de Martin Scorsese, *Il était une fois en Amérique* (1984) de Sergio Leone, *Reservoir Dogs*

(1992) de Quentin Tarantino, *The Mission* (1999) de Johnnie To, *Ocean's Eleven* (2002) de Steven Soderbergh, *Collateral* (2004) de Michael Mann et *A History of Violence* (2005) de David Cronenberg. La France produit plusieurs films de gangsters; citons *Pépé le Moko* (1936) de Julien Duvivier, *Touchez pas au grisbi* (1954) de Jacques Becker, *Du rififi chez les hommes* (1954) de Jules Dassin, *Les yeux sans visage* (1960) de Georges Franju, *Classe tous risques* (1960) de Claude Sautet, *Pierrot le Fou* (1965) de Jean-Luc Godard et *Le deuxième souffle* (1966) de Jean-Pierre Melville. Au Japon, le cinéaste Takeshi Kitano renouvelle le film de gangsters par un mélange de cruauté et de poésie; voir le film de ce réalisateur: *Sonatine* (1993). ▷ **yakusa-eiga**.

film de genre ■ Film fidèle aux codes du genre auquel il correspond. Le film de genre est souvent synonyme de film traditionnel.

film de guerre ■ Film dont l'action principale se déroule durant la guerre (*war film*). Le film de guerre peut être de fiction ou documentaire. Il est proche du film de propagande. On inclut dans le film de guerre plusieurs catégories de situations: *a)* la préparation, le déroulement et la réalisation de combats; *b)* l'histoire de prisonniers de guerre, ciblée généralement sur leur évasion; *c)* la lutte et la résistance contre une armée d'occupation; *d)* la vie dans les camps et stalags; *e)* les activités d'espionnage et les missions à l'étranger; et *f)* les situations personnelles, familiales ou psychologiques, résultant de la guerre. Le film de guerre peut avoir comme but d'exalter l'héroïsme d'une nation ou d'illustrer la guerre comme un acte de sauvagerie et de barbarie. Il peut être axé autant sur l'aventure et le divertissement que sur la description de la nature contradictoire de la personne humaine. Il se fonde sur la dichotomie du Bien et du Mal. Le film de guerre existe depuis le début du cinéma; *The Battle* (1911) de D.W. Griffith est un des tout premiers films du genre. Généralement dramatique, il devient complexe, par exemple, par le mélange des genres avec une histoire d'amour, comme *La grande parade* (1925) de King Vidor. Certains films se singularisent par la puissance de leur traitement, comme *La grande illusion* (1937) de Jean Renoir. On peut y tenir un discours anti-guerre, comme *Les sentiers de la gloire* (1957) de Stanley Kubrick. On peut y décrire l'univers concentrationnaire, comme *La passagère* (1961-1963) d'Andrzej Munk. Il peut être centré sur la souffrance et la misère morale et financière, comme *Allemagne, année zéro* (1947) de Roberto Rossellini. On peut illustrer l'absurdité de la guerre sous forme de satire, comme *Les carabiniers* (1963) de Jean-Luc Godard, ou sous forme carnavalesque, comme *Underground* (1995) d'Emir Kusturica. Le film de guerre est aussi diversifié et particulier que les pays et les guerres; citons, entre autres, *Naissance d'une nation* (1915) de D.W. Griffith sur la guerre de Sécession, *Land and Freedom* (1995) de Ken Loach sur la guerre d'Espagne, *La bataille du rail* (1945) de René Clément sur la Résistance en France, *Au-delà de la gloire* (1980) de Samuel

Fuller sur des soldats américains durant la Deuxième Guerre mondiale, *La ligne rouge* (1999) de Terence Malik sur la guerre du Pacifique, *Le vent des Aurès* (1966) de Mohamed Lakhdar Amina sur la guerre d'Algérie, *Voyage au bout de l'enfer* (1978) de Michael Cimino, *Apocalypse Now* (1979) de Francis Ford Coppola et *Platoon* (1987) d'Oliver Stone sur la guerre du Viêt-nam, et *L'étoile du soldat* (2006) de Christophe de Ponfilly sur la guerre que mène l'Union soviétique en Afghanistan, qui possèdent, chacun, leur propre vision de la guerre et leur propre esthétique. La popularité du film de guerre ne se dément pas depuis plus de 100 ans.

film de jazz ▪ Film où le jazz en est visuellement et auditivement le sujet principal, soit par des musiciens (biographies, interviews, tournées, compositions et exécutions), soit par la musique (concerts, extraits de spectacles). Le film de jazz n'est pas un genre en soi. Il peut être une fiction ou un documentaire. Parmi les films de jazz en fiction, citons *The Man I Love* (1946) de Raoul Walsh, *Rendez-vous de juillet* (1949) de Jacques Becker, *The Connection* (1960) de Shirley Clarke, *Le quintette de Sven Klang* (1976) de Stellan Olsson, *New York New York* (1977) de Martin Scorsese, *Cotton Club* (1984) de Francis Ford Coppola, *Autour de minuit* (1986) de Bertrand Tavernier, *Bird* (1987) de Clint Eastwood, *Mo'Better Blues* (1990) de Spike Lee; et en documentaire: *Hollywood Hotel* (1938) de Busby Berkeley, *The Benny Goodman Story* (1955) de Valentine Davis, *The Sound of Jazz* (1959) de Jack Smight, *The Last of*

Blue Devils (1979) de Bruce Ricker, *Let's Get Lost* (1989) de Bruce Weber, *Straight no Chaser* (1989) de Charlotte Zwerin, Michael et Christian Blackwood et *Bud Powell* (1999) de Robert Mugnerot. De la musique de jazz est écrite spécialement pour un film et le rend célèbre, comme celle de Miles Davis pour *Ascenseur pour l'échafaud* (1957) de Louis Malle.

film de kung-fu ▪ Genre cinématographique produit en Asie, notamment à Hong-kong, à Taïwan, aux Philippines et en Chine, reposant essentiellement sur des combats d'arts martiaux, très violents, dans des récits manichéens mettant en scène des Bons et des Méchants (*kung fu film*, FAM. *karate film*). Le film de kung-fu possède un style et des codes particuliers selon chaque pays. Il remonte au milieu des années 1930, où il est produit rapidement et fabriqué grossièrement, quoique certaines des œuvres se distinguent par leurs recherches esthétiques en lorgnant notamment vers le fantastique et l'horreur. Le genre triomphe dans les années 1960 et 1970. L'époque durant laquelle se déroule le récit des films se situe sous l'occupation mandchoue, de la dynastie Qing (1664-1912). Les principales caractéristiques du film de kung-fu sont l'absence de femmes, la valorisation de l'amitié masculine, une mise en scène réglée comme un ballet avec des sauts acrobatiques et des touches de comique. Raymond Chow est un important producteur de ce genre de films. Chang Cheh est considéré comme un grand maître du film de ce genre; vedette de films de kung-fu, Bruce Lee, acteur et réalisateur, est devenu une star internationale. Dans les années 1980, avec la mort de Bruce Lee, le genre paraît s'essouffler mais il redonne des signes de vigueur à partir des années 1990, en particulier avec les films de fantômes chinois ; c'est que les films deviennent plus personnels tout en se soumettant aux codes du genre, comme le prouvent les succès de réalisations de plus en plus complexes comme celles signées Jackie Chang, acteur et réalisateur, et celles, plus formellement abouties, signées Tsui Hark, dans lesquelles les effets spéciaux sont énormément utilisés ; ▷ **fantôme**. Parmi les films importants du genre, citons *Viens boire avec moi* (1965) de King Hu, *La rage du tigre* (1970) de Chang Cheh, *La fureur de vaincre* (1972) de Lo Wei, *La 36ième chambre de Shaolin* (1978) et *Les démons du karaté* (1982) de Liu Chie-liang, *La danse du lion* (1980) de Jackie Chang, *Le mort et le mortel* (1983) de Wu Ma, *Le temple de Shaolin* (1984) d'Allen Fong, *Il était une fois en Chine* (1991), *Legend of Zu* (2001) et *Seven Swords* (2005) de Tsui Hark, *Hard Boiled* (1992) de Philip Kwok, *Tigre et dragon* (2001) d'Ang Lee et *Le secret des poignards volants* (2004) de Zhang Yimou. ▷ **woo sia pien, wushu.** ◊ VAR. film-karaté. ◊ SYN. film d'arts martiaux.

film de marionnettes ■ Film d'animation utilisant des poupées en trois dimensions et munies d'articulations métalliques (*puppet film*). Les mouvements des marionnettes sont modifiés légèrement entre chaque prise, chaque prise correspondant à un plan, selon le procédé d'animation image par image qui donne à la projection l'illusion de mouvement. Stuart Blackton et Émile Cohl sont les premiers à appliquer le principe d'une marionnette pour un dessin animé. On tourne de nombreux films de marionnettes en Tchécoslovaquie, et de tous genres : marionnette à tiges (ou à bague), à gaines, à fils, en pâte à modeler ; c'est en 1935 que Jiri Trnka tourne le premier film de marionnettes tchèque. Karel Zeman et Břestislav Pojar en tourneront plusieurs également en Tchécoslovaquie. Les télévisions du monde entier accordent, depuis les années 1950 jusqu'aux années 1980, une large place aux films de marionnettes. ◊ SYN. VX : film de poupées.

film de monstres ■ Sous-genre du film d'horreur et du film de science-fiction mettant en scène un monstre ayant une forme humaine ou animale généralement reconnaissable, qui sème la terreur et la violence (*monster movie*). L'un des premiers films du genre est *Frankenstein* (1931) de James Whale. Le monstre animal le plus célèbre à l'écran est le lézard préhistorique Godzilla, qui sème la terreur dans le film japonais du même titre d'Inoshiro Honda, de 1954 ; ▷ **Toho.** Symbole de la peur de l'inconnu et de la paranoïa, les monstres deviennent indéfinissables et encore plus effroyables, comme dans *Alien* (1979) de Ridley Scott ; ils sont les doubles schizophréniques des personnages, comme dans *The Thing* (1982) de John Carpenter, *Le festin nu* (1993) de David Cronenberg et *The Host* (2006) de Joon-ho Bong.

film de montage ■ Assemblage de fragments de films tournés ailleurs (*compilation film*). Le sujet du film de montage est de nature historique, politique, sociale ou culturelle. *Paris 1900* (1947) de Nicole Védrès est un film de montage très réussi comprenant des bandes d'actualité du début du siècle. On cite souvent comme chef d'œuvre du genre *Mourir à Madrid* (1962) de Frédéric Rossif, dont le sujet est la guerre d'Espagne. On peut dire des *Histoire(s) du cinéma* (1988-1999) de Jean-Luc Godard qu'ils sont des films de montage.

film de montagne ■ Genre cinématographique qui représente la montagne (*mountain film*). Le film de montagne se caractérise par des œuvres dont la montagne est l'enjeu, que cet enjeu soit sportif, dramatique, symbolique, poétique ou romantique. Il peut également montrer les cultures populaires de la montagne. Il peut être un documentaire ou une fiction. Durant les premiers temps du cinéma, ce sont des Suisses et des Italiens qui tournent des films de montagne, le plus souvent sans les signer. *Ascension au Cervin* (1911) est le premier film réalisé par un alpiniste, Mario Piacenza. La montagne devient le cadre de l'action des westerns; voir le film *Maris aveugles* [autre titre: *La loi des montagnes*] (1919) d'Eric von Stroheim. Mais ce sont surtout les cinéastes allemands qui créent dans les années 1920 un genre avec le film de montagne, appelé *Bergfilm*; sa production se poursuivra jusqu'à la Deuxième Guerre mondiale. Ils y exaltent la beauté de la nature, la conquête des sommets et l'amour de la patrie. Arnold Franck en est le principal créateur avec, entre autres, *La montagne sacrée* (1926) et *Tempête sur le Mont-Blanc* (1930). Leni Riefenstahl joue dans

des films de montagne et en réalise elle-même, comme *La montagne bleue* (1932). Dans les années 1930, une école française du film de montagne s'affirme, plus dépouillée et réaliste que l'école allemande. Les films de Michel Ichac, Roger Frison-Roche et Georges Tairraz placent la montagne au centre de l'intrigue; voir le film *Premier de cordée* (1943) de Louis Daquin, d'après un roman de Frison-Roche. L'Alliance internationale du cinéma de montagne (International Alliance for Mountain Film) regroupe 16 festivals de 13 pays dédiés à ce genre cinématographique.

film d'enfants ■ Film qui met en vedette des enfants. Dès les débuts du cinématographe, les enfants apparaissent dans des films, comme dans *Repas de bébé* (1905) des frères Lumière. Clément Dary, quatre ans, devient en 1910 la vedette des courts métrages de Louis Feuillade. Mary Pickford commence à jouer dans des films à l'âge de six ans. La Fox tourne dans les années 1920 un feuilleton en 96 épisodes avec des enfants de moins de 15 ans: *Our Gang*. Jackie Coogan est un enfant prodige, découvert alors qu'il avait cinq ans par Charles Chaplin et qui joue dans *The Kid* (1921); il rapporte une fortune à ses parents. De même que Shirley Temple, qui commence à jouer à l'âge de trois ans. Judy Garland et Mickey Rooney sont dans leur prime adolescence lorsqu'ils débutent au cinéma. En France, Robert Lynen joue le rôle-titre dans *Poil de carotte* (1932) de Julien Duvivier. Des enfants d'un pensionnat se révoltent dans le film mythique de Jean Vigo, *Zéro de conduite* (1932), auquel rendra hommage Luis Buñuel avec ses enfants de la rue dans *Los Olvidados* (1950). Le néoréalisme décrit les rapports des enfants avec le monde adulte ; voir le film *Le voleur de bicyclette* (1948) de Vittorio De Sica. Soumitra Chatterjee est le jeune Apu dans la trilogie de Satyajit Ray : *Panther Panchali* (1955), *Aparijito* (1956) et *Le monde d'Apu* (1959). L'Espagne fait connaître dans le monde entier le petit Joselito (Joselito Jimenez). Jean-Pierre Léaud, en Antoine Doinel, est l'alter ego de François Truffaut enfant dans *Les quatre cents coups* (1959). Le cinéma américain utilise abondamment les enfants dans des comédies où ils sont rois (Macaulay Culkin, par exemple) ; Steven Spielberg en emploie dans presque tous ses films. Jacques Doillon se penche sur l'enfance dans *Le petit criminel* (1990), *Le jeune Werther* (1993), *Ponette* (1996) et *Petits frères* (1999). *Les choristes* (2004) de Christophe Barratier, qui met en scène des garçons difficiles placés dans un internat où le directeur fait régner une discipline de fer, est un des plus grands succès de l'histoire du cinéma français avec plus de huit millions d'entrées. Abbas Kiarostami pose un regard chaleureux sur les enfants dans *Où est la maison de mon ami* (1987), *Close up* (1990), *Et la vie continue* (1992) et *Au travers des oliviers* (1994). On retrouve un enfant qui tente de comprendre le monde des adultes dans *L'été de Kikujiro* (1999) de Takeshi Kitano et *Yiyi* (1999) d'Edward Yang. Dans plusieurs pays, une réglementation régit sévèrement l'emploi des enfants dans les films et la disposition de leurs cachets. Un film d'enfants n'est pas nécessairement destiné aux enfants. ▷ **cinéma pour enfants.**

film de non-fiction ANGLIC. ■ Film dont les éléments fictifs sont réduits ou absents (*nonfiction film*). Le film de non-fiction est une catégorie cinématographique regroupant les films documentaires, d'actualités, éducatifs, ethnologiques, animaliers, d'animation, expérimentaux, entre autres.

film d'époque ■ Film historique tourné avec des costumes (*period film*). ▷ **film biographique, film historique, péplum.**

film de poupées VX ■ Film de marionnettes.

film de poursuite ■ Film dont l'enjeu principal du récit est la poursuite d'une personne ou d'un groupe de personnes (*chase film, chaser,* ARG. *cat-and-mouse thriller*). Le film de poursuite est un sous-genre du film d'aventures, du film policier et du western. Dès les débuts du cinéma, le film de poursuite est très populaire en exploitant la nature même du médium, le mouvement, comme dans les films de Ferdinand Zecca, de Charles Chaplin et de Buster Keaton. On table sur l'anticipation des actions (le suspense) pour captiver le spectateur. *Duel* (1971) de Steven Spielberg est le prototype actuel du film de poursuite, efficace et rapide, poussant jusqu'à l'absurde les limites du genre.

film d'épouvante ▷ **film d'horreur.**

film de prison ■ Film dont l'action a un rapport avec l'incarcération (*prison film*). On distingue deux sortes de films de prison : *a)* ceux avec des criminels et *b)* ceux avec des prisonniers de guerre. Le film de prison a souvent pour but de peindre un microcosme de la société. Il est généralement tourné avec des intentions morales axées sur la formation de caractère, la dette envers la société et l'importance de la liberté. À cause des espaces exigus comme la cellule du prisonnier, il pose quelques défis de mise en scène. Parmi les films de prison importants, citons *Le code criminel* (1931) de Howard Hawks, *Les démons de la liberté* (1947) de Jules Dassin, *Stalag 17* (1953) de Billy Wilder, *Un condamné à mort s'est échappé* (1956) de Robert Bresson, *Le pont de la Rivière Kwai* (1957) de David Lean, *Le trou* (1959) de Jacques Becker, *Le prisonnier d'Alcatraz* (1962) de John Frankenheimer, *Midnight Express* (1978) d'Alan Parker, *Merry Christmas, Mr. Lawrence* de Nagisa Oshima (1983), *Mémoires de prison* (1984) de Nelson Pereira Dos Santos, *Le party* (1989) de Pierre Falardeau, *La dernière marche* (1995) de Tim Robbins et *Carandiru* (2002) d'Hector Babenco.

film de propagande ■ Film réalisé dans l'intention d'amener les spectateurs à adopter certaines idées politiques et sociales (*propaganda film*). Par le film de propagande, on cherche à persuader les gens de soutenir un parti, un gouvernement ou un de ses représentants. Le film de propagande présente une vue biaisée des sujets abordés et des événements présentés. Il se caractérise par son commentaire en voix off, souvent envahissant. Il se différencie du film à message parce qu'il ne présente qu'un seul point de vue. Sa principale règle est de gommer les nuances; il accentue les détails, les exagère et les caricature. Il doit accrocher immédiatement le spectateur (par des gros plans ou un montage rapide, par exemple), répéter inlassablement son thème (la lutte contre le communisme ou la dénonciation des juifs, par exemple) en le variant (par le suspense, par exemple) et donner l'impression d'une unanimité en jouant sur l'enthousiasme ou la terreur (l'utilisation suggestive de la musique, par exemple). Le film de propagande débute dès la Première Guerre mondiale: D.W. Griffith se rend en Angleterre pour tourner un film antigermanique, *Les cœurs du monde* (1918). Le cinéma soviétique lui donne une impulsion; ▷ **agit-film**. On considère les films de Leni Riefenstahl comme des éloges à Hitler, au nazisme et à la race aryenne; voir le film *Le triomphe de la volonté* (1935); on dit que *Le jeune hitlérien Quex* (1933) de Hans Steinhoff, commandé par Goebbels, a énormément d'influence sur l'engagement de la jeunesse allemande dans l'hitlérisme; Veidt Harlan réalise un film odieusement antisémite, *Le Juif Süss* (1940). Durant la Deuxième Guerre mondiale, les gouvernements démocratiques, expressément les États-Unis, le Canada et l'Angleterre, commandent à leurs cinéastes des documentaires de propagande; Frank Capra, John Ford et Alfred Hitchcock en tournent; le cinéma commercial américain n'est pas en reste avec, entre autres, *Madame Miniver* (1942) de William Wyler et *Mission to Moscow* (1943) de Michael Curtiz. Le cinéma américain excelle dans le genre du temps du maccarthysme et de la lutte anticommuniste; voir le film *The Red Menace* (1949) de R. G. Springsteen. En

Union soviétique, le cinéma est au service de Staline et du réalisme socialiste ; à voir : *Le serment* (1946) et *La chute de Berlin* (1949) de Mikhaïl Tchiaourelli. L'engagement des États-Unis au Viêtnam suscite également la production de quelques films de propagande ; avec *Les Bérets verts* (1968), John Wayne signe une œuvre défendant la guerre du Viêtnam, alors que certains cinéastes américains prennent position contre leur pays et sympathisent avec les communistes du Nord-Viêt-nam, comme Robert Kramer avec *La guerre du peuple* (1969). Les films chinois sous le règne de Mao Zédong ne peuvent échapper aux lois de la propagande sous peine d'être interdits ; voir le film *Le détachement féminin rouge* (1960) de Xie Jin ; des cinéastes occidentaux comme Joris Ivens et Marceline Loridan se prêtent à l'éloge de l'idéologie maoïste dans *Comment Yu Kong déplaça les montagnes* (1976). Le cinéma en Corée du Nord est sous la direction du Département de l'agitation et de la propagande ; les films y sont pour la plupart mélodramatiques ; *Le Journal d'une écolière* (2006) de Jang In-hak bénéficie des conseils du président Kim Jong-il pour le scénario. ▷ **cinéma militaire**, **cinéma militant**, **cinéma politique**, **film à thèse**.

film de psycho-killer ▪ Film généralement très violent, mettant en scène un tueur psychopathe (*serial-killer movie*). Les premiers films du genre sont *Psychose* (1960) d'Alfred Hitchcock et *Le voyeur* (1960) de Michael Powell. Dans les années 1970, *Massacre à la tronçonneuse* (1974) de Tobe Hooper, inspiré d'une histoire réelle, provoque de nombreux commentaires et offense de nombreuses personnes. À la fin des années 1980 et au début des années 1990, deux films du genre s'imposent : *Henry : Portrait of a Serial Killer* (1989) de l'Américain John McNaughton (1989), *C'est arrivé près de chez vous* (1992) des Belges Rémy Belvaux, André Bonzel et Benoît Poelvoorde. ▷ **film gore**, *slasher*.

film de reconstitution ▷ **film à costumes**, **film historique**.

film de répertoire ▪ Grand film, film important, film-phare de l'histoire du cinéma (*repertory film*). On le projette dans les salles de répertoire et dans les cinémathèques.

film d'errance ▪ Traduction française peu usitée pour *road movie*.

film de rue ▪ Le film de rue est une étiquette de genre peu usitée en français (*street film*). Il désigne, au temps du muet, un film allemand ayant le mot « rue » dans le titre. *La rue sans joie* (1925) de G. W. Pabst en est l'exemple type. Le récit du film de rue se concentre sur les classes sociales et les diverses activités humaines se déroulant dans l'univers de la rue. *La rue* (1923), un film allemand de Karl Grune et Karl Hasselmann, fera école. *Asphalte* (1929) de Joe May est également souvent cité comme exemple du genre.

film de science-fiction ▪ Film qui donne une aura d'authenticité scientifique à des créatures ou à des événements inventés (*science-fiction film, sci-fi film*). Certains spécialistes classent le film de science-fiction comme un sous-genre du film d'horreur. Le film de science-fiction donne une vision futuriste du monde en s'appuyant sur des situations actuelles : dans *Blade Runner* (1982), Ridley Scott extrapole les conséquences futures de la pollution et de la détérioration actuelles de l'environnement. La caractéristique principale du film de science-fiction est de concrétiser des événements impossibles ; son but est de susciter des émotions fortes ; il permet ainsi au spectateur de composer avec ses peurs et ses angoisses. Il peut être politique ou symbolique. Le film de science-fiction apparaît dès les débuts du cinéma, notamment avec Georges Méliès et *Le voyage dans la Lune* (1902). On distingue trois catégories de films de science-fiction : *a)* le film de voyages intergalactiques ou dans la quatrième dimension, comme *La guerre des étoiles* (1977) de George Lucas ; *b)* le film d'invasion d'habitants étrangers (martiens, *aliens*), comme *Rencontres du troisième type* (1982) de Steven Spielberg ; et *c)* le film futuriste, comme *Solaris* (1972) d'Andrei Tarkovski. *La jetée* (1962) est un film expérimental de science-fiction de Chris Marker de 28 minutes, devenu un classique. On considère que le plus grand film de science-fiction est *2001 : l'odyssée de l'espace* (1968) de Stanley Kubrick. Parmi les films importants de science-fiction, citons *Aelita* (1924) de Yakov Protazanov, *Metropolis* (1927) et *La femme sur la lune* (1929) de Fritz Lang, *L'homme de la planète X* (1951) d'Edgar G. Ulmer, *Vivre dans la peur* (1955) d'Akira Kurosawa, *Aventures fantastiques* (1957) de Karel Zeman, *Alphaville* (1965) de Jean-Luc Godard, *Fahrenheit 451* (1966) de François Truffaut, *Barbarella* (1967) de Roger Vadim, *Alien* (1979), *Les aventu-*

res de l'homme invisible (1992) de Ridley Scott, *Cyborg* (1989) d'Albert Pyun, *Mars Attacks !* (1996) de Tim Burton, *Dark City* (1998) d'Alex Proyas, *eXistenZ* (1999) de David Cronenberg et *Hollow Man* (2000) de Paul Verhoeven. ▷ **opéra de l'espace.**

film de série ▪ Film qui reprend le ou les personnages d'un film précédent, de même que son genre *(sequel)*. On connaît les séries de *La guerre des étoiles* (trois suites), de *Robocop* (quatre suites) et des *Vendredi 13* (sept suites). On ne doit pas confondre le film de série, le film à épisodes et le film à sketchs. ◇ SYN. suite. ▷ *prequel.*

film de série B ▪ Film américain tourné dans les années 1930 et 1940 et projeté en second dans les programmes doubles *(B-picture)*. En anglais, il est souvent appelé *programmer* parce qu'il complète le programme double. Produit au début des années 1930, juste après l'arrivée du parlant et le krach de la Bourse, le film de série B aide au redressement de l'industrie. Il est tourné rapidement avec un budget serré, souvent dans des décors déjà utilisés ; sorti sans fracas, il est le plus souvent signé par un cinéaste peu connu et des acteurs qui le sont tout autant. La production de ce type de films suscite la demande et permet la création de sociétés indépendantes comme la Republic et la Monogram. Certains cinéastes signent des films de série B personnels, insolites et, même, politiquement engagés, dans lesquels ils expriment leur personnalité ; citons les noms de André De Toth, Allan Dwan, Joseph H. Lewis, Ida Lupino, Jacques Tourneur et Edgar G. Ulmer, auteurs d'œuvres concises et nerveuses qui influencent plus tard des cinéastes comme Jean-Luc Godard, Martin Scorsese et Quentin Tarantino. Le film de série B disparaît dans les années 1950 à la suite du décret de la Cour suprême des États-Unis concernant les Majors et la loi antitrust; ▷ **Paramount decision**. Un film de série B désigne aujourd'hui une œuvre de qualité médiocre.

film de série Z ▪ Navet. Un film de série Z est considéré comme un film nul.

film d'espionnage ▪ Film ayant pour sujet l'espionnage et les diverses activités d'agents secrets (*spy film*). Le film d'espionnage est souvent classé comme un sous-genre du film policier. Il se distingue fortement du film policier par l'idéologie qu'il véhicule, venue des affrontements politiques entre nations et des guerres appréhendées – comme dans *Une femme disparaît* (1938) d'Alfred Hitchcock – ou réelles – comme dans *La maison de la 92ᵉ Rue* de Henry Hathaway. Après la Deuxième Guerre mondiale, le film d'espionnage prend un essor avec les communistes dans les rôles de méchants, comme dans *L'homme qui venait du froid* (1966) de Martin Ritt. On n'y néglige pourtant pas la fantaisie, comme dans *Ipcress danger immédiat* (1965) de Sydney Furie, *Le rideau déchiré* (1966) d'Alfred Hitchcock. La série des films mettant en vedette l'agent britannique James Bond est du pur divertissement, l'activité des agents secrets et des services spéciaux n'y étant pas prise au sérieux; à voir: *James Bond contre Dr No* (1962) de Terence Young, *Goldfinger* (1964) de Guy Hamilton et *Demain ne meurt jamais* (1997) de Roger Spottis-

woode; le film d'espion y devient une œuvre hybride, à la fois film de poursuite et histoire d'amour, comédie fantaisiste et film de guerre. Après la chute du mur de Berlin, le film d'espionnage ne renouvelle guère ses figures. Parmi les films importants, citons *Les espions* (1928) de Fritz Lang, *Les 39 marches* (1928), *Agent secret* (1936), *Correspondant 17* (1940), *Les enchaînés* (1946), *La mort aux trousses* (1959) et *L'étau* (1966) d'Alfred Hitchcock, *L'espion noir* (1939) de Micheal Powell et Emeric Pressburger, *Le port de la drogue* (1953) de Samuel Fuller, *Un Américain bien tranquille* (1958) de Joseph L. Mankiewicz, *Frantic* (1988) de Roman Polanski et *Triple agent* (2004) d'Éric Rohmer. *OSS 117, Le Caire, nid d'espions* (2006) de Michel Hazanavicius est une parodie des films de James Bond.

film de référence ▷ film d'essai.

film d'essai ▪ Bande de pellicule spécialement conçue pour vérifier le bon fonctionnement des équipements, comme le projecteur (*test film*). ◊ SYN. film de référence, film étalon.

film de studio ▪ Film tourné dans un studio, et non dans des décors naturels (*studio film*). Dans un film de studio, l'artifice de la mise en scène est souvent accentuée par les décors et un éclairage sophistiqué. La comédie musicale est caractéristique du film de studio.

film de téléphone mobile ▪ Expression non encore officielle pour désigner un film réalisé avec un téléphone mobile (*cellular phone movie*). Les téléphones mobiles de dernière génération permettent de filmer en vidéo, de visionner des films sur l'écran du téléphone et d'envoyer ses propres films sur le téléphone d'autres personnes. On peut télécharger le film tourné avec un téléphone mobile sur ordinateur, le monter et le télécharger de nouveau sur son téléphone ou l'enregistrer sur son disque dur ou le graver sur un disque comme le DVD. La durée du film est d'une minute à une minute et demie ; mais on peut en tourner plusieurs et les monter comme un long métrage. En octobre 2005, est organisée la première édition du Festival Pocket Films, premier festival de films réalisés avec un téléphone mobile, nouvel outil qui est à la fois caméra, projecteur et écran de diffusion. ◊ VAR. film de téléphone portable.

film de téléphone portable ■ Variante de film de téléphone mobile.

film de terreur ▷ film d'horreur.

film détourné ■ Dans les années 1970, film de série produit à Hongkong affublé d'un titre et de sous-titres tirés de textes littéraires intercalés dans les scènes d'action, qui prennent la forme d'un commentaire au deuxième degré, drôle et ironique. Le plus célèbre film détourné est *La dialectique peut-elle casser des briques ?* (1972) ; le situationniste René Viernet utilise la phraséologie du matérialisme dialectique pour détourner un film hongkongais de kung-fu.

film d'évasion ■ Film historique, d'action ou d'aventures, mélodrame, comédie ou péplum, qui a la prétention de faire oublier les soucis quotidiens du spectateur (*escapist film*). Le récit d'un film d'évasion est généralement simple, caractérisé par des personnages sommairement décrits. Le film d'aventures et la comédie sont généralement des films d'évasion. Ce genre de film est synonyme de film commercial. *L'homme qui voulut être un roi* (1975) de John Huston est un film d'évasion qui possède toutefois de grandes qualités (une interprétation forte, des images superbes en Panavision, une mise en scène subtile, etc.).

film d'exploitation ■ Film qui exploite commercialement et abusivement un sujet (*exploitation film*). Généralement de piètre qualité, le film d'exploitation est conçu pour rapporter rapidement de l'argent. Il doit entretenir la curiosité malsaine du public à propos de sujets scandaleux ou scabreux, ou de faits violents ou traumatisants ; comme exemple, on cite le film d'Oliver Stone, *World Trade Center* (2006). Pour des films ayant pour thème le sexe, on parlera de sexploitation, et pour la culture noire, de blaxploitation. ▷ **superproduction**.

film d'Holocauste ■ Genre (ou sous-genre) récemment créé aux États-Unis pour désigner les films qui portent sur l'Holocauste, l'élimination de six millions de juifs européens par le pouvoir nazi (*Holocaust film*). Documentaire ou fiction, le film d'Holocauste rappelle la préparation de la Shoah, l'élimination massive des juifs, particulièrement dans les camps de concentration, et les répercussions de la souffrance et de la disparition à grande échelle d'êtres humains, en tout premier lieu chez les survivants. L'énormité même de l'Holocauste pose un problème : celui de son irreprésentabilité. Le premier film ayant pour sujet l'Holocauste est *Unzere Kinder* (1948), un film polonais en langue yiddish réalisé par Natan Gross et Shaul Goskind montrant un groupe d'enfants survivants ; interdit par les autorités polonaises, le film est projeté pour la première fois en Israël, en 1951. *Nuit et brouillard* (1955) d'Alain Resnais, *Shoah* (1985) et *Sobibor* (1997) de Claude Lanzmann sont des documentaires puissants et bouleversants sur le sujet. Avec *La liste de Schindler* (1993), Steven Spielberg tente de rendre sous forme de fiction la tragédie de l'Holocauste ; de même le fait Roberto Benigni avec *La vie est belle* (1998). L'histoire de trois femmes juives qui ont été emprisonnées dans les camps de concentration est évoquée dans *Voyages* (1999) d'Emmanuel Finkiel. *Un spécialiste* (1999) de Rony Brauman et Eyal Sivan est un montage d'images d'archives sur le procès d'Eichmann tenu en 1961.

film d'horreur ■ Genre cinématographique désignant des films reposant sur la frayeur, le dégoût et la monstruosité, et provoquant des chocs émotifs chez le spectateur (*horror film*). Le film d'horreur s'appuie sur le développement imaginaire des forces du Mal, des bas instincts et de l'agressivité animale, dans un monde traditionaliste et oppressif. Il est synonyme de violence et de mort, souvent gratuites, presque toujours irrationnelles. On y met en scène des personnages ou des animaux monstrueux dans des actions qui doivent susciter la peur et la terreur, et agir sur le spectateur comme une catharsis, ce dernier sachant bien que, dans son fauteuil, rien ne lui arrivera réellement. De nombreux films d'horreur tablent sur l'inconnu – la mort, les esprits, l'espace intersidéral, la

folie – pour créer de l'anxiété chez le spectateur. Le but de ces films n'est pas, en principe, de réveiller les bas instincts ou l'agressivité chez l'homme, mais de lui faire prendre conscience de leurs effets dévastateurs. Ils peuvent également évoquer l'oppression et la répression qu'engendre un système politique ou avertir du danger que provoquent l'énergie nucléaire et les mutations génétiques. Les personnages qui y sont créés sont mythiques, adaptés de la littérature, comme Frankenstein et Dracula. Le vampire, la sorcière, le mort-vivant, la momie vivante, le loup-garou et le tueur psychopathe sont des personnages emblématiques du film d'horreur ; ils apparaissent au cinéma dès les années 1910. Les premiers films d'horreur de qualité sont tournés en Allemagne, dans la mouvance de l'expressionnisme allemand. Les studios américains, notamment la Universal Pictures, produisent des œuvres réussies dans le genre, qui deviendront de grands succès financiers. Après une éclipse partielle durant la Deuxième Guerre mondiale, le film d'horreur revient, auquel lui est annexé le film de science-fiction. Les films britanniques et les films italiens de cette même époque se différencient des films américains du genre par leurs thèmes et leur style propres ; ▷ **cinéma bis, film gothique,** *giallo*. Dans les années 1970, le film d'horreur est envahi par une violence tous azimuts. Son exploitation commerciale dans les années 1980 amène une baisse de sa qualité, particulièrement dans les séries à succès comme *Halloween* (le premier de la série est de 1978) et *Vendredi 13* (le premier de la série est de 1981) ; ▷ **film gore**, *slasher*. Parmi les films d'horreur importants, citons *Dr Jekyll et M. Hyde* (1920) de John Robertson, *Nosferatu le Vampire* (1922), de F.W. Murnau, *Le chat noir* (1934) de Edgar G. Ulmer, *La féline* (1942) de Jacques Tourneur, *L'invasion des profanateurs de sépultures* (1956) de Don Siegel, *Carrie au bal du diable* (1976) de Brian De Palma, *The Thing* (1982) de John Carpenter, *La mouche* (1986) de David Cronenberg, *Scream* (1996) de Wes Craven, *Ring* (1998) de Hideo Nakata, *Le projet Blair Witch* (1999) de Daniel Myrick et Eduardo Sanchez, *La mort en ligne* (2003) de Takashi Miike et *Le labyrinthe de Pan* (2006) de Guillermo del Toro. ◊ SYN. film d'épouvante, film de terreur. ▷ **film de monstres**, *sleaze*.

Film Distribution Library ▷ British Film Institute.

film d'opéra ▪ Genre cinématographique dans lequel un opéra est transposé à l'écran (*opera film*). Difficilement adaptable, l'opéra en film n'a guère eu de succès au cinéma. Sa transposition est limitée par les différences entre la scène de la représentation théâtrale et l'espace cinématographique, entre le livret et le scénario, et surtout par le chant qui remplace la parole et donne un effet d'irréalité aux situations dramatiques. Dès les premiers temps du cinéma, l'opéra inspire à Méliès un *Faust* (1903). Les films d'opéra sont alors de simples enregistrements de spectacles. À l'avènement du cinéma parlant, les tentatives pour adapter des opéras sont peu nombreuses, mais certaines sont réussies, comme

L'opéra de quat'sous (1931) de Georg Wilhelm Pabst, d'après la pièce de Bertolt Brecht. Dans les années 1950, les réalisateurs tentent de donner une spécificité cinématographique au genre. Jacques Demy réinvente une nouvelle forme d'opéra pour le cinéma avec *Les parapluies de Cherbourg* (1964). Parmi les films importants du genre, citons *Die Nibelungen* (en deux parties, l'une en 1923 et l'autre en 1924) de Fritz Lang, *La veuve joyeuse* (1925) d'Erich von Stroheim, *La veuve joyeuse* (1934) d'Ernst Lubitsch, *Carmen Jones* (1954) de Otto Preminger, *West Side Story* (1960) de Robert Wise, *Moïse et Aaron* (1974) de Jean-Marie Straub et Danièle Huillet, *La flûte enchantée* (1975) d'Ingmar Bergman, *Don Giovanni* (1979) de Joseph Losey, *Madame Butterfly* (1995) de Frédéric Mitterand et *Tosca* (2001) de Benoît Jacquot. ◊ SYN. opéra filmé. ▷ **cinopéra**.

film dramatique ▷ drame.

film éducatif ▪ Film produit dans le but premier d'éduquer et d'enseigner un sujet particulier (*educational film*). Le film éducatif est destiné avant tout aux institutions scolaires. Il est produit ou subventionné par l'État, par l'intermédiaire de ses ministères et sociétés, ou par des multinationales (comme Shell et DuPont). Plusieurs cinéastes se sont fait la main avec ce genre de film; citons, entre autres, les noms de Jacques Demy, Alain Resnais et Agnès Varda. ▷ **film commandité, film de commande, film scientifique**.

film en boucle ▪ [1] Film monté de telle sorte qu'il se déroule indéfiniment (*loop film*). Les films en boucle ont eu dans les années 1970 un moment de faveur dans les sex-shops. ▪ [2] Séquence d'un film projetée en boucle lors des séances de postsynchronisation, de doublage et de mixage (*loop film*). On dit alors : mise en boucle (*looping*). ▷ **ADR.**

film en couleurs [film couleur] ▪ Caractère d'un film reproduisant le spectre des couleurs dans ses images (*color film*). Les couleurs sont reproduites par différents procédés : le coloriage, le teintage, le virage, Agfacolor, Ansco Color, Cinécolor, Eastmancolor, Ektachrome, Ferraniacolor, Fujicolor, Gaspacolor, Gevacolor, Keller-Dorian-Berthon (ou procédé KDB), Kodachrome, Kinemacolor, Lumicolor, Prizmacolor, Rouxlor, Technicolor et Thompsoncolor. On distingue deux catégories de procédés couleur : la méthode additive et la méthode soustractive ; ▷ **bipack, tripack** et **multicouches.** Le premier film couleur est *La danse d'Annabelle* (1896) de Thomas Edison ; il est peint à la main. *Le voyage sur la Lune* (1902) de Georges Méliès est également peint à la main. Charles Urban met au point un procédé bipack, le Kinemacolor, et produit plusieurs films en couleurs, dont *The Durbar at Delhi* (1911). Dans les années 1930, grâce à la méthode soustractive, on met au point un développement plus moderne de la pellicule couleur ; on voit alors apparaître plusieurs films couleur, dont le premier entièrement en Technicolor, *La foire aux vanités* (1935) de Rouben Mamoulian. C'est *Autant en emporte le vent* (1939) de Victor Fleming qui fait pleinement accepter au public et aux producteurs la couleur au cinéma. En 1950, la moitié des films produits à Hollywood sont en couleurs. Tous les films aujourd'hui le sont, à quelques exceptions près. La couleur permet de donner une plus grande illusion de la réalité que le noir et blanc ; elle participe du genre du film, de son ambiance, de sa beauté ; elle peut suggérer un temps ou une époque ; elle peut créer un effet psychologique, émotionnel ou psychique. Parmi les films remarquables par leur choix formel de couleurs, citons *Le magicien d'Oz* (1939) de Victor Fleming, *Fantasia* (1940) réalisation collective produite par Walt Disney, *Le désert rouge* (1964) de Michelangelo Antonioni, *Le dernier tango à Paris* (1972) de Bernardo Bertolucci, *Les moissons du ciel* (1978) de Terrence Malick, *Stalker* (1979) d'Andreï Tarkovski, *Kagemusha* (1980) d'Akira Kurosawa, *Nouvelle Vague* (1995) de Jean-Luc Godard, *Millennium Mambo* (2001) de Hou Hsiao-hsien et *En avant, jeunesse* (2006) de Pedro Costa. ▷ **analyse,** *color assistant,* **colorimétrie, colorisation, De Luxe Color, fidélité des couleurs, Gaspacolor, machine à colorier, Métrocolor, Orwocolor, Polavision, Prizmacolor, Sepiatone, Sovcolor, synthèse, température de couleur, Warnercolor.**

film engagé ▷ **cinéma militant.**

film en version originale [version originale, VO] ▪ Film présenté dans sa langue originale (*original version*).

film épique ▪ Genre cinématographique racontant les aventures d'un héros (guerrier noble et amoureux passionné) et représentant un sujet mythique ou légendaire (*epic film, epic*). L'histoire et les mythologies sont les ingrédients habituels du film épique, qui illustre principalement des conflits moraux. Tout film à grand déploiement, utilisant le CinémaScope, dans lequel on trouve plusieurs personnages et une énorme figuration, est dit film épique, comme *Les dix commandements* (1956) de Cecil B. DeMille. Il est généralement simpliste, sentimental et emphatique. Parmi les films épiques réussis, citons *Naissance d'une nation* (1915) de D.W. Griffith, *Alexandre Nevski* (1938) de S.M. Eisenstein, *Lawrence d'Arabie* (1962) de David Lean, *La porte du paradis* (1980) de Michael Cimino, *Le dernier empereur* (1987) de Bernardo Bertolucci et *Non ou la vaine gloire de commander* (1990) de Manoel de Oliveira. ▷ **péplum, super- production.**

film équilibré ▪ Film couleur dont la sensibilité est conçue pour obtenir la restitution correcte des couleurs lorsque la scène offre une température de couleurs déterminée (*balanced print*). ◊ SYN. copie étalonnée.

filmer ▪ [1] Enregistrer des images sur pellicule ou sur bande vidéo (*film, shoot*). ▪ [2] Réaliser un film (*film, shoot*). ◊ SYN. tourner.

film érotique ▪ Film dont le sujet est la sexualité (*soft-core, soft porn film*). Sa définition est floue et son contenu est variable selon les latitudes. Le film érotique se différencie principalement du film pornographique en tant qu'il simule les actes sexuels. Il est très contrôlé par les commissions de censure qui l'interdisent aux moins de 16 ou 18 ans, selon les pays. Depuis l'invention du cinéma, on produit des films érotiques. Jusque dans les années 1940, ce genre d'œuvre est qualifié en France de film libertin et est considéré comme anodin ; il présente généralement des scènes de déshabillage et ne met en scène que des femmes. Quoiqu'il existe avant la Deuxième Guerre mondiale, il suit l'évolution des mœurs et devient au cours des années de plus en plus audacieux. Jusque vers les années 1960, il est relégué dans les films amateurs 8 mm et 16 mm ; son commerce en est alors souterrain, destiné à des publics spécialisés et très renseignés ; on doit payer des coûts prohibitifs pour se le procurer. Avec la « libération sexuelle » qui suit, la production commerciale officielle intègre des scènes dites érotiques, qui en choqueront plusieurs, comme *Les amants* (1958) de Louis Malle et *Je suis curieuse* (1967) de Victor Sjöman, qui subiront les foudres de la censure dans plusieurs pays. Le film érotique devient dans les années 1970 un genre quasiment officiel avec la série des *Emmanuelle* (1973, 1978, 1984, 1986, 1987 et 1992), films signés par des réalisateurs différents. L'avènement de la vidéocassette dans les années 1980 et du DVD à la fin des années 1990 ainsi que de l'Internet à partir des années 2000 le propagera partout et le banalisera. ◊ SYN. film soft, film X.

film étalon ▷ film d'essai.

film ethnographique ▪ Œuvre qui décrit la vie et les habitudes d'individus, de groupes humains, de peuplades ou de populations sous leurs aspects scientifiques (*ethnographic film*). Son caractère scientifique ou analytique en fait un document anthropologique sur une culture particulière ou des manières de vivre spécifiques. Généralement de type documentaire, il n'est pas nécessairement réalisé par un ethnographe. Robert Flaherty, avec *Moana* (1926) et Jean Rouch, avec *Maîtres fous* (1954) et *La chasse au lion à l'arc* (1965) sont des auteurs de films ethnographiques riches et singuliers. Timothy Asch est un des plus importants cinéastes ethnographiques, auteur, entre autres, de 22 courts métrages sur les Yanomani du Vénézuela ; il est également cofondateur en 1968 du Documentary Educational Resources, organisme destiné à la production et à la distribution du film ethnographique. La centaine de films sur les Indiens du Québec réalisés par Arthur Lamothe entre 1925 et 2004 relèvent également d'une démarche ethnographique. Parmi les films ethnographiques récents, citons *Contes et comptes de la cour* (1992) d'Éliane de Latour, *Sept chants de la toundra* (2000) de Markuu Lehmuskallio et *Un fleuve humain* (2006) de Sylvain L'Espérance.

filmeur vx ▪ Réalisateur au temps du muet.

film exposé ▪ Film passé dans la caméra ou la tireuse, exposé à la lumière derrière l'objectif ou derrière un film développé (*exposed film*). On dit d'un film qu'il est sous-exposé quand la lumination n'est pas suffisante ou surexposé quand la lumination est trop importante. ◊ SYN. film impressionné, pellicule exposée. ◊ CONTR. film vierge.

film-événement ▪ Film attendu, qui fait date.

film extrême ▪ Film pornographique mettant en scène des personnages sadomasochistes et coprophages (*extreme movie*). Le film extrême est également appelé « film sale » (*dirty movie*). ▷ **film gore**, *gonzo porn*.

film familial ▷ film de famille.

film flam ▪ Forme abrégée de film flamme.

film flamme [film flam, flam] ▪ Film sur support nitrate inflammable (*flam*). Le flam sera interdit à la fin des années 1950 parce qu'il est extrêmement dangereux et dégage de fortes odeurs nitreuses lors de sa combustion. ▷ **acétate**. ◊ CONTR. non flam.

film-fleuve ▪ Film dont la durée dépasse les standards habituels. L'exemple de film-fleuve exceptionnel est *Out one* (1971) de Jacques Rivette, dont la première version (présentée une seule fois) durait 12 heures et 40 minutes ; celle présentée en salle avait une durée de 4 heures et 20 minutes.

film français (Le) ▪ Hebdomadaire de l'industrie française du cinéma. L'information y est axée sur la production et l'exploitation des films, avec les résultats hebdomadaires du box-office. Il est édité sur papier et dans le Web.

film gaufré ▪ Film couleur fabriqué selon un procédé de cinéma en couleurs dont le support pressé possède un aspect gaufré (*embossed film*). La méthode de gaufrage est connue dans les années 1920 sous l'appellation « procédé KDB » ; ▷ **Keller-Dorian-Berthon**. Le film gaufré est commercialisé pour les cinéastes amateurs en 1928 pour le Kodacolor et en 1933 pour l'Agfacolor. Il est difficile de tirer des copies d'un film gaufré tourné, car l'original est une pellicule inversible. *Jour de fête* (1947) de Jacques

Tati a été tourné selon ce procédé, appelé alors « Thomson color ».

film gore ANGLIC. ■ Du mot *gore* qui signifie sale et répugnant. Film dont les scènes sont extrêmement violentes et sanglantes (*gore film,* ARG. *slice-and-dice film, splatter film, stalk-and-slash film*). Tout y est montré : torture, égorgement, éviscération, etc. Le film gore est apparu dans les années 1960 ; on dit que le premier film du genre est *Blood Feast,* signé en 1963 par l'Américain Herschell Gordon Lewis. On retrouve le film gore surtout dans le cinéma fantastique et le film d'horreur, comme dans la série *Halloween* (1978, 1981, 1983, 1988 et 1989), signée par différents réalisateurs, mais également dans le film pornographique ; ▷ *snuff movie.* Il suggère le dégoût et la terreur dans la description d'une réalité traumatisante, comme dans *Eraserhead* (1976) de David Lynch ou le remake de *Cape Fear* (1992) par Martin Scorsese. Les Italiens se démarquent particulièrement avec des réalisateurs comme Ruggero Deodato (*Cannibal Holocaust,* 1980), Lucio Fulcio (*L'au-delà,* 1981) et Umberto Lenzi (*Cannibal Feroz,* 1980) ; leurs films sont bannis dans plusieurs pays. Parmi les autres cinéastes qui se sont illustrés dans ce genre, citons Dario Argento, Wes Craven, Sam Raimi et George Romero. Synonyme anglais : *slasher.* ▷ **film extrême, film de psycho-killer.**

film gothique ■ Traduction littérale de l'expression anglaise *gothic film.* Sous-genre du film d'horreur. Un film gothique est généralement l'adaptation d'un récit « gothique » (*gothic novel*) dans lequel il est question de châteaux hantés, d'événements mystérieux et de personnages diaboliques. Inspiré par le film de série B et proche du film d'épouvante et de terreur, mais moins violent que le film gore, il s'en distingue par un mélange d'angoisse, d'érotisme et parfois de parodie. La Hammer Film Productions, de Grande-Bretagne, est une société spécialisée dans le film gothique. *Rebecca* (1940) d'Alfred Hitchcock, la série du *Seigneur des anneaux* (1980, 2001, 2002 et 2003), signée par différents réalisateurs, et *Entretien avec un vampire* de Neil Jordan (1994) sont d'excellents exemples de ce sous-genre. ▷ **cinéma bis,** *giallo.*

film grand public ■ Œuvre destinée à une grande diffusion. Le film grand public est souvent synonyme de film commercial.

film historique ■ Film illustrant une période historique donnée ou décrivant des événements ou des personnages historiques particuliers (*historical film*). Le film historique utilise parfois des personnages imaginaires et trafique souvent les événements. Il peut susciter le culte des grands hommes, faire l'apologie des valeurs nationales, avoir un but pédagogique, être un plaidoyer pour la guerre ou la paix, ou prétendre être une réinterprétation officielle de l'histoire (il se classe alors dans le film de propagande). L'aspect visuel y est très important. Une mise en scène somptueuse, des personnages exceptionnels et une narration ample et majestueuse le classent dans la catégorie du film épique. Le film historique apparaît dès le début du cinéma ; *L'assassinat du Duc de Guise*

(1908) d'André Calmettes et Charles Le Bargy en est un des tout premiers. Mais c'est *Naissance d'une nation* (1915) de D.W. Griffith qui l'impose comme genre en raison de ses qualités cinématographiques (résonances politiques, souffle épique, charge émotive, etc.). Des réalisateurs transforment l'histoire de personnes célèbres en histoire d'amour, comme Robert Mamoulian dans *La reine Christine* (1933) avec Greta Garbo, et Joseph von Sternberg dans *L'impératrice rouge* avec Marlène Dietrich. Le film historique peut avoir de fortes connotations politiques, comme *Le cuirassé «Potemkine»* (1925) de S.M. Eisenstein. L'exotisme fastueux le caractérise très souvent, comme dans *Lawrence d'Arabie* (1962) de David Lean et *Le dernier empereur* (1987) de Bernardo Bertolucci. Il peut être théâtralisé, comme le prouvent *La prise du pouvoir par Louis XIV* (1966) de Roberto Rossellini, *Ludwig: requiem pour un roi vierge* (1972) de Hans Jürgen Syberberg et *Non ou la vaine victoire de commander* (1990) de Manoel de Oliveira. *La cité interdite* (2007) de Zhang Yimou est un film spectaculaire et somptueux. Parmi les films historiques importants, citons *Napoléon* (1927) d'Abel Gance, *La Marseillaise* (1937) de Jean Renoir, *Vers sa destinée* (1939) de John Ford, *La bataille du rail* (1946) de René Clément, *Si Versailles m'était conté* (1954) de Sacha Guitry, *Le guépard* (1963) de Luchino Visconti, *Barry Lindon* (1975) de Stanley Kubrick, *Kagemusha* (1980) d'Akira Kurosawa, *Jeanne la Pucelle* (1994) de Jacques Rivette, *Land and Freedom* (1995) de Ken Loach et *Marie-Antoinette* (2006)

de Sofia Coppola. ◊ SYN. film à costumes, film d'époque.

film holographique ▷ cinéholographie.

film impressionné ▷ film exposé.

filmique ADJ. ▪ Relatif à un film, au cinéma (*filmic*). Le terme désigne tout ce qui peut être filmé ou tout ce qui apparaît dans un film. Il désigne également l'œuvre projetée. On parle également d'espace filmique pour désigner l'espace en deux dimensions du cinéma.

film indépendant ▪ Film de langue anglaise produit, réalisé, distribué et mis en marché hors des cadres d'une Major américaine (*independent feature, independent film, indie film, maverick*). Le film indépendant est apparu au milieu des années 1970. Il se distingue particulièrement par son budget, qui est cinq à dix fois moindre que celui d'un film produit par une Major. Sous cette appellation, on compte une grande variété d'œuvres : des films de fiction, des documentaires, des films expérimentaux, produits aux États-Unis, au Canada, en Grande-Bretagne, en Australie et en Nouvelle-Zélande. On y trouve tous les genres (le film d'horreur, le film de gangsters, le film historique, etc.), mais en majorité des films à thèmes sociaux (les relations amoureuses, les relations parents-enfants, la culture des adolescents, la drogue, la folie, la marginalité, etc.). La sexualité y est peinte sans faux-fuyants. Le qualificatif «intellectuel» est régulièrement accolé au film indépendant. Les films indépendants les plus cités sont *The Rocky Horror Picture Show* (1975) de Jim Sharman, *Eating Raoul* (1982) de Paul Bartel, *Blood Simple* (1984) de Joel Coen, *Stranger Than*

Paradise (1985) de Jim Jarmusch, *Blue Velvet* (1986) de David Lynch, *Drugstore Cowboy* (1989) de Gus Van Sant, *Reservoir Dogs* (1992) de Quentin Tarantino, *Clerks* (1994) de Kevin Smith, *Safe* (1995) de Todd Haynes et *Lone Star* (1996) de John Sayles. La maison de production de films indépendants la plus connue est Miramax, fondée en 1979 par les frères Harvey et Bob Weinstein; ▷ **Harvey Scissorhands.** Certains conglomérats s'intéressent aux films indépendants et s'associent aux producteurs pour les distribuer, comme Walt Disney Company avec Miramax, Polygram avec Gramercy, Time Warner avec Fine Line grâce à sa division New Line et Twentieth Century Fox avec Fox Searchlight Pictures. Fondé en 1985 par Robert Redford, le Festival du film de Sundance (en Utah) est consacré au film indépendant. On ne doit pas confondre le film indépendant et le cinéma indépendant. ▷ **petit film.**

film industriel ▪ Film généralement de peu de valeur artistique donnant des explications factuelles sur un sujet ou décrivant un mode d'emploi (FAM. *nuts-and-bolts film*). ◊ VOISIN film commandité.

film intermédiaire ▷ copie intermédiaire.

film inversible ▪ Film dont le négatif subit une inversion par méthode chimique ou autre en vue d'obtenir un film positif (*reversal film*). Le film inversible permet d'obtenir directement des images positives à partir d'un négatif. À cause de la difficulté d'en tirer des copies, il est surtout utilisé dans le cinéma amateur. Le 16 mm Eastman Ektachrome est un film inversible qui permet la copie de films d'excellente qualité; on l'appelle « original bas contraste » (*low-contrast original*); on l'utilise abondamment pour les reportages télévisés avant l'utilisation massive de la caméra vidéo.

film judiciaire ▷ drame judiciaire.

film-karaté ▷ film de kung-fu.

film large VX ▪ Film dont la largeur dépasse le format standard, qui est celui du 35 mm (*wide film*). ▷ **CinémaScope, écran large, Todd-AO.**

film lent ▪ Film de faible rapidité (*slow film*). Le film lent a largement besoin de lumière pour produire une image satisfaisante. ◊ CONTR. film rapide.

film monochromatique ▪ Film noir et blanc sensible à la couleur bleue et insensible au vert et au rouge (*monochromatic print*). Le film monochrome est utilisé durant les premiers temps du muet.

film muet ▪ Film dépourvu d'une bande sonore (*silent film*). ▷ **cinéma muet.**

film narratif ▪ Film racontant une histoire (*narrative film*). Le film narratif est le plus souvent synonyme de film de fiction traditionnel; il est ainsi mis en opposition à un film de type expérimental dans lequel la narration est non linéaire.

film négatif ▪ [1] En photographie, image dont les couleurs sont complémentaires à celles du film positif qui en est tiré (*negatif*). Les blancs dans un film négatif sont traduits par du noir et les noirs par du blanc, et les couleurs primaires sont remplacées par les couleurs secondaires et vice-versa. ▪ [2] En cinéma, film dont le pellicule est vierge, non développée (*negative film*).

film nitrate ▪ [1] ▷ nitrate. ▪ [2] ▷ flam.

film noir ▪ Expression créée par des critiques français pour désigner une production hollywoodienne typique des années 1940 et 1950 (*film noir*). Le film noir est classé comme un genre cinématographique dans lequel sont privilégiées la violence, la mort et la sexualité par l'intermédiaire de personnages cyniques; on y trace un tableau sombre du monde. Le prototype du film noir est *Le faucon maltais* (1941) de John Huston. Inspiré des romans de Raymond Chandler et Dashiell Hammett, le film noir met généralement en scène un détective privé, cynique et individualiste, s'accommodant de certaines pratiques douteuses (la violence et le chantage). Des cinéastes de films de série B excellent dans le genre. Quoique linéaire et dépourvu de mystère, le film noir utilise les retours en arrière, comme dans *La griffe du passé* (1947) de Jacques Tourneur, ou la caméra subjective, comme dans *La dame du lac* (1947) de Robert Montgomery. Les personnages féminins y sont souvent des femmes fatales, comme le personnage d'Elsa Bannister, interprété par Rita Hayworth, dans *La dame de Shanghai* (1948) d'Orson Welles. Épuré ou expressionniste, le film noir ne dédaigne pas les exotismes, comme dans *La soif du mal* (1958) d'Orson Welles. Des cinéastes contemporains tentent de renouveler le genre: Roman Polanski avec *Chinatown* (1974), Joel et Ethan Coen avec *Sang pour sang* (1984), Michael Mann avec *Le solitaire* (1981) et David Lynch avec *Lost Highway* (1996). En France, le film noir occupe une place importante dans la cinématographie après la Deuxième Guerre mondiale, avec des films comme *Dédée d'Anvers* (1948) d'Yves Allégret et *Les diaboliques* (1955) d'Henri-Georges Clouzot; Jean-Pierre Melville est le cinéaste français le plus atypique du genre. Placé dans la catégorie du film criminel, le film noir est souvent confondu avec le film de gangsters né avant lui, dans les années 1930. On ne doit pas confondre le film noir et le film black. ▷ **film policier.**

film nudiste ▪ Au début du cinéma, film montrant des corps nus, généralement de femmes, mais pas encore l'acte sexuel (vx *nudie*, ARG. *skinflick, stag film*).

Filmo ▪ Caméra 16 mm légère et portable lancée en 1924 par la firme américaine Bell and Howell. La Filmo est destinée avant tout aux amateurs, et en seront dérivés de nombreux modèles en 16 et 8 mm. Les cinéastes reporters l'utiliseront énormément. ▷ **Eyemo.**

filmo ARG. ▪ Filmographie.

filmographie ▪ Liste raisonnée des films d'un auteur ou d'un genre (*filmography*).

filmologie RARE ▪ Domaine d'études qui a pour objet le cinéma (*filmology*). Le terme est forgé en 1946 lors de la fondation à la Sorbonne, à Paris, de l'Institut de filmologie. La filmologie touche alors à trois disciplines différentes: la psychophysiologie, la sociologie de l'éducation et l'esthétique. On emploie dorénavant l'expression «études cinématographiques».

film orthochromatique [ortho] ▪ Film dont la pellicule noir et blanc est sensible au vert et au bleu, mais occulte le rouge du spectre des couleurs (*orthochromatic print, ortho*). À partir de 1918, le film orthochromatique est utilisé à cause de la rapidité de son émulsion et de son semblant de haut contraste (qui est, en fait, obtenu par le maquillage); il remplace alors le film monochromatique. Les films silencieux d'Erich von Stroheim sont orthochromatiques. Le film panchromatique le remplacera en 1926. Le directeur photo Greg Toland réutilisera le film orthochromatique pour le tournage de *Citizen Kane* (1941) d'Orson Welles.

film orthopanchromatique vx ■ Film dont la pellicule noir et blanc offre certaines performances de la pellicule panchromatique *(orthopanchromatic print)*. ◊ SYN. film superpanchromatique.

filmothèque ■ Collection de films constituée en dépôt d'archives *(film library)*. On ne doit pas confondre la filmothèque et la cinémathèque.

film panchromatique [panchro] ■ Film dont la pellicule noir et blanc est sensible à toutes les couleurs du spectre *(panchromatic print)*. Le film panchromatique remplace en 1926 le film orthochromatique. Les ombres subtiles et la couleur de la peau naturelle (qui apparaissait auparavant très pâle à l'écran) y sont bien rendues. Son émulsion est peu rapide et demande un éclairage abondant. C'est Robert Flaherty qui l'utilise pour la première fois pour *Moana* (1926). ▷ **film orthopanchromatique**.

film parlant vx ■ Film possédant une bande sonore inscrite à côté des images (son optique) ou séparée (disque) et fonctionnant en synchronisme avec les mouvements de la bouche des acteurs *(talk-*

ing picture). ◊ VOISIN parlant. ▷ **cinéma sonore**.

film pédophile ■ Film pornographique utilisant des enfants comme interprètes, montrant des actes sexuels entre eux ou avec des adultes *(p(a)edophile movie*, ARG. *chicken porn film)*. Le film pédophile est prohibé par des lois très sévères des États.

film-phare ■ Œuvre importante, représentative d'une époque ou d'un genre. *Les trois lumières* (1921) de Fritz Lang est l'exemple du film-phare de l'expressionnisme allemand; il contient tous les éléments narratifs et formels qui caractériseront les œuvres de ce mouvement. *À bout de souffle* (1959) de Jean-Luc Godard est un film-phare, car il annonce l'avènement définitif de la Nouvelle Vague. ▷ **chef-d'œuvre, classique**.

film pilote ■ Premier film d'une série à tourner *(pilot movie)*. ◊ SYN. prototype.

film policier ■ Genre (ou sous-genre) filmique de la catégorie du cinéma criminel *(law-and-order film)*. Certains historiens et critiques classent dans cette catégorie deux grands types de films: le film de gangsters et le film noir. Le film policier met en scène un personnage moral, très semblable au shérif des westerns, qui défend l'ordre et la loi. Le policier y est droit, incorruptible et courageux, même si parfois il trouve dans ses rangs des confrères véreux et meurtriers. Le film policier démontre qu'on peut combattre la corruption et que le droit peut vaincre. Il apparaît dans les années 1930 et annonce le film noir, après quelques films de gangsters très violents, comme

Scarface (1932) de Howard Hawks. Il atteindra son apogée dans les années 1940. Parmi les films policiers importants, citons *La bête de la cité* (1932) de Charles Brabin, *La maison de la 92ᵉ Rue* (1945) de Henry Hathaway, *Bullet* (1968) de Peter Yates, *L'inspecteur Harry* (1971) de Don Siegel, *Serpico* (1973) de Sidney Lumet, *L'épreuve de force* (1977) de Clint Eastwood, *L'année du dragon* (1985) de Michael Cimino, *Présumé innocent* (1990) d'Alan J. Pakula, *Fargo* (1996) de Ethan et Joel Coen, *Infernal Affairs* (2002) d'Andrew Lau et Alan Mak, *Miami Vice* (2006) de Michael Mann et *Les infiltrés* (2006) de Martin Scorsese. Le film policier français est plus sulfureux, souvent centré sur le monde de la pègre ; à voir : *Pépé le Mocko* (1937) de Julien Duvivier et *Borsalino* (1970) de Jacques Deray ; il s'inspire des romans de Simenon et de Léo Mallet, ainsi que de nombreux romans américains. À voir également, de France : *Max et les ferrailleurs* (1971) de Claude Sautet, *Les ripoux* (1984) de Claude Zidi, *Poulet au vinaigre* (1985) de Claude Chabrol et *Le petit lieutenant* (2005) de Xavier Beauvois. L'un des grands interprètes du film policier français est Jean Gabin.

film porno ■ Forme abrégée de film pornographique.

film pornographique [film porno] ■ Film qui met en scène des corps nus et qui montre des actes sexuels (*hardcore film, hard porn film, pornographic film, blue movie*). Il se différencie du film érotique par ses images sexuelles explicites. Le film pornographique existe depuis les tout débuts du cinématographe ; ▷ **film**

nudiste. Il se divise en deux catégories, ce qui ne change cependant rien au contenu : le film amateur, généralement distribué dans les sex-shops, les clubs-vidéo et dans des sites comme X-Tube dans le Web, et le film professionnel, réalisé avec plus de moyens financiers et pouvant être exploité dans des salles commerciales. Il se subdivise en sous-catégories, ou spécialités : le film hétérosexuel, le film homosexuel, le film lesbien, le film bisexuel et le film extrême (avec personnages coprophages, sadomasochistes), dit aussi film sale ; ▷ **gonzo porn**. Il comprend une frange de films au commerce souterrain, prohibés dans presque tous les pays, comme le film pédophile et le *snuff movie*. Sa présentation est généralement interdite aux moins de 18 ans. Il est parfois complètement illégal, comme dans les pays socialistes avant la chute du mur de Berlin, ou très retouché comme au Japon ; ▷ **diffuseur [2]**. Il est extrêmement contrôlé par des commissions de censure ou de surveillance dans tous les états du monde ; ▷ **cote**. Avec la « libération sexuelle » des années 1970, on le présente dans des circuits commerciaux où des prototypes sont élevés au rang de modèles, comme *Gorge profonde* (1972), *L'enfer pour Miss Jones* (1973) et *Derrière la porte verte* (1975), tous réalisés par Gérard Damiano. Le film pornographique se voit imposer une lourde taxe, notamment en France. Certains cinéastes intègrent des scènes dites pornographiques dans leur œuvre, comme Nagisa Oshima dans *L'empire des sens* (1976). L'avènement de la vidéocassette dans les années 1980 étend le marché du genre jusqu'alors limité aux grands centres urbains et le rend très accessible soit par achat, soit par location ; ce marché est relayé dans les années 2000 par le DVD et les sites Web. Le plus grand producteur du genre est Vivid Video, de Los Angeles ; ses ventes annuelles atteignent 25 M$; le coût de production moyen d'un film de cette société est de 200 000$. Environ 2,5 millions de personnes, aux États-Unis, regardent tous les mois un film pornographique. L'industrie américaine du porno génèrent annuellement des revenus de 4,2 MD$; les revenus augmentent entre 10 et 15 % chaque année. Des chaînes télévisées, comme Canal Plus en France, Playboy Channel et Spice Channel aux États-Unis, le présentent régulièrement le soir et le week-end. Les établissements hôteliers offrent également la location de films pornos sur une des chaînes du téléviseur, dans les chambres. Le film pornographique est décrié par des ligues de morale, souvent de droite, mais également par de nombreuses féministes. Un festival international lui est consacré, le Hot d'or, qui se tient à Cannes, puis à Paris, chaque année. ◊ SYN. film de cul, film hard, film pour adultes, film X, film XXX. ▷ **hardcore**, **hentai**, **Hot d'or**, *pink cinema*.

film positif ▪ [1] En photographie, image obtenue par tirage du négatif (*positive*). ▪ [2] En cinéma, film de prise de vues inversible (*positive film*). Les valeurs lumineuses correspondent à ce qui est filmé (les blancs sont traduits par des blancs, et les couleurs, par les mêmes couleurs).

film-poubelle ▷ mondo.

film pour adultes ▪ Film pornographique (*adult film*).

film-poursuite ▪ Forme abrégée de film de poursuite.

film principal ▪ Film qui, par ses qualités, son budget et ses vedettes, se distingue du film de série B qui l'accompagne dans un programme double (*A-picture, main feature, main program* POP., *feature film*). ◊ SYN. grand film, programme principal POP.

film psychotronique ▪ Film démodé, au goût douteux et au ton généralement débile (*psychotronic film*). Le film psychotronique devient généralement un film-culte. Quelques exemples de films psychotroniques : *Plan Nine From Outer Space* (1959) d'Ed Wood, *Mondo Cane* (1962), un film de montage italien, et *Polyester* (1981) de John Waters. ▷ **cinéma bis, camp, kitsch**, *giallo, gonzo porn*.

film publicitaire ▪ Film destiné au public pour vendre un produit, une marque et en recommander l'usage ou l'achat. Un film publicitaire est généralement court. Avant l'arrivée de la télévision, il est programmé avant le film principal et sa durée ne dépasse pas 10 minutes ; mais depuis, il dépasse rarement une minute ; ▷ **clip**. Sa présentation est liée à un tarif de location imposé par l'exploitant ; elle lui rapporte ainsi un certain revenu. ◊ VOISIN film de commande. ▷ **court métrage, entracte, film commandité**.

film rapide ▪ Film de rapidité élevée (*fast film*). La pellicule d'un film rapide a besoin de peu de lumière pour produire une image satisfaisante. ◊ SYN. pellicule sensible. ◊ CONTR. film lent.

film rare ■ Film ancien, incunable.

film réduit vx ■ Film dont le format est plus petit que le format standard, le 35 mm (*reduction print*). ▷ **film substandard.**

film religieux ■ Genre dont les films ont pour sujet la religion (*religious film*). Le film de fiction religieux est produit dès les débuts du cinéma. Il demeurera pendant longtemps l'apanage de petites compagnies de production. Il devient un genre spectaculaire, avec ses centaines, voire parfois ses milliers de figurants, comme *Ben Hur* (1926) de Fred Niblo, dont William Wyler fera un remake en 1959. La religion est traitée très sérieusement par Otto Preminger dans *Sainte Jeanne* (1957). Les cinéastes européens modernes donnent au film religieux le poids de la grâce en l'éloignant de sa lourdeur réaliste et de l'imagerie saint-sulpicienne, comme Robert Bresson avec *Le procès de Jeanne d'Arc* (1962) et Pier Paolo Pasolini avec *L'Évangile selon saint Matthieu* (1964). Des sujets religieux ne donnent pas nécessairement des films religieux reconnus comme tels, comme *Je vous salue Marie* (1985) de Jean-Luc Godard et *La dernière tentation du Christ* (1988) de Martin Scorsese. Des films mettant en scène des religieux (prêtres, sœurs, etc.) ne donnent pas non plus des films religieux, comme *Les cloches de Sainte-Mary* (1945) de Leo McCarey, la série de Don Camillo (1951, 1953, 1955, 1961 et 1965), signée par différents réalisateurs, et *Sous le soleil de Satan* (1987) de Maurice Pialat.

film réversible ARCH. ■ Film inversible. Rare, le terme est une traduction littérale de l'expression anglaise *reversal print*.

film romantique-pornographique ▷ *pinku eiga.*

film sale ▷ film extrême.

film scientifique ■ Documentaire portant sur un sujet scientifique (*science film*). Le film scientifique a pour but la vulgarisation scientifique. Le documentaire scientifique couvre des domaines comme la biologie, la zoologie, la chirurgie, l'astrophysique, la chimie moléculaire, l'écologie, etc. Il est le plus souvent dédié à l'enseignement ; ▷ **film éducatif.** Il a permis des mises au point d'outils et le développement de méthodes scientifiques : le revolver photographique, la microcinématographie, le cinéma radioscopique, le ralentisseur, la microscopie électronique et la caméra femtoseconde. Il apparaît dans les années 1920 avec les films (une centaine) de Jean Comandon. Jean Painlevé est l'un des plus grands cinéastes du genre, mêlant recherches scientifiques et recherches formelles, avec *L'hippocampe* (1934) et *Le vampire* (1945). *Microcosmos* (1996) de Claude Nuridsany et Marie Perennou obtient un grand succès en salle, avec sa vision anthropomorphique, étrange et fascinante, du microcosme des insectes. ▷ **film animalier, Institut du film scientifique.**

Films du Carrosse (Les) ■ Société de production de films fondée par François Truffaut en 1957, pour la réalisation du court métrage du cinéaste, *Les mistons*. Après avoir produit, outre les films de son fondateur, ceux d'autres cinéastes (Jean Cocteau, Claude de Givray, Jean-

Luc Godard et Jean-Louis Richard), Les Films du Carrosse ne produiront par la suite que les films de François Truffaut. **film social** ▪ Genre cinématographique dans lequel les films traitent des problèmes sociaux dans une perspective morale (*social consciousness film*). Le film de fiction dit social est souvent confondu avec le film à thèse. On y aborde des sujets comme le chômage, la délinquance juvénile, l'injustice légale, la prostitution, les difficultés du monde agricole et la syndicalisation des travailleurs. Les années 1930, dans l'esprit du New Deal, voient aux États-Unis la multiplication de films à conscience sociale de qualité; parmi les meilleurs, on distingue *Les temps modernes* (1936) de Charles Chaplin, *Furie* (1936) de Fritz Lang et *Rue sans issue* (1937) de William Wyler. Après la Deuxième Guerre mondiale, les films sociaux américains sont de faible qualité malgré l'apport de cinéastes comme Martin Ritt avec *L'homme qui tua la peur* (1957) et Stanley Kramer avec *La chaîne* (1958), deux films qui osent affronter des sujets tabous comme les relations interraciales. Le néoréalisme italien produit des films sociaux d'une profonde valeur morale, à la mise en scène soignée et rigoureuse; à voir *La terre tremble* (1948) de Luchino Visconti et *Le voleur de bicyclette* (1948) de Vittorio De Sica. En Grande-Bretagne, le mouvement Free Cinema et celui des Jeunes hommes en colère mettent en scène des gens de la classe ouvrière; à voir: *Samedi soir et dimanche matin* (1960) de Karel Reisz et *La solitude du coureur de fond* (1962) de Tony Richardson. En Suisse, Alain Tanner donne une description sociale de son pays dans laquelle cohabitent une certaine lassitude existentielle et une quête utopique, avec *Charles mort ou vif* (1969), *La salamandre* (1971) et *Jonas qui aura 25 ans en l'an 2000* (1976). En France, les films de Claude Sautet sont dits de description sociale malgré leur représentation de la bourgeoisie française. Pedro Costa renouvelle du point de vue formel le film social par la création d'un univers sombre (*Ossos,* 1997; *En avant, jeunesse,* 2006). Au Japon, So Yamamura avec *Les bateaux de l'enfer* (1953) et Satsuo Yamamoto avec *Quartier sans soleil* (1954) font du cinéma social d'inspiration prolétarienne. Les films du tiers-monde ont une grande portée sociale, comme les œuvres de Glauber Rocha, cinéaste brésilien. ▷ **cinéma Nôvo**. *La promesse* (1996), de Luc et Jean-Pierre Dardenne, *Marius et Jeannette* (1997) de Robert Guédiguian et *Riff-Raff* (1991) et *Raining Stones* (1993) de Ken Loach sont des films sociaux remarquables. À l'extérieur de l'industrie, peu intéressée à produire des films sociaux, le genre est surtout associé au film engagé, dit militant.

film sonorisé ▪ Film muet auquel on a ajouté une bande sonore, généralement de la musique et éventuellement des bruits d'ambiance. ▷ **sonoriser**.

film standard ▪ Film de format 35 mm (*standard film*).

film substandard ▪ Film dont le format est inférieur au format standard, soit celui du 35 mm (*substandard film*). Il designe généralement le film 16 mm. ▷ **film réduit**.

film superpanchromatique VX ▷ **film orthopanchromatique.**

film sur l'art ▪ Documentaire portant sur l'art et les artistes (*film on art*). Les films sur l'art constituent un genre cinématographique après la Seconde Guerre mondiale. Un des films précurseurs du genre est *Nos peintres* (1926) du Belge Gaston Schoukens. Le genre s'affirme avec *Le monde de Paul Delvaux* (1946) d'Henri Stock, *Guernica* (1949) d'Alain Resnais et Robert Hessens, et *Le mystère Picasso* (1956) d'Henri-Georges Clouzot. L'arrivée de la télévision dans les années 1950 favorise son éclosion; voir les films de Jean-Marie Drot. Le film sur l'art couvre tous les champs des pratiques artistiques : la peinture, la sculpture, l'architecture, le théâtre, la danse, la musique, la photographie, le cinéma et la vidéographie. Il est peu diffusé, mais des festivals prestigieux, dont ceux de Montréal et de Rotterdam, lui sont consacrés. Parmi les cinéastes de films sur l'art importants, citons Michael Blackwood, Philip Haas, André S. Labarthe, Albert et David Mayles, et Carlos Vilardebo.

film transparent ▪ Film qu'on met dans un projecteur pour mesurer à l'aide d'un luxmètre la quantité de lumière au centre et sur les bords de l'écran.

film ultrarapide ▪ Film dont la sensibilité de l'émulsion est très élevée (*ultra-high-speed film, supersensitive film*).

Filmverlag der Autoren [FDA] ▪ Société allemande de commercialisation de films fondée en 1971 par Wim Wenders et 14 cinéastes de Munich. La Filmverlag der Autoren coproduit les œuvres avec la Produktion I im Filmverlag der Auto-

ren et la télévision, dont celles de Peter Lilienthal et Rainer Werner Fassbinder. En 1974, la maison de production devient une société à revenus limités et se réorganise après la production de 25 films, dont *L'angoisse du gardien de but au moment du penalty* (1971) et *Alice dans les villes* (1971) de Wim Wenders. Ce cinéaste met alors sur pied une autre maison de production, la Road Movies Filmproduktion, tout en gardant des parts dans la FDA. La Filmverlag der Autoren est intégrée dans l'entreprise Kinowelt, de Leipzig, en 1999.

film vidéo ▪ Œuvre tournée sur support vidéographique (*video film*). ◊ VOISIN bande vidéo. On ne doit pas confondre le film vidéo et le vidéogramme. ▷ **art vidéo.**

film vierge ▪ Film qui n'a pas été exposé à la lumière, sur lequel aucune image n'a été imprimée (*undeveloped film*). ◊ SYN. pellicule vierge. ◊ CONTR. film exposé, film impressionné.

film X ▪ Film érotique. Le label « Film X » est généralement imprimé sur les affiches du film distribué ou sur les boîtiers du film en vidéocassette ou en DVD. Ce label est parfois attribué au film pornographique. ▷ *X-rated.*

film XXX ▪ Prononcé « trois ixe ». Film pornographique. Le label « Film XXX » est généralement imprimé sur les affiches du film distribué ou sur les boîtiers du film en vidéocassette ou en DVD. Ce label n'est pas une dénomination officielle.

fils PLUR. ▪ Ensemble des câbles et fils électriques sur un plateau de tournage (*cable*). ▷ **fil.**

filtre ▪ [1] Fine lame de verre ou de géla-tine placée devant l'objectif pour modi-fier l'intensité de la lumière (*filter*). Le filtre peut corriger la lumière, absorber certaines radiations colorées ou créer des effets de couleur. On connaît le filtre gris (ou neutre), le filtre coloré, le filtre correcteur, le filtre brouillard, le filtre polarisant, le filtre ultraviolet (ou UV) et le filtre dégradé. ▪ [2] Feuille de gélatine placée devant un projecteur de lumière (*filter*). ▪ [3] Dispositif électronique, placé dans un matériel sonore, permet-tant d'éliminer ou de conserver certains composants du spectre sonore (*filter*).

filtre à contraste ▪ Filtre permettant de modifier le facteur de contraste (*contrast filter*). ▷ **filtre correcteur**.

filtre anticalorique ▪ Filtre placé sur cer-tains projecteurs, entre sa source lumi-neuse et la fenêtre de projection, per-mettant d'absorber la chaleur dégagée par le rayonnement de la lumière (*heat-absorbing filter*).

filtre brouillard ▪ Filtre permettant de créer un effet de brouillard dans l'image (*fog filter, haze filter*).

filtre correcteur ▪ Filtre permettant d'augmenter ou de réduire le contraste de l'image noir et blanc par la diffusion de rayons lumineux (*correction filter*). ▷ **filtre à contraste**.

filtre de conversion ▪ Filtre placé devant ou derrière un objectif lors de tournages à l'extérieur avec un négatif inversible, un négatif n'existant qu'en lumière arti-ficielle (*light balancing filter*). Le filtre de conversion assure l'adaptation d'une pellicule à un équilibre chromatique

différent lors d'un tournage en lumière naturelle.

filtre dégradé ▪ Filtre qui absorbe sur sa surface les rayons lumineux (*graduate filter*). Un filtre dégradé peut être un filtre neutre ou un filtre coloré.

filtre gris ▪ Filtre qui absorbe la lumière sans en modifier la qualité (*neutral den-sity filter*). ◇ SYN. filtre neutre. ▷ **filtre universel**.

filtre neutre ▷ **filtre gris**.

filtre polarisant ▪ Filtre capable de pola-riser les faisceaux lumineux (*pola-screen*). Le filtre polarisant supprime les reflets lumineux. ▷ **filtre universel**.

filtre pour vitre ▪ Grande feuille grise ou colorée placée devant une fenêtre lors d'un tournage en décors naturels (*win-dow filter*). Le filtre pour vitre permet d'équilibrer la lumière venant de l'exté-rieur avec celle créée artificiellement à l'intérieur. ◇ SYN. gélatine pour fenêtre.

filtre ultraviolet [filtre UV] ▪ Filtre qui absorbe les rayons ultraviolets (*ultravio-let filter*).

filtre UV ▪ Forme abrégée de filtre ultra-violet.

filtre universel ▪ Filtre tout usage qui n'altère pas la couleur (*universal camera filter*). Par exemple, le filtre gris et le filtre polarisant sont des filtres univer-sels.

fin ▪ Mot placé généralement à la fin du film (*The End*).

final cut ANGL. ▪ Littéralement : coupe ultime. Copie du film avec les images et les sons montés. Aux États-Unis, le *final cut* a une valeur symbolique importante ; comme il est réservé aux producteurs, peu de réalisateurs ont le privilège de l'avoir ; Alfred Hitchcock est un des rares qui l'obtienne. Quand le réalisateur a un droit de regard sur le montage final, on parle alors du *director's cut*. ▷ *fine cut*, **montage final**.

Final Cut Pro ■ Nom d'un appareil de montage non linéaire (ou virtuel) mis au point en 1998 par la société Apple. Plébiscité par les monteurs professionnels, Final Cut Pro prend en charge la plupart des formats vidéo et offre un haut niveau d'interopérabilité. On peut y monter des fichiers vidéo compressés et non compressés, pour la vidéo numérique d'une DV comme pour la HD. Le film *Ladykillers* (2004) de Joel et Ethan Coen est monté sur un Final Cut Pro. Le plus solide concurrent de cet appareil est l'Avid Media Composer.

financement ■ Fonds assemblés par un producteur pour la production d'un film (*financing*). Ces fonds proviennent de diverses sources : prêts bancaires, avances sur recettes, crédits, aides gouvernementales, etc.

fine cut ANGL. ■ Terme n'ayant pas d'équivalent français. Version considérablement montée d'un film, presque prête à l'approbation finale. Le *fine cut* est souvent synonyme de *final cut*.

FIPRESCI ■ Acronyme de Fédération internationale de la presse cinématographique.

First National ■ Société américaine fondée en 1917 qui achète des films pour ses membres exploitants. En 1921, elle possède près de 300 salles dans presque toutes les grandes villes des États-Unis. Pour les alimenter, la First National devient rapidement productrice de films, notamment ceux de Charles Chaplin (*Une vie de chien*, 1918), King Vidor (*Le tournant*, 1919) et Mack Sennett (plus de 30 films, dont *L'idole du village*, 1921). Elle produit environ 45 films par année, généralement de qualité. La société est absorbée par la Warner Bros. en 1929 avec laquelle elle était alliée dès 1927. Son nom, qu'on garde par commodité aux génériques des films, disparaîtra en 1941.

FIS ANGL. ■ Sigle de *film ident/sync system*. ▷ **Arricode**.

fixage ■ Étape du développement de la pellicule au cours de laquelle les cristaux de sel d'argent non révélés sont transformés en produits solubles (*fixing*). La pellicule doit être constamment agitée dans le bain de fixage. ▷ **lavage, séchage**.

fixité ■ [1] Régularité et équidistance des photogrammes par rapport à la place des perforations (*stability*). ■ [2] Stabilité de l'image projetée par rapport au cadre de la fenêtre de projection (*stability*).

flam ARG. ■ Film flamme.

flanc de guidage ■ Côté du film qui permet de poser correctement la pellicule sur les griffes d'entraînement du projecteur.

flapper ANGL. VX ■ Type de femme représenté dans le cinéma muet américain des années 1920. On la surnomme ainsi parce qu'elle claque les talons. Habillée de façon originale et provocante, le cheveu court, la *flapper* est une femme délurée, représentative des changements sociaux et économiques de l'après-Première Guerre mondiale. Les actrices Colleen Moore et Clara Bow sont des *flappers*. Synonyme anglais : *itgirl*.

Flash ▪ Nom d'un logiciel de création d'interfaces interactives pour l'Internet, édité par Macromedia en 1996. Le logiciel Flash permet d'obtenir un fichier où il y a des animations ou des objets interactifs. Il est généralement utilisé pour créer des animations, des publicités ou des jeux vidéo. Il permet également d'intégrer de la vidéo en streaming dans une page Web. Sa qualité est de permettre de créer des contenus légers, avec des dessins vectoriels (par opposition aux images bitmap).

flash ▪ [1] Éclair lumineux (*flash frame*). Il y a flash quand un ou plusieurs photogrammes semblent surexposés. Le flash peut être produit accidentellement, mais peut être également créé à des fins dramatiques. ◊ SYN. image blanche. ▪ [2] Plan très bref, utilisé pour assurer une continuité visuelle du film (*flash*). Le flash a souvent un effet dramatique. ▪ [3] ANGLIC. En radio et en télévision, nouvelle brève, nouvelle-éclair (*newsflash*). ▷ **flash publicitaire**.

flashage ▪ Méthode de pré-exposition et de post-exposition de la pellicule qui adoucit la lumière et les contrastes en éclaircissant les zones d'ombre (*fogging*). Le flashage réduit la quantité de lumière ambiante lors du tournage. Il modifie la tonalité des zones sombres dans l'image, comme la dominante bleue typique aux ombres dans un film couleur. ◊ SYN. voile contrôlé. ▷ **latensification**.

flash-ahead ▷ *flash-forward*.

flash-back ANGLIC. ▪ Terme constamment usité en français en lieu et place de sa traduction recommandée : retour-arrière ou retour en arrière (*flash back*) ; il est invariable. Plan, scène ou séquence prenant place dans le passé, avant le présent statué par la fiction. Le flash-back est souvent utilisé en vue d'expliquer une situation, la psychologie ou les actions d'un personnage. Il sert soit à montrer objectivement l'essentiel d'une histoire, soit à rendre compte de la mémoire subjective d'un personnage. Il est souvent accompagné d'une *voix off* ; ▷ **narrateur**. Le flash-back a été très populaire dans les films des années 1930 et 1940. Il a été utilisé d'une façon singulière par certains cinéastes, comme Orson Welles dans *Citizen Kane* (1941), Alain Resnais dans *Hiroshima mon amour* (1959) et Bernardo Bertolucci dans *Le conformiste* (1971). ◊ CONTR. saut dans le futur ou *flash-forward*.

flash-forward ANGL. ▪ L'équivalent français « saut dans le futur » est peu usité. Plan, scène ou séquence prenant place dans le futur, après le présent statué par la fiction. Le *flash-forward* actualise les attentes, les appréhensions ou les projections subjectives d'un personnage. Irvin Kershner utilise de façon astucieuse le saut dans le futur dans *Les yeux de Laura Mars* (1978). Synonyme anglais : *flash-ahead*. ◊ CONTR. retour-arrière, retour en arrière ou flash-back.

flash publicitaire ANGLIC. ▪ Court message publicitaire (*commercial,* G.-B. *advert*). Cette expression est surtout employée en télévision. Synonyme, qui est également un anglicisme : spot publicitaire. ▷ **message publicitaire**.

flasque ▪ Pièce de métal plate disposée en parallèle avec une autre pièce afin de contenir la pellicule enroulée (*flange*).

Deux flasques enserrent la bobine. ◊ SYN. joue.

flickers VX, PLUR. ▪ Terme donné par les Américains aux premiers films à cause de leur tremblement dans le mouvement des images.

flint-glass ANGLIC. ▪ Verre en cristal blanc d'Angleterre entrant dans la fabrication d'une lentille concave et présentant une forte dispersion de l'image (*flint glass*). Au XVIIIe siècle, John Dollond utilise le flint-glass pour son objectif achromatique, dit doublet achromat. ▷ **crown-glass.**

fliquesse ▪ En France, durant l'Occupation, surnom donné à la surveillante chargée de réprimer le chahut dans la salle de cinéma.

flood ARG. ▪ Lampe flood.

flou ADJ. et SUBST. ▪ [1] Image enregistrée ou projetée qui est hors foyer à cause d'un mauvais réglage de l'objectif (*blurred, out-of-focus*). Le flou vient d'un accident de tournage ou de projection. ◊ CONTR. net. ▪ [2] Image hors foyer provoquée intentionnellement à des fins dramatiques (*soft focus*). On parle alors de flou artistique. Pour créer une image floue, on utilise le plus souvent des filtres ou des trames. ◊ CONTR. piqué.

flux lumineux ▪ Lumière émise à partir d'une source (*luminous flux*). Plus la source est lumineuse, plus son flux est important. Le flux lumineux se calcule en lumens. ▷ **photométrie.**

focale ARG. ▪ Distance focale.

focale moyenne ▪ Objectif d'ouverture angulaire moyen correspondant au rendu perspectif de l'œil humain (*medium lens*).

◊ VAR. focale normale. ◊ VOISINS foyer normal, moyen foyer.

focale normale ▪ Variante de focale moyenne.

focaliser ▪ En éclairage, concentrer le faisceau lumineux provenant d'un projecteur. ▷ **mickey.**

Foley artist ANGL., É.-U. ▪ Terme désignant le bruiteur. Son origine vient de Jack Foley qui conçoit des techniques modernes de création d'effets sonores pour leur synchronisation à l'image. Aux États-Unis, on distingue : *Foleys* pour désigner ces bruits, *Foley mixer* pour le monteur des effets sonores et *Foley studio* pour le lieu de leur enregistrement. Le *foley artist* est souvent le monteur sonore du film.

follies ANGL. ▪ Aux États-Unis, revues musicales données sur scène. Voir le film *Ziegfeld Follies* (1946 ; en français : *Ziegfeld Folies*) dont six numéros sont mis en scène par Vincente Minnelli.

Fondation européenne des métiers de l'image et du son [FÉMIS] ▪ École créée en 1986 par le ministre français de la Culture, Jack Lang, en remplacement de l'Institut des hautes études cinématographiques [IDHEC]. Sa mission est de donner une formation initiale et continue dans les métiers de l'audiovisuel, de coopérer avec les écoles et établissements à l'étranger, de produire et de diffuser des films et documents en relation avec la pédagogie de l'école, de promouvoir et diffuser la culture cinématographique. Elle est accessible sur concours. On y enseigne toutes les techniques de l'image et du son, dans le domaine du cinéma, de la télévision et du multimédia. Son premier président est le scénariste et cinéaste Jean-Claude Carrière. En 20 ans, elle forme 600 professionnels.

Fondation Gan pour le cinéma ■ Fondation créée en 1987 à l'occasion du 40ᵉ anniversaire de la société Gan. Au fil des ans, Gan devient ainsi l'un des plus importants mécènes du cinéma français en soutenant plus de 90 longs métrages. La fondation donne un soutien financier à un premier film sur scénario. Grâce à elle, Catherine Corsini, François Dupeyron, Christophe Honoré, Jeanne Labrune, Jean-Pierre Limosin, Gaël Morel, Jacques Nolot, Idrissa Ouedraogo et Manuel Poirier accèdent à la réalisation d'un long métrage. La fondation a d'autres missions, dont la préservation du patrimoine en aidant à la restauration de films comme *Jour de fête, Les quatre cents coups, Mon oncle* et *Play Time*. Elle contribue à soutenir des ciné-concerts autour de films anciens comme *Metropolis, Nosferatu le Vampire, La Marseillaise* et *La passion de Jeanne d'Arc*. Elle aide à la resortie en salles de films de cinéastes étrangers comme Ingmar Bergman, Joseph L. Mankiewicz et Pier Paolo Pasolini. Gan soutient le prix Un certain regard à Cannes et la salle de cinéma parisienne, Max Linder.

fond bleu ■ Écran bleu translucide éclairé par transparence permettant des trucages (*blue backing, blue screen*). En télévision et en vidéo, le fond bleu permet l'incrustation. ▷ **fond noir.**

fond de générique ▷ déroulant.

fond de transparence ■ Film projeté à l'échelle désirée sur un écran transparent. Il permet aux personnages situés devant d'évoluer dans un décor animé; les deux éléments, interprètes et film, sont enregistrés simultanément.

fond neutre ■ Fond, généralement la pellicule d'un contretype, d'un internégatif ou d'un interpositif, sur lequel apparaîtra le générique du film (*title background*). ◊ SYN. déroulant, fond de générique.

fond noir ■ Durant les premiers temps du cinéma, fond de studio de couleur noire utilisé pour les trucages, comme les apparitions de fantômes ou de personnages qui se dédoublent en rêve (*black backing*). ▷ **fond bleu.**

fondre ■ [1] vx Réaliser mécaniquement un fondu à la prise de vues (*fade*). ■ [2] Diminuer progressivement l'intensité sonore jusqu'à l'extinction totale du son (*shunt*). ◊ SYN. ANGLIC. shunter.

fondu ■ Trucage conduisant à l'apparition ou à la disparition progressive de l'image (*fade, dissolve*). Le fondu est considéré comme un signe de ponctuation ou de liaison; il sert de transition entre deux scènes. On distingue plusieurs types de fondu: l'ouverture en fondu, la fermeture en fondu, le fondu enchaîné, le fondu au noir, le fondu au blanc et le fondu en couleurs. Les fondus, largement utilisés dans le passé, ne le sont presque plus depuis les années 1960, probablement à cause de l'influence de la télévision. Il est réalisé, mécaniquement, au moment de la prise de vues, en laboratoire ou par un logiciel.

fondu au blanc ■ Image devenant progressivement blanche (*fade-to-white*). Le fondu au blanc est rarement employé.

fondu au noir ■ Image devenant progressivement noire (*fade-to-black*). Le fondu au noir est très souvent employé. ◊ SYN. ARCH. dégradé.

fondu enchaîné ■ Image disparaissant progressivement dans une autre image, laquelle apparaîtra progressivement à l'écran (*cross fade, lap dissolve, cross dissolve, mix dissolve*). Le fondu enchaîné est la combinaison de deux fondus. Il est couramment employé dans la narration, pour établir une liaison entre deux scènes qui n'ont généralement pas de rapport direct entre elles; il efface un hiatus entre deux scènes, dont la césure serait alors brutale. Le terme anglais *cross fade* est généralement utilisé pour désigner un fondu en couleurs.

fondu en couleurs ■ Image disparaissant progressivement dans une couleur, laquelle apparaîtra progressivement à l'écran avec une autre image (*cross fade*). Le fondu en couleurs a été intelligemment utilisé dans *Le bonheur* (1965) d'Agnès Varda et *Cris et chuchotements* (1972) d'Ingmar Bergman.

formalisme ■ Principe créateur qui accorde une attention prépondérante à la forme plutôt qu'au contenu (*formalism*). Le travail de la forme justifie le but et les moyens pris par le cinéaste dans la réalisation de son film. Le formalisme est très présent dans le film d'avant-garde et le film expérimental, car ses auteurs accordent une plus grande importance aux qualités plastiques (à la fois visuelles et auditives) du film qu'à son expression en tant que discours. Un film qualifié de formaliste possède un récit non linéaire,

non réaliste. Le terme «formalisme» apparaît dans les études sur le cinéma qui théorisent les éléments formels entrant dans l'expression cinématographique; on le retrouvera notamment dans les écrits de S.M. Eisenstein et de Béla Balázs.

format ■ [1] Largeur d'un film exprimée en millimètres (*film size*). On distingue différents formats: le 35 mm (format standard officiellement choisi en 1909), le 16 mm (format substandard), le Super 16, le 65 et le 70 mm chez les professionnels, le 8 mm, le Super 8, le 17,5 mm et le 9,5 mm chez les amateurs. ■ [2] Rapport des dimensions relatives de l'image à l'écran (*aspect ratio*). On distingue diverses dimensions de l'écran: 1 × 1,33 ou 1:33:1 (standard du film muet), 1 × 1 ou 1:37:1 (format du film sonore), 1 × 2,35 ou 2:35:1 (image projetée en scope), 1 × 2,55 ou 2:55:1 (format du CinémaScope en 35 mm et du Technirama), 1 × 1,66 ou 1:66:1 (image projetée en France appelée panoramique), 1 × 1,75 ou 1:75:1 (image projetée en Italie appelée panoramique), 1 × 1,85 ou 1:85:1 (format VistaVision), 1 × 1,39 ou 1:39:1 (format Imax et Omnimax), 1 × 2 ou 2:2:1 (le 70 mm), 1 × 1,37 ou 1:37:1 (format du 16 mm) et 1 × 1,66 1:66:1 (format du Super 8). ◊ SYN. standard. [3] En multimédia et en informatique, taille d'un composant matériel, comme un logiciel, une disquette, un écran, une bande magnétique, un CD, un DVD, un micro-ordinateur (*format*).

format panoramique [pano] ■ Procédé d'écran large utilisant une pellicule 35 mm réduite sur sa hauteur. Plusieurs formats panoramiques se sont imposés dans le monde : le pano 1 :66 :1 (France), le pano italien (1 :75 :1) et le pano 1 :85 :1 ou VistaVision (États-Unis et Canada).

format standard ▪ Format du film 35 mm régulièrement employé dans l'industrie (*standard film*). ◊ SYN. film standard.

format substandard ▪ Format du film 16 mm (*substandard film*).

forme ▪ Ensemble des caractéristiques formelles d'un film (*form*). La forme caractérise les diverses configurations de l'image et du son, structure l'expression ou le contenu du film. Théoriquement, la forme est l'organisation des unités signifiantes d'un film que sont les plans. Un contenu s'exprime à travers sa forme. Dans le langage courant, elle est une notion extensible désignant généralement le genre d'un film et ses particularités (comique, lyrique, tragique, etc.). On oppose souvent forme et contenu.

forum ▪ En informatique, service électronique permettant à plusieurs personnes de dialoguer, par l'envoi de messages écrits, de documents photographiques ou audiovisuels (*forum*). YouTube, Dailymotion et Google Video sont des sites de partage et de visionnage de clips vidéo tournés par des internautes qui les envoient et peuvent aussi poster leurs commentaires. Certains internautes envoient par tranches des films ou des émissions de télévison sans en avoir, toutefois, acquis les droits. ▷ **piratage**.

fouettage ▪ Panoramique qui part d'un point fixe pour se déplacer rapidement vers un autre point fixe à gauche ou à droite (*swish pan*).

fournisseur ▪ Société louant du matériel pour un film : les appareils de prise de vues, les costumes, les accessoires, etc. (*purveyor*).

fournisseur de service Internet [FSI] ▪ Entreprise reliée en permanence au réseau Internet et mettant à la disposition de particuliers ou d'entreprises des connexions qui leur permettent d'accéder aux différents services disponibles dans Internet (*Internet service provider*). ▷ **accès à haute vitesse à Internet, Web**.

Fox ▪ Forme abrégée de Twentieth Century Fox Film Corp.

Fox Film Corporation ▪ Société de distribution de films fondée en 1913 par William Fox, un teinturier, sous le nom de Box Office Attractions, qui distribue de nombreux films européens, avant de devenir en 1914 la Fox Film Corporation. William Fox commence sa carrière en achetant son premier *penny arcade* en 1904, et c'est avec les profits qu'il en tire qu'il achète une quinzaine de salles à New York. La société veut produire des films et, en 1914, lance sa première production, *Life's Shop Window* de Henry Behlmer. Avec l'actrice Theda Bara, la Fox Film Corporation crée la première vamp cinématographique dès son premier film, *A Fool There Was* (1915) de Frank Powell. En 1927, elle fait venir à Hollywood le cinéaste allemand F.W. Murnau qui réalise pour elle *L'aurore*. Le début du parlant crée une instabilité financière, mais la société maintient sa production avec des films comiques et des films ruraux, avec des vedettes comme Will Rogers, Janet Gaynor et Charles Farrell. En 1935, elle fusionne à la

20th Century qui en prend la direction. ▷ **Twentieth Century Fox Film Corp.**

Fox-Grandeur [Grandeur] ■ Procédé en Natural Vision du film 70 mm, baptisé ainsi par la Twentieth Century Fox qui en rachète les droits à la fin des années 1920. Son format est 2:1:1. Le premier film avec ce procédé est *Happy Days* de Benjamin Stoloff, en 1930. Le procédé Fox-Grandeur est abandonné en 1931 parce que les propriétaires de salles ne veulent pas s'équiper en 70 mm.

Fox-Movietone ■ Premier procédé de son optique mis sur le marché en 1927 par la Fox Film Corporation, qui l'utilise pour ses courts métrages. ▷ **Movietone.**

foyer ■ Point dans l'objectif où se rencontrent des rayons initialement parallèles, après réflexion, réfraction ou transmission (*focus*). On distingue les foyers fixes dont le nom correspond à une longueur focale donnée (court foyer, moyen foyer et long foyer) et les foyers variables (ou zooms) dont le champ peut varier dans un même plan. L'expression « faire le foyer » veut dire « faire la mise au point ».

foyer doux ■ Ensemble des techniques (filtres, trames, tulles) permettant d'adoucir l'image (*soft focus*). ◊ SYN. flou.

foyer fixe ■ Objectif réglé sur les appareils amateurs qui tient compte de la distance et de la profondeur de champ afin que les objets éloignés soient toujours nets (*fix focus*).

foyer normal ■ Objectif dont le rendu des images correspond à celui de l'œil humain (*normal focus*). L'objectif 50 mm du film 35 mm correspond à ce rendu.

◊ SYN. moyen foyer. ◊ VOISINS focale normale, focale moyenne.

frais de séjour ■ Somme des allocations quotidiennes pour les dépenses lors de tournages en extérieur (*living expenses*). ▷ *per diem.*

frange ■ Imprécision des contours des parties contrastées d'une image couleur (*bleeding*). La frange se produit le plus souvent quand l'image est composée avec des effets spéciaux.

Franscope ■ Dispositif optique interchangeable avec l'Hypergonar, un ancien procédé d'anamorphose.

Free Cinema ■ Mouvement britannique né à l'occasion d'un manifeste signé en février 1956 par des cinéastes de documentaires, en réaction contre le documentaire traditionnel et le film commercial. Le Free Cinema montre des vies ordinaires, sans pathétisme. Les œuvres sont personnelles, généralement poétiques, construites très librement. Le mouvement se lie ensuite avec le mouvement littéraire Jeunes hommes en colère parmi lequel on compte le romancier Alan Sillitoe et le dramaturge John Osborne ; les cinéastes passent alors à la fiction, montrant des ouvriers ou des marginaux, en détresse ou en révolte. Le premier long métrage rattaché à ce courant est *Les chemins de la haute ville* (1959) de Jack Clayton. Le mouvement ne dure qu'une dizaine d'années. Parmi les principaux cinéastes du Free Cinema, citons Lindsay Anderson (*If...,* 1968), Karel Reisz (*Samedi soir et dimanche matin,* 1960), Tony Richardson (*La solitude du coureur de fond,* 1962) et John

Schlesinger (*Un amour pas comme les autres,* 1962). ▷ **Nouvelle vague britannique.** ▷ **film social.**

fréquence ▪ [1] Nombre de cycles par seconde de phénomènes périodiques (*frequency*). La fréquence est exprimée en hertz. ▪ [2] Nombre de photogrammes à la seconde défilant devant la fenêtre de prise de vues ou de projection (*frequency, frame frequency, frame rate*). ◇ SYN. cadence.

fréquence d'obturation ▪ Fréquence d'interruption de l'obturateur mesurée en secondes (*shutter frequency*). La fréquence d'obturation est de 48 fois par seconde et correspond à l'ouverture et à la fermeture de l'obturateur.

fréquence pilote ▪ Fréquence enregistrée sur le magnétophone de prise de son pouvant être relue au repiquage sur une bande magnétique perforée afin de synchroniser la bande image et la bande son enregistrées au tournage (*pilot frequency, control frequency, pilotone*).

fréquentation ▪ Indice du nombre de spectateurs fréquentant les salles de cinéma (*frequenting*). La fréquentation est établie à partir de statistiques indiquant le nombre de fois que les gens vont au cinéma.

Fresnel ▪ Projecteur dont la lentille utilisée est une lentille de Fresnel (ARG. *ace*). ▷ **Cremer, spot.**

friandise ▪ Gourmandise salée ou sucrée vendue dans une salle de cinéma, à l'entrée, au comptoir ou par des ouvreuses entre deux séances (*candy*). En Amérique, la vente de friandises rapporte souvent l'essentiel des recettes de la salle. ▷ **esquimau, pop-corn.**

friture ▪ [1] Bruits parasites continus qui se produisent à l'audition du son lors de sa lecture (*frying noise*). ▪ [2] Grésillement produit par un projecteur à lampe à arc (*frying noise*).

froid ADJ. ▪ Caractéristique d'une couleur riche en radiations bleues (*cold*). ◇ CONTR. chaud.

f-stop ▪ Mesure du calcul de l'ouverture photométrique de l'objectif ou du diaphragme de la caméra permettant de contrôler la quantité de lumière admise (*f-stop*). Cette mesure, appelée « ouverture relative », est obtenue en divisant la distance focale d'une lentille (une lentille de 50 mm, par exemple) par son diamètre effectif (qui est de 25 mm) ; le f-stop de la lentille sera alors f :2. ▷ **t-stop.**

FSI ▪ Sigle de fournisseur de services Internet.

FT ▪ Abréviation de fausse teinte.

Fujicolor ▪ Marque de commerce de la pellicule couleur de la firme japonaise Fuji mise en marché en 1955. Le Fujicolor est un film monopack, soustractif et trichrome, fabriqué sous différents formats.

furetage ▪ En informatique, exploration faite au hasard ou non autorisée d'un ensemble de données stockées en mémoire, dans le but de trouver des informations qui peuvent ne pas être connues au départ (*browsing*). ◇ VOISIN navigation. ▷ **surfer.**

fusible ▪ Dispositif d'interruption d'un circuit électrique lorsque celui-ci est surchargé (*fuse*). Les fusibles sont classés selon la valeur des ampères.

fusil photographique ▪ Appareil mis au point en 1882 par le Français Étienne

Jules Marey pour étudier la marche de l'homme et le vol des oiseaux (*gunlike camera*). L'objectif de l'appareil est réglé dans le canon du fusil; la culasse contient un rouage d'horlogerie auquel est vissé un viseur. Le fusil photographique est maniable, rapide et précis; en pressant sur la détente, le rouage fait 12 tours à la seconde et déclenche l'entrée de la lumière grâce à un disque percé de 12 fenêtres. Il est l'un des ancêtres de l'appareil de prise de vues. ◊ SYN. revolver photographique. ▷ **Chronophotographe.**

futurisme ■ Mouvement artistique italien d'avant-garde du début du siècle exaltant le développement de la technologie, de la machine et de l'industrie (*Futurism*). Son initiateur est le poète Filipo Marinetti. On y compte peu de films, conçus alors comme « symphonies polyexpressives ». *Vita futurista* de Ginna (1915) et *Perfido Incanto* de Giulio Bragaglia (1916) sont deux œuvres emblématiques du futurisme.

F/X ■ ANGL. Abréviation pour effets spéciaux.

gag ANGLIC. ▪ Mot qui signifie « blague ». Effet comique rapide et burlesque (*gag*). Un effet comique à répétition est appelé « gag à répétition » (*running gag*). Le cinéma comique muet est fertile en gags. ▷ **gagman.**

gag ANGL. ▪ [1] Effet spécial mécanique dans une scène, comme une collision ou l'explosion d'une voiture. ▪ [2] Performance particulière d'un cascadeur.

gagman ANGLIC. ▪ Personne qui conçoit des gags.

galet ▪ Tambour roulant sur lequel prend appui la pellicule dans son cheminement dans le projecteur (*roller*). On distingue le galet libre (*idle roller*), qui tourne librement sur son axe, et le galet denté (*sprocket wheel*), qui assure l'avancement continu ou discontinu du film.

galet de guidage ▷ **cheville de guidage.**

galette ▪ Bobine de film enroulée sur un noyau et qui n'est pas retenue par des flasques (*roll*).

galvanomètre ▪ Instrument permettant de mesurer les courants électriques de faible intensité (*galvanometer*). L'information que fournit le galvanomètre est transmise en lux.

gamelle ARG. ▪ Projecteur de forme arrondie utilisé pour les tournages. Synonyme argotique : casserole.

gamma ▪ [1] Unité de mesure du facteur de contraste de l'émulsion d'un film (*gamma*). On parle alors de facteur de contraste gamma. ▷ **correcteur du gamma.** ▪ [2] ▷ **charte, lily.**

Gaspacolor ▪ Marque de commerce d'un procédé soustractif de tirage de pellicule couleur breveté en 1932 par le chimiste hongrois Béla Gaspar. Le Gaspacolor ne sera pratiquement employé que pour le cinéma d'animation.

gâteau ARG. ▪ Débris d'émulsion, particules qui se déposent dans le couloir du projecteur. ◊ SYN. dépôt.

gauche caméra ▪ Tout ce qui correspond à la gauche du champ couvert par la caméra. ◊ CONTR. droite caméra.

gaufrage ▷ **film gaufré.**

Gaumont ▪ Forme abrégée de Société Gaumont.

Gaumontcolor ▷ **Chronochrome.**

Gaumont-Petersen-Poulsen [GPP] ▪ Procédé de cinéma sonore issu des travaux des Danois Axel Petersen et Arnold Poulsen, qui utilise une piste sonore séparée occupant toute la longueur d'un film 35 mm et défilant en synchronisme avec la bande image. Le procédé, également appelé cinéphone, est lancé en 1928 pour être ensuite abandonné rapidement.

gélatine ▪ [1] Substance chimique utilisée dans la fabrication de la pellicule et des filtres (*gelatin*). ▪ [2] Par extension, filtre.

gélatine pour fenêtre ▷ filtre pour vitre.

gel d'image ▪ Trucage optique consistant à multiplier un photogramme isolé dans un plan en mouvement (*freeze frame*). Le gel d'image ponctue une scène et lui donne une emphase dramatique. Dans *Les quatre cents coups* (1959) de François Truffaut, le dernier plan d'Antoine Doinel courant vers la mer est un gel d'image. ◊ SYN. arrêt sur image, image gelée, plan arrêté.

geler ▪ Immobiliser une image en mouvement (*freeze*). Le réalisateur peut geler une image pour un effet dramatique. En vidéo, l'utilisateur peut immobiliser une trame; l'image est alors gelée à 1/30 de seconde en NTSC et à 1/20 de seconde en PAL et SECAM.

gendaï-geki JAP. ▪ Genre cinématographique japonais racontant une histoire se déroulant à l'époque contemporaine, soit à partir de l'époque Taisho en 1912. Les films de Kenji Mizoguchi, comme *Les musiciens de Gion* (1953) et *La rue de la honte* (1954), sont des *gendaï-geki*. Il s'écrit aussi: *gendaï-mono*. ◊ CONTR. *jidaï-geki*.

gendaï-mono ▷ *gendaï-geki*.

générateur ▷ groupe électrogène.

génération (1) ▪ Tirage des copies (*generation*). On distingue la copie de première génération pour une copie tirée d'un négatif original et les copies de deuxième, de troisième, de quatrième génération, etc., pour la copie obtenue d'une génération précédente.

génération (2) ▪ Dans l'histoire du cinéma de la République populaire de Chine, classement récent de groupes de cinéastes qui marquent un renouvellement du cinéma chinois tant dans ses thèmes que ses formes (*generation*). On situe le début de la première génération en 1899, celui de la deuxième en 1913, celui de la troisième en 1947 et celui de la quatrième en 1955. Une pré-cinquième génération s'annonce en 1979, avec Cen Fan (*La véritable histoire de Ah Q*, 1979), mais la cinquième génération émerge véritablement en 1984 autour de l'Université de cinéma de Pékin et s'écarte des méthodes cinématographiques traditionnelles par une approche plus libre et moins commerciale des sujets; on dit que *Terre jaune* (1984) de Chen Kaige, et dont la photographie est assurée par Zhang Yimou, est le film qui marque l'arrivée de cette génération; cette œuvre est brillamment accueillie sur la scène cinématographique internationale. Les autres cinéastes connus de cette génération sont Zhang Yimou (*Le sorgho rouge*, 1987; *Ju Dou*, 1990; *Épouses et concubines*, 1991; *Qiu Ju, une femme chinoise*, 1992) et Tian Zhuangzhuang (*Le voleur de chevaux*, 1985; *Le cerf-volant bleu*, 1993). La sixième génération regroupe les cinéastes apparaissant après les événements de la place Tiananmen, en 1989; ceux-ci tournent leurs premiers films dans la clandestinité, dans des grandes villes et avec peu de moyens financiers et techniques et, plus tard, avec une caméra vidéo; quoique pas forcément engagées, leurs œuvres montrent une vie urbaine marquée par l'individualisme, la vacuité et l'absence du politique; ses réalisateurs sont Wang Xiaoshuai (*So close to paradise,* 1998; *La bicyclette de Pékin,* 2002), Zhang Yuan (*Les bâtards de Pékin,* 1993; *Palais du levant, palais du couchant,* 1996, interdit en Chine; *Green Tea,* 2003) et Lou Ye (*Suzhou River,* 2000). On classe indifféremment dans la sixième ou dans la post-sixième génération Jia Zhang-ke (*Xiao Wu, artisan pickpocket,* 1997; *Platform,* 2000; *Plaisirs inconnus,* 2001; *The World,* 2004, et *Still Life,* 2006). Les cinéastes des générations récentes ont une carrière internationale et ils peuvent tourner leurs films avec des producteurs étrangers. On dit qu'une septième génération naît après 2005.

générique ■ Partie située au début et/ou à la fin du film donnant le nom des collaborateurs et de leurs fonctions (*credits, credit title*). On distingue le générique de début (*open titles*) et le générique de fin (*end titles*). Le générique est la fiche d'identité du film. La hiérarchie des noms y est importante. Son aspect formel annonce le film à venir; à voir: les génériques, semblables, des films mettant en vedette l'espion James Bond et ceux de Woody Allen. Les choix typographiques et graphiques personnalisent le générique. Le dessinateur Saul Bass réalise plusieurs génériques célèbres, efficaces, dont celui, remarqué, de *Psychose* (1960) d'Alfred Hitchcock. Des cinéastes comme Clint Eastwood et Martin Scorsese ne mettent pas de générique de début à leurs films depuis les années 1990. ▷ **texte d'introduction.**

genre ■ Classement caractérisant un film (*genre*). Le genre regroupe un ensemble d'œuvres répondant pour leur contenu et pour leur forme aux mêmes règles. Ces règles sont des invariants particuliers qu'on retrouve d'un film à l'autre. Notion extensible et aléatoire, le genre possède des composantes tant culturelles que théoriques. On distingue de multiples genres cinématographiques: le western, la comédie musicale, la comédie dramatique, la comédie fantaisiste ou loufoque, la comédie satirique, la comédie sentimentale, la comédie policière, la comédie érotique, le mélodrame, le drame policier, le drame de mœurs, le drame psychologique, le drame historique, le film d'amour, le film d'aventures, le film fantastique, le film d'horreur, le film de science-fiction, le film poétique, le dessin animé, le documentaire, la chronique, le journal et le docudrame. On parle d'un film de genre. Certains genres peuvent être classés en sous-genres. ▷ **forme.**

Géode ■ Nom donné à la double sphère métallique abritant un écran sphérique de 1000 mètres carrés, à la Cité des sciences et de l'industrie de la Villette, à Paris. Le procédé de projection utilisé est celui d'Imax et d'Omnimax.

Gevacolor ■ Marque de commerce d'une pellicule couleur monopack mise au point en 1947 par la firme belge Gevaert pour le cinéma professionnel. Depuis 1964, la pellicule Gevacolor est commercialisée par Agfa-Gevaert.

Gevaert ■ [1] Firme belge, la Gevaert NV, qui fusionne en 1964 avec Agfa AG et devient le Groupe Agfa-Gevaert. ■ [2] Pellicule noir et blanc à émulsion rapide de la société Gevaert.

giallo ITAL. ■ Littéralement : jaune ; adjectif donné au roman à sensation, vendu à bas prix en Italie, dans lequel se mêlent le suspense, le fantastique et l'horreur. Équivalent italien du film d'horreur de type gothique ; ▷ **film gothique**. Les cinéastes Dario Argento, Lucio Fulci et Mario Bava, influencés par les productions de la société britannique Hammer Film, sont les grands représentants du *giallo*. Leurs films, sombres et baroques, à l'atmosphère cauchemardesque et terrifiante, sont devenus des films-culte. À voir : *Le masque du démon* (1960) et *Opération Peur* (1966) de Mario Bava, et *L'oiseau au plumage de cristal* (1969), *Le chat à neuf queues* (1971) et *Quatre mouches de velours gris* (1972) de Dario Argento. Les films du *giallo* ont souvent aux États-Unis l'étiquette de *slasher*. ▷ **parodie**.

GIF ■ Sigle de Graphics Interchange Format. En multimédia, format de fichiers d'image numérique mis au point par Compuserve en 1986. Les fichiers au format GIF sont fortement compressés. Le nombre maximal de couleurs qui y est contenu est de 256 et le nombre de nuances de couleurs est de 16 777 216. Le fichier compressé porte l'extension [.gif]. Ce type de fichier est le plus répandu sur le Web. Le format GIF est désormais du domaine public. ▷ **bitmap**, **JPEG**.

gigaoctet [Go] ■ Unité de mesure indiquant une multiplication par un milliard d'un octet (*gigaoctet*). Un gigaoctet équivaut exactement à 1 073 741 824 octets. ▷ **mégaoctet**.

Gioscope ■ Un des nombreux noms donnés au cinéma naissant.

girafe ARG. ■ Grande perche mobile, montée sur un chariot et supportant à son extrémité un microphone (*boom*). ▷ **perche**.

girl ANGL. ■ Patronyme donné aux actrices aux débuts du cinéma car elles sont anonymes, leurs noms n'apparaissant pas aux génériques. ▷ **star-système**.

glace optique ■ Plaque ajoutée à l'objectif pour amortir le bruit, dont une grande partie passe au travers des lentilles (*plane glass*). La glace optique ne doit pas absorber la lumière et doit être parfaitement plane.

glamour ANGLIC. ■ Enchantement (*glamour*). Ce mot est souvent employé en français pour désigner tout le charme, l'élégance, la magie que dégage un acteur. Le glamour est souvent lié à l'éclat de la star, à sa photogénie, à sa manière de paraître quelles que soient les conditions de prises de vues, de la qualité de la pellicule ou de l'éclairage.

glingue ARG. ■ Un clou dans l'argot des machinistes.

glycérine ■ Trialcool liquide, incolore, utilisé pour simuler les larmes au cinéma (*glycerin*).

Go ■ Abréviation de gigaoctet.

gobo ■ Plaque métallique dans laquelle est pratiquée une découpe représentant une forme géométrique reconnaissable comme un arbre, une fenêtre, une étoile, etc. (*gobo*). On installe un gobo sur un projecteur pour un effet lumineux particulier.

Godzilla ▪ Monstre animal ayant la forme d'un lézard préhistorique et semant la terreur, dans le film japonais éponyme d'Inoshiro Honda, de 1954, produit par la firme Toho. « Godzilla » est la traduction du mot japonais « Gojira », formé de « gorira » qui signifie gorille et de « kujira » qui signifie baleine. Ce monstre célèbre, incarné dans plus de 15 films, est généralement interprété par un homme, et non une marionnette ; il est revêtu d'un costume en latex. Pour lui donner une impression de lourdeur et de gigantisme, ses mouvements sont tournés au ralenti.

golden globes ▪ Récompense remise au mois de janvier de chaque année par l'Association de la presse étrangère d'Hollywood (Hollywood Foreign Press Association) aux productions cinématographiques et télévisées américaines. La première cérémonie des golden globes a lieu en 1943. En cinéma, les choix des journalistes annoncent ceux de l'Academy of Motion Picture Arts and Sciences pour les oscars, remis un mois plus tard. La récompense est symbolisée par un globe terrestre plaqué or. ▷ **lumières de Paris**.

Golden Harvest ▪ Société de production, de distribution et de diffusion de films fondée en 1970 à Hongkong par Raymond Chow et Leonard Ho Koon Cheung. Elle rivalisera avec la Shaw Brothers Studio pour occuper le terrain du cinéma chinois en Asie (à Hongkong, à Taïwan, en Malaisie et à Singapour) ; de la fin des années 1970 jusqu'au début des années 1990, elle réussit même à écraser la suprématie des frères Shaw. En 1973, elle est la première société asiatique à coproduire avec un studio américain, la Warner Bros. Elle est connue pour avoir produit les films de Jackie Chan. Son titre le plus célèbre est celui qui coiffe la trilogie réalisée par Tsui Hark, *Once Upon a Time in China* (1991, 1992 et 1993).

goldwynisme ▪ Mot inventé désignant les jeux de mots involontaires attribués au célèbre nabab hollywoodien et producteur Samuel Goldwyn, qui maîtrisera toujours très mal la langue anglaise (*Goldwynism*).

go-motion ANGL. ▪ Terme n'ayant pas d'équivalent français. Système d'animation image par image où la caméra et les modèles peuvent bouger ensemble. Le mouvement des marionnettes ou des objets, programmé électroniquement, y est plus précis et naturel. Ce système, utilisé pour la première fois en 1981 pour le film *Dragonslayer* de Matthew Robin, est perfectionné pour *Le retour du Jedi* (1983) de Richard Marquand. Cette technique, très contraignante et qui ne permet pas de retouches aux images précédemment enregistrées, a tendance à être remplacée par l'animation 3D. ▷ *stop motion*.

gonflage ▪ Procédé de laboratoire consistant à agrandir les images d'un film sur une pellicule de format supérieur (*blow-up*). Par le gonflage, on tire en 35 mm un film 16 mm. ◊ CONTR. réduction. ▷ **agrandissement**.

gonflage de gélatine ▪ Traitement en laboratoire d'un film en vue d'atténuer ses rayures (*gelatin blow-up process*). Les professionnels parlent de regonflage en sous-entendant que la gélatine s'est dégonflée entre-temps en exsudant de l'eau lors de son vieillissement.

gonfler ■ Agrandir une image par gonflage (*blow up*).

gonzo porn ANGL., É.-U. ■ Terme n'ayant pas d'équivalent français. Film pornographique réalisé et produit par des amateurs. Le *gonzo porn* se caractérise généralement par son aspect bizarre et son ton loufoque, son absence de scénario, de dialogues, de décors et de costumes. Il est rendu possible par l'arrivée de la caméra vidéo comme la DV. L'industrie du sex-shop s'est mise à l'heure du *gonzo porn* en offrant des accessoires pour son tournage (lingerie, godemichés, fouets et chaînes) mais aussi en louant des services de tournage et de production, en particulier dans des lieux de villégiatures au bord de la mer (hôtels chic, châteaux). Des sites Web comme X-Tube, fonctionnant sur le modèle de YouTube, et Dailymotion sont destinés à recevoir ce genre de films.

Google ■ Moteur de recherche qui a pour particularité d'afficher en premier les pages Web considérées les plus « populaires ». Le nom Google est un jeu de mot sur « googol » qui signifie 10 puissance 100 (1 suivi de 100 zéros) et évoque l'immense quantité d'informations disponible dans le Web. Composé de plus de 8 milliards de pages, Google est le moteur de recherche le plus complet dans le Web. Google est créé en 1998 par Larry Page et Sergey Brin, deux étudiants de l'université de Stanford, en Californie. Il occupe près de 65 % du marché de tous les moteurs de recherche. Parmi ses services, dont celui de courriel, on trouve Google Video, qui est un site de partage de vidéos, dont certaines peuvent par la suite être achetées au service Google Video Store. Les fichiers vidéo téléchargés portent l'extension [.gvi]. La société achète en 2006 un autre service de partage de vidéos, YouTube, qui garde toutefois son identité et son indépendance.

Google Video ▷ Google.

Google Video Store ▷ Google.

gore ANGLIC. ■ De l'anglais qui signifie « sang ». Mot utilisé en français pour qualifier un genre de film très violent : le film gore. Le gore se distingue par sa démesure, son absurdité et son irréalisme, que le film soit un film d'aventures ou un drame psychologique. Il défie les limites de la censure. Il peut être signé par des professionnels ou des amateurs, être un long métrage ou un court métrage. ▷ **Kensington Gore**.

Goskino ■ Du temps de l'U.R.S.S., comité d'État à la production cinématographique contrôlant la production des films de toutes les républiques soviétiques, de 1922 à 1935. Le Goskino est créé officiellement en 1922, deux ans après la nationalisation progressive de toutes les compagnies de cinéma russes, en particulier des studios sur la colline de Vorobyev (ou colline des Moineaux), à quelques kilomètres de Moscou, construits par Joseph Ermoliev et Alexandre Khanzhonkov. Le premier film à sortir de la nouvelle structure d'État est *La grève* (1924) de S.M. Eisenstein. Le Goskino suit toutes les étapes de la production, du scénario à sa diffusion. Il exerce une forte censure. Contrôlant les visas d'exploitation, il peut refuser la sortie d'un film déjà tourné. Il classe et détermine les genres de films à tourner, leur nombre de copies et les lieux de diffusion. Secrétaire général du Parti communiste soviétique depuis 1929, Joseph Staline entreprend une normalisation de l'art, qui passe par le respect absolu du réalisme socialiste et le studio est vite nettoyé de ses cinéastes trop « expérimentaux » comme Dziga Vertov ; ▷ **Ciné-œil, Fabrique de l'acteur excentrique.** Eisenstein, lui, s'expatrie aux États-Unis l'année suivante. La normalisation achevée, on rebaptise en 1935 Goskino en Mosfilm.

gouachage ▪ Dans le cinéma d'animation, étape de l'application de la gouache sur la feuille translucide (cellulo) où sont tracés les dessins (*painting*). Les cellulos s'empilant, une même couleur varie, et le gouachage devient alors très difficile.

gouache ▪ Peinture à l'eau utilisée dans le cinéma d'animation (*gouache*). En 1915, l'animateur américain Earl Hurd dépose un brevet pour l'application de la gouache sur une feuille translucide (cellulo) pour son film *Bobby Bump.*

gouacheur, euse ▪ Peintre responsable du gouachage, dans le dessin animé (*painter, colorer, opaquer*).

gouachiste RARE ▪ Gouacheur.

goya ▪ Récompense remise annuellement par l'Académie des arts et des sciences cinématographiques d'Espagne (Academia de las Artes y las Ciencias Cinematográficas de España) aux professionnels du cinéma espagnol. Son nom espagnol est *Premio Goya* (prix goya). Le goya est l'équivalent du césar français et de l'oscar américain. La cérémonie a lieu au mois de mars de chaque année. Le prix est remis la première fois en 1986 à *El viaje a ninguna parte* de Fernando Fernán Gómez.

G.P. ▪ Abréviation de gros plan.

GPP ▪ Sigle de Gaumont-Petersen-Poulsen.

grain ▪ Granules d'argent constituant la couche sensible de la pellicule et transformés au contact de la lumière (*grain*). Ces granules sont invisibles à l'œil nu. Ils doivent être répartis uniformément sur la surface de la pellicule. ◊ SYN. granulation. ▷ **grain fin, gros grain.**

grain fin ▪ [1] Dimension très petite des granules d'argent de la pellicule (*fine grain*). ▷ **gros grain.** ▪ [2] Positif (*fine grain master*). ◊ SYN. copie lavande, copie marron.

Gramercy Pictures ▷ **PolyGram Filmed Entertainment.**

grammaire cinématographique, grammaire du cinéma ▪ [1] Tous les éléments du film constitués comme une langue, avec leurs structures et leurs règles (*grammar of cinema*). La grammaire cinématographique suppose une équivalence entre une syntaxe de l'écrit et une syntaxe cinématographique. Les plans et le montage (les raccords, les coupes, les fondus, etc.) sont les éléments constitutifs de cette grammaire. ▷ **cinème.** ▪ [2] Ouvrage théorique visant à décrire le cinéma comme langage, en référence aux langues naturelles.

grammaire du cinéma ▷ grammaire cinématographique.

gramophone ■ Appareil de reproduction du son enregistré sur disque mis au point par l'Allemand Émile Berliner en 1889, qui supplantera le phonographe de Thomas Edison (*gramophone*). Berliner invente en 1887 le support de l'enregistrement sonore, le disque. Le gramophone est constitué de trois éléments qui sont restés permanents : le plateau tournant, le bras avec sa tête de lecture et un dispositif d'amplification. ◊ SYN. phonographe à disques.

grand angle ■ Objectif pour un cadrage vaste de l'image (*wide angle lens*). Le grand angle déforme les objets filmés au premier plan. La focale d'un grand angle est inférieure à 20 mm en format standard 35 mm, et à 12 mm en format 16 mm. ◊ VAR. grand angulaire. ◊ SYN. grand angle. ▷ œil-de-poisson, Omnimax.

grand angulaire ■ Variante de grand angle.

grand écran ■ Cinéma (*big screen*). On distingue le grand écran (le cinéma) et le petit écran (la télévision).

grand ensemble ■ Forme abrégée de plan de grand ensemble.

grande ouverture ■ Ouverture maximum du diaphragme de l'objectif (*full aperture*). ◊ SYN. pleine ouverture.

grande syntagmatique ■ Locution théorique créée par Christian Metz sur le modèle de la linguistique structurale du récit, qui désigne l'ensemble des grandes figures de montage repérables dans un film narratif classique et ayant trait à la bande image (*large syntagmatic*). La grande syntagmatique regroupe les segments autonomes (ou syntagmes) d'un film, comme le plan-séquence, l'insert, la scène, le raccord, l'ellipse, etc. Il existe huit types de syntagmatique : le syntagme autonome (plan unique) ; ce dernier s'oppose aux syntagmes composés de plusieurs plans, soit les syntagmes parallèles (ou a-chronologiques), les syntagmes accolés (ou chronologiques), les syntagmes descriptifs, les syntagmes narratifs alternés (ou linéaires), les syntagmes narratifs divisés en scènes (sans ellipses) ou en séquences et les syntagmes ordinaires (ou par épisodes). Par la grande syntagmatique, soit que les segments du film sont unis, soit que le récit est fragmenté.

Grandeur ▷ Fox-Grandeur.

grand film ■ Œuvre importante, chef-d'œuvre. ▷ classique.

granulation ■ Structure microscopique que prennent les granules d'argent sur une image photographique ou cinématographique (*graininess*). La granulation dépend de quatre facteurs : de l'émulsion, de l'exposition (sous-exposition ou surexposition), du format du film et du développement. ▷ grain.

granularité ■ Apparence physique d'une image (*granularity*). La granularité dépend de la structure granulaire de l'émulsion. Plus les granules sont microscopiques, plus faible sera la granularité.

granulométrie ■ Mesure de l'importance visuelle de la granulation (*granulometry*). ▷ grain.

graphique ■ En informatique, présentation d'éléments visuels composant un site Web, qui a sa propre cohérence graphique et son identité visuelle dans le but de faciliter la navigation et la lisibilité de ses pages en continu (*graphic*).

graphique pixelisé ▷ bitmap.

graphite ■ Variété de carbone cristallisé constituant les électrodes dans les arcs à charbon des projecteurs (*graphite*).

gratuité ■ [1] ▷ **logiciel**. ■ [2] Distribution d'un film dans Internet sans en payer les droits d'acquisition. Peu courante, la gratuité est parfois offerte par des groupes ou des cinéastes pour pouvoir diffuser leurs films faute de trouver un distributeur. Ainsi, Ra'up McGee choisit de diffuser gratuitement en France son premier long métrage de fiction *Autumn* (2006) sur Google Video France. ▷ **Dailymotion, piratage, YouTube**.

Grasshopper ■ Grue de type Louma fabriquée de matériaux composites qui la rendent plus légère. ▷ **bras Python, Cams, Orionchrane**.

G-rated ■ G pour *general audience*. Classement aux États-Unis d'un film pour tout public, sans aucune restriction d'âge.

griffe ■ Pointe métallique qui pénètre les perforations du film (*claw, pin*). Employée dans les caméras et les projecteurs, la griffe entraîne le film d'un pas, ou de deux pas dans certaines caméras, pendant la fermeture de l'obturateur, puis s'éloigne pour remonter à sa position initiale pendant l'ouverture de l'obturateur. ◊ voisin griffe d'entraînement.

griffe de fixité ▷ contre-griffe.

griffe d'entraînement ■ Griffe ressemblant à un bec d'oiseau ou à une griffe de chat qui pénètre les perforations du film pour le faire avancer dans la caméra et le projecteur (*pull-down claw*). On trouve la griffe d'entraînement dans les caméras professionnelles 35 mm et certains projecteurs. ◊ voisin griffe.

gril ■ Sur les petits plateaux, châssis métallique fait de tubulures servant à accrocher les projecteurs (*grid*). Le gril remplace les passerelles dont la structure est plus imposante.

gros calibre ■ Une des traductions françaises proposées de *blockbuster*. ◊ syn. rouleau compresseur. ▷ **locomotive, superproduction**.

gros grain ■ Dimension très large des granules d'argent de la pellicule (*large grain*). Le gros grain a un aspect très visible à l'écran, particulièrement dans un film gonflé. ▷ **grain fin**.

gros plan ■ Plan cadrant un visage, une partie du corps d'un personnage ou un objet (*close shot, close-up*). En rapprochant le sujet ou l'objet, le gros plan force l'attention du spectateur, attire son regard sur l'attitude, l'émotion ou la réaction du personnage. Dans *La passion de Jeanne d'Arc* (1928) de Carl Dreyer, la multiplication des gros plans fouille les regards des personnages et donne au film une force et une vérité uniques. Pour un gros plan d'objet, on emploie plutôt le terme « plan serré ». ▷ **insert, très gros plan**.

grosse blague ▷ *slapstick*.

grosseur de plan ▷ échelle de plan.

groupage ■ Opération consistant à rassembler toutes les prises sélectionnées lors du tournage, dans l'ordre de leur numéro. Les prises sont montées sur deux bobines en son synchrone; elles constituent alors les rushes. ◊ syn. regroupage.

groupe FAM. ■ Forme abrégée de groupe électrogène.

Groupe Canal + [Canal +] ■ Société française de télévision à péage distribuée par voie hertzienne. Créée en 1984, Canal + appartient au groupe Vivendi. Il participe à la production de films français et européens sous la forme d'avances en préachats. Ses filiales dans les autres pays pratiquent la même politique. Le Groupe possède, outre la chaîne Canal +, la chaîne d'infos en continu I-Télé, la chaîne de sport Sport + ainsi que NBA +, la chaîne du basket-ball américain. Soit comme actionnaire principal, soit comme actionnaire secondaire, le groupe contrôle aussi Multi Thémathiques depuis son accord de dénouement de leurs participations croisées avec Lagardère Active ; MultiThématiques est l'éditeur des chaînes thématiques de CanalSat que sont les sept chaînes CinéCinéma (Premier, Frisson, Famiz, Émotion, Auteur, Classic et Info), les quatre chaînes Planète (Planète, Planète Choc, Planète Thalassa et Ma Planète), Cuisine. TV, Jimmy (ex-Canal Jimmy), Comédie !, Seasons et Pink TV. Certaines sont opérées à l'international. Également contrôlé par le groupe, Média Overseas est l'opérateur de Canal + et CanalSat dans les DOM-TOM (Antilles, Calédonie, Guyane, Polynésie et Réunion) ainsi qu'à l'international (Australie, Madagascar, Maurice, Pologne et Vanuatu, et une partie du continent africain). Le groupe est actionnaire de Studio Canal, société participant directement à la production de film et exploitant l'un des plus grands catalogues de films au monde. Enfin, il détient Canal + Active, éditeur de la chaîne et du site Web français de vidéo à la demande (VOD), Canal Play. Affiliée aux États-Unis à Time Warner Inc., la société acquiert en 1996 le catalogue de 26 films produits par la maison Carolco (*Basic Instinct, Total Recall, Terminator 1* et 2, etc.). Elle a 20 % de parts dans la mini-Major française MK2 qui a dans son catalogue plus de 200 films. Son siège social est situé à Issy-les-Moulineaux, en région parisienne. ▷ **TPS**.

Groupe Dziga-Vertov ■ Groupe de production et de diffusion de films créé en 1968 par Jean-Luc Godard et des militants maoïstes français. On trouve dans ce groupe Jean-Henri Roger avec lequel Godard tourne *British Sounds* (1969) et *Pravda* (1969), et Jean-Pierre Gorin qui signe avec Godard *Vent d'Est* (1969), *Vladimir et Rosa* (1970) et *Tout va bien* (1972), entre autres. Les films sont surtout présentés dans les universités. Le groupe veut promouvoir un cinéma politique et militant au service de la lutte prolétarienne. L'appellation vient du cinéaste soviétique Dziga Vertov qui crée le Ciné-œil, théorie et méthode de travail dans l'enregistrement de la matière brute, sans aucun souci de fiction et d'organisation par le montage. Il faut dire que les cinéastes du groupe suivent peu les préceptes de Vertov. Le groupe disparaît en 1972.

groupe électrogène ■ Ensemble formé par un moteur et une dynamo ou un alternateur pour la production de courant électrique, utilisé sur un lieu de tournage (*generator*). Le groupe électrogène peut être constitué de plusieurs générateurs.

Groupe MK2 [MK2] ▪ Société française fondée à Paris en 1974 par le cinéaste Marin Karmitz. Le Groupe MK2 commence ses activités par la création d'un complexe de salles, le 14 Juillet Bastille, auquel s'ajoutent, entre 1976 et 1996, 6 autres «14 Juillet»; en 2005, elle se trouve à la tête de 64 salles. Dans les années 1990, la société élargit ses activités à la distribution, puis, très rapidement, à la production. Elle produit, avec des partenaires étrangers, des longs métrages du monde entier, entre autres, ceux du Roumain Lucien Pintilie, de l'Iranien Abbas Kiarostami, du Mexicain Arturo Ripstein et du Taïwanais Hou Hsiao-hsien. Depuis 1985, MK2 produit presque tous les films de Claude Chabrol. En 1996, le groupe étend ses activités à la production et à l'édition de nouveaux formats de chaînes de télévision numériques par satellite. Elle édite environ 100 DVD par année, et possède toute l'édition des œuvres de Charles Chaplin.

groupiste ▪ Machiniste responsable du groupe électrogène (*generator man*).

grue ▪ Chariot mobile auquel est fixé un grand bras articulé au bout duquel se trouve une plateforme où prennent place les techniciens (le chef opérateur, l'assistant caméraman ou le pointeur, et, parfois, le réalisateur) (*crane*, ARG. *cherry picker*, *whirly*). La grue facilite le déplacement vertical de la caméra et des techniciens et peut s'élever jusqu'à 18 mètres de hauteur. Elle est utilisée pour filmer les plans de foule et les paysages. En 1929, on fait la mise au point de la première grue pour le film de Paul Fejos, *Broadway*. Parmi les différentes grues sur le marché, on distingue la dolly, qui est une petite grue, la Sam-Mighty, une très grande grue, et la Louma, une grue contrôlable à distance. ▷ **bras Python, Grasshopper, Orionchrane**.

grue-camion ▪ Grue installée sur un camion qui permet d'exécuter un mouvement de changement de hauteur en même temps qu'un travelling. La grue-camion a une stabilité renforcée, une plus grande ampleur qu'une grue classique et un débattement supérieur à une grue ordinaire. Elle est largement utilisée aux États-Unis et en Grande-Bretagne.

grutiers PLUR. ▪ Personnel responsable de l'installation et de la manipulation de la grue (*crane crew*).

guerre ▷ film de guerre.

guest star ANGL. ▪ Terme signifiant «vedette invitée», abondamment usité en français. Interprète célèbre jouant un petit rôle dans un film afin de le valoriser. ▷ **apparition, camée**.

gueules d'atmosphère PLUR. ▪ Comédiens jouant dans les films français entre 1930 et 1960. Venus principalement du théâtre (de la Comédie française aux théâtres de variétés des grands boulevards parisiens), ils marquent le cinéma français par leur voix, que des textes brillants servent pleinement. Parmi les gueules d'atmosphère célèbres, citons les noms d'Arletty, Jules Berry, Pauline Carton, Danielle Darrieux, Pierre Fresnay, Jean Gabin, Louis Jouvet, Michèle Morgan,

Gaby Morlay, Viviane Romance et Madeleine Robinson. ▷ **film d'atmosphère.**

gueuze ARG. ▪ Chez les machinistes, pièce en fonte servant à caler le support d'une caméra, le pied d'un projecteur, la coulisse d'un décor, etc. (*stage weight*).

guipage ▪ Revêtement autour d'un conducteur pour en assurer l'isolement électrique.

GVI ▪ Pour Google Video File. Extension d'un fichier enregistré à partir du site Google Video.

gyroscope ▪ Appareil facilitant sur son axe une rotation de la caméra douce, stable, rapide, mais bruyante (*gyroscope*). Le gyroscope est utilisé sur les caméras pour stabiliser leurs mouvements. ▷ **tête gyroscopique.**

habillage ■ Ensemble des signes sonores et visuels identifiant une chaîne de télévision, un programme ou un produit multimédia (*broadcast design*). L'habillage permet de donner un style facilement mémorisable.

habilleuse ■ Personne qui aide les interprètes à s'habiller (*dresser*). L'habilleuse entretient les costumes en les nettoyant et en les réparant. Elle travaille étroitement avec le chef costumier.

halo de diffusion ■ Effet créé par la dispersion de la lumière, notamment sur l'émulsion des films rapides (*irradiation*). ◊ SYN. halo d'irradiation.

halo de réflexion ■ Effet indésirable créé par la diffusion de la lumière autour d'un sujet ou d'un objet (*halation*). Le halo de réflexion est causé par les rayons incidents qui, après avoir impressionné l'émulsion, la traversent et sont réfléchis sur les faces interne et externe du support ; la pellicule se trouve donc ainsi de nouveau impressionnée. ▷ **antihalo**.

halo d'irradiation ▷ halo de diffusion.

halogènes PLUR. ■ Substances chimiques de la famille du chlore (brome, iode, fluor). ▷ **halogénures d'argent, halogénures métalliques**.

halogénures d'argent ■ Composés solides de bromure, d'iodure et de chlorure d'argent, constituant la couche de gélatine d'une pellicule.

halogénures métalliques ■ Composés employés dans certaines lampes, dites lampes à décharge, appelées plus familièrement lampes halogènes.

Hammer Film ■ Forme abrégée de Hammer Film Productions.

Hammer Film Productions [Hammer Film] ■ Compagnie de production britannique fondée par William Hinds et Enrique Carreras en 1934. Les deux propriétaires fondent ensuite en 1935 Exclusive Films pour la distribution de leurs films. Avant la guerre, la Hammer Film ne produit que six films, dont deux comédies. Après la Deuxième Guerre, elle s'allie à un producteur américain de série B, Robert Lippert, pour que ses films soient distribués aux États-Unis. La société produit surtout des films d'horreur de type gothique, près d'une centaine dans les années 1950 et 1960, sous l'impulsion du cinéaste Terence Fisher. La compagnie utilise pour la couleur du sang un produit brillant et uniforme, le « Kensington Gore ». Les films de la Hammer,

236

qui mettent principalement en vedette les acteurs Peter Cushing et Christopher Lee, et quoique bouleversant les codes de la censure, sont mal accueillis par la majorité des critiques; ils ont pourtant un énorme succès et donneront ses lettres de noblesse à un genre plutôt méprisé. ▷ **film gothique**, *giallo*.

Hanna-Barbera ▪ Maison de production de dessins animés fondée par William Hanna et Joseph Barbera, auteurs dans les années 1940 de la populaire série *Tom et Jerry*, qui leur vaut sept oscars. Après 1960, Hanna-Barbera produit des séries télévisées comme *Yogi l'ours*, *Scooby-Do* et *Les Pierrafeu*. Le dessin est rudimentaire et manque de charme, mais pas d'humour avec ses allusions au mode de vie contemporain. En 1991, la compagnie est achetée par Turner Broadcasting qui met ainsi la main sur plus de 300 films des séries télévisées, avant d'être achetée elle-même par Time Warner. En 1993, les deux fondateurs se retirent en ne tournant plus. L'œuvre de Hanna et Barbera ne peut être dorénavant vue que sur des chaînes dédiées uniquement aux dessins animés, comme Cartoon Network, aux États-Unis.

happy end ANGLIC. ▪ Littéralement: fin heureuse. Résolution des problèmes à la fin du film (*happy ending*). Un happy end correspond à une conclusion optimiste.

hard ARG. ▪ Hardcore.

hardcore ANGLIC. ▪ Terme signifiant «noyau dur», de plus en plus usité en français. Genre cinématographique caractérisant le film pornographique. Le hardcore montre l'acte sexuel. Le genre apparaît en Amérique dans les années 1960,

puis est diffusé en Europe dans les années 1970. Le marché de la vidéocassette le rendra disponible facilement dans les années 1980 et l'Internet dans les années 2000. ◊ CONTR. softcore.

harder N., ARG. ▪ Interprète dans la production pornographique pour film et Internet.

hardware ANGLIC. ▪ Matériel utilisé en informatique: l'ordinateur, le clavier, les câbles, les cartes, la souris, les modems, les supports de disques, l'imprimante, le scanner et les graveurs de CD et de DVD. Le hardware fait maintenant partie intégrante des moyens de production cinématographique. ◊ SYN. matériel, quincaillerie. ◊ CONTR. software. ▷ **animation**, *key animation*, **effets spéciaux, logiciel**.

harnais ▪ Système d'attache reliant la caméra à l'opérateur, destiné à assurer la stabilité de l'image (*body mount*). ▷ **Steadicam**.

Harvey Scissorhands ▪ Surnom donné au producteur de films indépendants Harvey Weinstein, de Miramax, reconnu pour ses interventions nombreuses et sévères sur le scénario et le montage. Ce surnom vient du personnage du film de Tim Burton, *Edward Scissorhands* (*Edward aux mains d'argent,* 1990); la prothèse des mains d'Edward prend la forme de multiples ciseaux.

has-been ANGL. ▪ Forme abrégée de *one who has been*, qui signifie «quelqu'un qui est fini». Personne, le plus souvent un acteur, dont le nom a disparu des affiches de cinéma ou qui n'interprète plus que de petits rôles après des années de gloire. ◊ SYN. ex-vedette.

haut contraste ■ Contraste marqué (*high contrast*). Le haut contraste délimite précisément dans l'image les zones sombres et les zones claires. ▷ **surexposé.**

haute définition ■ Technique améliorant la qualité de l'image télévisée grâce à un nombre élevé de pixels (*high definition*). La définition de l'image haute définition est supérieure aux standards en vigueur. Cette image, qui doit compter plus de 1000 lignes, a un rapport 16/9. La haute définition nécessitant de grands volumes d'informations, on doit, en technique numérique, découper et compresser les fichiers correspondant à ces informations. ▷ **2 K, 4 K, télévision haute définition.**

haute-fidélité ■ Système enregistrant et reproduisant les sons de façon idéale (*high fidelity*). Pour un système haute-fidélité, le son reproduit doit ressembler suffisamment au son original. ▷ **stéréophonie.**

hauteur ■ En audiovisuel, caractéristique d'un son correspondant à sa perception (*loudness*). La hauteur est une notion subjective car elle est une caractéristique psycho-acoustique ; ainsi, un son bref et un son lent peuvent avoir la même hauteur, mais leur hauteur sera perçue différemment par l'auditeur.

haut-parleur ■ Appareil destiné à la reproduction du son à partir d'un signal électrique (*loudspeaker, speaker*). Le haut-parleur fonctionne ainsi : *a)* un moteur transforme l'énergie électrique en énergie mécanique ; *b)* ce moteur transmet cette énergie mécanique à la membrane ; et *c)* la membrane transmet l'énergie mécanique à l'air ambiant, d'où le son ;

▷ **baffle, enceinte.** Le haut-parleur se distingue par sa spécialisation dans les fréquences : basses, moyennes et hautes. On distingue le haut-parleur ionique, le haut-parleur électrodynamique (qui couvre plus de 90 % du marché), le haut-parleur isodynamique, le haut-parleur électrostatique, le haut-parleur piézoélectrique et le haut-parleur à plasma. Source sonore, le haut-parleur est rarement unique : une bonne diffusion du son suppose la présence de plusieurs haut-parleurs. Dans les salles de cinéma modernes, équipées en stéréophonie, la multiplication des sources de son est primordiale ; on emploie alors le terme « haut-parleurs d'ambiance » ; ▷ *surround*, THX. Au cinéma, on a recours au haut-parleur à chambre de compression à cause de son rendement.

haut-parleur à chambre de compression ■ Haut-parleur utilisé au cinéma pour restituer les sons aigus (*compression driver*). C'est un haut-parleur à membrane mais où la membrane excite l'air d'une petite « chambre » placée à l'embouchure d'un pavillon (appelé « trompe »), ce qui améliore nettement le rendement sonore. Encombrant, cet appareil et sa trompe sont implantés au-dessus de l'enceinte, le tout placé derrière l'écran.

haut-parleurs d'ambiance PLUR. ▷ **haut-parleur.**

haut-parleur témoin ■ Haut-parleur se trouvant dans la cabine d'enregistrement du son (*monitor loudspeaker*). Le haut-parleur témoin permet d'entendre le son ambiant du plateau.

Hays Code ▷ code Hays.

HBO ■ Sigle du Home Box Office.

HDTV ■ Sigle de *high definition television*. ▷ **haute définition, télévision haute définition.**

Heimlich film AMÉRIC. ■ Du mot allemand *heimlich* qui signifie « tranquille », « paisible ». Catégorie récente créée aux États-Unis pour désigner un genre cinématographique qui présente une réalité amène, nostalgique, ayant généralement pour thème la famille. Parmi les cinéastes du genre, citons Barry Levinson, Garry Marshall, Penny Marshall et Rob Reiner.

Hélivision ■ Marque de commerce d'un dispositif français pour la prise de vues en hélicoptère. Il supprime les vibrations et laisse une grande liberté de mouvement. Il est mis au point par un spécialiste des gyroscopes de la marine française à la suite des demandes d'Albert Lamorisse pour résoudre le problème du vol d'un enfant accroché à un ballon dans *Le ballon rouge* (1956). Depuis, le dispositif s'est perfectionné et peut faire de longs travellings en passant d'un plan d'ensemble à un gros plan grâce à son zoom électronique incorporé.

hémisphérique ▷ **écran hémisphérique.**

hémoglobine ■ Produit utilisé pour simuler les blessures et le sang dans une scène (*haemoglobin*). Ce mot est employé très souvent dans un sens péjoratif. ▷ **Kensington Gore.**

Henry ■ Marque de commerce d'un appareil de montage vidéo de la société Quantel.

hentai JAP. ■ Mot qui signifie « anormalité », « perversion ». Genre qui désigne en Occident tout à la fois les *manga* (qui sont des bandes dessinées) et des *anime* (qui sont des dessins animés) à caractère pornographique. Le *hentai* apparaît en 1984 avec l'animation produite directement en vidéo ; ▷ **v-cinéma**. Il décrit généralement des relations hétérosexuelles, rarement homosexuelles, et les hommes qui y sont alors dessinés ont un physique jeune et des manières efféminées. Le *hentai* met plus précisément en scène des relations de pouvoir entre l'homme et la femme.

héros, héroïne ■ Personnage jouant dans un film et attirant généralement la sympathie du spectateur (*hero, heroine*). Le héros possède des vertus traditionnellement glorifiées par la nation : la beauté, le courage, l'humilité, le désintéressement, entre autres. Le héros incarne le bon citoyen et l'héroïne, la femme idéale. Il tire son origine de la littérature, de la légende ou de l'histoire : il doit être un personnage simple, fort et invincible. Son caractère change selon les cultures et les époques. Son succès passe les frontières et se répand sur presque tous les continents. Certains héros se confondent avec les acteurs qui les interprètent : Lemmy Caution avec Eddie Constantine, James Bond avec Sean Connery, Rambo avec Sylvester Stallone. ◊ CONTR. antihéros.

herse ■ Instrument d'une table de montage permettant le déroulement parallèle de plusieurs bandes de film (*horse*). ◊ SYN. lyre.

hertz [Hz] ■ Du nom du physicien allemand Heinrich Hertz, unité de mesure en secondes des fréquences sonores (*hertz*).

heures d'écoute maximale PLUR. ▷ **prime time.**

239

Hewlett-Packard ■ Société fondée en 1939 par Bill Hewlett et Dave Packard. Le premier produit de la société, construit dans un garage de Palo Alto, est un oscillateur audio; il s'agit d'un instrument de test électronique destiné aux ingénieurs du son. L'un des premiers clients de Hewlett-Packard est Walt Disney, qui fait l'acquisition de huit oscillateurs afin de tester un système de son novateur pour *Fantasia* (1940). La société est connue de nos jours pour ses produits en informatique (ordinateurs, imprimantes, logiciels, pilotes, gestion de systèmes). Elle se fusionne en 2002 à Compaq Computer Corporation.

high key ANGLIC. ■ Éclairage d'une scène où dominent les lumières de base (*high key*). Ce style photographique donne une lumière très claire. On emploie généralement le high key pour les comédies. ◊ CONTR. low key.

Hi8 ■ Format vidéographique d'enregistrement analogique des images et des sons mis au point par Sony pour succéder au format Video8 et lancé en 1989 pour le grand public. Ses cassettes métalliques sont de 8 millimètres de large et d'une durée de 90 minutes, avec une définition de 400 points par ligne. Il est le meilleur standard d'enregistrement analogique. Lui succède en numérique le Digital8 en 1999. C'est avec un caméscope Hi8 qu'Alain Cavalier tourne *La rencontre* (1996).

histoire ■ Récit ou suite d'événements dans un film (*story*). L'histoire correspond à l'intrigue, à la narration, au sujet d'un film. ◊ SYN. fiction. ◊ VOISIN intrigue.

Hitchbook ANGL. ■ Nom que François Truffaut donne à son livre sur Alfred Hitchcock, *Le cinéma selon Hitchcock* (première édition: 1966).

hitchcocko-hawksiens (les) PLUR. ■ Surnom donné par le critique André Bazin en 1955 aux jeunes critiques des *Cahiers du cinéma*, entre autres, à Charles Bitsch, Claude Chabrol, Jean-Luc Godard, François Truffaut, Jacques Rivette et Éric Rohmer, dont les préférences vont à Alfred Hitchcock et Howard Hawks; ces critiques défendent inconditionnellement ces metteurs en scène, emblématiques pour eux de la « Politique des auteurs ».

HMI ■ Abréviation de lampe HMI.

Hollyrom NÉOL. ■ Mot-valise formé de « Hollywood » et de « CD-ROM ». Collaboration de plus en plus étroite entre l'industrie du cinéma américain et les entreprises du multimédia et du jeu vidéo. ▷ **Siliwood**.

Hollywood ■ Banlieue nord-ouest de la ville de Los Angeles, devenue capitale du cinéma (ARG. *film capital, Hi-wood, tinseltown*, FAM. *movie village*). Elle est d'abord habitée par la tribu des Indiens Cahuenga et Cherokee. La légende veut que son nom soit donné en 1883 par un rentier du nom de Henderson Wilcox ou par sa femme. Durant les années 1910, pour échapper aux poursuites financières, des producteurs de la Motion Picture Patents Company [MPPC] s'établissent dans cette paisible contrée alors habitée par un peu plus de 500 habitants. Les réalisateurs y trouvent un climat exceptionnel et des paysages variés de l'Ouest pour le tournage de tous les genres de films. En 1911, Nestor Studios est le premier studio de cinéma à s'installer à Hollywood. Dès 1920, 5 studios y produisent 90 % de la production filmique américaine. On y crée le star-système. Un monde amusant, fantastique, riche et unique s'y développe et en fait la capitale du rêve et de la fantaisie. Dans les années 1930 et 1940, les Majors (la Paramount, la Fox, la MGM, la Warner Bros. et la RKO) y produisent environ 600 films annuellement. Hollywood accueille avant et durant la Deuxième Guerre mondiale les cinéastes chassés par le nazisme. Les propriétaires des studios y sont rois et maîtres jusqu'en 1948 quand la Cour suprême des États-Unis oblige les Majors à renoncer à leurs salles ; ▷ **Paramount decision**. Le déclin de Hollywood s'accentue avec le maccarthysme (entre 1947 et 1952) et l'avènement de la télévision (dans les années 1950). Dans les années 1960, les grands directeurs des studios sont progressivement remplacés par des indépendants, qui possèdent encore un esprit mécène, puis par des hommes d'affaires employés par des conglomérats financiers qui tentent de contrôler tout le monde du spectacle et des communications (vidéos, jeux électroniques, disques, journaux et revues, chaînes de télévision, satellites de communication) ; ▷ **industrie des communications**. La plus célèbre avenue de Hollywood est Hollywood Boulevard qui abrite le Walk of Fame, le fameux Mann's Chinese Theater et le Kodak Theater où sont remis annuellement les oscars. Son image la plus caractéristique et la plus connue est l'immense pancarte sur le versant ouest du mont Lee, où sont inscrites les lettres géantes en majuscule de son nom : HOLLYWOOD. Hollywood demeure encore aujourd'hui un lieu mythique. ◊ SYN. Babylone, Mecque du cinéma, usine à rêves. ▷ **Bollywood**.

Hollywood Reporter (The) ▪ Quotidien nord-américain créé en 1930 par William R. Wilkerson. *The Hollywood reporter* couvre l'actualité cinématographique, et depuis 1950 celle de la télévision et, plus tard, celle de l'industrie du câble et de la vidéo. Il est l'une des deux plus importantes publications de l'industrie du film aux États-Unis, l'autre étant *Variety*. Il est diffusé dans le Web depuis 1995, et son édition électronique est extrêmement abondante en informations destinées autant aux professionnels qu'aux amateurs, et plus spécifiquement dédiés à l'industrie de l'Ouest et de l'Est des États-Unis, à celle de la Floride et à celle de l'Europe ; on y trouve même une section pour des avocats travaillant dans l'industrie. Ses bureaux sont situés sur Sunset Boulevard.

Hollywood sur Tibre ▪ Surnom donné aux studios de Cinecittà, à Rome.

Hollywood Ten ▪ Nom donné au groupe de 10 membres de l'industrie hollywoodienne qui refusent, en 1947, de répondre aux questions de la Commission parlementaire des activités antiaméricaines au nom de la liberté d'expression inscrite dans la charte des droits de la Constitution des États-Unis. Ils sont accusés d'être communistes. Refusant de témoigner, ils sont emprisonnés. Placés sur une liste noire, ils ne pourront plus tard poursuivre leur carrière; certains pourront toutefois travailler sous des noms d'emprunt. Le groupe comprend les réalisateurs Herbert Biberman et Edward Dmytryk, le producteur Adrian Scott et les scénaristes Alvah Bessie, Lester Cole, Ring Lardner Jr., John Howard Lawson, Albert Maltz, Samuel Ornitz et Dalton Trumbo. ▷ maccarthysme.

Hollywood Walk of Fame ▪ Trottoir des célébrités sur Hollywood Boulevard, à Hollywood, contenant les empreintes de pieds et de mains de 1800 vedettes du cinéma, de la radio, du théâtre et de la télévision. Les premières empreintes apposées sont celles de l'actrice Norma Talmadge. On y trouve même les empreintes de Donald Duck et celles de R2D2 et C3PO, les robots de *La guerre des étoiles* (1977) de George Lucas. ▷ **Mann's Chinese Theater.**

hologramme ▪ Image en trois dimensions [3D] sur film plastique ou sur plaque de verre, obtenue par la réflexion de rayons de lumière dite « cohérente », produite par des lasers (*hologram*). Issu de l'holographie, un procédé mis au point par le physicien Dennis Gabor en 1947, l'hologramme restitue totalement l'impression de relief. Les cinéastes et théoriciens français Claudine Eizykman et Guy Fihman travaillent depuis le début des années 1980 sur le film holographique, une adaptation à la cinématographie de la technique holographique. ▷ **cinéholographie.**

Home Box Office [HBO] ▪ Service de télévision à péage par câble et par satellite des États-Unis diffusant, produisant et coproduisant des films de court, moyen et long métrage. La rumeur veut que cette chaîne sauve le cinéma américain dans les années 1980, qui subit alors de fortes pertes causées par une baisse de fréquentation dramatique des salles. Elle a plusieurs filiales, comme Home Films, Home Comedy et Home Family. Elle est implantée dans une dizaine de pays. Sa programmation se caractérise par son audace et sa qualité. *Dream On, Les sopranos* et *Six pieds sous terre* sont, parmi ses séries, celles qui connaissent un énorme succès dans tous les pays où elles sont vendues.

Home THX Program ▷ **THX Lucasfilm Sound System.**

hommage ▪ [1] Témoignage de reconnaissance à une personnalité du cinéma, comme un acteur, un réalisateur, un chef opérateur ou un producteur (*tribute*). L'hommage est généralement organisé par un festival ou une cinémathèque, et est accompagné de projections de films. ▷ **cycle, rétrospective.** [2] Reconnaissance dans un film envers un auteur par une allusion directe ou indirecte à son œuvre. Ainsi Brian de Palma reproduit dans *Pulsions* (1980) la fameuse scène de la douche de *Psychose* (1960) d'Alfred Hitchcock et dans *Les incorruptibles* (1987) rend hommage à S.M. Eisenstein par une référence directe à la scène des escaliers d'Odessa du *Cuirassé « Potemkine ».* ▷ **allusion.**

honoraires PLUR. ▷ **cachet.**

hors compétition ▪ Se dit d'un film qui ne concourt pas pour un prix dans un festival.

hors-champ ▪ Tout ce qui demeure à l'extérieur du cadre de l'image (*off-screen*).

Tout ce qui n'apparaît pas à l'image est appelé hors-champ. Le hors-champ fait partie de la scène ou, du moins, est tout près du lieu d'action; il y est donc constitutionnellement relié. Souvent matérialisé par un son, il peut jouer un rôle narratif important, surtout dans les films d'horreur ou de terreur; voir les films d'Alfred Hitchcock. Quand un personnages sort du cadre, il disparaît alors dans le hors-champ et cela signifie qu'il continue à exister imaginairement pour le spectateur. ◊ VOISIN son off. ▷ **voix off.**

Hot d'or ■ Festival international du film pornographique qui se tient, de 1992 à 2000 durant le Festival international du film de Cannes, tout en ne lui étant pas rattaché, et depuis 2001 à Paris. Comme pour les récompenses traditionnelles du cinéma, on distingue plusieurs catégories et on remet annuellement des prix pour le meilleur acteur et la meilleure actrice français, européens et américains, pour le meilleur réalisateur européen et le meilleur réalisateur étranger, pour le meilleur scénario, le Hot d'or d'honneur, etc.

House on Un-American Activities Committee [HUAC] ▷ **Commission parlementaire des activités antiaméricaines.**

HTML ■ Langage de description de pages hypertextes sur le Web consacré à la représentation de documents qui y sont affichés. Les principes du HTML sont développés entre 1989 et 1992 dans le but de pouvoir écrire des documents hypertextes liant les ressources diverses d'Internet. Le premier document portant l'extension « HTML » est publié à l'attention du public en août 1991 par l'Américain Tim Berners-Lee lorsqu'il annonce la naissance du World Wide Web. Les quatre principes de base du langage HTML sont: *a)* décrire le but d'un élément d'une page; *b)* de lier un élément d'une page à une autre ressource située dans le Web; *c)* de décrire l'apparence que doit prendre un élément dans une page; et *d)* de servir à créer des objets précis pour les fonctionnalités d'hypertexte et de multimédia. C'est ce langage qui fait le succès d'Internet.

huangmeng diao CHIN. ■ Genre musical produit par Shaw Brothers Studio durant les années 1960. Le *huangmeng diao* est le plus souvent une adaptation d'un conte folklorique chinois, avec chansons et danses. Il raconte une histoire d'amour très souvent mélodramatique, avec beaucoup d'élans féeriques et parfois des touches comiques. Le personnage principal du film est toujours une femme, très belle, au charme dévastateur. L'action se déroule à la campagne, dans les bois. Le genre donne des films de peu de valeur. L'œuvre la plus représentative est *A Maid from Heaven* (1963) réalisé par Chan Yat San, Ho Meng Hua et Yan Jun, et sa vedette est Ivy Ling Po.

hublot de cabine ▷ **fenêtre de cabine.**

8 mm ■ Format du film amateur. La largeur de la pellicule est de 8 millimètres. Le 8 mm apparaît en 1936; c'est un film 16 mm scindé en deux parties égales. Sa production devient rapidement massive et obtient un succès populaire grâce à la qualité de son grain et à son développement rapide. Avec la couleur, le 8 mm fait fureur dans les années 1950. Il est remplacé dans les années 1980 par la vidéographie, l'arrivée du caméscope et de la caméra mini-DV. ▷ **Digital8, Hi8, Super 8, Video8.**

HUAC ▪ Sigle de House on Un-American Activities Committee.

hululement ▪ Défaut dans la reproduction du son causé par des variations périodiques dans la vitesse de défilement d'une bande sonore. Son nom vient de la ressemblance de ce défaut avec le cri particulier des oiseaux de nuit.

hybridation ▪ Dans les nouvelles technologies, action de mélanger des images issues de sources techniques différentes (*hybridization*).

hyperfocale ▪ Forme abrégée de distance hyperfocale.

Hypergonar ▪ Marque de commerce d'un dispositif d'anamorphose mis au point en 1926 par le Français Henri Chrétien. L'inventeur le propose à Hollywood en 1929, mais essuie un refus. Ayant échoué avec son format Fox-Grandeur, la Fox lui achète en 1952 l'Hypergonar pour le tournage de *La tunique*, premier film en CinémaScope. ▷ **VistaVision.**

hypermédia ▪ Ensemble des techniques reposant sur le texte et l'image, fixe ou en mouvement, dont le point commun est le rapport interactif proposé à l'utilisateur, qui peut, grâce à elles, cheminer sans contrainte linéaire (*hypermedia*). Le DVD et Internet sont la principale assise technique de l'hypermédia. ▷ **navigation.**

hypersensibilisation vx ▪ Cristaux de la couche d'émulsion devenus très sensibles après traitement effectué avant la prise de vues (*hypersensitising*). ▷ **latensification.**

hypertexte ▪ Terme inventé par l'informaticien américain Ted Nelson en 1965 (*hypertext*). L'hypertexte désigne la méthode d'organisation de l'information non plus de façon linéaire, mais par association d'idées en structurant un réseau actif de liens (ou mots-clés) entre les données. On obtient une information sous forme de texte, d'image, de graphique et de son. Il est le principe de base du CD, du DVD et du Web.

hyposulfite ▪ Agent chimique principal du bain fixateur du développement de la pellicule (*hyposulfite*). L'hyposulfite est un agent fixateur qui se dissout et élimine les halosels d'argent de l'émulsion. ◊ syn. thiosulfate de sodium.

Hz Symbole de hertz.

ICM ■ Sigle du International Creative Management.

iconique ■ [1] ADJ. Tout ce qui se rapporte à l'image, à la représentation visuelle (*iconic*). Le terme «iconique» est particulièrement employé par les théoriciens de cinéma qui tentent de définir la composition plastique ou picturale d'un film. ■ [2] SUBST. Mode de représentation de l'univers diégétique (*iconic*). Il est essentiel à la monstration. ▷ **analyse [2]**.

iconoscope ▷ télévision [1].

identification ■ [1] Jeu où l'interprète se confond avec son personnage (*identification*). ■ [2] Phénomène amenant le spectateur à s'identifier aux personnages à l'écran, particulièrement aux héros et aux héroïnes (*identification*). ▷ **distanciation**.

identification des émulsions ■ Substance fluorescente permettant de distinguer les films en triacétate de cellulose des films en nitrate de cellulose et que la firme Kodak incorpore dans son support (*emulsion checking*). Cette identification n'est pas standardisée par tous les fabricants de pellicule, certains se contentant d'inscrire un signe entre les perforations.

IDHEC ■ Acronyme de l'Institut des hautes études cinématographiques.

idole ■ Personne, un acteur ou une actrice, qui est l'objet d'une admiration passionnée. L'idole provoque chez ses admirateurs un désir évident d'amour, de tendresse et de rêve sensuel. On retrouve cette admiration chez les jeunes à l'âge de la puberté. Elle donne lieu à des rassemblements ou à des clubs, appelés fans-clubs.

ILM ■ Sigle du Industrial Light and Magic.

image ■ [1] Ce qui est imprimé sur la pellicule (*image*). L'image est la représentation visuelle d'un objet, d'une personne ou d'une scène. Elle contribue à l'action du film, participe de sa mise en scène et infléchit sa qualité visuelle. Elle est régie comme une grammaire. Plusieurs éléments, qui obéissent à des règles, entrent dans sa composition : les angles de prise de vues, les plans, les mouvements d'appareil, les trucages, les scènes, les séquences, le cadrage, les lignes, formes et volumes, et les couleurs. On peut avoir une image plate, en deux dimensions [2D] et en trois dimensions [3D]. La composition de l'image est sous la responsabilité du directeur photo et du caméraman. ▷ **anamorphose, image analogique, image aérienne, image composite, image de synthèse, image fractale, image gelée, image latente, image numérique, image virtuelle.** ▪ [2] Valeurs plastiques d'un film (*image*). ▪ [3] Reflet inversé apparaissant au foyer de l'objectif (*picture*). ▪ [4] Résultat d'un développement chimique d'une prise de vues (*image*). On distingue l'image latente, l'image révélée, l'image fixée et l'image développée. ▪ [5] En rhétorique, représentation mentale, symbole, métaphore ou vision à l'œuvre dans un film (*image*). ▷ **image-mouvement, image-temps.**

image aérienne ▪ Image enregistrée mais pas encore matérialisée sur un écran (*aerial picture*). L'image aérienne reste une image potentielle puisqu'elle n'est pas encore passée par un système optique pour être reproduite. ◊ CONTR. image réelle.

image analogique ▪ Image qui représente une analogie dans un rapport de proportion et continu avec l'objet initial capturé (*analog picture*). ◊ CONTR. image numérique.

image blanche ▷ flash.

image combinée ▷ image composite.

image composite ▪ Toute image créée avec des éléments d'origine différente grâce à des trucages et des effets spéciaux (*composite image*). *Blade Runner* (1982) de Ridley Scott compte 90 images composites fabriquées à partir de 40 éléments différents. ◊ SYN. image combinée (RARE), multiple image. ▷ **compositing.**

image d'archives ▪ [1] ▷ **plan d'archives.** ▪ [2] ▷ **caméra analytique.**

image de synthèse ▪ Image créée par ordinateur à base de calculs mathématiques (les algorithmes) définissant sa structure et sa texture sous forme de points colorés appelés pixels (*computer-generated image*). L'image de synthèse est une image numérique fabriquée par un infographiste sans introduction d'images réelles. Une variété de mouvements et de volumes dans les effets spéciaux est créée par elle. Si l'image de synthèse est conçue dans les années 1960, ce n'est que dans les années 1990 qu'elle atteint un certain perfectionnement : aisance et liberté. Outre un grand réalisme, on peut lui ajouter une charge émotionnelle plus forte dans les années 2000. On distingue deux grandes catégories d'image de synthèse : l'image 2D et l'image 3D. *Tony de Peltrie* (1985) de Philippe Bergeron, Daniel Langlois et Pierre Robidoux, est le premier court métrage réalisé entièrement par des images de synthèse, tandis que *Histoire de jouets* (1995) de John Lasseter en est le premier long métrage ; ▷ **Softimage.** L'image de synthèse peut être employée simultanément avec une image de prise de vues ordinaire. Dans *Le parc jurassique* (1993) de Steven Spielberg, sont mêlées des images de troupeaux de dinosaures et de paysages créées artificiellement et des images de prises de vues réelles de personnages. ▷ **animatique.**

image 2D ▪ Image en deux dimensions (*2D-image*). Les images 2D (ou images en 2D) sont moins complexes que les images 3D.

image 3D ▪ Image en trois dimensions. L'image 3D (ou image en 3D) donne l'illusion de relief. Pour obtenir une image 3D, il faut une modélisation (à partir de différentes représentations de polygones, de volumes, de surfaces) et une finition (un rendu par la reproduction de couleurs, d'ombres, de lumières et de textures de l'image). ▷ **image 2D, stéréoscopie.**

image fractale ▪ Image créée par ordinateur sans intervention humaine (*fractal image*). La conception de l'image fractale est élaborée en 1973 par un mathématicien d'origine polonaise, Benoît Mandelbrot. L'image fractale est fabriquée à partir d'équations mathématiques pour décrire les reliefs et les formes géométriques complexes. Une image typiquement fractale est un chou-fleur. En image fractale, on modélise des figures comme des paysages (côtes, fjords, ravins, etc.). Le cinéma s'en empare rapidement pour des effets spéciaux créés par ordinateur.

image gelée ▷ gel d'image.

image latente ▪ Image non encore développée (*latent image*). L'image latente est l'image renversée du sujet qui apparaît sur l'objectif au moment de la prise de vues. ◊ CONTR. image révélée.

image matricielle ▪ Image numérique appelée bitmap, stockée dans un fichier de données composé d'un tableau de pixels, généralement rectangulaire, qui peut se visualiser sur un moniteur d'ordinateur ou sur tout autre dispositif d'affichage (*raster image*). ▷ **dessin vectoriel.**

image-mouvement ▪ Ensemble d'éléments variables qui agissent les uns par rapport aux autres (*movement-image*). Chez le philosophe Gilles Deleuze,

l'image-mouvement désigne l'unité cinématographique de base. Elle est une coupe dans le temps. Deleuze distingue trois grandes variétés d'image-mouvement : l'image-perception, l'image-affection et l'image-pulsion. La pensée opère sur les signes optiques et sonores de l'image-mouvement. À lire : *Cinéma 1 : L'image-mouvement* (1983) de Gilles Deleuze. ▷ **image-temps.**

image neutre ▪ Image en couleurs essentiellement composée de noir, de blanc, de gris, et parfois d'une trame colorée (*neutral image*).

image numérique ▪ Image codée numériquement (*digital image*). Elle est représentée sous forme de nombres. Une image numérique peut être une image de synthèse. ◊ CONTR. image analogique.

image par image ▪ Technique de base du cinéma d'animation (*frame by frame*). La technique image par image consiste à enregistrer une image à chaque tour de manivelle (*one turn, one picture*). Elle tire son origine du principe des instantanés successifs par délais réguliers appliqué par Louis Ducos du Hauron en 1864, dans le but de filmer la croissance des plantes. Elle est brevetée par Louis Gaumont en 1890. Un des premiers films utilisant la prise de vues image par image pour animer des objets et des personnages vivants est *El Hotel eléctrico* (1905) de l'Espagnol Segundo de Chomón. Deux procédés d'image par image ont été mis au point : la pixilation et le *stop motion*. ▷ *go-motion.*

image plate ▪ Image ordinaire, non anamorphosée (*flat image*).

image plein écran ▷ plein écran.

image réelle ■ Image matérialisée grâce à un système optique (*real image*). L'image réelle est l'image matérialisée sur un écran.

image rémanente ■ Image subsistant après l'excitation visuelle de l'image originale (*afterimage*). ▷ **effet « phi »**.

image révélée ■ Image obtenue après le développement de la pellicule (*revealed image*).

image-temps ■ Image située dans un rapport de subordination à l'image-mouvement, qui est un rapport de subordination sensito-motrice par rapport à des situations optiques et sonores (*time-image*). Selon le philosophe Gilles Deleuze, qui en élabore la notion, l'image-temps procède à des réenchaînements entre l'image sonore et l'image visuelle. Elle surgit avec le cinéma moderne de l'après-guerre : le néoréalisme, la Nouvelle Vague, etc. À lire : *Cinéma 2 : L'image-temps* (1985) de Gilles Deleuze. ▷ **image-mouvement**.

image virtuelle ■ [1] En optique, image qui ne pourra pas être matérialisée sur un écran par un système optique (*virtual image*). ■ [2] En informatique, image qui se superpose à la réalité et qui permet de se dégager de ses contraintes (*virtual image*). L'image virtuelle peut être modifiée selon les volontés de l'utilisateur. ▷ **réalité virtuelle**.

Imagina ■ Manifestation annuelle créée en 1981 consacrée aux nouvelles technologies. Imagina, organisée jusqu'en 2000, par l'Institut national de l'audiovisuel [INA] de France, se tient à Monte-Carlo. Il est le rendez-vous annuel des professionnels de tous les secteurs de l'infor-matique. On y remet les prix Imagina (qui ont succédé aux prix Pixel-INA) pour les meilleures productions en images de synthèse et en effets spéciaux (œuvres cinématographiques, télévisuelles, vidéographiques, clips publicitaires, musicaux, jeux vidéo, etc.).

Imax ■ De la contraction des mots anglais *image* et *maximization*. Marque de commerce d'un système d'enregistrement et de projection mis au point par les Canadiens Graham Ferguson, Bob Kerr, Roman Kroitor et Bill Shaw. Lancé en 1970 par la société canadienne Imax Systems Corporation, le système Imax utilise la plus large pellicule de toute l'histoire du cinéma, une pellicule 65 mm, qui défile horizontalement dans la caméra et dont chacun des photogrammes compte 15 perforations ; le défilement crée une impression de flottement, d'apesanteur. L'image Imax est 10 fois plus grande que celle du 35 mm et sa résolution est supérieure à celle de l'image traditionnelle ; en conséquence, les sièges sont placés plus près de l'écran. La caméra Imax a été conçue par le Danois Jan Jakobson et elle utilise une pellicule Estar, plus résistante que les pellicules courantes. La pellicule ne comporte pas de bande son, un magnétophone à 6 pistes/35 mm étant alors synchronisé au film ; il est remplacé plus tard par un magnétophone numérique synchronisé par code SMPTE. ▷ **Géode**, **Imax 3D-SR**, **Omnimax**, **Tapis magique**.

Imax 3D-SR ■ Procédé du cinéma Imax pour la restitution des images en trois dimensions [3D]. L'image de ce procédé est obtenue par la projection de deux séries d'images par deux projecteurs synchrones. La salle pour la projection en Imax 3D est plus petite que celle pour la projection en Imax standard; elle ne peut contenir que 275 spectateurs, au lieu des 400 pour l'Imax standard. Comme pour tous les procédés 3D, le port de lunettes spéciales est requis.

imbibition ■ Absorption de colorants par la gélatine par dye transfer, qui est un transfert de colorants (*imbibition*). L'imbibition est à la base du procédé Technicolor.

immersion virtuelle ■ Technique destinée à faire du spectateur un participant privilégié du spectacle cinématographique (comme Imax et Showcan) et de la réalité virtuelle (*virtual immersion*). Le spectateur n'observe plus l'image à l'écran mais en fait – artificiellement – partie. Le Cinéma dynamique est un système de projection utilisant cette technique; on parle alors d'immersion partielle. En réalité virtuelle, l'immersion est totale et le spectateur intervient dans l'environnement proposé.

impression ■ Effet obtenu par l'exposition de l'émulsion photographique à l'action de la lumière (*exposure*). ▷ **exposition**.

impression de réalité ■ En théorie du cinéma, le fait que, de toutes les formes d'art, le film est la forme qui donne le sentiment le plus fort d'assister à un spectacle réel (*impression of reality*). Le cinéma simule le réel, et les images sont les indices d'une réalité existante ou ayant existé. Le mouvement joue un rôle fondamental dans la création de cette impression parce qu'il est perçu comme actuel. L'impression de réalité mobilise le phénomène d'identification chez le spectateur; il favorise sa participation, à la fois affective et perceptive. Sur cette notion, lire *Essais sur la signification au cinéma* (1975 et 1976) de Christian Metz et *L'image* (1990) de Jacques Aumont. ▷ **analogie, connotation, figuration (2)**.

impression extensible ■ Procédé d'adaptation des films muets à la cadence de projection des films actuels (*stretch printing*).

Impressionnistes PLUR. ■ Groupe de cinéastes français des années 1920 dont font partie Louis Delluc, Germaine Dulac, Jean Epstein, Abel Gance et Marcel L'Herbier (*Impressionnists*). Dans leurs recherches avant-gardistes, ces cinéastes accordent une grande importance à l'expression, au jeu de l'acteur et à la forme plastique (les flous, les surimpressions). Ils veulent par leurs films exprimer des sentiments et des états d'âme, et créer des symphonies d'images. À la mort de son théoricien, Louis Delluc, en 1924, le groupe disparaît. Parmi les films importants de ce groupe, citons *La souriante Madame Beudet* de Germaine Dulac (1922), *Cœur fidèle* de Jean Epstein (1923), *La roue* d'Abel Gance (1923) et *L'inhumaine* de Marcel L'Herbier (1923). ▷ **cinéma pur**.

improvisation ■ Action qui n'est pas répétée ou qui n'est pas écrite avant son enregistrement (*improvisation*). Certains auteurs privilégient l'improvisation afin de garantir la spontanéité et la vérité de l'instant. On dit des films de Jean-Luc Godard qu'ils sont largement improvisés, ce qui est en partie faux, même si le scénario n'est pas complètement écrit avant le premier jour de tournage. Des cinéastes comme le Français Jacques Rivette et l'Américain John Cassavetes donnent à l'improvisation une large part dans leur mise en scène. ▷ **cinéma-vérité**.

INA ▪ Sigle de l'Institut national de l'audiovisuel.

inactinisme ▪ Inactivité des radiations lumineuses sur l'œil ou sur des substances comme celles constituant la pellicule de film. ◊ CONTR. actinisme.

inches per second [IPS] ANGL. ▪ Mesure universelle de la quantité d'une bande magnétique se déroulant en pouces par seconde lorsque le magnétophone est en marche.

incrustation ▪ Trucage utilisé à la télévision et en vidéo, équivalent du cache-contrecache au cinéma (*chroma key*). Par l'incrustation, on insère des personnages ou des objets filmés sur un fond bleu pour ensuite les placer sur une autre image. ▷ *matte painting*.

incunable ▪ Film ancien (*incunabulum*). Un incunable est un film perdu qu'on a retrouvé. ◊ SYN. film rare.

indépendant SUBST. ▪ [1] Cinéaste qui n'est pas produit par une Major hollywoodienne (*independent, independent film-maker* [ou *independant filmmaker*], *indie, indie film-maker* [ou *indie filmmaker*]). Parmi les cinéastes indépendants américains, on cite le plus souvent les noms de John Cassavetes et Hal Hartley. ▷ **film indépendant**. ▪ [2] Producteur de films indépendants (*independent producer*). Ce producteur est familièrement appelé *little guy*. ▪ [3] En Europe, cinéaste, producteur, distributeur ou exploitant travaillant hors des conglomérats de production et des grands circuits de diffusion. En France, une association regroupe les indépendants, l'Union des indépendants du cinéma.

indépendants PLUR. ▪ Producteurs qui ont fui New York entre 1909 et 1914 pour échapper aux poursuites financières et policières de Thomas Edison (*independents*). Ce sont eux qui fondent Hollywood. Ils y amènent leurs vedettes et leur personnel, et ils y produisent de meilleurs films, plus innovateurs du point de vue formel. Le producteur Carl Laemmle devient le chef de file de ces indépendants qui fonderont les premières grandes compagnies de production et de distribution de films qui ont pour nom Fox, Independent Motion Picture [IMP] qui deviendra la Universal, Mutual et Keystone (qui distribue les films comiques de la Mutual). ▷ **Motion Picture Patents Company**.

indice d'exposition ▪ Variante d'indice de sensibilité.

indice de pose ▪ Variante d'indice de sensibilité.

indice de rapidité ▪ Variante d'indice de sensibilité.

indice de réfraction ▪ Caractéristique de la vitesse de propagation de la lumière dans un milieu transparent (*refraction index*).

indice de sensibilité ▪ Caractéristique de la sensibilité du film établie par les fabricants de pellicule (*exposure index, EI*). Un indice international, l'ISO, indique la mesure de cette sensibilité. ◊ VAR. indice d'exposition, indice de pose, indice de rapidité. ▷ **ASA, DIN.**

Industrial Light and Magic [ILM] ▪ Société d'effets spéciaux du cinéma américain, filiale de Lucasfilm et fondée en 1975 pour le tournage du premier film de la série *La guerre des étoiles* (1977) de George Lucas. Lucas engage John Dykstra qui réunit alors une équipe d'étudiants, d'artistes et d'ingénieurs pour accomplir sa tâche. C'est alors que Lucas décide de créer une structure indépendante dans Lucasfilm, qu'il appelle Industrial Light & Magic. ILM participe ou réalise dans leur totalité les effets spéciaux de plus de 200 films, dont tous ceux de la série de *La guerre des étoiles* (1977, 1980, 1983, 1999, 2002 et 2005) et la plupart des films de Steven Spielberg. ▷ **LucasArts, THX, VistaVision.**

industrie de la communication ▪ Variante de l'industrie des communications.

industrie des communications ▪ Nom donné récemment au secteur économique comprenant tous les domaines des médias, de l'information à l'informatique (*media industry*). On inclut dans l'industrie des communications l'édition, la presse, la radio, le téléphone, la télévision, le cinéma, le câble, le satellite, l'Internet, l'informatique, l'électronique, la vidéographie, le DVD, le disque (de vinyle, compact et laser). Cette industrie se caractérise par la production de masse en information grâce au multimédia. En 1998, les trois géants des communications sont Walt Disney Company, Time Warner et Bertelsmann-CTL (Compagnie luxembourgeoise de

télédiffusion). Pour une critique de cette industrie, lire *L'art du moteur* (1993) et *La vitesse de libération* (1995) de Paul Virilio. ◊ VAR. industrie de la communication. ◊ SYN. industrie du multimédia. ▷ **industrie du cinéma.**

industrie du cinéma ▪ Ensemble des activités économiques menant à la réalisation et à la diffusion d'un film (*film industry*, FAM. *pic biz*). La naissance du cinéma est le résultat d'une lutte dont le but premier est plus financier qu'artistique. Le cinématographe devient rapidement un enjeu industriel et une bataille commerciale ; faire des films équivaut à faire des affaires, d'où la production accélérée de films dès les débuts. L'industrie établit en quelques années (moins de 20 ans) ses propres modes de fabrication et de fonctionnement et instaure ses degrés d'intervention : la réalisation, la production, la distribution et l'exploitation. Elle a ses lieux, ses méthodes, ses coutumes et ses divisions de travail. Hollywood consolide le système industriel, concurrentiel jusqu'en 1920, puis hégémonique jusqu'en 1950, grâce à un contrôle vertical. Chaque pays tente de construire une industrie cinématographique viable, généralement axée sur le modèle américain. La télévision et son développement depuis les années 1950, la vidéocassette à partir des années 1980 et le DVD à partir des années 2000, les nouvelles technologies à la fin des années 1980 et l'Internet durant les années 1990 offrent de nouveaux débouchés à l'industrie. À cause de la concentration des trusts, l'industrie du cinéma se trouve, à la fin des années 1980, englobée dans l'industrie de la communication.

industrie du multimédia ▷ industrie des communications.

industrie du spectacle ▪ Équivalent de show-business (*show business*).

infini ▪ Pour un objectif à focale donnée, ensemble des distances d'un sujet photographié par lequel, dans la mise au point, tout se passe comme si le sujet était très éloigné (*infinity*). L'infini est symbolisé par le signe ∞.

inflammable ADJ. ▪ Se dit d'un support qui peut prendre feu (*inflammable*). ▷ **film flamme, nitrate.**

influence ▪ Action morale ou intellectuelle qu'exerce une œuvre ou ensemble d'œuvres d'un cinéaste ou d'un mouvement (*influence*). L'influence de la Nouvelle Vague est fort puissante sur les cinéastes des années 1970 et 1980, comme Jim Jarmusch, Martin Scorsese et Wim Wenders. On parle également de l'influence psychologique ou psychique d'une œuvre, comme de sa violence, en rappelant qu'un assassin s'est inspiré, pour commettre son attentat contre le président des États-Unis Ronald Reagan, du personnage de Travis Bickle, dans *Taxi Driver* (1975) de Martin Scorsese. Le cinéma exerce également une influence certaine sur la mode (vêtements, coiffure, maquillage, etc.), les habitudes de consommation (voyages, etc.) et la morale (attitudes vis-à-vis de l'amour, de la sexualité). On stigmatise l'influence néfaste de la télévision, surconsommée par les enfants, de même d'Internet.

infographie ▪ Procédés de création, de traitement et de reproduction de l'image

assistés par ordinateur (*computer graphics*). Ses techniques sont la capture d'images, de sons ou de données, la numérisation, la synthèse, le transfert, le codage, la compression et la reproduction. L'infographie prend une place de plus en plus importante dans le cinéma (effets spéciaux) et l'informatique. ▷ **image de synthèse.**

information ▪ Ingrédient commun aux trois domaines du multimédia : l'audiovisuel, l'informatique et les télécommunications (*information*). En audiovisuel, elle est une production sous la forme d'images, de sons, de textes et leur montage. En informatique, elle est le traitement de textes et de nombres appelés données, qu'on trouve dans des fichiers et des bases de données. En télécommunications, il n'y a pas transformation de l'information, celle-ci étant adaptée sur des supports de transmission. Et en multimédia, l'information est la numérisation d'images, de textes et de sons. ▷ **autoroute de l'information.**

informatique ▪ Science du traitement rationnel de l'information, grâce à des machines automatisées comme l'ordinateur (*computer science*). Par extension, l'informatique désigne les métiers, les méthodes, les produits, les dispositifs industriels et commerciaux mis en œuvre par le traitement de l'information. On distingue trois phases dans ce domaine : la généralisation de l'interactivité, le développement de la télématique et de la micro-informatique, l'arrivée du multimédia et de l'informatique familiale.

infrarouge ▪ Radiations non visibles, situées à l'extérieur du spectre des couleurs, au-delà du rouge (*infrared*). L'infra-rouge correspond aux rayons calorifiques qu'on peut enregistrer photographiquement grâce à des émulsions spéciales, sans lumière visible, comme dans le noir et la nuit.

infrason ■ Son dont la fréquence sonore est faible et inaudible, mais qui peut être sentie par le corps si elle est puissante (*infrasound*). La fréquence de l'infrason est inférieure à 20 Hz.

ingénieur du son ■ Personne responsable de l'enregistrement et du mixage des sons : paroles, bruits, musique et effets sonores spéciaux (*recording supervisor, sound man,* ARG. *knob-twister*). L'ingénieur du son peut être un monteur sonore. La création de ce métier remonte au cinéma parlant, en 1929 ; l'ingénieur du son se préoccupe alors non seulement de la prise du son, mais détermine tout ce qui concerne l'audition, y compris la diction des comédiens. Son travail consiste à surveiller la mise en place de la scène, à indiquer la place des micros, à enregistrer les bruits désirés et à éliminer les autres. Il doit composer une ambiance sonore ; ▷ **Foley artist**. On emploie de plus en plus le terme « chef opérateur du son » au lieu d'« ingénieur du son ». Le théoricien Michel Chion préfère parler d'ingénieur de la voix. Parmi les ingénieurs du son importants, citons Louis Hochet (pour les films de Jean-Marie Straub et Danièle Huillet), Jim Webb (pour les films de Robert Altman) et Pat Webb (pour les films de John Ford).

ingénue FÉM. ■ Personnage de jeune fille naïve et pure (*ingenue*).

ininflammable ADJ. ■ Se dit d'un support qui ne peut pas prendre feu (*non-flammable*). ▷ **diacétate, triacétate**.

inky dinky ANGLIC., ARG. ■ Terme dérivé de *inky* pour « incandescent » et *dinky* pour « petit ». Petit projecteur de 100 ou 200 watts (*inky-dinky*).

INSAS ■ Acronyme de l'Institut national supérieur des arts du spectacle.

insert ■ [1] Forme abrégée d'insert image. ■ [2] Forme abrégée d'insert titre.

insert image [insert] ANGLIC. ■ Gros plan ou très gros plan d'un objet inséré entre deux plans, utilisé dans un but dramatique, dans le déroulement de l'action (*insert, insert shot*). L'insert aide à comprendre l'action : une horloge, supposée être accrochée au mur d'une pièce, marque le temps sans que l'action se passe dans cette pièce.

insert titre [insert] ANGLIC. ■ Titre ou texte qui introduit une continuité visuelle (*insert title*). Ce type d'insert a la même fonction que l'insert image.

insonorisation ■ [1] Procédés mis en œuvre pour insonoriser une pièce (*soundproofing*). ■ [2] Procédés mis en œuvre pour insonoriser l'appareil de prise de vues. On utilise alors un blimb qui permet de rendre l'appareil silencieux (*soundproofing*).

instabilité ■ Image non stable à cause des mouvements de caméra (*jitter*). Généralement non désirée, l'instabilité est causée par un filmage caméra à l'épaule. Elle peut être toutefois voulue dans le but de créer un effet dramatique, comme dans *Breaking the Waves* (1996) de Lars von Trier.

Institut des hautes études cinémato-graphiques [IDHEC] ■ École de cinéma fondée en 1943 par Marcel L'Herbier, aujourd'hui remplacée par la Fondation européenne des métiers de l'image et du son [FÉMIS].

Institut du film scientifique ■ Organisme fondé en 1936 en République fédérale allemande pour la production du film scientifique (Scientific Film Institute). Son nom allemand : Institut für den Wissenschaftlichen Film. En 1956, l'institut est divisé en deux secteurs : Institut für Film und Bild, basé à Munich, et Institut für den Wissenschaftlichen Film, basé à Göttingen. L'organisme organise des stages de formation dans le cinéma appliqué à la recherche scientifique et offre des conseillers pour aider chercheurs et professeurs à réaliser leurs films. L'une des activités importantes de l'organisme est son *Encycloplédie cinématographique*, collection de films scientifiques, avec documentation d'accompagnement en trois langues (anglais, français et allemand). Le financement est assuré par les Länder et le gouvernement fédéral. En 2001, son nom change pour celui de IWF Film Wissen und Medien.

Institut für den Wissenschaftlichen Film ■ Nom original allemand de l'Institut du film scientifique.

Institut national de l'audiovisuel [INA] ■ Service public à caractère industriel et commercial créé en 1974 et mis en place en 1976, chargé de la conservation et de la diffusion de l'ensemble de la production audiovisuelle française privée comme publique, diffusée sur les antennes. L'INA est constitué de trois départe-ments : *a)* le département des droits et archives (pour la collecte, la conserva-tion, la restauration et l'exploitation du patrimoine audiovisuel) ; *b)* le départe-ment Innovation (pour l'analyse et la recherche en nouvelles technologies et en médias, et la création d'œuvres télé-visuelles) ; et *c)* le département Inathè-que (pour le dépôt légal des copies des programmes et documents diffusés par la radio et la télévision françaises). Les fonds sont destinés à un usage profes-sionnel (journalistes, réalisateurs, pro-ducteurs, programmateurs et éditeurs en audiovisuel) et pour des fins de recherche (étudiants, professeurs, cher-cheurs, auteurs). L'INA met sur pied des stages dans les métiers de l'image et du son. Il publie également des ouvrages pédagogiques et historiques, une revue (*Les dossiers de l'audiovisuel*), des vidéo-cassettes, des cédéroms, des disques et des DVD. Au cours des années, plusieurs lois précisent sa mission. Des films réali-sés pour la télévision, signés Chantal Akerman, Otar Iosseliani, Benoît Jac-quot, Robert Kramer, Jean-Luc Godard et Raoul Ruiz, sont produits par l'INA. L'organisme dispose d'un site Web où 100 000 émissions de télévision et de radio, gratuites et payantes, peuvent être consultées. ▷ **Imagina**.

Institut national supérieur des arts du spectacle [INSAS] ■ École belge formant les étudiants aux métiers du cinéma, de la télévision et du théâtre. Fondée en 1962, l'INSAS est installée à Bruxelles. Elle fait partie de la Communauté fran-çaise de Belgique. Elle est une école supé-rieure de niveau universitaire. Les étudiants sont admis sur concours. L'INSAS a permis l'éclosion d'une école documentaire belge par la formation de nouvelles générations de cinéastes tentés par le genre. Sont sortis de cet institut : Chantal Akerman, Jaco Van Dormael, Michel Khleifi, Bruno Nuytten, entre autres.

Institut suédois du film ▪ Organisme d'État fondé en 1963 par le critique et homme d'affaires Harry Chein en vue d'encourager la production de films, l'enseignement du cinéma et la conservation d'archives cinématographiques en Suède (Swedish Film Institute). Son nom en suédois : Svenska Filminstitute. Par ses aides à la production, à l'assistance technique et à la distribution, l'institut encourage les producteurs suédois à prendre des risques. Ainsi, cet organisme aide de nombreux jeunes réalisateurs à faire leur premier film ; Bo Widerberg et Jan Troell réalise leur première œuvre grâce à ces aides. L'institut publie une revue 10 fois l'an : *Chaplin*.

Int. ▪ Forme abrégée de « intérieur(s) » (*int*). Dans un scénario, cette forme abrégée est suivie de « jour » ou « nuit », selon le déroulement temporel de la scène. Elle indique une scène qui se déroule dans un espace fermé.

intégrateur ▷ diffuseur [5].

intégration verticale ▪ Le fait d'une compagnie de contrôler entièrement la production, la distribution et l'exploitation de ses films (*vertical integration*). L'intégration verticale débute à la fin des années 1910, au moment de la fondation des Majors, aux États-Unis. Elle permet aux compagnies d'exercer des pratiques coercitives, comme la réservation en lot, à l'encontre des Minors. La Cour suprême des États-Unis déclare cette pratique financière illégale en vertu de la loi antitrust ; les Majors se plient à la décision en 1951, ce qui amènera leur déclin progressif ; ▷ **Paramount decision**. En France, la compagnie Pathé exercera un même contrôle vertical entre 1907 et 1914.

intensité lumineuse ▪ Mesure de la quantité de lumière émise dans une direction particulière (*light intensity*). L'intensité lumineuse se calcule en candelas.

intensité sonore ▪ Mesure de l'intensité du son par rapport à une intensité acceptable de ton et de fréquence (*sound volume*). L'intensité sonore se mesure en décibels. ◊ SYN. volume sonore.

inter ARG. ▪ [1] Internégatif. ▪ [2] Bande internationale.

interactivité ▪ Possibilité donnée à l'utilisateur d'établir une relation de type dialogue avec un programme informatique et d'en déterminer le flux d'information (*interactivity*). Arrêter une image est une action simple d'interactivité. Programmer soi-même, modifier le programme, répondre à des questions et définir de nouveaux paramètres sont des actions complexes d'interactivité ; ▷ **réalité virtuelle**. En cinéma, changer la fin d'un film est une possibilité que donne l'interactivité. ▷ **film interactif**.

interdiction ▪ Action d'interdire totalement ou partiellement (pour une certaine catégorie d'âge) la projection publique d'un film (*banning*). Dans les pays communistes, les films sont souvent interdits. L'exemple d'une célèbre interdiction en France est celui de *La*

religieuse (1966) de Jacques Rivette, film adapté du roman de Jacques Diderot.
▷ censure, code Hays, Commission de contrôle, film pédophile, film pornographique, *snuff movie.*

interface ▪ Matériel ou logiciel qui définit les règles communes permettant à deux systèmes de communiquer (*interface*). L'interface peut être de niveau physique ; elle assure la connexion entre deux systèmes et adapte les signaux échangés. Elle peut être de niveau logique ; elle assure la traduction entre les langages des deux systèmes en présence.

intérieurs [Int.] ▪ Lieux de tournages situés dans des espaces fermés, studios ou décors naturels (*interior*). ◇ CONTR. extérieurs.

interimage ▷ barre de cadrage.

interlock ANGLIC. ▪ Système par lequel l'image et le son sont enregistrés séparément mais synchronisés en même temps (*interlock*). L'interlock constitue un verrouillage parallèle des appareils d'enregistrement.

interlude ▷ entracte [1].

International Creative Management [ICM] ▪ Troisième plus importante agence d'artistes américaine, après Creative Artists Agency [CAA] et William Morris Agency, fondée par Marvin Josephson en 1975. L'agence représente près de 2000 artistes du monde du cinéma, de la télévision, du théâtre, de la publicité et des nouveaux médias, y compris des producteurs, des concepteurs publicitaires, des organisateurs de concerts et des créateurs de sites Web. La ICM a des bureaux à Los Angeles, New York et Londres.

Internationale Filmfestspiele Berlin ▪ Nom original allemand du Festival international du film de Berlin.

International Organization for Standardization [ISO] ▪ Organisation internationale de normalisation. L'ISO regroupe, à l'échelle mondiale, l'ensemble des organismes nationaux de normalisation. Elle émet des normes dans tous les domaines de l'activité économique et industrielle, à l'exception des domaines relevant de l'électricité et de l'électronique. L'AFNOR et le BSI sont membres de l'ISO.

internaute ▷ Internet.

internégatif ▪ Négatif intermédiaire, noir et blanc ou couleur, créé à partir d'un positif. Dans le tirage de copies, l'internégatif permet de protéger le négatif original (*internegative*). ◇ CONTR. interpositif.

internégatif couleur ▪ Copie couleur faite directement à partir du négatif original (*color reversal intermediate, CRI*). La fabrication d'un internégatif couleur élimine un interpositif et donne un résultat d'une grande qualité pour le tirage des copies d'exploitation.

Internet ▪ Du mot d'origine américaine, *InterNetwork*. Nom du plus grand réseau informatique de la planète (*Internet*). Sa première utilisation documentée remonte à Washington, en octobre 1972, par Robert E. Khan, au cours de l'International Conference on Computer Communications [ICCC] qui se tient pour la première fois. Mais c'est en 1983 que le mot Internet devient un nom officiel. Par Internet, on peut avoir accès librement à un réseau multimédia mondial ;

toute personne possédant un ordinateur spécialement équipé d'un modem peut s'y connecter et échanger des informations avec le monde entier dans tous les domaines. Son utilisateur est un internaute. Plusieurs ressources y sont accessibles, dont le World Wide Web [WWW], qui offre des documents sous forme d'hypertextes, et le courriel électronique, appelé courriel; ▷ **Toile**. Il est techniquement défini comme le réseau public mondial utilisant le protocole de communication IP (*Internet protocol*). On distingue Internet des intranets, qui sont des réseaux privés au sein des entreprises, administrations, et des extranets, qui sont des interconnexions d'intranets pouvant emprunter Internet. Par des sites de partage et de visionnage de clips vidéo, les internautes postent dans des sites leurs œuvres, généralement des courts métrages ou des films de famille; ▷ **YouTube, Dailymotion, Google Video, piratage**. Grâce à ce réseau, des institutions gouvernementales ou indépendantes, comme les bibliothèques et les archives du film, mettent à la disposition des utilisateurs des renseignements et des documents sur l'histoire du cinéma. L'industrie du cinéma y crée plusieurs sites pour la promotion de ses produits. Des interprètes et des maisons de casting y affichent le press-book de leurs clients. Des sites Web permettent également de télécharger des documents comme des bandes annonces, des extraits visuels ou musicaux de films et, parfois même, des films entiers. Internet est également un grand pourvoyeur de pornographie.

▷ **autoroute de l'information, cyberespace, logiciel**.

interopérabilité ◾ Capacité que possèdent plusieurs systèmes informatiques hétérogènes de fonctionner conjointement grâce à l'utilisation de langages et de protocoles communs, ce qui donne accès à leurs ressources de façon réciproque (*interoperability*). Par les propriétés d'un appareil fonctionnant par interopérabilité, un programme fonctionnant sur un système peut fonctionner sur un autre système. Une interopérabilité nécessite plusieurs interfaces et des bases de données standardisées.

interpositif ◾ Positif, noir et blanc ou couleur, à bas contraste créé à partir du négatif original (*interpositive*). L'interpositif représente une garantie pour la conservation du film. ◊ SYN. positif intermédiaire, copie marron (pour le noir et blanc). ◊ CONTR. internégatif. ▷ **tirage**.

interprétation ◾ [1] Manière de jouer un rôle (*performance*). ▷ **prestation**. ◾ [2] Ensemble de la distribution d'un film (*casting*). ◾ [3] Activité d'analyse d'une œuvre en lui trouvant un sens ou en lui donnant une explication (*interpretation*). L'analyse est proche de la critique. Elle est voisine de l'exégèse. L'analyse demande un ensemble de critères objectifs et de connaissances pertinentes à l'objet analysé. Il peut y avoir plusieurs interprétations d'une même œuvre.

interprète ◾ Personne qui interprète (*performer*). ◊ SYN. acteur, protagoniste.

interpréter ◾ [1] Jouer un rôle (*perform, play*). Interpréter signifie prêter son physique et sa voix à un rôle. Des prix d'interprétation pour les meilleurs rôles, principaux et secondaires, sont remis dans des festivals compétitifs et par des corporations. ▷ **césar, david di donatello, golden globes, lion, lumière de Paris, palme, oscar, ours, tigre, volpi.** [2] Donner un sens à une œuvre. ▷ **interprétation [2].**

intertitre ▪ Plan ne comportant que du texte intercalé entre deux scènes (*intertitle*). L'intertitre est utilisé dans les films muets. Il n'est plus guère utilisé aujourd'hui. Un exemple de son utilisation actuelle est *Vivre sa vie* (1962) de Jean-Luc Godard. ◊ SYN. carton, titre (RARE).

intervalle ▪ Dessins représentant des positions intermédiaires d'un personnage en action ou d'un objet en mouvement lors du tournage d'un film d'animation (*inbetween*).

intervalliste ▪ Dessinateur des dessins intermédiaires (*inbetweener*). L'intervalliste relie les positions extrêmes du mouvement qu'a dessinées l'animateur.

intrigue ▪ De l'italien *intrigo*, qui signifie « embrouille », « complication ». Ensemble des faits et des actions, incidents et rebondissements, dans le déroulement du récit (*plot*). L'intrigue constitue l'action dans ses composantes principales (historiques, sociales et psychologiques) avec ses personnages et leur caractère. Elle est le résultat de l'interaction entre les personnages. La valeur de l'intrigue est basée sur le temps et le lieu. Le nœud de l'intrigue signifie le moment critique du film. ▷ **climax, Macguffin.** ◊ VOISIN histoire.

inversion ▪ [1] Trucage en laboratoire créant l'impression que les mouvements défilent à l'envers (*reverse action*). Un plongeur remontant sur son tremplin est un exemple d'inversion. ▪ [2] Effet obtenu au filmage quand la caméra est retournée à l'envers (*upside down shot*). ▪ [3] Mode de développement du film inversible (*inversion*).

inversion droite-gauche ▪ Renversement latéral de l'image lors du tirage (*flap over*). Par l'inversion, le sens du regard change d'orientation et tout ce qui apparaît à l'écran est renversé de gauche à droite. L'inversion peut être voulue ou accidentelle.

iodure d'argent ▪ Composé chimique sensible à la lumière entrant dans la composition de la pellicule (*silver iodide*).

IP ▷ **Protocole de communication.**

iris ▪ Orifice du diaphragme (*iris*). L'iris s'ouvre et se ferme comme la pupille d'un œil. ▷ **diaphragme, fermeture à l'iris, ouverture à l'iris.**

irisation ▪ Production des couleurs de l'arc-en-ciel par réfraction de la lumière (ou réfrangibilité) (*irisation*). Un rayon de lumière qui traverse une lentille se décompose en couleurs. On parle d'irisation parasite pour les teintes colorées observées au bord de l'image.

itgirl ANGL., ARG., É.-U. ▪ Dans les années 1920, femme délurée, provocante, sexy. ◊ SYN. *flapper.*

japonimation ■ Surnom donné au cinéma japonais d'animation. ▷ *anime*.

jaune SUBST. ■ Couleur complémentaire (*yellow*). Le jaune est composé de rouge et de vert.

jazz ▷ film de jazz.

jeu ■ Action de jouer pour un comédien, pour un acteur (*acting, play*). Le jeu d'un acteur doit susciter l'intérêt, convaincre, attirer la sympathie ou l'antipathie selon le personnage joué, faire rire ou pleurer, etc. Il doit être vif, persuasif et chargé d'intention. Il peut être également distancié et froid. ▷ **modèle**. ◊ VOISIN interprétation.

jeune cinéma allemand ▷ **nouveau cinéma allemand**.

Jeunes hommes en colère ■ [1] Héros dans les films britanniques réalisés entre la fin des années 1950 et le milieu des années 1960, signés par de nouveaux cinéastes, comme Jay Clayton et Karel Reisz, qui viennent du mouvement du Free Cinema (Angry Young Men). Personnages de la classe ouvrière, menant une vie médiocre et terne et ayant un travail ingrat et dangereux, ces héros tentent d'échapper à leur milieu ; ils sont des jeunes hommes amers, brutaux, frustrés et révoltés. On les trouve dans des films comme *Les chemins de la haute ville* (1958) de Jay Clayton et *Samedi soir et dimanche matin* (1960) de Karel Reisz, œuvres d'un réalisme social noir.

■ [2] Par extension, cinéastes, comme Lindsay Anderson, Tony Richardson et John Schlesinger, et auteurs de théâtre, comme John Osborne et Alan Sillitoe, dont les pièces sont adaptées au cinéma, qui mettent en scène les jeunes hommes en colère. De jeunes acteurs feront leurs premières armes dans ces films : Alan Bates, Tom Courtenay, Albert Finney et Richard Harris. Des cinéastes comme Mike Leigh et Ken Loach sont les héritiers directs de ce réalisme social. Les historiens du cinéma donnent un autre nom à l'ensemble des films réalisés par les Jeunes hommes en colère, de la fin des années 1950 jusqu'au milieu des années 1960 : Nouvelle vague britannique.

jeunes turcs ■ Dans les années 1950, surnom donné aux jeunes critiques des *Cahiers du cinéma*, qui ont pour noms, entre autres, Claude Chabrol, Jean-Luc Godard, Éric Rohmer, Jacques Rivette et

François Truffaut (*Young Turks*). Les jeunes Turcs condamneront le cinéma traditionnel français et défendront la « Politique des auteurs » ; ▷ **hitchcocko-hawksiens**. Ils deviendront cinéastes et participeront au mouvement de la Nouvelle Vague.

jeu vidéo ■ Jeu utilisant un dispositif informatique (*video game*). L'utilisation d'un jeu vidéo requiert des périphériques pour agir sur le jeu et percevoir l'environnement virtuel. Le premier jeu vidéo est véritablement né en 1972 avec *Pong*, une adaptation de tennis de table sur écran vidéo, fabriqué par Atari. Ce n'est qu'en 1975 qu'il est produit pour être vendu au grand public. Il donne le coup d'envoi à l'industrie vidéoludique, qui démarre aux États-Unis pour se transporter ensuite, dans les années 1980, au Japon. La société Nintendo inaugure une nouvelle philosophie dans la conception du jeu vidéo avec *Super Mario Bros,* en 1985. Les trois principales plateformes pour le jeu vidéo sont l'ordinateur, la console de jeu et la borne d'arcade ; mais d'autres supports sont utilisés : la télévision par câble ou par satellite, le téléphone portable et l'Internet. Les deux périphériques utilisés sont la manette de jeu et le clavier d'ordinateur avec la souris. Il y a trois grands constructeurs de jeux vidéo : Sony, Nintendo et Microsoft. Pour pouvoir les créer, il faut des concepteurs graphiques, des concepteurs de niveau, des infographistes 2D et 3D, des programmeurs ; ils peuvent être une centaine à travailler sur la conception d'un seul jeu. Il faut également leur adjoindre des rédacteurs, des musiciens ainsi que des testeurs qui vérifient le projet au fur et à mesure de son avancement. Les principaux genres de jeu sont, entre autres, l'aventure, le combat, la course, le jeu de rôle, la simulation, le sport, la stratégie et le jeu de guerre (ou la simulation de conflit) ; ▷ **ludiciel**. On s'inquiète du niveau de violence de plusieurs jeux, mais les études ne réussissent pas à mesurer sa réelle influence sur les joueurs et ne peuvent établir une corrélation entre la violence virtuelle et la violence réelle (celle en dehors du contexte du jeu). Le jeu vidéo s'est naturellement inspiré du cinéma pour présenter des univers virtuels de la manière la plus claire et la plus jouable possible ; les genres et les icônes du cinéma y sont une source d'inspiration ; outre les innombrables adaptations de films en jeux, comme la série *La guerre des étoiles* (1977, 1980, 1983, 1999, 2002 et 2005) de George Lucas, la quasi-totalité des jeux multiplient les emprunts et les références au cinéma, notamment aux *blockbusters* américains en copiant ou en évoquant les scènes les plus marquantes de films fort connus comme *Terminator* (1984) et *Terminator 2 : le jugement dernier* (1991) de James Cameron, *New York 1997* (1981) de John Carpenter, *Alien* (1979) et *Blade Runner* (1982) de Ridley Scott ; ▷ **LucasArts Entertainment Company**. Par ailleurs, le jeu vidéo a des effets rétroactifs sur le cinéma ; *Matrix* (1999) d'Andy et Larry Wachowski, en est l'exemple évident, avec sa mise en parallèle d'un monde virtuel et d'un monde réel, ses interfaces et ses allusions constantes aux attitudes du joueur. ▷ **Hollyrom, Siliwood.**

jeux de lumière PLUR. ▷ **effets lumineux.**

jidaï-geki JAP. ▪ Genre cinématographique japonais apparu dans les années 1910, racontant une histoire se déroulant dans le Japon féodal, généralement à l'époque Edo. Film à costumes, le jidaïgeki est très populaire durant les années 1950 grâce au CinémaScope et à la couleur. Ce genre de films connaît également un grand succès international. *Les contes de la lune vague après la pluie* (1953) de Kenji Mizoguchi et *Rashomon* (1951) d'Akira Kurosawa sont des *jidaïgeki.* ◇ SYN. *meiji-mono.* ◇ CONTR. *gendaïgeki.* ▷ ***chambara-eiga.***

Johnson Office ▪ Surnom donné à la Motion Picture Association of America [MPAA] de 1945 à 1963 sous la présidence d'Eric Johnson. C'est en 1945 que la Motion Picture Producers and Distributors of America [MPPDA] change de nom et devient la Motion Picture Association of America.

joint ▷ collure.

jouabilité ▪ Qualité d'un jeu vidéo faisant référence à la facilité de contrôle du jeu, à l'originalité des actions à effectuer, à la cohérence des menus, à la fluidité des mouvements et à leur précision (*gameplay*). La jouabilité permet à un joueur de s'engager entièrement dans un jeu.

joue ▷ flasque.

jouer ▪ Du latin *jocare* qui signifie « badiner », « plaisanter ». Interpréter un personnage dans un film, à travers ses actions, ses paroles, son physique et son caractère (*act, play*). Jouer au cinéma est très différent de jouer au théâtre ; il n'y a pas de continuité d'action au moment du tournage, l'interprète est devant une caméra, qui peut alors le filmer de très près et grossir ses expressions et mimiques ; la caméra ne peut filmer parfois qu'une partie de son corps ; sa voix peut même être doublée. On parle du jeu de l'acteur, de son interprétation. Chaque genre cinématographique demande à l'interprète un jeu différent.

jour ▪ Indication temporelle dans le scénario (*day*).

jour de sortie ▪ Jour de la semaine où les films sortent (*day of release*). Le jour de sortie en France est le mercredi, tandis qu'en Amérique du Nord, il est le vendredi.

journal ▪ Genre cinématographique dans lequel le film prend la forme d'un journal personnel (*diary film*). Le journal de voyage est la forme la plus connue du genre. Proche de la chronique, il se caractérise par un filmage au quotidien, une volonté d'autobiographie et des préoccupations formelles. Comme exemples de journal, citons *Diary (1973-1983)* de David Perlov, *Au rythme de mon cœur* (1983) de Jean Pierre Lefebvre, *Babel* (1990), premier volet réalisé des quatre projetés de *Lettre à mes amis restés en Belgique* de Boris Lehman et *Le filmeur* (2005) d'Alain Cavalier. ▷ **autofiction, lettre, road movie.**

journal d'actualités ▷ **actualités.**

JPEG ▪ Sigle de *joint photographic expert group*. En multimédia, norme de codage numérique et de compression des images fixes en ton continu, établie en 1991.

Lorsqu'un fichier est codé et compressé, il porte l'extension [.jpeg]. Cette norme est définie par un groupe d'experts internationaux qui forment le Joint Photographic Expert Group et dont fait partie l'ISO. ▷ **bitmap, GIF, MPEG, Windows Media Player.**

journal de bord ▷ rapport de production.

jump cut ANGL. ▪ Mot usité en français au lieu de coupe franche. Il est employé dans deux sens : *a)* quand le passage entre deux plans est perceptible parce qu'il n'est pas évident ; il peut être proche alors de l'ellipse, sauf que l'ellipse ne doit pas heurter le spectateur et que la liaison entre les deux plans est transparente ; et *b)* quand il y a élimination de quelques images au milieu d'un plan.

Jump Cut. A Review of Contemporary Media ▪ Revue fondée en 1974 par John Hess, Chuck Kleinhans et Julia Lesage, dans la mouvance de la gauche américaine. Ouvertement marxiste et féministe, la revue publie de nombreux dossiers sur le cinéma gay et lesbien, sur le cinéma latino-américain, sur le cinéma africain, sur la place des femmes et des minorités au cinéma. Les articles sont rédigés par des universitaires, mais dans un langage accessible. Elle paraît six fois l'an sous format tabloïd, avant de devenir une publication annuelle sous format livre.

Junger deutscher Film ▪ Nom allemand de Jeune cinéma allemand. ▷ **Nouveau cinéma allemand.**

jus ARG. ▪ Courant électrique (*juice*).

K ▪ En thermocolorométrie, symbole de l'unité de mesure kelvin (*K*).

Kammerspielfilm ALL. ▪ Mot venant de *kammerspiel* qui signifie « théâtre de chambre » et désignant une théorie mise au point par l'homme de théâtre Max Reinhardt en réaction au mouvement expressionniste. Dans les années 1920, un certain type de films allemands du muet, les films de chambre, défendent ainsi l'intimisme et le naturel. *Le dernier des hommes* (1924), de F. W. Murnau, est un exemple de *Kammerspielfilm*. ▷ **film de chambre.**

KDB ▪ Sigle du Keller-Dorian-Berthon.

Keller-Dorian-Berthon [KDB] ▪ Procédé additif de cinéma couleur dit lenticulaire breveté en 1914 par les Français Rodolphe Berthon et Keller-Dorian. L'objectif de la caméra est muni d'un filtre d'analyse à trois bandes rouge, vert et bleu ; le projecteur doit être aussi muni de ce filtre pour reconstituer les couleurs. Le procédé est présenté publiquement en 1923. Dans les années 1930, pour des raisons de luminosité, son utilisation en 35 mm est abandonnée, mais le KDB est commercialisé pour un certain temps en 16 mm sous d'autres noms (Kodacolor, Agfacolor). Il ne permet toutefois pas de tirer des copies, car son support est un film inversible. Il est abandonné avant la Deuxième Guerre mondiale. En 1947, Jacques Tati tourne *Jour de fête* avec ce procédé appelé alors Thomsoncolor ; le film, reconstitué avec ses couleurs originales, n'est tiré qu'en 1995. ▷ **film gaufré.**

kelvin ▪ Unité de mesure de la température absolue (*Kelvin scale*). Le kelvin sert à mesurer la température de la couleur ; cette température s'exprime par la fraction de 1/273,16 degrés Celsius ; zéro K = -273,16 °C. La mesure de température absolue d'une bougie est 2900 K, et celle de la lumière du jour, 5900 K.

Kensington Gore ANGL., G.-B., ARG. ■ Nom donné à la fabrication d'un liquide rouge brillant et uniforme utilisé pour la simulation du sang. Le *Kensington Gore* est utilisé par la compagnie britannique Hammer Film Productions pour ses films d'horreur. En fait, Kensington Gore est une rue centrale d'un chic quartier de Londres où se trouve, entre autres, le Royal Albert Hall ; Gore désigne les limites du quartier en forme de triangle ; le lien argotique est établi par ironie avec le mot *gore* qui veut dire « sang » ▷ **hémoglobine.**

key animation ANGL. ■ Terme n'ayant pas d'équivalent français. Type d'animation utilisant l'ordinateur. Le dessinateur dessine les phases principales (les extrêmes) du mouvement et l'ordinateur les termine en les reliant, un peu comme l'intervalliste. Traditionnellement, le dessinateur doit dessiner chaque image qui forme alors un photogramme. ▷ **animation par ordinateur.**

key light ANGLIC. ■ [1] Terme fréquemment utilisé en français au lieu de « lumière de base ». Source lumineuse principale éclairant un personnage (de face et de côté), un décor ou l'ensemble d'une scène. Avec une lumière de base, les zones claires dominent les zones sombres. Dans les comédies musicales, la key light est la lumière dominante. ▷ **lumière**

d'ambiance. ■ [2] Niveau de l'intensité lumineuse nécessaire à une émulsion, décidé en fonction du diagramme, des déperditions ou des réflexions du décor ou du sujet. L'opérateur de prise de vues règle de manière fixe l'ouverture de son diaphragme en tenant compte de l'intensité lumineuse disponible, calculée avec son luxmètre, de la profondeur de champ et de la luminosité de la scène souhaitée.

Keystone ■ Forme abrégée de Keystone Company.

Keystone Company [Keystone] ■ Maison de production de Mack Sennett fondée en 1912, qui produit environ 500 films avant de disparaître en 1923. Les films de la Keystone Company sont distribués par la Mutual. En 1915, la compagnie est incorporée dans le Triangle, fondée par D.W. Griffith, Thomas Ince et Mack Sennett. En 1917, Sennett quitte la Keystone pour la Paramount. Les films édités par elle font une large part à l'improvisation, accumulent les gags et multiplient les poursuites et le nombre de figurants. Presque tous les comiques de l'époque travaillent pour la Keystone, entre autres, Fatty Arbuckle, Charles Chaplin, Buster Keaton et Ben Turpin. On parle des *Keystone Cops* pour les personnages de policiers, nombreux, ventripotents et incompétents, qui apparaissent dans les films de cette maison. ▷ ***Bathing Beauties*, burlesque, *fatty*.**

Kilfitt ■ Marque de commerce d'objectifs à très longue focale fabriqués par la compagnie allemande Kilfitt. Heinz Kilfitt fabrique ses premières lentilles au début des années 1940. Un de ses objectifs les plus célèbres est le Zoomar, qui est décliné dans une impressionnante gamme.

kilo ARG. ▪ Chez les éclairagistes, unité de lumière équivalant à 1000 watts.

Kinemacolor ▪ Marque de commerce du premier procédé additif couleur mis au point en 1906 par deux Anglais, Edward R. Turner et George Albert Smith, mais exploité qu'en 1911. Son principe consiste à utiliser une caméra dont l'obturateur est évidé pour contenir un filtre rouge-orangé et un filtre bleu-vert de façon à impressionner une image sur deux dans ces deux couleurs. Le projecteur doit être muni du même obturateur pour restituer les couleurs. En fait, le film est en noir et blanc et projeté en 34 images/seconde, et les couleurs y sont rajoutées. Le Kinemacolor remporte un vif succès avec le film sur le couronnement du roi George V, en 1912, *The Durbar of Delhi*. Sa cadence de projection est de 32 images par seconde. Il disparaît en 1914.

Kinematophone ▪ Marque de commerce d'un appareil créant des effets sonores durant la projection des films au temps du muet. Le Kinematophone peut restituer 50 sons différents. Mais l'appareil est d'un maniement complexe et il est difficile de contrôler la hauteur des sons et le moment où ils doivent être produits.

kinescopage ▪ Opération de transfert d'un film vidéo sur support pellicule (*film transfer*). Il faut impérativement que la vitesse de la caméra soit synchronisée avec le balayage de l'écran de télévision afin d'éviter d'avoir une ligne horizontale qui monte ou qui descend. La définition de l'image vidéo étant plus faible, le résultat du kinescopage est souvent de moindre qualité. ◊ CONTR. télécinéma.

kinescope ▪ [1] Caméra servant à l'enregistrement sur film d'émissions de télévision et de réalisations vidéo (*tape-to-film transfer, kinescope*). ▪ [2] Film ayant enregistré des émissions de télévision et des réalisations vidéo (*transfer*). ▷ **télécinéma**.

Kinetograph ▪ Marque de commerce d'un appareil de prise de vues mis au point par Thomas Edison et William Dickson. Les inventeurs du Kinetograph se sont probablement inspirés de la caméra d'Étienne-Jules Marey pour ses images chronophotographiques. Leur premier modèle de caméra est fabriqué en 1888; William Dickson lui donne son nom en 1889; on construit en 1893 des studios pour le tournage avec cet appareil, le Black Maria. Le Kinetograph est l'appareil de prises de vues et le Kinetoscope est l'appareil destiné à la vision des images réalisées grâce au Kinetograph.

kinétographe ▪ Caméra réversible mise au point en 1896 par George William de Bedts, directement inspirée du Kinetograph d'Edison. De petite taille et pesant 5 kg, le kinétographe est également un appareil de projection. Une pellicule 35 mm perforée est utilisée.

Kinétophone ▪ Marque de commerce d'un système combinant un projecteur, le Kinetoscope, et un phonographe, mis au point par Thomas Edison en 1893 pour la projection synchrone image-son (*Kinetophone*). Le Kinétophone disparaît rapidement.

Kinetoscope ■ Appareil forain à défilement continu et à vision individuelle mis au point par Thomas Edison en 1893 pour exploiter les films du Kinetograph (*Kinetoscope*). Cet appareil inspire, entre autres, les frères Lumière pour leur Cinématographe. Traduction française utilisée : Cinétoscope.

King Kong ■ Gorille géant du film du même nom de Ernest B. Schoedsack et Merian C. Cooper, de 1933. King Kong devient un des nombreux mythes caractérisant le cinéma. Un remake réalisé par Peter Jackon sort en 2005. ▷ **animation par marionnettes, effets spéciaux**.

kino vx ■ Forme abrégée de cinéma. Kino vient du mot grec *kinêsis* qui signifie mouvement.

Kino Glaz RUSSE ■ Ciné-œil.

Kinopanorama ■ Marque de commerce d'un procédé de projection sur écran large mis au point en 1957 par les Soviétiques en vue de concurrencer le Cinérama. Le film est enregistré par trois caméras et restitué par trois projecteurs.

Kinoptic ■ Marque de commerce d'objectifs à focale fixe réputés, mis au point par la société française Kinoptic. Le premier objectif Kinoptic est fixé en 1963 sur une caméra Éclair.

Kinoteck ■ Nom donné à la collection de partitions musicales établie en 1919 et publiée par l'Allemand Giuseppe Becce. On peut choisir sur catalogue les musiques selon les besoins narratifs du film (scènes comiques, dramatiques, d'amour, de poursuite, etc.). La Kinoteck deviendra très populaire. Par la suite, on désignera cette collection par « musiques pour l'image ».

kitsch ■ Se dit des œuvres marquées par une outrance volontaire et ironique du mauvais goût. Le kitsch est synonyme d'inauthenticité, de surcharge et de caricature. Les décors, les accessoires et les costumes doivent refléter ce style péjoratif et affectif, aux nombreuses connotations sexuelles. Le kitsch est valorisé dans les années 1970 par une élite artistique qui y voit une critique de la manipulation des masses et de la glorification de l'inculture. On retrouve ce courant dans les films-cultes comme *Pink Flamingos* (1972) et *Polyester* (1981) de John Waters. ▷ **camp**.

Kodachrome ■ Marque de commerce d'un procédé de cinéma en couleurs soustractif et trichrome mis au point en 1935 par la firme Eastman Kodak pour le 16 mm. L'année suivante, la société le rend disponible en 8 mm et en 35 mm, toujours pour le cinéma. On utilise pour le Kodachrome un film inversible.

Kodacolor ■ Marque de commerce d'un procédé de cinéma en couleurs négatif-positif, de type additif, mis au point en 1928 pour le 16 mm par la firme Eastman Kodak. Il est un dérivé du procédé Keller-Dorian-Berthon. Quoique populaire pour le cinéma amateur, il a beaucoup d'inconvénients, en particulier l'impossibilité de le développer en plusieurs copies. Le procédé est abandonné en 1935, pour être remplacé par le Kodachrome.

Kodak ■ [1] Marque de commerce d'un appareil photo utilisant une bobine de papier négatif mis au point par George Eastman en 1888. ■ [2] Forme abrégée de Eastman Kodak Company.

Koninklijke Philips Electronics N.V ■ Nom original néerlandais de la société Philips, qu'on peut traduire par Électronique royale néerlandaise Philips S. A.

Koulechov ▷ **effet Koulechov.**

l ▪ Symbole de la longueur d'onde.

Lab Aim Density [LAD] ▪ Nom d'une méthode employée dans les laboratoires de développement pour assurer le contrôle et la densité des couleurs afin d'assurer une régularité dans leurs valeurs lumineuses et leurs contrastes.

label ▪ Marque spéciale créée par un organisme ou une société et apposée sur un produit destiné à la vente. Le label peut être un dessin ou un sigle. Parmi les labels les plus connus au cinéma, citons la mappemonde de Gaumont, le coq de Pathé, la statue de la liberté de la Columbia, l'enfant assis sur un quart de lune en train de pêcher de DreamWorks, le lion de la MGM, la montagne de la Paramount et le gong de la Rank.

labo ARG. ▪ Laboratoire (*lab*).

laboratoire ▪ Entreprise de développement, de tirage et de traitement de la pellicule (*laboratory*). Le laboratoire désigne également un local ou des locaux où sont effectués tous les travaux de postproduction ayant trait au film, du sous-titrage à la fabrication des effets spéciaux.

lâcher la main VX ▪ Dans les premiers temps du cinéma, ralentir le mouvement du tournage à la manivelle. En cessant de tourner le manivelle, le mouvement d'entraînement de la pellicule dans l'appareil ralentissait petit à petit. Ce ralentissement provoquait un effet d'accéléré à la projection.

LAD ▪ Abréviation de Lab Aim Density.

lame d'obturateur ▪ Dans un obturateur, lame munie de deux ou trois volets servant à couper la lumière (*shutter blade*). ◇ SYN. pale d'obturateur.

lampe ▪ Terme générique pour désigner une ampoule électrique servant à produire de la lumière soit dans un projecteur d'éclairage, soit dans un projecteur de film (*lamp*). L'ampoule comprend un tube en verre, vide ou enfermant un gaz rare, et muni d'une source lumineuse sous forme d'un filament lié à deux ou plusieurs électrodes, ce filament transportant les électrons qui sortent de la cathode (l'électrode de sortie du courant) pour aller à l'anode (l'électrode d'arrivée). On distingue différents types de lampe: la lampe à arc, la lampe à décharge, la lampe à iode, la lampe à halogène, la lampe à quartz, la lampe au xénon, la lampe survoltée, la lampe pulsée et la lampe tungstène. Les lampes utilisées pour le cinéma et la télévision doivent être puissantes.

lampe à arc ▪ Procédé d'éclairage mis au point en 1808 par le Britannique sir Humphrey Davy. Le gaz qui est enfermé dans le tube provoque chaleur et lumière. La lampe à arc est employée à la prise de vues et à la projection. ▷ **arc électrique.**

lampe à cycle d'halogène ▪ Lampe à incandescence contenant une petite quantité d'halogène (*halogen*). Le rendement et la durabilité de cette lampe sont améliorés grâce au cycle d'halogène. Dans la famille des lampes à halogène, on distingue la lampe à iode, la lampe à quartz-halogène, la lampe à quartz-iode, la lampe à quartz et la lampe tungstène.

lampe à décharge ▪ Lampe à vapeur de mercure (*discharge lamp*). Dans la famille des lampes à décharge, on distingue le tube fluorescent, la lampe à l'halogénure et la lampe à haute pression (comme la HMI).

lampe au xénon ▪ Lampe dont la source de lumière provient d'un arc électrique formé de deux électrodes enfermées dans une ampoule contenant du xénon (*xenon lamp*).

lampe excitatrice ▪ Petite lampe dans le projecteur qui éclaire la piste sonore optique vis-à-vis de la tête de lecture (*exciter lamp*). ◊ SYN. lampe phonique.

lampe flood [flood] ANGLIC. ▪ Lampe incandescente dont la lumière est douce et le rayon d'action, large (*flood lamp*). Propice aux éclairages d'ambiance, le flood convient parfaitement au tournage des films couleur. Soumis à une surtension, sa durée de vie est limitée. Le flood est désormais remplacé par la lampe à halogène. ◊ SYN. lampe survoltée.

lampe HMI [HMI] ▪ Marque de commerce d'une lampe mise au point par la compagnie allemande Osram et devenue nom commun (*HMI*). Le mot est formé à partir de « hydrargyre » (mercure), « medium » (arc) et « iodure ». Par sa compacité, son rendement lumineux élevé et son faible voltage, la lampe HMI est fort utilisée pour les tournages de films et de vidéos. Elle offre un spectre lumineux proche de celui de la lumière du jour.

lampe phonique ▷ lampe excitatrice.

lampe pulsée ▪ Lampe d'éclairage de petite taille fonctionnant par impulsions dans certains appareils de projection (*pulse lamp*). La lampe pulsée est munie d'une ampoule à mercure alimentée par un courant continu à 72 pulsions à la seconde. Elle est surtout utilisée dans les années 1960.

lampe survoltée ▷ lampe flood.

Lamposcope ▪ Appareil de projection mis au point en 1882 par Émile Reynaud (*Lamposcope*). Le Lamposcope est muni d'un disque contenant des images sur sa surface extérieure.

lancé de rayons ▷ tracé de rayons.

lancement ▪ Action de sortir un film sur le marché commercial (*promotion*). Le lancement s'accompagne de publicité achetée dans les médias et d'une campagne de presse auprès des journalistes. ▷ **cahier de presse, promotion, projection privée, visionnage.**

langage cinématographique ▪ Terme de la théorie. Structure et signes du cinéma considérés comme un langage, c'est-à-dire comme un système d'expression et de communication (*cinematographic language*). Le langage cinématographique désigne un ensemble des codes structurant les divers matériaux cinématographiques et composant la signification du film. Le film est porteur de sens et procède d'une intention communicative. Ses composantes générales sont le cadrage, la mise en séquence des images, les mouvements de caméra et les effets optiques et sonores. S.M. Eisenstein est le premier à utiliser cette expression. Dans les années 1960 et 1970, des théoriciens du cinéma, comme l'Italien Giorgio Bettetini et le Français Christian Metz, développent la notion de langage cinématographique. ▷ **analyse**, **grande syntagmatique**, **sémiologie**.

langue ▪ [1] Langue utilisée dans un film, dans les dialogues, les génériques, les titres et les intertitres ou les sous-titres (*language*). On peut parler plusieurs langues dans une œuvre, comme dans *Le mépris* (1963) de Jean-Luc Godard, où l'on parle français, anglais, italien et allemand. ▪ [2] En analyse et théorie cinématographiques, code et organisation des signes cinématographiques (icône, indice, symbole) (*language*).

Lanterna Magika ▪ Spectacle dramatique alliant le cinéma et le théâtre monté par une troupe tchèque. La Lanterna Magika est présentée la première fois en 1958 lors de l'Exposition universelle de Bruxelles. Sa mise en scène montre des acteurs vivants qui jouent et dansent avec leurs doubles sur des écrans, doubles projetés en diapositives et sur films. Ce spectacle continue d'être présenté après l'Exposition en Europe et en Amérique. Il est l'ancêtre de la performance et du multimédia. Son nom tchèque : Laterna magika.

lanterne ▪ Partie de l'appareil de projection abritant la source lumineuse (*lamp house, lantern*).

lanterne de peur ▷ lanterne magique.

lanterne magique ▪ Appareil projetant des images agrandies, peintes sur verre et placées sur une lanterne (*magic lantern*). La lanterne magique est une chambre noire inversée. Elle est formée de trois éléments : une source lumineuse, une plaque de verre peinte et une lentille convergente. Elle fonctionne sur le principe de la *camera obscura,* la lumière passant par la plaque de verre, puis par la lentille, pour projeter l'image renversée (haut-bas) peinte sur la plaque. La première lanterne magique apparaît au XVIIᵉ siècle et son usage se répand rapidement. Deux noms lui sont associés : le Hollandais Christian Huygens et le jésuite allemand Athanase Kircher. Au fil des siècles, on la modifie et l'améliore : ajout d'un miroir concave et d'autres lentilles pour condenser la lumière ; source lumineuse de diverses natures (bougie, lampe à huile, ampoule) ; lanterne à double objectif permettant le fondu enchaîné entre deux plaques de verre pour deux images. Les plaques de verre sont parfois munies de petits mécanismes permettant d'animer partiellement l'image avec des sujets dessinés de manière rudimentaire (coups de bâton, moulins à vents, duels, flammes). Nommée « lanterne de peur », la lampe magique sera très en vogue au milieu du XIXe siècle. Elle est l'ancêtre du projecteur à diapositives. Elle est un des nombreux appareils qui conduiront à la naissance du cinéma, son principe de projection inspirant le projecteur de cinéma.

laquage ▪ Traitement protégeant les copies de l'abrasion et des rayures par l'application d'un vernis transparent sur la gélatine (*lacquering*). ◊ VOISIN plastification. ▷ **développement.**

large bande ▷ bande passante.

largeur de bande ▪ [1] Dimension (ou surface) d'une bande, cinématographique ou magnétoscopique (*bandwidth*). En cinéma, la largeur de bande est synonyme de format (*size*). ▪ [2] ◊ VAR. large bande. ▷ **bande passante.**

larsen FAM. ▷ **effet Larsen.**

laser ▪ Acronyme de *light amplification by simulation emission of radiation*. Générateur d'ondes électromagnétiques dont le rayonnement monochromatique cohérent permet d'obtenir une grande puissance énergétique très directive et un faisceau très fin (*laser*). La première démonstration du laser a lieu en 1960. Sa source lumineuse est monochrome ; elle a un rayon très étroit mais très puissant (l'équivalent d'un million d'ampoules de 100 watts) et elle se déplace sur des longues distances sans perdre cette puissance. Une image en relief obtenue par laser mais sans appareil photographique est appelée hologramme. ▷ **cinéholographie.**

latensification ▪ Traitement visant à renforcer l'image latente après la prise de vues en voilant légèrement son émulsion (*latensification*). ▷ **hypersensibilisation, postflashage.**

Laterna Magica ▪ Nom original tchèque de la Lanterna Magika.

lavage ▪ Étape dans le développement de la pellicule qui survient après que celle-ci est rincée et fixée, mais avant qu'elle ne soit séchée (*washing*). Le lavage enlève les impuretés et dissout une partie des solutions chimiques. Une pellicule ayant subi un lavage se conserve plus facilement.

lavande ▷ copie lavande.

lay out ANGL. ▪ Terme très usité en français. En cinéma d'animation, maquette et agencement des dessins.

lay out man ANGL. ▪ Terme très usité en français. Dessinateur de fonds. Le *lay out man* est généralement un assistant réalisateur ; il est responsable de la mise en place de l'ensemble du dessin animé. Son travail s'effectue à partir du storyboard et des dessins de l'animateur.

lecteur à piste projetée ▪ Procédé inverse de la fente projetée. Un objectif projette l'image agrandie de la piste sonore sur une fente étroite placée devant la cellule. ▷ **lampe excitatrice.**

lecteur optique ▪ Partie de l'appareil émettant un signal lumineux et captant le retour afin d'enregistrer des informations codées sur un support imprimé et de les lire par la suite (*optical reader*).

lecteur sonore ▪ Partie de l'appareil de projection servant à la lecture de la piste sonore (*sound reader*). ▷ **fente, lecteur à piste projetée.**

lecture ▪ On parle de lecture pour la reproduction de la piste sonore sur un support, qu'il s'agisse du disque de vinyle, du disque compact, de la disquette ou de la bande magnétique (*playback, reading*). En cinéma, le son est transcrit par des variations de la transparence d'une piste sonore située à la marge du film. Cette piste est éclairée d'un côté par une petite lampe, dite « lampe excitatrice »; de l'autre côté, une cellule photoélectrique reçoit un éclairement qui sera transformé en variations électriques, elles-mêmes amplifiées par l'amplificateur.

lecture du son ▪ Opération permettant de lire la bande sonore du film au moment où elle passe au niveau du lecteur sonore (pour le son photographique) ou devant une tête de lecture (pour le son magnétique) (*sound reading*).

lecture en continu ▷ streaming. ◇ VAR. lecture en transit.

lecture en transit ▷ lecture en continu.

lecture mécanique ▪ Système de mesure de la lumière incidente transmettant l'information au galvanomètre (*physical reading*). La cellule photoélectrique qui permet alors de mesurer la lumière est alimentée au sélénium.

lecture numérique ▪ Système de mesure de la lumière incidente permettant de lire une information inscrite sur un écran numérique (*digital reading*). La cellule photoélectrique qui permet de mesurer cette lumière est composée de silicium ou de sulfure au cadmium. ▷ **CdS**.

Légion de la décence ▪ Traduction courante de Legion of Decency. Organisation catholique fondée en 1934 par des évêques américains, destinée à surveiller la moralité des films et à conseiller les spectateurs. La Légion de la décence renforce le code Hays institué dans les années 1930. Autre traduction : Ligue de la décence.

lentille ▪ [1] Pièce de verre à surface courbe utilisée dans les objectifs servant à la formation des images (*lens*). Chaque lentille se caractérise par sa focale (courte, moyenne, longue et très longue). ▪ [2] Par extension, objectif. ▷ **réticule**.

lentille anamorphoseuse ▪ Lentille permettant une image anamorphosée (*anamorphic lens*). ▷ **lentille cylindrique**.

lentille concave ▪ Lentille présentant une surface sphérique en creux (*concave lens*).

lentille condensatrice ▷ condenseur.

lentille convexe ▪ Lentille présentant une surface arrondie en dehors (*convex lens*).

lentille correctrice ▪ Lentille dite de Schmidt corrigeant l'astigmatisme (*anastigmat lens*). ◇ VAR. lentille de correction.

lentille cylindrique ▪ Lentille dont la surface cylindrique permet les anamorphoses (*cylindrical lens*).

lentille de correction ▪ Variante de lentille correctrice.

lentille de Fresnel ▪ Lentille à échelons inventée par le Français Augustin Fresnel qui, par ses grandes dimensions, concentre les faisceaux lumineux des projecteurs de prise de vues (*Fresnel lens*). L'augmentation ou la diminution du flux lumineux se fait par le déplacement de l'ampoule le long de son axe. Fresnel met au point en 1821 ce type de lentille originellement pour le système optique des phares de signalisation marine. On utilise une lentille de Fresnel quand la qualité de l'image est secondaire. ▷ **spot.**

lentille dite de Schmidt ■ Lentille correctrice pour l'astigmatisme du nom de l'opticien et astronome estonien Bernhard Schmidt, fabricant de nombreuses lentilles et inventeur en 1930 d'un télescope photographique (*Schmidt lens*).

lentille sphérique ■ Lentille à surface sphérique, distincte de la lentille anamorphoseuse (*spherical lens*).

letterbox ANGL. ■ Littéralement: boîte aux lettres. Sur l'enregistrement d'un film en vidéocassette ou en DVD, indication du respect du format original du film. Le format *letterbox* donne à l'écran une image de format rectangulaire semblable à celui d'une boîte aux lettres. Il se caractérise par les bandes noires horizontales enserrant l'image; ▷ **bretelles.** On suggère de traduire ce terme par « écran panoramique ». ◊ SYN. ANGL. *widescreen.*

lettre ■ Forme de discours cinématographique qui associe la narration à une lettre. Le film, court ou long métrage, se veut une lettre adressée à une personne ou directement au spectateur. Il prend souvent la forme d'une confidence. Il peut prendre le schéma d'une lettre d'amour, d'une lettre de prison, d'un compte rendu de voyage ou d'un commentaire politique. Il est proche du journal. Comme exemples de lettre sous forme de film, citons *Lettre de Sibérie* (1958) de Chris Marker, *Lettre d'amour en Somalie* (1981) de Frédéric Mitterand, *Les enfants du Borinage: lettre à Henri Stork* (1999) de Patric Jean, *La dernière lettre* (2002) de Frederick Wiseman et *Pour un seul*

de mes deux yeux (2005) d'Avi Mograbi. ▷ **autofiction.**

lien ■ Indicateur de liaison dans une page Web (*link*). ▷ **site.**

ligne ■ Ensemble des pixels formant une ligne sur un écran de télévision (*line*). Une ligne, entrelacée avec d'autres lignes, compose l'image électronique. La définition de l'image dépend du nombre de lignes: 625 (400 000 pixels) en Europe et 525 (300 000 pixels) en Amérique. ▷ **2 K, haute définition, 4 K.**

ligne coaxiale ▷ **câble coaxial.**

ligne imaginaire ■ Ligne que ne doit pas franchir la caméra lorsque sont filmés deux personnages en champ-contrechamp (*imaginary line*). Si cette ligne imaginaire est franchie, le plan en contrechamp causera un déséquilibre et une confusion chez le spectateur qui aura l'impression que le regard des personnages ne se croise pas. ▷ **loi des 180 degrés.**

Ligue de décence ▷ **Légion de décence.**

lily ANGL., ARG. ■ Charte. ◊ SYN. gamma.

LimeWire ■ Nom d'un des logiciels les plus connus de partage de fichiers de poste-à-poste [P2P]. Disponible en plus de 15 langues, LimeWire permet de rechercher tous les types de fichiers (audio, vidéo, textes et programmes). Il est le premier logiciel de partage à proposer le transfert de fichier de pare-feu à pare-feu. Il peut être téléchargé gratuitement sur tout ordinateur, mais pour une version plus performante, il faut l'acheter. La recherche de fichiers se fait par nom d'artiste, de titre, de genre et par combinaison de noms. C'est un système de source libre qui intègre désormais des limitations quant au partage de fichiers audio et vidéo dépourvus de licence. Il devient alors une plateforme payante pour les fichiers protégés par le droit d'auteur, mais malgré sa volonté de protéger le droit d'auteur, la société LimeWire prend peu de moyens pour empêcher l'échange illégal de fichiers protégés. Depuis 2005, elle est sous le coup de plusieurs accusations et poursuivie par des compagnies de disques et de films. ▷ **BitTorrent, piratage.**

limpet ANGL. ▪ Littéralement : bernique, « moule qui s'accroche au rocher » ; mot n'ayant pas d'équivalent français. Socle muni de ventouses qu'on peut coller sur une surface lisse (comme le capot d'une voiture) et sur lequel est fixée une caméra. Le *limpet* permet également la fixation d'accessoires divers autres que la caméra.

lion ▪ [1] Image faisant partie de l'emblème de la MGM. ▪ [2] Nom donné à la récompense décernée à l'issue du Festival international de Venise, symbolisée par une statuette représentant un lion ailé, emblème du protecteur de la ville, Marc l'Évangéliste. On distingue deux catégories de prix : le lion d'or et le lion d'argent.

Lions Gate ▪ Forme abrégée de Lions Gate Entertainment Corporation.

Lions Gate Entertainment Corporation [Lions Gate] ▪ Société de production et de distribution, née de Lionsgate Films, formée en 1995 et divisée en deux filiales, l'une aux États-Unis et l'autre au Canada. C'est une des plus grandes sociétés indépendantes dans le cinéma et la télévision en Amérique. En 2003, elle achète Artisan Entertainment, qui connaît en 1999 un énorme succès avec *Le projet Blair Witch* (1999) de Daniel Myrick et Eduardo Sánchez. La compagnie annonce en 2007 que son catalogue est disponible dans iTunes Store, qui appartient à Apple. La même année, elle signe avec Reeltime Rentals une entente pour le VOD (vidéo à la demande) pour contrer le partage de fichiers poste-à-poste. Mais c'est Lionsgate Films qui est sa filiale la plus importante, fondée par Robert Altman en 1981, et qui distribue des films indépendants et étrangers. Parmi les films marquants qu'elle distribue, citons *Affliction* (1999) de Paul Schrader et *Farenheit 9/11* (2004) de Michael Moore. Elle assure également la distribution en vidéocassettes et en DVD des films de plusieurs compagnies, comme *Total Recall* (1990) de Paul Verhoeven et *Reservoir Dogs* (1992) de Quentin Tarantino. Il arrive, quoique rarement, qu'elle coproduise des films avec de grands studios comme Paramount Pictures et United Artists. La filiale canadienne est vendue en 2005 à Maple Pictures, une société fondée par deux anciens directeurs de Lions Gate. Un de ses grands succès est la série télévisée *The Dead Zone* (2002-2007).

Lionsgate Films ▷ Lions Gate Entertainment Corporation.

lip-sync ANGL. ▪ Forme abrégée de *lip synchronization*.

lip synchronization [lip-sync] ANGL. ▪ [1] Terme usité français en lieu et place de « synchronisation labiale ». Synchronisation des lèvres avec des paroles et des sons préalablement enregistrés en auditorium et diffusés sur un plateau de

273

cinéma ou de télévision. Pour une illustration amusante de l'invention de cette technique, voir le film de Stanley Donen et Gene Kelly, *Chantons sous la pluie* (1952). ▷ **playback.** ■ [2] ▷ **postsynchronisation.**

lisse ▷ bande lisse.

liste noire ■ Liste de personnes n'étant pas employées par les maisons de production américaines entre 1947 et 1951, durant la période du maccarthysme (*blacklist*). Accusées d'être communistes ou d'avoir des sympathies communistes, ces personnes, principalement des acteurs, des scénaristes et des réalisateurs, sont traquées par la Commission parlementaire des activités antiaméricaines et les convocations au Sous-comité sénatorial d'enquête permanent (distinct de la Commission parlementaire des activités antiaméricaines) présidé par le sénateur Joseph McCarthy ; ▷ **maccarthysme.** Elles sont soumises à une véritable purge. C'est la chasse aux sorcières qui appelle à la délation (Elia Kazan dénonce des confrères). Certaines de ces personnes, comme Joseph Losey et Abraham Polonsky, sont pendant près de 20 ans boycottées par l'industrie hollywoodienne qui refuse d'avouer l'existence d'une telle liste. Les enquêtes de la commission se poursuivent jusqu'en 1954. La liste noire disparaît en tant que telle en 1961. ▷ **Hollywood Ten.**

Little Three (The) ■ Au temps des studios, appellation désignant les trois compagnies hollywoodiennes ne faisant pas partie des Majors : la Universal, la Columbia et la United Artists. ▷ **Big Five, Big Eight, Minor.**

livre de bord ▷ rapport de production.

l.m. ■ Abréviation de long métrage. Cette abréviation s'écrit parfois « lm ».

location en bloc ■ Entente forçant un exploitant ou une chaîne d'exploitation à louer un ensemble indivis de films (*block booking*). Quoique se pratiquant dans plusieurs pays, la location en bloc est courante en Amérique dans les années 1920, car cette méthode de location garantit automatiquement des recettes aux producteurs quelle que soit la qualité des films imposés. Elle cessera en 1948 à la suite de la décision antitrust de la Cour suprême des États-Unis obligeant les Majors à se départir de leurs salles ; ▷ **Paramount decision.** ◇ VAR. location en lot. ◇ SYN. réservation en bloc, réservation en groupe, réservation en lot. ▷ **réservation aveugle.**

location en lot ■ Variante de location en bloc.

locomotive ARG. ■ Film à succès. On place une locomotive au début de certaines tranches de saisons : vacances d'été, temps des fêtes, etc. ▷ *blockbuster*, **film à grand spectacle, gros calibre, rouleau compresseur.**

loge ■ Petite pièce où les acteurs se maquillent et revêtent leurs costumes (*dressing room*). ◇ SYN. salle d'habillage.

logiciel ■ Ensemble de programmes nécessaires au fonctionnement d'un ordinateur, à son niveau d'exploitation et à des applications dédiées, comme la gestion des tâches, la gestion de la comptabilité, le synthétiseur de musique, la production de graphiques, le montage de sons et d'images, la compression de données, un antivirus, un jeu vidéo, etc. (*software*).

On emploie souvent le mot « programme informatique » pour désigner un logiciel, bien qu'un logiciel peut contenir plusieurs programmes. On utilise au cinéma plusieurs logiciels, accompagnés d'un ensemble de données pour les faire fonctionner, pour l'infographie, les images de synthèse, les trucages numériques et le montage électronique. Le droit d'utilisation du logiciel est généralement réglementé par une licence d'utilisation et le droit d'auteur. Il existe à cet effet trois types de logiciel : *a)* le logiciel propriétaire, logiciel couramment en vente dont il faut acquérir une licence d'utilisation et dont les droits reviennent en tout ou en partie aux créateurs ; *b)* le gratuiciel, logiciel sur lequel le programmeur conserve ses droits d'auteur, mais ne réclame pas leur paiement, et qui peut donc être copié et distribué (*freeware*) ; et *c)* le partagiciel, logiciel mis à la disposition du public par son créateur auquel il faut verser une contribution, généralement faible, en cas d'utilisation (*shareware*). ▷ logiciel d'application.

logiciel d'application [application] ■ Ensemble de programmes informatiques et de procédures qui répondent à un besoin déterminé et supportent les processus de travail de l'utilisateur. Le logiciel d'application est un outil qui permet de tout faire sur un ordinateur (traitement de texte, tableur, navigateur, etc.).

loi d'aide ■ Fonds d'aide ou de soutien à l'industrie cinématographique, vidéographique ou en multimédia créé par une loi ou un décret de l'État (*government measures*). Cette aide s'applique à la production (préproduction, réalisation, postproduction) et à l'exploitation (promotion, salles de cinéma, festivals). Elle est généralement gérée par un organisme d'État créé à cet effet. Presque tous les États dans le monde ont créé des lois d'aide.

loi de réflexion ■ Loi de l'optique géométrique sur la propagation d'un rayon lumineux (*reflection law*). Lorsqu'un rayon lumineux heurte un obstacle, il subit une réflexion au lieu de se propager en ligne droite.

loi de réfraction ■ Loi de l'optique géométrique sur la propagation d'un rayon lumineux à l'intérieur d'un même milieu transparent (*refraction law*). Lorsqu'un rayon pénètre dans un second milieu aux propriétés différentes, il subit une réfraction au lieu de se propager en ligne droite.

loi des 180 degrés ■ Règle qui commande de filmer deux personnes qui se font face en contrechamp en ne dépassant pas la ligne imaginaire qui les réunit (*180-degree rule*). On filmera donc chacun des personnages du même côté de la ligne, pour que leur regard donne l'impression de se croiser. Cette loi vaut également pour le déplacement d'un personnage d'un plan à un autre ; si, dans le plan, le personnage se déplace de gauche à droite, il doit, dans le plan suivant, être vu se déplaçant encore de gauche à droite, sinon, il donnera l'impression de revenir sur ses pas. La loi des 180 degrés a été établie dans les années 1920, à Hollywood. Elle n'est pas toujours respectée scrupuleusement.

loi des 30 degrés ■ Règle qui recommande, lors du passage d'un plan à un autre à une même distance d'une personne ou d'un objet, l'utilisation d'angles d'au moins 30 degrés (*30-degree rule*). Si cette règle n'est pas respectée, le spectateur aura l'impression de voir un faux raccord. Cette règle ne s'applique pas si, d'un plan à un autre, la distance entre la caméra et la personne (ou l'objet) est très nette.

loi sinusoïdale ■ Loi des mouvements des phénomènes périodiques tenant compte des variations de l'amplitude, de la fréquence et de la phase de ces phénomènes sonores (*sinusoidal law*).

long métrage [l.m., lm] ■ Film dont la durée dépasse 60 minutes (*feature film*). En France, la durée définie officiellement par le Centre national de la cinématographie [CNC] est de plus de 58 minutes et 29 secondes, l'équivalent de la longueur de 1600 mètres d'un film 35 mm standard à la cadence de 24 images par seconde. Au début des années 1910, aux États-Unis, on traduit « long métrage », soit un film de plus de cinq bobines (chaque bobine a alors une durée d'environ 15 minutes) par *feature*, qui vient de *to feature* qui veut dire « mettre en vedette », dans le but d'attirer l'attention sur les acteurs, le récit ou le genre du film ; ▷ **nickelodéon**. À l'époque du programme double, le *feature film* désignera le film principal qui, par son budget élevé, ses vedettes connues et sa durée (plus de deux heures), se distingue du film de série B. Un film de 90 minutes équivaut à 2500 mètres de pellicule 35 mm et à

1000 mètres de pellicule 16 mm. ▷ **court métrage, moyen métrage**.

longueur d'entrefer ■ Sur les appareils d'enregistrement et de reproduction magnétique, distance effective entre la surface de la bande et la tête de lecture magnétique (*air-gap lenght*).

longueur d'onde ■ Distance parcourue par une onde pendant une période correspondant à la distance entre deux crêtes successives (*wavelenght*). Plus la fréquence est élevée, plus la longueur d'onde est courte. La longueur d'onde est exprimée en mètres et son symbole est « l », et ce, dans de nombreux domaines (son, électricité, électronique, optique, etc.).

Looney Tunes ■ Nom d'une série de courts métrages d'animation produits et distribués par Warner Bros., des années 1930 aux années 1950. Les *Looney Tunes* mettent en scène des personnages d'animaux au caractère symbolique facilement reconnaissable. La série des *Looney Tunes* est lancée afin de concurrencer la série de Walt Disney, *Silly Symphonies*. Son principal animateur est Fred « Tex » Avery ; les animateurs Chuck Jones, Fritz Freleng et Robert McKimson collaborent également à la série. Les personnages les plus connus de ces courts métrages sont le cochon Porky, le canard Daffy, le coq Charlie, le lapin Bugs, l'oiseau gazouilleur Titi, le putois Pépé, le volatile Road Runner et la souris Rapido Gonzales. La série est popularisée à la fin des années 1950 grâce à la télévision. En 1970, la Warner Bros., ayant interrompu la série depuis un an, la réactualise pour la télévision et pour des longs métrages pour les salles. La société produit une autre série semblable, *Merry Melodies,* avec les mêmes personnages.

Lorraine ARG. ■ Planche pour les machinistes.

loueur ARCH. ■ Personne ou société qui sort les films et assure leur publicité. Synonyme actuel : distributeur.

Louma ■ Marque de commerce d'une grue inventée en 1976 par les Français Jean-Marie Lavalou et Alain Masseron et mise au point par le Britannique David Samuelson. Le nom vient de lavaLOU et MAsseron. Cette grue, à laquelle est suspendue une caméra compacte et portable, est mobile, flexible et légère. La Louma, qui prend la forme d'un long tuyau orientable (ou bras télescopique) pouvant atteindre 7 mètres, est contrôlée à distance par un opérateur qui cadre la scène sur un moniteur vidéo en régie ; on peut lui faire effectuer des mouvements extrêmement complexes. Elle dispose également d'un dispositif d'aide au cadre, appelé SmartPan, mis au point en 1996 par Nicolas Pollacchi et Andy Romanoff, réglable selon la sensibilité de l'opérateur et qui compense automatiquement le panoramique de la tête de la caméra en sens inverse de celui du bras de la grue ; cela permet au cadreur d'être totalement maître de son cadre, qu'il peut modifier à tout moment pendant le mouvement de l'appareil. Seule la Louma dispose d'une telle aide au cadre. Les premiers cinéastes à utiliser la Louma sont Roman Polanski (*Le locataire,* 1976), Steven Spielberg (*1941,*

1979) et Wim Wenders (*L'ami américain,* 1977).

loupe ■ [1] Lentille de visée donnant une image agrandie de celle perçue par l'objectif de la caméra (*magnifying glass*). ■ [2] Lentille permettant, lorsqu'on monte un film, d'agrandir un photogramme (*magnifying glass*).

love story ANGL. ■ Expression très usitée en français, qui signifie « histoire d'amour ». Film centré exclusivement sur les rapports amoureux, présentés de manière sentimentale et romantique. Le film le plus célèbre d'une histoire d'amour est justement *Love Story* (1979) d'Arthur Hiller. ▷ ***Boy meets girl,*** film d'amour.

lubrification ■ Action d'enduire une pellicule d'une matière lubrifiante afin qu'elle passe sans friction dans un projecteur (*lubricating*). ◇ SYN. waxage (*waxing*).

LucasArts ■ Forme abrégée de LucasArts Entertainment Company.

LucasArts Entertainment Company [LucasArts] ■ Nom que George Lucas donne en 1988 à une société pour la mise au point et le développement de jeux vidéo. LucasArts est alors une filiale de Lucasfilm. Avant de s'appeler LucasArts Entertainment Company, la société porte le nom de LucasFilm Games. Elle révolutionne le monde du jeu en y ajoutant une dimension cinématographique, en particulier par le côté immersif des jeux. Elle adapte également des films en jeux vidéo ; en 1989, le premier film à être présenté en jeu vidéo est *Indiana Jones et la dernière croisade* (1988) de Steven Spielberg ; la série *La guerre des étoiles*

(1977, 1980, 1983, 1999, 2002 et 2005) est naturellement déclinée en jeu vidéo. En 1990, LucasArts Entertainment Company est réorganisée et comprend les unités suivantes: LucasFilm (pour les suites), LucasArts (pour les jeux), LucasDigital (qui regroupe Industrial Light and Magic et Skywalker Sound), SoundDroid, EditDroid et AvidDroid (pour une technologie de montage électronique), THX Lucasfilm Sound System et le Home THX Program.

Lucasfilm Sound System ▷ **THX.**

ludiciel ▪ De la contraction de ludique et de logiciel. Logiciel conçu pour un jeu vidéo (*gameware*). On confond souvent ludiciel et jeu vidéo, alors que ludiciel désigne le contenant, le jeu étant le contenu.

luge ▪ Mini-base dont la forme rappelle la luge et qui permet, tout en étant très basse, de faire effectuer à la caméra de légers mouvements verticaux. ▷ **base.**

lumen ▪ Unité de mesure du flux lumineux (*lumen*). Il faut pour mesurer le flux lumineux que la source lumineuse soit dans une direction uniforme, un angle solide et un temps donné. ▷ **candela, intensité lumineuse, lux, photométrie.**

Lumicolor ▪ Marque de commerce d'un procédé additif de couleurs mis au point par la société française Lumière en 1932. La particularité du Lumicolor est l'utilisation d'un support mince et souple et son émulsion très rapide qui permet de filmer des sujets en mouvement ou à l'ombre. Ce procédé disparaît à la fin des années 1930 avec l'arrivée des procédés soustractifs comme le Technicolor alors qu'il a tous les atouts pour concurrencer ces procédés.

lumière ▪ [1] Ondes électromagnétiques qui rendent les objets visibles (*light*). Les ondes radio, l'infrarouge, l'ultraviolet, les rayons X et les rayons gamma font partie de la famille des ondes électromagnétiques. Les ondes se propagent sous forme de rayons qui suivent une certaine trajectoire. L'émission lumineuse n'est pas continue mais se déplace par émissions successives; elle émet des radiations simples en nombre infini. ▷ **laser.** ▪ [2] Éclairage, composition picturale (*lighting*). La lumière est essentielle au film; elle lui donne son unité et sa valeur plastique; par elle, on crée une atmosphère particulière (âpre, diffuse, douce, dure, légère, violente, etc.). Elle fait partie de la mise en scène. On peut se servir de la lumière pour lui donner une fonction narrative ou symbolique; voir la trilogie *Trois couleurs Bleu* (1993), *Trois couleurs Blanc* (1993) et *Trois couleurs Rouge* (1994) de Krzytsztof Kieslowski. Des critiques et des analystes classent en deux catégories l'utilisation de la lumière: une utilisation naturaliste, par un éclairage qui doit sembler venir d'une source lumineuse naturelle, et une utilisation picturale, par un éclairage recherché qui doit avoir un caractère symbolique ou dramatique (jeux d'ombre et de lumière, lumière découpée, lumière voilée, etc.). Le travail sur la lumière est confié au chef opérateur. On distingue la lumière artificielle, la lumière d'ambiance, la lumière de base, la lumière de décrochage, la lumière par derrière, la lumière douce, la lumière du jour, la lumière incidente, la lumière latérale, la lumière naturelle, la lumière réfléchie, la lumière directe et la lumière indirecte; ▷ **couleur, étalonnage, filtre, trame.** Pour la lumière artificielle, on a besoin d'éclairage, donné par des lampes. [3] Orifice laissant passer la lumière dans une tireuse (*printer-light*). Par extension, la lumière désigne le niveau de réglage de l'intensité lumineuse dans une tireuse. ▷ **photométrie.**

lumière à effet ■ Source de lumière principale éclairant un personnage, un décor ou l'ensemble d'une scène (*effects lighting*). ◊ VAR. lumière d'effet. ◊ SYN. lumière de base.

lumière artificielle ■ Lumière émise par des projecteurs, principalement lors d'un tournage en studio (*artificial light*). ▷ **éclairage de studio.** ◊ CONTR. lumière naturelle.

lumière d'accessoire ■ Lumière provenant d'un accessoire. La chandelle est un exemple de lumière d'accessoire. ◊ VOISINS lumière du jour, lumière du soleil, lumière naturelle.

lumière d'ambiance ■ Lumière qui doit combler l'ombre créée par les lumières de base (*fill light, fill-in light*). ◊ SYN. lumière de bouchage RARE.

lumière de base ■ Source lumineuse principale éclairant un personnage, de face et de côté, un décor ou une scène (*key light*). Les zones claires dominent les zones sombres. La lumière de base est particulière aux comédies musicales. Le terme anglais *key light* est de plus en plus usité en français. ◊ SYN. lumière à effet, lumière principale. ◊ CONTR. lumière d'ambiance.

lumière de bouchage RARE ▷ **lumière d'ambiance.**

lumière de décrochage ▷ contre-jour.

lumière d'effet ▷ lumière à effet.

lumière de Paris ■ Prix décerné au début du mois de février chaque année par l'Association de la presse étrangère en France aux productions cinématographiques françaises. Les lumières de Paris sont créés en 1996 et remis pour la première fois en 1997. C'est *Marius et Jeannette* (1997) de Robert Guédiguian qui reçoit alors le lumière du meilleur film.

lumière directe ■ Éclairage dont les sources sont dirigées directement sur le sujet filmé. ◊ CONTR. lumière indirecte.

lumière douce ■ Lumière permettant d'éclairer à peu près sans ombre la scène à filmer (*soft light*).

lumière du jour ■ Lumière fournie par le soleil (*daylight*). ◊ SYN. lumière du soleil, lumière naturelle.

lumière du soleil ▷ lumière du jour.

lumière incidente ■ Lumière éclairant le sujet (*incident light*). ◊ CONTR. lumière réfléchie. ▷ **posemètre.**

lumière indirecte ■ Éclairage dont les sources sont dirigées vers des réflecteurs. La lumière indirecte n'est pas dirigée sur le sujet filmé. ◊ CONTR. lumière directe.

lumière latérale ■ Lumière qui éclaire les deux côtés d'un sujet, dans un espace perpendiculaire à l'axe de l'objectif (*cross light, side light*).

lumière monochromatique ■ Lumière d'une seule longueur d'onde, qui ne se disperse pas (*monochromatic light*).

lumière naturelle ■ Lumière dont la source est de provenance autre qu'artificielle (*natural light*). La lumière naturelle varie selon l'heure, la saison et la météo. ◇ SYN. lumière du jour, lumière du soleil.

lumière parasite ■ Lumière qui, par accident, a voilé l'émulsion du film (*stray light*).

lumière par derrière ▷ contre-jour.

lumière principale ▷ lumière de base.

lumière réfléchie ■ Lumière renvoyée par le sujet éclairé (*reflected light*). ◇ CONTR. lumière incidente. ▷ **posemètre**.

lumière unique ■ Étalonnage fixe pour un ensemble de rushes qui ne sont pas, dès lors, étalonnés plan à plan (*one-light print*). L'étalonnage par lumière fixe est une méthode économique du tirage des rushes.

luminance ■ Quotient de l'intensité lumineuse d'une surface (*luminance*). Une bonne luminance se caractérise par des images lumineuses, contrastées, nettes et sans parasites. Synonymes à éviter: brillance, éclat. ▷ **chrominance, photométrie**.

lumination ■ Quantité de lumière reçue par une couche sensible durant le temps d'exposition (ou temps de pose) (*lumination*).

Lunasix ■ Marque de commerce d'un posemètre de la firme allemande Gossen, employé principalement en photographie, reconnu pour ses mesures sûres et précises. En outre, des ajouts permettent d'effectuer des mesures avec un faible angle de champ (pour la prise de vues au téléobjectif), des mesures pour les travaux d'agrandissement à la chambre noire et des mesures pour les travaux de microphotographie.

lux [lx] ■ Unité d'éclairement d'une surface (*lux*). ▷ **candela, intensité lumineuse, lumen, photométrie**.

luxmètre ■ Appareil servant à mesurer l'éclairement (*luxmeter*). ▷ **posemètre**.

lx ■ Symbole de lux.

lyre ▷ **herse**.

maccarthysme ■ Nom donné à la politique de délation et de diffamation menée par le sénateur Joseph McCarthy de 1947 à 1951, aux États-Unis, contre les personnalités du monde de la culture et du cinéma en particulier, identifiées comme communistes ou taxées de sympathies communistes (*maccarthysm*). Au départ, le Sous-comité sénatorial d'enquête permanent (distinct de la Commission parlementaire des activités antiaméricaines, à la Chambre des représentants) présidé par le sénateur doit enquêter sur les fonctionnaires d'organismes gouvernementaux comme ceux travaillant à Voice of America. Le maccarthysme désigne également une ambiance politique consistant à réduire l'expression d'opinions politiques ou sociales jugées défavorables aux États-Unis, en limitant les droits civiques sous le motif de défendre la sécurité nationale. On désignera par la suite cette politique « chasse aux sorcières ». ▷ **Hollywood Ten, liste noire.**

Macguffin ■ Mot inventé par Alfred Hitchcock pour désigner l'élément déclencheur d'une intrigue. Le Macguffin est d'une grande importance pour les personnages, mais beaucoup moins pour les spectateurs. Il est un prétexte pour exploiter et nourrir l'action du film. L'uranium dans les bouteilles de vin dans *Les enchaînés* (1946), les bijoux dans *La main au collet* (1955) et les billets de banque dans *Psychose* (1960) sont des exemples de Macguffin. Certains cinéastes contemporains ont placé des Macguffin dans leurs films ; ainsi, *La prisonnière espagnole* (1997) de David Mamet raconte une escroquerie sur un procédé dont on ne connaîtra jamais la nature. ◊ VAR. McGuffin, Maguffin.

machine ■ Dans les divers métiers de l'audiovisuel et du cinéma, synonyme d'appareil, d'équipement et d'outillage (*machine*).

machine à bruits VX ■ À l'époque du muet, machine située derrière l'écran permettant d'imiter de nombreux bruits (*sound effects machine*). Les premières machines à bruit sont lancées en 1910 par Léon Gaumont. Manipulées par un machiniste, elles peuvent imiter une cinquantaine de bruits, du grincement des essieux d'une voiture aux cris d'un bébé. La plus célèbre machine à bruits est l'Alleflex, de fabrication britannique ; ▷ **Multiphone de Rousselot.** Ces appareils disparaissent au début des années 1920 avec la musique composée spécialement pour un film et jouée devant l'écran par un orchestre.

machine à colorier ▪ Du temps du muet, appareil à colorier les films en noir et blanc (*coloring machine*). Apparue aux alentours de 1905, la machine à colorier fonctionne sur le principe du pochoir, chaque couleur étant appliquée par brossage d'un colorant sur une copie neuve. Son coût d'utilisation est élevé.

machine à perforer ▪ Appareil mis au point vers 1890 par Thomas Edison et William K. Dickson pour perforer à la main leur pellicule 35 mm (*perforating machine*). Entre 1895 et 1905, de nombreuses machines font leur apparition. Elles se perfectionneront par la suite.

machine à piétage ▪ Appareil servant à inscrire le piétage sur la pellicule (*footage machine*).

machine à trucages ▷ Truca.

machiniste [machino] ▪ Personne responsable de la manutention et de l'installation du matériel lourd de tournage, machines et décors (*grip*). Le machiniste travaille sous la direction du chef machiniste. Sur le plateau, les machinistes assument des tâches précises comme le travelling, le déplacement de la grue, la conduite de la voiture-travelling, le déplacement d'une feuille de décor, la pose d'un praticable, etc.

machino ARG. ▪ Machiniste.

macmahoniens (les) PLUR. ▪ Groupe de cinéphiles fréquentant le cinéma Mac-Mahon à Paris dans les années 1950 et grands admirateurs du cinéma américain. Les macmahoniens sont proches des revues *Présence du cinéma* et *Positif*, auxquelles d'ailleurs plusieurs collaborent. Leurs quatre auteurs préférés qu'ils font découvrir au public français sont Raoul Walsh, Joseph Losey, Fritz Lang et Otto Preminger, cinéastes exemplaires à leurs yeux d'une esthétique de la « pure » mise en scène. Ils ont également leurs bêtes noires, dont S.M. Eisenstein, Roberto Rossellini et Orson Welles. Le cinéaste Bertrand Tavernier fait partie des macmahoniens.

macrocinéma ▪ Forme abrégée de macrocinématographie.

macrocinématographie [macrocinéma) ▪ Technique de prise de vues permettant d'enregistrer des images de taille similaire aux objets filmés (des insectes, par exemple) de façon telle qu'ils apparaissent fortement agrandis à l'écran (*macrocinematography*). Pour obtenir une image macrocinématographique, il faut tenir spécialement compte de la profondeur de champ, du temps de pose et de la source d'éclairage, et avoir une caméra à visée reflex munie d'un téléobjectif. On ne doit pas confondre la macrocinématographie et la microcinématographie.

magasin ▪ [1] Partie de la caméra étanche à la lumière dans laquelle est emmagasinée la pellicule vierge (*magazine*). Le magasin est constitué généralement de deux boîtiers, un boîtier débiteur et un boîtier receveur; on distingue alors le magasin débiteur (*feed magazine*) et le magasin récepteur (*take-up magazine*). Dans la plupart des caméras, les deux boîtiers sont placés en ligne et forment un magasin coplanaire ou en ligne (*displacement magazine*); dans certaines, les boîtiers sont en déport, dans une disposition coaxiale (*coaxial magazine*), tandis que d'autres ne comportent qu'un seul boîtier (*single chamber magazine*). ▷ **chargeur.** ▪ [2] Local pour recevoir et conserver du matériel, comme les accessoires ou les costumes (*warehouse*). ◊ VOISIN entrepôt. VX défiloir.

magasins PLUR. ▪ Entrepôts de costumes (*wardrobe*), d'accessoires (*prop room*) et de décors (*scene dock*) pour les studios.

magenta ▪ Couleur complémentaire du vert (*magenta*). La couleur magenta, formée par le bleu et le rouge, est l'une des trois couleurs de base des procédés soustractifs de la pellicule couleur. ◊ SYN. pourpre.

magie ▪ Enchantement procuré par le cinéma (*magic*). La magie est le résultat de l'illusion créée par le film. Georges Méliès, qui est un prestidigitateur, associe des tours de magie à des trucages cinématographiques, soulignant ainsi un des deux aspects fondamentaux du cinéma, la magie, l'autre étant la création.

Magirama ▪ Procédé de projection sur triple écran réalisé en 1955 par Abel Gance et André Debrie. L'effet cinématographique donne trois fois la même image, chaque image ayant un rapport inversé avec celle de l'écran contigu. Abel Gance tourne un premier film test en Magirama pour son *Napoléon* (1929) en tournant en 1928 un documentaire sur une fête foraine.

Magnafilm ▪ Orthographe erronée du procédé Magnifilm.

Magnascope ▪ Marque de commerce d'un procédé d'écran large mis au point

en 1925 par Paramount. Grâce à des objectifs spéciaux, le Magnascope agrandit l'image 35 mm quatre fois son format original. L'image y est toutefois pauvre, à cause du grain grossi par les objectifs. Le premier film tourné avec ce procédé est *Chang* (1926) de Merian Cooper et Ernest Schoedsack. ▷ **CinémaScope, Cinérama, Fox-Grandeur, Magnifilm.**

magnat ▪ Homme riche et puissant de l'industrie du cinéma (*magnate, tycoon*). ◊ SYN. *mogol*, nabab.

magnéto ARG. ▪ magnétophone.

magnétophone [magnéto] ▪ Appareil mis au point par les firmes allemandes AEG Telefunken et IG Farben en 1930 permettant l'enregistrement et la reproduction des sons sur bande magnétique (*tape recorder*). La bande peut être en bobine ou en cassette. Le principe repose sur la polarisation, grâce à un électroaimant (tête magnétique), de particules métalliques magnétiques sur un support souple en ruban qui défilera à vitesse constante vis-à-vis de la tête. Avec l'arrivée du numérique dans les années 1980, le magnétophone à enregistrement analogique est remplacé par le magnétophone numérique. ▷ **DAT, Nagra, Perfectone.**

magnétoscope ▪ Appareil destiné à l'enregistrement et à la reproduction des images électroniques sur bande magnétique (*video recorder*). Les premiers magnétoscopes sont commercialisés en 1954 par la firme RCA, mais c'est la firme américaine Ampex en 1956 qui les perfectionne, suivis par ceux de Toshiba en 1959. On distingue trois procédés incompatibles entre eux : le VHS, le Betamax et le V 2000; seul existe actuellement le VHS. On distingue cinq formats de film vidéo: le 1 pouce, le 3/4 de pouce, le demi-pouce, le 1/4 de pouce et le 8 mm. En 1971, apparaît le magnétoscope à cassette appelé U Matic et en 1982 la Betacam, de Sony et Thomson, qui devient le standard des télévisions. Le magnétoscope numérique est commercialisé en 1993. L'enregistrement numérique peut se faire sur trois supports: *a)* sur bande, utilisée généralement par les amateurs (pour la DV); *b)* sur disque optique (comme le DVD); et *c)* sur disque magnétique (pour le numériscope). On se sert du magnétoscope pour enregistrer les films diffusés à la télévision, visionner les cassettes de films ou les DVD, et regarder les films tournés en amateur. ▷ **caméscope.**

Magnifilm ■ Marque de commerce d'un procédé d'écran géant mis au point par Lorenzo Del Riccio en 1929 pour Paramount. Le Magnifilm utilise une pellicule 56 mm qui requiert des caméras et des projecteurs spécialement manufacturés pour ce procédé; il n'exige toutefois pas de nouveaux objectifs. Le rapport à l'image est 1:85:1. Paramount produit uniquement deux courts métrages avec ce procédé. Variante erronée: Magnafilm.

magoptic ANGLIC. ■ Disposition normalisée des pistes sur les copies d'exploitation combinant piste sonore optique et piste sonore magnétique (*magoptic*).

Maguffin ■ Variante de MacGuffin.

making of... ANGLIC. ■ Documentaire consacré au tournage d'un film, avec des extraits significatifs du film. Conçu pour la télévision, le making of... sert le plus souvent de support publicitaire à la sortie du film. Il peut devenir un classique comme *Filming Othello* (1978) d'Orson Welles ou *Au cœur des ténèbres* (1991) de Fax Bahr et George Hickenlooper (sur le tournage du film de Francis Ford Coppola, *Apocalypse Now*). Le making of... est également produit pour le feuilleton télévisé.

maison de distribution ▷ distributeur.

Major ■ Transcription anglaise de *the Major companies* qui signifie «les plus grandes compagnies». Cette appellation désigne les grands studios cinématographiques de Hollywood que sont la Paramount (ou Paramount Pictures Corporation), la MGM (ou Metro-Goldwyn-Mayer), la Warner (ou Warner Bros., ou Warner Brothers), la Fox (ou Twentieth Century Fox) et la RKO (ou RKO Radio Pictures Incorporated); ces cinq majors sont également appelées The Big Five; ▷ **Big Eight.** Les Majors marquent l'âge d'or hollywoodien, des années 1920 jusqu'aux années 1950. Elles se distinguent des Minors, compagnies secondaires que sont la Columbia (ou Columbia Pictures), la Universal (ou Universal Pictures) et la United Artists (ou United Artists Corporation), également appelées The Little Three. Une Major, dirigée par un nabab, contrôle la production, la distribution et l'exploitation de ses films. Elle embauche acteurs, metteurs en scène et techniciens divers, payés hebdomadairement comme des salariés. Chacune des Majors développe un style qui lui est propre, donné particulièrement par ses chefs opérateurs et ses décorateurs. Le système des Majors périclite dans les années 1950 après la législation antitrust de 1948 qui oblige ces compagnies à se départir de leurs salles. ▷ **Paramount décision, Big Eight (The)**.

mama ARG. ▪ Panneau diffuseur orientable, en plastique ou en tulle, placé devant le projecteur de prise de vues, afin d'adoucir la lumière. ◊VAR. mamma. ▷ **coupe-flux, volet**.

mamma ▪ Variante de mama.

manche ▪ Instrument placé derrière la caméra permettant les mouvements de rotation et les panoramiques (*handle*). ▷ **manivelle**.

manche à balai ▪ Dans les jeux vidéo et en conception assistée par ordinateur [CAO], dispositif de pointage constitué d'un levier vertical que l'on peut orienter dans toutes les directions pour déplacer le curseur très rapidement à l'écran (*joystick*). ◊SYN. manette de jeu.

manchette ▪ Partie latérale de la pellicule du film, parallèle aux parties réservées à l'image et à la piste sonore.

manchon de chargement ▪ Sac de toile noir servant au chargement du film dans la caméra afin de ne pas l'exposer à la lumière (*barney*). Généralement doublé et à l'épreuve de l'eau, le manchon de chargement est muni de deux fermetures éclair et de deux manchons ajustés par des élastiques. ◊SYN. sac de chargement, pantalon. ARG. pantalon. ▷ **changing bag**.

manette de jeu ▷ **manche à balai**.

manga JAP. ▪ Bandes dessinées. Le mot japonais veut dire: image dérisoire. Le genre naît au XVIIe siècle. Dessiné traditionnellement en noir et blanc, le *manga* se lit dans le sens inverse des bandes dessinées occidentales. La bande dessinée au Japon est un phénomène de masse et non, comme en Occident, une niche pour fans et spécialistes. Après la Deuxième Guerre mondiale, elle subit l'influence des comics américains et de l'animation de Walt Disney. Il y a différentes catégories de *manga*: pour les jeunes enfants, pour les jeunes garçons adolescents, pour les jeunes hommes, pour les hommes adultes, pour les jeunes filles et pour les femmes adultes. Naturellement, il se décline en *anime*, mais l'*anime* influence aussi la conception du *manga*.

manivelle ▪ [1] Aux débuts du cinéma, instrument permettant l'avancement de la pellicule dans l'appareil de prise de vues (*handle*). La manivelle permet de remonter le ressort sur les caméras à moteur. Elle sera par la suite remplacée par un moteur incorporé à l'appareil. L'expression «premier tour de manivelle» signifie «premier jour de tournage». ▪ [2] Avant l'apparition du moteur, instrument permettant l'avancement de la pellicule dans l'appareil de projection (*handle*). ▪ [3] Instrument facilitant les mouvements de rotation de la caméra sur son axe et les panoramiques lorsqu'on n'utilise pas de manche (*crank*).

Mann's Chinese Theater ▪ Célèbre salle de cinéma sur Hollywood Boulevard, à Hollywood, devant laquelle se trouve le fameux trottoir contenant les empreintes de pieds et de mains de 1900 stars du cinéma, de la radio, du théâtre et de la télévision. La salle est inaugurée en 1927. ▷ **Hollywood Walk of Fame.**

mappage ▪ Fabrication des images de synthèse par l'application de textures sur un volume grâce à l'établissement de correspondances entre une structure logique donnée et une structure physique donnée (*mapping*). Le mappage permet de reproduire des effets de texture comme le bois, le verre, le marbre, etc. ▷ **morphage.**

maquette ▪ Modèle réduit d'un décor, d'un ensemble architectural ou d'un appareil avant sa construction (*model*). La maquette est également une réduction d'un décor naturel qui ne peut être filmé et elle est alors utilisée pour la prise de vues ; ainsi l'escalier en colimaçon dans *Sueurs froides* (1958) est une maquette réduite, Alfred Hitchcock ne pouvant filmer dans l'escalier réel à cause des objectifs utilisés et ne voulant pas pour son coût trop élevé construire une maquette grandeur nature. Des maquettes d'avions, de trains, de navires permettent de tourner des scènes de catastrophe (accidents, déraillements, naufrages). La maquette peut être également la reproduction miniature d'un animal, comme le gorille dans *King Kong* (1933) de Merian Cooper et Ernest B. Schoedsack (*miniature*). Elle est un complément de la perspective d'un décor (une ville, une chaîne de montagnes, etc.) ; ▷ **découverte.** Raccordée à des décors réels, elle permet des effets spéciaux, comme dans *Metropolis* (1927) de Fritz Lang. De nos jours, on utilise très peu la maquette, les effets spéciaux par

ordinateur donnant à la place des résultats excellents et souvent spectaculaires. ▷ **Dunning, Pictoscope, procédé Schüfftan, Simplifilm.**

maquette peinte ▷ cache peint.

maquettiste ▪ Spécialiste responsable de la construction des maquettes (*layout designer*).

maquillage ▪ [1] Ensemble des éléments (fard, fond de teint, mascara, etc.) et des techniques (grimer, farder, embellir, enlaidir, etc.) servant à maquiller (*make-up*). Les produits cosmétiques appliqués sur la peau des interprètes permettent un rendu photographique satisfaisant, en tenant compte de la pellicule utilisée, de l'éclairage, des décors, des costumes et de la mise en scène. Le maquillage peut être naturel ou sophistiqué. Au début du cinéma, on ne maquille pas véritablement, mais à cause des pellicules, par exemple de la pellicule orthochromatique, on est obligé d'utiliser de la poudre très orangée pour le visage, du bleu pour les lèvres et du noir très épais pour les yeux. Dès 1913, Max Factor est la première compagnie à fabriquer des produits de maquillage pour le cinéma. Avant les années 1930, le maquillage sert à souligner le caractère du personnage : la vamp, l'ingénue, le jeune premier et le vilain ont un maquillage particulier. Une trousse de maquillage doit contenir entre 75 et 100 produits accessoires nécessaires. Pour la télévision en couleurs, la méthode de maquillage est différente et plus simple : le blanc doit être évité. ▪ [2] Moyen de transformer l'apparence physique d'un interprète (*make-up*). C'est un maquillage spécial qui demande généralement un long temps ; par exemple, quatre heures pour Jean Marais en bête, pour *La belle et la bête* (1945) de Jean Cocteau. Le maquillage est essentiel dans les films d'horreur et de science-fiction. Parmi les films reconnus pour leur maquillage réussi, citons *Frankenstein* (1931) de James Whale, *Dr Jekyll et M. Hyde* (1941) de Victor Fleming, *Le fantôme de l'opéra* (1943) d'Arthur Lubin, *Les yeux sans visage* (1959) de Georges Franju, *Alien* (1979) de Ridley Scott, *L'homme-éléphant* (1980) de David Lynch, *Le loup-garou de Londres* (1981) de John Landis, *The Thing* (1982) de John Carpenter et *Le labyrinthe de Pan* (2006) de Guillermo del Toro.

maquilleur, euse ▪ Technicien(ne) responsable du maquillage des acteurs sur le plateau, qui tient compte des directives du chef opérateur et du chef éclairagiste (*make-up man, make-up woman*). Le maquilleur ou la maquilleuse est sous la responsabilité du chef maquilleur. Il faut environ 500 heures d'apprentissage pour devenir maquilleur de cinéma.

marché du film ▪ Lieu parallèle à un festival international du film où sont projetés les films offerts à la vente (*film market*). Le plus important marché du film est celui de Cannes, créé en 1961 ; plus de 1000 projections y ont lieu et 5000 personnes y assistent. ▷ **American Film Market.**

marché intérieur ▪ Zone économique correspondant généralement à un pays et désignant les règles ou les lois concernant l'exploitation des films dans ce pays (*domestic market*). Un film peut y être exploité dans une version qui sera différente de celle qui est destinée au marché outre-frontières. Aux États-Unis, les films susceptibles d'avoir la cote *R-rated* (qui restreint l'entrée aux moins de 17 ans) se verront amputer de certaines scènes qui retrouveront leur place dans les versions destinées aux marchés étrangers. Le Canada est compris dans le marché intérieur des États-Unis pour l'exploitation des films appartenant aux Majors.

marionnette ▪ Poupée figurant un être humain ou un animal, munie d'articulations métalliques, à laquelle on fait jouer un rôle dans un film d'animation (*puppet*). ◊ SYN., VX poupée. ▷ **film de marionnettes.**

marquage du temps ▪ Référence en heure, minute, seconde et fraction de seconde, inscrite sur chaque plan tourné (*time code*). Le marquage temporel permet de synchroniser plus rapidement l'image et le son au moment du montage. Il évite également l'utilisation du clap lors du tournage. ◊ SYN. marquage en clair. ▷ **marquage temporel.**

marquage en clair ▷ marquage temporel.

marquage temporel ▷ marquage du temps.

marque ▪ Indication de coupe d'un plan donnée au monteur (*cue dot*). Cette indication est notée au crayon gras sur la copie de travail du film. ◊ SYN. repère.

marque au sol ▪ Indication tracée à la craie sur le sol en vue d'aider les interprètes à se déplacer (*cue mark, floor mark*). ◊ SYN. repère au sol.

marque de départ ▪ Indication inscrite sur l'amorce de la bande image et celle de la bande son pour la projection en double bande (*start mark*). Cette marque assure le synchronisme entre l'image et le son. ◊ SYN. repère de départ.

marque de fin de bobine ▪ Signe ayant la forme d'un petit cercle, placé dans le coin supérieur droit sur 48 photogrammes, 8 secondes, puis 1 seconde avant la fin de la bobine de film (*change-over cue*). Durant la projection en double poste, cette marque indique au projectionniste le moment de l'enchaînement de la bobine avec la bobine suivante. ◊ SYN. repère de fin de bobine.

marron ▷ copie marron.

marxisme ▪ Théorie politique et économique reposant sur les écrits de Karl Marx (*marxism*). Le marxisme est appliqué à la littérature dans les années 1950 et au cinéma au milieu des années 1960, en interaction avec la linguistique, la psychanalyse et le structuralisme. La lutte des classes, point central de cette théorie, doit être transposée dans les films. Le marxisme permet également de critiquer la fonction mythifiante et aliénante du cinéma dominant. Par lui, on arrive à un cinéma matérialiste ; on donne *Méditerranée* (1965), réalisé par Jean-Daniel Pollet et écrit par Philippe Sollers, comme exemple de film matérialiste. Les écrits de S.M. Eisenstein, redécouverts dans les années 1960, fondent cette réappropriation du marxisme au cinéma, en particulier par la théorie du montage ; on en trouve des traces dans des revues comme *Les Cahiers du cinéma, Cinéthique, Tel Quel* en France, *Jump Cut* aux États-Unis, *Champ libre* et *Chroniques* au Québec. Christian Metz l'intègre dans ses premiers écrits de sémiologie du cinéma. Cette théorie donne lieu à des polémiques, des simplifications et des condamnations sans appel. Plusieurs cinéastes s'en réclament, nommément Octavio Getino et Fernando Solanas pour *L'heure des brasiers* (1966-1968), Tomas Gutiérrez Alea pour *Mémoires du sous-développement* (1968), Jean-Luc Godard pour *Vent d'Est* (1969) et Gilles Groulx pour *Vingt-quatre heures ou plus* (1973). ▷ **cinéma militant, réalisme socialiste.**

masque ▪ [1] Image colorée jaune-orangé améliorant la restitution des couleurs dans les films positifs (*mask*). ▪ [2] Accessoire de maquillage pour la transformation de la physionomie d'un interprète (*mask*). ▪ [3] ▷ **cache.**

mass media ▷ media.

master ANGLIC. ▪ Le terme français est « matrice » mais est peu usité. ▪ [1] Film original développé par inversion, et correspondant à un négatif, tout en étant, en fait, positif. ▪ [2] VX Copie équivalente en couleurs de la copie marron. ▪ [3] Version originale d'un film ou d'une vidéo issue du montage final réalisé et à partir de laquelle on pourra tirer des copies de diffusion. ▷ **bande-mère, remastérisation.**

master scene ▪ Variante de *master shot.*

master shot ANGL. ▪ Terme couramment utilisé dans le métier, qui pourrait être traduit par « plan maître ». Dans les premiers temps du parlant, plan entier d'une scène, généralement un plan général (ou plan d'ensemble) dans lequel on intercale d'autres plans de la scène tournés en même temps que ce plan. Le *master shot* pare alors aux problèmes posés par le parlant à ses débuts, tout en permettant d'éviter les délais fréquents provoqués par les diverses positions de la caméra. Il est le plan préféré des acteurs, car il leur permet de jouer une scène en entier, sans coupures. Le *master shot* donne lieu à ce qu'on appellera à Hollywood le montage invisible. ◊ VAR. *master scene.*

matériel ▪ Tous les éléments physiques employés en informatique : l'ordinateur, le clavier, l'écran, les câbles, etc. (*hardware*). L'informatique fait maintenant partie intégrante des moyens de production cinématographique. ◊ SYN. quincaillerie.

matériel plastique ▪ Matériel nécessaire au tournage d'un film, inscrit sur la feuille de service du régisseur : décors, accessoires, costumes, etc.

matinée ▪ Séance de l'après-midi (*matinée*). ◊ CONTR. soirée.

matriçage ▪ [1] Opération pour l'établissement de la copie Dolby Stereo après le mixage pour la projection (*mastering*). Les quatre pistes sonores sont réenregistrées, encodées et reportées ensuite sur deux pistes optiques qui, à la projection, seront dématricées. ▪ [2] En audiovisuel et en informatique, étape dans la fabrication d'un disque compact (*mastering*). ◊ VOISIN gravure. ▪ [3] En télévision couleur, les procédés du NTSC consistant à composer et décomposer les trois signaux primaires représentant une caractéristique de luminance et deux de chrominance, et vice-versa (*matrixing*).

matrice ▪ Film positif en noir et blanc modifié de façon à ce qu'il s'imbibe de colorant et permette ainsi de tirer des copies en couleurs (*matrix*). ▷ **master.**

matte painting ANGL. ▪ Terme usité en français au lieu de cache peint. Incrustation d'une illustration (peinture ou dessin) dans une image de prise de vues réelle. Le *matte painting* est en ce cas un trucage numérisé du procédé traditionnel du cache peint, une glace peinte qu'on utilisera jusqu'au début des années 1990. Pour fabriquer ce type d'incrustation, on utilise un logiciel comme Photoshop. ▷ **compositing.**

maxibrute ▪ Mot dont l'origine vient du nom d'une marque de commerce d'un projecteur d'éclairage équivalant à neuf lampes à quartz à réflecteur parabolique (*maxibrute*). Chaque lampe est d'une puissance de 1000 watts. ◊ SYN. ARG. mimile. ▷ **brute.**

McGuffin ▪ Variante de Macguffin.

mécanisme à rampe ▪ Dispositif employé sur certaines tireuses optiques afin de provoquer l'avance intermittente du film (*beater mechanism*). Cette avance est très précise grâce à l'emploi de contregriffes qui bloquent le film au moment de l'exposition. ◊ SYN. mécanisme batteur.

mécanisme batteur ▷ **mécanisme à rampe.**

mécanisme de la caméra ▪ Ensemble des pièces entrant dans le fonctionnement d'une caméra.

mecha JAP. ▪ Un genre de l'*anime*. Le *mecha* est une sorte de *manga* mettant en scène des personnages qui utilisent ou incarnent des armures robotisées, généralement de formes humanoïdes, tel le cyborg. Originellement, le mot désigne un char d'assaut, qui peut mesurer plusieurs étages. Ce genre de films d'animation montre des combats entre *mecha*. Pour se démarquer les uns des autres, la plupart des séries d'*anime* essayent d'innover dans le design des *mecha*; il en existe de toutes les formes et de toutes les tailles. Le plus célèbre des *mecha* est celui mettant en vedette Goldorak. Les *mecha* se déclinent sous forme de jouets (des maquettes à monter) et de jeux vidéo.

Mecque du cinéma ▪ Surnom donné à Hollywood, capitale du cinéma à laquelle on voue un culte. ▷ **Babylone, usine à rêves.**

média ▪ [1] Organe de transmission et de diffusion de l'information: journal, radio, télévision et cinéma (*media*). On parle de média de masse (*mass media*) pour l'ensemble de ces organes de communication. ▪ [2] Support d'une œuvre, comme la vidéographie (*media*). ▷ **multimédia.**

mégacomplexe ▪ Complexe exploitant un très grand nombre de salles, plus d'une quinzaine. Dans la banlieue de Bruxelles, le mégacomplexe Kinepolis comprend 29 salles, dont une en Imax; le Kinépolis de Lomme en banlieue de Lille comprend 23 salles, avec de multiples services (garderie, club VIP, coin multimédia et arcades, etc.). ◊ SYN. complexe multisalles, multiplexe.

mégaoctet [Mo] ▪ Unité de mesure indiquant une multiplication par un million d'un octet (*megabyte*). Un mégaoctet équivaut à 1 048 576 octets. ▷ **gigaoctet.**

mégaphone ▪ [1] Appareil en forme de cône servant à amplifier la voix (*megaphone*). Dans les films muets, on voit souvent les réalisateurs crier au mégaphone leurs ordres aux interprètes et à l'équipe technique. Il est devenu un objet mythique symbolisant le cinéma. ◊ SYN. porte-voix. ▪ [2] Au temps du muet, haut-parleur à air comprimé appelé Chronomégaphone Gaumont et mis au point en 1906 par Léon Gaumont.

Mégascope ▪ Lanterne magique mise au point par l'Allemand Léonard Euler, dont le premier modèle est fabriqué en 1756 (*megascope*). Le Mégascope peut projeter l'image de toutes sortes d'objets opaques de petite dimension, comme un bas-relief, un tableau ou une statuette. L'objet opaque doit être très éclairé pour que son image soit renvoyée au foyer d'une lentille convexe placée sur un des côtés de l'appareil, l'autre côté comportant une ouverture. Le Mégascope est un des nombreux appareils précurseurs du cinématographe.

meiji-mono ▷ *jidaï-geki.*

mélange FAM. ▪ Synonyme de mixage.

mélo ARG. ▪ Mélodrame.

mélodrame [mélo] ▪ Genre originaire du théâtre anglais du XIXe siècle, dont le mot signifie drame et musique, et qui désigne, dans un film, une intrigue et une action s'appuyant sur des émotions et des sentiments tragiques et pathétiques, dans l'espoir de les faire ressentir au spectateur (*melodrama*, ARG. *tearjerker*, *weepie*). Stéréotypé et codifié, le mélodrame est stigmatisé pour son discours manichéen, moralisateur et réducteur, qui reproduit et glorifie les règles sociales. L'accent des drames qui y sont exposés s'appuie sur l'emphase et la grandiloquence en accentuant une suite de malheurs. Les personnages de victimes, qui sont au premier plan de l'intrigue, sont des femmes ou des jeunes filles ; aux États-Unis, on appelle les mélodrames des *women's movies*. Le mélodrame est considéré comme un genre médiocre. Il obtient une grande faveur durant l'époque du muet, particulièrement dans les films de D.W. Griffith, comme *Le lys brisé* (1919) et *À travers l'orage* (1920), qui sont très lyriques. Certains cinéastes, comme Rainer Werner Fassbinder, Vincente Minnelli et Douglas Sirk, l'ont enrichi en raffinant ses règles et en le pourvoyant d'un style baroque et flamboyant. Pour le cinéma contemporain, on peut citer *L'incompris* (1967) que son auteur, Luigi Comencini, qualifie de « machine à faire pleurer », *Parle avec elle* (2001), où Pedro Almodovar s'appuie sur la sentimentalité excessive de ses personnages pour renouveler la forme narrative du mélo, et *N'oublie jamais* (2004) de Nick Cassavetes qui applique à sa réalisation toutes les règles du mélodrame.

Merry Melodie ▷ *Looney Tunes*.

message publicitaire ▪ Clip vantant les qualités d'un produit. Au cinéma, le message publicitaire est présenté avant le film et les bandes annonces (*commercial,* G.-B. *advert*). Synonymes usités, qui sont des anglicismes à déconseiller : flash publicitaire, spot publicitaire.

mesure de lumière ▪ Quantité de lumière lue par une cellule (*light measure*). La mesure de lumière est indispensable pour connaître précisément la valeur d'éclairement des plages qui composent l'image. La mesure de lumière permet de contrôler le contraste et de rechercher

le bon indice de pose donné par le diaphragme. On distingue alors : *a)* la mesure globale pour connaître la quantité de lumière réfléchie par un ensemble de plages (paysage) ; *b)* la mesure sélective pour la lumière réfléchie par un sujet ; et *c)* la mesure à l'aide du gris neutre à 18 %, valeur de réflexion d'un visage de type européen à peau blanche.

métaphore ▪ Figure de style qui établit une sorte de comparaison (*metaphor*). Ainsi, au cinéma, un plan peut symboliser une idée par comparaison avec un autre plan. La métaphore est produite par le montage et les rapprochements que ce dernier institue ; ainsi, le montage des attractions, théorisé par S.M. Eisenstein, doit favoriser la métaphore : celle sur la vanité et l'appétit du pouvoir de Kérinski, dans *Octobre* (1927), est illustrée par les images d'un paon mécanique et de la statue de Bonaparte. Elle peut souvent recourir au style poétique : dans *Farrebique* (1945) de Georges Rouquier, l'accouchement du personnage de Berthe est métaphorisé en plusieurs plans : des nids d'hirondelles, une rose qui s'ouvre en accéléré, un jeune poulain rejoignant sa mère. ▷ **métonymie**.

Méthode (la) ▷ Actors Studio.

métonymie ▪ Figure de style qui est une substitution d'un objet par un autre (*metonymy*). Ainsi, au cinéma, un objet présenté (ou une scène) dans un plan peut représenter un autre objet (ou une autre scène). On établit une relation naturelle entre un objet ou une scène avec un autre objet ou une autre scène en deux ou plusieurs plans continus. Dans *L'inconnu du Nord Express* (1951) d'Alfred Hitchcock, les verres de la victime tombés dans l'herbe reflètent le fameux plan de Bruno étranglant Miriam (le meurtre est donc montré de façon indirecte) ; autre exemple : pour montrer le passé de la ville de Sarajevo dans *Veillées d'armes* (1994), Marcel Ophuls intercale des images de *De Mayerling à Sarajevo* (1940) de Max Ophuls. ▷ **métaphore**.

métrage ▪ Longueur d'un film, exprimée en mètres (*footage*). Le métrage détermine la durée d'un film et sa catégorie, court, moyen ou long métrage. En 35 mm, 25 mètres donnent 54 secondes de film ; et en 16 mm, 10 mètres donneront 54 secondes. L'expression « faire du métrage » signifie qu'on continue de tourner.

métreuse ▪ Appareil permettant la mesure de la longueur d'un film (*film counter*).

Métrocolor ▪ De Metrocolor. Pellicule couleur développée dans les laboratoires de la Metro-Goldwyn-Mayer. Le Métrocolor ne constitue pas un procédé original. ▷ **De Luxe Color, Warnercolor**.

Metro-Goldwyn-Mayer [MGM] ▪ L'une des Majors les plus puissantes de Hollywood, de 1930 à 1950. En 1920, Marcus Loew, propriétaire d'une chaîne de salles de cinéma, achète la Metro Pictures Corporation, une firme de production et de distribution. En 1924, il achète également la Goldwyn Pictures Corporation, fondée par Samuel Goldwyn, et s'associe avec Louis B. Mayer, propriétaire de la Louis B. Mayer Pictures dont la compagnie est incluse dans la vente. Ces trois sociétés fusionnées donnent la MGM.

L.B. Mayer dirige les studios avec Irving Thalberg, et le duo fait de la MGM l'une des firmes les plus efficaces d'Hollywood, produisant 40 films par année. La MGM embauche des interprètes comme John Barrymore, Joan Crawford, Clark Gable, Greta Garbo, Judy Garland et Spencer Tracy, et des cinéastes comme George Cukor et King Vidor. Ses trois plus grands succès sont *Le magicien d'Oz* et *Autant en emporte le vent*, tous deux réalisés en 1939 par Victor Fleming, et *Chantons sous la pluie* (1952) de Stanley Donen et Gene Kelly. La compagnie devant se plier au jugement de la loi antitrust de 1948 qui force les Majors à se départir de leurs salles, la production baisse à 30 films, puis à 20 dans les années 1960 ; ▷ **Paramount decision**. Durant ces deux décennies, MGM produit pourtant quelques grands succès comme *Ben-Hur* (1959) de William Wyler et *Docteur Jivago* (1965) de David Lean. En 1969, Kirk Kerkorian achète la Major. On dégraisse la société en licenciant du personnel et en vendant une partie du patrimoine (les escarpins rouges de Dorothy dans *Le magicien d'Oz*, par exemple). Dans les années 1970, le propriétaire délaisse de plus en plus le cinéma et investit dans la télévision et l'hôtellerie. En 1981, il achète la United Artists, et la MGM porte alors le sigle MGM-UA. À la même époque, Ted Turner en devient un court moment propriétaire, puis la revend à Kerkorian en gardant cependant la filmothèque, au nombre de films très impressionnant. En 1990, Giancarlo Parreti et un associé, Florio Fiorini, achètent la MGM-UA pour 1,33 MD$ par l'intermédiaire du

Crédit lyonnais néerlandais et amènent la MGM au bord de la faillite. Le groupe PolyGram tente en vain de l'acheter en juillet 1995. En 1995, le réseau de salles en Europe, soit 526 salles, est revendu au groupe Chargeurs (salles des Pays-Bas) et à Virgin (réseau du Royaume-Uni). Kirk Kerkorian, associé à Seven Network et Frank Mancuso, rachète en 1996 la MGM au Crédit lyonnais pour 1,3 MD$. La même année, MGM rachète Metromedia International et absorbe ses filiales que sont Orion Pictures, Goldwyn Entertainment et Motion Picture Corporation of America, ce qui lui permet de reconstituer son catalogue. C'est en 2003 que le groupe japonais Sony en prend possession pour la somme de 5 MD$. Metro-Goldwyn-Mayer Studios Inc. comprend MGM Pictures, United Artists (rachetée en 2006 par Tom Cruise), MGM Television Entertainment, MGM Networks, MGM Distribution, MGM Worldwide Television Distribution, MGM Home Entertainment, MGM On Stage, MGM Consumer Products, MGM Music, MGM Interactive, MGM On Line et a des participations dans des chaînes de télévision. Son emblème : un lion rugissant. Sa devise : *Ars Gratia Artis*. Dans son catalogue, on retrouve : *Une nuit à l'opéra* (1935) de George Kaufman, *Rendez-vous* (1940) d'Ernst Lubitsch, *La dame du lac* (1947) de Robert Montgomery, *Un Américain à Paris* (1951) de Stanley Donen et Gene Kelly, *Les ensorcelés* (1952) et *Tous en scène* (1953) de Vincente Minnelli, *La belle de Moscou* (1957) de Rouben Mamoulian, *Blow-Up* (1966) de Michelangelo Antonioni, *Le bal*

des vampires (1976) de Roman Polanski, *La fille de Ryan* (1970) de David Lean, *Victor / Victoria* (1982) de Blake Edward et *Un poisson nommé Wanda* (1989) de Charles Crichton. ▷ **United Artists Corporation.**

metteur en scène ▪ Mot emprunté au théâtre, guère usité actuellement au cinéma, même si le terme « mise en scène » l'est. Réalisateur en tant que responsable de la mise en scène (*director*). Il arrive que le réalisateur et le metteur en scène soient deux personnes différentes sur un même film, comme cela se produit pour les comédies musicales aux débuts du parlant. ▷ **auteur, cinéaste.**

mettre en boîte ARG. ▪ [1] Mettre la bobine de film impressionné dans une boîte. ◇ SYN. décharger. ▪ [2] Terminer une scène ou un film (*in the can*, littéralement : « dans la boîte »).

mettre en scène ▪ Action de mettre en scène (*direct*). Mettre en scène est synonyme de diriger des acteurs, de réaliser un film.

MGM ▪ Sigle de la Metro-Goldwyn-Mayer.

MGM-UA ▷ **United Artists Corporation.**

mickey ANGLIC., ARG. ▪ Projecteur de 1000 watts permettant de focaliser le faisceau lumineux (*Mickey*).

Mickey la Souris ▪ Traduction française de Mickey Mouse, nom d'une créature très célèbre de dessin animé inventée par Walt Disney. C'est en novembre 1928 qu'elle apparaît dans un court dessin animé. Les traits de la souris changent aux cours des ans (yeux moins globuleux, mains avec des gants, oreilles sur les côtés de la tête et non sur le dessus). Innocente et espiègle, Mickey la Souris est devenue un des mythes caractérisant le dessin animé.

Mickey Mouse ▷ Mickey la Souris.

mickey mousing ANGL., ARG. ■ Terme n'ayant pas d'équivalent français. Procédé consistant à ponctuer et à décrire des actions par des figures musicales exactement synchrones avec ces actions. Le terme tire son origine des dessins animés mettant en vedette le personnage de Mickey la Souris (Mickey Mouse, en anglais), inventé par Walt Disney. Les gestes de Mickey la Souris sont constamment traduits en notes musicales ; par exemple, les pas qu'effectue le personnage sont paraphrasés par une succession de pizzicati. On dit du *mickey mousing* qu'il est une utilisation simpliste et naïve de la musique.

micro FAM. ■ Forme abrégée de microphone (*mic*, FAM. *mike*).

micro canon ■ Micro pouvant capter le son d'une source éloignée (*shotgun microphone*).

microcinématographie ■ Technique de prise de vues de sujets infiniment petits au moyen d'un microscope accouplé à une caméra (*microcinematography*). Pour que l'image en microcinématographie soit parfaite, il faut un éclairage intense, un microscope et une caméra indépendants l'un de l'autre, un dispositif qui garde en permanence la mise au point et le cadrage. Le format 35 mm est le meilleur format pour ce type de cinéma à cause de la solidité, de la stabilité et de la résistance des caméras 35 mm. Grâce aux efforts de l'Institut du film scientifique de Göttingen, les techniques de la microcinématographie s'améliorent

grandement. Il ne faut pas confondre microcinématographie et macrocinématographie.

micro-cravate ■ Micro miniature caché sur l'interprète et pourvu d'un émetteur (*lavalier microphone*).

microfilm ■ Film en 16 mm ou en 35 mm sur lequel sont enregistrées des images fixes. On utilise le microfilm surtout pour les archives car il réduit considérablement la nature (grandeur et volume) du document enregistré (manuscrits anciens, journaux). Depuis les années 1990, la numérisation des documents tend à remplacer le microfilm.

microphone [micro] ■ Appareil de prise de sons (*microphone*). Le microphone est utilisé durant le tournage pour l'enregistrement de la musique, la postsynchronisation et le doublage. Il capte les sons et les enregistre en les transformant en signaux électriques sur une bande magnétique. On distingue deux grandes familles de microphones : les microphones électrodynamiques et les microphones électrostatiques. Plusieurs types de microphones existent, entre autres : le microphone directionnel, le microphone omnidirectionnel, le microphone bidirectionnel, le micro canon et le micro-cravate. Le microphone peut être monté sur une perche ou une girafe, ou miniaturisé, accroché sur un vêtement ou caché sur une personne.

microphone à électrets ■ Petit microphone, de la famille des microphones électrostatiques (*electret condenser microphone*). Robuste, le micro à électrets peut être incorporé au magnétophone.

microphone bidirectionnel ▪ Microphone captant deux sources sonores diamétralement opposées (*bi-directional microphone*). Le micro bidirectionnel est peu utilisé au cinéma.

microphone cardioïde ▪ Microphone de type directionnel (*cardioid microphone*). Très sensible, le microphone cardioïde réduit l'importance des champs sonores autres que ceux vers lesquels il est orienté. ▷ **microphone hypercardioïde.**

microphone directionnel ▪ Microphone captant le son provenant d'un champ restreint (*directional microphone*). ◊ VAR. microphone unidirectionnel.

microphone électrostatique ▪ Microphone qui permet aux variations de pression de l'air d'être transformées en variations de tension électrique grâce aux variations de capacitance d'un condensateur (*electrostatic microphone*). Très fragile et sensible, le micro électrostatique doit rester stable et ne peut être accroché à une perche.

microphone hypercardioïde ▪ Microphone qui fait partie des micros cardioïdes qui réduisent l'importance des sources sonores. Le microphone hypercardioïde réduit une source à un champ de captation très étroit.

microphone non directionnel ▪ Variante de micro omnidirectionnel.

microphone omnidirectionnel ▪ Microphone captant le son de plusieurs origines (*omnidirectional microphone*). Le micro omnidirectionnel, qui a un champ de captation de 360 degrés, est utilisé pour les sons d'ambiance. ◊ VAR. micro non directionnel.

microphone unidirectionnel ▪ Variante de microphone directionnel.

mille ▪ [1] Enregistrement d'une fréquence sonore de 1000 Hz (*sync beep*). La valeur de cette fréquence est d'une image, soit quatre perforations pour un film 35 mm. Le mille est placé en début et en fin de bobine magnétique et permet de vérifier la synchronisation de l'image et du son au mixage. Cette fréquence sert également à couvrir un dialogue qu'on veut censurer. ▪ [2] Projecteur de 1000 watts. ◊ ARG. mimile.

millimètre ▷ mm.

mimile ARG. ▪ Projecteur de 1000 watts. ▷ maxibrute.

minibrute ▪ Mot qui vient du nom d'une marque de commerce d'un projecteur d'éclairage équivalent à neuf lampes à quartz à réflecteur incorporé (650 watts pour chaque lampe) (*minibrute*). ▷ **brute, maxibrute.**

mini-caméra VX ▪ Caméra de petit format ou dite miniaturisée (*minicam*). La mini-caméra est surtout utilisée pour les reportages à la télévision. Elle est connue dorénavant sous le nom de caméra mini-DV.

minicaméra vidéo numérique ▷ caméra mini-DV.

mini-DV ▪ Forme abrégée de caméra mini-DV.

Minolta ▪ Marque de commerce de caméras argentiques et numériques, d'objectifs, de posemètres et d'appareils d'éclairage réputés fabriqués par la firme japonaise Konika Minolta.

Minor ▪ Transcription anglaise venant de *the Minor companies* qui signifie « les plus petites compagnies». Les Minors désignent les compagnies secondaires américaines que sont la Columbia (ou Columbia Pictures), la Universal (ou Universal Pictures) et la United Artists (ou United Artists Corporation), appelées The Little Three; ▷ **Big Eight, Big Five.** Une Minor se distingue d'une Major par le nombre de films tournés (10 à 12 par année) et par les budgets alloués (moins de 1 M$ par film autour des années 1920). Les Minors atteignent leur apogée en tant que studios durant l'âge d'or du cinéma américain entre 1920 et 1950, en même temps que les Majors, sauf qu'elles ne contrôlent pas la distribution de leurs films; ▷ ***Paramount decision.*** Les Minors subissent dans les années 1950 le même déclin que les Majors.

minutage ▪ Relevé de la durée utile de chaque plan lors du tournage (*timing*). Le minutage est noté par la scripte assistante.

Miramax ▪ Forme abrégée de Miramax Films Corp.

Miramax Films Corp. [Miramax] ▪ Maison de distribution de films indépendants créée en 1979 par les frères Bob et Harvey Weinstein. Le nom est forgé à partir du prénom de deux parents des frères, Mira et Max. En 1989, Miramax devient une société de production. Réputée pour la qualité de ses films et ses succès financiers, la société produit des cinéastes américains et européens. Le premier grand succès des frères Weinstein est *Sexe, mensonges et vidéo* (1989) de Steven Soderbergh. Miramax est achetée en 1994 par Walt Disney Company, qui accorde une liberté complète à Bob et Harvey Weinstein. Les producteurs sont toutefois obligés de créer une autre société de distribution, Shining Excalibur Films, pour la sortie de *Kids* (1995) de Larry Clark, film interdit aux moins de 17 ans et que refuse Walt Disney. En 2005, après un désaccord profond avec le groupe Disney, les deux frères quittent l'entreprise et fondent un nouveau groupe de production, The Weinstein Company, autour d'une filiale de distribution et de production créée auparavant, en 1989, pour la série de *Scary Movie* et *Spy Kids*, Dimension Films. Parmi les films importants produits par Miramax, citons *Reservoir Dogs* (1992) et *Pulp Fiction* (1994) de Quentin Tarantino, *Le patient anglais* (1996) d'Anthony Minghella, *Will Hunting* (1997) de Gus Van Sant, *Kill Bill : volume 1* (2003) *et Kill Bill : volume 2* (2004) de Quentin Tarantino, *Aviator* (2004) de Martin Scorsese, *Fahrenheit 9/11* (2004) de Michael Moore et *Sin City* (2005) de Robert Rodriguez, Frank Miller et Quentin Tarantino. ▷ **Harvey Scissorhands.**

mire ▪ Image reconnaissable fixe, présentée sur un écran de téléviseur, permettant d'apprécier les performances et la qualité de la transmission (*test chart*). ▷ **acuité.**

mire de définition ▪ Image permettant d'apprécier la finesse de l'image par le pouvoir séparateur qu'ont les objectifs de fournir des images détaillées (*resolution chart*).

mire de fixité ▪ Graphisme servant à vérifier la fixité de la caméra (*steadiness chart*). On filme la mire une première fois, puis on rembobine le film à son départ pour la filmer retournée ; la caméra est fixe lorsque les deux passages de la mire sont rigoureusement stables l'un par rapport à l'autre.

mire de réglage ▪ En animation, feuille transparente sur laquelle sont superposés différents rectangles qui correspondent aux différentes grosseurs de lentilles (*field chart*).

miroir ▪ Dispositif à l'arrière de la lampe d'un projecteur destiné à renvoyer vers l'avant toute la lumière (*mirror*). Le miroir est également incorporé dans une caméra pour une visée reflex.

miroir froid ▪ Sur les appareils de projection, miroir permettant de diminuer les rayons infrarouges renvoyés par le film (*cold mirror*).

mise au foyer ▪ Variante de mise au point.

mise au point ▪ Réglage d'un appareil de prise de vues ou d'un projecteur, de manière à ce que l'image soit nette et précise (*focusing*). La mise au point s'obtient par le calcul de la distance entre le sujet à filmer et la caméra, et par le déplacement de l'objectif par rapport à la pellicule. On distingue les mises au point arrière, avant et fixe. Certains appareils sont munis de mise au point automatique. On dit également « focusser » et « faire le focus », des expressions fautives venues directement de l'anglais. ◇ VAR. mise au foyer. ▷ **diaphragme**.

mise en abîme, mise en abyme ▪ Terme de la théorie signifiant l'enchâssement d'un récit dans un autre (*mise-en-abyme*). Quoique discutée, voire contestée par des théoriciens, la mise en abîme au

cinéma désigne dans un film le tournage d'un film, l'histoire d'une personnalité du cinéma ou la description du monde du cinéma ; on préfère alors adopter l'expression « cinéma dans le cinéma ». *Huit et demi* (1962) de Federico Fellini représente ce modèle de mise en abîme, ainsi que des films comme *Une étoile est née* (1937) de William Wellman et son remake par George Cukor (1954), *Les ensorcelés* (1952) de Vincente Minnelli, *Le mépris* (1963), *Grandeur et décadence d'un petit commerce de cinéma* (1986), *Soigne ta droite* (1987) et *For ever Mozart* (1996) de Jean-Luc Godard, *La nuit américaine* (1973) de François Truffaut, *L'état des choses* (1982) de Wim Wenders, *La rose pourpre du Caire* (1985) et *Celebrity* (1998) de Woody Allen. La mise en abîme entretient, pour certains théoriciens, originellement un questionnement sur le cinéma ; le film affiche alors son dispositif ou s'autoréfléchit par des effets de miroirs qu'il tend au spectateur ; l'ensemble de l'œuvre de Jean-Luc Godard reflète ce type de réflexivité.

mise en abyme ▷ mise en abîme.

mise en boucle ▷ boucle.

mise en scène ▪ Ensemble des éléments filmiques de la représentation, du jeu des interprètes au choix du décor, en passant par la position de la caméra et des angles de prise de vues (*production*). Dans les années 1950, avec la « Politique des auteurs » défendue par *Les Cahiers du cinéma*, la mise en scène désigne le style et la vision personnelle du cinéaste ; elle devient alors écriture, le réalisateur exprimant par elle son propre univers (*mise-en-scène*). Plus que le contenu, la mise en scène est le sujet de l'œuvre. Elle est dorénavant acceptée comme une notion centrale de l'art du film. ◊ SYN. réalisation. ▷ **auteur, discours, énonciation, metteur en scène.**

Mitchell ▪ Marque de commerce de caméras fabriquées par la société américaine Mitchell. Les Mitchell seront pendant 50 ans, entre 1920 et 1970, les appareils de prise de vues les plus utilisés de la profession, et ce, dans tous les pays, y compris l'U.R.S.S. et la Chine. Elles sont également les caméras les plus copiées. Elles sont reconnues pour leur stabilité, leur maniabilité et leur fiabilité. On dit de la caméra Mitchell BNC qu'elle est la « Rolls Royce de la prise de vues ». La compagnie Mitchell fabrique également des caméras vidéo et de nombreux accessoires pour les caméras.

mixage ▪ Opération consistant à mélanger sur une bande unique tous les sons du film enregistrés sur d'autres bandes : les dialogues, le bruitage et la musique (*mix, mixing*, ARCH. *dubbing*). L'ingénieur du son est le responsable du mixage. Il mélange les bandes et les calibre. C'est à partir du mixage que la piste sonore optique est établie. ▷ **doublage, postsynchronisation.**

mixer ▪ De l'anglais *to mix*, qui signifie « mélanger ». Procéder au mixage sous la responsabilité d'un mixeur (*mix*). Mixer, c'est mélanger et calibrer les différentes pistes sonores.

mixeur ▪ Personne responsable du mixage : de l'équilibre, du mélange et de la correction des bandes sonores (*mixer*). Aux États-Unis, on distingue le mixeur qui travaille en auditorium (*dubbing*

mixer, re-recording mixer), le mixeur responsable de l'enregistrement du son au moment du tournage (*floor mixer*) et le mixeur responsable de l'enregistrement de la musique du film (*music mixer*). Quand deux ou trois personnes travaillent au mixage, en stéréophonie tout particulièrement, ils sont sous la direction d'un chef mixeur.

mix out sound [MOS] ANGL. ▪ Terme n'ayant pas d'équivalent français. Tournage en extérieur sans prise de son.

MK 2 ▪ Forme abrégée de Groupe MK2.

mm ▪ Abréviation de millimètre. On mesure en millimètres la largeur d'une pellicule (8 mm, 16 mm, 35 mm, 70 mm, etc.).

m.m. ▪ Abréviation de moyen métrage. Cette abréviation s'écrit parfois « mm ». ▷ **c.m., l.m.**

Mo ▪ Symbole de mégaoctet. ▷ **octet.**

modèle ▪ Désigne pour Robert Bresson l'acteur (*model*). Le cinéaste demande à l'acteur, souvent un non-professionnel, de ne pas jouer, de ne pas « psychologiser » son personnage, de réduire au minimum sa part de conscience. La personnalité latente et implicite du modèle doit révéler le personnage. Comme Bresson l'écrit dans ses *Notes sur le cinématographe* (1975) : « Il ne faut jouer personne. »

modélisation ▪ Programmation de personnages, d'objets et d'actions en vue de prévoir leur évolution et leur comportement dans un univers virtuel (*modeling, model building*). La modélisation met en équation diverses techniques nécessaires à la représentation d'éléments dans l'espace et de leurs propriétés physiques, à leur manipulation et aux répercussions de leur gestion. Elle est devenue essentielle dans le traitement de la réalité virtuelle.

modéliste RARE ■ Créateur de costumes.

modem ■ Contraction de « mo(dulation) » et « dém(odulation) ». Appareil placé entre un équipement informatique et une ligne téléphonique servant à la conversion de signaux pour l'envoi et la réception d'informations entre deux ordinateurs (*modem*). Le modem donne accès à Internet.

modulation ■ Réglage et variation des émissions sonores : amplitude, densité, fréquence et intensité des sons (*modulation*).

modulateur de lumière ■ Dispositif de volet mobile sur les tireuses additives permettant de contrôler la lumière (*light valve*). ◊ SYN. relais optique.

mogol ANGL., ARG., É.-U. ■ Dérive de *mog(h)ol*, mot qui désigne un conquérant de Mongolie. Magnat, nabab. ◊ VAR. *mogul*. ▷ **Major, producteur.**

mogul ■ Variante de *mogol*.

moirage ■ Irrisation de l'image qui lui donne un aspect chatoyant (*watering*). Le moirage est provoqué par un phénomène d'interférences lumineuses.

monde du cinéma FAM. ■ Industrie du cinéma (*picturedom*).

mondo ITAL. ■ Mot qui veut dire « monde » et qui fait partie du titre de nombreux documentaires-chocs, qui sont des montages de plans d'archives montrant des scènes bizarres et violentes qui doivent inspirer à la fois une curiosité malsaine et le dégoût. La dépravation, la perversion et la cruauté sont la matière fondamentale de ces films. On dit de ces documentaires qu'ils sont des films-poubelles (*trash movie*). Parmi ceux-ci, citons les trois *Mondo cane* (1962, 1963 et 1986), les deux *Mondo nudo* (1963 et 1979), les deux *Mondo cannibale* (1980 et 2003) ainsi que *Ultimo mondo cannibale* (1963), *Mondo freudo* (1966), *Mondo erotico* (1973) et *Porco mondo* (1978).

mondovision ■ Transmission entre divers continents d'images de télévision par l'intermédiaire de satellites relais de télécommunications (*world television*). C'est le mercredi 11 juillet 1962 que des images sont transmises des États-Unis à 0 heure 47 secondes vers la France, grâce au satellite Telstar. La plus célèbre transmission en mondovision est celle de la British Broadcasting Corporation [BBC] à l'été 1967 ; la BBC commande pour son émission « Our World » aux Beatles une chanson simple, que composera John Lennon et intitulée « All You Need Is Love ».

moniteur ANGLIC. ■ De *monitor* ; en français : écran témoin. Petit appareil de télévision permettant de revoir la scène tournée ; le moniteur est couplé à l'appareil de prise de vues. On utilise largement le moniteur sur les tournages avec Louma ou pour les prises de vues aériennes. ◊ SYN. écran de contrôle.

monochrome ADJ. ■ Se dit d'une image virée ou teintée d'une seule couleur (*monochrome*). On ne doit pas confondre achrome et monochrome.

Monogram ■ Forme abrégée de Monogram Picture Corporation.

Monogram Picture Corporation [Monogram] ■ Studio de production et de distribution de films à petit budget qui fonctionne entre 1937 et 1953 et qui crée en 1948 une filiale, la Allied Artists Picture Corporation. Fondée en 1930 par l'alliance de deux petites compagnies, la Ray-Art Production et Sono-Art Pictures, la Monogram devient le studio de référence pour les films à petit budget, thrillers, westerns, films d'horreur, films d'aventures et feuilletons. L'acteur Boris Karloff et le réalisateur Bela Lugosi sont les deux personnalités les plus marquantes de la compagnie. En 1950, le studio ravit à la Twentieth Century Fox Charlie Chan. Avec la Allied Artists, il produit des films à plus gros budget grâce à des réalisateurs comme John Huston, Billy Wilder et William Wyler. La compagnie fait faillite en 1979. Sa filmothèque est achetée par Lorimar, pour passer ensuite dans le giron de Time Warner. Jean-Luc Godard dédicace *À bout de souffle* (1959) à la Monogram.

monopack ■ Film en couleurs comprenant plusieurs couches superposées d'émulsion sur un seul support (*monopack*). SYN. film multicouches ▷ **bipack, traitement multicouches, tripack**.

monstration ■ Terme de la théorie. Action de montrer, de donner à voir (*monstration*). La monstration attire et oriente le regard. Elle est un acte de narration, proche de l'énonciation. Elle est plus évidente dans un documentaire que dans un film de fiction; voir à ce propos les films de Chris Marker dans lesquels l'acte de commenter les images est constamment souligné. ▷ **iconique**.

monstre sacré ■ Grand comédien, star importante (*super star*). Le monstre sacré est une personne célèbre. ◊ SYN. superstar. ▷ **acteur**.

montage ■ [1] Opération d'assemblage de divers éléments visuels et sonores du film (*cutting*). Le montage est la synthèse des éléments visuels et sonores du film (*editing*). Il désigne la conception esthétique et sémiologique du film car il en fonde le sens (*montage*). Le montage est la phase finale de la fabrication du film. Le montage n'existe pas aux débuts du cinématographe. Les Britanniques sont les premiers à le mettre au point; ▷ **école de Brighton**; D.W. Griffith le développe et les Soviétiques le théorisent; ▷ **effet Koulechov**. Le montage donne une continuité et une fluidité à la narration. Il condense le temps et l'espace. Il organise les éléments du film pour leur donner une signification en les juxtaposant ou en mettant l'accent sur certains d'entre eux. Il est producteur de sens. Il favorise la métaphore et la métonymie filmiques. Il produit des effets de style (hiatus, ellipse, etc.). Il crée des types de discours (de la propagande, par exemple). Il détermine la réaction des spectateurs et suscite des émotions (angoisse, excitation, frayeur, peur, rire, etc.). Un film monté peut contenir peu de plans comme il peut en contenir de nombreux. *Signe particulier: néant* (1964) de Jerzy Skolimowski ne contient que 30 plans de 3 minutes chacun. Les systèmes de montage sous forme numérique déclassent le montage traditionnel avec table de montage, bandes de film, ciseaux, colle, etc.; le montage s'effectue sur ordinateur ; ▷ **Avid Media Composer, Fine Cut Pro**. ▷ copie de travail, *cut*, *director's cut*, film de montage, *final cut*, *fine cut*, montage A et B, montage alterné, montage analogique, montage cut, montage des attractions, montage électronique, montage en ligne, montage final, montage hors ligne, montage invisible, montage linéaire, montage musical, montage négatif, montage parallèle, montage virtuel, monteur, premier montage, salle de montage, table de montage.

montage A et B ▪ Mode de montage du négatif utilisant deux bandes désignées par A et B (*A and B cutting*). On monte sur une bobine A tous les plans impairs et sur une bobine B tous les plans pairs ; les plans manquants d'une bobine sont remplacés par des amorces d'égale longueur de façon à garder un synchronisme parfait des deux bandes. Au moment du tirage, on expose tour à tour chacune des deux bandes négatives.

montage alterné ▪ Montage de deux actions parallèles dans une même séquence et se produisant dans la continuité temporelle (*cross-cutting*). L'un des plus célèbres montages alternés est celui de la séquence du *Parrain* (1971) montrant des actes successifs de violence commandés par le personnage le parrain et le baptême de son petit-fils. ◊ VOISIN montage parallèle. ▷ **alternance**.

montage analogique ▪ Montage réalisé en utilisant une pellicule de film ou des séquences vidéographiques recopiées sur un nouveau support (*analog editing*). Pour les bandes vidéographiques, il faut alors utiliser deux magnétoscopes.

montage cut ▪ Expression créée en France pour désigner le montage d'un film en coupes franches.

montage dans la caméra ▷ *camera cut*.

montage des attractions ▪ Dans la théorie du montage de S.M. Eisenstein, plans montés indépendamment de la logique de l'action en vue de créer un effet particulier sur le spectateur (*montage of attractions*). ▷ **effet Koulechov**.

montage électronique ▪ [1] Montage d'une œuvre enregistrée, linéairement ou virtuellement, sur support vidéographique à partir d'un magnétoscope ou au moyen d'un ordinateur (*electronic editing*). ▪ [2] Montage d'un film transféré sur support vidéographique (*electronic editing*). Les plans sont montés chronologiquement par copie de bande magnétique à bande magnétique. ▷ **montage linéaire**. ▪ [3] Au moyen de l'ordinateur, montage des images et des sons numérisés du film (*electronic editing*). ◊ VOISIN montage numérique. ▷ **montage virtuel**.

montage en ligne ▪ [1] En télévision, montage fait au moment de l'enregistrement, immédiatement en régie (*in-line editing*). ▪ [2] Montage directement effectué à partir d'une bande vidéo originale (*in-line editing*). On travaille alors avec des images en haute résolution. ▪ [3] Conformation technique de la copie originale à partir du montage sur la copie de travail (*in-line editing*). Cette conformation est effectuée automatiquement ou manuellement. ◊ CONTR. montage hors ligne.

montage financier ▪ Opération consistant à rassembler les capitaux nécessaires au financement d'un film : les investissements directs, les prêts, les crédits, les placements publics, les avances et les préventes (*financial deal*). ▷ **coproduction, distributeur, participation [1] [2], production.**

montage final ▪ [1] Copie du film avec les images et les sons montés (*final cut*). Le montage final est la dernière intervention effectuée sur le film. ▪ [2] Copie du film dont les images sont montées de façon à recevoir le son (*final cut*). ▪ [3] Mixage sonore prêt à être combiné aux images (*final cut*).

montage hors ligne ▪ En télévision, montage effectué à partir des copies cassettes de la bande d'enregistrement originale (*off-line editing*). On travaille alors avec des images en basse résolution. ◇ CONTR. montage en ligne.

montage invisible ▪ Montage d'un plan à un autre sans que le spectateur ne s'en aperçoive ou n'en soit dérangé (*invisible cutting, invisible editing*). C'est prétendument le cinéaste allemand G.W. Pabst qui le met au point, mais c'est Hollywood qui l'impose durant l'âge d'or des studios, car importent avant tout l'action et les vedettes, et non le style personnel des réalisateurs (qui peut se remarquer dans le montage). Le montage invisible est requis surtout pour le dialogue en champ-contrechamp. Partir d'un plan de grand ensemble pour arriver à un plan moyen en passant par toutes les grosseurs de plans intermédiaires permet un montage invisible. On peut l'opposer au montage des attractions théorisé par le cinéaste russe S.M. Eisenstein. Le montage invisible est contesté par la critique française des années 1950 et par les cinéastes de la Nouvelle Vague qui y voient la marque d'un cinéma académique. ▷ **cinéma classique hollywoodien, *master shot.***

montage linéaire ▪ Montage d'une bande vidéographique dans l'ordre chronologique des plans (*linear editing*). En montage linéaire, on doit utiliser plusieurs bandes magnétiques et plusieurs appareils magnétoscopiques, ces derniers étant branchés à un magnétoscope où sont «collés» les plans, copiés à partir des différentes bandes. L'expression «montage linéaire» est apparue dans les années 1980 lorsque sont mis au point les appareils de montage électronique, avec numérisation des images et des sons, qui peuvent permettre un autre procédé de montage: le montage virtuel.

montage musical ▪ Montage et mixage des différents éléments de la partition musicale du film (*musical editing*). Le montage musical est étroitement lié à la durée des scènes et au rythme d'ensemble de l'œuvre. Il est sous la responsabilité du monteur ou du mixeur de musique.

montage négatif ▪ Montage sur copie négative de la copie de travail mise au point (*conforming, negative cutting*). ◇ SYN. conformation.

montage numérique FAM. ▪ Montage électronique.

montage parallèle ▪ Montage qui agence deux ou plusieurs actions qui se déroulent parallèlement, dans des lieux et dans des temps différents (*parallel cutting, parallel editing*). D.W. Griffith met au point cette technique et l'utilise abondamment dans ses films.

montage positif ▪ Remplacement des copies standards pour des retirages (*positive cutting*).

montage virtuel ▪ Montage effectué sur moniteur vidéo à partir des rushes numérisés du film, à l'aide d'un ordinateur (*nonlinear editing, random access editing*). Mis au point dans les années 1980, le montage virtuel est non linéaire et permet de placer n'importe quel plan dans n'importe quel ordre sans que le monteur soit obligé de revoir chronologiquement toutes les séquences montées. Le monteur peut expérimenter diverses solutions de montage en utilisant certains effets spéciaux (fondus, volets, superpositions et caches mobiles), tout en mettant en place différentes bandes sonores. Sur certains appareils de montage électronique, il peut même projeter simultanément sur le moniteur deux séquences montées différemment. Moins cher que le montage classique sur une table de montage horizontale et sans danger pour la pellicule, le montage virtuel permet un gain de temps et une grande souplesse dans la manipulation des plans. La conformation du film sur copie de travail ou, parfois, sur copie négative, s'effectue à partir des numéros de bord du film conservés sur les images électroniques. Si le montage virtuel est à ses débuts principalement utilisé pour la télévision, il est dorénavant fréquemment utilisé dans l'industrie du film. ◇ VOISIN montage électronique. ▷ **Avid Media Composer, Fine Cut Pro, montage linéaire.**

montagne ▷ **film de montagne.**

monteur, euse ▪ Personne responsable du montage du film jusqu'à son mixage (*editor*). Ce métier est le plus souvent exercé par des femmes. On affirme très souvent que le succès d'un film dépendra de l'efficacité de son montage. Le monteur impose au développement de l'intrigue un rythme et finalement son impact sur le spectateur. Il donne au film son identité propre. Il travaille étroitement avec le réalisateur, discutant avec lui du choix, de la longueur et de l'ordre des séquences et des plans. En Europe, le monteur est plus libre de ses choix qu'aux États-Unis où il doit rendre compte de son travail au producteur ; ▷ *director cut*. Le monteur prépare également les bandes sonores pour le mixage, indique les effets spéciaux à effectuer en laboratoire et les inscriptions pour le générique et, au besoin, pour les titres et sous-titres, et prépare la copie de travail pour la conformation du négatif. Jusque dans les années 1990, le monteur travaillait avec des ciseaux et du scotch. Actuellement, son travail s'effectue avec la vidéo et l'informatique, avec une bande magnétique ou une image reproduisant un code temporel photographié sur la marge de la pellicule ou en bas de l'image ; ▷ **montage virtuel.** Plusieurs cinéastes sont monteurs avant de réaliser leur premier film, comme Robert Wise et Hal Ashby. Le travail du monteur est de plus en plus reconnu. Parmi les monteurs importants, citons les noms de Jolanda Benvenuti (qui travaille avec Roberto Rossellini), Agnès Guillemot (avec Jean-Luc Godard), Peter

Przygodda (avec Wim Wenders), Halina Prugar (avec Andrzej Wajda), Thelma Schoonmaker (avec Martin Scorsese) et George Tomasini (avec Alfred Hitchcock). ▷ **chef monteur.**

monteur négatif ▪ Personne responsable de la préparation du matériel servant au montage négatif (*negative cutter*).

monteur positif ▪ Personnage responsable de la préparation et du collage du montage positif (*positive cutter*).

monteur sonore ▪ Technicien responsable du montage sonore. Le monteur sonore rassemble et synchronise les dialogues, les bruits, les effets sonores spéciaux et, parfois, la musique (*sound editor*). ▷ **bruiteur,** *Foley artist*, **mixeur.**

montreur d'ombres ▪ Expression littéraire désignant un cinéaste, qui tire probablement son origine du théâtre d'ombres chinoises, de la lanterne magique et des manipulateurs des premiers appareils montrant des images en mouvement.

monture ▪ Pièce servant à fixer l'objectif à la caméra (*mount*). On distingue des montures à ailettes, à baïonnette, à gorge et à visses.

Moritone ▪ Marque de commerce française d'une visionneuse à défilement saccadé largement utilisée en France. La Moritone est un appareil très bruyant. Elle est remplacée par des visionneuses à défilement continu. Elle est différente de la Moviola dont le défilement peut être réglé à différentes vitesses.

morph ▪ [1] Dans la production des effets spéciaux, trucage obtenu par la technique du morphage (*morph*). ▪ [2] Par extension, toute image traitée par cette technique (*morph*).

morphage ▪ Procédé de trucage, dit graphique ou numérique, permettant de créer virtuellement des images intermédiaires n'existant pas matériellement, pour passer d'une image à une autre en donnant l'impression d'un mouvement continu (*morphing*). Il s'applique à un dessin vectoriel ou à une image matricielle [bitmap]. Le morphage permet de fondre doucement une image dans une autre, la technique consistant généralement à sélectionner des points sur la première image (par exemple, les yeux, le nez et la bouche), et de sélectionner les points correspondants sur la deuxième image. On peut ainsi vieillir les traits d'un visage ou leur donner ceux d'un animal. Évoluant rapidement, le procédé est utilisé couramment depuis le début des années 1990 pour les films fantastiques, comme *Terminator 2* (1991) de James Cameron. ▷ **clonage, mappage.**

MOS ANGL. ▪ Abréviation de *mix out sound*.

Mosfilm ▪ Le plus grand studio de production de l'ex-Union soviétique, appartenant à l'État. Créé à la suite du décret de la nationalisation de l'industrie du cinéma en 1919, signé par Lénine, sous le nom de Goskino, Mosfilm, baptisé ainsi sous Staline en 1935, continue d'assurer la majeure partie du monopole du cinéma soviétique, les studios des autres républiques de l'U.R.S.S. produisant peu. Ses choix artistiques sont conditionnés par les orientations politiques du pouvoir en place et les films produits reflètent l'idéologie stalinienne, qui sont des œuvres de propagande. Après la mort de Staline en 1953, le studio a plus de liberté et les films deviennent plus personnels. On recrute de jeunes cinéastes comme Andreï Mikhalkov-Kontchalovski et Andreï Tarkovski. La firme engage un cinéaste étranger comme Akira Kurosawa, qui relance ainsi sa carrière en 1974 avec *Dersou Ouzala*. L'arrivée au pouvoir de Mikhaïl Gorbatchev en 1985 et la mise en œuvre de la perestroïka et de la glasnost donnent un nouvel élan à Mosfilm, et les films censurés sous Brejnev sortent, comme *Le thème*, tourné en 1979, de Gleb Panfilov, qui remporte un ours d'or à Berlin en 1987. Son monopole est ébranlé par la société Lenfilm, de Saint-Pétersbourg (ex-Leningrad), les studios indépendants des autres républiques qui se remettent à produire et l'entrée progressive des films étrangers sur le marché soviétique. Avec la chute du communisme, le studio est privé de subventions et se trouve au bord de la faillite. Vladimir Poutine, soucieux de l'image de la Russie à l'étranger, permet à partir de 2000 le redressement de Mosfilm, grâce à des aides et des partenariats étrangers. Le studio produit environ 50 films par an, à la fois pour le cinéma, la vidéo et la télévision, tout en contrôlant intégralement le processus de développement du film, de l'écriture de son scénario jusqu'à sa distribution. Il abrite également un musée du cinéma.

Moskva RUSSE ■ Nom qui signifie « Moscou ». Caméra de fabrication soviétique semblable à la Mitchell BNC.

Mostra ITAL., FAM. ■ Nom donné au Festival du film de Venise et qui signifie « exposition ». Il est la forme abrégée de Mostra Internazionale d'Arte Cinematografica.

Mostra Internazionale d'Arte Cinematografica ■ Nom original italien du Festival du film de Venise.

moteur ■ Pièce mue à l'électricité servant à l'entraînement de la pellicule dans la caméra ou l'appareil de projection (*motor*). On distingue pour la caméra : *a)* le moteur régulé avec régulateur maintenant une vitesse constante d'enregistrement ; *b)* le moteur quartz dont la régulation se fait grâce au quartz qui émet une fréquence stable et permet ainsi le son synchrone ; *c)* le moteur à vitesse variable permettant des effets comme l'accéléré et le ralenti ; *d)* le moteur marche arrière, avec vitesse constante ou variable, permettant de tourner à l'envers ; *e)* le moteur image par image capable de prendre un seul photogramme à la fois et servant à l'animation ; et *f)* le moteur à grande vitesse qui peut enregistrer jusqu'à 1000 images par seconde. Selon l'énergie utilisée, il y a le moteur à courant alternatif asynchrone, le moteur à courant alternatif synchrone et le moteur à courant continu. ▷ **variateur de vitesse**.

« Moteur ! » ■ Ordre donné par le réalisateur pour la mise en marche des appareils de prise de vues et de son (« *Motor !* »).

motif ■ Sujet, idée, objet, phrase, thème musical, effet technique ou couleur spéciale servant à particulariser l'action d'un film, à lui donner une signification distincte ou à générer chez le spectateur une émotion précise (*pattern*). Comme exemples de motif, citons le mot « Rosebud » dans *Citizen Kane* (1941) d'Orson Welles, le thème musical joué par le clown dans *La strada* (1954) de Federico

Fellini et la couleur rouge dans *Pas de printemps pour Marnie* (1964) d'Alfred Hitchcock.

Motion Picture Association of America [MPAA] ▪ Première association de producteurs et de distributeurs américains fondée en 1922 sous le nom de Motion Picture Producers and Distributors of America [MPPDA]. La MPPDA est fondée pour répondre à la vague de réactions du public face aux scandales sexuels et à l'image de dépravation qui ternissent Hollywood; le décès d'une jeune fille dans un party chez Fatty Arbuckle est l'élément déclencheur de ces réactions. On veut nettoyer l'industrie qui ne veut pas voir baisser ses immenses profits. On nomme à la tête de l'association Will Hays, qui donnera son nom au code de la pudeur imposé officiellement à l'industrie en 1934. En 1945, l'association devient la Motion Picture Association of America; ▷ **Johnson Office**. Ses membres sont alors rapidement confrontés à trois problèmes de taille: *a)* la décision de la Cour suprême des États-Unis sur l'affaire Paramount obligeant les Majors à se départir de leurs salles; *b)* l'arrivée de la télévision qui provoque une baisse de fréquentation des salles; et *c)* la chasse aux sorcières instituée par le sénateur Joe McCarthy. En 1966, Jack Valenti, ancien conseiller du président Johnson, devient le président de la MPAA et représente les studios dans les négociations ayant trait à l'industrie du cinéma américain. La dernière lutte de cette association, finalement perdue, concerne les accords du Gatt signés en décembre 1993. Dan Glickman, ancien secrétaire d'État à l'agriculture, devient président de l'association en 2004. La MPAA mène depuis l'arrivée d'Internet un dure bataille contre le piratage, en particulier par l'échange de fichiers poste-à-poste. ▷ **code Hays, MPAA Picture Rating System, poste-à-poste.**

Motion Picture Patents Company [MPPC] ▪ Monopole formé en 1908 par neuf compagnies (Edison, Biograph, Vitagraph, Essanay, Kalem, Selig, Lubin, Pathé et Méliès) avec la compagnie de distribution de George Keine, ce dernier ayant suggéré aux autres compagnies la création du trust. La MPPC fait cesser la fabrication d'appareils dont elle a les droits, imposant ainsi son monopole sur la production, la distribution et l'exploitation des films à la grandeur des États-Unis. William Fox, distributeur et producteur indépendant, la poursuit en cour fédérale en 1913. En 1917, la cour de Pennsylvanie déclare la MPPC illégale selon la loi dite Sherman Antitrust Act. Après avoir fait en vain plusieurs fois appel de cette décision, ce monopole doit se dissoudre en 1918. ▷ **Edison Company.**

Motion Picture Production Code [Production Code] ▪ Nom officiel du code que se donne l'industrie cinématographique américaine comme paramètres moraux devant les guider pour les films. Il est adopté en 1930, renforcé en 1934 et abandonné en 1967 quand la Motion Picture Association of America [MPAA] décide de créer un système de classement pour les films, le MPAA Picture Rating System. Le code est connu sous le nom de code Hays.

Motion Picture Rating System ▪ Forme abrégée de MPAA Picture Rating System.

MPAA Picture Rating System [Motion Picture Rating System] ▪ Nom du service de la Motion Picture Association of America [MPAA] créée en 1968, qui remplace le Motion Picture Production Code. Depuis quelques années, l'association fait face à la fronde, ou à tout le moins, à la contestation des producteurs et d'une partie du public, qui acceptent difficilement le code en vigueur: Jack Valenti, président de l'association, ne réussit pas à faire changer certaines répliques dans le film *Qui a peur de Virginia Woolf* (1966) de Mike Nichols, la MGM distribue le film de Michelangelo Antonioni, *Blow-Up* (1967), sans demander son classement, et le mouvement de défense des droits des gays mène une chaude lutte contre l'homophobie explicite du code. Ce service détermine le classement d'un film aux États-Unis. Le classement s'applique aux films produits et distribués par les sociétés membres de la MPAA, mais pas aux films de non-membres de la MPAA et aux films étrangers. On distingue cinq catégories de classement: *G-rated* pour un film pour tout public, *PG13-rated* pour un film soumis à l'approbation des parents pour les enfants de moins de 13 ans, *PG-rated* pour un film soumis à l'approbation des parents pour les 17 ans et moins ou, dans certains États, les 18 ans et moins, *R-rated* pour un film pour les moins de 17 ans ou, dans certains États, de 18 ans, accompagnés d'un parent ou d'un tuteur, et *NC17-rated* pour un film interdit aux 17 ans et

moins ou, dans certains États, aux 18 ans et moins. Un producteur ou un distributeur peut en appeler de la décision et faire reclasser le film, généralement après avoir fait quelques coupures.

mouchard ARG. ▪ Rapport de production.

moudre ARG., VX ▪ Tourner.

moulin ARG., VX ▪ Appareil de prise de vues. La manivelle de l'appareil est comparée à un moulin à café.

mouvement croisé ▪ Déplacement de la caméra dans le sens contraire du déplacement du personnage à cadrer. Le mouvement croisé donne l'impression d'une accélération du personnage. ◊ SYN. ciseau.

mouvement d'appareil ▪ Effet obtenu par la mobilité de la caméra autour de son axe ou le déplacement de la caméra dans l'espace (*camera move*). Le panoramique et le travelling sont obtenus par le mouvement d'appareil. Dans les premiers temps du cinéma, la caméra est immobile et le mouvement vient de la scène filmée (comme dans *L'arrivée d'un train en gare de La Ciotat*, des frères Lumières, 1895). Le mouvement viendra quand la caméra bougera sur elle-même (panoramique) ou se déplacera (travelling) en suivant les personnages; on l'appelle alors « mouvement naturel ». Il devient autonome dès la Première Guerre mondiale et la technique lui donne par la suite sa perfection et sa complexité, avec les nouvelles grues informatisées comme la Louma. En image de synthèse, les mouvements d'appareil sont simulés par un programme informatique et ne nécessite aucune contrainte physique.

Mouvement d'Oberhausen ■ Nom donné aux 26 cinéastes qui publient un manifeste lors du festival d'Oberhausen, en février 1962. Les auteurs défendent une nouvelle conception esthétique et économique du cinéma et veulent sortir le cinéma allemand du marasme intellectuel et financier dans lequel il baigne. Ils exigent de nouvelles structures de production. Ce manifeste peut être considéré comme l'acte de naissance du mouvement appelé « Nouveau cinéma allemand ».

mouvement intermittent ■ Alternance de fixité et de mouvement du film dans son cheminement dans l'appareil de prise de vues ou dans le projecteur (*intermittent movement*). Chaque photogramme du film est arrêté un bref instant devant l'obturateur (1/48ᵉ de seconde) ; en mouvement, il laisse place au photogramme suivant, qui sera également arrêté un bref instant. Le mouvement intermittent s'effectue grâce à des griffes (qui entraînent le film) et un cadre-presseur (qui plaque le film contre l'ouverture). ▷ **croix de Malte.**

mouvement naturel ▷ mouvement d'appareil.

MOV ■ Pour *movie file*. Extension d'un fichier au format vidéo QuickTime d'Apple. L'extension s'écrit à la suite du nom du fichier ainsi : [.mov].

MovieCam ▷ Panavision.

Movielab ■ Marque de commerce d'un laboratoire américain de tirage de copies, dont les bureaux sont situés à New York.

Movietone ■ Marque de commerce d'un système d'enregistrement et de reproduction du son optique mis au point en 1921 par Theodore W. Case et Earl I. Sponable. Le Movietone est acheté par la Fox Films Corporation, qui l'utilise en 1927 pour ses courts métrages d'actualités jusqu'en 1939. Il devient le système généralisé du parlant utilisé par les Majors dans l'industrie du cinéma ; son principal concurrent est le Photophone, utilisé uniquement par la RKO. Le Movietone est abandonné en 1960. ▷ **Fox-Movietone.**

Moviola ■ Marque de commerce américaine d'un appareil de montage de l'image et du son portable. Ancêtre de la table de montage, la Moviola désigne généralement n'importe quel type de visionneuse. Le défilement de la pellicule peut être réglé à différentes vitesses. Elle est différente de la Moritone dont le défilement est saccadé.

moyen foyer ▷ foyer moyen.

moyen métrage [m.m., mm] ■ Film dont la durée se situe entre 30 et 60 minutes (*medium-length film*). Son métrage se situe entre 900 et 1600 mètres pour un film 35 mm standard et entre 350 et 675 mètres pour un film 16 mm. En France, le Centre national de cinématographie [CNC] ne reconnaît pas le moyen métrage dans son classement officiel des métrages, uniquement le court métrage et le long métrage.

moyens visuels PLUR. ■ Ensemble des modes de communication visuels ou médiatiques. ▷ **multimédia.**

MPEG ■ Acronyme de *moving picture experts group*. En multimédia, normes internationales de codage pour la compression, la décompression, le traitement et le codage de la vidéo, de l'audio et de leur combinaison. En 1998, le *moving picture experts group* met au point un premier standard, appelé MPEG-1, pour le stockage audio et vidéo de type vidéo CD. Suivront d'autres standards de codage, jusqu'au MPEG-4 et le MPEG-21, qui englobent toutes les nouvelles applications multimédia comme le téléchargement, le streaming dans Internet, ainsi que celles pour le téléphone mobile, le baladeur, le jeu vidéo, la télévision et les supports en haute définition. Lorsqu'un fichier vidéo est codé et compressé, il porte l'extension [.mpeg].

muet (le) ▪ Période de l'histoire du cinéma durant laquelle les films étaient dépourvus de bande sonore. ▷ **cinéma muet**.

multi-image ▪ Forme abrégée de multiple image et plan multi-image.

multiple image [multi-image] ▪ Trucage permettant de juxtaposer plusieurs images à l'écran (*multi-image*). Le trucage multi-image est employé dès les débuts du cinématographe avec *Naissance d'une nation* (1915) de D.W. Griffith. Abel Gance lui donne un traitement royal avec son procédé Polyvision pour le tournage en 1926 de *Napoléon*. Au parlant, on exploite minimalement ce trucage, sauf pour les scènes de dialogue au téléphone, appelées également « double image » (*split-screen*). La multiple image connaît un regain de faveur dans les années 1960 et est fort utilisée dans les films de spectacles rock, comme dans *Woodstock* (1970) de Michael Wadleigh. On le retrouve dans des films de fiction comme *Time code* (2000) de Mike Figgis

et *Garçon stupide* (2004) de Lionel Baier. ◊ VAR. plan multi-image. ◊ SYN. image composite.

multimédia ▪ Relatif à plusieurs médias (*multimedia*). ▪ [1] Alliance des capacités de communication des divers médias (livre, télévision, disque, etc.) avec la puissance et l'interactivité de l'ordinateur. Dans le multimédia, l'information est visualisée et organisée grâce à un matériel et un logiciel permettant l'action au moment de sa présentation. ▪ [2] Synonyme d'œuvres électroniques associant le texte, les images, la musique et les sons, de provenance multiple (presse, cinéma, radio, vidéographie, infographie, etc.), qu'on peut découvrir par voie interactive. Les supports connus du multimédia sont le cédérom, la disquette, l'ordinateur, le téléviseur, le vidéodisque et le DVD. ▷ **industrie des communications, industrie du cinéma**.

multimédia en ligne ▪ Contenu informationnel livré à distance par des réseaux numériques de télécommunication à un équipement personnel ou groupé (*in-line multimedia*). Le multimédia en ligne permet la communication par voie interactive (l'intermédiaire de serveurs dans Internet, par exemple).

multimédia hors ligne ▪ Média fonctionnant de manière autonome sur un équipement personnel installé à la maison ou dans un lieu professionnel (*off-line multimedia*).

Multiphone de Rousselot ▪ Appareil conçu en 1906 par Jean-Charles Scipion Rousselot pour la production d'effets sonores au théâtre. Compact, le Multiphone peut imiter 53 sons différents,

comme la détonation de carabines, le bruit de moteur des voitures, le frottement d'une lame de scie, le chant des oiseaux, le son des cloches, le cri des animaux. Pathé Frères le fabrique pour accompagner la projection du film muet.
▷ **Allefex, machine à bruits.**

multiplexe SUBST. ▪ Vaste ensemble comprenant de nombreuses salles de projection. La construction des multiplexes débute dans les années 1960, avec la fin des exclusivités et la baisse de fréquentation des salles. Le premier multiplexe européen s'ouvre à Bruxelles en 1987. ◇ SYN. complexe multisalles, mégacomplexe.

musicien ▪ Personne qui exécute une partition musicale, composée ou adaptée pour un film (*musician*). ▷ **arrangeur.**

musicothèque ▪ Discothèque (*record library*).

musique ▪ Élément entrant dans la composition sonore du film (*music*). La musique de film comprend la partition musicale, les airs musicaux et les sons combinés avec la musique. On regroupe sous le terme de musique toutes les formes musicales : la chansonnette, la comédie musicale, l'opéra, le concert, le ballet et la danse. La musique joue un rôle multiple et important dans un film : elle peut être le sujet, la métaphore ou le modèle de l'œuvre. On lui assigne trois fonctions générales : *a)* de contrepoint, en apportant une dimension dramatique, comique, didactique ou poétique au film, comme la musique de Nino Rota dans *La strada* (1954) de Federico Fellini ; *b)* de leitmotiv, en tant que figure musicale attachée à un personnage, à une action, à un lieu ou à un objet, comme le leitmotiv lancinant dans *Le train sifflera trois fois* (1952) de Fred Zinnemann ; et *c)* de mélodie, avec un air ou une chanson comme éléments narratifs, comme la chanson *As Time Goes By* dans *Casablanca* (1942) de Michael Curtiz. On utilise la musique dès les débuts du cinéma ; elle couvre le bruit du projecteur tout en soutenant la narration. Durant le muet, elle est jouée par un piano, un orgue ou une petite formation ; ▷ **Wurlitzer.** Elle est alors codifiée selon les besoins narratifs et se vend en feuilles ; ▷ **Kinoteck.** Elle remplace peu à peu la machine à bruits ; ▷ **Alleflex, Multiphone de Rousselot.** Son utilisation s'affirme dans un rapport de redondance en redoublant l'image et le discours et dans un rapport de contraste en jouant d'effets d'antithèse. On commande la création d'une musique originale pour les premières de films, à Joseph Kareil pour *Naissance d'une nation* (1915) de D.W. Griffith et à Arthur Honegger pour *La roue* (1923) d'Abel Gance, par exemple. Durant cette époque, des ensembles musicaux se forment et jouent uniquement dans les salles de cinéma. Le parlant bouleverse l'activité liée à la musique. Dans *Le chanteur de jazz* (1927) de Allan Crosland, on réussit à synchroniser la musique et le dialogue. Les premières partitions musicales sont le plus souvent purement fonctionnelles : thèmes et leitmotiv accompagnent l'apparition des personnages et soulignent l'action. Les Majors créent leur département musical et les orchestres se recyclent en auditorium. Les directeurs de ces départements imposent une musique souvent traditionnelle, grandiloquente et omniprésente; ainsi le fait Max Steiner, à la Warner Bros., en signant la musique de *Autant en emporte le vent* (1939) de Victor Fleming. Parmi les noms importants de compositeurs de musique du cinéma américain, citons ceux de Bernard Herrmann, Erich Wolfgang Korngold, Alfred Newman, Miklos Rozsa, Dimitri Tiomkin et Frank Waxman. En Europe, la musique est utilisée d'une manière moins explicite et elle est plus raisonnée, comme le confirment les compositions signées Alain Aubert, Joseph Kosma et Jean Yatove. Avec le parlant, un nouveau genre naît et se développe, la comédie musicale, qui adapte des succès de Broadway et contribue au progrès de l'industrie du disque. Parmi les compositeurs importants du genre, citons George Gershwin, Oscar Hammerstein II, Jerome Kern et Cole Porter. Dans les années 1950 et 1960, des compositeurs plus personnels, comme Alex North, Elmer Berstein et Henri Mancini, donnent une nouvelle liberté à la musique. Le jazz commence à être utilisé dans les films, comme dans *Ascenseur pour l'échafaud* (1959) de Louis Malle dont la musique est composée par Miles Davis ou dans *The Cool World* (1963) de Shirley Clarke dont Mal Waldron signe la partition. La Nouvelle Vague renouvelle l'utilisation de la musique avec des compositeurs comme Georges Delerue, Antoine Duhamel et Pierre Jansen. Michel Legrand, avec le cinéaste Jacques Demy, célèbre la comédie musicale dans des films « en-chantés ». Aux États-

Unis, dans les années 1970, la musique se fait envahissante dans les films de George Lucas et Steven Spielberg. Elle est utilisée d'une manière intelligente et dynamique chez les Italiens (Nino Rota) et les Anglais (John Barry). Certains musiciens, comme Michel Fano, la transforme en expérience musicale. Les biographies filmées permettent une utilisation ample de la musique, particulièrement celles concernant des musiciens célèbres, comme Chopin dans *La chanson du souvenir* (1945) de King Vidor et Tchaïkovski dans *La symphonie pathétique* (1971) de Ken Russell. Elle est traitée sur un mode non conventionnel dans *Chronique d'Anna Magdalena Bach* (1967) de Jean-Marie Straub et Danielle Huillet. L'opéra est une excellente source d'adaptation de la musique au cinéma; parmi les films d'opéra importants, citons *Don Giovanni* (1979) de Joseph Losey, *La flûte enchantée* (1974) d'Ingmar Bergman, *Moïse et Aaron* (1974) de Jean-Marie Straub et Danielle Huillet, et *Persifal* (1982) de Hans-Jürgen Syberberg. La musique devient un genre quasi expérimental avec le cinopéra; voir les films de Werner Schroeter. Les chansons du répertoire servent d'éléments nostalgiques dans les films de Woody Allen, d'éléments distanciateurs dans ceux de Martin Scorsese; elles sont des inscriptions poétiques dans les films de Paul Vecchiali et de Jean-Claude Guiguet. La musique est exploitée ultérieurement sur disque et remporte occasionnellement de grands succès, comme le thème joué à la cithare d'Anton Karas dans *Le troisième homme* (1949) de Carol Reed ou celui d'Ennio Morricone ouvrant le film de Sergio Leone, *Il était une fois dans l'Ouest* (1969). Certains musiciens travaillent souvent avec les mêmes réalisateurs, comme Georges Van Parys avec René Clair, Maurice Jarre avec Georges Franju, Masuru Sato avec Akira Kurosawa et Nicola Pavioni avec Nanni Moretti. ▷ clip, film sonorisé, *mickey mousing*.

Mutoscope ▪ Marque de commerce d'un appareil mis au point en 1894 par William K. Dickson, un collaborateur de Thomas Edison. Le Mutoscope est un appareil dérivé du principe du feuilleteur. Une roue supporte une série de photographies représentant les positions successives d'un sujet en mouvement; une manivelle tourne la roue et les vues en papier sont arrêtées un bref instant par un tasseau; à travers une visionneuse, le spectateur voit ainsi une véritable scène animée à travers une visionneuse. La mise en route de l'appareil est déclenchée par une pièce de monnaie introduite dans une fente. Le Mutoscope favorisera la projection d'images licencieuses. Il a un grand succès dans les foires et les *penny arcades* jusqu'en 1930.

Mutual ▪ Forme abrégée de Mutual Film Corporation.

Mutual Film Corporation [Mutual] ▪ Compagnie de distribution de films fondée en 1915 par Harry Aitken, John R. Freuler et Samuel S. Hutchinson, conglomérat formé de Western Film Exchange, Keystone Company et Thanhouser Studios. La Mutual est l'une des rares sociétés indépendantes qui prospèrent aux États-Unis. Elle distribue, outre les films de la Keystone, ceux de la Biograph, de la Gaumont et de la Reliance. En 1916, Charles Chaplin signe avec la Mutual un contrat annuel de 760 000 $. En 1917, à la fin de son contrat, il la quitte pour la First National qui lui offre un contrat plus avantageux. Après plusieurs restructurations et la cessation de la production en 1919, la Mutual est absorbée par la Film Booking Office, qui deviendra plus tard la RKO.

Mylar ▪ Marque de commerce d'un support en polyester de la firme américaine Du Pont employé pour les bandes magnétiques créée en 1952. ▷ **Estar**.

mythe ▪ [1] Représentation de faits ou de personnages, déformée, amplifiée ou simplifiée, dans un récit cinématographique (*myth*). Certains genres cinématographiques, comme le western, ont favorisé la création de nombreux mythes : le mythe des frontières, le mythe de la liberté et le mythe de la lutte du Bien et du Mal. Le cowboy, particulièrement, y devient l'incarnation du mythe de l'individualisme américain. ▪ [2] Interprète du cinéma dont la vie et la carrière sont idéalisées (*myth*). Devenu un mythe, l'interprète symbolise souvent un caractère ou une qualité (comme la beauté). De nombreuses stars sont devenues des mythes, comme Brigitte Bardot, Greta Garbo et Marilyn Monroe. ▪ [3] Tout objet ou personnage pouvant représenter symboliquement le cinéma (*myth*). Le chapeau de Charles Chaplin, le porte-voix du réalisateur, la souris Mickey et le gorille King Kong sont des exemples de mythes.

nabab ▪ Surnom donné à une personne riche et puissante d'Hollywood (*tycoon*). ◊ SYN. magnat, *mogol* (ou *mogul*).

Nagra ▪ Marque de commerce du premier magnétophone portable et synchronisé avec la caméra mis au point par le Suisse Stefan Kudelski en 1951. En 1957, une nouvelle Nagra, qui est un magnétophone à transistor avec un contrôle électronique de vitesse est lancée. Mais c'est en 1961, avec sa Nagra SR, de format compact, que ce magnétophone gagne l'enthousiasme des preneurs de son. Dotée d'une bande de $\frac{1}{4}$ de pouce, la Nagra est l'un des appareils d'enregistrement les plus employés au cinéma. Il existe plusieurs modèles sur le marché : la nagra 4.2 pour le cinéma, la Nagra IV-S (stéréo) pour les industries du film et du disque, la Nagra IVSJ pour usage en instrumentation acoustique, la Nagra IS pour les reporters de terrain, la Nagra E pour les utilisateurs professionnels à budget limité, et le SNST miniature pour les applications de sécurité. En 1975, la société commence à fabriquer des magnétophones numériques, dont la Nagra-D pour le format numérique. En 2001, sort la Nagra-5, enregistreur à disque dur amovible. ▷ **Perfectone, Uher.**

nanar ▪ Terme dérivé de « navet », inventé par les macmahoniens. Film de série B médiocre, le plus souvent kitsch. Le nanar peut devenir un film-culte. Le « roi » du nanar est le cinéaste Ed Wood.

National Broadcasting Corporation [NBC] ▷ **Radio Corporation of America.**

Natural Vision ▪ [1] Procédé de film large commercialisé par la RKO de 1929 à 1930. ▷ **Fox-Grandeur, Realife.** ▪ [2] Procédé du cinéma en relief nécessitant deux appareils synchrones à la prise de vues et à la projection. Pour regarder un film en relief, les spectateurs doivent porter des lunettes polarisantes qui opèrent une sélection entre la vision de l'œil gauche et la vision de l'œil droit.

narration ▪ [1] Action d'un film, déroulement des faits, suite des événements racontés, manière de raconter une histoire (*narration*). Par extension, la narration désigne le récit, l'histoire. Il y a toujours de la narration ou des fragments de narration dans un film de fiction. ▪ [2] En théorie du cinéma, elle désigne l'acte d'énonciation, le point de vue. ▷ **diégèse, discours, film narratif, monstration.** ▪ [3] Exposé des faits ou des événements dans un film au moyen d'une voix off.

narrateur ▪ Personne dont la voix donne corps à la narration dans un film, généralement documentaire (*commentator*); ▷ **voix off.** En principe, le narrateur doit être neutre pour que le public adhère au discours et acquiert des connaissances objectives. Dans les films du cinéma-vérité et du Cinéma direct, le narrateur affiche une subjectivité qui est le point de vue de l'auteur; ▷ **énonciation.** On trouve occasionnellement un narrateur dans les films de fiction, particulièrement pour des récits se situant dans un passé récent (qui est celui du personnage principal qu'on entend); ▷ **flash-back.** Son utilisation peut être très complexe; voir le film *Citizen Kane* (1941) d'Orson Welles. Le narrateur peut être omniscient et non être un personnage en particulier; sa voix peut alors accentuer le style documentaire d'un film de fiction, comme dans certains films d'Henry Hathaway.

National Film and Television Archive ▷ British Film Institute.

National Film and Television School [NFTS] ▪ École de formation la plus réputée de Grande-Bretagne créée en 1971. Elle est située à 40 km de Londres, à Beaconsfield, près des studios de Pinewood. La National Film and Television School admet des étudiants ayant déjà à leur compte des films et des vidéos; ils viennent de Grande-Bretagne, des États-Unis et des pays européens. La formation professionnelle et technique offerte pour le cinéma de fiction, de documentaire et d'animation se situe particulièrement dans le domaine de la pratique. L'école est subventionnée par le gouvernement, en particulier par une taxe prélevée sur les billets de cinéma, et les industries cinématographiques et télévisuelles, comme la BBC, Channel Four, BSkyB, la Warner Bros. et Pinewood Studios Group. Son président est le cinéaste Lord Attenborough.

National Film Board of Canada [NFB] ▪ Agence gouvernementale canadienne de production cinématographique créée en 1939. Son équivalent français est l'Office national du film du Canada. Le premier directeur du National Film Board, appelé commissaire, est le cinéaste documentariste britannique John Grierson. Le NFB est immédiatement reconnu dans le monde entier pour ses documentaires de grande qualité. À la déclaration de la Deuxième Guerre mondiale, l'agence se lance dans le film de propagande. En 1943, Norman McLaren y fonde le service de l'animation. La chasse aux sorcières déclarée aux États-Unis a des retombées sur le NFB et empoisonne les relations entre employés et commissaires. On déménage les bureaux du National Film Board of Canada d'Ottawa à Montréal, ce qui relance la dynamique de la maison; la production de langue française augmente alors considérablement. La série intitulée Candid Eye amorce un mouvement de réflexion sur la réalité sous l'impulsion des cinéastes Tom Daly, Wolf Koenig et Roman Kroitor. Elle a des répercussions chez l'équipe française avec le Cinéma direct québécois et des cinéastes comme Michel Brault, Arthur Lamothe et Gilles Groulx. En l'absence d'une industrie de long métrage canadienne, le NFB commence à produire des films de fiction, comme *Nobody Waved Goodbye* (1964) de Don Owen. À la fin des années 1960, la série *Challenge for Change* participe d'un cinéma social et engagé avec des cinéastes comme Leonard Forest et Maurice Bulbulian. Dans les années 1970 et 1980, se multiplient les coproductions avec l'industrie privée, ce qui affaiblit le secteur documentaire et la portée sociopolitique qui faisaient antérieurement la renommée de la production maison. La création d'un programme destiné au cinéma de femmes redonne au NFB un peu de sa vitalité perdue. Le secteur de l'animation demeure le secteur le plus dynamique et ses cinéastes, tant francophones qu'anglophones (Michèle Cournoyer, Francine Desbiens, Jacques Drouin, Suzanne Gervais, Pierre Hébert, Co Hoedeman, Caroline Leaf, Yves Leduc, etc.), raflent des prix partout dans le monde. Un des services du NFB, reconnu essentiel et qui est fort apprécié, est celui de l'aide au cinéma indépendant. En 1996, un pénultième rapport remet de nouveau en question son statut. La majorité de la production est tournée en vidéo et non plus sur pellicule, sauf pour l'animation. Outre les noms des cinéastes importants de cette agence déjà nommés, citons Donald Brittain, George Kaczender, Colin Low, Terence Macartney-Filgate, Don McWilliams, Grant Munro, Cynthia Scott, John N. Smith et Robin Spry.

National Film Theater ▷ British Film Institute.

National Television System Committee [NTSC] ▪ Standard américain d'enregistrement et de diffusion pour la télévision en couleurs. Le NTSC est mis au point en 1953 par des ingénieurs de Columbia Broadcasting System [CBS] et de Radio Corporation of America [RCA]. La qualité des couleurs par ce système de codage a longtemps laissé à désirer. Ce standard est utilisé aux États-Unis, au Canada, au Mexique, dans de nombreux pays des Caraïbes et de l'Amérique du Sud, au Japon, en Corée du Sud et aux Philippines. L'image est codée sur 525 lignes; pour le DVD, c'est sur 480 lignes. Quoique ayant servi de fondement aux standards PAL et SECAM, le NTSC n'est pas compatible avec eux.

naturalisme ▪ Représentation réaliste de la nature, êtres humains et actions, dans un film (*naturalism*). Le naturalisme, souvent associé à la description sordide de la réalité, à une société corrompue et névrosée, est pourtant supposé être lié à une observation objective de la réalité. Il n'existe pas de mouvement cinématographique revendiquant le naturalisme ni de genre en tant que tel qui y serait lié. Les critiques et historiens affirment que *Les rapaces* (1923-1925) d'Erich von Stroheim est le premier film naturaliste de l'histoire du cinéma. Les films américains de Fritz Lang et les films mexicains de Luis Buñuel sont vus comme des œuvres naturalistes. Le cinéaste finlandais Aki Kaurismäki est apprécié comme auteur naturaliste.

navet ▪ Film de piètre qualité (*rubbishy*, ARG. *turkey*). Le navet est un film raté. ◊ SYN. film de série Z. ▷ **cinéma bis, film-culte, film psychotronique, nanar.**

navigation ▪ En informatique, déplacement d'un utilisateur dans un hypertexte ou dans un hypermédia (*browsing*). ◊ VOISIN furetage. ▷ **surfer.**

NBC ▪ Sigle de National Broadcasting Corporation.

NBC Universal ▷ **Universal Pictures.**

NC17-rated ANGL. ▪ Aux États-Unis, classement d'un film interdit aux personnes de 17 ans et moins, et dans certains États, de 18 ans et moins. Ce classement remplace l'ancienne classification *X-rated*. Les médias écrits et électroniques ne diffusent aucune publicité pour un film classé *NC-rated*. Le producteur d'un film classé dans cette catégorie fera tout pour qu'il soit alors classé dans la catégorie *R-rated*, en coupant les scènes litigieuses. ▷ **MPAA Picture Rating System.**

négatif SUBST. ▪ [1] De façon générale, épreuve photographique dont les parties claires correspondent à des zones sombres et dont les parties sombres correspondent à des zones claires (*negative*). ▪ [2] Pellicule cinématographique vierge, exposée ou développée, destinée à la prise de vues (*negative*). ▪ [3] Film obtenu à la prise de vues et après le développement dont les valeurs d'opacité relative sont inversées par rapport au sujet (*negative*). On distingue le contretype négatif, l'internégatif (ou négatif intermédiaire), le négatif combiné, le négatif image, le négatif original, le négatif son, le négatif sous-titre et le négatif titre.

négatif combiné ▪ Négatif combinant simultanément l'image et le son et prêt à être développé (*combine negative*).

négatif image ▪ Négatif de toutes les images prêtes à être développées (*picture negative*).

négatif intermédiaire ▷ **internégatif.**

négatif original ▪ Négatif servant à la reproduction des copies d'un film et à la production d'un internégatif (*original negative*).

négatif son ▪ Négatif de tous les sons prêts à être développés (*sound negative*).

négatif sous-titre ▪ Négatif réservé au lettrage des sous-titres (*subtitle negative*).

négatif titre ▪ Négatif réservé au lettrage des titres et intertitres (*title negative*).

nègre ARG. ▪ [1] Panneau de contre-plaqué peint en noir utilisé pour limiter le champ lumineux d'un projecteur. ◊ SYN. drapeau. ▪ [2] Tableau sur lequel est inscrit à la craie le texte que doivent dire les comédiens.

néon ▪ Gaz rare utilisé dans les tubes à décharge (*neon*). Par extension, tube à néon. ▷ **lampe.**

Néopilote ▪ Marque de commerce d'un procédé de pilotage mis au point en 1961 par le Suisse Stefan Kudelski, l'inventeur de la Nagra, permettant la synchronisation parfaite de l'image et du son enregistrés sur une bande lisse.

néoréalisme ▪ Ensemble des films italiens tournés après la Deuxième Guerre mondiale, marqués par un retour à la réalité du pays, par opposition aux films précédents, fascistes, embourgeoisés, dits «à téléphones blancs», qui en occultent la représentation (*Neorealism*). C'est un mouvement issu de l'influence de l'école réaliste française (Jean Renoir, Jean Grémillon), du *Kammerspielfilm* (F.W. Murnau, G. W. Pabst) et d'une réflexion critique suscitée par les animateurs du Centro Sperimentale di Cinematografica de Rome. Tournés en extérieur, souvent avec des acteurs non professionnels, les films du néoréalisme privilégient les images d'une Italie réelle: misérable, ruinée par la guerre, à la recherche de nouvelles valeurs morales et sociales. Ils sont portés par une mise en scène soignée, qui évite le plus possible l'improvisation, et empreints de rigueur morale et de responsabilité politique. Le film précurseur du néoréalisme, mouvement qui durera moins de 10 ans, est *Ossessione* (1943) de Luchino Visconti, qui est l'adaptation du roman de James M. Cain, *Le facteur sonne toujours deux fois*. Son porte-parole est Cesare Zavattini, scénariste de Vittorio De Sica. L'influence du néoréalisme se fait sentir plus tard dans les films des Italiens Ermano Olmi, Michelangelo Antonioni et Pier Paolo Pasolini, dans les films noirs américains, dans les films de l'Indien Satyajit Ray et, dans une certaine mesure, en France dans les films de la Nouvelle Vague. Parmi les films importants de ce mouvement, citons *Rome ville ouverte* (1945), *Paisa* (1946) et *Allemagne, année zéro* (1947) de Roberto Rossellini, *Le soleil se lèvera encore* (1946) de Aldo Vergano, *Le voleur de bicyclette* (1948) et *Miracle à Milan* (1951) de Vittorio De Sica, *La terre tremble* (1948) de Luchino Visconti, *Les*

années difficiles (1948) de Luigi Zampa et *Riz amer* (1949) de Giuseppe De Santis. **néoréalisme rose** ▷ comédie «à l'italienne».

netteté ■ Précision et définition de l'image enregistrée ou projetée (*sharp, in focus*). ◊ CONTR. flou.

netteté des contours ▷ acutance.

9,5 mm ■ Format réduit de la pellicule de film ininflammable. Le 9,5 mm est mis au point par la société Pathé en 1922. Il contient une seule perforation centrale. Destiné au public amateur, il est lancé avec une gamme d'appareils de petit format comme le Pathé-Baby.

New America Group Cinema ▷ New American Cinema.

New American Cinema ■ Ensemble des films expérimentaux réalisés aux États-Unis après la Deuxième Guerre mondiale. L'appellation «New American Cinema» vient d'un groupe, le New American Group Cinema, créé en 1960, dont les théories sont propagées par la revue du cinéaste Jonas Mekas, *Film Culture*. Les films de ce mouvement sont réalisés par des cinéastes indépendants établis surtout sur la côte Est américaine, en réaction au cinéma commercial. Le film *Meshes of the Afternoon* (1943) de Maya Deren est, d'un point de vue technique, considéré comme la première œuvre du New American Cinema, un «film de chambre» assez proche du cinéma de Jean Cocteau. Le mouvement prend véritablement son envol durant les années 1960 avec le cinéma underground, celui de la Film-Makers' Cooperative de Jonas Mekas et des auteurs comme Kenneth Anger, Stan Brakhage, Robert Breer et Gregory Markopoulos. On y inclut le réalisateur canadien Michael Snow. ▷ **cinéma poétique, New Wave.**

New Wave ▪ Courant de films narratifs à l'intérieur du cinéma indépendant américain durant les années 1980. Malgré son nom, ce courant a un rapport très lointain avec la Nouvelle Vague française. On y compte également des œuvres d'autres disciplines (peinture, musique, sculpture, installation vidéo). Les films sont souvent tournés en super-8 ou en 16 mm. Les thèmes abordés sont la politique, la violence urbaine et les diverses orientations sexuelles. Parmi les noms importants du New Wave, citons Scott et Beth B., Vivienne Dick, Becky Johnston, Erich Mitchell, James Nares et Amos Poe.

nez ▪ Pièce en forme conique opaque qu'on place sur un projecteur d'éclairage pour concentrer le faisceau lumineux (*snoot, snoot cone*). ◇ VOISIN coupe-flux.

nez rouge ARG. ▪ Acteur.

NFB ▪ Sigle du National Film Board of Canada.

NFTS ▪ Sigle de la National Film and Television School.

nickelodéon ANGLIC. ▪ De *nickelodeon*; l'origine du mot vient de *nickel*, mot américain pour la pièce de 5 cents couvrant le prix d'une entrée, et de *odeon*, mot grec signifiant théâtre. Aux débuts du cinéma, nom populaire donné aux salles de projection aux États-Unis, généralement petites, sales et enfumées, souvent des anciennes salles de cafés-concerts. On y projette des films d'une bobine ou deux, accompagnés par un piano, devant une centaine de spectateurs, durant une séance ne dépassant pas 50 minutes. Le premier nickelodéon ouvre en 1901 à Los Angeles sous le nom d'Electric Theater. En 1905, on en dénombre 10 000 aux États-Unis. Ils disparaissent progressivement durant la décennie suivante, avec l'arrivée du film de long métrage (de cinq bobines) et la construction de salles de cinéma propres et aérées.

nitrate ▪ Sel de l'acide nitrique, constituant chimique du support de pellicules (*nitrate*).

nitrate de cellulose ▪ Dérivé de la cellulose entrant dans la fabrication de l'émulsion de la pellicule photographique (*cellulose nitrate*). Le nitrate de cellulose, utilisé depuis une cinquantaine d'années, est interdit au début des années 1960 parce que très inflammable. Dans le langage courant, on parle de film nitrate pour désigner un film fabriqué avec du nitrate de cellulose. ▷ **diacétate, film flamme, triacétate.**

niveau ▪ Valeur de la tension électrique du signal d'un appareil, un microphone, par exemple (*level*).

nœud de l'action ▷ climax.

noir ▷ **film noir.**

noir et blanc ▪ Expression désignant un film en noir et blanc (*black and white*). ◇ SYN. achrome.

nom de domaine ▪ Dans le Web, désigne l'ensemble des adresses ayant une gestion commune. C'est la partie du nom qui identifie plus spécifiquement le site Web d'une organisation. Le nom de domaine porte toujours une extension : [.net], [.com.], [.org], [.fr], etc. Il existe 120 millions de noms de domaine déposés en 2006.

318

nomination ANGLIC. ▪ Sélection de films ou d'artisans du cinéma (acteurs, réalisateurs, techniciens, etc.) par un jury ou un groupe professionnel en vue d'une récompense (*nomination*).

nominer ANGLIC. ▪ Sélectionner des films ou des artisans d'œuvres pour un prix. C'est un calque de l'anglais critiqué usité de façon courante dans le milieu du cinéma. On devrait dire : sélectionner.

non flam ▪ Support d'un film en diacétate de cellulose (*non flam*). De qualité médiocre, un film non flam est ininflammable.

non-professionnel SUBST. ▪ Acteur qui n'a jamais joué auparavant dans un film ou qui n'a pas de formation professionnelle (*non-professional*). Les cinéastes néoréalistes emploient de nombreux non-professionnels. Robert Bresson y a recours presque systématiquement ▷ **modèle**. ◊ SYN. acteur amateur.

non-sens ▪ Comique défiant le bon sens (*nonsense*). Le cinéma des frères Marx constitue un excellent exemple de non-sens. ▷ *slapstick*.

non synchrone ADJ. ▪ Se dit de tout élément, comme la parole et le bruit, désynchronisé avec l'image (*nonsynchronous*).

nordic amanda ▪ Nom officiel des différentes récompenses annuelles remises à des films scandinaves (danois, finlandais, islandais, norvégiens et suédois). La remise des prix a lieu à la fin du Festival international du film norvégien de Haugesund, qui se tient au mois d'août de chaque année.

Nouveau Cinéma allemand ▪ Expression donnée aux films réalisés par les cinéas-tes signataires d'un manifeste publié en 1962 au cours du festival annuel d'Oberhausen (New German Cinema). À la suite de ce texte, un comité du jeune cinéma allemand est créé et permettra à une nouvelle génération d'auteurs de faire leur premier film, entre autres, Rainer Werner Fassbinder, Peter Fleischman, Werner Herzog, Alexander Kluge, Volker Schlöndorff, Jean-Marie Straub et Wim Wenders. Les chaînes régionales de télévision aident par des subventions à l'éclosion de ces jeunes talents. Les sujets et les styles sont différents pour chaque auteur, mais les qualificatifs « froid », « austère », « amer », « ironique » et « stylisé » sont souvent utilisés pour décrire les œuvres de ce mouvement. Les historiens du cinéma donnent quelquefois un autre nom à cet ensemble de films réalisés au cours des années 1960 et 1970 : le jeune cinéma allemand ; en anglais : Young German Cinema ; en allemand : Junger deutscher Film.

Nouveau Naturel ▪ Expression créée par les critiques du magazine parisien *Télérama* pour désigner le style réaliste de cinéastes français des années 1970 comme Jacques Doillon, Jean Eustache, Pascal Thomas et Maurice Pialat. Les auteurs du Nouveau Naturel, proches du quotidien, dont les films sont généralement tournés en province, renouent avec la tradition réaliste d'un Jean Renoir et d'un Marcel Pagnol.

nouvelle-éclair ▷ flash [3].

Nouvelle Vague ▪ Expression créée par Françoise Giroud du magazine *L'Express*, qu'un critique de film utilisera pour désigner les films d'une nouvelle génération

319

de cinéastes français, anciens critiques aux *Cahiers du cinéma*, à savoir Claude Chabrol, Jean-Luc Godard, Jacques Rivette, Éric Rohmer et François Truffaut (*New Wave*). On inclut également dans ce mouvement, qui dure une dizaine d'années (de 1958 à 1968 environ), des auteurs comme Jacques Demy, Louis Malle, Chris Marker, Alain Resnais et Agnès Varda; *La pointe courte* (1954) d'Agnès Varda annonce le renouvellement du cinéma provoqué par la Nouvelle Vague. Par leur approche personnelle des sujets, leur goût de la liberté et un vif sentiment existentiel marqué par le romantisme et un radicalisme politique, ses cinéastes se démarquent des auteurs du cinéma français littéraire et académique des années 1940 et 1950; ▷ **cinéma de papa**, **Qualité française**. On dit que Jean-Pierre Melville (*Bob le flambeur,* 1956) est le cinéaste précurseur du mouvement, très admiré par les jeunes auteurs de la Nouvelle Vague, alors critiques de cinéma. Les cinéastes sont aidés par de jeunes producteurs, qui leur allouent de modestes budgets, ce qui les aident à bouleverser les règles de tournage et de narration. La structure innovatrice du récit, l'utilisation abondante de l'ellipse et les références directes aux auteurs « classiques » du cinéma (comme Fritz Lang et Alfred Hitchcock) caractérisent principalement leurs films. Le tournage hors des studios permet aux jeunes cinéastes de donner à leurs œuvres une grande spontanéité, du naturel dans le jeu des interprètes et une certaine improvisation. Les acteurs qui jouent dans leurs films deviendront plus tard des vedettes du cinéma français, entre autres, Jean-Paul Belmondo, Jean-Claude Brialy, Catherine Deneuve et Jeanne Moreau ; mais les deux acteurs emblématiques du mouvement demeurent Anna Karina et Jean-Pierre Léaud. Deux directeurs de photographie, Raoul Coutard et Henri Decae, impriment, chacun, un style de prise de vues, plus décontracté chez Coutard, plus construit chez Decae. On considère que le premier film de la Nouvelle Vague est *Le beau Serge* (1958) de Claude Chabrol. La portée du mouvement est universelle et perdure encore; on en trouve des traces dans les films, entre autres, de Bernardo Bertolucci, Gilles Groulx, Jim Jarmusch, Quentin Tarantino et Wim Wenders. Parmi les titres importants de films de la Nouvelle Vague, citons les tout premiers: *Les cousins* (1959) et *Les bonnes femmes* (1960) de Claude Chabrol, *Les quatre cents coups* (1959), *Tirez sur le pianiste* (1960) et *Jules et Jim* (1962) de François Truffaut, *À bout de souffle* (1959), *Une femme est une femme* (1961) et *Vivre sa vie* (1962) de Jean-Luc Godard, *Paris nous appartient* (1961) de Jacques Rivette et *Le signe du Lion* (1959) d'Éric Rohmer.

Nouvelle vague britannique ■ Ensemble des films réalisés en Grande-Bretagne de la fin des années 1950 jusqu'au milieu des années 1960 par des cinéastes héritiers du réalisme social du théâtre britannique et du Free Cinema (*British New Wave*). Les trois principaux cinéastes de la Nouvelle vague britannique sont Lindsay Anderson, Kareil Reisz et Tony Richardson; on y compte également les réalisateurs Jay Clayton et John Schlesinger; ▷ **Jeunes hommes en colère**. Mettant en scène la jeunesse de la classe ouvrière, ils abordent dans leurs œuvres les thèmes de l'aliénation, de l'incommunicabilité, de l'échec des relations amoureuses, de la prostitution, de l'avortement et de l'homosexualité. Ils tournent leurs films dans les villes industrielles du nord de l'Angleterre, en utilisant une pellicule en noir et blanc très rapide et une lumière naturelle, ainsi que de jeunes acteurs qui deviendront célèbres par la suite: Alan Bates, Richard Burton, Michael Caine, Tom Courtenay, Julie Christie et Albert Finney. Leurs films sont des adaptations de romans et de pièces de théâtre signés par des auteurs venus de la classe ouvrière: John Braine, Shelagh Delaney, John Osborne, Alan Sillitoe et David Storey. Certains historiens du cinéma désignent *Les chemins de la haute ville* (1959) de Jay Clayton comme premier film de ce mouvement, tandis que d'autres citent *Les corps sauvages* (1959) de Tony Richardson. Parmi les films importants de la Nouvelle vague britannique, citons *Samedi soir et dimanche matin* (1960) de Karel Reisz, *La solitude du coureur de fond* (1962) de Tony Richardson, *Billy le Menteur* (1963) de John Schlesinger et *Le prix d'un homme* (1963) de Lindsay Anderson.

Nouvelle vague japonaise ▪ Mouvement cinématographique qui s'étend de la fin des années 1950 au milieu des années 1960 (*Japanese New Wave*). En japonais, on donne un nom à ce mouvement: *nuberu bagu*. Les cinéastes de ce mouvement ont une attitude critique envers la société japonaise et ses conventions

sociales très rigides, et ne créent pas de héros auxquels on peut s'identifier. Les auteurs sont presque tous issus des studios Shochiku, c'est pourquoi on nomme aussi ce mouvement *Shochiku nuberu bagu*. Les principaux réalisateurs de ce mouvement sont Hiroshi Teshigahara, Nagisa Oshima, Masahiro Shinoda et Yoshishige Yoshida, alias Kiju Yoshida. Mais pour leur proximité esthétique, on inclut souvent des auteurs comme Yasuro Masuma et Shohei Imamura.

novelization ANGL. ▪ Terme n'ayant pas d'équivalent français. Transformation et publication en roman d'une œuvre cinématographique ayant généralement eu un grand succès. La *novelization* est en fait une adaptation romancée du film. Jean-Claude Carrière écrit *Les vacances de Monsieur Hulot* (1958) d'après le film (1953) de Jacques Tati.

noyau ▪ Pièce cylindrique, de métal ou de plastique, sur laquelle on enroule la pellicule d'un film (*core*). ▷ **galette**.

NTSC ▪ Sigle du National Television System Committee.

nuberu bagu ▪ Nom original japonais donné à la Nouvelle vague japonaise.

nuit ▪ Dans un scénario, indication temporelle d'une scène se déroulant la nuit (*night*). ▷ **nuit américaine, nuit réelle**.

nuit américaine ▪ Scène de nuit tournée durant le jour (*day for night* ou *day-for-night*). On obtient cet effet de nuit par des filtres spéciaux placés devant l'objectif. ◊ CONTR. nuit réelle.

nuit réelle ▪ Scène de nuit tournée durant la nuit (*night for night* ou *nite for nite*). Une scène en nuit réelle doit être tournée avec une pellicule rapide et des lentilles qui suppléent au manque d'éclairage. ◊ CONTR. nuit américaine.

numérisation ▪ [1] Action de transformer une information analogique en information numérique (*scanning*). La numérisation s'effectue au moyen d'un numériseur à balayage d'informations (texte ou image) présentées sous forme analogique. ▷ **scannage.** ▪ [2] Utilisation de la numérisation dans la transmission et la commutation du signal téléphonique, et dans la transmission des images et des sons (*digitization*). On l'utilise de plus dans les activités de postproduction cinématographique et télévisuelle. La numérisation pour le tournage, la distribution et la diffusion des films devient courante. ▷ **bouquet numérique, caméra numérique, copie numérisée.**

numériscope ▪ Enregistreur de type magnétoscope dont l'enregistrement peut être optique ou magnétique mais toujours dans les deux cas en numérique par opposition aux anciens procédés analogiques (*numeriscope*). Le premier procédé de numériscope grand public a été le TiVo.

numéro de bord ▪ Repère numérique inscrit dans la marge d'un film à raison d'une unité par pied (*footage number*). Le numéro de bord, imprimé ou photographié sur la marge de la pellicule positive, permet d'assembler un négatif conforme à la copie de travail issue du montage. En 35 mm, on compte un numéro au pied, en raison d'une progression de 16 photogrammes ou de 64 perforations. En 1989, un code-barres, introduit par la société Kodak, est ajouté en raison d'une progression de 24 peforations (*Keykode number*). ◊ VAR. numéro de piétage. Synonyme peu usité : piétage.

numéro d'émulsion ▪ Numéro accompagnant le nom de la pellicule fabriquée (*emulsion number*). Le nom de la pellicule est sous forme de code lui-même numéroté. Le code 5248, par exemple, est celui du format 35 mm de la pellicule Kodak 100 EI ; la énième fois que l'on fait de la 5248 correspondra un numéro d'émulsion.

numéro de piétage ▪ Variante de numéro de bord.

numéro de plan ▪ Numéro du plan prévu ou tourné (*shot number*). Le numéro de plan est inscrit sur un clap. Noté dans le cahier de la scripte, il est encerclé s'il est retenu pour le tirage.

objectif ▪ Dispositif optique formé de lentilles de verre montées dans un boîtier (*lens*). L'objectif fait partie de la caméra et du projecteur et permet de former au fond de la chambre noire ou sur l'écran l'image de la scène filmée. Sur une caméra, l'objectif se caractérise par sa distance focale (courte focale, focale normale, grand angle, très longue focale). On attribue à Léonard de Vinci la découverte de la chambre noire, mais c'est Giacomo Della Porta (XVIe siècle) qui garnit l'ouverture d'une lentille convergente. Au cours des siècles, l'objectif subit des modifications et s'améliore lentement ; par exemple, avec le ménisque, une lentille de verre convexe d'un côté et concave de l'autre mis au point par le Britannique William Hyde Wollaston en 1812. Puis, il y a la mise au point des objectifs simples (ou primaires) comme l'objectif achromatique, des objectifs doubles non anastigmats, des objectifs doubles anastigmats, des objectifs triples et les objectifs dérivés. ARG. caillou. ▷ **objectif primaire, œil-de-poisson, téléobjectif, zoom.**
objectif achromatique ▷ doublet achromat.

objectif primaire ▪ Objectif sur lequel on place un complément d'optique, un dispositif d'anamorphose, par exemple (*prime lens*).

objectif traité ▪ Objectif ayant reçu un traitement antireflets (*coated lens*).

obturateur ▪ [1] Dans une caméra, dispositif situé entre l'objectif et la fenêtre d'impression qui s'ouvre et se ferme alternativement (*shutter*). Lorsque l'objectif est ouvert, la lumière impressionne la pellicule pendant un court laps de temps appelé temps d'exposition. ▪ [2] Dans un projecteur, dispositif situé entre la source lumineuse et le film qui immobilise et redémarre la pellicule (*shutter*). Lorsque la pellicule est immobilisée, la lumière projette l'image impressionnée sur l'écran.

obturation ▪ Effet du mouvement provoqué par un obturateur dans une caméra ou un projecteur (*shutter blackout*). L'obturation correspond à la fermeture de l'obturateur. Pendant le temps d'obturation, aucune image ne peut être impressionnée ou projetée. ◇ SYN. occultation. ▷ **fréquence d'obturation, phase d'obturation.**

occultation ▷ obturation.

OCIC ▷ Office catholique international du cinéma.

octet ▪ La plus petite unité de mesure adressable d'un ordinateur (*byte*). Un ensemble de 8 bits correspond à un caractère alphanumérique en informatique et donne un octet. ▷ **gigaoctet, mégaoctet.**

oculaire ▪ Viseur optique généralement amovible propre à chaque caméra cinématographique permettant de délimiter exactement le champ de la prise de vues (*eyepiece*). Il permet à l'opérateur de voir agrandie l'image fournie par l'objectif. ▷ œilleton.

Odorama [OdoRama] ▪ Marque de commerce d'un procédé de cinéma odorant. Quand un numéro apparaît sur l'image à l'écran, le spectateur doit gratter une pastille sur laquelle est inscrit le même numéro et qui dégagera alors une odeur. L'Odorama prend la relève du procédé Smell-O-Vision. Il est lancé à l'occasion de la sortie de *Polyester* (1981) de John Waters. ▷ **AromaRama.**

œil-de-poisson ▪ De l'anglais *fisheye*. Objectif de très courte focale dont le champ de vision est de 180 degrés. ◊ SYN. ultra grand angulaire. ▷ **Omnimax.**

œilleton ▪ Pièce de caoutchouc placée près du viseur qui permet de voir l'image apparaissant dans le viseur (*eyepiece*). C'est sur l'œilleton que l'œil du caméraman se pose pour vérifier l'image en train d'être filmée. ▷ oculaire.

Office catholique international du cinéma [OCIC] ▪ Organisme fondé en 1928 dont le but est de promouvoir les bons films et dont les statuts sont approuvés en 1949 par le Saint-Siège. L'OCIC organise des congrès, réalise des enquêtes, publie des livres et remet des prix dans les principales manifestations cinématographiques internationales en couronnant un film qui, par son inspiration et sa qualité, contribue au progrès spirituel et au développement des valeurs humaines. Son premier prix est remis en 1947 à *Vivre en paix* de Luigi Zampa. À la fin des années 1970, son nom change en Organisation catholique internationale pour le cinéma et l'audiovisuel.

Office national du film du Canada [ONF] ▪ Agence gouvernementale canadienne de production et de diffusion du film. Son équivalent anglais est le National Film Board of Canada. L'Office national du film est fondé en 1939 par le documentariste britannique John Grierson. Jusqu'en 1943, les cinéastes de langue française y tournent en anglais, leurs films étant ensuite doublés en français ; la première équipe française porte le nom de « Studio 10 ». En déménageant d'Ottawa à Montréal en 1953, l'ONF permet l'essor d'une production en langue française ; on y engage tous les cinéastes qui dans les années 1960 donneront naissance au cinéma québécois, entre autres, Denys Arcand, Gilles Carle, Fernand Dansereau, Jacques Godbout, Gilles Groulx, Claude Jutra, Jean-Claude Labrecque, Arthur Lamothe et Jacques Leduc. La production oneffienne se caractérise par un fort dynamisme et une grande liberté ; ▷ **Candid Eye, Cinéma direct québécois.** En 1964, est créée une équipe française autonome qui se lance rapidement dans le tournage de longs métrages en français. En 1966, le studio d'animation de langue française est créé. Les années

1970 voient une production de documentaires destinés à l'animation sociale et l'accès grandissant des femmes à la réalisation. À la même époque, la censure s'exerce sur des films politiques à tendance marxiste; on interdit ainsi les films *On est au coton* (1970) de Denys Arcand et *24 heures ou plus* (1976) de Gilles Groulx. De nombreux films de fiction sont tournés, notamment par Jean Beaudin, Marcel Carrière, Francis Mankiewicz, Clément Perron et Anne Claire Poirier. Les films réservés à l'enseignement se multiplient dans la décennie 1980 ainsi que ceux portant sur la réalité internationale; la coproduction avec l'industrie privée s'intensifie et donne des œuvres signées Jean-Pierre Gariépy, Pierre Falardeau, André Forcier et Jean-Claude Lauzon. À la fin de cette décennie, les compressions budgétaires réduisent la permanence et augmentent le nombre de pigistes. Un des services de l'ONF, reconnu essentiel et fort apprécié, est celui de l'aide au cinéma indépendant; ▷ **cinéma artisanal**. Le statut de l'Office national du film du Canada est remis en cause en 1996 et depuis quelques années la majorité de sa production est tournée en vidéo et non plus sur pellicule. Depuis l'an 2000, l'ONF affirme vouloir exploiter ses archives et les diffuser, tout en réévaluant ses méthodes de diffusion, au risque de minimiser une future production cinématographique. Outre les noms de cinéastes importants de cette agence déjà cités nommons Bernard Devlin, Georges Dufaux, Raymond Garceau, Jacques Godbout, Bernard Gosselin, Pierre Hébert, Diane Létourneau, Jean Palardy, Tahani Rached et Michel Régnier.

ombre ▪ Zone sombre créée par un corps opaque placé devant une source lumineuse (*shadow*). La projection d'ombres est à l'origine de l'invention du cinéma. Le théâtre d'ombres chinoises est une projection par transparence; ▷ **lanterne magique**. On dit d'un cinéaste qu'il est montreur d'ombres.

Omegascope ▪ Marque de commerce d'un cadran de chronométrie basé sur l'affichage numérique lancé en 1957 par la société Omega (Omegascope). L'Omegascope possède une série de compteurs au dixième et au centième de seconde. Il permet, par exemple, aux téléspectateurs de suivre une course chronométrée dont les chiffres apparaissent au bas de l'écran du téléviseur. Ce cadran est généralement placé en face d'une caméra indépendante et son image est mixée avec une autre image. Il peut dorénavant être fixé à des caméras numériques.

Omnimax ▪ Marque de commerce d'un procédé canadien de projection hémisphérique mis au point en 1973 et reprenant le même support que l'Imax. La projection en Omnimax est obtenue par l'ajout d'un œil-de-poisson; l'image projetée est trois fois plus grande que celle du 70 mm classique. Le projecteur pèse 2 tonnes. ▷ **Géode**.

one-shot ANGL. ▪ Expression n'ayant pas d'équivalent français. Plan d'une seule personne dans l'image.

ONF ▪ Sigle de l'Office national du film du Canada.

on location ANGL. ▪ Expression n'ayant pas d'équivalent français. Tournage en décors réels, à l'extérieur d'un studio. ▷ **repérages.**

opacité ▪ Densité de l'image (*opacity*). L'opacité dépend de la qualité de l'émulsion de la pellicule et de la lumière incidente.

opaque ADJ. ▪ Qualité d'un matériel qui s'oppose au passage de la lumière (*opaque*). La copie positive d'une photo, l'épreuve, est opaque, tandis que la pellicule du film, en copie positive comme en copie négative, est transparente.

opéra ▷ film d'opéra.

opéra de l'espace ▪ Équivalent français proposé mais guère usité de *space opera*. Terme ironique, originaire de la littérature, désignant un film de science-fiction qui intègre des situations irréelles, exagérées ou mélodramatiques, à sa trame narrative. Mais des auteurs tentent de rendre crédibles les situations par des éléments scientifiquement avérés. En 1966, le film de Stanley Kubrick, *2001 : l'odyssée de l'espace*, lui donne ses lettres de noblesse comme genre.

opéra filmé ▪ Film d'opéra.

opérateur ▪ [1] FAM. Terme désignant le chef opérateur (*operator*). Il peut parfois désigner le cadreur. Pour être un bon opérateur, il faut avoir une excellente vue, des réflexes rapides et précis, être capables de coordonner des mouvements différents les uns des autres et souvent simultanés, et être en bonne forme physique. ▪ [2] FAM. Terme désignant l'opérateur-projectionniste (*operator*). ▪ [3] Société industrielle et commerciale assurant la transmission de communications ou d'émissions par câble ou satellite (*operator*).

opérateur d'actualités ▪ Caméraman chargé de couvrir un sujet ou un événement d'actualités (*newsreel cameraman*). ◇ SYN. reporter caméraman.

opérateur du son ▪ Technicien responsable de l'enregistrement du son (*audio operator, sound recordist*, ARG. *dial twister*). ◇ SYN. preneur de son. ▷ **sondier, recorder.**

optique ▪ [1] Science qui étudie la lumière et les lois de la vision (*optical*). Les cinq domaines de l'optique sont : la lumière, la photométrie, l'aberration, l'optique ondulatoire (la lumière se propageant par ondes sphériques) et l'optique géométrique (la lumière se propageant par ondes rectilignes). Les bases de cette science sont jetées en 400 avant notre ère, par Pythagore, Démocrite, Platon et Empédocle. Elle permet, par calcul, la fabrication d'objectifs. ▪ [2] FAM. Terme de moins en moins usité pour objectif.

optique ADJ. ▷ piste optique, tirage optique.

orchestre ▪ Partie inférieure d'une grande salle de cinéma (G.-B. *front stalls*, É.-U. *orchestra*). ▷ **balcon.**

ordonnancer ▪ En informatique, déterminer l'ordre d'exécution des tâches et la distribution des ressources nécessaires à leur déroulement dans un programme (*schedule*). ◇ SYN. programmer.

ordinateur ▪ Appareil servant à l'automatisation du traitement, du stockage et de la restitution de données informatiques (*computer*). La gamme des ordinateurs est très variée, allant de l'ordinateur personnel (*personal computer, PC*) à l'ordinateur professionnel (*professional workstation*), appelé familièrement « ordinateur de plancher » en passant par l'ordinateur portable, appelé familièrement « portable » (*laptop computer*). L'ordinateur est devenu un élément essentiel dans les domaines de la réalisation cinématographique et de la diffusion des films. ▷ **animatronique, effets spéciaux, image fractale, image de synthèse, infographie, logiciel, matériel, montage virtuel.**

ordres PLUR. ▪ Commandements donnés par le réalisateur pour lancer le tournage d'un plan ou l'interrompre. Parmi les exemples d'ordres les plus connus, citons « Action ! », « Moteur ! » et « Coupez ! ».

original ADJ. ▷ bande originale du film, scénario original, négatif original, son original, titre original, version originale.

Organisation catholique internationale pour le cinéma et l'audiovisuel [OCIC] ▪ Nouveau nom de l'Office catholique international du film [OCIC].

orgue ▪ Instrument de musique souvent utilisé du temps du muet pour accompagner les projections de films entre 1920 et 1930 (*organ*). Il remplace l'orchestre et la machine à bruits utilisés dans les grandes salles.

orienter ▪ Pour le cadreur, action de déplacer un miroir vers la droite ou la gauche tout en conservant son inclinaison. Le miroir reflétera une partie du décor situé plus à droite ou plus à gauche.

Orion ▪ Forme abrégée de Orion Pictures Corporation.

Orionchrane ▪ Marque de commerce d'une grue de type Louma avec une section de bras carrée en forme de poutre. Le bras télescopique de l'Orionchrane

peut être allongé ou réduit durant la prise de vues.

Orion Pictures Corporation [Orion] ▪ Société de production de cinéma américaine créée en 1978 sous la forme d'une joint venture entre la Warner Bros. et trois anciens dirigeants de la United Artists. En 1982, Orion fusionne avec Filmways Inc., société de production connue dans les années 1960 pour ses séries télévisées comme *Les allumés de Beverly Hills* et *La famille Addams*. Dans les années 1980, elle produit des films à grand spectacle comme *Robocop* (1987) de Paul Verhoeven et les films de Woody Allen, comme *Comédie érotique d'une nuit d'été* (1982), *Hannah et ses sœurs* (1986) et *Radio days* (1987). En 1988, le milliardaire John Kluge en devient l'actionnaire principal par sa société Metromedia. Orion fait faillite en 1996 et Metromedia la revend à la MGM. Son catalogue de la période 1978-1982 est toujours détenu par Warner Bros. Son emblème : la constellation d'Orion.

ortho ▪ Forme abrégée de film orthochromatique (*ortho*).

Orwocolor ▪ Procédé est-allemand de cinéma en couleurs, dérivé de l'Agfacolor.

oscar ▪ Récompense de l'Academy of Motion Picture Arts and Sciences [AMPAS] de Hollywood (*Oscar*). Décernée depuis 1959 et jusqu'en 1998 le dernier dimanche du mois de février et depuis 1999 le dernier lundi du mois de février de chaque année, cette récompense est symbolisée par une statuette plaquée or créée par Cedric Gibbons. Créée en 1927, elle est remise pour la première fois la même année au film de William Wellman, *Les ailes*, consacré ainsi meilleur film américain. On lui donne officiellement le nom d'oscar en 1931; le premier oscar du meilleur film américain est alors décerné à *Grand Hôtel* (1932) d'Edmund Goulding. Tout film tourné en anglais et exploité aux États-Unis est admissible à toutes les catégories d'oscars, sauf à la catégorie de l'oscar du film étranger (film dans une autre langue que l'anglais); un film étranger peut toutefois être admissible à toutes les catégories, comme ce fut le cas pour *Z* (1968) de Costa-Gavras et *La vie est belle* (1998) de Roberto Benigni, mis en nomination pour l'oscar du meilleur film de l'année et l'oscar du meilleur film étranger. Généralement, cinq noms sont proposés au vote final dans chacune des catégories.

Our Gang ■ Nom donné au groupe d'enfants jouant dans les feuilletons comiques du même nom, produit par la Fox, dans les années 1920. Le groupe est organisé par Hal Roach et dirigé par Robert McGowan. Les principaux acteurs sont, entre autres: Farina, Fatty, Joe Cobb, Jackie Condom, Mickey Daniel, Mary Kornman et Ernie Morrison. ▷ **film d'enfants**.

ours ■ [1] ARG. Premier montage d'un film. ◊ SYN. bout à bout. ■ [2] Récompense décernée à l'issue du Festival de Berlin, symbolisée par une statuette représentant un ours. Les deux grands prix remis à Berlin sont l'ours d'or et l'ours d'argent.

ouverture à l'iris ■ Fondu dans lequel l'image apparaît au centre d'un cercle qui s'agrandit et dont la forme rappelle celle d'un œil (*iris-in*). L'ouverture à l'iris est un effet spécial mécanique, réalisé à la caméra, largement utilisé au temps du muet. ◊ CONTR. fermeture à l'iris.

ouverture de l'obturateur ■ Angle, exprimé en degrés, laissant passer les rayons lumineux dans la caméra (*shutter opening*).

ouverture en fondu ■ Apparition progressive de l'image (*fade-in*).

ouverture photométrique ■ Calcul de la quantité de lumière réellement transmise par l'objectif (*T-stop*). L'ouverture photométrique sert au réglage de l'exposition.

ouverture relative ■ Quotient de la focale divisé par le diamètre de la cavité du diaphragme exprimant la quantité de lumière pouvant traverser l'objectif (*aperture ratio*).

ouvreuse ■ Forme abrégée de ouvreuse de cinéma.

ouvreuse de cinéma FÉM. ■ En France, personne responsable de l'ouverture des portes de la salle de cinéma, qui conduit les spectateurs à leur place (*usherette*). À l'origine, l'ouvreuse est chargée d'ouvrir les fauteuils basculants préalablement verrouillés dans les salles de théâtre au XIXe siècle. C'est en 1939 que la profession d'ouvreuse débute. L'ouvreuse de cinéma vend des friandises durant l'entracte. On dit qu'elle n'a pour tout salaire que ses pourboires, qui ne sont pas obligatoires, mais dans les faits elle perçoit un salaire minimum; ses revenus peuvent varier considérablement selon la taille des salles et le jour de travail.

ouvrir ▷ élargir (*open*).

ouvrir un micro FAM. ■ Faire fonctionner un microphone (*open a mic*, ARG. *crack a mike*).

oxydation ■ Réaction chimique d'un élément avec l'oxygène (*oxidation*). L'oxydation peut affecter les constituants chimiques de la pellicule lors de la fabrication de cette dernière.

oxyde de fer ■ Constituant actif des bandes et des pistes magnétiques couramment employé (*iron oxide*).

oyama JAP. ■ Nom donné aux acteurs japonais interprétant des rôles féminins au théâtre puis, au temps du muet, au cinéma.

P.A. ■ Abréviation de plan américain.

package ANGLIC. ■ Entente assurant la participation d'un groupe de personnes dans un film (*package*). Le package peut être proposé par un producteur ou par une agence à une maison de production, une Major ou un groupe de producteurs. Il peut inclure des interprètes, un réalisateur, un directeur photo et un directeur de production. Institué par les grandes agences américaines comme Creative Artists Agency [CAA] et International Creative Management [ICM], le package se généralise de plus en plus aux États-Unis et en France ; aux États-Unis, il peut valoir plusieurs millions de dollars.

PAF ■ Acronyme de paysage audiovisuel français.

paiement à la séance ■ Système de facturation à l'abonné du câble et du satellite pour le choix d'une émission qu'il choisit (*pay-per-view*). Le paiement à la séance est spécifique aux services de la télévision à péage offrant des films et des émissions sportives. ▷ **vidéo à la demande.**

Paillard Bolex [Bolex] ■ Caméra à l'épaule compacte, légère, très performante, fabriquée en Suisse par la compagnie Paillard Bolex et longtemps utilisée en Europe pour les reportages télévisés et les films scientifiques. Bolex est une marque de caméra produite par la société Paillard depuis 1953. L'Ukrainien Jacques Bogopolsky vivant à Genève conçoit une caméra 35 mm destinée aux amateurs, dénommée Bol-Cinégraphe, brevetée en 1924. Il construit plus tard l'Auto Ciné Caméra 16 mm. En 1930, il vend sa société à la compagnie suisse Paillard. C'est ainsi qu'apparaît en 1933 la Bolex H16, pour le 16 mm. Sous le nom Paillard Bolex, la firme produit également, de 1950 à 1975, des caméras grand public 8 mm et super-8.

PAL ■ Sigle de Phase Alternation by Line.

palace ANGLIC. ■ Très grande salle, le plus souvent luxueusement décorée (*movie palace*). Le Gaumont Palace est le premier palace construit ; il est inauguré à Paris en 1911. Le Roxy, à New York, est le plus grand palace au monde ; inauguré en 1927, il peut contenir 6200 spectateurs. Spacieux et confortable, le palace est décoré d'une manière flamboyante et fantaisiste, avec escaliers en marbre, fontaine dans l'entrée et voûte étoilée dans la salle. Différents styles sont adoptés : le style chinois, le style égyptien et le style « indien ». En Europe, les ouvreurs sont habillés en smoking et portent des gants blancs, et des bars lui sont attenants. Avec la disparition de l'exclusivité et la baisse de fréquentation causée par la télévision durant les années 1950, le palace sera transformé (divisé en trois ou quatre petites salles) ou tout simplement détruit.

Palais des festivals ▪ Nom officiel du complexe accueillant les activités des différents festivals qui se déroulent à Cannes (France). Le Palais des festivals est particulièrement connu grâce au Festival international du film de Cannes. Construit en 1946 et inauguré en 1949, il a été détruit en 1989. Le nouveau Palais inauguré en 1983 est connu sous le nom de bunker.

pale d'obturateur ▷ lame d'obturateur.

palme ▪ Récompense décernée à l'issue du Festival international du film de Cannes, symbolisée par une feuille de palmier. Cette récompense est créée en 1955, neuf ans après la création du festival. Deux grands prix sont remis à Cannes pour un film : la palme d'or et la palme d'argent. La première palme d'or est remise à *Marty* de Delbert Mann.

palpeur ▪ [1] ▷ compteur. ▪ [2] Mécanisme sur un appareil de projection permettant l'arrêt de la projection en cas d'incident dans le déroulement du film (*sensor*).

Paluche [La] ▪ Nom donné à la caméra vidéo minuscule mise au point par la compagnie française Aäton. Munie d'un infrarouge, la paluche peut filmer dans l'obscurité. Mesurant environ 20 cm de long, elle peut être fixée sur un vêtement ou un sac à main. Le boîtier de contrôle et le moniteur sont portés à la ceinture.

Panaflex ▪ Marque de commerce de caméras 35 mm fabriquées par la firme américaine Panavision, dont la Panaflex Millennium XL, la Panaflex Millennium, la Panaflex Platinum, la Panaflex Golden GII et la Panaflex Lightweight GII, ainsi que des accessoires pour caméras (magasins, parasoleils, etc.).

Panaglide ▪ Marque de commerce d'un système de stabilisation de la caméra pour le tournage à l'épaule, fabriqué par la firme américaine Panavision à la fin des années 1970. Le Panaglide ressemble à la Steadicam. Sa caméra est une caméra Panaflex.

pan and scan ANGL. ▪ Expression qui signifie « panoramique et balayage »; couramment utilisé en français au lieu de « recadrage automatique ». Recadrage sur l'écran vidéo de l'image et des mouvements de caméra dans le but de garder l'essentiel de l'action d'un film. On obtient un *pan and scan* par la programmation d'objectifs dans une tireuse optique lors du tirage d'une copie sur support vidéo d'un film sur support pellicule. Le recadrage est également une réduction puisqu'il peut parfois couper près de 40 % de l'image originale; de plus, il ajoute des plans et des mouvements de caméra qui ne sont pas dans le découpage original du film. Le *pan and scan* évite les bandes noires au-dessus et au-dessous de l'image vidéo en panoramique; ▷ **bretelles**. L'image donnée est alors plein écran, soit celle, carrée, du format de l'écran d'un téléviseur standard. ▷ **scannage**.

Panascope ▷ anamorphose.

Panavision ▪ [1] Firme californienne fabriquant le matériel pour le tournage et la projection sur écran large du procédé

Panavision. En fait, en 1954, Panavision commence à louer sous sa marque des caméras et des objectifs qui connaissent une grande diffusion, pour le cinéma et la télévision. La caméra 35 mm Panaflex, réputée pour sa qualité, est l'une de ses caméras fréquemment louées. Mais sa caméra la plus prisée est la MovieCam, fabriquée en Autriche et valant 1 M$; ▷ **Panflasher**. Panavision fabrique avec des partenaires des caméras vidéo numériques et à haute définition. [2] Marque de commerce de procédés d'anamorphose sur film 35 mm: Super Panavision (pour le 70 mm), Ultra-Panavision (pour le 65 mm) et Panavision (pour le 70 mm).

pancarte VX ▪ Ardoise. ▷ **tableau**.

Pan Cinor ▪ Marque de commerce d'un zoom fabriqué dans les années 1950 par la compagnie française Berthiot, qui connaît une large diffusion. L'objectif à focale variable Pan Cinor permet des travellings optiques.

Panflasher ▪ Marque de commerce d'un dispositif lumineux fixé sur la caméra, qui jette un bref éclair sur la pellicule pour adoucir les noirs. Le Panflasher est mis au point par le Québécois Daniel Jobin, et Panavision en achète les droits.

panne ARG. ▪ Petit rôle ridicule. Le mot vient de «dépanner». On donne un rôle insignifiant à un acteur pour le dépanner.

panneau ▪ Surface plane destinée à servir de support à des séries de lampes à incandescence (*lamp rack*).

panneau diffuseur ▷ panneau réflecteur.

panneau-réclame ▷ réclame.

panneau réflecteur [panneau diffuseur] ▪ Toute surface réfléchissant la lumière du soleil lors du tournage en extérieur (*reflector*). Cette surface est généralement recouverte de papier métallique ou d'un tissu blanc. ◊ SYN. diffuseur, réflecteur.

pannouille ARG. ▪ Petit rôle. Le mot a la même origine que «panne».

pano ARG. ▪ Format panoramique, panoramique.

Panoptikon ▪ Forme abrégée de Panoptikon Latham.

Panoptikon Latham [Panoptikon] ▪ Marque de commerce d'un appareil de caméra et de projecteur fabriqué par la compagnie Woodville Latham & Sons et utilisé pour la première fois à New York en 1895. La pellicule utilisée pour le Panoptikon est la 70 mm; elle est plus claire que la 35 mm de Thomas Edison, mais son passage dans le projecteur est souvent difficile et peut causer des bris. Thomas Edison accuse Woodville Latham d'avoir copié son Kinetoscope. La société Latham rebaptise son appareil Eidoloscope, puis après Biopticon.

Panorama ▪ Marque de commerce d'un dispositif de présentation de vues d'un paysage grandeur nature inventé par Robert Baker en 1787. Le Panorama offre un spectacle se déroulant dans un endroit circulaire clos à l'intérieur duquel se tient le spectateur; sur l'enclos est peint un paysage. Le plus célèbre des panoramas est celui de 1792, qui est un véritable triomphe à Londres, intitulé «La flotte anglaise ancrée entre Portsmouth et l'île de Wight»; le spectateur se tient dans un décor représentant le pont supérieur d'une frégate au milieu d'une mer peinte. Le Panorama fait partie de la préhistoire du cinéma.

panoramique [pano] ▪ Mouvement de caméra obtenu par la rotation de l'appareil sur son axe. Le panoramique balaie le paysage et suit les personnages et les objets mobiles. On distingue le panoramique horizontal (*pan, pan shot*), mouvement obtenu par la caméra qui pivote sur un axe de gauche à droite ou de droite à gauche, le panoramique vertical (*tilt, tilt shot*), mouvement obtenu par la caméra qui pivote sur un axe de haut en bas ou de bas en haut, et le panoramique filé (*whip-pan*), très rapide, qui s'effectue d'un point à un autre. Le premier panoramique effectué est exécuté en 1900 par Alfred Collins pour un film intitulé *Mariage en auto*. Le panoramique est souvent attribué aux procédés de panoramique, comme le Cinérama, le CinémaScope, le Todd-Ao, etc. ▷ **basculement.**

panoramiquer ▪ Effectuer un panoramique, horizontal ou vertical (*pan*).

panoter NÉOL. ▪ Donner à la caméra un mouvement pour un panoramique et un travelling.

Panrama ▪ Marque de commerce d'un procédé de projection hémisphérique mis au point en 1958 par le Français Philippe Jaulmes et présenté pour la première fois à Paris en 1966. La caméra filme avec un œil-de-poisson et le défilement de la pellicule dans le projecteur est horizontal. La Panrama est utilisée à la Géode, à Paris. ▷ **Omnimax.**

pantalon ▪ Autre nom donné, à cause de sa forme, au manchon de chargement, dit aussi sac de chargement.

Panther ▪ Marque de commerce allemande d'un support de caméra équipé d'une colonne montante électrique permettant de varier la hauteur de l'appareil de prise de vues durant le tournage d'un plan. En fait, le Panther est une copie du système Elemack.

pantomime ▪ Action ou art d'exprimer des sentiments par des gestes sans le secours de la parole (*mime*). Les premiers films muets ont recours à la pantomime pour l'interprétation des acteurs.

paparazzi PLUR. ▪ De l'italien, pluriel de *paparazzo*. Photographe, généralement attaché à une agence, prenant des photos indiscrètes de personnalités connues, célèbres, sans respecter leur vie privée. Le mot vient du film *La dolce vita* (1960) de Federico Fellini dans lequel le héros, interprété par Marcello Mastroianni, est souvent accompagné d'un jeune photographe du nom de Paparazzo. Les personnalités du cinéma sont très souvent victimes des paparazzi. ▷ **photographe de cinéma.**

papiers découpés ▪ Technique d'animation utilisant des formes découpées dans du papier. Après l'enregistrement d'une prise (selon le système d'animation image par image), on déplace la forme placée devant la caméra pour une nouvelle prise. La technique des papiers découpés est expérimentée pour la première fois par l'animateur français Émile Cohl.

PAR FAM. ▪ Abréviation de Paramount Pictures Corporation.

parabole ▷ antenne parabolique.

paradigme ▪ Mot de la théorie du cinéma qui vient de la linguistique. Unités substituables les unes aux autres (*paradigm*).

Du point de vue du cinéma, le paradigme désigne un plan ou un ensemble de plans (scène) dont la composition joue sur des unités opposables. Dans *Alexandre Nevski* (1938) de S.M. Eisenstein, les plans marqués par la couleur blanche (ceux avec les teutoniques) prennent leur sens par rapport aux plans marqués par la couleur noire (ceux avec les défenseurs de la Vieille Russie). Ramener le paradigme uniquement au plan peut être réducteur ; on peut prendre des ensembles, séquence entière ou film entier, comme paradigmes ; ainsi, *Tirez sur le pianiste* (1960) de François Truffaut repose sur deux grands paradigmes : celui du film noir qui renvoie à celui de la parodie du film noir. Le film d'Alain Resnais, *Smoking / No smoking* (1993), divisé en deux parties, est un bon exemple de fonctionnement paradigmatique par sa combinaison d'oppositions. ▷ **code**.

parallaxe ▪ [1] Décalage entre l'image formée sur la pellicule et l'image vue dans le viseur d'une caméra (*parallax*). La parallaxe provient d'un défaut : l'axe de l'objectif et l'axe du viseur ne coïncident pas. Pour corriger ce défaut, on a mis au point la visée reflex qui permet que le champ couvert par l'objectif et le viseur soit le même. ▪ [2] Effet optique basé sur la perception stéréoscopique (*parallax*). Par la différence d'angle de perception entre l'œil gauche et l'œil droit, la parallaxe permet de situer un objet dans un espace en 3D.

Paramount ▪ Forme abrégée de Paramount Pictures Corporation.

Paramount decision ▪ Décret de la Cour suprême des États-Unis de 1948 qui déclare que la Paramount et les quatre autres Majors d'Hollywood violent la loi antitrust en étant propriétaires des moyens de production, de distribution et d'exploitation des films (intégration verticale). La MGM, la Paramount, la RKO, la Warner Bros. et la Twentieth Century Fox doivent alors se départir de leurs salles, car elles ont exercé des pratiques coercitives et restrictives à l'encontre de l'exploitation des films des Minors (la United Artists, la Columbia et la Universal) qui ne possèdent pas de salles. Les studios se plient à cette décision en 1951, ce qui amène leur déclin progressif et clôt leur âge d'or. Avec eux disparaîtront également le programme double et le film de série B.

Paramount Pictures Corporation [Paramount, PAR] ▪ Compagnie de production et de distribution de films fondée en 1914 par W.W. Hodkinson qui veut distribuer les films des compagnies Adolph Zukor's Famous Players et Jesse L. Lasky Feature Play Company. Ces derniers créent la Famous Players/Lasky qui absorbe la Paramount Pictures en 1916. En 1927, la nouvelle société devient la Paramount Famous Lasky Corporation et, en 1930, la Paramount Publix Corporation, qui fait ensuite faillite en 1933. En 1935, la Paramount renaît de ses cendres et, à partir de 1965, fait partie du conglomérat de la Gulf and Western. Durant l'époque du muet, cette Major devient la plus grande compagnie de production et d'exploitation de films, ayant sous contrat des auteurs comme D.W. Griffith et Erich von Stroheim, et des actrices comme Mary Pickford et

Gloria Swanson. Avec le parlant, la compagnie produit des comédies avec des cinéastes comme Ernst Lubitsch et Billy Wilder, et des stars comme W.C. Fields, les frères Marx, Mae West, et, plus tard, des comiques comme Bob Hope et Jerry Lewis. En 1948, elle doit se départir de ses salles à la suite du décret de la Cour suprême des États-Unis déclarant illégale l'intégration verticale dans l'industrie cinématographique (production, distribution, exploitation des films); le décret est appelé «Paramount decision». Même après ce jugement, la Paramount garde son statut de Major en tant que producteur et distributeur de films, grâce, particulièrement, à des ententes avec des indépendants. En 1954, pour répondre au procédé du CinémaScope appartenant à la Twentieth Century Fox, elle met au point son propre procédé, le VistaVision, mais l'abandonne rapidement. Au fil des ans, elle produit Alfred Hitchcock, Cecil B. DeMille, John Sturges et Francis Ford Coppola. En 1994, le groupe industriel Viacom s'en empare pour la somme de 9,8 MD$. Sa production de films et d'émissions pour la télévision est dorénavant connue sous le nom de Paramount Communications. Son catalogue comprend environ 1100 titres. Paramount Classics est créé en 1998 pour ses films d'auteur. Son emblème est le même depuis le muet: une montagne au cap enneigé auréolé d'étoiles. Parmi les films qui sont de grands succès de Paramount, citons *Les dix commandements* (1923 et 1956) de Cecil B. DeMille, *La mélodie du bonheur* (1956) de Robert Wise, les trois *Parrain* (1971, 1975 et 1990) de Francis Ford Coppola, *Les aventuriers de l'arche perdue* (1981) de Steven Spielberg, *Forrest Gump* (1994) de Robert Zemeckis, *Titanic* (1997) de James Cameron et *La guerre des mondes* (2005) de Steven Spielberg.

parasites PLUR. ▪ Irrégularités dans la perception de signaux vidéo ou audio (*interference*). Ces parasites peuvent se manifester sous forme de points blancs, d'égratignures dues aux rayures d'une bande vidéo, de bruit (appelé «souffle»), de la démagnétisation, de défauts des têtes de lecture (par exemple, un décalage entre deux têtes ou d'une trop forte pression sur les têtes), d'une mauvaise position de la bande magnétique. ▷ **brouillage**.

parasoleil [pare-soleil] ▪ Accessoire placé sur l'objectif pour le protéger des rayons de lumière parasites ou de la source trop lumineuse de certains éclairages (*camera hood*). Selon les marques de caméra, on distingue plusieurs tailles de parasoleil. De plus, les parasoleils peuvent recevoir des filtres, des trames, des caches ou des écrans. ▷ **porte-filtre**.

pare-soleil ▷ parasoleil.

parlant (le) SUBST., VX ▪ Premiers films sonores opposés aux films muets (*talkies* PLUR.). Le premier film parlant est *Le chanteur de jazz* (1927) d'Alan Crosland. Le parlant favorise rapidement un nouveau genre cinématographique: la comédie musicale. ◊ VOISINS film parlant, cinéma parlant. ▷ **cinéma sonore**.

parodie ▪ Genre sous lequel on rassemble les films qui imitent, en les grossissant, les traits d'autres films généralement plus sérieux (*parody*). Le genre parodique existe dès le muet : *Les trois âges* (1923) de Buster Keaton est une parodie d'*Intolérance* (1916) de D.W. Griffith. Les films de Woody Allen, comme *Prends l'oseille et tire-toi* (1969) et de Mel Brooks, comme *Le jeune Frankenstein* (1974) sont des prototypes de parodie. Des acteurs comme les Trois Stooges aux États-Unis, Totó en Italie et Fernandel en France se font une spécialité du genre. Le *giallo* et le film gothique sont souvent des parodies du film d'horreur. Le style camp donne volontairement un ton parodique à l'œuvre réalisée.

paroi mobile ▪ Partie d'un décor, généralement un mur, montée sur roues ou sur charnières, pouvant être déplacée rapidement pour faciliter les mouvements de la caméra dans le décor (*floating wall*).

parole ▪ Mots exprimés sous forme de commentaires, de dialogues, de monologues ou de voix off au cinéma. La parole au cinéma est liée à l'apparition du cinéma parlant. Son importance est capitale, car son apparition bouleversera le cinéma. Tout en permettant au cinéma de s'affranchir du théâtre et du mime, la parole, synchronisée avec les lèvres des acteurs, unifiera la narration. La parole peut être descriptive, représentative ou évocatrice. On distingue quatre catégories de paroles : *a)* le dialogue, *b)* le monologue intérieur, *c)* la voix narrative (ou voix à la première personne) et *d)* le commentaire (subjectif ou objectif, du documentaire) ; ▷ **bande son, flash-back**. À lire sur ce sujet : *La voix au cinéma* (1985) de Michel Chion.

parolier ▪ Auteur des paroles des chansons écrites pour un film (*lyricist*). Oscar Hammerstein II, Ira et George Gershwin, Betty Comdon et Adolph Green sont de célèbres paroliers américains. Jacques Demy écrit les paroles, sur la musique de Michel Legrand, pour ses films « en-chantés » comme *Les parapluies de Cherbourg*. Anand Bakshi est le parolier le plus célèbre de Bollywood.

partenaires PLUR. ▪ [1] Producteurs associés dans une entente de coproduction (*partners*). ▪ [2] Deux interprètes associés dans le tournage d'un film (*partners*).

participation ▪ [1] Partage des bénéfices du film entre les artisans (les techniciens, interprètes et auteurs) (*involvement*). La participation est une pratique courante dans le cinéma indépendant et le cinéma dit artisanal. ▪ [2] Capitaux fournis par un partenaire dans une production, généralement une avance sur l'achat des droits de télédiffusion par une chaîne télé (*share*). Ce type de participation est une pratique courante dans le cinéma, mais elle ne constitue pas une participation de type coproduction. ▪ [3] Dans le générique d'un film, l'expression « Avec la participation de », « Avec l'aimable participation » ou « Avec l'exceptionnelle participation de », le mot « participation » (*appearance*) indique l'apparition, généralement brève, d'une vedette dans le film. ▷ **camée**.

Parvo ▪ Caméra 35 mm moderne brevetée en 1913 par le Français Albert Debrie. La Parvo, construite en trois modèles, auxquels on peut adjoindre un moteur électrique, connaît une large diffusion dans les années 1930. ▷ **Super Parvo Color.**

pas de l'image ▪ Distance entre deux points homologues de deux photogrammes successifs (*frame pitch*). Le pas de l'image constitue l'unité d'avancée du film lors de chaque entraînement discontinu de la pellicule.

pas des perforations ▪ Distance entre le centre de deux perforations successives (*perforation pitch*). Le pas des perforations doit être constant. Il y a une perforation sur la pellicule 8 mm, deux sur la 16 mm et huit sur la 35 mm.

passage ▪ [1] Projection d'un film dans une salle (*showing*). ◊ SYN. VX passation. ▪ [2] Diffusion d'un film à la télévision (*showing*). Les droits d'exploitation pour la télévision sont cédés pour un temps limité (entre deux et sept ans) et le plus souvent pour un certain nombre de passages (généralement un maximum de trois). ▷ **droits d'auteur.**

passation VX ▷ **passage [1].**

passerelle ▪ Structure au-dessus des décors destinée à supporter les projecteurs d'éclairage et les techniciens (*catwalk*). ▷ **gril.**

Pathé ▪ Société cinématographique française fondée en 1896 par Charles Pathé et ses frères Émile, Jacques et Théophile. Avant la Première Guerre mondiale, Pathé devient la plus grande compagnie de production de films des deux côtés de l'Atlantique. De ses studios de prise de vues, à Vincennes, Ferdinand Zecca, homme de confiance de Charles Pathé, réalise de nombreux films, souvent des plagiats de Méliès, dans un large éventail de genres, dont le film de poursuite.

Max Linder participe à près de 400 films produits par Pathé. En 1907, la compagnie devient distributrice et ouvre plus de 200 succursales ou filiales partout dans le monde, jusqu'en Russie et en Inde. L'année suivante, elle lance le film d'actualités et introduit en Amérique le film de série hebdomadaire (*serial*), ce qui l'aide à surmonter la concurrence des Américains. Elle met donc en place une intégration verticale de l'industrie et fabrique, en plus, des caméras et des projecteurs, dont le Pathé Kok, un format pour le 28 mm. La Première Guerre l'éprouve durement : la plupart de ses succursales à l'étranger ferment. La société produit peu, se concentrant dans l'exploitation de ses salles. En 1920, elle cède ses studios de Joinville et son réseau de distribution à une nouvelle société qu'elle crée et qui lui reverse une redevance de 10 % sur les profits. Elle met au point en 1922 un format réduit de pellicule ininflammable et des appareils de prise de vues pour le grand public ; ▷ **9,5 mm, 17,5 mm, Pathé-Baby, Pathé-Rural.** En 1926, elle abandonne à Kodak la fabrication du film vierge et, en 1927, Charles Pathé vend la compagnie à Bernard Nathan. À la suite de la crise économique, Pathé-Nathan fait faillite en 1939 après avoir été la firme de cinéma la plus importante de France. Mais elle renaît de ses cendres en 1944 sous le nom de Société nouvelle Pathé-Cinéma. Au début des années 1950, elle lance une caméra de format réduit, de 16 mm et de 9,5 mm pour les amateurs, le Pathé-Webo M. Elle édite hebdomadairement le *Pathé-Journal*, restructure son réseau de salles et produit des films comme *La femme et le pantin* (1958) de Julien Duvivier. Dans les années 1960, elle participe à des coproductions, avec l'Italie particulièrement, dont *La dolce vita* (1960) de Federico Fellini et *Le guépard* (1963) de Luchino Visconti. Elle restructure encore une fois son réseau de salles (plus de 110 écrans) et se lance ensuite dans la production télévisuelle avec des séries comme *Arsène Lupin* et *Histoire de l'aviation*, mais délaisse la production cinématographique pour les salles. En 1999, Pathé fusionne avec Vivendi et l'opération est évaluée à 2,59 MD $. Après la fusion, Vivendi conserve les intérêts de Pathé dans BSkyB et CanalSat, mais revend les actifs restants à la société Fornier, l'entreprise familiale de Jérôme Seydoux, qui change alors son nom pour Pathé. Son emblème : un coq gaulois dressé sur ses ergots.

Pathé-Baby ▪ Marque de commerce d'appareils de prise de vues et de projection et d'un format réduit de pellicule de film, lancés en 1922 par la compagnie Pathé. Les appareils de prise de vues et de projection sont robustes et d'utilisation simple. Le support de la pellicule est de 9,5 mm.

Pathé Kok ▪ Marque de commerce d'un appareil de prise de vues et de projection, de format 28 mm, lancé en 1912 pour le réseau scolaire. L'appareil a du succès et il est vendu en Grande-Bretagne et aux États-Unis sous le nom de Pathéscope. Il disparaît une dizaine d'années plus tard.

Pathé-Rural ▪ Marque de commerce d'un appareil de prise de vues et de projection, et d'un format réduit de pellicule de film, lancé en 1927 par la compagnie Pathé et visant le monde rural. Le format est de 17,5 mm et représente la division par deux du format 35 mm. Les appareils et la pellicule Pathé sont interdits par l'occupant allemand en France, en 1941.

Pathéscope ▷ Pathé Kok.

Pathé-Webo M ▪ Caméra de format réduit, de 16 mm ou de 9,5 mm, lancé dans les années 1950 visant une clientèle de cinéastes amateurs.

patte d'oie ARG. ▪ Base de pied.

pause ▪ [1] Interruption momentanée d'une émission de télévision (*pause*). ▪ [2] Arrêt du défilement d'une bande de visionnement afin de repérer une image (*stop action*). ▪ [3] Temps de repos, le plus souvent réglementé, durant le tournage d'un film (*break*).

paysage audiovisuel français [PAF] ▪ Expression désignant l'ensemble des chaînes de radio et de télévision en France. De statut de monopole d'État, le secteur radiophonique français passe dans les années 1960 à un statut mixte, avec obligation des stations de diffuser à partir du territoire français. Dans les années 1980, les chaînes de télévision privées (Canal +, M6, TF1, etc.), diffusées par ondes hertziennes et par câble, s'ajoutent aux chaînes publiques (France 2, France 3, Arte, etc.). Le Conseil supérieur de l'audiovisuel [CSA] est chargé de faire respecter la réglementation du paysage audiovisuel en France.

pédagogie ▪ On reconnaît en pédagogie une méthode d'enseignement dans les établissements du primaire, du secondaire et du collégial (ou du lycée) à l'aide d'un complément audiovisuel. La reconnaissance d'une pédagogie par le cinéma débute après la Deuxième Guerre mondiale. On entend présenter aux enfants et adolescents des films ayant trait aux matières scolaires, mais également des films de fiction, le plus souvent « recommandés » par des institutions religieuses, et commentés par une autorité. Des ciné-clubs, comme activités parascolaires, sont créés ensuite dans les écoles secondaires et les collèges. La télévision prend le relais du cinéma comme moyen pédagogique durant les années 1960. On crée expressément des chaînes de télévision scolaire, en particulier pour l'enseignement à distance. Avec l'arrivée de la cassette vidéo et du DVD, la télévision délaisse peu à peu ce champ de formation.

peintre de plateau ■ Personne responsable des retouches et des rectifications de peinture sur le plateau de tournage (*stage settings painter*). Le peintre de plateau collabore avec le chef décorateur et le chef opérateur.

peintre en décors ■ Personne responsable de la peinture des décors, des fonds de scène, des reproductions de tableaux et des trompe-l'œil (*production painter*). Le peintre en décors est un proche collaborateur du chef décorateur.

peinture ARG. ■ Terme péjoratif désignant le maquillage, généralement peu réussi.

peinture sur film ■ Technique d'animation consistant à peindre directement sur la pellicule de film, sans avoir recours à un appareil de prise de vues (*handmade film*). Le Canadien Norman McLaren est un des tout premiers animateurs à utili-

ser cette technique. ◊ VOISIN dessin sur film. ▷ **animation sans caméra.**

pellicule ■ [1] En photographie et en cinéma, bande transparente servant de support à la couche sensible pour l'enregistrement, le tirage et la projection des images (*film*). On parle de pellicule vierge avant son passage dans une caméra et de pellicule impressionnée avec les images qui y sont fixées. On distingue également la pellicule négative, la pellicule positive, la pellicule lente et la pellicule rapide. ▷ **celluloïd.** ■ [2] Film (*film*). ARG. pelloche.

pellicule double 8 ■ Largeur d'une pellicule 8 mm destinée à la prise de vues, sur un film 16 mm comportant des perforations sur les deux côtés de la pellicule (*double run film*).

pellicule exposée ▷ film exposé.

pellicule impressionnée ▷ film exposé.

pellicule lente ▷ film lent.

pellicule rapide ▷ film rapide.

pellicule super-8 double ■ Pellicule utilisant une bande 16 mm perforée de deux côtés au pas du super-8 (*double super-8, DS-8*). La pellicule super-8 double est l'équivalent de la pellicule double 8.

pellicule vierge ▷ film vierge.

pelloche ARG. ■ Pellicule, film.

pelures ARG., PLUR. ■ Fonds d'images utilisés dans la technique de la transparence.

penny arcade ANGL., É.-U. ■ Salle où sont installés les premiers appareils de projection individuels, comme le Kinetoscope. Le nom d'arcade vient de l'ouverture de la salle fait d'un arc reposant sur deux colonnes ; ce type d'entrée permet d'attirer plus facilement les clients. Le mot « penny » vient de la pièce de 1 ¢

qu'on glisse dans une fente pour faire démarrer la projection.

Pentax ■ [1] Marque de commerce japonaise de posemètres, d'objectifs et d'accessoires (filtres, adaptateurs, stabilisateurs vidéo, etc.), de Pentax Corporation. ■ [2] Forme abrégée de Pentax Corporation.

Pentax Corporation [Pentax] ■ Société fondée en 1919 sous le nom de Asahi Optical Company. Le groupe possède 10 sites de production au Japon, à Hongkong, à Taïwan, au Viêtnam et aux Philippines, emploie plus de 7000 collaborateurs dans le monde et est représenté dans plus de 100 pays. Pentax Corporation est reconnue pour l'excellente qualité de ses produits, comme les posemètres et les objectifs.

pente ▷ contraste.

péplum ■ De *peplon,* mot latin adapté du grec *peplon* signifiant « robe de femme », antique vêtement sans manches. Genre cinématographique inspiré des récits de la mythologie grecque et latine (*peplos*). Dans un péplum, les interprètes sont vêtus à l'antique et incarnent des héros comme Hercule, Néron, Ben Hur et Cléopâtre. Le péplum est créé en Italie au temps de la Première Guerre mondiale. Le film *Cabiria* (1914) de Giovanni Pastrone inspire une lignée de films du genre. Emphatique et manichéen, le genre s'essouffle et ne revient qu'après la Deuxième Guerre, entre 1955 et 1965 ; à voir : *Ben Hur* (1959) de William Wyler et *Les légions de Cléopâtre* (1960) de Vittorio Cottafavi ; ▷ **film à costumes**, **film épique**. Le péplum est devenu mythologique ; ▷ **cinéma bis**, **film-culte**, **film**

psychotronique. Synonyme peu usité : superspectacle.

perception ■ Action de percevoir par les sens ou par l'esprit (*perception*). Au cinéma et dans l'audiovisuel, la perception est un mode d'appréhension cohérente des images et des sons. Cette perception renvoie au monde sensible que nous connaissons. Elle peut être également une analyse et une compréhension à la fois du mécanisme de reproduction des images et des sons et de la représentation d'un monde possible, même s'il est artificiellement créé.

perche ■ Tube télescopique muni d'un micro à son extrémité et servant à enregistrer le son sur un plateau (*boom, fishpole*). ▷ **girafe.**

perchiste [perchman] ■ Technicien responsable de la manipulation de la perche à laquelle est accroché un microphone (*boom man,* ARG. *mike monkey*). Le perchiste dirige la perche vers l'interprète, qu'il tient suspendue au-dessus de la tête, mais il doit toujours maintenir la perche hors du champ de la caméra.

perchman ▷ perchiste.

per diem LAT. ■ Expression employée couramment en lieu et place de « allocation quotidienne » et « frais de séjour ».

Perfectone ■ Marque de commerce d'un magnétophone portable de fabrication suisse utilisant une bande magnétique lisse 6,35 mm. Le magnétoscope Perfectone enregistre les signaux sonores qui permettent la synchronisation ultérieure avec le film. ▷ **Nagra.**

perforation ■ Trou rigoureusement équidistant entre celui qui le précède et celui qui le suit, permettant l'avancement de la pellicule dans la caméra, la tireuse et le projecteur (*perforation, sprocket hole*) ; ▷ **pas de l'image, pas de perforations**. La perforation peut être circulaire (pour le 35 mm standard), carrée (pour le 16 mm) ou rectangulaire aux coins arrondis (pour le CinémaScope). ▷ **perforation américaine, perforation Bell and Howell, perforation CS, perforation Kodak**.

perforation américaine ▪ Espacement entre les images, délimité par des perforations, mis au point en 1891 par Thomas Edison et son adjoint William K. Dickson. La perforation américaine immobilise et déplace par successions la pellicule, ce qui empêche les images de se confondre. Le cycle arrêt-entraînement (48 fois à la seconde) fait la synthèse du mouvement. Cette perforation circulaire deviendra le standard mondial des perforations ; il faut quatre perforations par photogramme d'un film 35 mm standard.

perforation Bell and Howell [perforation BH] ▪ Perforation arrondie mise au point par la compagnie Bell and Howell pour le négatif 35 mm (*negative perforation*).

perforation BH ▪ Forme abrégée de perforation Bell and Howell.

perforation CS ▪ Perforation rectangulaire aux coins arrondis utilisée pour le CinémaScope.

perforation Kodak [perforation KS] ▪ Perforation rectangulaire aux coins arrondis mise au point par la compagnie Kodak pour le positif 35 mm et les éléments du 70 mm (*positive perforation*).

perforation KS ▪ Forme abrégée de perforation Kodak.

période ▪ [1] Temps que met une onde pour parcourir un cycle complet (*period*).

▪ [2] Marque de subdivisions soulignant différents styles au cours de l'histoire du cinéma ou de la carrière d'un cinéaste (*period*). Le néoréalisme, la Nouvelle Vague, la période allemande et la période américaine de Fritz Lang sont des exemples de périodes.

période de mouvement ▪ Partie du film lorsque celui-ci est en mouvement dans le projecteur (*moving period*). ◊ SYN. phase de mouvement.

période de pointe ▷ prime time.

périodique ▪ Journal ou magazine consacrant ses articles à l'activité cinématographique et audiovisuelle (*periodical*). Il existe deux catégories de périodiques : corporatifs (ou professionnels) et grand public. ▷ **revue de cinéma**.

périscope ▪ Instrument optique formé d'une lentille, attaché à une caméra, permettant le tournage dans des endroits difficiles ou inaccessibles, ou le tournage d'effets spéciaux (*periscope*).

permis de travail ▷ autorisation de travail.

perruque ▪ [1] Coiffure de faux cheveux, de chevelure postiche (*wig*). La perruque est un accessoire essentiel du coiffeur. ▪ [2] ARG. Accumulation de pellicule causée par un bris de la bande lors de son passage dans le projecteur ou de son rembobinage, alors que la bobine débitrice continue à se dérouler et que la bobine réceptrice n'enroule plus le film (*bird's nest*).

perruquier ▪ Personne responsable de la confection des perruques (*wigmaker*).

Le perruquier est également responsable de la confection des mèches de cheveux et des postiches. Le travail de perruquier est souvent assumé par le coiffeur, d'où l'indication au générique d'un coiffeur-perruquier.

persistance rétinienne ■ Capacité qu'a l'œil de retenir une image pendant un laps de temps d'environ un dixième de seconde (*persistence of vision*). Ce phénomène d'ordre physiologique est à l'origine de l'invention du cinéma : la succession des images à une certaine vitesse donne l'illusion du mouvement. La cadence de 16 images par seconde et de 24 images par seconde offre l'impression de continu.

personnage ■ De *persona,* mot grec signifiant « masque ». Personne qui tient un rôle dans un film et qui doit être interprété par un acteur ou une actrice (*character*). On tente de caractériser un personnage par son physique, ses gestes, sa voix et, parfois, des tics, mais également par les costumes et le maquillage. Le personnage peut être un type social, une figure, un stéréotype ou une entité psychologique. Plusieurs personnages semblables ou différents joués par un acteur peuvent transformer ce dernier en star. Un même personnage peut être joué par des acteurs différents dans les remakes et les séries, comme James Bond, Maigret, Superman et Tarzan. On distingue les catégories suivantes de personnages : le personnage principal, le personnage secondaire et le figurant. ◊ SYN. protagoniste, rôle. ▷ **actant, interprète, partenaire** [2].

Perspecta ■ Marque de commerce d'un procédé américain de stéréophonie mis au point au début des années 1950 par Norman H. Crownhurst pour la MGM. Le premier film tourné avec ce procédé est *Les chevaliers de la Table ronde* (1953) de Richard Thorpe. Le Perspecta disparaît dans les années 1960.

perspective ■ [1] Art de représenter sur un plan bidimensionnel des objets tridimensionnels (*perspective*). La perspective est fondamentale dans la construction de l'image cinématographique. Elle participe de l'impression de réalité. Centre de l'œil du spectateur, elle attire son regard. La profondeur de champ s'y origine. Une perspective sans déformation de l'image est obtenue par une lentille 50 mm d'une caméra 35 mm. ▷ **angle normal, cadrage.** ■ [2] Manière de voir. La perspective dans le champ idéologique de la représentation se traduit par une conception du monde. Cette perspective peut se situer sur le plan des idées, de la technique, de l'esthétique ou de la politique.

pertes de tirage PLUR. ■ Dégradation du son sur une copie usée.

petites vues PLUR., POP. ■ Expression populaire employée au Québec désignant le cinéma. Cette expression n'est plus guère usitée aujourd'hui.

petit film FAM. ■ Film à petit budget (ARG. *cheapie, Cinderella film*). Aux États-Unis, un petit film désigne un film indépendant.

petits métiers PLUR. ■ Personnes exerçant une fonction de moindre responsabilité au cinéma : les machinistes, les peintres, les maquilleurs, les habilleuses, etc. Les petits métiers n'occupent aucune fonction de direction.

petit rôle ▪ Rôle de peu d'importance, rôle secondaire (*bit part*). ARG. panne, pannouille.

Petzval ▪ Marque de commerce de lentilles pour la projection, du nom du précurseur de la photographie, le Hongrois Józeph Petzval, qui fait le premier calcul pour l'ouverture lumineuse d'une lentille pour un long temps d'exposition. Les objectifs Petzval sont à doublet.

P.G. ▪ Abréviation de plan général.

PG-rated ANGL. ▪ *PG* pour *parental guidance*. Aux États-Unis, classement d'un film qui peut être vu par des moins de 17 ans, ou, dans certains États, des moins de 18 ans, instruits par leurs parents sur le contenu à connotations violentes ou sexuelles de l'œuvre. ▷ **MPAA Picture Rating System.**

PG13-rated ANGL. ▪ *PG* pour *parental guidance*. Aux États-Unis, classement d'un film qui peut être vu par des enfants de moins de 13 ans, instruits par leurs parents sur le contenu explicitement violent ou sexuel de l'œuvre. ▷ **MPAA Picture Rating System.**

phase ▪ Décalage dans le temps de deux phénomènes périodiques qui évoluent selon une loi sinusoïdale (*phase*).

Phase Alternation by Line [PAL] ▪ Traduction littérale: ligne à phase alternée. Standard allemand d'enregistrement et de diffusion télévisés mis au point par l'Allemand Walter Brunch et utilisé en Grande-Bretagne, en Nouvelle-Zélande, en Australie et dans la plupart des pays européens et d'Amérique du Sud. PAL comprend 625 lignes par image, lignes qui donnent une meilleure définition de l'image et des couleurs plus riches que les 525 lignes du NTSC. Il doit être transcodé en SECAM pour être lu en France et en NTSC pour être lu en Amérique du Nord. Les appareils européens pour la vidéo, le DVD et les jeux vidéo offrent généralement les deux standards PAL et SECAM. Une variante du PAL existe pour les marchés américains et asiatiques, le PAL-M. PAL-PLUS est une autre variante pour la reproduction du signal pour les téléviseurs à écran large.

phase de mouvement ▷ période de mouvement.

phase d'obturation ▷ fréquence d'obturation.

Phasmatrope ▷ **Choreutoscope.**

Phénakistiscope ▪ Jouet mis au point en 1832 par le Belge Joseph-Antoine Plateau créant l'illusion du mouvement. Le Phénakistiscope est composé d'un cercle troué de petites meurtrières à l'intérieur desquelles se trouvent des figures (un danseur, un clown); appliqué sur l'œil et tournant sur lui-même, l'appareil transforme les images en une suite continue de mouvements perçue grâce à la persistance rétinienne. ▷ **Praxinoscope, Zoetrope.**

phénomène de stroboscopie ▪ Effet stroboscopique donné à l'image lorsqu'un panoramique est trop rapide (*strobe effect*). Le phénomène de stroboscopie dépend de la cadence de prise de vues et de la longueur focale. ▷ **filé.**

phénomènes périodiques PLUR. ▪ Dans les domaines de l'électricité, du son, de la lumière et de l'optique, phénomènes qui se reproduisent régulièrement en fonction d'un cycle (*periodic effects*). ▷ **fréquence, hertz, onde**.

phénoménologie ▪ Branche de la philosophie qui, dans l'observation des choses, découvre les structures de la conscience et les essences (*phenomenology*). Edmund Husserl propose cette philosophie qui a des répercussions dans la théorie de la littérature et du cinéma. Phénoménologiques, les écrits d'Henri Agel et d'André Bazin, en France, et ceux de Stanley Cavell, aux États-Unis, tentent de cerner et de décrire les données de la perception du spectateur devant la représentation cinématographique.

Philips ▪ Société multinationale des Pays-Bas spécialisée dans l'électronique et l'éclairage. Son nom néerlandais est : Koninklijke Philips Electronics N.V., qui peut être traduit par Électronique royale néerlandaise Philips S. A. La compagnie est fondée en 1891 par les frères Gerard et Anton Philips à Eindhoven, aux Pays-Bas. Philips met au point la cassette à ruban audio, puis la cassette à ruban vidéo pour le Betamax et le VHS, le disque compact et, avec Sony et Matsushita, le disque compact interactif en 1992. Dans les années 1980, la société vend également des microordinateurs, et ce, jusqu'en 2005. En association avec la compagnie canadienne Seagram, elle acquiert PolyGram en 1998.

phono-cinéma ▪ Avant la Première Guerre mondiale, tentatives de synchronisation du phonographe et du cinématographe.

Phonofilm ▪ Système de son optique mis au point par Lee De Forest en 1922, utilisé jusqu'en 1927 par son inventeur pour un millier de films. On dit que son inventeur s'inspire du système Tri-Ergon pour mettre au point son Phonofilm. L'industrie adopte un système semblable à celui de De Forest, ce dernier n'ayant pas réussi à convaincre les studios d'acheter le sien à cause de la faible fidélité des sons par rapport à ce que peuvent offrir le Photophone, le Vitaphone et le Movietone.

phonographe ▪ Système de reproduction du son sur rouleaux de cire mis au point par Thomas Edison en 1877 (*phonograph*).

phonographe à disques ▷ **gramophone**.

Phonoscène FÉM. ▪ Appellation commerciale désignant une courte saynète filmée et sonorisée à l'aide d'un enregistrement sur disque de cire. Dans les années 1900, les phonoscènes sont une spécialité de la société française Gaumont, qui offre de courts films avec des airs d'opéra (*Carmen*, de Bizet, par exemple) et des chansons (l'hymne national *La Marseillaise*, par exemple). La majorité des phonoscènes sont tournées par Alice Guy-Blaché, la première femme cinéaste de l'histoire du cinéma.

photo ▪ Forme abrégée de photographie.

photocolorimètre ▪ Instrument de mesure de la température de couleur d'une source lumineuse naturelle ou artificielle (*color temperature meter*). ◊ SYN. thermocolorimètre.

photoélectrique ▷ **cellule photoélectrique**.

photoflood ANGLIC. ▪ Lampe à incandescence conçue pour être utilisée en surtension (*photoflood*). De bonne actinicité, la lampe photoflood est utilisée pour le tournage de films en couleurs. La photoflood est longtemps utilisée par les cinéastes amateurs pour les éclairages d'ambiance. Elle est remplacée désormais par la lampe à halogène. ▷ **lampe survoltée.**

photogénie ■ Qualité de la peau permettant une excellente reproduction de la lumière (*photogenic* ADJ.). Au cinéma, la photogénie produit un effet supérieur à l'effet produit au naturel. On dit d'un acteur qu'il est photogénique, qu'il a un visage photogénique. ▷ **glamour, télégénique.**

photogramme ■ [1] L'image enregistrée sur la pellicule (*frame*). Le photogramme est la plus petite unité du langage filmique. On peut analyser un film photogramme par photogramme. ■ [2] Reproduction sur papier photographique d'une image du film (*picture frame*).

photographe de cinéma ■ Personne, généralement rattachée à une agence, couvrant l'actualité du cinéma et particulièrement le tournage d'un film (*photographer*). ◊ VOISIN paparazzi PLUR.

photographe de plateau ■ Personne prenant les photos des scènes du film durant le tournage du film (*still man*). Sur le plateau, le photographe se charge, après chaque prise de vues retenue par le réalisateur, de prendre des photographies qui serviront à la presse et aux archives de la production; parfois, ses photos peuvent aider pour les emplacements de mise en scène, les décors, les costumes, les accessoires et le maquillage. Le photographe de plateau est un professionnel qui a une connaissance théorique et pratique de la photographie et du cinéma, et qui doit posséder une curiosité artistique développée. Ces photos serviront par la suite à la promotion et à la publicité du film.

photographie [photo] ■ [1] Procédé d'enregistrement d'une image par l'action de la lumière sur une surface sensible (*photography*). La photographie naît au début du XIXe siècle avec les expériences de Nicéphore Niepce, puis celles de Jacques Mandé Daguerre. William Fox Henry invente le négatif qui facilitera la reproduction en de nombreux exemplaires d'une photographie jusqu'alors tirée sur positif en un unique exemplaire. ■ [2] Par extension, art et technique de prendre des images photographiques (*photography*). ■ [3] Dimension plastique du film (*photography*). ▷ **directeur de la photographie.**

photographie de plateau ■ Photographie prise au cours d'un tournage qui servira à la promotion et à la publicité du film (*still photography*). ARG. Rembrandt.

photokinésie ■ Utilisation d'images fixes (photographies, dessins, peintures, collages) dans un film (*photokinesis*). La photokinésie peut être également une série d'arrêts sur image. Par son apparition sous forme de quelques photogrammes dans une action, elle peut perturber la perception de cette action. Alain Resnais utilise l'effet photokinésique dans *L'année dernière à Marienbad* (1961).

photomètre ■ Instrument à circuit électrique permettant de mesurer l'intensité lumineuse qu'il reçoit (*photometer, photoelectric meter*).

photométrie ■ Mesure de la lumière (*photometry*). La mesure étalon de la photométrie est représentée par une flamme appelée «bougie». L'intensité de la lumière est calculée en candelas; lorsque la lumière est transportée, son flux est calculé en lumens; lorsque la lumière est reçue par une surface, c'est l'éclairement, qui est alors calculé en lux. On utilise un photomètre pour calculer l'intensité et l'éclairement.

Photophone ■ Marque de commerce d'un procédé d'enregistrement optique du son à élongation variable dit à densité fixe. Le Photophone est mis au point par la General Electric et commercialisé par Radio Corporation of America [RCA] en 1928. Il est utilisé uniquement par la RKO, tandis que les autres Majors utilisent le système Movietone. ▷ **Phono-film.**

Photoplay ■ Célèbre magazine de cinéma américain créé en 1911 en Californie. À ses débuts, le magazine publie de la fiction dont l'histoire et les personnages sont inspirés de films à l'affiche, en faisant ainsi leur promotion. À la fin de la décennie, *Photoplay* commence à publier des articles accompagnés de nombreuses photos, en majorité consacrés aux stars de l'écran, à leur vie sentimentale et professionnelle. La revue fidélise ses lecteurs et surtout ses lectrices avec ses rubriques régulières comme «Brief Reviews of Current Films» sur les films en salles, «Hollywood Menus» où sont suggérées des recettes traditionnelles américaines et «The Shadow Stage» consacrée à l'information et à l'évalua-tion critique des films. On y exalte le mythe de la réussite et on y promeut le cinéma essentiellement comme divertissement. De 1920 à 1930, et de 1944 à 1968, le magazine distribue des récompenses, une médaille d'or au meilleur film, au meilleur acteur et à la meilleure actrice de l'année; Bing Crosby, Rock Hudson, Marilyn Monroe, Kim Novak, James Stewart et Jane Wyman gagneront cette médaille. La tradition se poursuivra en 1977 et 1978 à la télévision. La revue cesse sa publication en 1980.

photoplay ANGL., VX ■ Film au temps du muet. Ce mot était utilisé par snobisme à la place du mot *movie*. Originalement, *photoplay* signifie «scénario».

photosensibilité ■ Sensibilité à toute stimulation lumineuse ou radiations lumineuses (*photosensitivity*). ■ [1] On parle de photosensibilité pour la capacité d'une émulsion photographique d'être transformée par l'action de la lumière. ▷ **rapidité.** ■ [2] On parle également de photosensibilité pour désigner la capacité de réception d'une source lumineuse par un individu. C'est pourquoi dans la fabrication d'appareils comme le téléviseur ou le moniteur vidéo, on doit tenir compte des effets de lumière, de la fréquence des images et de l'intensité lumineuse pour que l'appareil soit utilisé sans danger physique (pour les yeux) et même psychique (par l'effet que peut causer une image stroboscopique, par exemple) sur le téléspectateur. Ce dernier doit prendre diverses précautions: éclairage ambiant de la pièce où se trouve l'appareil, éloignement à bonne distance du récepteur, limitation des temps de réception d'images et réglage régulier de l'appareil.

Photoshop ▪ Logiciel de retouche, de correction et de compositing d'images fixes, comme les images bitmap, mis au point en 1987 par Thomas et Jean Knoll et commercialisé en 1990 par la société Adobe. C'est un logiciel très performant et complet, capable de travailler dans des résolutions très fines. Le développement de la technique permet de l'utiliser, conjointement avec d'autres logiciels, comme un logiciel d'effets spéciaux, pour le film.

photovoltaïque ▷ cellule photovoltaïque.

PHSCologram ▪ Marque de commerce d'un procédé de photographie entièrement conçu par ordinateur en vue de rendre une image en 3D. Cette technique est mise au point en 1983, à partir des rayographes de Man Ray et des photogrammes de László Moholy-Nagy.

Pictographe ▪ Marque de commerce d'un procédé mis au point par Pierre Angénieux, Abel Gance et Robert Hubert en 1937, consistant à utiliser simultanément un document (un dessin, par exemple) et un fond de scène comme décor. Le document est placé à proximité de l'appareil ; un fragment de lentille additionnelle est monté devant l'objectif qui découpe alors le champ en deux zones de mise au point, l'une rapprochée, l'autre éloignée. Abel Gance espère tourner avec ce procédé, couplé avec celui du Magigraphe, une adaptation de *La Divine Comédie*. ▷ Pictoscope.

Pictoscope ▪ Marque de commerce du procédé du Pictographe d'Abel Gance, amélioré par son inventeur en 1942.

pied ▪ [1] Mesure anglaise de distance (*foot, feet* PLUR.). Le pied vaut 30,5 cm. Il se divise en pouces (un pouce = 2,54 cm). ▪ [2] Support maniable assurant la stabilité (et non la fixité) de la caméra. On distingue le pied-boule de la crab dolly, le trépied, le pied court et le pied marin.

pied-boule ▪ Support d'une caméra à colonne télescopique posée sur un chariot (comme la crab dolly) et utilisée généralement en studio.

pied court ▪ Pied qui permet de placer la caméra tout près du sol (*hi-cat*).

pied marin ▪ Pied muni d'un balancier stabilisateur qui maintient l'horizontalité de la caméra lorsqu'on filme d'un bateau.

piétage ▷ numéro de piétage.

pigment coloré ▪ Dans la couche d'émulsion, corps pulvérulent et opaque (*pigment*).

pignon débiteur ▪ Roue dentée qui déplace le film impressionné vers la bobine réceptrice de la caméra (*feed sprocket*).

pignon récepteur ▪ Roue dentée qui pousse le film à impressionner vers le couloir d'exposition de la caméra (*take-up sprocket*).

piloton ▪ Générateur d'impulsion de faible tension qui transmet le signal pilote au magnétophone afin de permettre la synchronisation ultérieure de l'image et du son (*pilotone*). Le piloton est commandé par le moteur régulé de la caméra.

pinceau ■ Genre de blaireau dont se sert l'opérateur ou l'un de ses assistants pour nettoyer la lentille avant la prise de vues (*brush*).

pincer ARG. ■ Réduire le champ de la prise de vues ou le faisceau lumineux du projecteur. ◊ SYN. serrer, resserrer. ◊ CONTR. élargir, ouvrir.

Pinewood Studios ■ Ancien nom de Pinewood Studios Group.

Pinewood Studios Group ■ Un des plus importants centres de production britannique. Créés en 1936, les studios de Pinewood contribuent à donner un essor au cinéma anglais dont le marché est dominé par Hollywood. La Rand Organization y produit la majorité de ses films, entre autres ceux de David Lean et Michael Powell, avec Alexander Korda comme principal producteur. À partir des années 1960, les studios sont loués à des indépendants et pour des productions télévisuelles. Ils sont ensuite achetés par la Rank Corporation en 2000, puis en 2001 par Shepperton Studios qui acquièrent en 2005 Teddington Studios (anciens studios de la Thames Television). Ce centre de production est désormais connu sous le nom de Pinewood Studios Group et devient l'un des plus grands ensembles de production d'Europe pour le film, la télévision, la vidéo commerciale (publicité), l'animation et la photographie, avec, entre autres, 9 studios pour la télévision en numérique et 5 pour l'enregistrement en haute définition, 35 salles d'enregistrement sonore et de postsynchronisation. Les films mettant en vedette les personnages de Batman, James Bond, Harry Potter et Superman y sont tournés ainsi que les séries vidéoludiques mettant en vedette les personnages de Tomb Raider et Lara Croft. ▷ **National Film and Television School**.

pinku eiga JAP. ■ Terme composé du mot anglais *pink*, signifiant rose, et du mot *eiga*, signifiant cinéma. Le *pinku eiga*, appelé en français « cinéma rose », est un genre cinématographique japonais qui regroupe des films à teneur plus ou moins érotique (*pink cinema*). Les premiers *pinku eiga* sont le plus souvent jugés obscènes pour quelques scènes anecdotiques de nus, et la censure nippone, qui interdit notamment de montrer pilosité et organes génitaux, contraint les réalisateurs à entretenir l'intérêt du spectateur au moyen de procédés cinématographiques conventionnels. Le sexe n'est pas montré crûment et les diverses formes de perversions, surtout de sadisme à l'égard des femmes, constituent souvent la principale ressource érotique du scénario. Tournés avec un modeste budget, ils sont en 35 mm et projetés sur grand écran. On les surnomme « films romantiques-pornographiques ». Le genre remonte aux années 1960 : à cause des jeux olympiques de 1964, le gouvernement interdit, entre autres choses, les films pornographiques, ce qui contribue à l'essor du cinéma rose. C'est la société de production Nikkatsu qui produit le plus ce genre de films, qui mettent en scène des jeunes. Yasuko Matsui, actrice des studios Shochiku, de Tokyo, qui interprète un rôle dans *L'empire des sens* (1976) de Nagisa Oshima, est longtemps surnommée la reine du *pinku eiga*. Avec l'arrivée de la vidéocassette et surtout du DVD, et le marché du film pornographique en expansion, la popularité de ces films baisse considérablement, mais ils ne disparaissent pas complètement.

pin up ANGLIC. ▪ De l'américain, du verbe *to pin up* qui signifie « épingler au mur ». Photo d'une jeune fille court vêtue épinglée au mur (*pin up girl*). Très à la mode durant la Seconde Guerre mondiale, accrocher la photo d'une pin up est devenu courant dans les chambrées des militaires. Plusieurs mannequins posent comme pin up avant de faire des films ; c'est notamment le cas de Marilyn Monroe.

piqué ▪ Qualité d'une image de rendre très nets les détails (*sharpness*).

piquer ARG. ▪ Action d'incliner un objet (un miroir, un tableau) vers le sol de façon à éviter un reflet du projecteur. ◊ CONTR. redresser.

piqûre des perforations ▪ Petite déchirure de la pellicule dans l'angle des perforations. ◊ VOISIN éclatement des perforations.

piratage ▪ Action de reproduire une œuvre pour la vente ou la location sans en payer les droits d'auteur (*piracy, hacking*). En cinéma, le piratage désigne la reproduction illégale de films, principalement en vidéocassettes, en DVD et par Internet. En Europe, il est devenu un fléau organisé que les États occidentaux condamnent sévèrement par des poursuites et des amendes élevées. Les pays de l'Est (ex-socialistes) sont responsables à 50 % de tout le matériel piraté mondialement. Avec 75 % de ses films copiés illégalement, l'industrie du film perd désormais plus de 6 MD$ par année dans la contrefaçon, dont un peu plus de 1 MD$ aux États-Unis mêmes. Le réseau Internet devient un nouveau moyen de fabriquer et de distribuer illégalement du matériel, mais sans le vendre en tant que tel, en téléchargeant les films ; les blogues, les sites d'échanges de vidéos et les groupes de discussion sont des hauts lieux de piratage. Des logiciels sont offerts, souvent gratuitement, pour copier des DVD, en les décodant pour les graver compressés sur un disque vierge. ▷ **Motion Picture Association of America, poste-à-poste.**

pistage ▪ Opération consistant à déposer sur un film les pistes magnétiques pour l'enregistrement du son (*magnetic stripping*).

piste de commande ▪ Piste sonore contenant les signaux des enregistrements sonores (*control track*). La piste de commande permet d'assurer la commande du niveau, de l'expansion et de la compression de ces enregistrements.

piste de compensation ▪ Piste magnétique placée sur le bord opposé de la piste sonore du film en vue d'épaissir la piste pour faciliter son passage devant les têtes de lecture et un enroulement régulier sur les bobines (*balance stripe*). Pour un film en son stéréophonique ayant une piste sonore des deux côtés, une piste de compensation n'est pas nécessaire.

piste de localisation ▪ Film test permettant de vérifier la bonne orientation du faisceau de lecture du son dans un projecteur (*buzz track*).

piste optique photographique ▪ Piste sonore mixée photographiée sur pellicule après le report optique (*optical sound track*). La piste optique photographique est prête à être associée aux images du film pour le tirage de la copie standard.

piste sonore ▪ [1] Partie du film où est inscrit le son (*sound track*). La piste sonore peut être optique ou magnétique. Un film peut comporter plusieurs pistes sonores. ▪ [2] Par extension, ensemble des éléments constituant le son du film (*track*).

pitonner QUÉB. ▪ Zapper.

Pixar ▪ Forme abrégée de Pixar Animation Studios.

Pixar Animation Studios [Pixar] ▪ Société de production de films en images de synthèse. Spécialisée dans l'animation par ordinateur, Pixar met au point le logiciel RenderMan utilisé pour la génération d'images photoréalistes. Le président-directeur général est Steve Jobs, le cofondateur d'Apple, qui rachète les services d'infographie de Lucasfilms en 1986 et qu'il baptise Pixar. En partenariat avec Walt Disney Company, Pixar produit six longs métrages d'animation en images de synthèse dont *Histoire de jouets* (1995) de John Lesseter, qui travaille auparavant chez Disney avant de devenir responsable des effets spéciaux par ordinateur chez Lucasfilms en 1984, pour ensuite revenir en 2006 chez Disney quand les studios sont rachetés par Disney pour la somme de 7,4 MD$, dont la moitié en échange d'actions.

pixel ANGLIC. ▪ Contraction de l'anglais de *pix* (pour *picture*) et *element*. La plus petite composante d'une image numérique affichée en mode point sur un écran ou un capteur (*pixel*). Le nombre de pixels par ligne et le nombre de lignes par image déterminent la définition de l'image. Il existe 5 définitions vidéographiques: *a)* la définition du VGA, pour *video graphics array,* qui est de 640 × 480, soit 307 200 points; *b)* la définition du Super-VHA (ou S-VGA), pour *super video graphics array,* qui est de 800 × 600, soit 480 000 pixels; *c)* la définition du XGA pour *extended graphics array,* qui est de 1024 × 768, soit 786 432 pixels; *d)* la définition du SXGA, pour *super extended graphics array,* qui est de 1280 × 1024, soit 1 310 720 pixels; et *e)* la définition du UXGA pour *ultra extended graphics array,* qui est de 1600 × 1200, soit 1 920 000 pixels. À chaque pixel est associée une couleur, décomposée en trois composantes primaires (rouge, vert et bleu). Pour l'informatique, un point est codé sur plusieurs bits; ainsi un point noir et blanc prend un bit, 16 couleurs: 4 bits, 256 couleurs: 1 octet (ou 8 bits), 65 536 couleurs: 2 octets et 16 777 216 couleurs: 3 octets. ▷ **mégaoctet.**

pixilation ▪ Procédé d'animation d'objets et d'interprètes réels (*pixilation*). Technique de tournage image par image, la pixilation est l'une des plus utilisées en cinéma d'animation. La pixilation est différente du procédé de *stop motion* dans la mesure où chaque prise correspond à une action précise. Elle a été mise au point par Norman McLaren dans *Les voisins* (1952).

place exonérée ▪ En France, un certain nombre de places réservées automatiquement dans une salle de cinéma à des artisans du cinéma. Une place exonérée se dit familièrement pour la délivrance de tout billet gratuit.

placo ARG. ■ Contreplaqué, pour les machinistes.

plafonnier VX ■ Au temps du muet, source lumineuse placée directement au-dessus du décor et constituée d'un arc voltaïque fixé dans un cône en tôle servant de réflecteur.

plan ■ [1] Suite continue d'images devant la caméra au cours d'une prise (*shot*). Une prise représente un plan. Le montage est l'assemblage des plans ; ▷ **coupe franche, insert, plan de coupe, plan de transition, prise de vues, transition.** Selon la fixité ou le mouvement de l'appareil, les prises composent le travelling avant, le travelling arrière, le travelling latéral, le zoom arrière, le zoom avant, le panoramique (avec balayage ou fouettage), le plan aérien et le plan à l'épaule. Les angles de prise de vues composent la plongée, la contre-plongée, le contrechamp, le champ-contrechamp et le plan oblique. ▷ **grue, mouvement d'appareil, plan fixe.** ■ [2] Suite d'images définie par l'espace entre l'objet filmé et la caméra (*shot*). L'éloignement de l'objet donne au plan sa dimension ; on parle alors de la grosseur du plan. En tant qu'unité organisationnelle de l'espace et du temps filmique, le plan est un élément de la syntaxe cinématographique. ▷ **plan complet, plan général, plan d'ensemble, plan de demi-ensemble, plan moyen, plan américain, plan rapproché, gros plan, plan serré, très gros plan, plan moitié-moitié.** ■ [3] Rapport avec la profondeur de champ dans la suite des images. Ce rapport génère le premier plan, le second

plan et l'arrière-plan. La profondeur de champ peut être un élément dramatique ; voir le film *Citizen Kane* (1941) d'Orson Welles. Le mot « plan » apparaît en 1918. Le terme est critiqué par S.M. Eisenstein qui suggère de le remplacer par « fragment de film ». Un film comporte entre 500 et 3500 plans. Ils donnent le mouvement et le tempo de la scène, la scène étant la plus petite unité de la séquence. Ils font partie de la mise en scène. Selon leur durée, les plans sont longs ou courts ; ▷ **plan-séquence, prise de 10 minutes.** Le son y est un élément majeur. Les effets spéciaux permettent de le truquer. Si chaque plan est important, c'est le montage (des plans) qui donne à la scène sa signification. Le cinéma expérimental met à mal la notion de plan par le découpage du film. On peut analyser un film plan par plan ; le cinéma américain classique est, dans ce cas, une grande source d'analyses ; à lire : *L'analyse du film* (1979) de Raymond Bellour. ◇ VOISIN prise. ▷ **cadre, *master shot*.**

plan aérien ■ Plan pris du haut des airs, par un moyen de transport aérien comme l'hélicoptère (*aerial shot*). D.W. Griffith (*Intolérance,* 1916) et Abel Gance (*Napoléon,* 1925) sont les premiers cinéastes à réaliser des plans aériens ; ils le font au moyen de ballons captifs. C'est le Français d'origine niçoise Paul Ivano qui est l'innovateur du plan aérien en hélicoptère, qu'il met au point pour le film de Nicholas Ray, *Les amants de la nuit* (1949). ▷ **Ailimount, Cinérama, Hélivision.**

plan à l'épaule ■ Plan effectué par une caméra portable, tenue à l'épaule (*handheld shot*). Le plan à l'épaule est généralement affecté d'un léger tremblement, que n'a pas un plan fixe fait par une caméra installée sur un support comme le trépied. On trouve de nombreux plans à l'épaule dans les films documentaires. Au cinéma, il est utilisé comme effet esthétique; voir les films de John Cassavetes. Il est devenu courant avec l'utilisation de la Steadicam et de la BodyCam. ▷ **caméra au poing.**

plan américain [P.A.] ▪ Plan cadrant le personnage de la mi-cuisse à la tête (*american shot*). On distingue le plan américain cadrant deux personnages (*two-shot*) et le plan américain serré ne cadrant qu'un seul personnage (*medium close shot, MCS*); ce dernier est appelé en français «plan rapproché».

plan arrêté ▪ Plan totalement immobile (*freeze frame*). ◊ SYN. arrêt sur image, image gelée.

plan complet ▪ Plan du départ à l'arrêt de la caméra. On le réduira en le coupant lors du montage.

plan d'ambiance ▪ Plan d'ensemble ou plan général, placé en début de film pour établir le climat ou le lieu de l'action (*establishing shot*). Le plan d'ambiance peut être isolé dans le déroulement du récit afin de suggérer l'ambiance d'une séquence (le passage du temps, par exemple) ou de rappeler l'un des lieux de l'action.

plan d'archives ▪ Plan tiré d'un film, le plus souvent un film d'actualités, en vue de son utilisation dans un autre film (*library shot, stock shot, stock footage*). Le plan d'archives est souvent un plan non gardé d'un film. On l'achète généralement en pied ou en mètre. Il est utilisé par mesure d'économie pour des plans de foule (parade, spectacle sportif, etc.) ou de bombardement (bombes lâchées d'un avion, déflagration, etc.). Synonyme à éviter: image d'archives. ▷ **mondo.**

plan de coupe ▪ Plan inséré entre deux plans afin d'éviter un hiatus visuel (*cutaway shot*). Le plan de coupe est souvent un plan de paysage. Il est souvent utilisé pour cacher une déficience (un plan prévu mais non tourné, un plan interrompu ou inutilisable). Il peut être cependant utilisé dans un but dramatique ou une perspective rythmique. ◊ VOISINS plan de liaison, plan de secours.

plan de demi-ensemble [plan demi-ensemble, P.D.E., ½ e] ▪ Plan cadrant des personnages dans le décor (*medium long shot, MLS*). ◊ SYN. plan large.

plan de détail ▷ insert.

plan de grand ensemble [P.G.E.] ▷ plan général.

plan de liaison ▪ Plan marquant le passage du temps, le saut d'un lieu à un autre ou la transition entre deux actions (*bridging shot*). La chute des feuilles mensuelles d'un calendrier, les roues d'un train en mouvement, le défilement des rails et les titres de la une de journaux sont des exemples de plans de liaison. ◊ VOISIN plan de coupe. ◊ SYN. plan raccord.

plan demi-ensemble ▷ plan de demi-ensemble.

plan d'ensemble [P.E.] ▪ Plan cadrant une partie du décor (*long shot, LS*).

plan de réaction ▪ Gros plan d'un interprète réagissant au propos ou au contenu du plan précédent (*reaction shot*). Le plan de réaction termine le plus souvent une scène. Selon Paul Warren, dans son livre *Le secret du star system américain* (1989), c'est au plan de réaction qu'on doit le pouvoir de fascination et d'envoûtement dont jouit le cinéma populaire américain sur les spectateurs du monde entier. ▷ **champ-contrechamp.**

plan de secours ■ Terme peu usité. Plan supplémentaire ajouté à une scène et qui n'était pas prévu au découpage. Le plan de secours permet de « couvrir » la difficulté de raccord entre deux plans. ◊ VOISINS plan de coupe, plan de sécurité.

plan de sécurité ■ Plan imprévu au découpage mais tourné à la demande du réalisateur ou du directeur photo pour assurer la continuité d'une scène (*cover shot*). ◊ VOISIN plan de secours.

plan de taille ▷ plan rapproché.

plan de transition ■ Prise qui se termine par le passage d'une personne ou d'un objet (comme un véhicule) devant la caméra, continuée dans le plan suivant avec la personne en mouvement ou la caméra suivant un objet en mouvement (*transition shot*). Le plan de transition permet de passer d'un plan à un autre sans brusquer l'œil, surtout lors d'un travelling ou d'un panoramique. Alfred Hitchcock utilise le plan de transition à la fin de chaque séquence (d'une durée d'une bobine) de *La corde* (1948) pour donner l'impression d'un seul et même long plan pour tout le film. ◊ SYN. plan intermédiaire. ▷ **plan-séquence, prise de 10 minutes.**

plan de travail ■ Organisation du tournage selon la disponibilité des interprètes, les lieux de tournage et le nombre de jours de travail (*production schedule*). Le tournage ne suit pas nécessairement l'ordre chronologique du scénario.

plan doublé ■ Prise de vues d'une même action sous deux plans différents (*double take*). Le plan doublé peut être enregistré par une seule caméra ou par deux caméras. Il est utilisé intentionnellement pour donner un effet particulier à une scène. Il est souvent montré au ralenti, comme dans *Zabriskie Point* (1970) de Michelangelo Antonioni.

plan fixe ■ Prise de vues effectuée avec une caméra immobile (*still shot*). CONTR. travelling, panoramique.

plan général [P.G., plan de grand ensemble (P.G.E.)] ■ Plan cadrant un décor entier comme un paysage, une ville, un pâté de maisons, etc. (*extreme long shot, ELS*). ▷ *master shot.*

plan italien ■ Plan cadrant un personnage aux genoux (*knee shot*).

plan intermédiaire ▷ plan de transition.

plan large ▷ plan de demi-ensemble.

plan maître ■ Traduction suggérée de *master shot* et *master scene*, deux termes qui sont couramment utilisés en français.

plan moitié-moitié ■ Terme peu usité en français. Plan cadrant deux personnages occupant également le champ (*fifty-fifty shot*). Le plan moitié-moitié est privilégié par Ingmar Bergman dans *Persona* (1965).

plan moyen [P.M.] ■ Plan cadrant un ou des personnages en pied (*medium shot, MS* ou *full shot, FL*).

plan multi-image ■ Variante de multiple image. ▷ **image composite.**

plan raccord ▷ plan de liaison.

plan rapproché [P.R.] ▪ Plan cadrant un ou des personnages à la taille ou à la poitrine (*medium close-up, MCU*). Le plan rapproché est un plan américain serré (*medium close shot*). ◇ SYN. plan rapproché poitrine, plan rapproché taille.

plan rapproché poitrine [P.R.P.] ▷ plan rapproché.

plan rapproché taille [P.R.T.] ▷ plan rapproché.

plan-regard ▷ regard-caméra.

plan-séquence ▪ Prise de vues d'une scène en continuité, sans coupures (*sequence shot*). Le plan-séquence correspond à une prise lors du tournage. Il peut être très long, jusqu'à 10 minutes maximum (le temps d'une bobine de film en 35 mm). Il est fréquemment utilisé par Kenji Mizoguchi. Alfred Hitchcock utilise cette technique d'une autre façon dans *La corde* (1948) en voulant donner l'impression d'un film tourné en un seul plan-séquence ; ▷ **plan de transition.** Dans les années 1970, des cinéastes européens comme le Grec Theo Angelopoulos et le Suisse Alain Tanner lui redonnent sa profondeur esthétique. Le plan-séquence, en ne fragmentant pas le réel mais en lui donnant son intégrité et en redonnant par le fait même une liberté au spectateur, est, selon le critique et théoricien André Bazin, un instrument de réalisme. Les cinéastes asiatiques comme Hou Hsiao-hsien et Tsaï Ming-liang utilisent le plan-séquence pour ausculter les personnages dans l'espace, leurs mouvements dans le cadre, et pour travailler la temporalité en l'étirant. Andrei Sokourov relève le défi de tourner, avec dextérité et souplesse, en un seul plan-séquence de 1 heure 24 *L'arche russe* (2002) grâce à une caméra numérique. ▷ **cinéma de poésie.**

plan serré ▪ Plan coinçant les personnages dans les limites du cadre de l'image (*tight shot*). Le plan serré s'emploie également pour désigner un gros plan d'un objet. ▷ **insert.**

plans groupés PLUR. ▪ Tournage en un seul plan de plusieurs plans initialement prévus au découpage. On rassemble ces plans en un seul par mesure d'économie ou par manque de temps lors du tournage.

plan subjectif ▪ Plan tourné en caméra subjective. Le point de vue de l'objectif se confond avec celui du personnage (*subjective shot*). ▷ **caméra subjective.**

plantation du décor ▪ Mise en place du décor par rapport au plan à tourner (*setting-up*). ▷ **déblayer le plateau.**

plaque de décentrement ▪ Accessoire de la caméra composé de deux parties coulissantes l'une permettant de fixer l'appareil sur la tête d'un trépied (*bridge plate*). ▷ **semelle.**

plaque de roulement ▪ Grande planche de contreplaqué permettant de réaliser des travellings sur pneus (*travelling board*). La plaque de roulement évite l'utilisation des rails dont la mise en place est longue.

plastification ▪ Traitement protecteur des copies d'exploitation (*plastic coating*). La plastification consiste à enrober les copies d'une gaine de plastique en vue de les protéger des agressions extérieures. ◇ VOISIN laquage.

plastigramme ▷ stéréoscopie.

plateau de cinéma ■ [1] Lieu des prises de vues en studio et en extérieur (*stage, set*). ■ [2] Installation équipée techniquement pour le tournage (*studio*). Le plateau est un vaste hangar occupant une superficie entre 500 et 1000 mètres carrés, d'une hauteur de plus de 10 mètres et à l'abri de la lumière du jour. Les studios peuvent disposer jusqu'à 50 plateaux.

plateau débiteur ■ Plateau sur lequel prend place la bobine débitrice du film lors de la projection (*feed plate, take-off plate*).

plateau récepteur ■ Plateau sur lequel prend place la bobine réceptrice du film lors de la projection (*take-up plate*).

plateaux PLUR. ■ Dans la cabine de projection, plaques circulaires horizontales sur lesquelles prennent place les bobines de film (*plates*). On distingue le plateau débiteur et le plateau récepteur. ▷ **dérouleur.**

plateforme numérique ■ Opérateur exploitant un bouquet numérique. La plus importante plateforme numérique est DirectTV, une société américaine ayant plus de quatre millions d'abonnés et transmettant les émissions de quelque 100 chaînes spécialisées. BSkyB est également une plateforme numérique extrêmement importante en Europe.

platine ■ Forme abrégée de platine tourne-disque.

platine tourne-disque [platine] ■ Appareil constitué d'un plateau, d'un dispositif d'entraînement et d'un bras mobile pour la lecture de disques en vinyle (*turntable*). La platine est utilisée au début du cinéma parlant (*sound-on-disc*). Par la suite, et jusque dans les années

1970, elle servira à diffuser de la musique avant le début de la projection d'un film. ◊ SYN. tourne-disque.

play-back ANGLIC. ■ [1] Technique par laquelle l'interprétation est une imitation d'un son préalablement enregistré (*playback*). L'interprète ne se trouve pas être la personne qui joue ou qui chante. Jacques Demy utilise cette technique pour *Les parapluies de Cherbourg* (1964). Le play-back ressemble au doublage. ◊ CONTR. postsynchronisation. En français, le mot « présonorisation » est recommandé, mais il est peu usité. ■ [2] Synchronisation du son et de l'image lors du tournage d'une scène à partir d'un son préalablement enregistré en auditorium (*pre-scoring*). ■ [3] Diffusion d'une musique préalablement enregistrée et servant aux répétitions (*playback*).

plein air VX ■ Dans les années 1920, court métrage touristique décrivant une région ou une ville.

plein écran ■ Sur l'enregistrement d'un film en vidéocassette ou en DVD, indication que le format du film est modifié afin que l'image affichée occupe entièrement l'écran du téléviseur (*full screen*). On obtient une image plein écran par recadrage de l'image. ▷ ***pan and scan*, scannage.** ◊ CONTR. écran panoramique.

pleine ouverture ▷ **grande ouverture.**

Plestar ■ Marque de commerce d'un support non cellulosique très résistant mis au point par Agfa-Gevaert. Fabriqué à partir du bicarbonate, le Plestar est très résistant aux déchirures. ▷ **Estar.**

pleurage ■ Dans un système de restitution du son, fluctuations dans la vitesse de défilement d'une bande sonore (*flut-*

ter, wow). Le pleurage est un défaut très remarqué quand il s'agit de la reproduction d'une trame musicale.

plongée ▪ Prise de vues effectuée avec l'axe de la caméra incliné vers le bas (*high-angle shot, high shot, down shot*). Pour une plongée, la caméra surplombe les personnages, leur donnant ainsi une impression de vulnérabilité. ◊ CONTR. contre-plongée.

plop ▪ Onomatopée désignant un bruit parasite lors du passage de la collure dans le projecteur (*bloop*).

Plus-X ▪ Marque de commerce d'une pellicule négative noir et blanc de rapidité moyenne fabriquée par Kodak.

P.M. ▪ Abréviation de plan moyen.

pochoir ▷ machine à colorier.

poésie ▷ cinéma de poésie.

poignée ▪ Partie de la caméra destinée à être tenue par la main et permettant une utilisation aisée de l'appareil de prise de vues (*handgrip, handle*). La poignée peut être détachable (*detachable grip*), escamotable (*folding grip*) ou fixe (*fixed grip*). ▷ crosse.

poil caméra ARG. ▪ Poils ou déchets s'accumulant au bas de la fenêtre de prise de vues et qui apparaissent en haut de l'image lors de la projection. Le poil caméra prend la forme d'un amas filiforme, filandreux.

poinçonneuse ▷ encocheuse.

point de vue ▪ [1] Place de l'énonciation dans la narration du film (*point of view*). Le point de vue est un élément de la narration grâce auquel l'action du film est vue à travers les yeux d'un personnage (personnage-narrateur ou narrateur omniscient) ; ▷ **voix off**. Il peut y avoir plusieurs changements de point de vue dans un film. Il dépend tout autant du cadre, de la grosseur de plan, des couleurs et des effets spéciaux (comme l'effet spécial mécanique, le flou). L'utilisation de la caméra subjective suggère un point de vue ; il est souvent identifié au regard du personnage. Le point de vue détermine le rapport qu'a le spectateur avec les éléments du film qui sont autant les personnages ou la mise en scène que l'organisation des plans. Il filtre en quelque sorte l'information que donne le plan. ▷ **identification**. ▪ [2] FAM. Perception, philosophie, vision de l'auteur (*point of view*).

pointeur ARG. ▪ Assistant-opérateur responsable de la mise au point (*assistant cameraman, first assistant cameraman*).

point nodal ▪ Centre objectif de la lentille (*nodal point*).

polar FAM. ▪ Roman policier, film policier (ARG. *whodunit*).

polarisation ▪ Caractéristique de la lumière propagée par ondes et ayant la même orientation (*polarization*). ▷ **filtre polarisant**.

Polaroïd ▪ Marque de commerce de filtres polarisants mis au point par Edwin Land en 1934 pour la société américaine Polaroïd. Breveté en 1929, Polaroïd est, au départ, le nom d'un type de feuille en plastique synthétique employée pour polariser la lumière. L'invention du Polaroïd permet la mise au point d'appareils photo à développement instantané. Les feuilles Polaroïd sont également utilisées dans des écrans à cristaux liquides. ▷ **Polavision Instant Motion Analysis System**.

Polavision ■ Forme abrégée de Polavision Instant Motion Analysis System.

Polavision Instant Motion Analysis System [Polavision] ■ Marque de commerce d'un procédé additif de cinéma en couleurs pour caméra amateur super-8 à développement instantané mis au point en 1977 par Polaroïd. Le Polavision est un procédé additif dit à réseau coloré. Il est utilisé dans le cinéma professionnel par une caméra enregistrant jusqu'à 360 images par seconde; il permet au réalisateur de vérifier immédiatement, par le ralenti ou l'accéléré, l'apparence d'une scène. Son utilisation est de courte durée, moins de trois ans.

policier ▷ film policier.

polir ■ [1] Traiter les copies de films afin d'en atténuer les rayures (*polish out*). ◊ SYN. dérayer. ■ [2] Parachever, peaufiner un scénario (*polish*). ▷ consultant en scénario.

polissage ▷ dérayage.

politique ▷ cinéma politique.

«Politique des auteurs» ■ Notion avancée par François Truffaut en février 1955 dans un article sur le film de Jacques Becker, *Ali Baba et les quarante voleurs*, publié dans le numéro 44 des *Cahiers du cinéma*, qui consiste à reconnaître un auteur même dans ses films ratés (*Policy of authors*). La « Politique des auteurs » se traduit par une défense inconditionnelle de l'œuvre, car la globalité de celle-ci permet de comprendre le génie d'un auteur. La mise en scène est la matière même du film, et son organisation, parce que morale et esthétique, révèle la vision personnelle de l'auteur sur les êtres et les choses. La spécificité de cette « Politique » repose sur trois éléments : le volontarisme de l'amour, la mise en scène et l'œuvre en train de se faire. Sa logique s'inscrit dans l'admiration des anciens cinéastes (Abel Gance, Howard Hawks, Alfred Hitchcock, Fritz Lang, Jean Renoir, Roberto Rossellini, Orson Welles, etc.) et la promotion des nouveaux auteurs (Robert Aldrich, Jacques Becker, Peter Brooks, Jules Dassin, Delbert Mann, Nicholas Ray, etc.). Cette « Politique » est respectée d'une façon intransigeante par les jeunes critiques des *Cahiers*, entre autres Charles Bitsch, Claude Chabrol, Jean-Luc Godard, Jacques Rivette et Éric Rohmer, appelés les hitchcocko-hawksiens. ▷ **caméra stylo, macmahoniens (les),** *Positif*.

polyester ■ Substance chimique entrant dans la composition des bandes magnétiques et de certaines pellicules ininflammables particulièrement conçues pour le cinéma amateur (*polyester*). ▷ Estar.

PolyGram ■ Forme abrégée de Polygram Filmed Entertainment.

PolyGram Filmed Entertainment [PolyGram] ■ Important groupe de l'industrie des communications fondé en 1979 à Londres afin de s'opposer à Hollywood. Son siège social est aux Pays-Bas car c'est la compagnie de musique PolyGram, propriété de Philips, qui le crée en investissant 20 M$ pour un secteur film (production et distribution) à l'échelle européenne. La compagnie se lance en 1991 dans la production et la distribution de films avec la création de Gramercy Pictures. Elle investit également dans la télévision avec la création de Sundance Channel. À partir de 1994, en plus de la production de films européens, elle étend son réseau de distribution en Allemagne, en Belgique, en France, en Grande-Bretagne et en Suisse. En 1998, elle est associée à Warner Bros. pour le financement et la distribution des films produits par Castle Rock Pictures. La même année, Edgar Bronfman, de la compagnie canadienne Seagram, en association avec Philips, acquiert PolyGram pour la somme de 3,3 MD$; ▷ **Universal Pictures.** On compte dans le catalogue de cette société des films comme *Fargo* (1996) de Joel et Ethan Coen, *Land and Freedom* (1995) de Ken Loach et *Un portrait de femme* (1996) de Jane Campion.

Polyscope ▷ Selig.

Polyvision ◼ Système de vision multiple mis au point par Abel Gance pour *Napoléon* (1927), comportant trois images issues de trois projecteurs. ◇ SYN. triple écran.

pompage ◼ Flottement dans la netteté de l'image projetée causé par un plaquage insuffisant de la pellicule contre le presseur du projecteur (*breathing*).

ponctuation ◼ Effet de liaison entre deux plans marquant la fin d'une séquence. Dans le cinéma classique, les fondus sont couramment utilisés comme ponctuation. Tout changement de plan, de scène ou de séquence peut être considéré comme un phénomène de ponctuation.

pondération ◼ Correction de l'intensité des sons en décibels en fonction de l'audition humaine (*weighting*).

pop-corn ANGLIC. ◼ Grains de maïs éclatés, salés, vendus comme friandise dans les salles de cinéma en Amérique du Nord (*popcorn*). Ses effluves caractérisent l'odeur des salles. Sa vente constitue souvent l'essentiel des revenus de la salle (elle rapporte 10 fois son coût en matières premières). ▷ **esquimau.**

pornochanchada PORT. ◼ Comédie érotique brésilienne. Tourné surtout dans les années 1970, en majorité dans le quartier de la prostitution de Sao Paulo, le *pornochanchada* est étroitement surveillé par la censure. Avant de devenir des vedettes des *telenovelas*, plusieurs acteurs (dont David Cardoso et Nuno Leal Maia) et actrices (dont Sônia Braga et Vera Fischer) en tournent et les films sont de style différent, signés par des réalisateurs comme Ody Fraga, Tony Vieira et Jean Garret. Sa production décline dans les années 1980 avec l'arrivée de la cassette vidéo hardcore, qui est distribuée clandestinement. La fin du régime militaire en 1985 et la levée des interdictions mettent véritablement fin au *pornochanchada*. Il se tourne ce genre de film à Rio de Janeiro, il est alors appelé *pornochanchada carioca*. ▷ **chanchada.**

pornochanchada carioca ▷ pornochanchada.

pornographie ◼ Représentation explicite d'actes sexuels, considérés alors comme obscènes et offensants pour la morale (*pornography*). ▷ **film pornographique.**

PORTADAT ▷ DAT.

Portapack ◼ Marque de commerce d'un matériel vidéo demi-pouce, léger et portable, comprenant une caméra et un magnétoscope. Le Portapack est lancé en 1965 par la compagnie Sony. Il sera largement utilisé par les premiers artistes vidéographes comme Frank Gillette, Lee Levine et Nam June Paik. ▷ **art vidéo.**

porte-diffuseurs [porte-filtres] ■ Accessoire de la caméra comportant un ou plusieurs tiroirs à filtre dont certains peuvent être réglables en hauteur, être rotatifs ou les deux à la fois (*matte box*).

porte-filtres ▷ porte-diffuseurs.

porte-griffes ■ Pièce mobile, munie de griffes, servant à la rotation de la came.

« porter à l'écran » ■ Adapter une œuvre littéraire pour le cinéma (« *transfer for the screen* »). ▷ **adaptation.**

porte-voix ■ Cornet à pavillon évasé servant à amplifier la voix (*megaphone*). Le porte-voix a été longtemps utilisé pour le tournage en extérieur. Il est devenu un objet mythique du cinéma. ◊ SYN. mégaphone.

posemètre ■ Appareil mesurant la lumière lors de la prise de vues (*exposure meter, light meter*). Pour prendre la mesure, on place le posemètre face à l'interprète ou l'objet à filmer. ▷ **actinomètre, Lunasix, Minolta, Pentax, Sekonic.**

Positif ■ Revue de cinéma française fondée à Lyon en 1952 par Bernard Chardère. Ses bureaux sont situés à Paris depuis 1954. Les collaborateurs de *Positif* revendiquent une appartenance au surréalisme et se dressent contre la critique « métaphysique » des *Cahiers du cinéma* et la « Politique des auteurs ». Durant la guerre d'Algérie, les rédacteurs prennent position contre la politique du gouvernement français. On n'aime guère à la revue le néoréalisme ; on déteste la Nouvelle Vague ; on défend largement le cinéma américain et des auteurs comme Otto Preminger, Raoul Walsh et William Wyler ; on prend au sérieux des cinéastes comme Jerry Lewis et on en encense d'autres dès leurs débuts, comme Theo Angelopoulos. La rédaction n'occulte ni l'histoire ni l'actualité, tant politiques que cinématographiques. La revue existe encore, plus diversifiée, défendant une plus large palette d'auteurs, en choisissant chaque mois deux ou trois films-phares auxquels elle consacre études et entretiens. Y sont également critiqués une demi-douzaine de films qui prennent l'affiche et, en notes brèves, l'ensemble des films distribués. La revue publie également chaque mois un dossier de 20 à 30 pages consacré à l'actualité ou à l'histoire du cinéma. Ses principaux rédacteurs sont Robert Benayoun, Michel Ciment, Ado Kyrou et Louis Seguin. Les collaborateurs ne sont pas payés. Certains d'entre eux, comme Robert Benayoun et Bertrand Tavernier, sont devenus cinéastes. ▷ **macmahoniens (les).**

positif intermédiaire ▷ interpositif.

position de la caméra ▷ emplacement de la caméra.

poste-à-poste ■ Technique utilisée pour partager de la musique et de la vidéo, qui sont ainsi téléchargées massivement et le plus souvent illégalement (*peer-to-peer*). On utilise couramment en français l'abréviation anglaise de *peer-to-peer*, soit « P2P », pour désigner cette technique. Le principe de son fonctionnement est le suivant : l'internaute télécharge et installe un programme qui lui permet de mettre à la disposition d'autres internautes les ressources disponibles de son ordinateur ou un espace de son disque dur dans lequel il place l'ensemble des fichiers qu'il accepte d'échanger. Avec le poste-à-poste, l'internaute se sert directement dans le disque dur de son correspondant. Selon des études, 15 % des internautes européens téléchargent au moins un film par mois. Les Espagnols arrivent en tête avec 38 %, qui déclarent utiliser le P2P pour visionner gratuitement un film chaque mois. Les associations de producteurs européens et américains mènent une lutte permanente contre cette forme de piratage. Des poursuites sont intentées contre des fabricants de logiciels de partage de fichiers poste-à-poste, comme LimeWire. ▷ **Motion Picture Association of America.**

postflashage ▪ Léger voilage de l'émulsion sur une pellicule impressionnée afin d'abaisser son contraste (*postflashing*). Le postflashage est effectué en laboratoire, après la prise de vues. ◊ SYN. postlumination.

postlumination ▷ postflashage.

postproduction ▪ Étape suivant le tournage du film et qui comprend le travail de laboratoire : les effets spéciaux, le montage, le mixage, la postsynchronisation et le doublage (*postproduction*).

postsonorisation ▪ Technique permettant l'ajout de sons aux images préalablement enregistrées (*postrecording*). ▷ **postsynchronisation.**

postsynchro ARG. ▪ Postsynchronisation (*postsync*).

postsynchronisation [postsynchro] ▪ Technique permettant de reproduire en studio les dialogues, les sons et la musique destinés au film et non enregistrés au tournage (*postsynchronization, dubbing*).

La postsynchronisation naît aux États-Unis en 1932, après l'arrivée du parlant. Elle s'effectue avec la projection sur écran des images préalablement enregistrées. Elle permet également d'éliminer les sons indésirables enregistrés lors de la prise de vues et d'améliorer la qualité du son. Les Italiens sont passés maîtres dans l'art de la postsynchronisation. On ne doit pas confondre la postsynchronisation et le doublage. ▷ **play-back.**

postsynchroniser ▪ Effectuer la postsynchronisation d'un film (*dub*).

potentiomètre ▪ Appareil utilisé pour le réglage du volume sonore (*fader*).

pousser ▪ Augmenter la sensibilité de l'émulsion de la pellicule en utilisant un révélateur énergique ou en prolongeant le temps de développement (*overdevelop*). ◊ VOISIN surdévelopper.

pouce ▪ Mesure de distance anglaise (*inch*, PLUR. *inches*). Le pouce vaut 2,54 cm.

poupée VX ▪ Marionnette.

pouvoir de résolution ▪ Capacité que possède une pellicule d'enregistrer les détails dans une image (*resolution power*). On vérifie le pouvoir de résolution en filmant une mire. ◊ SYN. pouvoir résolvant. ▷ **définition.**

pouvoir de séparation [pouvoir séparateur] ▪ Capacité que possède un objectif de différencier les détails dans une image (*resolving power*). Le pouvoir de séparation permet de rendre distincts à l'image deux objets rapprochés.

pouvoir résolvant ▷ pouvoir de résolution.

pouvoir séparateur ▪ Variante de pouvoir de séparation.

P.R. ▪ Abréviation de plan rapproché.

praticable ■ Plateforme dont se servent les machinistes pour installer une caméra en hauteur, et sur laquelle l'équipe de prise de vues peut travailler (G.-B. *rostrum*, É.-U. *parallel*). On se sert également d'un praticable pour placer des projecteurs en position surélevée. ARG. pratos. ▷ **cale, cube, support.**

pratos ARG. ■ Praticable, chez les machinistes.

Praxinoscope ■ Appareil mis au point par Émile Reynaud en 1877, servant à observer le mouvement. Il s'agit en fait d'un jouet optique donnant l'illusion du mouvement, qui aura un beau succès commercial, ce qui permet à son inventeur de continuer ses recherches. Cet ancêtre de l'appareil de projection est composé d'un cylindre fixe muni à l'intérieur d'une douzaine de miroirs reflétant une bande de dessins sur un tambour qu'on fait tourner ; quand la vitesse est adéquate, les dessins reflétés donnent, grâce à la persistance rétinienne, l'illusion du mouvement. Le Praxinoscope est ainsi à la base du Praxinoscope-Théâtre, du Praxinoscope à projection et du Théâtre optique.

préampli ARG. ■ Préamplificateur.

préamplificateur [préampli] ■ Amplificateur de tension placé entre l'amplificateur de puissance et la source (le micro, la tête de lecture ou le détecteur) (*preamplifier*).

pré-cinéma ▷ préhistoire du cinéma.

préflashage ■ Léger voilage de l'émulsion sur une pellicule vierge (*preflashing*). Le préflashage est effectué avant la prise de vues. ▷ **désaturation.**

prégénérique ■ Brève séquence précédant le générique de début du film. Le prégénérique situe le cadre de l'action du film.

préhistoire du cinéma ■ Tout ce qui précède l'invention du Cinématographe des frères Lumière et de la première séance de cinéma du 28 décembre 1895. La préhistoire du cinéma est l'histoire de la représentation du mouvement liée à la naissance du cinéma. Elle débute aux grottes de Lascaux, se perpétue dans l'art de la tapisserie, la technique du sténopé et de la *camera obscura*, les perfectionnements techniques et scientifiques, le théâtre d'ombre et la lanterne magique. Les progrès de l'optique favorisent la création d'appareils mécaniques ; ▷ **Diorama, Fantascope, Panorama.** La découverte de la persistance rétinienne constitue une étape importante de cette histoire ; ▷ **feuilleteur, Mutoscope, Phénakistiscope, Stroboscope, Thaumatrope, Zoetrope.** De même que le sont les expériences et les inventions tentant de reproduire le mouvement. ▷ **Bioscope, chronophotographie, croix de Malte, fusil photographique, Kinetoscope, Praxinoscope, Zoopraxinoscope.** ◊ SYN. précinéma.

prémélange ▷ prémixage.

premier assemblage ▷ bout à bout.

Première ■ Magazine français sur le monde du cinéma fondé en 1976 par Jean-Pierre Frimbois et Marc Esposito. Axé à ses débuts sur les interviews, surtout avec les acteurs et les actrices, *Première* devient un mensuel grand public à partir de 1982 en changeant de formule et de logo, en prenant une distance critique vis-à-vis des œuvres et du milieu cinématographique, et en publiant de belles photos. En 2007, il change encore de formule et de logo, et ne consacre plus entièrement ses pages au cinéma. Les ventes sont à la baisse depuis le milieu des années 2000, probablement à cause de l'expansion du Web. La revue est publiée en plusieurs éditions dans une dizaine de pays, par le même éditeur, Filipachi. Parution : mensuelle.

Première ■ Chaîne de télévision à péage anglo-américaine par câble diffusée en Europe et lancée en 1984. La programmation de Première est axée essentiellement sur les films, qui constituent 95 % de toutes les émissions.

première ■ Projection d'un film en exclusivité, pour un public invité avant sa sortie (*opening night*). La première est souvent organisée avec faste. ◇ VOISIN avant-première. ◇ SYN. première présentation.

première génération ■ Première copie d'un film faite à partir de l'original (*first generation*).

première partie ■ Temps de projection avant l'entracte (*first part*). La première partie d'une séance est généralement occupée par les bandes annonces et les films publicitaires.

première présentation ▷ première.

premier mélange ▷ prémixage.

premier montage [prémontage] ▷ bout à bout.

premier plan ■ Espace situé entre l'appareil de prise de vues et le sujet principal du film (*foreground*). Le premier plan correspond pour le spectateur à ce qui est le plus proche dans le plan. Il a un rapport étroit avec la profondeur de plan. ◇ SYN. avant-plan. ◇ CONTR. arrière-plan. ▷ **second plan**.

premier positif ▷ rushes.

premier rôle ■ Rôle le plus important dans une distribution (*leading role*). Le premier rôle interprète le personnage principal (*main character*) dans un film. ◇ SYN. rôle principal.

premier tour de manivelle ■ Premier jour de tournage (*first shooting day*).

préminutage ■ Minutage du film, de chacune de ses scènes et de chacun de ses plans, établi avant le tournage (*pre-timing*). Le préminutage, inscrit dans le script, facilite la préparation du plan de travail.

prémixage ■ Premier mixage des différentes bandes sonores (dialogues, bruits d'ambiance) avant le mixage final (*pre-dub, premix*). La musique et les effets sonores doivent également être prémixés, pour être ensuite combinés aux autres bandes sonores du prémixage. ▷ **bande internationale**. ◇ SYN. prémélange, premier mélange.

prémontage ■ Premier montage. ▷ **bout à bout**.

preneur de son ▷ opérateur de son.

préproduction ■ Étape précédant le tournage, comprenant l'écriture finale du scénario, le casting, l'engagement des interprètes et du personnel de production, le choix des décors et des lieux de tournage, l'horaire de tournage et l'établissement du budget final (*preproduction*).

prequel ANGL. ■ Terme employé couramment en français au lieu de « antépisode » qui lui est suggéré. Premier film d'une série. Ce film est produit après un autre d'une même série, mais dont la chronologie de l'intrigue est antérieure à celle du film précédent. Ainsi, George Lucas amorce en 1999 une deuxième trilogie de *La guerre des étoiles* dont les *prequels* sont *La menace fantôme* (épisode 1), *L'attaque des clones* (épisode 2) en 2002 et *La revanche des Sith* (épisode 3) en 2005, alors que l'épisode 4, *Un nouvel espoir,* date de 1977, l'épisode 5, *L'empire contre-attaque,* est de 1980 et l'épisode 6, *Le retour du Jedi,* sort en 1983. *Le parrain 2* (1974) est le *prequel* du premier *Parrain,* lancé en 1972.

présence ■ [1] Qualité de l'acteur qui consiste à donner une forte personnalité à son personnage (*presence*). ■ [2] Qualité particulière du son dans la création d'ambiance et la justesse acoustique (*presence*).

présentation ■ [1] Projection d'un film (*performance*). ◊ SYN. représentation. ■ [2] Dans les ciné-clubs, introduction avant la projection d'un film (*introduction*). La présentation prépare au débat qui suit la fin de la séance. ▷ **pédagogie.**

présonorisation ■ Terme recommandé pour traduire le mot anglais *playback*, à la place de l'anglicisme « play-back ».

press-book ANGLIC. ■ [1] Originalement, en anglais, matériel de publicité que fournit la production aux distributeurs (*press book*). Le press-book comprend les affiches, le logo reproduit en différents formats, les photographies, les renseignements sur la production et ses artisans, les gadgets et les idées essentielles servant à la campagne publicitaire du film. ■ [2] En France, cahier de presse (*press kit*). Remis aux journalistes, le press-book contient toutes les informations concernant le film (le générique, le résumé du film, etc.) et des photographies. ■ [3] Recueil des coupures de presse et de photographies d'un acteur destiné aux réalisateurs, aux producteurs et aux directeurs de casting susceptibles de lui offrir un rôle (*press book*).

presse ▷ attaché, e de presse.

presse à coller ▷ colleuse.

presse-film ■ Pièce plane, montée sur des ressorts et animée par une came qui plaque le film contre le couloir au niveau de la fenêtre de la caméra, de la tireuse ou du projecteur (*pressure plate*). On distingue le presseur latéral, placé du côté opposé de la marge sonore, qui assure la fixité latérale de la pellicule, le presseur dorsal, qui se plaque au dos du film grâce à des ressorts, et le presseur de fenêtre, alternatif ou intermittent, qui plaque le film contre la fenêtre. ◊ SYN. presseur.

presseur ▷ presse-film.

prestation ■ Interprétation donnée par un acteur (*performance*). On distingue alors la bonne et la mauvaise prestation. ▷ **interprétation.**

« prêt à tourner » ■ Dans la feuille de service, indication de l'heure à laquelle doit être prêt l'interprète, le moment où il doit être habillé, maquillé et coiffé (« *ready for shooting* »).

prévente ■ Vente à l'avance d'un film (*advance sale, pre-sale*). La prévente favorise le montage financier du film. Elle constitue environ 10 % du budget total d'un film. La prévente correspond généralement à une location anticipée ; ▷ **à-valoir distributeur, distributeur.** Avec un scénario en main, on peut vendre à l'avance les droits de diffusion du film à des chaînes de télévision.

preview ANGL. ■ Terme de plus en plus usité en France. Projection de presse, projection privée (destinée au sélectionneur d'un festival, par exemple) ou avant-première fugitive.

Prevost ■ Marque de commerce de projecteurs 16 et 35 mm, et d'une table de montage fabriqués en Italie par la société Prevost.

primé ADJ. ■ Se dit d'un film ayant reçu une distinction (*prize-winning*). ▷ **festival**.

prime time ANGLIC. ■ À la télévision, tranche horaire déterminant un choix d'émissions pour grand public aux heures de plus grande écoute. Le prime time se situe, selon les pays, entre 19 et 22 heures (aux États-Unis), ou entre 20 et 23 heures (en Europe). Cependant, aux États-Unis, la Federal Communication Commission [FCC] (un organisme réglementaire) l'établit officiellement entre 19 et 20 heures. Synonymes peu usités: heures d'écoute maximale, période de pointe.

principe du cinéma ■ Postulat établissant qu'une série d'images dont chacune est immobilisée pendant un court laps de temps (en nième de seconde) donne l'impression de mouvement lorsque les phases successives de ces images sont reproduites. ▷ **persistance rétinienne, scintillement, sensation d'éclairement**.

prise ■ Enregistrement d'un plan entre le démarrage du moteur de la caméra et son arrêt (*take*). La prise est rarement gardée en entier au montage lorsqu'elle est retenue. On peut faire plusieurs prises d'un même plan; des cinéastes comme Robert Bresson et Stanley Kubrick sont reconnus pour leurs multiples prises, jusqu'à 100 quelquefois. On distingue la prise entourée, la prise provisoire, la prise retenue et la prise refusée. ◊ VOISIN plan.

prise de 10 minutes ■ Traduction suggérée de l'expression anglaise *Ten Minutes Take*. Totalité du métrage contenue dans un chargeur de caméra 35 mm, soit 10 minutes. Dans *La corde* (1948) d'Alfred Hitchcock, 8 prises de 10 minutes sont raccordées de manière à donner l'impression d'un film fait en une seule prise. Une prise de 10 minutes est considérée comme un plan-séquence.

prise de son ■ Enregistrement de la partie sonore d'un film. On distingue la prise de son directe, en synchronisme, sur le lieu du tournage, que ce soit en studio ou en extérieur (*sound take*), la prise de son des ambiances sans la prise de vues en synchronisme, appelé « son seul » (*wild sound*), et la prise de son en studio (ou en auditorium) effectuée pour la postsynchronisation, le bruitage, la musique et le doublage (*sound recording*). La prise de son est sous la responsabilité de l'ingénieur du son.

prise de vues ■ Enregistrement d'images successives basé sur une action photochimique de la lumière sur une pellicule (*shot, take*). La prise de vues est effectuée par un opérateur de prise de vues, un caméraman. Par extension, au pluriel, les prises de vues désignent le tournage. ▷ **plan**.

prise entourée ■ Prise qui sera gardée pour le montage (*circled take*). Son numéro est entouré d'un cercle par la scripte dans le cahier de rapport. ◇ VOISIN prise retenue.

prise provisoire ▪ Prise d'essai avant l'enregistrement de la prise définitive (*working take*).

prise refusée ▪ [1] Prise non développée (*out-take*). ▪ [2] Prise non retenue dans le montage final (*out-take*).

prise retenue ▪ [1] Prise non développée, mais gardée pour un usage futur (*hold take*). ▪ [2] Dans le découpage technique, numéro d'un plan réservé pour un éventuel enregistrement lors du tournage (*hold take*).

prisme ▪ Dispositif optique ayant la propriété de faire dévier un faisceau lumineux (*prism*).

prisme diviseur ▪ Prisme qui divise le faisceau lumineux en deux (*splitter*).

privé ▪ Forme abrégée de détective privé. Personnage de littérature policière, comme Sam Spade ou Philip Marlow, adapté pour le film noir des années 1940 (*private-eye*). Le privé est immortalisé au cinéma par Humphrey Bogart.

prix ▪ Récompense décernée à l'artisan d'un film (un réalisateur, un acteur, un directeur de la photographie, etc.) pour son excellence dans sa discipline, ou distinction couronnant un film (*prize*). Les prix les plus connus sont ceux remis lors de festivals internationaux. ▷ **caméra d'or, césar, david di donatello, golden globes, goya, lion, lumières de Paris, oscar, ours, palme, Prix de la critique internationale, prix Louis-Delluc, prix Méliès, Prix Un certain regard, teddy bear, volpi.**

Prix de la critique internationale ▪ Prix remis par un jury de critiques membres de la Fédération internationale de la presse cinématographique [FIPRESCI] à un film présenté dans un festival international reconnu.

prix d'entrée ▪ Coût défrayé pour un billet donnant un droit d'entrée dans une salle de cinéma (*admission fee*). Le prix d'entrée n'est pas nécessairement le même dans toutes les salles de cinéma, ni pour le même film présenté dans plusieurs salles différentes. ▷ **Fête du cinéma.**

prix Louis-Delluc ▪ Distinction couronnant un film français, remise annuellement par un jury formé de journalistes de cinéma. Le prix Louis-Delluc est créé en 1937 et est alors remis au film de Jean Renoir, *Les bas-fonds* (1936).

prix Méliès ▪ Distinction couronnant un film français ou une coproduction française, remise annuellement par le Syndicat français de la critique. Le prix Méliès est créé en 1947 et est alors remis à René Clément pour *La bataille du rail* (1946).

Prix Un certain regard ▪ Distinction créée en 1998, couronnant un film présenté dans la section hors compétition « Un certain regard » du Festival international du film de Cannes. Il est commandité par la Fondation Gan, de France. Il est remis la première fois à *Tueurs à gages* du Kazakh Darejan Omirbaïev.

Prizma ▪ Forme abrégée de Prizmacolor.

Prizmacolor ▪ Un des tout premiers procédés soustractifs de cinéma en couleurs. Mis au point en 1919, le Prizmacolor utilise une pellicule teintée orange et bleu vert, laquelle passe deux fois plus rapidement dans le projecteur. Le premier film en Prizmacolor est *Hagopian, the Rug Maker* (1920), un court métrage documentaire sans nom d'auteur. En 1922, une pellicule teintée en deux couleurs, passant cette fois-ci à la vitesse normale, est mise au point. Le procédé est en usage jusque vers 1950.

procédé additif [additif] ▪ Méthode permettant la synthèse des couleurs par l'addition des trois couleurs primaires que sont le rouge, le vert et le bleu (*additive process*). Il permet de contrôler l'intensité et le mélange des couleurs de l'image projetée. Le Dufaycolor est une des méthodes employant le procédé additif. Ce procédé est employé sur une courte durée et est remplacé par le procédé soustractif.

procédé Alekan-Gérard ▪ Procédé mis au point en 1954 par Henri Alekan et Georges Gérard permettant de filmer les comédiens dans de grands décors simulés. Le décor est projeté sur un très grand écran réfléchissant à travers un miroir semi-transparent placé à 45 degrés. C'est un procédé de projection frontale.

procédé audionumérique ▪ Au cinéma, enregistrement du son numérique (*digital sound process*).

procédé Dawn ▪ Trucage mis au point par Norman Dawn en 1905 pour la photographie et en 1907 pour le cinéma, consistant à placer devant la caméra une vitre sur laquelle est peint un élément du décor (*Dawn process, glass shot*). Les acteurs sont placés soit devant, soit derrière la vitre.

procédé Rossellini ▪ Technique de trucage du décor utilisant une grande glace placée à 45 degrés devant la caméra. Le procédé Rossellini permet d'enregistrer une image composite : une maquette de décor, mais avec des interprètes grandeur nature. Ce procédé utilisé par Roberto Rossellini pour le tournage de *La prise du pouvoir par Louis XIV* (1966) est une adaptation du procédé Schüfftan.

procédé Schüfftan ▪ Trucage mis au point par le caméraman allemand Eugen Schüfftan en 1923, qui combine la prise de vues réelles avec des éléments de décors factices (*Schüfftan process*). Un miroir sans tain placé entre la caméra et les interprètes est incliné à 45 degrés et reflète une maquette de décor dont le volume se trouve ainsi augmenté. Le procédé Schüfftan est utilisé dans *Metropolis* (1927) de Fritz Lang.

procédé Scotchlite ▪ Marque de commerce d'un procédé de projection frontale dérivé d'un matériau à haut pouvoir réfléchissant pour écran perlé (*Scotchlite process*).

procédé soustractif ▪ Procédé du cinéma en couleurs qui rend à l'écran toute la gamme des couleurs en soustrayant une fraction appropriée de la lumière blanche par la superposition de plusieurs images colorées (*subtractive process*).

producteur, trice ▪ [1] Personne responsable du financement et de l'administration d'un film, de l'état de projet jusqu'à sa sortie (*producer*). Toute son activité est de nature commerciale et il doit décider du choix du sujet, de l'engagement des artistes et des techniciens, déterminer la classe et le budget du film, et en assurer la couverture financière. Le producteur hollywoodien demeure encore aujourd'hui le symbole du personnage puissant, faisant la pluie et le beau temps dans l'industrie. Thomas Harper Ince (1882-1924) devient l'emblème du producteur parce qu'il impose son autorité et définit ses responsabilités dans ses studios Inceville alors qu'il est producteur pour la New York Motion Picture Company; il met au point le système des studios grâce à son travail étroit avec les réalisateurs et les scénaristes et grâce à des budgets et un horaire de tournage des films scrupuleusement respectés. Les Majors emploient de nombreux producteurs, lesquels sont responsables de plusieurs films; certains de ces producteurs ont un immense contrôle sur les films et ont plus d'influence que le réalisateur, comme c'est notamment le cas avec David O. Selznick; on les surnomme « nababs » ou « *mogols* ». Des réalisateurs deviennent également producteurs, comme, aux États-Unis, Howard Hawks et Alfred Hitchcock; en Europe, François Truffaut et Jean-Luc Godard ont leur propre maison de production. Aujourd'hui, les producteurs américains sont indépendants des studios; on les nomme parfois « producteurs exécutifs »; ils obtiennent d'un studio qu'ils produisent un film; ils se présentent parfois avec un projet et une équipe complète (le scénariste, le réalisateur, les acteurs principaux et parfois le directeur photo et le directeur artistique); ▷ **agence, package.** En Europe, il devient de plus en plus courant qu'un film ait plusieurs producteurs; ceux-ci ont alors le statut de coproducteurs. ▪ [2] Par extension, compagnie de production. ▷ **administrateur.**

producteur associé ▪ Personne adjointe au producteur et responsable de la coordination lors du tournage (*associate producer*). Le producteur associé doit régler les problèmes survenant sur le plateau. Il est associé à une coproduction dont il a la responsabilité. Voisin : directeur de production. ▷ **administrateur, coproducteur.**

producteur délégué ▪ Personne supervisant la production d'un film précis pour une compagnie qui produit simultanément plusieurs films (*executive producer*). ▷ **producteur exécutif.**

producteur exécutif ANGLIC. ▪ De *executive producer*. Ce terme est de plus en plus usité en français, au lieu de « producteur délégué ». ▪ [1] Personne supervisant la production d'un film précis pour une compagnie qui produit simultanément plusieurs films. Du temps des studios, le producteur exécutif est un employé de haut rang qui supervise plusieurs producteurs. ▪ [2] Personne responsable du budget du film, qui veille à ce qu'il n'y ait pas de dépassements.

production ▪ Branche économique du cinéma rattachée à la réalisation d'un film (*production*). La production comprend la préproduction, les activités particulières liées à la préparation du tournage (la construction des décors, les répétitions, etc.), le tournage lui-même, la postproduction et le suivi du film une fois celui-ci terminé. Les conditions de production sont déterminées par sa structure : économique, technique, sociale et politique. Les conditions sont différentes entre celles établies en Amérique et celles établies dans les autres pays. La production américaine est capitaliste, autoréglementée, standardisée et financée par des crédits à long terme ; ▷ **système des studios**. Dans les autres pays, et particulièrement dans les pays européens et sud-américains, la production est protégée par des organismes d'État, réglementée, subventionnée et financée par des crédits à court terme. ▷ **coproduction, superproduction**.

production à petit budget ▷ film à petit budget.

Production Code ▷ Motion Picture Production Code.

production délocalisée ▪ Tournage à l'étranger de films pour des raisons économiques et de coproduction (*runaway production*). Cette méthode de production est instituée après la Deuxième Guerre mondiale par Hollywood et les productions délocalisées sont surtout tournées en Europe, où se consolide l'emprise des Majors et où les salaires y sont peu élevés. Ce genre de production se maintient encore : pour tourner *Titanic* (1997) de James Cameron, la Fox fait construire un immense studio à Baja California, au Mexique ; une grande partie de *Retour à Cold Mountain* (2003) d'Anthony Minghella est tournée en Roumanie ; toutes les scènes dans les montagnes du *Secret de Brokeback Mountain* (2005) d'Ang Lee sont tournées au Canada, pays qui offre des avantages financiers (abris fiscaux et subventions) pour de tels tournages hors frontières. Dans la coproduction, la délocalisation

s'impose également en raison du choix des sujets, de l'authenticité recherchée et à cause des obligations imposées par une coproduction (partage des tâches entre les artisans des pays concernés).

professionnel, elle ▪ Toute personne exerçant un métier particulier relié à une des branches du cinéma (la production, la réalisation, la diffusion, l'exploitation, etc.) (*professional*).

profilmique ▪ Terme de la théorie du cinéma. Tout ce qui est placé devant la caméra pour être enregistré et déterminé par la mise en scène. Plus largement, le profilmique désigne ce qui est filmé. ◊ CONTR. afilmique.

profondeur de champ ▪ Écart entre la distance minimale et la distance maximale caméra-sujet, donnant du même sujet une image nette (*depth of field*). La profondeur de champ demande une focale, une mise au point, une ouverture de l'obturateur et un cercle de confusion déterminés. Ainsi, la profondeur de champ augmente avec une courte focale et une fermeture du diaphragme. Son utilisation varie selon les réalisateurs et les mouvements. Orson Welles utilise la profondeur de champ de manière tant originale qu'ostentatoire dans *Citizen Kane* (1940). Le critique et théoricien André Bazin écrit qu'elle donne un « plus-de-réel » tant quantitativement que qualitativement à la réalité représentée.

profondeur de foyer ▪ Zone de netteté donnée par l'objectif qui s'étend de part et d'autre du plan (*depth of focus*). On ne doit pas confondre la profondeur de foyer et la profondeur de champ.

programmateur ▪ Personne responsable de la programmation (*programmer*). Le programmateur établit un ensemble de programmes de sa salle ou ses salles pour une durée déterminée, généralement une saison. Mais avec la rotation rapide des films et leur simultanéité sur plusieurs écrans dans une même ville, il est de plus en plus difficile d'exercer le métier de programmateur, surtout pour une salle indépendante. ◊ voisin exploitant (*booker*).

programmation ▪ [1] Organisation des projections de films dans une ou plusieurs salles (*booking*). La programmation consiste à choisir les films, les lieux de projection et leur date de passage. ▷ **location en bloc.** ▪ [2] Ensemble des films programmés pour une ou plusieurs salles au cours d'une manifestation (comme un festival) ou pour une saison ou moins (par une cinémathèque, par exemple) (*programming*). ◊ voisin programme.

programme ▪ [1] Déroulement d'une séance de cinéma (*program*). Au début du cinéma, le programme comprend les films et les attractions. Dans les années 1920, on y ajoute les actualités. Ensuite, et jusque dans les années 1970, le programme comprend les actualités, les bandes annonces, les films publicitaires et deux films de long métrage regroupés sous le terme de programme double (*double feature*). Le programme double est institué au début des années 1930 en Amérique ; il favorisera la production de films de série B ; le film de série B sera alors appelé en anglais *programmer*. Aujourd'hui, le programme ne comprend plus qu'un film, qu'on appelle encore « programme principal » (*main feature*), avec des bandes annonces et des films publicitaires. ▷ **complément de programme.** ▪ [2] Ensemble de films programmés au cours d'une manifestation (*program*). ◊ voisin programmation. ▷ **catalogue.** ▪ [3] Liste des films à l'affiche dans les salles, avec leur horaire respectif (*schedule*).

programme double ▪ Projection de deux films pour le prix d'une seule entrée (*double feature*, ARG. *combo*). La politique du programme double naît durant les années de Dépression en vue d'attirer les spectateurs. Elle favorise la production du film de série B. Elle disparaît petit à petit durant les années 1950 à la suite de la Paramount decision rendue par la Cour suprême des États-Unis en 1948 ; les cinémas de quartier poursuivent cependant ce type de programmation jusque dans les années 1970, qui verront sa disparition complète.

programme informatique ▪ Indications à un ordinateur de ce qu'il doit faire lorsqu'on exécute des opérations (*computer program*). Sans programme, l'ordinateur ne peut rien faire. Ce programme donne un ordre par un processus, soit par un ensemble d'instructions à exécuter. Pour ce faire, l'ordinateur est pourvu d'un système d'exploitation équipé de plusieurs processeurs. On confond souvent « programme informatique » et « logiciel », bien qu'un logiciel soit composé de programmes, avec des fichiers de ressources et des données de toutes sortes, mais ses programmes ne font pas partie de l'ordinateur en tant que tels.

programme pilote ▷ émission pilote.

programme principal POP. ■ Expression désignant le film principal à l'affiche du temps des programmes doubles (*main program*). ◊ SYN. grand film, film principal.

programmer ■ [1] Choisir le film ou les films à projeter dans une salle ou dans une manifestation (*program*). ▷ **festival**. ■ [2] En électronique, régler l'enregistrement automatique ultérieur que devra effectuer un appareil (G.-B. *programme*, É.-U. *program*). On peut programmer un appareil pour l'enregistrement ultérieur d'une émission de télévision. ■ [3] ▷ **ordonnancer**.

programmer ANGL. ■ Aux États-Unis, nom donné au deuxième film d'un programme double, généralement un film de série B.

projecteur ■ [1] Appareil d'optique envoyant un flux lumineux dans une direction déterminée (*spot, sunspot* pour un projecteur très puissant). Le projecteur est constitué d'une boîte métallique de forme carrée ou ronde, d'un système réflecteur et de lentilles. Il est suspendu à des passerelles ou monté sur un pied. ▷ **gril**. Il sert au tournage des films. ▷ **arc, brute, Cremer, drapeau, flood, Fresnel, minibrute, nègre, sunlight**. ARG. projo. ■ [2] Appareil assurant la projection sur un écran des images inscrites sur une pellicule et grâce à des haut-parleurs pour la reproduction des sons inscrits sur la piste sonore (*projector*). Les premiers projecteurs sont le Kinetoscope et le Mutoscope. Les premières caméras au début du cinéma servent également de projecteurs. Le projecteur se trouve

dans une cabine de projection insonorisée. Quels que soient le type d'appareil (8 mm, 16 mm, 35 mm ou 70 mm) et sa marque de commerce, son fonctionnement est toujours le même : le film se déroule à partir d'une bobine (appelée bobine débitrice) pour s'enrouler ensuite sur une autre (appelée bobine réceptrice) grâce à un mécanisme d'avancement intermittent qui immobilise et démarre une image (ou photogramme) dans une ouverture ; ▷ **carter, couleur, croix de Malte, griffe, manchettes, perforations, plateau**. Derrière l'ouverture (appelée fenêtre), se trouve une source lumineuse dont le rayon est concentré par des condenseurs ; ▷ **arc à charbon, lampe à incandescence, lampe à xénon, lentille, obturateur, presse-film**. Un dispositif optique lit la piste sonore après l'arrivée de l'image dans le couloir ; ▷ **bourdonnement, décalage, hululement, pleurage**. Le projecteur traditionnel demande le travail manuel d'un opérateur qui voit au changement des bobines et à l'enchaînement des images ; ▷ **dépoussiéreur, double poste**. Le projecteur moderne est automatisé ; il demande peu ou prou d'intervention humaine. ▷ **automate, dérouleur, palpeur, rock and roll**. ARG. projo. ▷ **lanterne magique**.

projecteur à mouvement continu ■ Appareil de projection qui fait défiler la pellicule dans le couloir d'une façon continue, sans arrêts et démarrages comme avec les projecteurs à avance intermittente. Le projecteur à mouvement continu fait défiler le même film sans besoin de rembobinage. ▷ **Imax**.

projecteur triformat ■ Appareil d'amateur pouvant projeter trois formats différents de film : 16 mm, 9,5 mm et 8 mm (*tri-film projector*).

projection ■ [1] Action de projeter des images animées sur un écran (*projection*). La projection à 24 images par seconde restitue le mouvement à l'écran. Le projectionniste en est le responsable. ■ [2] Séance de cinéma (*screening*).

projection double bande ■ Mode de projection selon lequel l'image et le son sont couplés sous forme de deux bandes séparées (*double-head projection*). ▷ **double bande**.

projection frontale ■ Trucage permettant de filmer une scène sur une image préalablement filmée dans un autre décor et réfléchie sur un miroir placé devant la caméra (*front projection*). ▷ **procédé Alekan-Gérard, Transflex**.

projection hémisphérique ■ Projection sur un écran de 180 degrés. ▷ **œil-de-poisson, Omnimax, Panrama**.

projectionniste ■ Personne responsable de la projection d'un film (*projectionist*). Le projectionniste s'occupe également de l'équipement sonore. Il allume et éteint les lumières dans la salle, met la musique d'ambiance avant et après les projections, tâches qui tendent à disparaître avec l'automatisation des salles. Il reçoit et renvoie les films. Il vérifie le nombre de bobines du film et nettoie la pellicule. Il monte le film sur les bobines débitrices et il y colle les amorces des bandes annonces et des publicités. Il surveille le changement de bobines durant la projection, effectue la mise au point de l'image et s'assure de l'audibilité du son. Ses tâches sont toutes effectuées dans la cabine de projection ; ▷ **fenêtre d'observation**. Avant l'automatisation des salles, chaque écran avait son projectionniste responsable. Dans les complexes modernes, le projectionniste est responsable de plusieurs projections. Les journées de projection étant programmées d'avance, sa présence n'est pas continuellement requise.

projection par transparence [rétroprojection] ■ Projection d'une image ou d'un film sur un écran translucide devant lequel se passe l'action (*back projection, backscreen projection, rear projection*). Utilisée la première fois en 1913, ce n'est qu'avec le cinéma parlant que la rétroprojection sera abondamment employée avec le tournage en studio devenu alors nécessaire pour présenter des scènes se déroulant à l'extérieur. Elle est généralement utilisée pour des scènes dans un véhicule en mouvement, mais elle s'avère très difficile d'emploi à cause des effets de lumière et des reflets sur l'écran de projection. Ce trucage est plus ou moins abandonné aujourd'hui. ▷ **Fantascope**.

projection périscopique ■ Système de projection dans une salle où se trouvent des obstacles au faisceau lumineux du projecteur. Le faisceau lumineux est alors renvoyé par des réflexions sur deux miroirs.

projection privée ■ Projection organisée pour un groupe de personnes, artisans de la production d'un film ou journalistes (*private screening*). ▷ **preview**.

projo ARG. ■ Projecteur, lampe.

promotion ■ Mot d'un emploi critiqué en français. Méthodes en publicité en vue d'attirer les spectateurs à un film, qui vont de l'achat d'espaces dans les journaux à la distribution de gadgets en passant par les nombreuses affiches placardées. ▷ **attaché, e de presse, cahier de presse, Internet, press-book.**

protagoniste ■ Personnage principal dans un film (*protagonist*). ▷ **acteur, interprète.**

protège-objectif ▷ bouchon d'objectif.

protocole de communication [IP] ■ Protocole réseau qui définit le mode d'échange élémentaire entre les ordinateurs participant au réseau en leur donnant une adresse unique sur le réseau Internet (*Internet Protocol*). On dit : une adresse IP, pour indiquer l'adresse de son ordinateur.

prototype ▷ film pilote, émission pilote.

P.R.P. ■ Abréviation de plan rapproché poitrine.

P.R.T. ■ Abréviation de plan rapproché taille.

psychodrame ■ [1] Improvisation dramatique utilisée en psychothérapie comme moyen de régler des conflits psychologiques en s'appuyant sur la confrontation des gens dans un groupe (*psychodrama*). L'Actors Studio utilise différemment ce moyen dans la formation de ses membres. ■ [2] Au cinéma, tout film qui reconstruit le schéma d'une séance de psychodrame (*psychodrama*). *Fireworks* (1947) de Kenneth Anger est un exemple de psychodrame. Les films portant l'emblème de Dogma 95 sont souvent des psychodrames, comme *Célébration* (1998) de Thomas Vinterberg.

P2P ■ Abréviation de l'expression anglaise *peer-to-peer*, expression traduite en français par « poste-à-poste ».

public ■ Ensemble des spectateurs susceptibles de voir un film (*audience*). ▷ **film grand public.**

publicité ■ [1] Activité ayant pour but de faire connaître un film au public et d'amener ce dernier à voir le film (*publicity*). La publicité écrite (dans la presse) et électronique (à la radio, à la télévision et dans Internet) sont les deux principaux champs de cette activité, mais on distingue d'autres supports, comme l'affichage (sur d'immenses panneaux, sur les bus et les rames de métro, en murales), le téléphone mobile, le publipostage, le mailing électronique. Les produits de marketing (comme des gadgets : jouets, t-shirts, disques, etc.) sont connus pour être des produits publicitaires efficaces quand ils sont vendus par l'intermédiaire de chaînes de commerce (comme les chaînes de restauration rapide McDonald et Burger King). L'affiche est de première utilité dans la familiarisation du film à voir, de même que la bande-annonce. La publicité suit plusieurs étapes dans son élaboration, étapes placées sous le terme « plan de communication ». Par la publicité, on cible des secteurs de la population et les médias en conséquence : les enfants, les adolescents, les fans du film d'horreur, la classe instruite, par exemple. On utilisera parfois le mécénat pour assurer la visibilité de l'œuvre en assurant le financement d'une activité d'un organisme non gouvernemental ou d'une association sans but lucratif. Du temps des studios, le département de publicité (*publicity department*) doit susciter interviews et reportages pour les magazines; les responsables propagent des rumeurs sur les acteurs, mais ont principalement pour tâche de protéger l'image d'un milieu cinématographique frappé par les scandales et critiqué pour ses mœurs qualifiées de dissolues; ▷ **code Hays, star-système.** Le budget de publicité d'un film est élevé aux États-Unis; depuis le début des années 1990, il constitue l'équivalent de la moitié du coût du film.

pupitre de mixage ▷ console de mixage.

pupitre de trucages ▪ Console permettant la production et la mise au point des effets spéciaux (*special effects generator*).

pur ▷ cinéma pur.

pureté ▷ saturation.

pyrotechnie ▪ Fabrication et utilisation de matières pyrotechniques pour des scènes ou actions particulières requérant l'emploi de fusées, d'engins balistiques, d'explosifs, de pièces d'artifice et d'effets de fumée et de lumière (*pyrotechnics*). La pyrotechnie est sous la responsabilité d'un régisseur spécialisé.

quadrichromie ■ Procédé qui exige, pour la reconstitution du spectre des couleurs, l'ajout d'une couleur neutre aux trois couleurs primaires (*four-color process*).

Qualité française ■ Terme ironique employé par François Truffaut dans un article retentissant intitulé « Une certaine tendance du cinéma français » et publié par *Les Cahiers du cinéma* en janvier 1954 dénonçant la sclérose du cinéma français de l'après-guerre ; ▷ **jeunes turcs**. Des réalisateurs comme Claude Autant-Lara et Jean Delannoy et des scénaristes comme Jean Aurenche et Pierre Bost sont stigmatisés pour avoir plongé la production française dans la médiocrité et l'académisme. Ce terme à connotation péjorative est encore utilisé aujourd'hui pour cibler un cinéma sans qualité et sans invention, traditionnel dans ses aspects esthétiques et préoccupé avant tout de faire beau. Théoriquement, François Truffaut lance ainsi le mouvement que sera la Nouvelle Vague. ▷ **cinéma de papa**.

quart-de-Brie ARG. ■ Équerre ou pièce supplémentaire qu'on ajoute à un appareil de prise de vues pour réaliser des plongées ou des contre-plongées.

quartz ■ [1] Silice cristallisée utilisée dans certaines lampes (*quartz*). Par extension, lampe à quartz (*quartz lamp*). ▷ **lampe à cycle d'halogène**. ■ [2] Cristal de quartz vibrant à une fréquence constante bien définie, qui permet un synchronisme rigoureux entre le moteur d'une caméra et celui du magnétophone, eux-mêmes réglés sur une fréquence pilote proportionnelle à celle du quartz (*crystal sync*).

4 K ■ Abréviation pour 4000. Mesure indiquant que les appareils de tournage, de montage, d'étalonnage et de projection en haute définition fonctionnent pour des images qui ont au moins 4000 pixels par ligne. ▷ **2 K**.

Quatrex ■ Marque de commerce d'une pellicule noir et blanc à émulsion très rapide mise en marché par Eastman Kodak en 1964.

queue ■ [1] Fin d'un plan, d'une scène ou d'une bobine (*tail*). ◇ CONTR. tête. ■ [2] Excédent de pellicule contenu dans la caméra après la fin du tournage d'une scène (*tail*). ▷ **chutes**. ■ [3] File de personnes attendant leur tour pour entrer dans une salle de cinéma (G.-B. *queue*, É.-U. *line*).

QuickTime ■ Logiciel multimédia mis au point par Apple en 1989 et mis en marché en 1991 pour l'ordinateur Macintosh. Il est désormais multiplateformes (Linus, Apple, Windows). C'est une application surtout utilisée pour lire en streaming, enregistrer et créer des vidéos. Les dernières versions supportent un format haute définition. Un fichier en QuickTime porte l'extension [.mov]. ▷ **RealPlay, Windows Media Player.**

quincaillerie ■ Traduction proposée du terme d'origine anglaise *hardware*. ◊ SYN. **matériel.**

Quinzaine des réalisateurs ■ Section parallèle du Festival international du film de Cannes (*Directors Fortnight*). Créée en 1969 par la Société des réalisateurs de films (de France), la Quinzaine des réalisateurs est consacrée à des œuvres d'auteurs et à des cinématographies peu connues. Dirigée par Pierre-Henri Deleau jusqu'en 1998, elle permet notamment de découvrir des cinéastes comme Rainer Werner Fassbinder, Werner Herzog, Ken Loach, Nagisa Oshima, Martin Scorsese, Vittorio et Paolo Taviani.

quota ■ Pourcentage déterminé de films étrangers qu'un pays accepte sur son territoire (*quota*). Un des premiers pays à imposer des quotas est la Grande-Bretagne, en 1927, qui veut relancer la production anglaise tout en limitant l'envahissement de la production américaine et en exigeant la présentation d'un certain nombre de films nationaux dans les salles. Autre exemple, le Brésil qui, en 1959, oblige les salles à programmer des films nationaux 42 jours par année, dans un marché dominé par la production étrangère, surtout américaine. Dans les années 1990, la Communauté européenne impose des quotas de films non européens, soit, dans les faits, les productions américaines, qui sont ainsi contingentées à 50% ; en France, sur les 50% de films européens acceptés, 60% doivent être français. Depuis 2004, en Argentine, un film argentin par trimestre doit être projeté sur chaque écran de salle de cinéma.

raccord ■ Enchaînement de deux plans grâce à l'opération matérielle qu'est la collure (*cut*). ▷ **faux raccord, plan raccord, raccord image, raccord son.**

raccord image ■ Continuité entre deux plans successifs (*continuity cut*). Le raccord image donne une harmonie visuelle et une cohérence au contenu de l'image. Par extension, on dira un objet raccord, un personnage raccord, un costume raccord, une lumière raccord et un sonore raccord, pour désigner toutes les liaisons entre les objets, les personnages, les costumes, l'éclairage et le son dans la continuité du film. On emploie également les expressions suivantes : le raccord de jeu pour la position des interprètes, leurs mouvements et leurs intonations ; le raccord de regard pour établir le passage d'un plan à un autre par le regard d'un ou de plusieurs personnages ; le raccord de direction pour le déplacement des personnages dans la même direction ; le raccord de mouvement pour la continuité d'un déplacement entre deux plans (*matching cut*); le raccord dans le mouvement pour un mouvement ébauché dans un plan et qui est poursuivi dans le plan suivant (*action cutting*); et le raccord dans l'axe parce que la caméra doit conserver le même point de vue sur le sujet, dans un angle ne dépassant pas les 180 degrés.

raccord son ▪ Opération technique consistant à éviter un bruit parasite lors d'une collure (*blooping*).

Radio Corporation of America [RCA] ▪ Fabricant américain d'appareils de radio, de télévision, de composants électroniques et de connecteurs, et éditeur de disques musicaux. RCA est l'inventeur du premier tube de télévision en trichromie appelé Shadow Mask. Ce fabricant participe à la définition du standard de télévision NTSC. La RCA est fondée en 1919 lorsque la marine américaine découvre que la British Marconi Company s'apprête à acheter l'alternateur Alexanderson de General Electric, laissant ainsi l'expansion du nouveau médium qu'est la radio entre les mains d'une compagnie étrangère. La marine américaine exerce des pressions sur General Electric, AT&T et, plus tard, sur Westinghouse et la United Fruit Company afin que ces entreprises réunissent leurs brevets pour constituer un cartel. La British Marconi vend ses intérêts dans la radio américaine à RCA. David Sarnoff, qui en devient plus tard le président, lance le concept jumelant la vente des postes de radio et les diffusions spéciales. Le succès de ce concept permet à la société de devenir le plus grand fabricant de postes de radio aux États-Unis. En 1926, la National Broadcasting Corporation [NBC] voit le jour en tant que réseau radiophonique sous la gouverne de Westinghouse, General Electric et RCA. Durant les années 1930, RCA dépense des millions de dollars en recherche télévisuelle et en achat de brevets. En 1939, ses premiers téléviseurs destinés au public font leur apparition à l'Exposition universelle de New York. David Sarnoff retient à nouveau le concept qui jumelle les diffusions et les ventes d'appareils et commence simultanément les diffusions régulières de télévision par le biais de la NBC, qui est la branche radiophonique de la RCA. ▷ **Photophone, RKO Radio Pictures Incorporated, Sensurround.**

radiance vx ▪ Rayonnement.

radiosité ▪ Dans les images de synthèse, technique de tracé de rayons mise au point en 1984 pour le traitement d'atmosphères chaudes et enveloppantes (décor avec marqueterie et moquette, par exemple) (*radiosity*). Ce procédé 3D améliore grandement le réalisme des images de synthèse.

Radio Keith Orpheum ▷ RKO Radio Pictures Incorporated.

Radiotelevisione Italiana ▪ Société de radio et de télévision italienne créée en 1944 pour remplacer, sous le nom de Radio Audizioni Italiane, Ente Italiano Audizioni Radiofoniche fondée en 1924. Établissement ne diffusant que des émissions radiophoniques, la RAI commence ses transmissions visuelles en 1954 et porte désormais l'appellation Radiotelevisione Italiana. Elle est détenue par l'État italien à 100 %. En plus d'avoir trois chaînes de radio (Radio Uno, Radio Due et Radio Tre), elle a trois chaînes de télévision (Rai Uno, Rai Due et Rai Tre) ainsi que 13 chaînes satellitaires ou numériques (comme Rai News 24, Rai Educational et Rai Sport). Cet organisme participe jusque dans les années 1990 à la production de films italiens, avec des partenaires européens, notamment la RAI Due (la deuxième chaîne), reconnue pour offrir des programmes de qualité supérieure. Depuis 2000, elle a une filiale, la Rai Cinema, qui produit et distribue des films afin de renforcer la situation du cinéma italien, et qui gère également des productions pour l'audiovisuel, le multimédia et la télévision.

RAI ■ Acronyme de Radio Audizioni Italiana, qui devient le sigle de la Radiotelevisione Italiana.

RAI Cinema ▷ **Radiotelevisione Italiana**.

rails PLUR. ■ Barres d'acier assemblées en deux lignes parallèles et supportant le chariot de la caméra (*track*). Les rails facilitent le déplacement de l'appareil de prise de vues pour un travelling.

rainures PLUR. ■ Marques sur la pellicule, le plus souvent causées par la friction de la pellicule lors de sa manipulation (*cinch mark*). ▷ **rayures**.

ralenti ■ Procédé rendant le mouvement moins rapide à l'écran que dans la vie réelle par une augmentation de la cadence à la prise de vues et une cadence normale à la projection (*slow motion*). Le ralenti est en fait une décomposition du mouvement. Pour l'obtenir, il faut au moins tourner à 48 images/seconde. Il crée un effet esthétique et stylistique, proche du lyrisme et du dramatique. S'il

peut être utilisé pour un effet comique, il est souvent employé dans des scènes de violence ; voir les films de Sam Peckinpah. Il est également employé pour glorifier la beauté dans les mouvements du corps, comme dans *Les dieux du stade* (1936) de Leni Riefenstahl. On l'emploie énormément dans les documentaires animaliers pour rendre plus perceptible le mouvement (course de chevaux, vol des insectes et des oiseaux). ◊ CONTR. accéléré. ▷ **cadence, trucage**.

rampe ■ [1] Rangée de lumières disposées en face de la scène (G.-B. *floats*, É.-U. *footlights*). La rampe permet un éclairage de front.

Rank Group ▷ **Rank Organization**.

Rank Organization ■ Compagnie de production et de distribution britannique fondée sous le nom de J. Arthur Rank Organization par J. Arthur Rank en 1937, après avoir intégré la société General Film Distributors en partenariat avec la British and Dominions Film Corporation et acquis les Pinewood Studios en 1935. La Rank Organization devient très puissante à la fin des années 1940 après l'acquisition du circuit de salles Odeon en 1937 et de la Gaumont-British en 1941. Elle prend officiellement le nom de Rank Organization en 1955. Firme reconnue pour le contrôle financier très serré qu'elle exerce sur ses films, la Rank fait tourner des cinéastes comme Alexander Korda, David Lean, Michael Powell et Laurence Olivier. Après avoir vainement lutté contre les Majors américaines, elle conclut, dans les années 1950, une alliance avec celles-ci portant sur la distribution. De 1958 à 1979, elle produit la série de films *Carry On*. En 1969, elle établit un joint venture avec Xerox, compagnie spécialisée dans la photocopie. Elle met fin à la production de films en 1980. Outre la chaîne de salles Odeon, les activités de la société se concentrent dans la copie de la vidéocassette et ensuite du DVD pour de nombreux studios hollywoodiens, et dans l'industrie du tourisme, du loisir et de la restauration (la chaîne d'hôtels Holidays et la chaîne de restauration Hard Rock Café, celle-ci vendue en 2006). Avec Universal Studios, elle possède des parts dans un parc d'attractions en Floride. Les propriétaires de la Rank Organization investissent des sommes considérables dans 15 mégacomplexes de loisirs (salles de cinéma, centres sportifs, restaurants, arcades, etc.), dont le premier a ouvert à Londres en 1995. Elle prend la même année l'appellation Rank Group. L'emblème pour ses films : un homme très musclé frappant un gong.

rapidité ▪ Qualité d'un film dont la sensibilité de l'émulsion à la lumière est rapide (*film speed*). ◊ voisin sensibilité. ▷ **photosensibilité**.

rapport ▪ Document technique dans lequel sont consignés tous les détails de la production d'un film (*report*). On distingue le rapport de montage, le rapport de production, le rapport horaire, le rapport image et le rapport son.

rapport de métrage ▪ Rapport entre le métrage de pellicule tourné et le métrage de pellicule retenu dans le film monté (*shooting ratio*). Le rapport de métrage est acceptable lorsqu'il se situe entre 5 : 1 et 10 : 1.

rapport de montage ▪ Document dans lequel la scripte relève les plans tournés, avec leurs caractéristiques (grosseur de plan, objectif, mouvement de caméra) ; elle note ceux à garder de même que certains éléments (entrées et sorties des personnages, angles de regard, etc.) pour le responsable du montage (*continuity sheet, log sheet*).

rapport de production ▪ Document dans lequel sont recensées toutes les données relatives à une journée de tournage : les retards, les imprévus et les dépassements, la présence et le nombre d'heures de travail du personnel, la quantité de pellicule utilisée, le dispatching des véhicules, la location d'animaux et d'accessoires, etc. (*dailies, production report*). Confié dans les pays anglo-saxons à un assistant, le rapport de production est parfois rédigé par la scripte ; autrement, il est généralement dévolu à la secrétaire de production. ◊ SYN. journal de bord, livre de bord. ARG. mouchard.

rapport horaire ▪ Document dans lequel est consignée minute par minute l'utilisation quotidienne du temps, notamment les heures consacrées à la préparation, au tournage proprement dit et au rangement (*daily log*). Souvent confondu avec le rapport de production dont il fait partie, le rapport horaire est généralement rédigé par le régisseur, mais parfois par la scripte ou l'assistant-metteur en scène.

rapport image ▪ Document rédigé par le premier ou deuxième assistant opérateur, donnant tous les détails nécessaires au tirage et au développement du film (le format de pellicule, le métrage des plans, les trucages, etc.) (*camera report*). ◊ SYN. rapport laboratoire.

rapport laboratoire ▷ rapport image.

rapport son ▪ Document dans lequel l'ingénieur du son relève tous les détails de l'enregistrement sonore lors du tournage, avec des indications particulières pour aider le monteur sonore lors du transfert des bandes et du mixage (*sound log*).

ratio ANGLIC. ▪ De *aspect ratio*, souvent traduit en français par « format », terme qui demeure ambigu parce qu'il désigne également la largeur des pellicules. On suggère de plutôt utiliser le terme « standard ».

rayographe ▪ Photographie prise sans appareil, avec uniquement un objet posé sur le papier sensible. Ce procédé est découvert par le photographe Man Ray à la fin de 1921. ▷ **PHSCologram**.

rayonnement ▪ Radiations apparentes d'une source lumineuse sur une surface. ◊ SYN. VX radiance.

rayures PLUR. ▪ Éraflures, égratignures ou rainures sur la pellicule causées par les nombreuses projections et par son passage mal réglé dans la fenêtre de projection (*scratches*). ◊ SYN. effet de pluie.

RCA ▪ Sigle de Radio Corporation of America.

Realife ▪ Marque de commerce d'un procédé de film large de 70 mm expérimenté par la MGM en 1930 et 1931. Le Realife ressemble au procédé Natural Vision; ▷ **Fox-Grandeur**. Le premier film tourné dans ce format est *Billy le Kid* (1930) de King Vidor, qui sera également exploité en format standard 35 mm.

réalisateur ▪ Personne responsable de la réalisation d'un film (*director, filmmaker* ou *filmmaker*, ARG. *megger*). Maître d'œuvre du film, le réalisateur est généralement celui qui a l'idée d'un film, qui en écrit le scénario ou, du moins, participe à sa rédaction, et qui dessine parfois le story-board. Il trouve un producteur ou produit lui-même son film. Il fait les repérages, choisit les interprètes principaux et fait la mise en scène. Il est généralement le seul à avoir en tête le film dans sa globalité. Il travaille étroitement avec le directeur de la photographie et le directeur artistique. Il monte le film ou assiste à son montage. Il choisit la musique et approuve les effets sonores. Il participe à la mise en marché du film (conférences de presse, voyages, apparitions à la télévision, etc.). Le réalisateur est à la fois un créateur et un technicien; il doit donner cohérence, unité, personnalité et beauté à un ensemble disparate d'éléments que sont les images et les sons. Il doit posséder une imagination créatrice, de l'ingéniosité, un sens pratique, une grande autorité, une connaissance du monde des arts et du cinéma. Dans les premiers temps du cinéma, il se distingue par sa forte personnalité et sa volonté d'innover; il met alors en place la grammaire cinématographique qui reste encore aujourd'hui inchangée; malgré cela, il est peu remarqué par le public et même par la critique qui ne s'intéresse alors qu'aux stars. Aux États-Unis, le réalisateur est un employé à temps plein d'une Major. En Europe, il est plus indépendant; il sera rapidement vu comme un artiste à part entière. Durant les années 1950, la « Politique des auteurs » (expression créée par les critiques des *Cahiers du cinéma*) lui reconnaît sa place dans la chaîne de production : il est un auteur ayant une vision personnelle qu'il communique au film par ses choix formels. Seront alors élevés au rang d'auteurs des réalisateurs américains souvent méprisés dans leur propre pays, comme Howard Hawks, Alfred Hitchcock, Otto Preminger et Nicholas Ray. Les nombreux mouvements cinématographiques de l'après-guerre et des années 1960 confirment la place incontournable du réalisateur comme auteur et auront une immense influence sur le cinéma à venir : le néoréalisme avec Vittorio De Sica, Roberto Rossellini et Luchino Visconti, et la Nouvelle Vague avec Claude Chabrol, Jean-Luc Godard, Jacques Rivette, Éric Rohmer et François Truffaut, entre autres. Dans les années 1970, un nouvel âge d'or américain voit le jour avec de jeunes auteurs comme Peter Bogdanovich, Francis Ford Coppola, George Lucas, Martin Scorsese et Steven Spielberg ; ▷ **Barbus**. Le coût inflationniste des films est souvent un frein à la création personnelle du réalisateur, le cinéma devenant plutôt une course à un box-office explosif. Dans la plupart des pays, sauf aux États-Unis, l'État doit aider à la production et à la diffusion afin que de jeunes réalisateurs puissent faire leur premier film. ◊ SYN. cinéaste, metteur en scène.

réalisation ▪ [1] Activité du réalisateur (*film-making*). ▷ **mise en scène**. ▪ [2] Période de tournage d'un film (*produc-*

tion). ▪ [3] Transformation du scénario en film (*achievement*).

réaliser ▪ Utiliser tous les moyens artistiques et techniques possibles en vue de créer une œuvre cinématographique (*direct*). Réaliser un film requiert une supervision et un contrôle de tous ces moyens afin que la vision personnelle du réalisateur se concrétise dans le film. ◊ SYN. diriger, mettre en scène.

réalisme ▪ Terme générique désignant tout film dont le but est de recréer la réalité le plus fidèlement possible (*realism*). Ni mouvement ni genre, le réalisme est discuté dès les débuts du cinéma et est mis en relation avec les théories en littérature et en peinture ; la nature humaine et le monde physique y tiennent alors une grande place. Le réalisme est souvent confondu avec les films dits engagés parce que ces œuvres prennent fait sur des problèmes sociaux et montrent des individus définis par leur environnement et leurs origines ; ▷ **réalisme socialiste**. Il n'en reste pas moins que le terme demeure ambigu et relatif, le cinéma produisant plutôt des effets de réalité. Ayant comme toile de fond la réalité sociale, les films réalistes ont une valeur documentaire indéniable. L'actualité du scénario, la vérité des situations et le tournage dans des décors naturels sont la matière première du réalisme. Selon le critique André Bazin, deux films ont fait grandement évoluer l'esthétique du cinéma vers le réalisme : *Citizen Kane* (1941) d'Orson Welles et *Farrebique* (1945) de Georges Rouquier. On compte plusieurs films réalistes en Allemagne, dans les années 1920, comme les films de rue; en Amérique, dans les années 1930, comme *Wild Boy of the Road* (1934) de William Wellman; dans l'Italie de l'avant et de l'après Deuxième Guerre mondiale, particulièrement avec le néoréalisme; en Inde, dans les années 1950, avec les films signés Satyajit Ray; en Angleterre, dans les années 1960, avec des films comme *Samedi soir et dimanche matin* (1960) de Karol Reisz; et en Finlande, dans les années 1980, avec les films d'Aki Kaurismåki (*Shadows in Paradise*, 1986, et *La fille aux allumettes,* 1990). ▷ **naturalisme, réalisme poétique.**

réalisme lyrique ▷ réalisme poétique.

réalisme noir ▷ réalisme poétique.

réalisme poétique ■ Ensemble des films français réalisés entre 1930 et 1945 mêlant réalisme et onirisme (*poetic realism*). La matière première des œuvres se compose d'événements et de faits quotidiens, traités lyriquement avec une pointe de tristesse et de légèreté, dans des plans fixes et une lumière impressionniste. Pour parler des films de cette période, certains historiens adopteront d'autres formules que celle de «réalisme poétique»: «fantastique social», «réalisme noir» et «réalisme lyrique». Jean Vigo est le réalisateur-phare de ce mouvement avec des films comme *Zéro de conduite* (1933) et *L'Atalante* (1934). On y inclut des œuvres de Marcel Carné (*Le jour se lève,* 1939), René Clair (*À nous la liberté,* 1931), Julien Duvivier (*Pépé le Moko,* 1937), Jacques Feyder (*Pension Mimosas,* 1935) et Jean Renoir (de *Toni,* 1934, à *La règle du jeu,* 1939).

réalisme socialiste ■ Consigne de création artistique, qui touchera le cinéma, proposée par le pouvoir soviétique sous Joseph Staline à l'occasion du congrès panrusse des écrivains soviétiques de 1934. On définit le réalisme socialiste comme une méthode de base de la création qui exige une présentation historiquement concrète de la réalité dans son développement révolutionnaire. Cette méthode devient un dogme auquel doivent se soumettre les œuvres d'art comme le film. Les cinéastes qui ne se soumettent pas à ce canon esthético-social voient leurs œuvres interdites et ne peuvent plus filmer; ▷ **Fabrique de l'acteur excentrique.** Les films doivent être simples, transparents et avoir un effet positif sur le spectateur par un monde idéal qu'ils doivent représenter. Les cinéastes qui s'engagent dans cette voie le font avec enthousiasme. Les premiers films réalisés selon cette consigne sont excellents, comme *Tchapaïev* (1934) de Serge et Georges Vassiliev et *L'enfance de Gorki* (1938) de Mark Donskoi. Mais le caractère réducteur de la consigne a rapidement des effets négatifs et la sclérose s'empare de la production cinématographique; les films sont marqués par la grandiloquence, qui tourne souvent au ridicule, comme dans *Le serment* (1946) et *La chute de Berlin* (1949) de Mikhaïl Tchiaourelli. Avec la mort de Staline en 1953, une certaine libéralisation se produit et on abandonne le réalisme socialiste, qui sera toutefois importé en République populaire de Chine au nom d'une tradition révolutionnaire. ▷ **Mosfilm.**

réalité virtuelle ▪ Création par ordinateur d'un environnement artificiel si proche de la réalité qu'il ne peut s'en distinguer (*virtual reality*). La réalité virtuelle est une simulation informatique interactive immersive, visuelle, sonore et, parfois, tactile, d'environnements réels ou imaginaires. Si l'expression « réalité virtuelle » est introduite par Jaron Lanier en 1985, les premières expériences datent cependant des années 1960. Les recherches en réalité virtuelle s'intensifient dans les années 1980. Technique propre aux systèmes informatiques, la réalité virtuelle permet à l'utilisateur d'évoluer en fonction des actions exercées sur cette réalité, comme un être humain réagit à son environnement. Ces systèmes peuvent être immersifs (avec utilisation de casques de visualisation, de combinaisons et de gants sensitifs) ou à l'écran (un environnement virtuel coïncidant avec l'écran du moniteur). Leurs applications touchent tout autant les domaines militaire et aéronautique que ceux de la médecine et de l'architecture. Leur développement annonce un monde virtuel – comme des futures vacances virtuelles – dans des pays réels ou imaginaires, un fait déjà illustré dans le film *Total Recall* (1990) de Paul Verhoeven. Le site Web *Second Life*, créé en 2003, est une simulation d'un univers (ou univers virtuel) permettant au joueur de vivre une « seconde vie » comme il l'entend. L'art numérique et le jeu vidéo relèvent de la réalité virtuelle interactive et immersive. Les effets spéciaux numériques et les images de synthèse contribuent à la création de mondes virtuels. ▷ **image virtuelle, immersion virtuelle.**

RealNetworks ▷ RealPlayer, RealVideo.

RealPlayer ▪ Nom d'un lecteur multimédia de la société RealNetworks pour la musique et la vidéo mis au point et lancé en 1995. RealPlayer permet de lire sur ordinateur des vidéos et des DVD ainsi que de les graver directement. Il peut transformer les fichiers en analogique en fichiers numériques. Il existe en deux versions : une version gratuite et une version payante (plus performante). Il fonctionne sous plusieurs systèmes d'exploitation, Linux, Windows et Mac OS. ▷ **RealVideo.**

RealVideo ▪ Nom du format de transfert d'images mis au point par la société RealNetworks. La première version de RealVideo est lancée en 1997. On utilise énormément ce format pour la lecture en continu (ou streaming) de vidéos dans Internet. Il fonctionne sous plusieurs systèmes d'exploitation, Linux, Windows et Mac OS. Ses dernières versions sont nettement améliorées du point de vue de la qualité des images, qui rivalisent avec les images haute définition et qui peuvent également être téléchargées ou lues en continu. RealVideo est intégré au lecteur multimédia RealPlayer.

recadrage ▪ [1] Léger mouvement de l'appareil de prise de vues permettant de recadrer, de recentrer l'action dans le cadre (*reframing*). Une image recadrée est une image recentrée. ▪ [2] ▷ *pan and scan.*

recaler ▪ Opération consistant à modifier le tirage mécanique d'un objectif à l'aide de cales calibrées afin de replacer l'image à l'intérieur de la profondeur du foyer et au plus près possible du plan (*wedge*).

recalage-dialogues ▪ Vérification et amélioration du synchronisme entre l'image et le son lors du doublage ou de la post-synchronisation. Le recalage-dialogues est la dernière opération avant le mixage.

récepteur ▪ Dispositif placé en fin de parcours lors de l'exposition du film, de son tirage ou de sa projection (*take-up*). On trouve ce terme dans des expressions comme « bobine réceptrice », « magasin récepteur », « pignon récepteur » et « plateau récepteur ».

récepteur cathodique ▪ Dans un moniteur ou un téléviseur, tube à vide comprenant une surface photosensible permettant de transformer en images les signaux électriques (*cathodic receiver*).

recettes PLUR. ▪ Total des sommes d'argent perçues de l'exploitation d'un film avant déduction des dépenses (*gross, gross profits, box office*). ▷ **box-office**.

recherchiste ▪ Personne responsable de la recherche pour un film (*researcher*). Le recherchiste recueille tous les documents écrits ou oraux nécessaires au film. Par son travail, il détermine l'authenticité du contenu. Le recherchiste est systématiquement employé dans l'audiovisuel (radio et télévision).

récit cinématographique ▪ Ensemble de signes ayant pour fonction de signifier le film (*story in cinema*). Synonyme de narration, le récit cinématographique est un matériau référentiel : il est le résultat d'un processus de transformation et de médiation. Ce processus se concrétise dans le film grâce à différents moyens :

un héros et une intrigue, dont les combinaisons formelles multiples prennent la forme de séquences qui s'enchaînent et s'entrelacent selon un ordre particulier. Le récit forme un tout, qui passe par la médiation d'une création. Pour déchiffrer un récit, il faut apprendre le fonctionnement des images. ◊ SYN. fiction, histoire. ▷ **narration**.

réclame ▪ Avant l'arrivée des publicités filmées, projection sur un panneau ou sur le rideau de scène de la liste des commerçants du quartier et de leurs produits (*advertisement*). ◊ SYN. panneau-réclame, rideau-réclame.

recorder VX ▪ Opérateur de son, preneur de son.

redresser ARG. ▪ Action de diriger un objet (un tableau, un miroir) vers le plafond de façon à éviter le reflet du projecteur. ◊ CONTR. piquer.

réduction ▪ Procédé de laboratoire consistant à réduire les images d'un film sur une pellicule de format inférieur (*reduction printing*). Un film 35 mm peut être réduit sur un format 16 mm. La réduction s'effectue sur une tireuse optique. ◊ CONTR. gonflage.

réduction de bruit ▪ Procédé employé sous diverses formes pour réduire les bruits de fond indésirables lors de la projection (*noise reduction*).

réduire la focale ▪ Élargir le champ de la prise de vues par l'utilisation d'une courte focale. ◊ CONTR. allonger la focale.

réédition ▪ Nouvelle sortie d'un film, sans changement significatif dans son contenu. La trilogie de *La guerre des étoiles* (1977, 1980 et 1983), produite par George Lucas et ressortie à l'hiver 1997, est une réédition, avec addition de scènes et reconstitution numérisée. ◊ VOISIN reprise.

réenregistrement ▪ Copie d'un enregistrement sonore (*re-recording*).

réenroulement ▷ rembobinage.

réflectance ▷ albedo.

réflecteur ▪ [1] Dans un projecteur, surface hémisphérique réfléchissante d'une lampe (*reflector*). Cette surface est généralement un miroir. ◊ SYN. diffuseur. ▪ [2] ▷ **panneau réflecteur.**

réfrangibilité ▪ En optique, propriété de la lumière d'être déviée par réfraction. ▷ **irisation.**

regard ▪ Acte de regarder (*gaze, look*). Conscient et volontaire, le regard est le support d'expressions émotionnelles. Il est l'élément central de la pulsion scopique, du désir de voir; il est à la base du voyeurisme. Il place le spectateur dans une position d'observateur et l'amène à s'identifier à ce qu'il voit; ▷ **distanciation.** À l'intérieur du film, les plans peuvent être interprétés comme un jeu du regard. ▷ **regard-caméra.**

regard-caméra ▪ Regard que jette l'interprète à la caméra (*to-camera glance*). Cette figure de style, qui s'apparente à l'aparté théâtral, naît avec le cinéma burlesque, dans lequel l'acteur regarde la caméra afin de gagner la complicité du spectateur. Dans le cinéma classique hollywoodien, entre 1930 et 1950, le regard-caméra est interdit. Ingmar Bergman le réintroduit avec le regard appuyé vers la caméra de Harriett Anderson dans *Monika* (1953), prenant le spectateur à témoin du désarroi et du mépris pour l'homme qui l'a quittée. François Truf-faut et Jean-Luc Godard multiplient les regards-caméra; voir les films *Les quatre cents coups* (1959), *À bout de souffle* (1959) et *Pierrot le fou* (1965). Ces cinéastes de la Nouvelle Vague veulent ainsi rendre visible le procédé de fabrication du film. ◊ SYN. plan-regard.

régie ▪ [1] Travail qu'accomplit le régisseur (*production management*). ▪ [2] Ensemble des personnes qui travaillent avec le régisseur et des bureaux qu'ils occupent (*production department*). ◊ VOISIN service de production. ▪ [3] À la télévision, salle de la mise en scène des images (*control room*). ◊ SYN. salle de contrôle.

régisseur ▪ Personne responsable de la régie, soit l'administration et l'organisation matérielle du tournage (*production manager, unit production manager*). Le régisseur s'occupe de l'intendance et prévoit le transport, l'hébergement et la restauration. Collaborateur immédiat du producteur et relevant de l'autorité directe du réalisateur, il peut assumer des fonctions d'assistant à la production ou de premier assistant du réalisateur; on emploie alors le terme « régisseur général ». On distingue également le régisseur adjoint (*assistant production manager*), le régisseur de plateau, le régisseur d'extérieur et le régisseur spécialisé. ▷ **rapport horaire.**

régisseur de plateau ▪ Personne qui convoque acteurs et figurants, surveille la mise en place des accessoires et règle la bonne marche du plateau (demander le silence, vérifier la présence de tous les collaborateurs sur le plateau, etc.) (*floor manager, stage manager, studio manager* à la télévision).

régisseur d'extérieur ■ Personne qui prépare les lieux de tournage en extérieur (*location manager*). Le régisseur d'extérieur surveillera la circulation automobile pour la détourner du plateau ou dispersera les curieux qui s'attroupent. Il peut être parfois régisseur de plateau.

régisseur général ▷ régisseur.

régisseur spécialisé ■ Personne responsable de l'organisation et du déroulement de certaines scènes ou actions particulières à un tournage de film. Il peut être responsable des cascades, de la pyrotechnie (engins explosifs et explosions) ou des animaux.

registrer ANGLIC. ■ En animation, opération consistant à superposer devant la caméra plusieurs dessins ou cellulos avec la plus grande précision (*register*). Les feuilles à dessins et les cellulos, percés de trous, sont bloqués grâce à des chevilles fixées sur des rails qu'on déplace.

réglage ■ Différentes opérations préparant le tournage d'une scène (*checking*). Le réglage comprend, entre autres, la vérification de la mise en place des acteurs, des cascades, du fonctionnement des divers appareils, de l'éclairage et des accessoires.

regroupage ▷ groupage.

régulateur de vitesse ■ Mécanisme situé dans le moteur d'un appareil (une caméra, un magnétoscope, etc.) permettant de maintenir une vitesse constante d'enregistrement et de reproduction (*speed controller*).

relais optique ▷ modulateur de lumière.

relations publiques PLUR. ▷ attaché, e de presse.

relavage ▷ déshuilage.

relief ▷ cinéma en relief.

religion ▷ film religieux.

remake ANGLIC. ■ Film reproduisant, avec de nouveaux acteurs, la première version d'un film. Un remake doit son existence à : *a)* la popularité du film original ; *b)* la volonté de répéter un succès de box-office ; et, parfois, *c)* un hommage qu'on veut rendre à un film ou à son réalisateur. Le remake est différent d'une adaptation ; ainsi, on distingue plusieurs versions de *Hamlet* (cinq en tout) sans qu'elles soient des remakes. Hollywood demeure le lieu de production en grand nombre de remakes, particulièrement de films français : *Boudu sauvé des eaux* (1932) de Jean Renoir, devenu *Down and Up in Berveley Hills* (1986) signé Paul Mazursky ; *À bout de souffle* (1959) de Jean-Luc Godard, refait par Jim McBride avec *Breathless* (1983) ; *L'homme qui aimait les femmes* (1977) de François Truffaut, repris par Blake Edwards avec *The Man Who Loved Women* (1983) ; *La cage aux folles* (1978), d'Édouard Molinaro, transformée en *The Birdcage* (1996) par Mike Nichols. Certains cinéastes tournent leur propre remake : Cecil B. DeMille avec *Les dix commandements* (1923 et 1956) et Alfred Hitchcock avec *L'homme qui en savait trop* (1934 et 1956). Parmi les remakes célèbres, citons : *Back Street* (1932) de John Stahl / *Back Street* (1941) de Robert Stevenson / *Une histoire d'amour* (1961) de David Miller ; *King Kong* (1933) de Merian Cooper et Ernest B. Schoedsack / *King Kong* (1976) de John Guillermin / *King Kong* (2005) de Peter Jackson ;

Indiscrétions (1941) de George Cukor / *Haute société* (1956) de Charles Walters; *La féline* (1942) de Jacques Tourneur / *La féline* (1982) de Paul Schrader; *Les sept samouraïs* (1954) d'Akira Kurosawa / *Les sept mercenaires* (1960) de John Sturges, *Psychose* (1960) d'Alfred Hitchcock / *Psychose* (1998) de Gus Van Sant.

rémanence ■ Phénomène par lequel la sensation visuelle persiste après la disparition de son stimulus (*remanence*). ▷ **image rémanente.**

remastérisation ANGL. ■ Le terme « ramatriçage » est suggéré en français mais semble ne pas être adopté. ■ [1] En cinéma, procédé numérique consistant à faire une nouvelle matrice à partir d'un master, afin d'améliorer la qualité du son et de l'image. ■ [2] En audiovisuel, procédé numérique consistant à faire une nouvelle matrice à partir du disque maître ou de la bande maîtresse d'un enregistrement audio ou vidéo, afin d'améliorer la qualité du son ou de l'image.

rembobinage [rembobinement] ■ Action d'embobiner de nouveau un film ou une bande magnétique (*rewinding*). ◊ SYN. réenroulement.

rembobinement ▷ rembobinage.

Rembrandt ARG. ■ Photographie de plateau.

remonter ■ Reprendre le montage d'un film.

rendu ■ Ce qui apparaît à l'image durant la projection (*rendering*).

rentrer ARG. ■ Action de déplacer un objet dans le décor vers le centre de l'image. ◊ CONTR. sortir.

repérages PLUR. ■ Recherche préparatoire des lieux pour le tournage d'un film (*locations*). On doit alors prévoir leur location et leur aménagement. ▷ **extérieurs.**

repère ▷ marque.

repère au sol ▷ marque au sol.

repère de départ ▷ marque de départ.

repère de fin de bobine ▷ marque de fin de bobine.

répétiteur, trice ■ Traduction française proposée pour *coach*, mot anglais accepté en français. Personne chargée d'apprendre aux interprètes leur rôle et d'enseigner le métier aux plus jeunes.

répétition ■ Séance de travail qui a pour but de mettre au point les divers éléments de la mise en scène en vue du tournage (*rehearsal*). Plusieurs répétitions se tiennent avant le premier tour de manivelle. Des répétitions ont également lieu sur le plateau le jour même du tournage, avec l'équipe technique, sans enregistrement du son et de l'image (*dry run*).

repiquage ■ Opération consistant à reporter sur une bande magnétique perforée le son enregistré lors du tournage (*transfer*). La bande magnétique utilisée pour le tournage étant lisse (non dentée), il faut la repiquer sur une bande perforée 16 mm ou 35 mm pour l'étape du montage.

réplique ■ Élément du dialogue (*line*). La réplique est la réponse d'un interprète à un autre.

repolissage ■ Dernière étape de l'opération de dérayage consistant à reglacer le côté brillant de la surface de la pellicule (*repolishing*).

reportage ■ Relation journalistique d'un événement ou d'un fait qu'enregistre un reporter sur support film ou sur support vidéo (*coverage, reporting*).

reporter ▪ Forme abrégée de reporter caméraman.

reporter caméraman [reporter] ▪ Journaliste spécialisé dans le reportage (*reporter*). En cinéma, le reporter assume le plus souvent les fonctions d'opérateur de prise de vues (*reporter cameraman*).

report optique ▪ Copie du son magnétique mixé sur un film négatif noir et blanc (*sound recording*). Le report optique permet d'obtenir une piste optique photographique. ◊ SYN. transfert optique.

représentation ▪ [1] ▷ présentation. ▪ [2] En théorie du cinéma, résultat de l'acte de montrer (*representation*). Au cinéma, le récit passe par la représentation des choses (gens, faits et lieux).

reprise ▪ [1] Retour sur les écrans d'un film exploité quelques années auparavant (*rerelease, rerun*). La compagnie Walt Disney exploite systématiquement la reprise : elle « ressort » chacun de ses films tous les sept ans et fait pour chacun des éditions spéciales limitées en vidéocassettes et du DVD. Avec l'arrivée de la vidéocassette et du DVD, la reprise semble moins utile sur le plan de l'exploitation pour les producteurs. ▷ **réédition**. ▪ [2] Action de reprendre, à quelques jours de distance, le tournage de scènes ou de plans insatisfaisants (*retake*). ◊ SYN. retournage. ▪ [3] Nouvelle prise, plan refait (*retake*). ANGLIC. retake.

reproduction ▪ [1] Toute image produite par un procédé de reproduction (*reproduction*). Le cinéma est un procédé de reproduction apparu à la fin du XIXe siècle. ▪ [2] En théorie du cinéma, la représentation est une imitation du monde sensible. Se fondent à partir de cette notion, celles de la distanciation, de l'effet de réalité, du réalisme et du naturalisme ; ▷ **réalisme socialiste**. La représentation suggère une fidélité au réel.

Republic ▪ Forme abrégée de Republic Pictures.

Republic Pictures [Republic] ▪ Compagnie américaine fondée en 1935 par le regroupement de quatre petits studios sous la houlette de Herbert J. Yates. La Republic Pictures est spécialisée dans le tournage rapide, nivelant cependant la qualité du film de série B qu'elle produit entre 1935 et 1950, particulièrement des mélodrames qu'interprète la femme de Yates, Vera Ralston. La société produit des westerns, des films de détective, des comédies musicales et des films à épisodes. On y compte des vedettes comme Gene Autry, John Wayne, Roy Rogers et Ramon Novarro. La Republic utilisera un procédé couleur médiocre appelé Sepiatone. En 1950, elle crée une filiale pour diffuser son catalogue à la télévision : Hollywood Television Service. Avec la fin des studios à la suite du décret Paramount, elle passe de 40 films produits en 1950 à 18 en 1957. En 1958, elle ferme ses studios, qui seront rachetés au début des années 1960 par Columbia Broadcasting System [CBS]. Son nom est ressuscité en 1986 par National Telefilm Associates pour la diffusion de son catalogue sur les chaînes câblées. Parmi les films que la Republic Pictures produit, on retient surtout deux œuvres importantes : *L'homme tranquille* (1952) de John Ford et *Johnny Guitare* (1953) de Nicholas Ray.

réseau câblé ■ Réseau de télécommunications utilisant des câbles comme support de transmission (*cable network*). En audiovisuel, le réseau câblé distribue des programmes de radio et de télévision. ◊ CONTR. réseau hertzien.

réseau coloré ■ Procédé additif de reproduction de couleurs utilisant une trame trichrome (rouge-orangé, bleu-violet et vert) à la base de l'émulsion (*color mosaic*). Le Dufaycolor est un procédé à réseau coloré, de même que le Polavision.

réseau de télévision ■ Ensemble de stations de télévision appartenant à une même société et diffusant la même programmation (*television network*).

réseau hertzien ■ En audiovisuel et en télécommunications, réseau sans fil utilisant les ondes hertziennes comme support de transmission (*hertzian network*). Un réseau hertzien est constitué de stations relais au sol pourvues d'antennes. ◊ CONTR. réseau câblé.

réservation ■ Entente de location de films avec un distributeur (*booking*). ▷ location en bloc.

réservation aveugle ■ Obligation imposée à un exploitant de louer un film sans pouvoir le voir (*blind bidding, blind booking*). La réservation aveugle est considérée comme une mesure de chantage de la location en bloc. Cette pratique a été déclarée illégale dans plusieurs États des États-Unis.

réservation en bloc ▷ location en bloc.

réservation en groupe ▷ location en bloc.

réservation en lot ▷ location en bloc.

résonance ■ Ensemble des phénomènes physiques qui renforcent, pour certaines fréquences, l'intensité sonore perçue (*resonance*).

resserrer ▷ pincer.

retake ANGLIC. ■ Nouvelle prise, plan refait. ▷ reprise.

réticule ■ Fines lignes gravées dans le verre des viseurs permettant de vérifier la fidélité de la mise au point (*reticle*).

retour-arrière [retour en arrière] ▷ flashback.

retour en arrière ▷ retour-arrière, flashback.

retournage ▷ reprise [2].

retrait ■ Rétrécissement irréversible d'un film trop longtemps stocké en atmosphère inappropriée (*shrinkage*). ◊ SYN. rétrécissement.

rétrécissement ▷ retrait.

rétrofocus ■ Téléobjectif inversé, à courte focale (*retrofocus lens*). L'utilisation du rétrofocus exige une large ouverture de l'obturateur et une lumière abondante.

rétroprojecteur ■ Appareil servant à la rétroprojection (*overhead projector*). ▷ épiscope.

rétroprojection ■ Projection par transparence.

rétrospective ■ Présentation systématique des œuvres d'un auteur ou d'un genre cinématographique particulier (*retrospective*). Les cinémathèques se font un devoir d'inscrire des rétrospectives dans leur programmation. ▷ hommage.

révélateur ■ Terme générique des produits chimiques utilisés dans le développement de la pellicule (*developer*). Un révélateur transforme une image latente en une image visible. Il permet également de corriger des erreurs faites au tournage, comme la sous-exposition ou la surexposition. ▷ **développement.**

révélation ▪ Personne (un acteur, un réalisateur, etc.) ou film dont le public découvre brusquement les qualités exceptionnelles (*discovery*).

réverbération ▪ Phénomène acoustique traduisant le fait de recevoir un son après son émission (*reverberation*). Un son direct parvient plus rapidement à l'oreille de l'auditeur qu'un son réfléchi. On parle du temps de réverbération pour la durée nécessaire de l'intensité sonore.

revolver photographique ▷ **fusil photographique.**

revue ▷ **revue de cinéma.**

revue de cinéma ▪ Publication périodique spécialisée en cinéma (*film journal*). Une revue de cinéma contient, entre autres, des comptes rendus, des critiques, des essais et des interviews portant sur l'actualité et le patrimoine cinématographiques, le tout généralement agrémenté de photos. Chaque revue a son approche personnelle du cinéma. Une revue de cinéma se différencie d'un magazine de cinéma (*film magazine*), ce dernier s'adressant à un public plus large, non cinéphile au premier abord, et ciblant ses sujets sur les films commerciaux et les stars. Parmi les revues de cinéma connues, citons *Bianco e nero*, *Bref*, *Les cahiers du cinéma*, *Cinéma*, *CinémAction*, *Cinémonde*, *Film Comment*, *Film Culture*, *Jump Cut*, *Positif*, *La revue du cinéma*, *Séquences*, *Sight and Sound*, *Trafic* et *24 images*.

Revue du cinéma (La) ▪ [1] Revue française fondée par Jean-Georges Auriol et Denise Tual en 1928. *La revue du cinéma* est publiée durant un peu plus d'un an avant de disparaître; elle reparaît en 1946. Sa couverture jaune et blanche préfigure celle des *Cahiers du cinéma*, revue à laquelle collaboreront ses rédacteurs après sa disparition en 1948. Cette revue se veut encyclopédique. Parmi les collaborateurs importants qui y ont participé, citons André Bazin, Jacques Doniol-Valcroze et Jean Mitry. ▪ [2] Nom donné en 1967 à la revue *Image et Son* publiée depuis 1951, elle-même ancienne publication connue sous le nom de *UFO-CEL-Informations*, bulletin de liaison de l'Union française des offices de cinéma éducateur laïque. Cette revue, destinée à la formation d'animateurs de ciné-club, changera de vocation pour devenir plus culturelle et cinéphilique. En 1980, elle intègre la revue *Écran*, elle-même issue d'une sécession de *Cinéma*, revue de la Fédération française des ciné-clubs. En 1992, on change son nom, qui devient *Le mensuel du cinéma*.

rhétorique de l'image ▪ Terme de la théorie du cinéma. Champ d'analyse de la composition de l'image et de son iconicité (*rhetoric of the image*). La rhétorique définit et classifie les diverses utilisations de la surface du cadre et de leurs effets sur les spectateurs (angoisse, rire, frayeur, etc.). Le choix et l'organisation de la lumière, des effets spéciaux, des plans, des angles de prise de vues, des cadrages, des figures géométriques et des motifs graphiques prolongent une conception plastique tout en participant de la signification de l'œuvre filmique. À lire : *L'organisation de l'espace* *dans le* Faust *de Murnau* (1977) d'Éric Rohmer.

«*rich and famous*» ■ ANGL. Expression signifiant « riche et célèbre ». Expression populaire aux États-Unis désignant une personne travaillant dans le cinéma et y ayant réussi.

rideau ■ Trucage permettant de chasser une image par une autre. La ligne de démarcation entre les deux images est verticale. ▷ **volet.**

rideau de fond ■ Grande draperie ou toile peinte cachant l'écran (*drop curtain*). On règle son ouverture verticale pour respecter le standard du film projeté. ◊ SYN. rideau de scène.

rideau de scène ▷ rideau de fond.

rideau publicitaire ▷ réclame. ◊ SYN. rideau-réclame.

rideau-réclame ■ Rideau publicitaire. ▷ réclame.

Rin Tin Tin ■ Chien policier de fiction vedette de nombreux films américains entre 1923 et 1930 (*Rin-Tin-Tin*). Son maître, Lee Duncan, trouve ce berger allemand en France, en Lorraine, à la fin de la Première Guerre mondiale et, de retour, aux États-Unis, le propose comme « acteur » à la Warner Bros. À sa mort, en 1932, on lui trouve un successeur, Rin Tin Tin Jr. Entre 1954 et 1959, Rin Tin Tin est récupéré pour une série télévisée, en devenant la mascotte de la cavalerie de Fort Apache qui le recueille, lui et son maître, un petit garçon orphelin nommé Rusty. ▷ **film d'animaux.**

rire ■ Hilarité (*laughing*). Il est le résultat psychologique de quelque chose de plaisant, de gai, de drôle, de comique qui se produit et qui impressionne. Les effets comiques sont largement utilisés au cinéma pour provoquer le rire du spectateur et son adhésion au film. *L'arroseur arrosé* (1895) des frères Lumière constitue la première saynète comique du cinéma. Ce sont surtout les personnages qui ont fonction de faire rire : les Keystone Cops, Charles Chaplin, Buster Keaton, Laurel et Hardy, Harold Lloyd, Harry Langdon, W. C. Fields, les Marx Brothers, Abbott et Costello, Pierre Étaix, Totó, Jerry Lewis, Jacques Tati, Louis de Funès, Mel Brooks, Pierre Richard, Woody Allen et Roberto Benigni sont parmi les acteurs – et souvent acteurs-réalisateurs – à qui est dévolu ce rôle. Le gag est l'élément central du rire. La surprise, l'illogisme et l'exagération en sont les composantes principales. Il est souvent appuyé d'effets sonores. La comédie burlesque, la satire et la parodie sont les genres où le rire se déploie aisément. ▷ *farce, slapstick.*

RKO ■ Sigle de la Radio Keith Orpheum. ▷ **RKO Radio Pictures Incorporated.**

RKO Radio Pictures Incorporated [RKO] ■ Les initiales de RKO correspondent à Radio Keith Orpheum. Grand studio hollywoodien faisant partie des Majors fondé en 1928 par Joseph P. Kennedy, producteur et distributeur de films, qui associe sa société, Film Booking Offices of America, au réseau de salles Keith-Albee-Orpheum et à la Radio Corporation of America [RCA]. David O. Selznick, qui amènera Ingrid Bergman en Amérique, est un des grands producteurs de cette compagnie à la situation financière instable. Entre 1930 et 1949, la RKO produit un film par semaine et connaît son apogée grâce à des directeurs de production très souples, qui laissent le champ libre aux différentes personnalités qui travaillent pour elles, parmi lesquelles on distingue les réalisateurs George Cukor, John Ford, Howard Hawks, Alfred Hitchcock, Nicholas Ray et Orson Welles, et les acteurs John Barrymore, Constance Bennett, Cary Grant, Katherine Hepburn, Robert Mitchum et Jane Russell. Dans les années 1930, la RKO se lance dans la production de comédies musicales et produit neuf films avec Fred Astaire et Ginger Rogers. Elle adopte le système sonore Photophone, mis au point par General Electric et commercialisé par RCA, afin de concurrencer le Movietone utilisé par les autres Majors, et, rapidement, elle choisit d'utiliser le Technicolor. Elle distribue également les premiers films de Walt Disney, comme *Blanche-Neige et les sept nains* (1937). Dans les années 1940, elle produit des films de série B de grande qualité, comme *La féline* (1942) et *Vaudou* (1943) de Jacques Tourneur, et plusieurs films d'horreur signés Val Lewton. Cédée en 1948 au millionnaire Howard Hugues, la compagnie entre dans une période de négligence et d'administration déficiente. On la vend en 1955 à General Tire et Rubber Company, lesquels vendent, en 1957, les studios à Desilu, compagnie de production télévisée appartenant à Desi Arnaz et Lucille Ball. Son emblème : un émetteur sur un globe terrestre. Parmi les 700 films que la RKO produit, citons des œuvres importantes comme *King Kong* (1933) de Merian Cooper et Ernest B. Schoedsack, *La joyeuse divorcée*

(1934) et *Le danseur du dessus* (1935) de Mark Sandrich, *L'impossible Monsieur Bébé* (1938) de Howard Hawks, *Citizen Kane* (1941) et *La splendeur des Amberson* (1942) d'Orson Welles, *Soupçons* et *Les enchaînés* (1946) d'Alfred Hitchcock, *La vie est belle* (1947) de Frank Capra et *Les amants de la nuit* (1949) de Nicholas Ray.

road movie ANGLIC. ■ Expression signifiant « film d'errance ». Genre cinématographique ayant comme sujet le voyage. Les héros d'un road movie se baladent sur des routes qui les mènent vers un dépassement d'eux-mêmes ou à un cul-de-sac métaphysique. *Easy Rider* (1961) de Dennis Hopper, premier film du genre, devient emblématique de toute la génération du rock et de « l'herbe » des années 1970. Wim Wenders donne au road movie une saveur œdipienne avec son *Paris, Texas* (1984), hommage d'un cinéphile à l'Amérique. Parmi les road movies importants, citons *Macadam à deux voies* (1971) de Monte Hellman, *La balade sauvage* (1974) de Terrence Malik, *Les rendez-vous d'Anna* (1978) de Chantal Akerman, *Stranger than Paradise* (1984) de Jim Jarmush, *Doc's Kingdom* de Robert Kramer (1987), *La ligne de chaleur* (1987) de Hubert-Yves Rose, *Robert's Movie* (1991) de Canan Gerede, *Priscilla, folle du désert* (1994) de Stephan Elliott, *Western* (1997) de Manuel Poirier et *Transamerica* (2005) de Duncan Tucker. Un film comme *Thelma et Louise* [1991] de Ridley Scott, mettant en scène deux femmes fuyant le machisme et la domination sexuelle des hommes, est une nouvelle variation du road movie.

Road Movies Produktion ▷ Filmverlag der Autoren.

rock and roll ANGLIC., ARG. ▪ [1] Système utilisé en postsynchronisation et en doublage qui permet de faire défiler le film par avances et reculs autant de fois que nécessaire sans perdre le synchronisme entre l'image et le son. ▪ [2] Dans un projecteur, système de rembobinage automatique.

rôle ▪ Emploi d'un interprète dans un film (*character*, RARE *part*). Les rôles sont d'inégale longueur et d'inégale importance : on distingue les premiers rôles et les seconds rôles (ou rôles secondaires). ▷ **acteur, bit, camée, rôle de composition, rôle muet, rôle-titre.**

rôle de complément ▪ Figurant (*atmosphere player*).

rôle de composition ▪ Représentation par un interprète d'un personnage très typé qui nécessite une transformation et un travail de l'expression, de l'attitude, du physique (*character part*). Le rôle de composition est généralement très éloigné de la vie matérielle et psychologique de l'interprète.

rôle de soutien ANGLIC. ▪ Expression utilisée en lieu et place de « second rôle » ou de « rôle secondaire ». Son emploi est déconseillé.

rôle muet ▪ Rôle qui ne comporte pas de dialogues (*mute part*).

rôle principal ▪ Rôle le plus important dans un film de fiction (*leading role*). Il peut y avoir plusieurs rôles principaux dans une œuvre, mais on en compte rarement plus de quatre. ▷ **héros, identification.** ◊ SYN. premier rôle.

rôle secondaire ▪ Rôle second en importance, après celui du rôle principal (*supporting role* ARG. *second babana*). L'importance du rôle secondaire est reconnue lors de la remise de nombreux prix d'interprétation (oscar, césar, etc.). ARG. second couteau, second violon. ▷ **rôle de soutien.**

rôle-titre ▪ Dans le cinéma, rôle homonyme du titre du film (*title role*).

rolling ARG. ▪ Déformation du mot argotique américain par les techniciens français pour « travelling ».

roman cinéoptique ▪ Cinario ▷ **cinéoptique.**

roman-photo ▪ Récit romanesque présenté sous forme d'une série de photos reliées entre elles par un texte ou des dialogues intégrés aux images. Le roman-photo est souvent une adaptation d'un film, généralement italien, racontant une histoire d'amour. Le magazine français *Nous deux*, avant de devenir un magazine people, publie hebdomadairement un roman-photo.

roman-savon ▷ **soap.**

rotoscope ▪ Pièce ajoutée à une caméra spéciale permettant d'enregistrer une scène un photogramme à la fois (*rotoscope*). Dans l'utilisation de la technique du dessin animé et d'effets spéciaux, le rotoscope offre une grande précision et une grande stabilité au défilement du film (caches fixes et caches mobiles). En animation, il permet de reprendre sous forme graphique des scènes tournées avec des acteurs ; à voir : *Le Seigneur des anneaux* (1978) de Ralph Bakshi.

rouge SUBST. ▪ Avec le bleu et le vert, couleur primaire du spectre (*red*).

rouleau compresseur ■ Une des traductions proposées de *blockbuster*. Film à grand succès. ◊ SYN. gros calibre. ▷ **locomotive, superproduction.**

Rouxlor ■ Procédé additif de cinéma en couleurs mis au point par les frères Lucien et Armand Roux pour le tournage de *La belle meunière* (1948) de Marcel Pagnol. Ce procédé reconstitue les couleurs à partir de quatre filtres : le rouge, le bleu, le vert et le jaune. En plus d'être un procédé au réglage difficile, le Rouxlor présente une surface d'image très réduite.

R-rated ANGL. ■ Aux États-Unis, classement d'un film qui ne peut être vu par des spectateurs de 17 ans et moins, ou, dans certains États, de 18 ans et moins, sauf s'ils sont accompagnés d'un adulte ou d'un tuteur, et ce, pour des raisons de contenu ou de traitement du sujet de l'œuvre. Un film classé *R* suggère un contenu sexuel évident ou très violent. Un producteur fera tout pour que son film ne soit pas classé dans cette catégorie ; il coupera même les scènes critiques du film afin d'obtenir une large distribution et de le vendre plus facilement aux chaînes de télévision ; les scènes coupées peuvent toutefois se retrouver dans la copie vidéo.

ruban RARE ■ Support du film (*ribbon*).

ruban magnétique ANGLIC. ■ Cette expression couramment usitée au Québec est une traduction littérale de *magnetic tape*. L'expression française juste est « bande magnétique ».

runaway production ▷ production délocalisée.

rural ▷ cinéma rural.

rushes ANGLIC., PLUR. ■ Terme couramment usité en français en lieu et place du terme proposé « épreuves ». Prises positives tirées et projetées en fin de journée de tournage afin de vérifier le résultat des prises de vues (*dailies*). Le réalisateur peut alors décider de faire de nouvelles prises s'il n'est pas satisfait des plans tournés ; ▷ **reprise [2].** Les rushes serviront à constituer la copie de travail.

RVB ■ Système de représentation additive des couleurs à partir des trois couleurs primaires que sont le rouge [R], le vert [V] et le bleu [B] (*RGB*). Ce système est repris, tout en étant légèrement modifié, pour les standards de diffusion de télévision en couleurs (NTSC, PAL et SECAM).

rythme ■ Mouvement donné à un film par le nombre des images et de leur variété (*rythm*). Le rythme donne à l'œuvre cohérence et homogénéité. Le montage lui donne matérialité et sens. Le rythme est un des éléments du langage cinématographique. Il a été théorisé par S.M. Eisenstein et expérimenté dans *Le cuirassé « Potemkine »* (1925), particulièrement dans la fameuse scène de l'escalier d'Odessa. Il se confond souvent avec la structure temporelle de la narration ; ▷ **ellipse.** Chaque film se singularise par son rythme.

sabrage ■ Courbure d'une pellicule provenant soit d'un défaut de fabrication, soit d'un vieillissement (*curvature*).

sac de chargement ▷ manchon de chargement.

sac noir ■ Enveloppe en papier ou en plastique protégeant le film vierge dans la boîte métallique (*black bag*). Le film impressionné est remis dans le sac noir.

safety-film ANGLIC. ■ Support de sécurité.

salade ARG. ■ Verdure (arbuste, plante verte, etc.) destinée à meubler le décor.

salaire ▷ cachet.

salle d'art et d'essai ■ [1] Salle de cinéma diffusant un cinéma d'auteur (*art house*). ▷ **cinéma de répertoire.** ■ [2] En France, salle de cinéma diffusant un cinéma de qualité et reconnue comme telle par l'institution gouvernementale responsable du cinéma en France, le Centre national de la cinématographie [CNC].

salle de cinéma ■ Lieu conçu pour permettre la projection et l'exploitation cinématographiques (G.-B. *cinema*, É.-U. *movie theater*, ARG. *hardtop, Kodak cathedral*, FAM. *picture house, pic spot*). Le premier lieu ayant servi de salle de cinéma est le Salon indien, situé au sous-sol du Grand Café, boulevard des Capucines

à Paris ; la première projection a lieu le 28 décembre 1895 ; les frères Lumière y tiennent leurs séances jusqu'en 1901. La popularité du cinéma s'étend dans le monde entier et les projections ont lieu dans une baraque foraine avant de passer dans un théâtre ou une boutique reconvertie ; ▷ **nickelodéon, *penny arcade.*** Dans l'entre-deux-guerres, on verra s'édifier d'immenses palaces, luxueusement décorés et pouvant contenir jusqu'à 3000 spectateurs ; le premier à ouvrir ses portes est le Gaumont Palace, situé à Paris et inauguré en 1911. La Deuxième Guerre mondiale met fin à la construction de nouvelles salles de cinéma. Le déclin des Majors américaines commence lorsque les compagnies hollywoodiennes doivent se départir de leurs réseaux de salles ; ▷ **Paramount decision.** Le mouvement cinéphilique naît et la salle devient le paradis des cinéphiles ; les séances des ciné-clubs ont lieu dans les salles de cinéma de quartier, que l'arrivée de la télévision fera disparaître. Dans les années 1960, le système de l'exclusivité cesse. En Amérique, on ouvre des drive-in (ou ciné-parcs) pour contrer la chute de fréquentation.

On reconvertit les immenses salles en les divisant en deux ou trois mini-salles. Dans les années 1980, on intègre la salle dans un complexe de multisalles (mégacomplexe, multiplexe); la salle d'art et d'essai en subit les contrecoups. En région, le parc de salles diminue radicalement, et l'État doit souvent aider financièrement les établissements des petites localités. On met sur pied différentes campagnes promotionnelles pour ramener les spectateurs vers les salles; ▷ **Fête du cinéma**. Le complexe multisalles est souvent intégré dans un parc de loisirs, avec une salle en Imax et une salle de Cinéma dynamique. Après une grave crise à la fin des années 1980 et au début des années 1990, la fréquentation se redresse. ◇ SYN. salle obscure, ARCH. théâtre cinématographique. ▷ **art et essai, circuit de salles, circuit indépendant**.

salle de contrôle ▷ régie [3].

salle de mixage ▪ Lieu spécifique équipé pour les opérations de mixage (*mixing booth*, ARG. *aquarium*).

salle de montage ▪ Lieu spécifique équipé pour les opérations de montage (*cutting room, editing room*).

salle de projection ▪ Salle privée dans une maison de production ou de distribution, ou dans une institution officielle, pour les projections de travail ou les projections de presse (*screening room*).

salle d'habillage ▷ loge.

salle obscure ▪ Salle de cinéma.

salle spécialisée ▪ Salle présentant des films pornographiques.

Sam-Mighty ▪ Marque de commerce américaine d'une très grande grue.

sandwich ARG. ▪ Procédé bipack.

satellite ▪ Appareil placé en orbite géostationnaire autour de la Terre, servant de relais de communication pour la télévision par satellite entre les opérateurs de chaînes et les récepteurs que sont les paraboles des abonnés (*satellite*). ▷ **mondovision**.

saturation ▪ Degré de pureté d'une couleur (*saturation*). La saturation dépend de la quantité de lumière blanche entrant dans la composition d'une couleur. Elle donne des couleurs intenses. Les films d'horreur ont généralement des couleurs hautement saturées; à voir: les films de Roger Corman. ◇ CONTR. désaturation.

saucissonner FAM. ▪ Interrompre régulièrement un film présenté à la télévision par des plages publicitaires. Des cinéastes, comme Federico Fellini, s'élèvent contre ce fait au nom de l'intégrité de l'œuvre et exigent dans leurs contrats que leurs œuvres ne soient pas saucissonnées.

saute ▪ Absence de quelques images résultant d'une détérioration de la bande (*jump*).

saute d'images ▷ faux raccord.

saut dans le futur ▷ *flash-forward*.

sautillement ▪ Mouvement heurté de bas en haut de la pellicule dans le projecteur causé par un manque de tension de la pellicule (*flutter*). ◇ SYN. saut vertical. ▷ **tendeur**.

saut vertical ▪ Sautillement.

savonner ARG. ▪ Mal prononcer un mot, bafouiller, cafouiller.

SC ▪ Abréviation de scène.

scannage NÉOL. ▪ De l'anglais *scanning*. Numérisation par balayage d'une copie film pour son transfert sur copie vidéo. Le scannage recadre l'image du film en la réduisant ou en l'anamorphosant pour le format carré de l'écran du téléviseur qui est de 1:33:1. ▷ *pan and scan.*

scanner [scanneur] ANGLIC. ▪ Appareil périphérique à l'ordinateur destiné à la numérisation des images (*scanner*).

scanneur ▪ Orthographe officiellement recommandée de scanner.

scénarimage ▪ Terme français proposé pour « story-board », mais guère usité dans le métier.

scénario ▪ Mot italien, du latin *scena*, qui signifie « scène ». Document présentant le film à réaliser (*screenplay*, *script*, vx *photoplay*). Le scénario décrit, généralement sous forme littéraire, les idées, les personnages, les situations, avec des indications techniques sommaires pour les plans, les scènes et les séquences du film. Il est plus élaboré que le synopsis, mais moins fragmenté que le découpage. Il peut être original ou une adaptation. Le scénario existe depuis les débuts du cinéma : les films des frères Lumière sont tournés d'après un texte. Il est souvent écrit par le réalisateur en collaboration avec un ou des scénaristes ; ▷ **consultant en scénario, polir.** Un scénario doit pouvoir convaincre un producteur, un distributeur ou des acteurs de participer à la production du film. On distingue plusieurs étapes dans son élaboration : *a)* le synopsis : présentation brève du scénario ; *b)* le traitement : développement de l'intrigue ; *c)* le scénario en tant que tel (ou la continuité) : description de toutes les scènes du film, avec dialogues ; *d)* le découpage technique : visualisation

du scénario ; et *e)* le story-board ou scénarimage : mise en dessins du scénario. Il peut être modifié au tournage. Le scénario est très souvent publié sous forme de livre à la sortie du film. ▷ *novelization.*

scénario original ▪ Scénario qui n'est pas l'adaptation d'une autre œuvre (*original script*).

scénariser ▪ [1] Mettre en forme une histoire dans un scénario et la découper en scènes. ▪ [2] En audiovisuel, mettre en scénario l'idée ou le texte d'une enquête ou d'un reportage télévisé (*write a script*).

scénariste ▪ Personne qui écrit totalement ou partiellement un scénario (*screenwriter, scriptwriter*). Le scénariste a habituellement l'idée ou le sujet du film à développer. Il peut adapter une œuvre déjà publiée en guise de scénario ; ▷ **adaptateur.** Il est rare aujourd'hui qu'un scénario soit écrit par une seule personne ; on emploie alors le terme « coscénariste » ; ▷ **consultant en scénario.** Aux États-Unis, contrairement à ce qui se passe en Europe, les scénaristes font partie d'un département de scénario et sont sous l'autorité directe des producteurs. Durant les années 1910, la Biograph est la première compagnie à engager des scénaristes avec salaire hebdomadaire ; Roy MacCardell, le premier sous contrat de la Biograph, écrit plus de 1000 scénarios en 15 ans. Plusieurs réalisateurs commencent leur carrière comme scénariste (John Huston, Joseph L. Mankiewicz, Billy Wilder, etc.). Plusieurs cinéastes écrivent leurs scénarios ou insistent pour participer à la scénarisation de leurs films. Des dramaturges deviennent également des scénaristes attitrés (Clifford Odets, Robert Sherwood, Thornton Wilder, etc.). Le scénariste est longtemps ignoré par la critique. Parmi les scénaristes importants, citons Michel Audiard, Gérard Brach, Jean-Claude Carrière, Suso Cecchi d'Amico, Ben Hecht, Lawrence Kasdan, Harold Pinter, Jacques Prévert, Paul Schrader et Cesare Zavattini. ▷ **dialoguiste.**

scène [SC] ■ [1] Suite de plans constituant un fragment du film (*scene*). L'ensemble des plans forme une unité narrative possédant un sens propre. La scène doit avoir la caractéristique traditionnelle de respecter l'unité de temps et de lieu. Elle crée l'espace dramatique. Elle est constituée de plans. Dans *La mort aux trousses* (1959) d'Alfred Hitchcock, la scène où le personnage Roger Thornhill/Kaplan (interprété par Cary Grant) est poursuivi par un avion en rase campagne compte 133 plans. Une scène peut toutefois être constituée d'un seul plan, c'est le plan-séquence. Une scène de conversation est souvent structurée par champs-contre-champs. Une suite de scènes délimite une séquence. ▷ **scènes additionnelles.** ■ [2] Lieu physique d'une action particulière (*scene*).

scènes additionnelles PLUR. ■ Scènes tournées pour être ajoutées aux scènes prévues ou déjà tournées (*added scenes*).

scénographe RARE ■ Personne responsable des dessins du décor. Le scénographe travaille étroitement avec le décorateur. ▷ **directeur artistique.**

scénographie ■ Ensemble des composantes de l'espace scénique du point de vue de la caméra et de l'objectif (*scenography*). Elle participe de la mise en scène.

Schneider ■ Ancien indice de rapidité d'un film. Le Schneider est l'équivalent de l'indice DIN augmenté de 10.

Schneider Optics ■ Société allemande fondée en 1913 à Kreuznach par Joseph Schneider et reconnue pour ses objectifs de très haute qualité pour le cinéma et la vidéo. Le nom originel allemand : Schneider-Kreuznach. Elle porte son nom actuel depuis 1972. Elle déménage en Californie en 1948 et adopte un premier nom : Century Optics.

Schüfftan ▷ **procédé Schüfftan.**

science-fiction ▷ **film de science-fiction.**

scientifique ▷ **film scientifique, Institut du film scientifique.**

scintillement ■ Sensation visuelle qui perçoit encore l'éclairement non continu de l'écran que provoque une basse cadence des images (*flicker*). ▷ **persistance rétinienne.**

Scope ■ Forme abrégée de CinémaScope.

scope ■ [1] Suffixe souvent utilisé pour dénommer les appareils précédant l'invention du Cinématographe : l'Anorthoscope, le Bioscope, le Choreutoscope, le Fantascope, le Mutoscope et le Phénakistiscope. ■ [2] Suffixe accolé à différentes marques de commerce de systèmes anamorphoseurs, comme Agascope, Dyaliscope, Franscope, Panascope, Superscope et Warnerscope.

Scopitone ■ [1] Marque de commerce d'un appareil de type juke-box projetant des films musicaux. Chaque appareil propose un choix de 36 bandes de trois minutes chacune, la durée de la chanson.

[2] Par extension, film musical projeté par le Scopitone. Le scopitone, qui est un film en couleurs 16 mm à piste magnétique, est désigné comme l'ancêtre du vidéoclip. On tourne le premier film en 1959 et le dernier en 1978. Claude Lelouch tourne une centaine de scopitones.

Scotchlite ▷ procédé Scotchlite.

scratch vidéo ANGLIC. ■ Création d'une bande vidéographique à partir de l'enregistrement et du montage de plusieurs bandes vidéo de films ou d'émissions télévisées (*scratch video*). Le scratch vidéo est considéré comme un jeu iconoclaste dénonçant le pouvoir et la fascination des images. L'Allemand Woolf Vostell est reconnu pour ses œuvres qui sont de véritables collages électroniques.

script ANGLIC. ■ Découpage technique du scénario (*script*).

scripte ■ Forme abrégée de scripte assistante.

scripte assistante [scripte] ■ Secrétaire de plateau responsable du journal de tournage (*continuity clerck, continuity girl, script girl*). Ce métier est généralement exercé par une femme. La scripte consigne dans le script tous les éléments nécessaires au respect de la continuité du film. Elle peut également rédiger les rapports de tournage pour les techniciens et les producteurs. ◊ SYN. script-girl. ▷ **rapport de montage, rapport de production, rapport horaire, secrétaire de production**.

script-girl ■ Scripte assistante.

Scuela nazionale di cinema ▷ Centro Sperimentale di Cinematografica.

SDDS ■ Sigle du Sony Dynamic Digital Sound.

SDM ■ Abréviation de système de distribution multipoint.

séance de cinéma ■ Unité de programmation d'une salle (*film show*). La séance de cinéma comprend traditionnellement une première partie constituée de clips publicitaires et, quelquefois, d'un court métrage, et une deuxième partie qu'est le film de long métrage. Pour le spectateur, la séance correspond au paiement d'un billet. ▷ **programme double**.

SECAM ■ Acronyme de Séquentiel Couleur à mémoire.

séchage ■ Étape dans le développement de la pellicule après son rinçage, son fixage et son lavage (*drying*).

second couteau FAM. ■ Rôle secondaire (*minor figure*). ◊ SYN. second violon.

seconde génération ▷ copie de seconde génération.

second plan ■ [1] Ce qui apparaît entre le premier plan et l'arrière-plan, par rapport à la profondeur de champ (*background*). ■ [2] Ce qui n'est pas important dans une intrigue, une action ou un personnage (*small part in action*).

second violon FAM. ■ Rôle secondaire (*second fiddle*). ◊ SYN. second couteau.

secrétaire de plateau ■ En France, avant le parlant, ancienne dénomination de la scripte.

secrétaire de production ■ Personne qui rédige les rapports de tournage pour les techniciens et les producteurs (*production secretary*). Cette tâche est le plus souvent assumée par la scripte assistante. ▷ **rapport de production**.

16 mm ■ Format réduit de la pellicule de film mis au point par Kodak en 1932 et destiné au public amateur (*16 mm*). Le

16 mm est désigné comme un format substandard, la pellicule étant de 7,5 × 10,4 mm; l'image projetée est de 7,21 × 9,65 mm. Il devient dans les années 1950 et 1960 le format utilisé en télévision. À cause des coûts peu élevés liés à son achat et à son développement, le 16 mm est abondamment utilisé pour la production de films indépendants. Il peut être gonflé en 35 mm. ▷ COMOPT, COMMAG, perforation, Super 16.

16/9 ■ Format large d'écran de télévision. Le 16/9 correspond approximativement au format CinémaScope européen de 1 :85 :1.

Sekonic Company ■ Société japonaise fondée en 1951 sous le nom de Sekonic Electric Industries et connue pour ses posemètres dont la cellule sensible pivote par rapport au cadran. Elle change son nom en Sekonic Company en 1960. Ses posemètres sont de très haute qualité, mais également onéreux.

Scotchlite ▷ procédé Scotchlite.

sélection ■ Choix de films présentés aux professionnels et au public dans une manifestation (*selection*). La sélection officielle désigne les films participant à une compétition. ▷ **festival**.

sélection de la prise ■ Choix par le réalisateur de la prise à retenir parmi toutes celles qui sont tirées (*selected take*).

sélectionner ■ [1] ▷ sélection. ■ [2] ▷ nominer.

sélection trichrome ■ Analyse de couleurs effectuée sur une émulsion noir et blanc, soit une image noir et blanc enregistrée derrière un filtre sélectionnant une couleur (*separation printing*).

sélénium ■ Substance chimique débitant un faible courant électrique sous l'action de la lumière dans une cellule photoélectrique (*selenium*). Le sélénium entre dans la composition du matériau des posemètres, qui n'ont alors plus besoin de piles pour fonctionner.

Selig ■ Forme abrégée de Selig Polyscope Company.

Selig Polyscope Company [Selig] ■ Première compagnie américaine de production de films, fondée en 1896 à Chicago par William Nicholas Selig, interprète et producteur de pièces de vaudeville. Produisant ses films en Californie dès 1907, la firme se spécialise dans les westerns et les films d'aventures exotiques, tournés avec la caméra Polyscope, un appareil adapté du Cinématographe des frères Lumière. Ses acteurs sont Gilbert « Bronco Billy » Anderson, Roscoe Arbuckle et Tom Mix. En 1908, la Selig est l'une des premières sociétés à faire partie de la Motion Picture Patents Company [MPPA] chargée d'assurer la distribution des films du Trust Edison; ▷ **Edison Company**. Durant la guerre, Selig ouvre un parc d'attractions, le Selig Zoo Park, qui est en quelque sorte l'ancêtre des parcs d'attractions de Walt Disney, mais il doit le fermer à cause de la concurrence sans avoir complété son installation. La compagnie disparaît en 1918 après avoir été vendue à Vitagraph.

Semaine internationale de la critique ■ Section parallèle du Festival international du film de Cannes (International Critic's Week). Créée en 1962 par le Syndicat français de la critique de cinéma, la

Semaine internationale de la critique présente le premier ou le deuxième film de long métrage d'un auteur. Le film sélectionné peut concourir pour la caméra d'or. Depuis 1988, on y présente également le premier ou le deuxième court métrage d'un auteur. Elle fait découvrir des jeunes talents qui se nomment Bernardo Bertolucci, Arnaud Desplechin, Ken Loach, Wong Kar-wai, François Ozon. Le premier film présenté à cette section est *The Connection* de Shirley Clarke.

semelle ▪ Partie plate de la tête d'un pied de caméra. ▷ **plaque de décentrement.**

sémiologie du cinéma ▪ Étude du cinéma comme objet signifiant (*semiology of the cinema*). Extension de la linguistique, la sémiologie du cinéma est une théorie qui vise à constituer scientifiquement et à organiser méthodiquement le concept de film (le film considéré comme un langage). Par la sémiologie, on s'intéresse autant à la forme et à la substance du contenu du film qu'à la forme et à la substance de son expression. La sémiologie du cinéma est élaborée à l'aide des acquis de l'analyse structurale du récit et de la méthode sémiologique appliquée à la littérature. Les travaux du théoricien Christian Metz fondent une sémiologie du cinéma en définissant les grands types d'organisation du récit cinématographique : les segments autonomes, les syntagmes a-chronologiques et les parallèles en accolade, descriptifs et narratifs. ▷ **code, grande syntagmatique, syntagme, syntaxe.**

sémiotique ▪ Science des signes (*semiotics*). Souvent synonyme de sémiologie, la sémiotique est créée par Ferdinand de Saussure et élaborée par des théoriciens comme C.S. Pierce, Claude Lévi-Strauss et Julia Kristeva. Il existe une « cinésémiotique » qui serait l'analyse du fonctionnement d'un objet particulier de la communication comme le cinéma, la vidéographie, le clip, etc. ; on en étudie alors les codes et les structures. Le Français Christian Metz est l'un des premiers théoriciens à jeter les bases d'une sémiologie du cinéma (*semiotics of the cinema*) dans son *Essai sur la signification* (1972). ▷ **langage cinématographique.**

sens ▪ Signification livrée par le film (*meaning*). Souvent synonyme de signification, le sens caractérise tout discours filmique, qui est la construction d'un univers, et dépend de la valeur symbolique de ce discours. Dans la théorie marxiste de l'approche du cinéma, le film produit du sens car sa matière première, qui n'est pas de l'idéologie pure et simple mais ses représentations esthétiques, est transformée. Le sens reproduit du réel.

sensation d'éclairement ▪ Sensibilité des cellules de la rétine qui gardent ainsi une excitation lumineuse quelques secondes après son interruption. Le phénomène de la persistance rétinienne permet d'interpréter l'illusion de mouvement dans une série d'images fixes projetées à une certaine vitesse. ▷ **scintillement.**

sensibilisateur ▪ Substance chimique augmentant la sensibilité à la lumière des halogénures d'argent (*color sensitizer*). ▷ **couche sensible.**

sensibilité ▪ Caractéristique d'un film pour la quantité de lumière nécessaire à

une image satisfaisante (*sensitivity*). La sensibilité se mesure en DIN ou en ASA.
◊ VOISIN rapidité. ▷ **acutance, photosensibilité.**

sensitogramme ▪ Fragment d'un film développé sur lequel sont enregistrées des plages grises et colorées (*sensitogram*). Le sensitogramme permet de vérifier la qualité des bains de développement par sensitométrie.

sensitomètre ▪ Appareil destiné à mesurer le sensitogramme (*sensitometer*).

sensitométrie ▪ Opération consistant à contrôler le sensitogramme (*sensitometry*). Discipline de la photométrie, la sensitométrie mesure la sensibilité des émulsions photographiques. Elle est effectuée sur les machines à développement une dizaine de fois par jour. ▷ **densitomètre.**

Sensurround ▪ Marque de commerce d'un procédé d'effets sonores pour la projection des films lancé en 1974 par Music Corporation of America [MCA] et Radio Corporation of America [RCA]. Le Sensurround émet des infrasons qui peuvent faire vibrer le corps de celui qui les perçoit. Il ne peut être utilisé que dans les salles équipées du matériel Sensurround. Il est utilisé pour la première fois avec le film de Mark Robson, *Tremblement de terre* (1974).

Sepiatone ▪ [1] Procédé couleur, de qualité médiocre, utilisé par la Republic Pictures. Ce procédé a été appelé ainsi à cause de ses tons tirant vers le beige et le mauve. ▪ [2] En photographie et en vidéographie, procédé numérique de colorisation d'une image noir et blanc, donnant aux formes une ombre dont la couleur peut se graduer du jaune au brun.

SEPMAG ▪ Abréviation de *separated magazine*. Code international pour « double bande ».

Sept-cinéma (La) ▪ Filiale de production cinématographique de la chaîne culturelle franco-allemande Arte. La Sept-cinéma n'existe que pour la partie française de la chaîne. Elle participe à près de la moitié de la production de films français et à celle de plusieurs films européens, dont *Noce blanche* (1989) de Jean-Claude Brisseau, *La voix de la lune* (1990) de Federico Fellini, *Les nuits fauves* (1992) de Cyril Collard et *Parfait amour* (1996) de Catherine Breillat.

septième art ▪ Cinéma. La dénomination « septième art » est introduite dans le vocabulaire en 1919 par l'écrivain et critique Ricciotto Canudo. Dans le domaine des arts, le cinéma, non seulement se classe-t-il à la septième place, après la peinture, la musique, la poésie, l'architecture, la sculpture et la danse, mais il résume également tous les autres arts, selon Canudo; il est la plus puissante synthèse moderne de tous les arts.

séquence ▪ Suite de scènes se déroulant généralement dans des lieux différents et constituant un sous-ensemble narratif dans un film (*sequence*). La séquence est une unité fondamentale de la grammaire cinématographique. On la confond souvent avec la scène. Lorsqu'elle est toutefois constituée d'un seul plan, elle est un plan-séquence, soit l'équivalent d'une scène. ▷ **grande syntagmatique.**

Séquences ■ Revue québécoise de cinéma fondée en 1955 par Léo Bonneville, qui la dirige pendant plus de 25 ans. Publiée à Montréal, cette revue est née dans la foulée de la popularité des ciné-clubs. D'inspiration religieuse, son approche moralisante du cinéma est considérée comme moyen de formation et d'information culturelle et civique. À partir des années 1980, les points de vue de la rédaction sont toutefois plus diversifiés, en prenant particulièrement en compte le cinéma québécois. Périodicité : 5 fois l'an.

Séquentiel couleur à mémoire [SECAM] ■ Standard français de télévision conçu en 1953 par Henri de France et comportant 625 lignes par image. Commercialisé en 1967, ce standard est, à quelques modifications près, largement utilisé en France (y compris les départements et territoires d'outre-mer), dans l'ex-URSS, en Afrique et au Moyen-Orient. Les 625 lignes du standard SECAM donnent une meilleure définition d'image et des couleurs plus riches que les 525 lignes du standard NTSC. Le standard impose une édition spécifique pour tous les enregistrements en vidéocassette et en DVD ainsi que la transmission d'un signal d'identification unique pour la télévision couleur. Toutefois, le SECAM évolue et le transcodage se fait désormais automatiquement en PAL et en NTSC pour la diffusion télévisée. ▷ **PAL**.

série ▷ film de série.

série télévisée ■ Suite d'émissions, dramatiques, comiques ou mélodramatiques, de même durée, se poursuivant sur plusieurs mois et souvent sur plusieurs années (*television series*). La série est un programme diffusé en tranches égales, soit quotidiennement, soit hebdomadairement. Tournée dans les années 1950 sur support pellicule, elle est depuis les années 1990 tournée sur support vidéo. Aux États-Unis, on distingue comme séries les soaps et les sitcoms. *I Love Lucy*, une des séries américaines les plus populaires dans les années 1950, produite par la vedette Lucille Ball, inaugure le tournage sur plateau avec plusieurs caméras 16 mm enregistrant simultanément une scène. Synonyme au Québec : téléroman. ◇ VOISIN feuilleton télévisé. ▷ *telenovela*.

serrer ▷ pincer.

serre-tête ▷ casque d'écoute.

serveur ■ Site dans Internet offrant ressources et produits (*server*). Un serveur gère les différentes ressources de l'Internet : les sites, les banques de données, le courrier électronique, les groupes de discussion, etc.

servocommande ■ Mécanisme assurant, par automatisme, le fonctionnement d'un ensemble d'appareils (*servo control*). Dans un multiplexe, le projectionniste peut, à l'aide d'une servocommande, mettre en marche les appareils de projection, le système d'éclairage et le rideau de fond.

sex-appeal ANGLIC., VX ■ Attrait sexuel que provoquent particulièrement les vedettes de cinéma (*sex appeal*). L'expression naît dans les années 1930, sous l'influence du cinéma et de ses actrices au charme indéfinissable ; le sex-appeal est alors synonyme de séduction, de désir. ▷ **pin-up**, **sex-symbol**, **vamp**.

sex-symbol ANGLIC. ■ Vedette symbolisant l'idéal masculin ou féminin de la sensualité et de la sexualité. Un sex-symbol est majoritairement associé à la femme comme objet de désir. Le stéréotype le plus ancien du sex-symbol est la vamp. Longtemps confondu avec la femme blanche hétérosexuelle, il est remis en question dans les années 1970 sous la poussée des mouvements féministes et se déplace vers d'autres types de représentation (la femme et l'homme noirs et asiatiques, le gay et la lesbienne). Le cinéma pornographique élabore, à partir de la fin du XXe siècle, ses propres sex-symbols. ▷ star-system.

Shaw Brothers Studio ■ Compagnie de production située à Hongkong et de distribution de films située à Singapour fondée en 1930 par deux frères, Run Run Shaw et Runde Shaw, sous le nom de South Sea Film, qui devient en 1950 Shaw and Sons Ltd. C'est en 1958 que l'appellation Shaw Brothers Studio est adoptée et que de grands studios sont construits à Clearwater Bay. C'est la plus influente et prestigieuse société cinématographique de l'Asie. Elle établit son propre star-système, d'ailleurs presque exclusivement féminin, avec des actrices comme Li Lihua, Linda Lin Dai, Betty Loh Ti, Ivy Ling Po, Li Ching, Lily Ho et Cheng Pei Pei. Dans les années 1960, elle produit des films de genre comme le *woo sia pien* et le *huangmeng diao.* Avec les films d'arts martiaux, elle commence à imposer certaines vedettes masculines comme Jimmy Wang Yu, David Chiang et Ti Lung. En 1970, le Shaw Brothers Studio règne sans partage sur le cinéma hongkongais. Mais sa suprématie est contestée par la société fondée par Raymond Chow, la Golden Harvest. Les productions ont moins de budget et les films deviennent de série B. La libéralisation sexuelle et une censure moins sévère permettent aux Shaw de développer un cinéma d'exploitation reposant sur le sexe, le crime et l'horreur, mais leur studio perd aussi de son prestige et de sa classe. Les années 1980 n'aident pas non plus les frères avec l'implantation de nouvelles productions. Ils essaient de nouveaux genres, la comédie de kung-fu et la comédie urbaine, mais rien n'y fait. Ils cherchent encore à se renouveler avec des auteurs de ce qu'on appelle la nouvelle vague de Hongkong, et engagent de jeunes vedettes comme Leslie Cheung et Maggie Cheung. En 1985, on met fin à la production de films pour convertir le studio en production télévisuelle. La société produit après quelques rares films, dont ceux de Stephen Chow et Johnnie To. Le Shaw Brothers Studio a produit environ 1500 films. Sa filiale Celestial Pictures s'occupe du catalogue de films et les édite en les restaurant pour le marché international du DVD (environ 10 par mois).

Shawscope ■ Format du CinémaScope à Hongkong; il est de 2:35:1.

Shintoho ■ Mot japonais signifiant « Nouvelle Toho ». Société japonaise de production et de distribution de films créée en 1947 par les membres de syndicats procommunistes; ▷ Toho. Le premier film que produit la Shintoho est *Mille et une nuits avec Toho* (1948), une comédie de Kon Ichikawa. La compagnie monte son propre circuit de distribution. Certains réalisateurs célèbres ont quelquefois travaillé pour cette société, entre autres, Kenji Mizoguchi et Yasujiro Ozu. La Shintoho produit par la suite des films érotiques, avant de disparaître en 1961.

Shochiku ▪ Forme abrégée de Shochiku Kinema Gomeisha.

Shochiku Kinema Gomeisha [Shochiku] ▪ Une des plus importantes compagnies japonaises de production, de type Major, fondée en 1920. La Shochiku a ses propres studios à Tokyo. Durant la Deuxième Guerre mondiale, ses associés sont accusés de ne pas faire d'efforts dans la production de films nationalistes et éprouvent des difficultés avec les fonctionnaires du gouvernement. Kenji Mizoguchi la sauve du désastre en tournant *Les 47 ronins* en 1941 et 1942. Après la guerre, la compagnie est autorisée, avec la Daiei et la Toho, à subsister. Yasujiro Ozu y tourne ses grands films, comme *Voyage à Tokyo* (1953) et *Fleurs d'équinoxe* (1958). Dans les années 1960, de nouveaux cinéastes y travaillent, entre autres, Nagisa Oshima et Yoshishige Yoshida, alias Kiju Yoshida ; ▷ **Nouvelle vague japonaise**. La Shochiku connaît des succès internationaux avec les films de Mazaki Kobayashi. Depuis 1990, sa production est axée sur des films populaires, mais des cinéastes renommés continuent à tourner pour elle, dont Shohei Imamura.

Shochiku nuberu bagu JAP. ▷ **Nouvelle vague japonaise**.

Shock Theatre ▪ Aux États-Unis, programme de télévision présentant le vendredi soir ou le samedi soir des films d'horreur, avec présentateur costumé. L'émission est en vogue dans les années 1950 dans tous les États-Unis à la suite de la diffusion des classiques du genre par une chaîne new-yorkaise.

showbiz ▪ Forme abrégée de show-business.

show-business [showbiz] ANGLIC. ▪ Industrie du spectacle. Le monde du show-business désigne les personnes appartenant à cette industrie. L'expression est employée le plus souvent péjorativement, par opposition au cinéma comme art. ▷ *entertainment*.

Showcan ▪ Marque de commerce d'un procédé de projection mis au point par Douglas Trumbull en 1984 pour la compagnie Showcan Film Corporation. Semblable au procédé Imax, le Showcan utilise la pellicule 70 mm classique, mais la cadence de défilement est de 60 images par seconde plutôt que de 30 images par seconde ; son écran est un peu plus large que celui du CinémaScope. Comme Imax et Omnimax, cette technique est destinée à saturer l'œil et à intégrer le spectateur dans un spectacle de cinéma total. ▷ **Cinéma dynamique**.

Showtime ▪ Réseau de télévision à péage américain diffusé par câble et par satellite, spécialisé dans les films de long métrage récents. Showtime appartient à la société Viacom.

shunter ANGLIC. ▪ De *to shunt*, qui signifie « détourner ». ▪ [1] Dans un circuit électrique, placer en dérivation une résistance sur un appareil afin d'en modifier son calibre ou de le protéger. ▪ [2] Dévier un faisceau lumineux de sa trajectoire ou en diminuer sa force lumineuse.

■ [3] Diminuer progressivement un son jusqu'à sa disparition complète.

Sight and Sound ■ Revue de cinéma britannique fondée en 1932 par le British Film Institute [BFI]. Sa rédaction défend le cinéma d'auteur et s'intéresse à la théorie. En 1991, le BFI fusionne *Sight and Sound* avec le *Monthly Film Bulletin*, mensuel fondé en 1934 par le même institut. Depuis, les articles sont plus marqués par l'éclectisme, le postmodernisme et les métissages audiovisuels (la télévision, le vidéoclip, la publicité et les nouvelles technologies). Les rédacteurs tentent de définir un nouveau rôle au cinéma européen. À chaque décennie, la rédaction demande à des professionnels du monde entier de désigner le plus grand film de tous les temps; la première fois, en 1954, ils choisissent *Le voleur de bicyclette* (1948) de Vittoria de Sica; et de 1962 à 2002, c'est *Citizen Kane* (1940) d'Orson Welles. On affirme que *Sight and Sound* demeure la meilleure revue de cinéma de langue anglaise. Une section pour les membres, avec des articles exclusifs et un accès aux archives, est disponible dans le site Web de la revue. Ses principaux rédacteurs en chef sont: Philip Dodd, Penelope Houston, Nick James et Gavin Lambert. Parution: mensuelle.

signal analogique ■ Paramètre électrique servant à la transmission de l'information représentée par des variations continues dans le temps (*analog digital, A/D*).

signal pilote ■ Signal enregistré sur la bande lisse magnétique permettant la synchronisation ultérieure de l'image et du son enregistrés séparément (*pilot tone*). ▷ **asservissement, moteur (b), piloton.**

signe ■ Terme de la linguistique. La plus petite unité du discours (*sign*). Au cinéma, le signe représente un objet fonctionnant comme un substitut d'un autre objet (généralement absent de la représentation). Une image renvoyant à une autre est assimilée à un signe. Le signe établit une référence. Parce qu'il peut être trace ou empreinte de quelque chose, il peut être un icône (ressemblance avec des objets réels), un indice (rapport affectif avec un référent réel) ou un symbole (analogie avec autre chose).

silence ▷ **blanc [2]** et **[3].**

«Silence, on tourne!» ■ Formule lancée par le réalisateur ou par son assistant avant le tournage d'une prise pour exiger le silence sur le plateau. Cette formule, apparue au parlant, est devenue une phrase mythique du cinéma.

silence modulé ▷ **silence plateau.**

silence plateau ■ Enregistrement sonore du lieu de tournage afin de permettre le montage de «silences» respectant le bruit de fond du lieu (*silent track*). Le silence plateau est effectué lorsque les scènes à filmer sont terminées. ◊ SYN. silence modulé, silence technique.

silence technique ▷ **silence plateau.**

silhouettage ■ Éclairage à contre-jour (*silhouette lighting*).

silhouette ■ Rôle de figuration typé (*extra bit player*). Les silhouettes les plus reconnaissables au cinéma sont le chauffeur de taxi, le portier, le serveur et la servante.

silicium ■ Matériau entrant dans la composition de l'élément photosensible des posemètres (*silicon*).

Siliwood NÉOL. ■ Mot-valise formé par « Silicon Valley » et « Hollywood ». Collaboration de plus en plus étroite entre l'industrie du cinéma et les entreprises du multimédia et du jeu vidéo. La création en 1994 du studio DreamWorks SKF symbolise ce mariage inévitable de l'informatique et du divertissement. ▷ **Hollyrom**.

simple 8 ■ Format spécial du film super-8 de la société japonaise Fuji (*single 8*). La bande du simple 8 est présentée dans un chargeur plat, contrairement au chargeur Kodak du super-8 qui est coaxial (pour une bande d'une largeur de 16 mm). Le simple 8 est un format de film amateur.

Simplex ■ Marque de commerce d'appareils de projection américains utilisés dans les salles de cinéma.

Simplifilm ■ Marque de commerce d'un procédé de trucage mis au point en 1942 par les Français Achille Dufour et Henri Mahé, permettant d'enregistrer une image formée par un document photographique (une photographie ou une carte postale) interposé entre la caméra et la scène à filmer. La mise au point se fait sur le document. Ce trucage permet d'enregistrer l'image des personnages en grandeur nature et celle du décor réduit du document. ▷ **Pictographe**.

simulation ■ Dans un jeu vidéo, action permettant d'accomplir une activité comparable à une activité réelle (*simulation*). Un jeu vidéo de sport (tennis, baseball, course d'autos), de vol d'avion, de construction d'édifices et de villes, de voies de chemin de fer ou de navigation, par exemple, est un jeu de simulation (*simulation game*). ▷ **réalité virtuelle**.

single-system ANGLIC. ■ Caméra permettant l'enregistrement du son et de l'image sur une seule pellicule optique (*single system*). Le single-system est surtout utilisé pour les reportages télévisés. Il pose toutefois certains inconvénients, surtout au montage, puisqu'il est impossible de faire le repiquage du son enregistré. Il convient aux cinéastes amateurs qui ne montent pas leurs films.

Sing-Sing ARG., É.-U. ■ Surnom donné à la Major Warner Bros. d'après le nom de la célèbre prison californienne Sing-Sing. Jack Warner, son président, est réputé pour sa pingrerie, imposant au personnel du studio des horaires démentiels et coupant constamment dans les salaires (20 % en 1931 et 50 % en 1933).

sitcom [sit-com] ANGLIC. ■ Contraction de *situation* et *comedy*, qui signifie « comédie de situation ». Série télévisée, produite principalement aux États-Unis, mettant en scène des personnes prises dans des situations drôles. Souvent moralisateur, le sitcom a une énorme popularité, qui se poursuit par des reprises incessantes, même plusieurs années après sa première diffusion. ▷ **téléroman**.

sit-com ▷ sitcom.

site ■ Forme abrégée de site Web.

site Web ■ Lieu d'accueil ou d'information dans le Web (*Web site*). Le site est un ensemble de pages Web situé dans un même nom de domaine. Un site peut être statique, c'est-à-dire que son contenu est composé uniquement de pages HTML et chaque modification demande une réédition de la page, ou il peut être dynamique, c'est-à-dire que ses pages changent en fonction de l'heure, du visiteur ou d'autres paramètres comme dans les sites d'informations et d'actualités.

sketch ▷ film à sketchs.

slacker ANGL., ARG. ▷ *slasher*.

slapstick ANGL. ▪ Terme signifiant « coup de bâton ». Effet comique, de type gestuel, dans les comédies du cinéma muet ; ▷ burlesque. Le lancer de tartes à la crème est un exemple de *slapstick*. On pourrait traduire le terme par « grosse blague ». On appelle en français « comédie "tarte à la crème" » une *slapstick comedy*.

slapstick comedy ▷ *slapstick*.

slasher ANGL., ARG. ▪ De *slash*, qui signifie « balafre », « taillade » ; terme n'ayant pas d'équivalent français. Film gore. Un *slasher* est le plus souvent un film à petit budget, tourné rapidement. Un film de psycho-killer est un exemple de *slasher*. Annoncé par des films comme *Psychose* (1960) d'Alfred Hitchcock et *Le voyeur* (1960) de Michael Powell, ce type de film, notamment destiné au public adolescent, devient populaire dans les années 1970. En anglais, on appelle *teen-slasher* (ou *slacker*) un *slasher* dont l'action se déroule dans le milieu familial, scolaire et culturel des adolescents ; les films de Brian De Palma (*Carrie,* 1970), de John Carpenter (*Halloween,* 1978) et de Wes Craven (*Scream,* 1997) en sont d'excellents exemples. ◊ SYN. *slacker*.

SmartPan ▷ Louma.

Smell-O-Vision ▪ Marque de commerce d'un procédé de synchronisation d'images et d'odeurs mis au point à la fin des années 1950. Le Smell-O-Vision est inventé par le Suisse Hans Laube et commercialisé par l'Américain Michael Todd Junior. Les odeurs proviennent d'un tuyau courant sous les sièges dans les salles de cinéma. Le seul et unique film en Smell-O-Vision est *Scent of Mystery* (1960) de Mike Todd Junior, produit par la Warner Bros.

Smithee ▷Alan Smithee.

SMPTE ▪ Sigle de la Society of Motion Picture and Television Engineers.

snuff movie FAM., ANGL. ▪ Expression qui vient de *to snuff out* et qui signifie « mourir » ; terme n'ayant pas d'équivalent français. Film pornographique privilégiant des scènes réelles de torture et de mort, telles que des castrations, des strangulations et des décapitations. Réalisé et produit par la mafia, le *snuff movie* est vendu sous le manteau. Sa production, sa diffusion et sa possession sont passibles de poursuites judiciaires au criminel. Certains films traditionnels s'y apparentent, comme *Shocking Asia* (1985), un documentaire montrant des exécutions capitales.

soap ANGLIC. ▪ Forme abrégée de *soap opera*, terme créé par la radio et utilisé plus tard en télévision. Feuilleton mélodramatique diffusé aux États-Unis cinq fois la semaine en début d'après-midi. Tragique ou sentimentale, l'action d'un soap repose sur un suspense quotidiennement ménagé. Tourné rapidement, il est devenu synonyme de piètre qualité. Le soap est à l'origine commandité par une marque de lessive, d'où son nom. Au cinéma, il est l'équivalent du mélodrame. ▷ *telenovela*.

Société civile auteurs-réalisateurs-producteurs [ARP] ▪ Société de perception et de répartition des droits d'auteurs fondée en 1987 par Claude Berri et une trentaine de réalisateurs producteurs au moment des discussions sur les accords du Gatt et de la mise en place de la rémunération pour la loi sur la copie privée. L'ARP perçoit et répartit les ressources de la redevance au titre de la rémunération pour copie privée sur les supports d'enregistrement vierges au profit de ses membres, en leur double qualité d'auteur et de producteur. L'association est membre de plusieurs institutions (comme Unifrance Film) et participe à l'élaboration de la politique cinématographique et audiovisuelle (notamment avec le Centre national de la cinématographie). Elle compte environ 200 membres et son siège social est à Paris.

Société Gaumont [Gaumont] ▪ Compagnie fondée par Léon Gaumont en 1895. Gaumont ouvre en 1885 le Comptoir général de photographie et en 1895, outre un département pour la fabrication d'appareils de projection, il ouvre un autre département pour la prise de vues et d'édition de film. Il lance, en 1896, le Chronophotographe (ou Chrono dit de Demeney), un appareil de prise de vues et de projection petit et peu onéreux, puis, en 1910, le Chronophone qui sonorise les films et, en 1918, le Chronochrome qui permet la couleur. La compagnie ouvre en 1905 le premier véritable studio de cinéma aux Buttes-Chaumont. Elle distribue des films et ouvre des salles de cinéma à Paris (dont le Gaumont-Palace en 1911, qui a une capacité de 4200 places) et en province. Des cinéastes, comme Emile Cohl et Louis Feuillade, travaillent pour la Gaumont. La Première Guerre mondiale et le parlant lui portent de rudes coups. En 1929, elle lance le projecteur Idéal Sonor pour les films parlants. Avec le succès du parlant, elle doit également réorganiser son réseau de salles, qui s'étend alors en province. En 1930, elle fusionne avec Aubert-Franco-Films pour la création de Gaumont-Franco-Film-Aubert [GFFA] et ajoute de nombreuses salles à son parc. Elle reprend alors la production de films, qu'elle a abandonnée en 1925 ; c'est ainsi qu'elle produit *L'Atalante* (1934), le chef-d'œuvre de Jean Vigo commercialisé sous le titre *Le chaland qui passe*. Elle doit toutefois déposer son bilan en 1935. En 1938, l'agence Havas reprend la société ; ce sera la Société nouvelle des établissements Gaumont [SNEG]. Pendant la guerre, la SNEG relance la production du cinéma français et possède l'unique journal d'information cinématographique diffusé dans 2000 salles de cinéma, *France-Actualités*. Après la Deuxième Guerre mondiale, la compagnie doit affronter la présence du cinéma américain ; elle reçoit alors l'appui du gouvernement gaulliste et continue sa production. Y travaillent des cinéastes comme Jacques Becker, Sacha Guitry et Marcel Pagnol. Dans les années 1960, elle a sous contrat des réalisateurs comme André Cayatte et Robert Hossein, et, surtout, le scénariste Jacques Audiard. En 1974, à cause de l'essor de la télévision, elle met fin à ses actualités cinématographiques. Depuis 1970, Gaumont produit un cinéma qui tente de rejoindre la jeune clientèle française ; elle produit les films de Georges Lautner, Édouard Molinaro, Gérard Oury et Yves Robert. Elle possède une part importante du marché du cinéma français, tant dans la production, la distribution que l'exploitation. En 1982, la compagnie s'associe à Columbia TriStar pour la distribution vidéo sur le marché français. En 1992, est créée la Gaumont Télévision pour la production de documentaires et de téléfilms. La même année, Gaumont signe un accord avec Walt Disney Company pour la distribution des films de Buena Vista. En 1995, elle met en place le département Gaumont Multimédia pour le développement du dessin animé, de produits multimédias (jeux, cédéroms, site Web, etc.) et la vente de produits dérivés. En 2001, elle fusionne avec Pathé uniquement pour l'exploitation des salles. Depuis 2003, elle exploite les archives audiovisuelles et d'actualités cinématographiques avec celles de Pathé. En 2004, elle s'associe avec Sony pour la distribution des films de Columbia TriStar. Parmi les réalisateurs qu'elle produit, on distingue Luc Besson, Bertrand Blier, Costa-Gavras et Jean-Marie Poirier. Son plus grand succès financier : *Les visiteurs* (1993) de Jean-Marie Poirier. Son emblème : la lettre « G » enchâssée dans une marguerite.

social ▷ film social.

Société de développement des entreprises culturelles [SODEC] ▪ Organisme de l'État québécois qui promeut et soutient l'essor et le rayonnement du livre, du disque, du métier d'art, du patrimoine culturel, du cinéma et de la télévision. Pour le cinéma et la télévision, la Sodec soutient *a)* l'écriture de scénarios ; *b)* la production de courts, moyens et longs métrages de fiction, et d'œuvres documentaires ; *c)* la promotion et la diffusion de la production cinématographique et télévisuelle québécoise ; *d)* la relève et l'intégration des jeunes créateurs dans les circuits réguliers de la production ; *e)* les entreprises du Québec qui exploitent des salles de cinéma, qui tiennent des festivals, des événements et des activités promotionnelles valorisant le cinéma et la production télévisuelle ; *f)* la promotion des films étrangers peu diffusés ; *g)* l'exportation et le rayonnement culturel sur les marchés hors Québec et la participation collective des entreprises à des manifestations internationales ; et *h)* la promotion du Québec comme centre de production de calibre international et l'accueil des producteurs étrangers sur le territoire.

société pour le financement de l'industrie cinématographique et audiovisuelle [sofica] ▪ En France, société d'investissement privée bénéficiant d'avantages fiscaux en vue d'aider à la production de films. Une sofica est en quelque sorte un programme de crédits d'impôt dont le plafond est limité et dont la valeur de remboursement est garantie. La rentabilité d'une sofica dépend du succès de la production financée. Elle participe à environ 20 % du budget total d'un film. ▷ abri fiscal.

Society of Motion Picture and Television Engineers [SMPTE] ■ Association américaine des techniciens de cinéma et de la télévision regroupant environ 8000 membres. La SMPTE définit les normes de l'industrie (pour les pellicules, les appareils, etc.). Ainsi, elle établit un code pour les amorces de début et de fin de bobine, appelé *SMPTE universal leader*; sur chaque amorce initiale doivent être imprimées certaines informations sur le film: métrage, format, etc. Elle publie une revue: *The Journal of the Society of Motion Picture Engineers*. Son équivalent en Grande-Bretagne est le British Kinematograph, Sound and Television Society [BKSTS] et en France, la Commission supérieure technique du cinéma français [CST].

SODEC ■ Acronyme de Société de développement des entreprises culturelles.

sofica ■ Acronyme de société pour le financement de l'industrie cinématographique et audiovisuelle.

softcore ANGLIC. ■ Terme signifiant « noyau mou ». Genre cinématographique caractérisant le film érotique. Dans un film softcore, on ne montre pas l'acte sexuel. ◊ CONTR. hardcore.

Softimage ■ Société montréalaise née en 1986 à la suite de la mise au point par Philippe Bergeron, Daniel Langlois et Pierre Robidoux d'un logiciel d'images 3D. Naît en 1988 Softimage Creative Environment qui se veut un circuit complet pour les créations artistiques en intégrant tous les procédés de production en numérique. La société s'allie à l'industrie hollywoodienne, et son logiciel est utilisé pour *Le parc jurassique* (1993) de Steven Spielberg. Jusqu'à la vente du logiciel Softimage à Microsoft en 1994, l'équipe de Daniel Langlois met au point des outils informatisés qui facilitent le processus créatif tout en réduisant les coûts. On peut définir Softimage par sa capacité d'utiliser une technologie pour la fabrication de produits avec lesquels les créateurs peuvent développer un contenu pour une industrie, quelle que soit la nature de l'industrie, et à n'importe quel moment. Après les produits 3D haute gamme, la compagnie se tourne désormais vers une technologie visant un plus grand nombre d'utilisateurs, et crée une nouvelle génération de produits basés sur l'architecture d'un studio entièrement numérique, qui offre un environnement en 3D intégré, allant de la vidéo à la composition en passant par le son et le montage. La société continue de collaborer avec des partenaires, surtout californiens, par exemple, pour la réalisation de la trilogie des *Matrix*: *Matrix* (1999), *Matrix Reloaded* (2003) et *Matrix Revolutions* (2003) d'Andy et Larry Wachowski. Le dernier logiciel maison est Softimage/XSI, logiciel de modélisation 3D dont la version professionnelle est très onéreuse. Le produit Softimage est actuellement détenu par la société Avid Technology, un leader dans le monde de l'édition vidéo, mais son développement relève toujours de la société montréalaise. ▷ **image de synthèse**.

software ANGLIC. ■ [1] En informatique, programmes et données permettant le fonctionnement d'un ordinateur. ▷ **logiciel**. ■ [2] En cinéma et en vidéo, films, vidéogrammes, cassettes et bandes magnétiques déjà enregistrés. ◊ CONTR. hardware.

soirée ■ Dans «en soirée». Séance de film en soirée, après 17 heures (*evening performance*). ◊ CONTR. matinée.

65 mm ■ Format de film large de 1:85:1. Son format est 4 ½ plus large que le 35 mm et 2 ½ plus large que le 35 mm anamorphosé. Le 65 mm est tiré sur une pellicule 70 mm. Les coûts entraînés par un tournage en 65 mm sont très élevés et en limitent l'utilisation. ▷ **Imax, Panflasher [2], Todd-AO, Vitascope, Wonderma.**

70 mm ■ Format de film large servant à tirer des copies de films en 65 mm. Deux fois plus large que le film standard 35 mm, son format est de 2:2:1. On compte 13 photogrammes au pied; ses deux côtés sont perforés et la piste sonore, large, peut accueillir 6 canaux de son magnétique. Le 70 mm est utilisé aux États-Unis et en Europe, particulièrement dans les parcs d'attractions, les foires et les musées. ▷ **Arriflex, Fox-Grandeur, Omnimax, Panflasher [2], Panoptikon Latham, Showcan, Superpanorama, Super-Technirama, Todd-AO.**

SOM Berthiot ▷ **Berthiot.**

son ■ [1] Phénomène physique créé par la perturbation d'un milieu matériel élastique (*sound*). Les sons correspondent aux fréquences des vibrations sonores et se caractérisent par leur hauteur, leur intensité et leur timbre. On capture le son à l'aide d'un microphone et on le reproduit à l'aide d'un haut-parleur. La numérisation et la compression sont des techniques modernes d'enregistrement et de transmission. ■ [2] Par extension, enregistrement optique ou magnétique du son, sa reproduction et sa transmission (*sound*). Au cinéma, le son est lié en synchronisme avec l'image. L'arrivée du son au cinéma changera radicalement l'industrie du film : il mettra fin à l'âge d'or de la comédie réalisée par les Mack Sennett, Charles Chaplin et Buster Keaton, mais permettra la naissance de la comédie musicale et de la comédie fantaisiste. Jusque dans les années 1950, avant l'apparition de la stéréophonie, la technologie sonore reste pratiquement la même ; ▷ **Dolby Stéréo, THX.** En postproduction, au montage et au mixage, la numérisation permet une manipulation, une réorchestration et une intégration multiple et variée des sons. On distingue le son d'ambiance, le son direct, le son magnétique, le son numérique, le son off, le son optique, le son original, le son seul, le son stéréophonique, le son synchrone et le son témoin. Cinquième dimension du cinéma, le son obéit à des principes d'économie, de pertinence et de variété ; il ajoute un supplément de réalité au film. Dans un film, le silence, les paroles (dont les dialogues), les bruits (ou effets sonores) et la musique sont les composantes du son. ▷ **bande sonore, cinéma sonore, enregistrement sonore.**

son analogique ■ Mode ou système d'enregistrement et de reproduction convertissant le son dans un rapport proportionnel et continu entre le son initial et le son converti (ou codé) (*analog sound*). ◊ CONTR. son numérique.

son d'ambiance ■ Fond sonore d'une scène de film (*background atmosphere*).

sondier ARG. ■ Opérateur de son (*dial twister*).

son direct ■ Son directement enregistré sur le plateau de tournage ou en extérieur, en même temps que la prise de vues (*live sound*).

son magnétique ■ Mode ou système d'enregistrement et de reproduction du son par électromagnétisme (*magnetic sound*). Le son magnétique est non seulement plus économique que le son optique, mais il est de meilleure qualité.

son mixé ▷ bande mère.

son numérique ■ Mode ou système d'enregistrement et de reproduction convertissant le son en une série d'éléments binaires (0 et 1) (*digital sound*). Plus l'échantillonnage et la quantification des éléments sont grands, meilleures sont la fidélité et la précision du son enregistré et reproduit. La numérisation permet une plus grande flexibilité et une efficacité accrue dans le montage et le mixage ; elle élimine également les distorsions, les affaiblissements et les parasites sonores. Cette méthode remplace la méthode analogique. On peut transformer un son enregistré en analogique en son numérique.

son off ■ Bruits et effets sonores provenant d'une source extérieure au champ couvert par la prise de vues (*off screen*). ◇VOISINS hors-champ, voix off.

son optique ■ Mode ou système de reproduction du son convertissant le son en image photographique sur une piste latérale de la pellicule (*optical sound*). La surface lumineuse sur la piste sonore correspond à la densité sonore. ▷ **son magnétique**.

sonore (le) ■ Forme abrégée de cinéma sonore.

son original ■ Son enregistré avant le montage et le mixage, ou avant tout réenregistrement (*original sound*).

sonoriser ■ Adjoindre une bande sonore à un film (*dub*). On sonorise les films muets en ajoutant une bande musicale ; on emploie alors le terme « film sonorisé ». Charles Chaplin a sonorisé tous ses films, en leur ajoutant de la musique, des bruits et une voix off, et en enlevant ainsi presque tous les intertitres.

sonothèque ■ Lieu où sont conservés les enregistrements sonores, comme les disques, les bandes magnétiques, les vidéocassettes, les CD, etc. (*sound library*). On peut acheter d'une sonothèque divers enregistrements sonores pour les besoins d'un film, d'une émission de radio ou de télévision. ▷ **discothèque**.

son seul ■ Son enregistré sans son image correspondante (*wild sound*). Le son seul ne comporte généralement que des sons d'ambiance. ▷ **silence plateau**.

son stéréophonique ■ Mode ou système d'enregistrement, de reproduction et de diffusion du son par stéréophonie (*stereophonic sound*). La stéréophonie donne un relief acoustique au son, l'impression de volume et d'espace d'audition ; elle simule donc un son, qu'on peut appeler « son virtuel ». L'enregistrement du son stéréophonique doit être réalisé sur au moins deux bandes séparées et sa diffusion requiert au moins deux haut-parleurs en vue de créer l'impression de relief. ▷ **Digital Theater System, Dolby Stéréo, Pictographe, THX, Walt Disney**.

son synchrone ■ Son synchronisé à l'image (*synchronous sound*).

son témoin ■ Son enregistré sur le plateau de tournage (*guide track*). Le son témoin facilitera le travail de postsynchronisation.

son virtuel ■ Simulation d'un son en lui donnant une impression d'espace et de volume quand on le reproduit en deux dimensions (*virtual sound*). ▷ **son stéréophonique.**

Sony ■ Forme abrégée de Sony Corporation. Sony est la marque de commerce apposée sur les produits de la société Sony Corporation.

Sony Corporation ■ Société japonaise fabricant de matériel dans les domaines de la musique, de l'électronique, de la téléphonie, de l'informatique, de la télévision, du cinéma et de l'audiovisuel. Ce sont deux ingénieurs, Masaru Ibuka et Akio Morita, qui la créent en 1946. Son matériel est destiné tant au grand public qu'au monde professionnel. Son siège social est à Tokyo. Son chiffre d'affaires en 2005 est d'environ 60 MD $. ▷ **Betacam, Betamax, CD, CD-I, Columbia Pictures, Digital Sound, Digital 8, Dynlaens, Gaumont, Hi8, Metro-Goldwyn-Mayer, Sony Dynamic Stamina, TriStar, Video 8.**

Sony Dynamic Digital Sound [SDDS] ■ Système de reproduction du son numérique mis au point en 1992 par Sony pour les salles diffusant les films de Columbia et de TriStar, filiale de Sony Pictures Entertainment Company. La caractéristique principale de ce système est qu'il permet la diffusion du son sur 8 canaux. Les informations numériques se trouvent sur la pellicule, à l'extérieur des perforations, sur deux pistes. Le SDDS est lancé à l'occasion de la sortie de *Last Action Hero* de John McTiernan. Il est peu utilisé, contrairement aux systèmes semblables que sont le Digital Theater System [DTS] et le Sound Reduction Digital [SR-D].

Sony Pictures Entertainment Company ▷ **Columbia Pictures** et **TriStar.**

Sorbonne ARG. ■ Atelier ou magasin du peintre-décorateur.

sortie ■ [1] Livraison du film au public (*first screening*). La date de sortie désigne la première présentation du film au public et le jour de sortie, la diffusion du film en salle. Le jour de sortie est différent selon les pays : en Europe, c'est le mercredi ; en Amérique, le vendredi. ■ [2] Mise en marché du film (*release*).

sortir ARG. ■ Pour le cadreur, action de déplacer un objet dans le décor en périphérie du centre de l'image. ◊ CONTR. entrer.

soufflette ■ Petit instrument à souffler l'air qui enlève la poussière sur la lentille de la caméra et dont se sert l'opérateur ou l'un de ses assistants avant la prise de vues (*blower brush*). ▷ **pinceau.**

souffleur, euse ■ [1] Personne chargée d'aider l'interprète en lui « soufflant » le texte lors d'un trou de mémoire (*prompter*). ■ [2] Par extension, en télévision, tout système mécanique ou électronique sur lequel est écrit un texte qui peut être lu par l'animateur ou le lecteur de nouvelles ; on propose alors le terme « télésouffleur » (*prompter system*).

soulager ARG. ■ Éteindre une partie des projecteurs après la prise de vues.

Sound Reduction Digital [SR-D] ▪ Version numérique du système sonore Dolby Stéréo. Les informations sonores sont codées sur les bords de la pellicule ; un décodeur les lit et les répartit sur six canaux.

source de lumière [source lumineuse] ▪ [1] Système, substance ou objet qui émet de la lumière (*light source*). Le cinéma a besoin de sources lumineuses pour la prise de vues et la projection de films. On distingue deux catégories de sources de lumière : les sources primaires (*primary sources*), comme le soleil ou les lampes à incandescence et à décharge, et les sources secondaires (*secondary sources*), pour tout ce qui réfléchit la lumière. ▪ [2] Éclairage d'une scène qui donne l'impression que la source lumineuse vient d'un élément du décor (*light source*). Une lampe sur une table de chevet, un chandelier et une lampe de poche sont des exemples de source de lumière.

source lumineuse ▷ source de lumière.

source musicale ▪ Musique dont la source est visible à l'écran, un orchestre qui joue, par exemple.

sous-ex ▪ Forme abrégée de sous-exposition.

sous-exposition ▪ Exposition insuffisante de la surface sensible de la pellicule (*underexposure*). Parfois accidentelle, la sous-exposition peut être réalisée volontairement à la prise de vues ou en laboratoire.

sous-titrage ▪ Procédé consistant à confectionner des sous-titres (*subtitling*). Les dialogues du film, traduits dans une autre langue que celle du film, défilent en bas de l'image. On distingue plusieurs techniques de sous-titrage : la gravure, l'incrustation (pour la télévision), l'inscription au laser, le sous-titrage à chaud, le sous-titrage électronique (projeté par vidéo en dessous de l'écran) et le sous-titrage optique (imprimé au moment du tirage). La règle de base du sous-titrage est d'afficher au maximum 10 lettres par seconde et d'inscrire les mots importants au début du sous-titre. Certains pays (comme la Russie ou la Bulgarie) ne recourent pas au sous-titrage à cause de la longueur des mots ; une voix neutre est alors superposée au son original du film (pour le marché de la vidéocassette), ou est diffusée dans une salle, ou entendue par des écouteurs avec une traduction simultanée.

sous-titre ▪ Généralement au pluriel : les sous-titres. Traduction condensée du dialogue d'un film, projetée en surimpression au bas de l'image (*subtitle*). On distingue le sous-titrage et la version sous-titrée ; on dit : sous-titrer un film. Les sous-titres sont surimpressionnés ou gravés sur la pellicule, mais ils peuvent être également reproduits électroniquement et projetés au-dessous de l'image de l'écran. L'abréviation S.T.F. accolée au titre d'un film dans un programme indique que le film comporte des sous-titres français.

sous-titreur ▪ Personne chargée de la rédaction des sous-titres (*subtitler*). Le sous-titreur doit pouvoir non seulement traduire les dialogues en langue étrangère, mais également les adapter aux conditions de projection des images : le texte traduit doit correspondre le plus possible aux mouvements des lèvres des interprètes, par exemple.

Sovcolor ■ Marque de commerce d'un procédé soviétique de cinéma tripack en couleurs, soustractif, dérivé de l'Agfacolor mis au point en 1946, lorsque l'armée soviétique fait main basse sur un stock de pellicule Agfacolor en Allemagne; l'Union soviétique considère cette pellicule comme un butin de guerre et s'en approprie le procédé sans en payer les droits. Comme l'Agfacolor, le Sovcolor se détériore rapidement. Les parties en couleur de *Andreï Roublev* (1966) et de *Solaris* (1972), et *Stalker* (1979) d'Andreï Tarkovski sont en Sovcolor. ▷ **Orwocolor.**

Space Vision ■ Marque de commerce d'un procédé de cinéma en relief obtenu par des filtres polarisants. Natural Vision et Stereo Vision sont des procédés équivalents.

spectacle ■ Représentation cinématographique (*show*). On parle de film à grand spectacle et de l'industrie du spectacle.

spectacle de variétés ■ Variante de théâtre de variétés.

spectateur, trice ■ Au cinéma, personne qui regarde un film (*filmviewer, member of the audience*). On pense qu'un film influence le spectateur, voire le transforme; c'est pourquoi on essaie de prévoir et de calculer les effets sur lui, par le montage par exemple; ▷ **effet Koulechov.** On se soucie de la compréhension du film par le spectateur, de sa portée intellectuelle ou morale; on l'explique, on le discute; ▷ **ciné-club.** Le spectateur peut s'identifier aux situations et aux personnages d'un film; ▷ **distanciation.** Plus il y a de spectateurs qui voient un film, plus celui-ci connaît du succès; ▷ **box-office, entrée.** Tout film est fait pour obtenir une réaction du spectateur, adhésion ou identification, rire ou frayeur; ▷ **comédie, film d'horreur.** Le spectateur évalue, commente, critique et interprète l'œuvre vue. Certains films veulent le conscientiser; ▷ **cinéma militant;** d'autres, le persuader et le convaincre; ▷ **film de propagande;** d'autres encore, le tenir en haleine; ▷ **film à épisodes, suspense;** d'autres ne font que le divertir; ▷ **film commercial, film d'évasion;** un certain cinéma suscite en lui de nouvelles émotions; ▷ **cinéma expérimental, cinéma autrement.** ▷ **cinémaniaque, cinéphile, film-culte.**

spectre ■ Juxtaposition ininterrompue de bandes colorées correspondant à la décomposition de la lumière dans un prisme et contenant le rouge, l'orange, le jaune, le vert, le bleu, l'indigo et le violet (*spectrum*). Le spectre représente toute la gamme des couleurs.

spectre sonore ■ Étendue des sons audibles (*sound spectrum*). On représente ainsi graphiquement les niveaux sonores qui correspondent aux différentes fréquences.

sphère d'intégration ▷ diffuseur [5].

sport ■ Le sport est une source d'inspiration pour le cinéma. Toutes les disciplines servent de base aux films dédiés au sport. L'activité sportive se prête à tous les genres cinématographiques, de la comédie au drame, et à toutes ses catégories, documentaire et fiction, de court, de moyen et de long métrage. Un film sportif est souvent une biographie romancée. Les thèmes traités y sont nombreux : l'agression, l'amitié, l'amour, la bravoure, les blessures et les handicaps, l'esprit de compétition, le courage, l'engagement, les défis, les différences sociales, la différence sexuelle, l'endurance, le fanatisme, la force, la jeunesse, la performance, le goût du risque, la solidarité, le désir de vaincre, etc. Le premier film consacré au sport est *Course en sac* (1896) des frères Lumière. Parmi les films où le sport en est le sujet ou le décor, citons : *Vive le sport!* (1925) de Fred C. Newmeyer avec Harold Lloyd pour le football ; *La légende du grand judo* (1943) d'Akira Kurosawa et *Douches froides* (2005) d'Antony Cordier pour le judo ; *L'arnaqueur* (1961) de Robert Rossen et *La couleur de l'argent* (1986) de Martin Scorsese pour le jeu de billard ; *Le prix d'un homme* (1963) de Lindsay Anderson pour le rugby ; *La ligne rouge 7000* (1965) de Howard Hawks pour la course automobile ; *Les chariots de feu* (1981) de Hugh Hudson et *Un enfant de Calabre* (1987) de Luigi Comencini pour la course à pied ; *Un cœur gros comme ça* (1961) de François Reichenbach, *Fat city* de John Huston, *Raging Bull* (1980) de Martin Scorsese et *Million Dollar Baby* (2005) de Clint Eastwood pour la boxe ; *La castagne* (1977) de George Roy Hill pour le hockey ; *Le meilleur* (1984) de Barry Levinson pour le baseball ; *Ping Pong* (2002) de Fumihiko Sori pour le tennis sur table ; *Le grand National* (1944) de Clarence Brown, *Pur Sang, la légende de Seasbiscuit* (2003) de Gary Ross pour la course de chevaux ; *Le ballon d'or*

(1994) de Cheik Doukouré et *Zidane, un portrait du xxi*[e] *siècle* (2006) de Philippe Parreno et Douglas Gordon pour le foot.

spot ANGLIC. ▪ [1] Petit projecteur d'éclairage à faisceau lumineux étroit, de type Cremer ou Fresnel (*spotlight*). ▪ [2] Tache lumineuse produite par un jet d'électrons sur un écran cathodique (*spot*).

spot analyseur ▪ Procédé employé en télécinéma pour la lecture d'une image de film grâce à un balayage de l'écran par une fine tache lumineuse d'intensité constante (*flying spot*).

spot publicitaire ANGLIC. ▷ **message publicitaire.**

spotmètre ▪ Posemètre permettant de mesurer un champ lumineux très étroit (*spotmeter*).

SR-D ▪ Sigle de Sound Reduction Digital.

S.T.A. ▪ Abréviation de sous-titres anglais.

staff ▪ Composition plastique de plâtre et de fibres végétales employée pour la confection des décors (*staff*).

staffeur ▪ Personne responsable de la manipulation du staff (*plasterer*). C'est une profession qui comprend trois spécialistes : l'architecturier (staffeur spécialiste des motifs d'architecture), le mouleur (staffeur des moulures en plâtre ou en gélatine) et le sculpteur-décorateur (staffeur qui exécute les moules d'après un dessin ou une indication).

stagiaire ▪ Personne qui fait un stage dans une des activités du cinéma (*trainee*). Le stagiaire doit suivre une période d'apprentissage avant d'être reconnu par une association ou un syndicat. Il accomplit généralement le travail d'un assistant.

Stamina ■ Marque de commerce de batteries de longue durée fabriquées par Sony pour ses caméscopes. Les batteries peuvent durer selon le modèle de caméscopes de six à sept heures en continu.

standard ■ [1] Norme technique établie par l'industrie du film et de l'audiovisuel pour les appareils et les équipements (*standards* PLUR.). ■ [2] ▷ **format [2].**

star ANGLIC. ■ Mot signifiant « étoile ». Grande vedette. La star est une personne reconnue, identifiée, adulée par le public. Elle peut exiger des cachets élevés et avoir des exigences particulières. Les premières stars sont des acteurs comiques, comme Charles Chaplin, Buster Keaton, Max Linder et Harold Llyod. Puis ce sont les cow-boys, comme William Hart et Douglas Fairbanks. Une des premières stars féminines est Mary Pickford. Il y a également les dons juans comme Rudolph Valentino et John Barrymore. La « fabrication » d'une star est depuis longtemps un processus de création et de lancement, dont les Américains sont passés maîtres en ce domaine ; ▷ **star-système.** On calcule le succès d'une star, et la durée de sa vie dépend de ce succès. On sélectionne les acteurs et surtout les actrices en vue d'en faire des stars ; on leur fera suivre des cours et perfectionner leur art ; on les adaptera physiquement et moralement aux exigences du film (cheveux teints, couleur des robes, bodybuilding, etc.). On prépare son apparition comme star par de la publicité, souvent tapageuse, des reportages par des journalistes, des apparitions à la télévision, la présence à des premières, etc. On lui crée une vie privée tumultueuse, avec drames et moments heureux. Si le film a du succès, le cachet de la star augmentera. Elle est souvent sous la gérance d'un impresario ou d'un agent, qui lui trouve des contrats et les négocie ; ▷ **agence.** La télévision s'approprie le mot et « fabrique » dorénavant ses propres stars, avec les mêmes moyens de création et de lancement que ceux du cinéma. On distingue l'apprentie star, la starlette, la superstar et la starisation ; ▷ **starification, starifier.** À lire : *Les stars* (1972) d'Edgar Morin. ▷ **bankable, star-système.**

starification NÉOL. ■ Fabrication d'une star.

starifier FAM. ■ Transformer une personne en star. ◊ SYN. stariser.

stariser FAM. ▷ **starifier.**

starlette ■ De l'anglais *starlet*, qui veut dire « petite star ». Diminutif de star. Jeune actrice qui rêve de devenir célèbre (*starlet*). La starlette a généralement des rôles secondaires dans les films. Elle doit faire ses preuves. ◊ SYN. apprentie star.

S.T.Bil. ■ Abréviation de sous-titres bilingues. En Belgique, cette abréviation indique que le film projeté comporte des sous-titres français et néerlandais.

S.T.F. ■ Abréviation de sous-titres français.

star-system ■ Variante de star-système.

star-système [star-system] ANGLIC. ■ De l'expression américaine *star system*. Exploitation à l'écran et hors écran des interprètes de films dans le but de conquérir le public de cinéma. Cette organisation du culte des vedettes est rendue possible grâce à la participation de revues, de journaux à potins et de campagnes publicitaires, par l'intermédiaire du département de publicité; ▷ **publicité**. Le star-système naît dans les années 1910 avec la création des studios hollywoodiens. On dit que la première star a été Florence Lawrence car, pour la première fois, en 1911, le nom d'un interprète apparaît au générique du film; ▷ *girl*. Le star-système se consolide à partir de 1919, au moment où tous les noms des interprètes apparaissent au générique des films. Mary Pickford et Charles Chaplin représenteront l'essence du système, leur notoriété étant internationale et leurs cachets étant les plus élevés du cinéma (près d'un million de dollars). Durant l'âge d'or des studios, le star-système se décline sous tous les modes, les stars représentent largement tous les archétypes humains: la vamp, l'amant aventurier, le rebelle, la vierge innocente, la femme mystérieuse, la femme fatale, l'antihéros, etc. Les stars connues ont pour noms Lilian Gish, Theda Bara, Douglas Fairbanks, Rudolph Valentino (pour la période du muet); Claudette Colbert, Joan Crawford, Marlene Dietrich, Rosalind Russell, Humphrey Bogart, James Cagney, Gary Cooper, Henry Fonda, James Stewart, John Wayne (pour les années 1930 et 1940); Ava Gardner, Jean Harlow, Marilyn Monroe, Marlon Brando, James Dean, Rock Hudson, John Wayne (pour les années 1950). Associé aux productions hollywoodiennes, le star-système n'existe pas en tant que tel en Europe, mais des actrices comme Diana Dors et Shirley

Ann Field, en Grande-Bretagne, Brigitte Bardot, en France, Gina Lollobrigida et Sophia Loren, en Italie, sont des équivalents des sex-symbols promus par ce système, comme Ava Gardner et Marilyn Monroe. Avec le déclin des studios et l'arrivée de la télévision, le star-système décline lentement dans les années 1950, en gardant toutefois son aura mythique.

station ▪ Émetteur de programmes radiophoniques ou télévisuels (*station*). En télévision, la station est synonyme de chaîne.

station affiliée ▪ Aux États-Unis, station ayant un contrat renouvelable à tous les deux ans avec l'un des trois grands réseaux que sont ABC, CBS et NBC (*affiliated station*). Un réseau offre à ses stations affiliées 65 % de sa programmation (information, sport, séries, feuilletons, soaps, spectacles de variétés, etc.) et 60 % de sa publicité nationale.

Steadicam ▪ Marque de commerce d'un dispositif de caméra portable inventé par Edmund M. Digiulio et mis au point par le caméraman Garrett Brown pour la société américaine Cinema Products Inc. à la fin des années 1970. Composée d'un système complexe de câbles, de poulies et de ressorts ajustables, la Steadicam absorbe les vibrations du mouvement de l'opérateur grâce à un harnais installé autour de sa taille, lui donnant ainsi une grande souplesse à la prise de vues. L'opérateur manipule la caméra à son centre de gravité, lui ajoutant ainsi plus de stabilité, ce qui lui permet de faire des travellings dans des endroits accidentés où l'utilisation d'un chariot et de rails est impossible. Le cadreur visualise l'image sur un petit moniteur vidéo; sa mise au point est faite à distance par un système émetteur. Le poids du dispositif (environ 45 kilos) est un obstacle difficile à surmonter au début et exige au moins une semaine d'apprentissage. La Steadicam peut être montée sur une grue ou sur un véhicule. Son poids et sa taille ont été modifiés au cours des années et adaptés pour tous les types de caméras, y compris les caméras vidéo, et son prix varie entre 12 000 et 50 000 $. L'une des premières utilisations éloquentes de la Steadicam dans les travellings fut pour le film de Stanley Kubrick, *The Shining* (1980). ▷ **BodyCam, Panaglide.**

Steadycam ▪ Orthographe erronée très courante de Steadicam.

Steenbeck ▪ Marque de commerce d'une table de montage fabriquée par la Steenbeck Company établie en Californie. La Steenbeck est une table de montage horizontale (*flat-bed editing machine*), avec laquelle on peut monter le film plus facilement et plus rapidement qu'avec la Moviola. Munie d'un petit écran translucide, elle permet l'utilisation de lentilles anamorphiques. Elle remplace la Moviola.

sténopé ▪ Du grec signifiant «petit œil». Dans la chambre noire des origines, petit trou faisant office d'objectif photographique (*pinhole*). Un mage arabe, Ibn al-Haitam, s'en sert pour étudier les éclipses du soleil. Le sténopé est en fait un objectif grand angulaire tout en étant totalement privé de distorsion.

stéréo ▪ Forme abrégée de stéréophonie (*stereo*).

Stereo-Control ▪ Marque de commerce d'un procédé de diffusion du son stéréophonique expérimenté par la Major Warner Bros. durant les années 1940. En fait, il ne s'agit pas de stéréophonie, mais d'un effet rendant possible une spatialisation du son, diffusé par trois haut-parleurs (un situé derrière l'écran et les autres, à gauche et à droite de la salle).

Stéréokino ▪ Procédé de projection en relief sur grand écran mis au point en 1946 en Union soviétique (*Stereokino*). On n'a pas besoin de lunettes spéciales pour une projection en Stéréokino. C'est un cinéma en stéréoscopie, qui se veut total, un cinéma d'immersion.

stéréophonie [stéréo] ▪ Méthode d'enregistrement et de reproduction du son sur plusieurs pistes distinctes donnant l'impression d'un relief sonore grâce à des haut-parleurs disposés à droite et à gauche de l'auditeur-spectateur (*stereophony*). La stéréophonie utilise des canaux séparés pour l'enregistrement et la diffusion, pour l'émission et la réception. La stéréophonie assure une fidélité et une grande étendue au son. L'industrie du cinéma l'adopte complètement dans les années 1960, même si certains films seulement, comme les superproductions, sont produits en stéréophonie. Presque toutes les salles dans le monde sont actuellement équipées pour la reproduction stéréophonique, la production des films en stéréophonie étant devenue courante. En 1934, Abel Gance est le premier réalisateur à expérimenter ce système avec le Pictographe pour *Napoléon Bonaparte*, version sonorisée du premier *Bonaparte* (réalisé en 1925, projeté en 1927). Le premier film en stéréophonie est *Fantasia* (1940) de Walt Disney Pictures, mais les difficultés d'exploitation conduisent la compagnie à exploiter une copie en version mono. Dans les années 1950, la stéréophonie atteint son plein développement avec le Cinérama, ses sept pistes magnétiques et ses six haut-parleurs répartis dans la salle, et avec le CinémaScope et son utilisation de quatre pistes magnétiques, qui seront remplacées par la suite par des pistes optiques. La numérisation du son a grandement amélioré la stéréophonie. ▷ **Dolby Stéréo, son virtuel, THX**.

stéréoscope ▪ Instrument d'optique inventé en 1838 par le physicien anglais Charles Wheatstone qui restitue l'impression de profondeur et de relief à des images en surface plane (*stereoscope*). Deux images enregistrées simultanément par deux appareils parallèles sont projetées sur un écran avec un décalage qui correspond à l'écartement des yeux. Le stéréoscope fait partie de la préhistoire du cinéma 3D.

stéréoscopie ▪ Méthode de simulation du relief présentant simultanément deux images enregistrées par deux objectifs différents dont la distance est similaire à celle qui sépare des yeux (*stereoscopy*). La stéréoscopie, très utilisée à la fin du XIXe siècle en photographie, est mise au point dès les débuts du cinéma à partir de l'anaglyphe. Le premier film en procédé anaglyphique est *Le pouvoir de l'amour* de Harry K. Fairoll, présenté en septembre 1922 à Los Angeles. À partir du même procédé, Paramount produit en 1920 des courts métrages appelés « plastigrammes » et MGM, en 1935, des « audiogrammes ». Polaroïd met au point un système prometteur de lentilles placées sur une ou deux caméras ; la projection simultanée des deux images filmées recrée la distance entre les deux yeux, donnant l'effet d'une vision binoculaire. Un film italien en noir et blanc, *Le banquet du mendiant*, est réalisé en 1936 selon le système Polaroïd 3D ; Hollywood le perfectionne et Arch Oboler réalise un film en couleurs en trois dimensions, *Bwana le diable*, qui obtient un énorme succès ; *Le crime était presque parfait* (1954) d'Alfred Hitchcock est tourné pour être vu en relief, mais n'est guère exploité sous cette forme. Le spectateur doit porter des lunettes spéciales pour obtenir l'effet de vision stéréoscopique. La télévision fait des expériences en ce sens durant les années 1950. *Chair fraîche pour Frankenstein* (1974) de Paul Morrissey est l'un des derniers films tournés en stéréoscopie. Les procédés Natural Vision, Stereo Vision, Imax et Omnimax sont fondés sur le principe de la stéréoscopie. ▷ **cinéma en relief, Stéréokino**.

stéréoscopie par anaglyphes ▪ Procédé de photographie en relief adapté au cinéma (*anaglyphes process*). C'est Grivolas, en 1897, qui le premier adapte le procédé photographique de Louis Ducos du Hauron. En 1935, Louis Lumière le reprend : chaque série d'images en stéréoscopie est projetée à travers des filtres de couleurs complémentaires (bleu-vert, jaune-bleu ou rouge-orange) ; les spectateurs doivent porter des lunettes avec des verres de même couleur.

Stereo Vision ■ Procédé de cinéma en relief obtenu par des filtres polarisants. Natural Vision et Space Vision sont des procédés équivalents. ▷ **stéréoscopie.**

stockage ■ Mode d'entreposage et de conservation de la pellicule (*storage*). Les équipements et les techniques de stockage doivent protéger la pellicule vierge et la pellicule impressionnée contre l'humidité et la chaleur qui les détériorent. ▷ **conservation des films.**

stop motion ANGL. ■ Expression n'ayant pas d'équivalent en français. Procédé héritier de la technique d'animation image par image qui permet d'animer des objets et des marionnettes en volume. On l'appelle également pixilation, mais il est différent de celle-ci dans la mesure où plusieurs prises successives peuvent correspondre à une seule action. Le procédé *stop motion* est long et laborieux à produire : une heure de travail pour deux secondes de film ; les objets et les marionnettes sont légèrement modifiés entre chaque prise. Les aventures de Wallace et Gromit dans les films du Britannique Nick Park (*Creature Comforts*, 1989 ; *Un mauvais pantalon*, 1993 ; *Une grande excursion*, 1995 ; *Rasé de près*, 1996 ; *Chicken Run*, 2000) sont de grandes réussites de cette technique d'animation. ▷ ***go-motion.***

story-board ANGLIC. ■ De *storyboard*, signifiant « planche d'histoire » ; un équivalent français est proposé mais guère usité : scénarimage. Traitement en dessins du scénario dont chaque planche correspond à un plan du film. En pré-production, on planifie l'ensemble des plans du film par le story-board. Celui-ci ressemble à une bande dessinée ; il est réalisé par le cinéaste ou un dessinateur professionnel. Il est mis au point par Walt Disney. Il est extrêmement utile pour les films à effets spéciaux. On y a maintenant recours constamment dans le métier. Grâce à l'ordinateur et à des programmes comme le Story Board Quick, on élabore un story-board électronique qui permet de visualiser les dessins de fonds sous une variété de plans et d'angles de prise de vues.

streaming ANGLIC. ■ Terme usité au lieu de « lecture en continu » ou de « lecture en transit ». Technique d'envoi d'un contenu en direct (ou en léger différé) utilisé dans Internet. Le streaming permet la lecture d'un flux audio ou vidéo à mesure qu'il est diffusé. Le contenu est placé dans une mémoire tampon jusqu'à ce qu'il y ait suffisamment de données pour commencer à être écouté ou regardé. Cette technique s'oppose à la diffusion par téléchargement qui nécessite de récupérer l'ensemble des données d'un morceau ou d'un extrait vidéo avant de pouvoir l'écouter ou le regarder. Le contenu envoyé par streaming ne peut être enregistré.

Stroboscope ■ Appareil de projection inventé par Simon Stampfer et présenté à Vienne en 1833, constitué de deux disques tournant en sens contraire qui permettent, en un bref instant, de voir des dessins dont la vision successive crée l'illusion du mouvement (*Stroboscope*). Le Stroboscope, qui ressemble au Phénakistiscope, est un des appareils ancêtres de l'invention du cinéma. ▷ **persistance rétinienne.**

stroboscope ■ Pièce qui, réglée à la vitesse exacte de la caméra, se trouve immobile, reproduisant fictivement l'immobilité de l'obturateur. Selon que la pièce se déplace à droite ou à gauche, cela signifie que la vitesse est trop élevée ou trop lente. Elle permet d'éviter des superpositions ou des décalages de photogrammes.

stroboscopie ■ Méthode d'observation d'un objet animé d'un mouvement périodique rapide à l'aide du stroboscope (*stroboscopy*). ▷ **phénomène de stroboscopie.**

stuc ■ Composition de plâtre ou de poussière de plâtre gâché avec une solution de colle ferme (*stucco*). Poli après durcissement, il est utilisé par le décorateur pour les décors en marbre. ▷ **staff.**

Studio ■ Revue française de cinéma grand public fondée en 1987, publiée sur papier glacé et d'apparence luxueuse. Centré prioritairement sur le cinéma commercial, le sommaire de la revue est organisé au gré de l'actualité cinématographique et de la sortie des exclusivités. Le film y est surtout appréhendé à travers un comédien interviewé, dont on trace le portrait. Les rédacteurs de *Studio* vouent une forte admiration au cinéma américain. L'espace de la revue est occupé majoritairement par de nombreuses photos de grande qualité. Parution: mensuelle.

studio ■ [1] Lieu d'enregistrement de la prise de vues (*stage*, *set*). Il est l'équivalent du plateau de cinéma. ▷ **film de studio.** ■ [2] Complexe de bâtiments abritant les divers secteurs de la fabrication et de la production des films, comme les plateaux, les salles de maquillage, les loges, les ateliers de costumes et d'accessoires, les salles de montage, la cantine, etc. (*studio complex*, ARG. *pic factory*). Le terme s'emploie surtout au pluriel. Cette définition s'est étendue à la télévision et à la vidéo. ■ [3] Par extension, compagnie de production (*studio*). Les studios désignent l'ensemble de la production américaine entre les années 1920 et 1950, dirigée par les nababs qui exercent sur elle un contrôle vertical (production-distribution-exploitation) et qui établissent le prototype du film américain; ▷ **cinéma classique américain.** Chaque studio produit un type reconnaissable de films. ▷ **Hollywood, Major, Minor, système des studios.**

Studio Canal Plus ▷ **Groupe Canal Plus.**

studio d'enregistrement ▷ **auditorium.**

Studio des arts contemporains ■ École nationale fondée en 1987 et inaugurée en novembre 1997, située à Tourcoing (Nord de la France), dont le premier directeur est le photographe et cinéaste Alain Flescher. Par le truchement de la technologie et du multimédia, son enseignement favorise le croisement entre plusieurs disciplines: le cinéma et les arts plastiques, la vidéo et la photographie, la danse et la mode, le son et l'architecture. Les bâtiments de cette école abritent des lieux ouverts au public: deux salles de cinéma, une librairie et une salle d'exposition.

style ■ [1] Aspect formel du film ou d'un ensemble de films réalisés par la même

personne (*style*). C'est une façon de s'exprimer propre à une personne. Le terme « style » est employé pour désigner la forme plutôt que le contenu du film. On dit que le cinéaste impose le sujet de son film par son style, qui reflète dès lors sa vision personnelle. Il permet de distinguer un auteur d'un autre. ▷ **manière.**
■ [2] Ensemble de caractéristiques formelles d'un film qui permettent de le rattacher à un mouvement (comme le style expressionniste et le style néoréaliste) ou à une époque (comme la comédie avant le parlant) (*style*). ■ [3] Caractéristiques formelles reconnaissables parmi l'ensemble des films produits par une société (*style*). Aux États-Unis, entre les années 1920 et 1950, chaque Major a imposé un style à ses productions grâce à ses directeurs photo et à ses directeurs artistiques ; ▷ **système des studios.**
■ [4] Type de jeu (*style*). Par la Méthode, l'Actors Studio a imposé un style de jeu s'appuyant sur l'introspection, l'émotion et le naturel.

style documentaire ■ Style du film de fiction proche du documentaire (*documentary style*). Par les choix de la mise en scène, de la photographie, du son ou du montage, le style documentaire crée l'impression d'un enregistrement direct et objectif de la réalité. Une voix off est souvent associée à ce genre de style ; voir le film *La maison de la 92e Rue* (1945) d'Henry Hathaway. On peut citer comme exemple de style documentaire, le film *Les petites fugues* (1978) d'Yves Yersin, qui est un portrait de la vie à la campagne dans la Suisse contemporaine.

style en 0 ■ Technique de composition des studios de Walt Disney pour ses dessins animés (*rubber pipe*). Le dessin est composé de lignes courbes dont chaque élément semble issu d'un cercle. Cette technique permet une exécution facile et le passage d'un mouvement à un autre rapide.

substitution ■ Au cours de la continuité d'un plan, effet obtenu par l'interruption de la prise de vues et la modification de l'élément d'un décor ou d'un détail concernant les personnages (*substitution*). La substitution est un trucage mécanique.

substratum ■ Du latin *substratum*. Mince couche de gélatine et de triacétate qui assure l'adhésion de l'émulsion sur le support (*subbing layer, substratum*).

suite ▷ **film de série.**

sujet ■ Ce qui est traité ou évoqué dans le film. Souvent synonyme de contenu, de thème et de motif, le sujet est concrétisé par la représentation d'une action. ▷ **synopsis.**

sulfure de cadmium [CdS] ■ Élément photorésistant entrant dans la fabrication des posemètres électriques (*cadmium sulphide*). Les cellules des posemètres au sulfure de cadmium sont plus sensibles que celles au sélénium.

Sundance Film Festival ■ Nom original anglais de Festival du film de Sundance.

sunlight ᴀɴɢʟɪᴄ. ■ Projecteur d'éclairage de studio très puissant (*sunspot*).

Super Cinescope ■ Format du Cinéma-Scope en Italie ; il est de 2 : 35 : 1.

Super Écran ■ Service de télévision à péage par câble, canadien et de langue française, diffusant et coproduisant des films de long métrage. Son équivalent de langue anglaise est First Choice.

super-8 ▪ Standard de pellicule pour films amateurs mis au point par Kodak en 1965, destiné à remplacer le 8 mm (*super-8*). L'image du super-8 est 50 % plus large que l'original 8 mm. Le son optique et magnétique peut être enregistré directement sur la pellicule.

Superpanorama ▪ Marque de commerce du format européen 70 mm du Todd-AO américain. Lancé en 1965, son format est 2:2:1.

Super Parvo Color ▪ Marque de commerce d'une caméra de studio de la lignée de la Parvo. Lancée en 1933, la Super Parvo Color est blimpée.

superproduction ▪ [1] Production exceptionnelle dont l'importance est mesurée sur les plans financier, matériel et humain (*blockbuster*). La superproduction est mise en œuvre dans les années 1950 et 1960 pour concurrencer la télévision. Elle est présentée sur un écran large et dépasse la durée standard habituelle de 90 minutes. Pour citer quelques exemples de superproductions, citons *Les dix commandements* (1954) de Cecil B. DeMille (en VistaVision, 221 minutes), *Ben Hur* (1959) de William Wyler (212 minutes) et *Cléopâtre* (1963) de Joseph L. Mankiewicz (en Cinéma-Scope, 243 minutes). ▪ [2] Film dont les dépenses au tournage et les frais somptuaires ont considérablement dépassé le devis de départ (*blockbuster*). *La porte du paradis* (1980) de Michael Cimino, dont le coût global atteindra 40 M$, amène

la United Artists au bord de la faillite. Entre 1970 et 1980, le coût d'un film américain a quadruplé. ▪ [3] Rouleau compresseur (*blockbuster*). Ce type de film a un succès public qui écrase celui des films exploités en même temps que lui; son succès financier est dès lors immédiat. Le terme anglais *blockbuster* est utilisé depuis l'été 1975 avec la sortie durant l'été de *Jaws*, de Steven Spielberg, présenté sur 409 écrans aux États-Unis, et qui sera à l'époque le plus grand succès du box-office de l'histoire du cinéma. *La guerre des étoiles* (1976) de George Lucas, dont le coût de production était de 12 M$, a rapporté à sa sortie 300 M$; *Titanic* (1997) de James Cameron, qui est rentré dans ses frais dès les premières semaines d'exploitation sur le territoire américain, a généré plus de 1 MD$ de profit en moins d'un an d'exploitation et demeure à la première place des plus grands succès du box-office. Ce type de superproduction possède un attrait immédiat et global, misant sur les possibilités d'un genre distinct (film de science-fiction, film de guerre, etc.) et s'appuyant sur des effets spéciaux spectaculaires. On le sort de plus en plus durant la saison estivale, mais également durant les fêtes de fin d'année. Le terme anglais *blockbuster* est de plus en plus utilisé en français. ◊ SYN. film à succès, gros calibre. ▷ **film d'exploitation, locomotive.**

Superscope ▪ Format de film large lancé par RKO en 1954. Son format est de 2:35:1. L'image n'est pas anamorphosée lors de son enregistrement (elle est donc de 2:1); elle est agrandie lors du tirage pour les copies d'exploitation.

Super 16 ▪ Film 16 mm lancé en 1970, dont le format panoramique est 40% plus large que le 16 mm régulier. Le Super 16 possède une unique rangée de perforations et son standard est 1:66:1. Comme il peut être gonflé en 35 mm sans perte de précision, il devient très populaire à cause de son coût d'utilisation moins élevé que celui du format standard 35 mm. Peter Greenaway l'utilise pour *Meurtre dans un jardin anglais* (1983). Il est surtout utilisé pour le court métrage. ▷ Aäton.

superspectacle ▷ péplum.

superstar ANGLIC. ▷ **monstre sacré.**

Super-Technirama ▪ Procédé de prise de vues mis au point en 1959 par la société Technicolor utilisant, comme le Technirama, le défilement horizontal de la pellicule sur huit perforations et l'ajout de l'anamorphose. Le Super-Technirama est désanamorphosé pour le tirage sur 70 mm.

Super 35 ▪ Film 35 mm employé aux États-Unis pour la production destinée à la télévision. Son format correspond au 16/9. Il utilise la même pellicule que pour le panoramique et le scope. On peut gonfler un Super 35 en format 70 mm. Il existe une version économique appelée « 3 perfs », soit 3 perforations par photogramme grâce à un mécanisme spécial d'avancement dans l'appareil de prise de vues. L'image en 3 perfs présente un rapport de 1:85:1.

superviseur ▪ Personne responsable du bon déroulement du tournage du film (*supervisor*). Le superviseur est souvent un conseiller technique.

suppléments PLUR. ▷ **bonus.**

support ▪ [1] Partie transparente de la pellicule sur laquelle sera couchée l'émulsion ou la couche sensible (*base*). Fait à partir de nitrate de cellulose, très inflammable, le support est aujourd'hui fait de triacétate, ininflammable. ▷ **support de sécurité.** ▪ [2] Pied supportant la caméra, constitué de plusieurs éléments fixes ou amovibles, permanents ou provisoires, comme la tête, le cube, le praticable, les rails, la grue, etc. (*support*).

support anti-glissant ▪ Support qui prévient le glissement de la pellicule dans la caméra.

support de sécurité ▪ Matériau ininflammable en triacétate de cellulose ou en polyester (*safety base*). Ce nouveau support remplace depuis 1951 le support inflammable en nitrate de cellulose. Variante, qui est un anglicisme : safety-film.

surcharge ▪ Tension électrique excessive (*overload*). La surcharge dépasse les tolérances d'un appareil.

surdévelopper ▪ Augmenter le temps de développement de l'émulsion afin de la rendre plus sensible à la lumière (*overdevelopment*). Si le surdéveloppement augmente la granulation et le contraste de l'émulsion, il peut également provoquer des distorsions dans le rendu chromatique. ◊ VOISIN pousser.

surex ARG. ▪ Surexposition.

surexposition [surex] ▪ Fait d'impressionner la surface sensible de la pellicule avec un éclairement excessif (*overexpo-*

sure, FAM. *burning up*). Parfois accidentelle, la surexposition peut être réalisée volontairement à la prise de vues ou en laboratoire à des fins esthétiques.

surfaçage ▪ Polissage de la surface des lentilles et des éléments optiques de l'objectif.

surface sensible ▪ Variante de couche sensible. ◊ SYN. émulsion, face émulsionnée.

surfaces sensibles PLUR. ▪ Pellicules vierges offertes sur le marché.

surfer ▪ Naviguer pour son plaisir dans Internet (*surf*).

surimpression ▪ Trucage permettant d'obtenir la superposition de plusieurs images sur une même surface (*double exposure, surimposition*). Son effet est utilisé pour les images mentales, les souvenirs, les dédoublements de rôle, les rôles de fantômes, etc.; par exemple, un dormeur qui se lève de son lit en rêve ou un enfant devient un géant à vue d'œil. Son emploi paraît aujourd'hui désuet.

surwestern NÉOL. ▪ Western des années 1950, au moment de l'apparition du CinémaScope et de l'utilisation de la couleur qui lui donnent une ampleur spectaculaire. Le terme est inventé par le critique et théoricien André Bazin pour désigner le surwestern comme un approfondissement ou un détournement des thèmes développés traditionnellement dans le western. Ainsi, dans *L'homme des vallées perdues* (1953) de Georges Stevens, le cowboy est idéalisé à travers les yeux d'un petit garçon, et *Le train sifflera trois fois* (1952) de Fred Zinneman, avec ses allusions à la politique américaine de l'époque, peut être interprété comme une parabole du maccarthysme. On peut affirmer également que les westerns de Sergio Leone et Monte Hellman sont des surwesterns.

suspense ANGLIC. ▪ État créant de l'anxiété chez le spectateur dans l'attente de la résolution d'une situation (*suspense*). Au cinéma, le suspense semble allonger le temps; il doit nourrir l'intérêt du spectateur envers la situation montrée. Pour qu'il y ait suspense, il faut que le spectateur s'identifie fortement à la situation représentée. Il faut alors qu'il y ait modelage des intensités dramatiques pour convaincre et toucher le spectateur et se rendre maître de ses réactions et de ses émotions. Le montage est le meilleur instrument du suspense. Alfred Hitchcock est l'un des maîtres du suspense. ▷ **film à suspense.**

Svenska Filminstitute ▪ Nom original suédois de l'Institut suédois du film.

Svoscope ▪ Format de film large 70 mm en Union soviétique. Son format est de 2:35:1.

symbole ▪ Objet, personne ou action ayant une signification abstraite dans la fonction de type narratif (*symbol*). Le symbole possède une signification implicite ou explicite, renvoyant à une association d'idées reconnue universellement. Ainsi, le mot « Rosebud », nom d'une marque de commerce de traîneaux, prononcé dans *Citizen Kane* (1941) d'Orson Welles, est le nom du traîneau de Kane alors qu'il était enfant; il renvoie donc à la perte de l'innocence. Il y a de nombreux symboles sexuels dans les films de Luis Buñuel et Federico Fellini. Par sa multitude de symboles, le film peut devenir une allégorie, comme *Le septième sceau* (1957) d'Ingmar Bergman. ▷ **motif, thème.**

synchro ARG. ▪ Synchronisation (*sync*).

synchronisation [synchro] ▪ Opération consistant à synchroniser le son et l'image (*synchronization*). La synchronisation indique généralement que le son est directement lié à l'action.

synchronisation labiale RARE ▪ Synchronisation des lèvres avec des paroles et des sons préalablement enregistrés en auditorium et diffusés sur un plateau de cinéma ou de télévision (*lip synchronization*).

synchroniseuse ▪ Appareil servant à commander le synchronisme des images et des sons lors du montage (*synchronizer*). La synchroniseuse est munie de tambours mis en rotation par une manivelle et de galets qui engagent fermement chaque bande dans les perforations d'un tambour. On peut y faire défiler plusieurs bandes en parallèle.

synchronisme ▪ État de simultanéité temporelle entre deux phénomènes différents (*synchronism*). Le synchronisme au cinéma se pose dans la relation entre l'image et le son, qui sont tous deux enregistrés sur des supports différents. On doit donc passer par diverses étapes pour qu'à la projection du film ils soient en conformité avec le mouvement des lèvres que l'on voit et les dialogues qu'on entend. ▷ **doublage, play-back, signal pilote, repiquage, synchronisme trou à trou.**

synchronisme trou à trou ▪ Dans la projection en double bande, synchronisme des perforations de la bande image et de la bande son.

syndicat de distribution ▪ Aux États-Unis, agence responsable de la distribution sous licence (*syndication*) de programmes à des stations affiliées ou non affiliées aux trois grands réseaux que sont ABC, CBS et NBC (*syndicate*). Les stations ne diffusent pas simultanément le même programme sous licence. Les émissions appartiennent à une agence qui en assure les droits de diffusion.

synopsis ▪ Bref exposé sur le sujet du film (*synopsis*). Résumé littéraire, le synopsis est l'ébauche d'un scénario. ◇ VOISIN argument.

syntagmatique ▷ **grande syntagmatique.**

syntaxe ▪ Dans l'étude du langage cinématographique, termes, formes et construction du film (*syntax*). Les différents éléments de la mise en scène sont agencés de façon telle qu'ils ont un effet sur le spectateur ; la syntaxe cinématographique peut décrire ces éléments et les lier. On distingue également la grammaire cinématographique, le langage cinématographique et la sémiologie du cinéma. ▷ **sémiotique, théorie du cinéma.**

synthèse ▪ Après l'analyse, deuxième phase dans les procédés de reproduction de la couleur (*color system*). On distingue la synthèse additive (*additive color system*), qui est l'addition des radiations colorées aux couleurs primaires, et la synthèse soustractive (*subtractive color system*), qui est la soustraction de la lumière blanche aux couleurs complémentaires.

synthèse additive ▷ synthèse.

synthèse soustractive ▷ synthèse.

synthétiseur vidéo ▪ Appareil électronique permettant de manipuler et de transformer les couleurs et les formes d'une image vidéo et d'en faire la synthèse à partir de leurs composantes (*video synthetizer*). C'est en 1970 que le vidéaste Nam June Paik met au point, en collaboration avec un ingénieur japonais, le premier synthétiseur vidéo.

syntoniseur ▪ Récepteur de modulation de fréquence ne comprenant ni l'amplificateur ni les haut-parleurs (*tuner*).

système à crémaillère ▪ Équipement utilisé aux débuts du cinéma pour le développement et le tirage des films (*rack-over system*).

système de distribution multipoint [SDM] ▪ En audiovisuel, système de distribution de signaux vidéo par l'intermédiaire de micro-ondes (*multipoint distribution system, MDS*). Le SDM permet la distribution numérique d'émissions télévisuelles et d'autres contenus audiovisuels requérant une large bande passante. Ce système a été autorisé aux États-Unis en 1963. Toute transmission par voie radio peut se faire par le SDM, entre autres, la transmission de télécopies, de données d'ordinateur et des serveurs Internet. ◊ VAR. système de télédistribution multidirectionnelle.

système de télédistribution multidirectionnelle ▪ Variante de système de distribution multipoint.

système des studios ▪ Méthode de production des studios américains, appelés Majors, entre 1920 et 1950 (*studio system*). C'est le producteur Thomas Ince qui met au point le système des studios grâce à son travail étroit avec les réalisateurs et les scénaristes et grâce à des budgets et un horaire de tournage des films scrupuleusement respectés. Plusieurs films sont produits simultanément par un même studio. Ils sont distribués également par la même Major, qui contrôlera en plus ses propres salles de cinéma; c'est le contrôle vertical (production-distribution-exploitation) qui établit le monopole virtuel de l'industrie cinématographique. Dans ce système, le producteur est roi: il prend des décisions tout autant pratiques et financières qu'artistiques. Les bases du star-système sont établies à la fin des années 1910. L'arrivée du son en 1927 augmente considérablement le coût d'un film. Les studios dépendent de plus en plus des banquiers de Wall Street et doivent créer des départements pour chaque secteur de la production afin de contrôler leurs dépenses. Un film réussi est un film qui rapporte des profits au box-office. Dans les années 1930, 75 % des films (entre 400 et 500) sont produits annuellement aux États-Unis par les Majors que sont Columbia, MGM, Paramount, RKO, Twentieth Century Fox, United Artists, Universal et Warner Bros. ▷ **Big Eight, Big Five.** Chaque studio développe un style reconnaissable de films: la MGM produit des films ambitieux, avec des vedettes très populaires, des décors chics et des costumes haute-couture; la Paramount est spécialisée dans la comédie légère et raffinée; les directeurs photo de la Warner utilisent une lumière contrastée pour de nombreux films d'évasion, de gangsters et des drames sociaux; tandis que la Universal crée le prototype du film d'horreur. Le décret de la Cour suprême de 1948 amène lentement le déclin des studios; on élimine les départements, on licencie le personnel et on vend une partie des bâtiments; ▷ **Minor, Paramount dccision.** Le système n'existe plus en tant que tel dans les années 1980 quand les Majors sont toutes achetées par des conglomérats financiers: la production de films est devenue une branche de l'industrie des communications.

système d'exploitation ■ Logiciel composé d'un ensemble des programmes et des données pouvant gérer en tout ou en partie le système d'un ordinateur. C'est la ressource pour le fonctionnement de l'ordinateur. Il se compose de programmes, de fichiers et de comptabilité des travaux. Il permet l'exécution des logiciels et de périphériques, entre autres. Il existe trois grands systèmes d'exploitation: Windows (développé par Microsoft), MacOS (développé par Apple) et Linux (développé par le Finlandais Linus Benedict Trovalds). Vista est le dernier-né des systèmes d'exploitation de Microsoft, lancé en 2007.

tableau vx ■ Ardoise. ▷ **pancarte.**

tableau de montage ■ Liste chronologique des plans prévus au découpage, à laquelle s'ajoute une description succincte de l'action et du décor. Le tableau de montage est tenu à jour durant le tournage par le régisseur ou le premier assistant du réalisateur.

tableau de service ▷ **feuille de service.**

table de bobinage ▷ **bobineuse.**

table de mixage ▷ **console de mixage.**

table de montage ■ Appareil comprenant divers équipements pour la vision et l'écoute d'un film à monter (*editing bench, editing table*). La table de montage est constituée d'un plateau comportant un verre dépoli éclairé par transparence, d'une étagère, de supports métalliques de bobines de film, d'une enrouleuse et d'une synchroniseuse. On trouve sur cette table divers outils comme des crayons à l'encre de Chine, des ciseaux, du ruban adhésif et des gants ; ▷ **Moviola, Steenbeck.** Ce genre de table commence à être désuète avec l'émergence du montage numérique. ▷ **Avid Media Composer.**

table de rembobinage ▷ **bobineuse.**

table de tournage ▷ **banc-titre.**

tachymètre ■ Voyant situé sur la caméra indiquant la cadence du défilement de la pellicule dans la caméra (*tachometer*).

Tachyscope ■ Appareil de projection inventé en 1885 par Ottomar Anschütz permettant l'analyse des mouvements photographiés. Le Tachyscope est muni d'un grand disque vertical en acier dont le pourtour contient environ 90 vues sur verres transparents ; un tube électrique s'allume 30 fois à la seconde et illumine le passage de chaque cliché du disque qui est en rotation ; les vues sont ainsi immobilisées par de brefs éclairs lumineux. Le Tachyscope ressemble au Zoopraxinoscope d'Eadweard J. Muybridge. Il est l'un des nombreux appareils à l'origine du Cinématographe des frères Lumière.

tambour ■ Au début du cinéma, trucage constitué d'un cylindre dont la paroi extérieure est recouverte d'un panorama peint ou photographié et tournant autour d'un axe vertical (*drum*). Le tambour pouvait ainsi simuler le déplacement d'une voiture ou d'une personne (qui marchait, elle, sur un tapis roulant).

tambour de croix de Malte ▷ **croix de Malte.**

tambour denté ■ Roue comportant une ou deux rangées de griffes assurant l'entraînement continu ou intermittent de la pellicule (*sprocket*).

tambour dioptrique ■ Mécanisme optique muni de nombreuses lentilles et placé sur un tambour cylindrique rotatif (*dioptric drum*). Ces lentilles sont des lentilles additionnelles qui permettent la prise de vues rapprochées. Taillées selon les besoins, elles créent une fausse profondeur de champ en donnant une image nette du sujet rapproché et du sujet éloigné de l'objectif.

tannage ▷ durcissement.

Tapis magique ■ Procédé de projection utilisant deux projecteurs 70 mm Imax et deux écrans, l'un placé verticalement devant le spectateur, et l'autre placé sous son siège et visible grâce à un plancher de verre (*Magic Carpet*). Le Tapis magique donne au spectateur l'impression de flotter. Il existe un exemplaire du Tapis magique au Futuroscope de Poitiers (France). ▷ **Cinéma dynamique.**

tarte à la crème ■ Pâte garnie de crème fouettée servant d'accessoire dans les comédies burlesques du muet (*cream pie*) ; ▷ *slapstick*. Le cinéphile belge Noël Godin s'en sert pour entarter diverses personnalités, dont plusieurs du cinéma.

Tarzan ■ Personnage créé par l'écrivain Edgar Rice Burroughs dont le premier récit date de 1912. Tarzan, sa femme Jane et son chimpanzé Cheetah sont adaptés au cinéma. Le premier film mettant en vedette un homme sauvage est *The Deerslayer* produit par la Vitagraph en 1911. Mais c'est surtout le champion olympique de natation, Johnny Weiss-

muller qui donne corps et visage au personnage dans 11 longs métrages produits entre 1933 et 1946. L'acteur lui crée un cri inimitable par un mixage composé de sa voix, du hurlement d'une hyène, de l'aboiement d'un chien, d'un do aigu chanté par une soprano et la vibration d'une corde de sol de violon.

TBS ■ Sigle de Turner Broadcasting System.

TC ANGL. ■ Abréviation couramment utilisée pour *time code*.

technicien, ienne ■ Spécialiste d'un aspect technique de la réalisation (son, éclairage, montage, etc.) (*technician*). Le technicien est membre d'une équipe responsable de l'utilisation des appareils et des machines. L'étalonneur, le machiniste, le mixeur, le preneur de son et le régisseur, par exemple, sont des techniciens.

Technicolor ■ Marque de commerce d'un procédé additif de cinéma en couleurs inventé en 1915 par Herbert T. Kalmus et Donald Comstock. Il est employé pour la première fois pour *The Golf Between* (1917). Mais il est véritablement mis au point entre 1932 et 1934 par une équipe de chercheurs de la société Technicolor. Le premier véritable film en Technicolor exploité avec ce système est *Becky Sharp* (1935) de Robert Mamoulian. Le Technicolor représente toute une série de procédés très différents. Le procédé classique nécessite une caméra et une tireuse spéciales. L'appareil de prise de vues, encombrant et lourd, comprend un cube de verre formé de deux prismes accolés qui décomposent en deux faisceaux l'image donnée par l'objectif ; ce cube projette trois images distinctes sur trois négatifs qui enregistrent séparément le rouge, le bleu et le jaune. La tireuse permet de superposer ces trois couleurs sur la copie destinée à la projection. Ce procédé est très onéreux. Le Technicolor tend à être remplacé à partir de 1952 par la pellicule monopack Eastman Color. Il est abandonné complètement au début des années 1970, sauf en Chine.

Technirama ■ Marque de commerce d'un procédé de prise de vues à défilement horizontal, semblable à celui de Vista-Vision, mis au point par Technicolor Motion Picture Corporation en 1957 et utilisé en 1959 et 1960. La pellicule utilisée, du 35 mm standard, sera anamorphosée en Scope 35 pour son exploitation; elle défilera à la verticale dans le projecteur. ▷ **Super-Technirama**.

Techniscope ■ Marque de commerce d'un procédé de prise de vues mis au point en 1960 par Technicolor Italia pour le format Scope. L'image 35 mm standard est gonflée et anamorphosée pour l'exploitation. Ce procédé est utilisé par Sergio Leone dans *Il était une fois dans l'Ouest* (1969).

teddy bear ■ Prix remis chaque année durant le Festival international du film de Berlin à un film homosexuel ou lesbien, de fiction ou documentaire.

teen-slasher ANGL., ARG. ▷ **slasher**.

teintage ■ Opération consistant à immerger dans un bain colorant une pellicule noir et blanc (*tinting*). Le teintage était très répandu à l'époque du muet. Grâce à cette pratique, on voulait donner une idée de l'atmosphère d'une scène; ainsi, le rose était utilisé pour les scènes amoureuses, le rouge, pour les incendies, et le vert, pour la campagne. ◇ VAR. teinture. ▷ **virage**.

teinte ■ Couleur complexe obtenue par le mélange d'une couleur monochromatique et la couleur blanche (*tint*). Le rose, par exemple, est obtenu par le mélange d'une teinte rouge et de la couleur blanche.

teinture ■ Variante de teintage.

téléchargement ■ Action de télécharger à distance des programmes ou des données (*downloading*). Par téléchargement, on transfère des programmes ou des données (comme des vidéos) stockés dans un ordinateur vers un autre à travers un réseau. Pour un internaute, cette opération est le plus souvent un transfert vers son propre ordinateur à partir d'un serveur. On parle alors d'un transfert d'un ordinateur distant à un ordinateur local. Une fois la récupération faite, les programmes et les données sont sur le disque dur local. ▷ **poste-à-poste**.

téléciné ■ Forme abrégée de télécinéma.

télécinéma [téléciné] ■ [1] Appareil servant à la conversion de l'image argentique d'un film en image électronique (*telecine*). Cet appareil associe le projecteur cinématographique à défilement continu et une caméra (*television camera*) ou un analyseur électronique (*cathode ray tube*). ■ [2] Opération de conversion des images d'un film en images électroniques (*telecine*).

Telecittà ITAL. ■ Surnom donné au complexe de studios romain Cinecittà à cause des nombreux films pour la télévision qui y sont tournés. En 1995, un consortium formé par la société anglaise Rank

Organization, la société de télévision d'État, la Rai, et Mediaset (télédiffuseur privé italien appartenant à Sylvio Berlusconi) y investissent de fortes sommes pour redresser la situation de Cinecittà, même si le milieu cinématographique italien s'y oppose fortement. Il existe plusieurs centres de production télévisuelle en Italie, qui comprennent plateaux, studios d'enregistrement sonore, loges, magasins, etc., qui portent le nom de Telecittà. Le plus grand centre Telecittà est à Turin, créé en 1996.

télécommande ■ Mécanisme assurant la transmission à distance d'une commande à un appareil (lecteur de disques, magnétoscope, téléviseur, etc.) (*remote control*). La télécommande de télévision est la plus répandue. Elle se présente sous la forme d'un petit boîtier muni de touches dont les fonctions de base permettent de mettre sous tension le téléviseur, de l'éteindre, de contrôler le volume sonore et la fidélité des couleurs, et de changer de chaînes. La première télécommande est mise au point en 1950 par la société Zenith ; elle est reliée au téléviseur par un fil. En 1956, apparaît la télécommande à ultrasons, sans fil, fonctionnant à piles. En 1976, 10 % des téléviseurs sont vendus avec la télécommande (qui est à lumière infrarouge) ; depuis 1996, celle-ci est automatiquement incluse dans l'achat du téléviseur. ▷ **zapper.**

télécommunications PLUR. ■ Ensemble des métiers, des techniques et des procédures relatives aux communications à distance (*telecommunications*). ▷ **industrie des communications.**

télédistribution ■ [1] Diffusion par câble de programmes télévisés (*cablecasting*). Au Québec, on dit : câblodistribution. ■ [2] Diffusion de films dans des salles par transmission télévisuelle grâce à des relais hertziens (*cable release*).

téléfilm ■ Œuvre sur film produite pour être diffusée à la télévision (*telefilm*, FAM. *telepix*). Un téléfilm ne prend pas l'affiche dans les salles, sauf exception, comme *La fracture du myocarde* (1991) de Jacques Fansten. On ne doit pas confondre le téléfilm et le feuilleton télévisé. ▷ **Super 35.**

Téléfilm Canada ■ Organisme de l'État canadien ayant pour but d'encourager la production cinématographique, télévisuelle et des nouveaux médias au Canada. Il est fondé en 1966 et a porté diverses appellations. Téléfilm Canada participe au financement de films de long, de moyen et de court métrage, sous forme d'avances ou d'aides à la rédaction de scénarios, aux campagnes publicitaires, à la distribution, à l'exportation, etc. Il mise sur le financement d'œuvres de grande qualité et en renforçant son soutien à l'industrie audiovisuelle pour faciliter la transition vers le nouvel environnement multiplateforme (du cinéma au téléphone mobile en passant par la télévision et Internet) en vue d'une viabilité à long terme et du développement de l'industrie audiovisuelle canadienne. Il gère des accords de coproductions avec plus de 50 pays. Il s'assure que les diverses productions canadiennes soient présentes parmi les 300 festivals internationaux de films et les grands marchés internationaux pour le cinéma, la télévision, la vidéo, le câble et le satellite, tant pour les productions d'œuvres créatrices que pour les produits interactifs et ludo-éducatifs et le matériel de production.

télégénique ▪ Qui produit un effet agréable à la télévision (*telegenic*). ▷ **photogénie**.

télémètre ▪ Appareil assurant la mesure de la distance entre le sujet et l'objectif (*rangefinder, telemeter*). Le télémètre est généralement réservé au matériel amateur.

telenovela ESP. ▪ De *televisión*, qui signifie « télévision », et *novela*, qui veut dire « roman ». Feuilleton produit par les télévisions hispanophones et lusophones et diffusé cinq fois par semaine à une heure de très grande écoute. La première *telenovela* est présentée en 1963 par la chaîne TV-Excelsior de Sao Paulo (Brésil). Mélodramatique, la *telenovela* connaît un immense succès dans tous les pays de langues portugaise et espagnole. Au Mexique, certains feuilletons, comme *El derocho de nacer*, sont télédiffusés durant 20 ans, les épisodes étant constamment repris avec de légères modifications. ▷ **soap**.

téléobjectif ▪ Objectif à très grande distance focale (*telephoto lens*).

téléordinateur ▪ Terme peu usité. Appareil multimédia associant la télévision et l'ordinateur (*teleputer*).

téléphile ▪ Spectateur de la télévision dont le comportement rappelle celui du cinéphile (*television fan*).

téléphones blancs (les) ▪ PLUR. De l'italien *I telefoni bianchi*. Films italiens produits sous le fascisme, caractérisés par leur occultation de la réalité sociale de l'époque mussolinienne. Les téléphones blancs font partie d'un cinéma d'ordre moral dont l'univers, homogène et sans conflits, se veut une usine à rêves, comme à Hollywood. Ce sont des films d'évasion qui se déroulent surtout dans des milieux bourgeois et petits bourgeois où des jeunes femmes se téléphonent très souvent avec des appareils blancs symbolisant la richesse. Y sont bannis l'adultère, le suicide, la prostitution, la délinquance, etc. Plusieurs de ces films sont axés sur l'ascension sociale ; les différentes classes sociales se mêlent sur fond d'histoires d'amour, dans des décors grandioses et somptueux. Ils sont proches du vaudeville et de la comédie sentimentale. Le premier film du genre est *La secrétaire privée* (1931) de Goffredo Alessandrini.

téléprojecteur ▪ Projecteur de télévision sur grand écran (*television projector*).

téléroman QUÉB. ▪ Série télévisée. Le téléroman québécois peut être dramatique sans être un soap ou comique sans être un sitcom, mais il n'est pas mélodramatique comme la *telenovela*. Sa diffusion commence en 1953, soit un an après la création de la télévision canadienne. Sa popularité ne se dément pas depuis.

télésérie QUÉB. ▪ Feuilleton télévisé.

télésouffleur ▷ **souffleur**.

téléspectateur ▪ Personne qui regarde la télévision (*viewer*). ▷ **audience**.

télétexte ▪ En télécommunications, norme qui permet d'envoyer des messages alphanumériques ou graphiques en même temps que l'image (*teletext*). Si le téléspectateur dispose d'un décodeur télétexte, il peut choisir de lire ou non ces messages à l'écran. Il peut s'agir d'informations en rapport avec l'image, comme le sous-titrage ou un complément d'informations (comme des numéros de téléphone d'urgence) à ce qui est montré.

téléviseur FAM. ▷ **télévision** [3].

télévision ■ [1] Système de transmission instantanée des images à distance (*television*). Les images sont analysées et transformées en ondes hertziennes pour leur diffusion. On distingue différents types de télévision : la télévision à péage, la télévision haute définition, la télévision hertzienne, la télévision interactive, la télévision numérique, la télévision par câble et la télévision par satellite. Les premières expériences menant à la télévision datent du XIXe siècle : en 1843, le physicien britannique Alexander Bain met au point un appareil électromagnétique permettant la transmission d'images par les lignes télégraphiques. Dans les années 1870, un appareil à balayage rapide est inventé, avec un nombre de lignes suffisant pour rendre une image reconnaissable. En 1897, un appareil à balayage électronique est mis au point en Allemagne. Vladimir Zworykin fait en 1923 une première démonstration de la télévision avec son appareil appelé «iconoscope». Aux États-Unis, la première transmission télévisée a lieu à New York en 1928. Et c'est en 1936 qu'est présentée la première émission de télévision haute définition. ■ [2] Ensemble des activités et des services assurant la transmission des images et des sons à distance (*television*). La télévision se caractérise par sa production, sa diffusion et son taux d'écoute. Il existe des télévisions d'État et des télévisions privées. On réalise et on produit des programmes pour la télévision : émissions de variétés, émissions éducatives, spectacles, informations, dramatiques, comédies, etc. Ces émissions débutent en direct ou en différé. Si les premières émissions débutent en 1941 à New York, produites par la National Broadcasting Company [NBC], ce n'est qu'après la Deuxième Guerre mondiale que la télévision prend son essor. Son arrivée massive dans les foyers, dans les années 1950, menace la fréquentation du cinéma et force l'industrie à inventer de nouveaux procédés rendant le cinéma plus séduisant, comme le CinémaScope et le Technicolor. La télévision programme de nombreux films dont elle achète les droits de passage. Pour les producteurs, elle constitue une source de financement sûre pour leurs films, grâce à des participations à la production (par une avance sur les droits). Les sociétés de télévision produisent elles-mêmes des films. ▷ **câblodistributeur**, **catalogue**, **droits**, **industrie des communications**, **industrie du cinéma**, **télédistribution**, **téléfilm**. ■ [3] Par extension, poste récepteur de télévision (ou téléviseur) (*television*).

télévision à péage ■ Service de télévision offrant des chaînes accessibles par câble ou par satellite à des abonnés qui doivent débourser un forfait supplémentaire pour les recevoir (*pay tv*). La télévision à péage est très populaire à cause du vaste choix de films récents qu'elle propose. Elle est devenue une importante source de revenus pour les détenteurs de droits de films, de spectacles et d'événements sportifs. Il faut posséder un décodeur pour recevoir les chaînes qu'elle propose. ◊ VAR. télévision payante. ▷ **chaîne cryptée, paiement à la séance.**

télévision haute définition ▪ Système de télévision utilisant plus de 1000 lignes par trame, plutôt que les 525 et 625 lignes des télévisions classiques (*high definition television*). Le standard proposé par les Japonais et les Américains est de 1125 lignes. L'établissement d'une norme pour la télévision haute définition donne lieu à une importante lutte politico-industrielle durant les années 1980. En 1993, la norme numérique de 1125 lignes est adoptée. La grande qualité de ce type de télévision est sa définition, comparable au film de cinéma 35 mm, et son standard est 16/9. Elle permet des projections de qualité même sur un écran géant. Elle requiert à ses débuts des équipements lourds, encombrants et onéreux, qui doivent être fabriqués expressément pour elle, tant sur le plan du matériel et de la production que sur celui de la diffusion. Les premières émissions à haute définition commencent le 1er novembre 1998 aux États-Unis. Le passage à la haute définition s'étale jusqu'en 2006.

télévision hertzienne ▪ Système de télévision utilisant les voies hertziennes comme support de diffusion (*hertzian television*). On distingue deux supports : le réseau terrestre et le réseau satellitaire. Pour le réseau terrestre, la télévision hertzienne utilise des fréquences réparties dans les bandes VHF et UHF, tandis que pour le réseau satellitaire elle utilise des fréquences plus élevées.

télévision interactive ▪ Type de télévision où le spectateur a la possibilité d'agir sur le déroulement du programme (*interactive television*). Le spectateur peut choisir les angles de prise de vues, répondre directement à un animateur sur le plateau, faire du téléachat et consulter des bases de données et des informations par télétexte.

télévision numérique ▪ Système de télévision dont la production, la transmission, la diffusion et le stockage des émissions sont numériques (*digital television*). En diffusion, la télévision numérique offre de nombreux avantages, dont la compression numérique qui permet de diffuser sur un même canal entre 4 et 10 chaînes à la fois et, ainsi, de multiplier les possibilités de retransmission par satellite ou par câble ; ▷ **bouquet numérique.** Aux États-Unis et au Canada, Direct TV, lancée en 1994, propose, selon un échéancier qui s'étendra sur quelques années, 175 chaînes en numérique ; en Europe, DF 1, du magnat Léo Kirch, qui a signé des accords avec les grandes compagnies cinématographiques américaines, propose fin 1996 une vingtaine de chaînes ; ▷ **Bertelsmann-CTL, Canal Plus, BSkyB, opérateur.** Pour recevoir la télévision numérique, il faut louer un décodeur, qui est très coûteux. La télévision haute définition doit être numérique, avec une norme d'image MPEG-4.

télévision par câble ▪ Système de diffusion ou de distribution de programmes de télévision par réseaux câblés (*cable television*). La télévision par câble permet à l'utilisateur de recevoir jusqu'à 80 chaînes avec une bonne qualité d'image. Elle a vu le jour dans les années 1950 pour parer aux carences de la diffusion par voies hertziennes. Elle permet également la télévision interactive.

télévision par satellite ▪ Système de télévision dont la diffusion des programmes est assurée par un satellite géostationnaire (*satellite television*). La télévision par satellite est transmise par ondes hertziennes ; pour recevoir les émissions, l'utilisateur doit posséder une antenne parabolique et un décodeur. Le satellite permet de capter un très grand nombre de chaînes, dont plusieurs ne peuvent être diffusées par les câblodistributeurs. En 1966, l'Allemagne se hisse au premier rang, devenant le pays au plus haut taux de pénétration de la télévision par satellite. ▷ **Bertelsmann-CTL**, **Canal Plus**, **BSkyB**, **opérateur**.

télévision payante ▪ Variante de télévision à péage.

témoin ▷ son témoin.

température couleur ▪ Caractéristique d'une source lumineuse qui donne un rendu des couleurs conforme aux couleurs de la source originale (*color temperature*). La température de couleur est une comparaison visuelle. Chaque température correspond à une couleur de l'émission de lumière ; elle se mesure en kelvins. Les pellicules de cinéma sont étudiées pour reproduire correctement des images éclairées avec une lumière de température de couleur précise. ◊ VAR. couleur de température.

temps ▪ Sensation temporelle créée dans la continuité du film (*time*). Le temps est une continuité séquentielle obtenue à la fois par l'action et les images. On qualifie le temps selon des données physiques, philosophiques ou culturelles : *a)* le temps physique, qui est la durée que prend le film dans son déroulement entier ; *b)* le temps narratif, qui est la dimension temporelle des actions du film. On l'obtient par divers trucages que sont le fondu, le fondu enchaîné, l'ellipse et la coupure simple qui suggèrent le temps passé entre deux actions montrées à l'écran ; *c)* le temps psychologique, qui comprend les moments de l'action et qui participe à l'élaboration psychologique d'un ou des personnages. Ainsi, des retours en arrière peuvent expliquer les gestes d'un personnage, ses attitudes, son caractère ; *d)* le temps affectif, qui est le sentiment du temps qui passe en regardant un film ; ainsi, les 58 derniers plans de Rome dans *L'éclipse* (1962) de Michelangelo Antonioni donnent au temps l'impression de lenteur et de plénitude ; *e)* le temps culturel, qui est la dimension temporelle particulière au monde représenté. Ce temps varie selon les sociétés et les civilisations ; ainsi, le temps dans les films de Satyajit Ray sera différent du temps dans les films de John Huston ; et *f)* le temps historique, qui est la dimension de l'histoire dans le présent du film, comme la guerre civile américaine dans *Naissance d'une nation* (1915) de D.W. Griffith. Le temps filmique est théorisé par le cinéaste Vladmir I. Poudovkine. ▷ **durée**, **flash-back**, **image-temps**.

temps d'obturation ▪ Variante de vitesse d'obturation.

tendeur ▪ Dans le projecteur, rouleau maintenant le film sous une certaine tension (*tension roller*).

tête ▪ [1] Début d'un plan, d'une scène ou d'une bobine (*head*). CONTR. queue. ▪ [2] Partie du support d'une caméra sur pied (*head*). La tête, placée entre le pied et la caméra, permet d'effectuer des mouvements de rotation ou de basculement sans brusquerie. On distingue la tête à friction (*friction head*), qui comporte un mécanisme à friction réglable, la tête gyroscopique (*gyro head*), qui comporte un dispositif gyroscopique, la tête fluide (*fluid head*) et la tête hydraulique (*hydraulique head*), qui comportent un dispositif de pression de liquide. Pour commander les mouvements, on distingue la tête à manivelles (*geared head*) et la tête à manche. ▷ **support.**

tête-à-queue ▪ Enroulement de la bande par sa fin (*tail on*).

tête de contrôle ▪ Électro-aimant intégré dans le magnétoscope permettant l'enregistrement, la lecture et l'effacement des signaux (*control head*).

tête de femme ▪ Fragment d'un négatif représentant une tête de femme à côté d'une charte (*China girl*). Ce fragment est inséré dans l'amorce des différentes bobines du film. Lors du tirage du positif, il permet de contrôler le développement et l'étalonnage. Ultimement, il est conservé à des fins d'archivage.

texte ▪ Commentaires ou dialogues dans un film (*texte*).

texte filmique ▪ Ensemble autonome que constitue le film (*filmic text*). Le texte filmique présuppose une écriture et un auteur. En autant qu'il produit un sens, il est équivalent à la notion de discours. La notion de texte filmique a pris corps dans l'approche marxiste et matérialiste du cinéma, élaborée dans les écrits de théoriciens comme Louis Althusser, Jacques Derrida, Julia Kristeva et Roland Barthes. À partir de 1969, on retrouve la notion dans les revues *Les cahiers du cinéma* et *Cinéthique*. ▷ **analyse, sémiotique.**

texte générique d'introduction ▪ Texte placé avant le générique, situant ou expliquant le cadre du film. ▷ **prégénérique.**

texture ▪ Se dit de l'effet tactile d'une surface (*texture*). La texture est une des caractéristiques de l'image et de sa structure granulaire (grain petit ou gros). Le chef opérateur peut créer une texture particulière au film ; ainsi, Hiroshi Segawa crée des équivalences entre le grain de sable et la surface de la peau dans la création d'une atmosphère érotique dans *La femme des sables* (1964) d'Hiroshi Teshigahara ; Takahashi Michio tire parti des reflets de la texture de la peau et du symbolisme de la chaleur des dix mille soleils nucléaires dans *Hiroshima mon amour* (1958) d'Alain Resnais.

T.G.P. ▪ Abréviation de très gros plan.

Thaumatrope ▪ Jouet inventé dans les années 1820 par le Britannique John Ayrton Paris, confirmant le phénomène de la persistance rétinienne. La rotation rapide d'un disque en carton, tendu entre deux fils et dont chacune des faces comporte un dessin différent, provoque la superposition visuelle des deux dessins (l'oiseau d'un côté et la cage de l'autre). Appelé « prodige tournant », le Thaumatrope est une des inventions précédant la naissance du cinéma. ▷ **phénakistiscope, praxinoscope, zoopraxiscope.**

Theatograph ▪ Appareil de projection mis au point en 1896 par le Britannique

Robert William Paul, qui est en fait une copie du Kinetoscope de Thomas Edison. Après le refus des frères Lumière de lui vendre leur Cinématographe, Méliès achètera le Theatograph de Paul, qui deviendra le Théâtrographe.

théâtre ■ Art dramatique, qui exige des personnes jouant sur une scène, le théâtre a très vite partie liée avec le cinéma dès son invention. Les échanges et les emprunts entre le théâtre et le cinéma sont depuis constants. Déjà la lanterne magique, les fantasmagories de Robertson au XVIIe siècle et les ombres chinoises font partie des représentations théâtrales. Georges Méliès s'inspire des trucages de théâtre pour ses effets spéciaux. Les numéros de cirque et de music-hall persistent et font partie intégrante des représentations cinématographiques en salles. Les réalisateurs font rapidement appel aux comédiens et ont des ambitions en voulant rivaliser avec le théâtre. Les frères Lafitte, de la Comédie-Française fondent la société Le film d'art et produisent *L'assassinat du duc de Guise* (1908), d'André Calmettes et Charles Le Bargy. La Fabrique de l'acteur excentrique russe veut fusionner théâtre et cinéma. Si le cinéma est à ses débuts très théâtralisé, le muet exigeant force gestes et mimiques, il s'en affranchit complètement avec le parlant; ▷ **pantomime.** Mais on ne cesse pas pour autant d'adapter des pièces de théâtre. Plusieurs réalisateurs viennent d'ailleurs du théâtre, comme Sacha Guitry, Ingmar Bergman et Rainer Werner Fassbinder. Une relation est ouvertement réclamée avec le théâtre par certains cinéastes, comme Carl T. Dreyer, Jacques Rivette, Jean-Marie Straub et Danièle Huillet.

Théâtre Aérogyne ■ Un des nombreux noms donnés au cinéma naissant.

théâtre cinématographique ARCH. ■ Salle de cinéma.

théâtre de prise de vues ARCH. ■ Studio de cinéma.

théâtre de variétés ■ Ensemble des productions dont la composante de base est la variété de ses attractions (*variety show*). Pour le théâtre, on parle de théâtre ou de spectacle de variétés; pour la télévision, d'émission de variétés. À ses débuts, le cinéma est confondu avec les variétés que sont le vaudeville et le cirque. ◇ VAR. spectacle de variétés.

Théâtre optique ■ Appareil mis au point en 1888 par Émile Reynaud avec son Praxinoscope. Le Théâtre optique a tout du Cinématographe des frères Lumière, mais ne permet pas l'animation réelle des images. Il est constitué d'une bande flexible perforée, de bobines débitrice et réceptrice; les images, qui sont des dessins, peuvent défiler en accéléré et au ralenti. Émile Reynaud projettera ses dessins au musée Grévin de 1892 à 1900.

Théâtrographe ▷ **Theatograph.**

thème ■ Traitement d'un sujet, d'une matière, d'une topique, d'un message, d'une idée, d'une attitude sociale ou d'un sentiment particulier dans un film (*theme*). Un thème musical désigne la récurrence d'une mélodie ou d'un refrain dans un film; certains thèmes musicaux sont devenus célèbres, comme celui joué à la cithare et composé par Anton Karas pour *Le troisième homme* (1949) de Carol Reed. Un certain type d'action, un personnage, une idée propre à une époque ou un genre peuvent engendrer des thèmes, comme le retour de l'enfant prodigue, le libertinage, le combat pour la liberté et l'absurdité de l'existence. Au cours des années, l'analyse thématique d'un film est devenue une approche désuète. ▷ **allégorie, motif, symbole.**

théorie du cinéma ▪ Approche méthodique et systématique d'un aspect du cinéma ou de certains aspects observés dans un film (*film theory*). À partir de grilles d'analyse, l'approche théorique décrit le phénomène filmique sous forme d'hypothèses. La théorie du cinéma est une méthode de déchiffrement de l'objet filmique. Elle est considérablement influencée par le structuralisme, la linguistique et la psychanalyse. Les principales orientations des théories du cinéma touchent *a)* le cinéma comme reproduction ou substitut du regard; *b)* le cinéma comme art; *c)* le cinéma comme langage; *d)* le cinéma comme écriture; *e)* le cinéma comme mode de pensée ou idéologie; et *f)* le cinéma comme production symbolique. On confond souvent la théorie avec l'analyse dont elle est proche, mais elle est différente de la critique. Parmi les théoriciens importants du cinéma, citons Rudolph Arnheim, Béla Balázs, André Bazin, Raymond Bellour, Noël Burch, Francesco Cassetti, Gilles Deleuze, S.M. Eisenstein, Siegfried Kracauer, Christian Metz, Jean Mitry, Roger Odin et P. Adams Sitney. ▷ **sémiologie, sémiotique.**

thermocolorimètre ▷ photocolorimètre.

thiosulfate de sodium ▷ hyposulfite.

Thompsoncolor ▪ Après la Deuxième Guerre mondiale, nom donné par la compagnie française Thompson-Houston au procédé additif du film couleur Keller-Dorian-Berthon [KDB].

thriller ANGLIC. ▪ Tout film créant des émotions fortes par le suspense ou le mystère (*thriller*). Le thriller peut désigner un film d'aventures, un film d'espionnage, un film policier, un film catastrophe, un film d'horreur ou un film de science-fiction.

Thrillerama ▪ Marque de commerce d'un système d'enregistrement et de projection d'écran courbe, semblable au cinérama, mis au point dans les années 1950 par Albert H. Reynolds. Le Thrillerama utilise deux caméras et deux projecteurs, pour un format 2:2:1. Un seul film est réalisé en 1956 avec ce système: *Thrillerama Adventure* d'A. Reynolds et D. Russell.

THX ▪ Abréviation de THX Lucasfilm Sound System.

THX Lucasfilm Sound System [THX] ▪ Système de reproduction du son en stéréophonie, mis au point en 1983 par la compagnie appartenant au cinéaste George Lucas, LucasArts-ILM. Le THX est composé de 22 enceintes acoustiques placées à gauche, à droite et au centre de la salle, créant ainsi une ambiance sonore qui enveloppe le spectateur. Il permet de reproduire fidèlement toute piste sonore enregistrée sur système Dolby Stéréo. En 1995, plus de 700 salles aux États-Unis, au Canada et en Europe sont équipées de ce système. Il en coûte jusqu'à 40 000 $ par salle pour le matériel et l'installation du système. Une redevance est versée à Lucasfilm pour son utilisation. En 1990, ce système est adapté pour la vidéocassette et ensuite pour le DVD sous le nom de Home THX Program.

tigre ■ Récompense remise au Festival international du film de Rotterdam (Tiger Award). Il existe trois récompenses : un tigre pour le court métrage, un tigre pour le long métrage documentaire et un tigre pour le long métrage de fiction. Chaque récompense est accompagnée d'une bourse de 10 000 €, avec une garantie pour chacun des films lauréats d'être distribué aux Pays-Bas et diffusé à la télévision néerlandaise publique.

time code **[TC]** ANGL. ■ Expression couramment employée en lieu et place de « marque du temps » ou « marquage temporel ».

Time Warner Inc. ■ Le deuxième groupe en importance de l'industrie des communications fondé en 1988 par la fusion de la société Time (propriétaire de 30 magazines) et de la Major Warner Bros. La Time Warner s'affilie en 1995 avec la Turner Broadcasting System [TBS]. Le groupe possède de nombreuses divisions, dont l'hebdomadaire *Time*, la chaîne d'information Cable News Network [CNN] et un réseau câblé comprenant entre autres Home Box Office [HBO] et Turner Network Television [TNT], les compagnies de production cinématographique et télévisuelle Warner Bros., New Line Cinema et Castle Rock Entertainment. Grâce à ses divisions, Time Warner contrôle la plus importante filmothèque au monde, composée des films de la Warner Bros., de la Looney Tunes et de la Hanna-Barbera Cartoons. La compagnie de disques Warner Music Group en fait également partie.

tirage ■ Forme abrégée de tirage du film.

tirage A et B ■ Méthode de tirage du négatif des formats Scope et Super 16 qui ne permettent pas de faire facilement des trucages et des effets spéciaux (*A and B printing*). On tire sur une bobine A tous les plans impairs et sur une bobine B tous les plans pairs ; les plans d'une bobine sont remplacés sur l'autre par des amorces d'égale longueur ; on tire ensuite les deux bobines en les superposant. Ce même principe de tirage double est appliqué pour le titrage et le sous-titrage, une bobine A avec l'image et une bobine B avec les titres ou les sous-titres.

tirage contact ■ Forme abrégée de tirage par contact.

tirage du film [tirage] ■ Opération consistant à tirer une copie ou un contretype d'un film, avec un négatif et un positif vierge placés sur deux bobines qui sont entraînées ensemble sur une tireuse (*printing*). On distingue le tirage A et B, le tirage humide, le tirage mécanique, le tirage optique et le tirage par extraction.

tirage humide ■ Procédé par lequel le négatif est immergé jusqu'au niveau de la fenêtre d'exposition de la tireuse, dans un liquide qui rend à peu près invisibles les défauts de la pellicule (*liquid gate printing*). Le liquide entre dans les anfractuosités du film et efface ainsi les rayures franches. ◊ VAR. tirage par immersion.

tirage mécanique ■ Variante de tirage par contact.

tirage optique ■ Méthode d'entraînement de deux bobines de film, une supportant le négatif et l'autre, le positif vierge, en sens inverse, synchronisées avec l'obturateur placé entre elles (*optical printing*). Le tirage optique est utilisé pour les gonflages, les réductions, les fondus, les trucages et les effets spéciaux.

tirage par contact [tirage contact] ■ Méthode d'entraînement de deux bobines, l'une supportant le négatif et l'autre, le positif vierge, placées émulsion contre émulsion devant la fenêtre de la tireuse où se trouve la source lumineuse (*contact printing*). Le tirage contact peut être à défilement alternatif ou à défilement continu. Les deux bobines défilent, elles, simultanément. ◇ VAR. tirage mécanique.

tirage par extraction ■ Tirage de trois positifs noir et blanc, chacun des positifs ayant été tiré derrière un filtre correspondant à sa couleur primaire (bleu, rouge et vert) (*separation master*). ▷ **extraction trichrome.**

tirage par immersion ■ Variante de tirage humide.

tirelire ARG. ■ Bureau de production, bureau comptable de la production.

tireuse ■ Appareil destiné au tirage (*printer*). La tireuse sert particulièrement à tirer des copies positives à partir d'un matériel négatif. Elle est installée dans des compartiments au noir, dans une pièce éclairée par une lumière inactinique de façon à ne pas voiler la pellicule vierge. On distingue deux grandes variétés de tireuses : les tireuses alternatives (ou intermittentes) et les tireuses continues (ou en continu).

tireuse additive ■ Tireuse où le réglage de la lumière de copie est obtenu en divisant, grâce à un système optique, le faisceau lumineux en trois faisceaux distincts (radiations bleues, rouges et vertes) (*additive printer*). Un second système optique réunit ces trois faisceaux pour reconstituer le faisceau original. La tireuse additive, très rapide, entre dans la catégorie des tireuses optiques à défilement intermittent.

tireuse alternative ■ Tireuse qui fait avancer le film par intermittence, à l'aide de griffes (*step printer*). La tireuse alternative la plus utilisée est la Truca. Elle entre dans la catégorie des tireuses optiques. ◇ VAR. tireuse intermittente.

tireuse continue ■ Forme abrégée de tireuse en continu.

tireuse en continu ■ Tireuse qui fait avancer le film à vitesse constante en supprimant la servitude de l'obturateur (*continuous printer*). La tireuse continue sert à tirer le son optique et la majorité des films. ◇ VAR. tireuse continue.

tireuse intermittente ■ Variante de tireuse alternative.

tireuse optique ■ Tireuse dont l'objectif forme sur le film vierge l'image du film à copier, éclairé par transparence (*optical printer*). La Truca est un exemple de tireuse optique ; inventée par le Français André Debrie, elle est toutefois d'un fonctionnement lourd ; elle sert à certains travaux comme l'anamorphose, l'agrandissement, le gonflage, le recadrage et la réduction.

tireuse soustractive ■ Tireuse permettant de régler la lumière de copie en plaçant des filtres entre la lampe et la fenêtre d'exposition (*subtractive printer*). La tireuse soustractive entre dans la catégorie des tireuses optiques.

titrage ▪ Opération consistant à incorporer les textes écrits dans le film (*titling*). Le titrage comprend la réalisation des titres et des intertitres.

titre ▪ Tout mot, nom ou terme qui apparaît dans un film, généralement dans le générique (*caption, title*) ; ▷ **titre roulant, titres progressifs**. Le titre du film désigne le nom donné à l'œuvre. ▷ **titre de sortie, titre original, titre provisoire**.

titre de sortie ▪ Titre d'un film dans le pays où il est diffusé (*release title*). Le titre de sortie n'est pas nécessairement le titre original.

titre de travail ▪ Titre donné à un film durant sa production (*working title*). Le titre de travail peut changer lors de la sortie et de la diffusion du film. ◊ VAR. titre provisoire.

titre original ▪ Titre d'un film lors de sa sortie dans son pays d'origine (*original title*). ▷ **titre de sortie**.

titres en surimpression PLUR. ▪ Titres apparaissant en surimpression sur une image du film (*superimposed titles, supers*). Ils peuvent apparaître au début du film, à sa fin ou durant le déroulement de l'action. Ils sont quelquefois utilisés pour la traduction d'un dialogue en langue étrangère dans le film. ◊ VOISIN titres progressifs.

titres progressifs PLUR. ▪ Titres apparaissant progressivement au générique (*progressive titles*). ◊ VOISIN titres en surimpression.

titre provisoire ▪ Variante de titre de travail.

titres roulants PLUR. ▪ Titres apparaissant graduellement du bas de l'écran vers le haut (*roller titles, rolling titles*). Ils constituent généralement le générique du film. ▷ **déroulant**.

titreur VX ▪ Du temps du muet, personnage responsable de la rédaction des intertitres (ou cartons) (*subtitler*). Par le fait même, le titreur avait le contrôle du montage.

titreuse ▪ Petit banc d'optique destiné aux cinéastes amateurs pour la confection de leurs titres (*titler*). ▷ **banc-titre**.

TiVo ▪ Populaire marque de commerce d'enregistreur vidéo en numérique aux États-Unis. C'est un dispositif qui permet d'enregistrer des émissions de télévision sur un disque dur intégré, qu'on pourra visionner plus tard. On peut regarder l'émission tout en l'enregistrant ou en regardant une autre. Mis au point en 1997, ce n'est qu'en 1998 que les premiers tests ont lieu dans la baie de San Francisco et qu'en 2000 qu'il est commercialisé à grande échelle. TiVo peut être connecté à un fournisseur de service et télécharger sur ordinateur programmes et films de l'Internet.

Todd-AO ▪ Mot formé par Todd, nom de famille d'un producteur américain, et American Optical, appellation d'une firme d'optique. Marque de commerce sous laquelle est lancé le procédé du film large 70 mm. Ce procédé est mis au point en 1955 par le docteur Brian O'Brien, à la demande de Michael Todd, afin de rivaliser le procédé du Cinérama. Il ne requiert qu'une caméra et un ensemble de quatre lentilles. On utilise une pellicule 65 mm pour le tournage, qu'on tire ensuite sur une pellicule 70 mm. On compte cinq perforations par photogramme. Le Todd-A projette le film à une cadence de 30 images par seconde. Le premier film en Todd-AO est *Oklahoma!* (1955) de Fred Zinnemann. Le procédé est adopté par plusieurs sociétés de production. Super Panavision et Ultra Panavision sont des dérivés du Todd-AO.

Toei ▪ Mot japonais signifiant « Films de l'Est ». Major japonaise de production et de distribution de films née en 1951 de la fusion de la Toyoko et de la Oizumi. Ses studios situés à Kyoto sont considérés comme le Hollywood à la japonaise. La production de la Toei est axée sur les films populaires et commerciaux, comme les *yakusa-eiga*. De nombreux acteurs de *jidaï-geki* travaillent également pour elle. La compagnie coproduit des films de prestige comme ceux de Shohei Imamura (*Pluie noire,* 1989). Par ailleurs, elle distribue de nombreux films indépendants. Lui appartient également Toei Doga créée en 1998 pour regrouper tous les films d'animation qu'elle a produit auparavant et pour en produire d'autres, surtout pour la télévision.

Toei Doga ▷ Toei.

Toho ▪ Mot japonais signifiant « Trésor de l'Est ». Importante maison japonaise de production de films qui commence par la distribution de films en 1936, mais qui est auparavant propriétaire de salles de théâtre de kabuki à Tokyo, fondée en 1932. La Toho devient pendant la Deuxième Guerre mondiale productrice de films de propagande dits « nationalistes ». Après plusieurs déboires avec les syndicats d'obédience communiste, elle reprend le dessus avec des films mettant en scène sa grande vedette, Toshiro Mifune; ▷ **Shintoho**. Le principal réalisateur de la maison est Akira Kurosawa, avec *Les sept samouraïs* (1954) et *Yojimbo* (1961). La Toho produit des films d'action, des films historiques, des films de science-fiction et des films de monstres; ▷ **Godzilla**. Après de nombreux déboires financiers, elle fusionne en 1975 avec la Towa, une compagnie de distribution. Elle produit désormais des jeux vidéo et relance son catalogue en DVD. Son sigle : un faisceau de rayons s'éloignant d'un centre et sur lequel est apposé dans un cercle son nom en caractères japonais et en caractères latins.

toile FAM. ▪ Écran. L'expression « se faire une toile » signifie « aller voir un film ».

tomber ARG. ▪ Enlever des plans déjà montés.

top ▪ [1] Signal de démarrage et d'arrêt d'une scène donné à l'interprète (*cue*). ▪ [2] Signal de démarrage, d'arrêt ou de changement dans une opération technique, comme l'éclairage ou l'enregistrement sonore (*cue*).

top de synchronisation ▪ Signal électrique servant à synchroniser la vitesse de la caméra et celle du magnétophone lors de la prise de vues (*sync pulse*). Le top de synchronisation est généré par le moteur du film à une pulsion de six fois par seconde.

touch ANGL. ▪ Mot fréquemment utilisé en français. La griffe, la patte de l'auteur dans le film. La *touch* constitue la signature du réalisateur, pointe un style reconnaissable. L'expression *Lubitsch touch* est employée pour souligner la finesse et l'ironie qu'on trouve dans l'ensemble des films du réalisateur Ernst Lubitsch.

Toupie éblouissante ■ Appareil imaginé en 1771 par l'abbé Nollet, un physicien français, inspiré du « disque de Newton » qui, à la fin du XVIIe siècle, reconstitue le blanc en partant des couleurs du prisme. La Toupie éblouissante est composée d'une base métallique sur laquelle peuvent être fixés soit des disques évidés, soit des surfaces planes variées. En faisant tourner la toupie à grande vitesse, on obtient des formes tridimensionnelles grâce à la persistance rétinienne. La Toupie éblouissante est l'ancêtre des jouets scientifiques basés sur le phénomène de la stroboscopie, qui vont se succéder pendant un siècle. Cet appareil fait également partie de la préhistoire du cinéma.

tour de manivelle vx ■ Dans les caméras d'autrefois, enregistrement d'une image correspondant à un tour de manivelle (*one turn, one picture*). En donnant un mouvement de rotation à la manivelle, la pellicule est entraînée dans la caméra. Le tour de manivelle est à l'origine du cinéma d'animation. On dit encore « donner le premier tour de manivelle » pour parler du premier jour de tournage.

tourelle ■ Forme abrégée de tourelle d'objectif.

tourelle d'objectif [tourelle] ■ Pièce rotative placée sur l'avant d'une caméra ou d'un projecteur et portant plusieurs objectifs (*lens turret*).

tournage ■ Processus par lequel on transforme des idées et des mots en images et en sons (*shooting*). Le tournage est un mot issu du langage des premiers caméramen qui devaient tourner une manivelle pour entraîner le film dans la caméra. Le tournage est une des phases de la fabrication du film. Elle est au centre du processus de production, entre préproduction et postproduction. Le tournage mobilise une foule de créateurs et d'artistes, spécialisés dans leur domaine, dont les noms apparaissent au générique du film. On peut compter dans un tournage hollywoodien 400 personnes sur le plateau de tournage. Un tournage moyen dure de 6 à 10 semaines. ◊ SYN. filmage, prise de vues. ◊ VOISIN réalisation. ▷ **directeur de production, production délocalisée, repérages.**

tournage sur le vif ■ Tournage à la sauvette, tournage sans préparation (*live shooting*). Les images prises sur le vif, comme le pratiquent les cinéastes du Candid Eye, du Cinéma direct et du cinéma-vérité, constituent un tournage sur le vif. ▷ **improvisation.**

tourne-disque ▷ platine.

tourner ■ Forme abrégée de tourner un film.

tourner un film [tourner] ■ Expressions qui viennent du vocabulaire des premiers temps du cinéma où l'on entraîne la caméra en tournant une manivelle. ▷ **filmer.**

tourneur ■ [1] vx Opérateur de prises de vues. ■ [2] vx Personne qui va de village en village, d'école en école, projeter des films. Le métier de tourneur apparaît dès les débuts du cinéma et s'exerce dans les foires. Il perdure jusqu'à la fin des années 1950.

TPS ■ Consortium de télévision numérique par satellite formé par les sociétés françaises TF1, M6 et Lyonnaise des eaux-Suez, créé en 1997. Dans son cahier des charges, TPS, comme d'autres télédiffuseurs français (CanalSatellite, par exemple), est obligé d'investir une partie de son chiffre d'affaires dans la production de films français. En 2007, TPS et CanalSat se fusionnent pour donner CanalSat Nouveau. ▷ **Groupe Canal +.**

tracé de rayons ■ Dans les images de synthèse, technique permettant d'obtenir des effets d'ombre, de transparence et de réfraction de la lumière (*ray-tracing*). Le tracé de rayons, mis au point en 1968, est couramment employé en animation 3D en vue de créer des atmosphères brillantes et froides (un décor hi-tech, par exemple). Synonyme peu usité : lancé de rayons. ▷ **radiosité.**

trace sonore ■ Inscription du son sur une piste sonore optique (*sound trace*).

traceur ■ En dessin animé, dessinateur chargé de reporter sur les cellulos et à l'encre de Chine les dessins au crayon préalablement établis au crayon par l'intervalliste (*tracer*).

traduction simultanée ▷ sous-titrage.

Trafic ■ Revue de cinéma française fondée en janvier 1992 par Serge Daney et publiée à Paris par l'éditeur P.O.L. Sobre dans sa présentation (papier Kraft et aucune photo), élevée dans ses propos, cette revue ne se présente ni comme une publication universitaire, ni comme une publication journalistique. Les rédacteurs, prenant en compte la photo, la vidéo et les nouvelles images comme continuation du cinéma, veulent prolonger le questionnement politique et esthétique du cinéma, en s'appuyant sur la philosophie et l'histoire. Les collaborateurs sont des cinéastes, des critiques, des théoriciens et des artistes. Parution : trimestrielle.

traitement ■ [1] Développement du synopsis ou d'une œuvre préexistante en scénario (*treatment*). Le traitement d'un scénario peut donner plusieurs versions. ◇ voisins continuité, adaptation. ▷ **consultant en scénario.** ■ [2] Manière de traiter un sujet dans un film (*treatment*).

traitement de l'image ■ Ensemble des procédés appliqués à la transformation et à la retouche d'images numérisées (*image processing*).

traitement du film ▷ développement.

traitement multicouche ■ Opération consistant à déposer plusieurs couches antireflets sur une lentille (*protective coating*).

traiteur ■ Entreprise responsable des repas sur les lieux de tournage en extérieur (*caterer*). Les tournages des films de Francis Ford Coppola sont réputés pour l'excellence des repas tout préparés.

trajet du film ▷ circuit du film.

trame ■ [1] Au figuré, ensemble des événements formant une intrigue (*framework*). ■ [2] Accessoire filtrant qui adoucit l'image (gaze, soie, tarlatane, tulle, etc.) (*gauze*). ■ [3] Ensemble des lignes horizontales parcourues par le balayage vertical unique d'une image vidéo (*frame*). Cette technique, dite de l'entrelaçage, permet de réduire fortement le prix des téléviseurs.

transfert optique ▷ report optique.

Transflex ■ Marque de commerce d'un trucage de décor de projection frontale.

Ce procédé amélioré de projection frontale est mis au point par Henri Alekan et Georges Gérard en 1954. La société Kodak dépose en 1955 un brevet pour un procédé très voisin de celui d'Alekan et Gérard, qui fera l'objet d'une contestation d'antériorité par les deux inventeurs français.

transition ■ Toute technique utilisée en vue d'indiquer le changement d'une scène à l'autre (*transition*). La transition indique un mouvement dans l'espace et le temps du film. Le plan d'un décollage d'avion est un exemple de transition : il indique qu'il y aura un changement de lieu. ▷ **effet de liaison.**

transparence ■ [1] ▷ **projection par transparence.** ■ [2] Tendance esthétique en cinéma de raconter une histoire sans que le regard du spectateur soit heurté par une technique filmique afin de protéger l'illusion de réalité. Il s'agit de masquer le travail d'énonciation. ▷ **cinéma classique hollywoodien, montage invisible.**

Transtrav ■ Marque de commerce d'un procédé de prise de vues combinant le travelling avant et le zoom arrière, mis au point par Serge Husum dans les années 1950. Son effet est de garder l'interprète dans une taille constante pendant que la perspective bascule. Alfred Hitchcock l'emploie dans la scène de l'escalier en colimaçon dans *Sueurs froides* (1958), c'est pourquoi on l'appelle familièrement « zoom de Hitchcock » ou « effet Vertigo ».

travelling ANGLIC. ■ De *to travel*, qui signifie « voyager », « se déplacer ». Mouvement horizontal de la caméra obtenu par le déplacement de l'appareil de prise de vues sur un chariot ou sur des rails (*dolly shot*, *track shot*) ; ▷ **mouvement d'appareil.** On obtient également un travelling en utilisant une caméra à l'épaule. On distingue le travelling avant, le travelling arrière, le travelling circulaire, le travelling latéral et le travelling optique. Le travelling est une figure de l'écriture cinématographique. Le premier travelling aurait été réalisé à Venise en 1896 à bord d'un vaporetto, mais les frères Lumière en réalisent également un en 1896 à bord d'un train, à Jérusalem. C'est toutefois dans *Cabiria* (1913) de Giovanni Pastrone que le travelling est utilisé à des fins dramatiques.

travelling arrière ■ Mouvement de la caméra s'éloignant du sujet ou de l'objet filmé, ou d'un endroit du décor (*track back, track out*).

travelling avant ■ Mouvement de la caméra avançant vers le personnage ou l'objet filmé, ou dans le décor (*track in*).

travelling circulaire ■ Mouvement de la caméra se déplaçant autour d'un personnage ou d'un objet (*circular shot*).

travelling latéral ■ Mouvement de la caméra accompagnant un déplacement, en voiture, par exemple (*trucking shot*).

travelling matte ANGL. ■ Expression utilisée couramment en français à la place de « cache mobile ».

travelling optique ■ Effet visuel de déplacement obtenu par l'utilisation du zoom ou d'une lentille à focale variable, sans déplacement de caméra. Le déplacement peut s'effectuer vers l'avant (*zoom in*), ce qui provoque un effet de rapprochement, ou vers l'arrière (*zoom out*), ce qui provoque un effet d'éloignement.

30° ▷ loi du 30 degrés.

35 mm ▪ Largeur standard de la pellicule de film. En 1894, les frères Lumière trouvent une solution définitive au double problème d'enregistrement et de projection des images animées en perforant la pellicule (d'une largeur de 42 millimètres) à tous les 20 millimètres. Thomas Edison est le premier à employer le format 35 mm. On standardisera le support en 1909 lors d'une conférence internationale qui retient le film Edison avec son image plus petite que celle du film Lumière ; ▷ **perforation américaine.** Au parlant, la largeur disponible pour l'image est réduite de plus de deux millimètres sur le côté gauche pour l'introduction d'une piste sonore. L'image est presque carrée, mais, en 1932, elle retrouve presque l'ancien format du muet : 15,3 cm sur 21 cm (une proportion d'environ 2 à 3) ; c'est le format 1:37:1, dit académique, souvent assimilé au 1:33:1 qui est celui du muet ; chaque image compte quatre perforations. En CinémaScope, une lentille anamorphosique agrandit l'image 35 mm comprimée horizontalement en 2:35:1. ▷ **format panoramique, Super 35.**

trépied ▪ Support à trois pieds télescopiques, en bois ou en métal, de la caméra, utilisé généralement pour le tournage en extérieur (*tripod*). Le trépied comprend à son sommet une tête à rotule ou à friction, et un dispositif de sécurité placé au sol pour empêcher le glissement des pieds.

très gros plan [T.G.P.] ▪ Plan cadrant un détail sur un personnage ou sur un objet (*big close-up, extreme close-up*).

triacétate ▪ Forme abrégée de triacétate de cellulose.

triacétate de cellulose [triacétate] ▪ Dérivé de la cellulose utilisé depuis 1951 dans les supports de sécurité. Le triacétate remplace le film de nitrate, trop inflammable. Il se détériore également plus lentement que le nitrate. ▷ **diacétate, Estar.**

Triangle ▪ Forme abrégée de Triangle Picture Corporation.

Triangle Picture Corporation [Triangle] ▪ Compagnie de production américaine fondée en 1915 par Harry Aitken, avec Adam Kessel et Charles D. Bauman. Les films de Triangle, signés D.W. Griffith, Thomas Ince et Mack Sennett et mettant en vedette des acteurs comme Douglas Fairbanks, Lillian et Dorothy Gish, William S. Hart et Norma Talamadge auront d'énormes succès. En 1916, elle emploie une trentaine de réalisateurs et autant de scénaristes. Elle s'assure également du contrôle de 3000 salles aux États-Unis et en Grande-Bretagne. Les salaires sont élevés, mais la baisse de popularité des films produits, comme celle d'*Intolérance* (1916) de D.W. Griffith, qui est un échec, amène la compagnie à travailler avec Adolf Zukor de la Artcraft and Paramount. L'année suivante, D.W. Griffith et Mack Sennett quittent la compagnie qui cède alors son avoir à Samuel Goldwyn en 1918, ce qui entraîne sa dissolution.

trichromie ▪ Procédé de restitution des couleurs basé sur la séparation des couleurs primaires (*three-color process*). La trichromie permet d'avoir le spectre de toutes les autres couleurs, dites couleurs complémentaires, avec l'emploi des trois couleurs de base que sont le rouge, le vert et le bleu. Tous les procédés couleur modernes sont fondés sur le procédé de la trichromie.

Tri-Ergon ■ Procédé allemand de cinéma sonore mis au point en 1919 par trois inventeurs allemands : Josef Engl, Josef Massole et Hans Vogt. Le Tri-Ergon est l'un des tout premiers procédés de son optique. En 1926, la Fox achète le procédé et le nomme Movietone ; le premier film qu'elle produit avec ce procédé est *L'aurore* (1927) de F.W. Murnau. Adapté en 1929 par la Tobis-Klangfilm d'Allemagne, il devient le procédé de cinéma sonore le plus répandu d'Europe.

trimmers ANGL., PLUR. ■ Traduction française peu usitée : volets réglables. Volets sur les tireuses additives pour régler la lumière de tirage. ▷ **étalonnage.**

tripack ■ Procédé de cinéma en couleurs utilisant simultanément trois films dans la caméra, qui entre dans la composition du Technicolor (*tripack*). C'est un procédé de trichromie soustractive mis au point en 1929. *Becky Sharp* (1935) de Rouben Mamoulian est le premier long métrage entièrement en Technicolor trichrome. On cesse en 1978 de tirer des films trichromes Technicolor.

triple écran ▷ **Polyvision.**

TriStar ■ Association formée de Columbia Broadcasting System [CBS], Home Box Office [HBO] et Columbia Pictures (qui est à cette époque une filiale de Coca-Cola), créée en 1982 pour la production de films pour la télévision à péage aux États-Unis. CBS quitte l'association en 1984. La Columbia l'achète en 1987. En 1989, la compagnie Coca-Cola est achetée par Sony, qui fusionne Columbia et TriStar. La Columbia TriStar Televison est lancée en 1994. Le premier film de TriStar est Le *meilleur* (1984) de Barry Levinson, avec Robert Redford. Parmi les films que la société a produit, citons *Jardins de pierre* (1987) de Francis Ford Coppola, *Maris et femmes* (1992) de Woody Allen et *L'enjeu* (1998) de Barbet Schroeder.

3D ▷ **image 3D.**

trou sonore ■ Interruption brutale du son (*sound break*). Le trou sonore peut être causé par la cassure du film dans le projecteur ou, à la prise de vues, par le dysfonctionnement technique de la prise de son.

Truca ■ Marque de commerce d'une tireuse optique mise au point en 1929 par André Debrie. Fonctionnant à vitesse variable, la Truca permet de réaliser en laboratoire des effets spéciaux comme l'accéléré, le ralenti, la surimpression, les fondus, les volets, le cache, le cache-contrecache et le multi-images.

trucage, truquage ■ Procédé ou technique modifiant l'image ou le son (*special effects*). Le trucage permet de réaliser des effets spéciaux. On peut réaliser un trucage mécaniquement (à la prise de vues) ou par procédés optiques (en laboratoire) et électroniques (par ordinateur, à l'aide de la vidéographie). C'est Georges Méliès qui est l'ancêtre du trucage au cinéma, avec son trucage par arrêt et reprise de l'image, son trucage par prestidigitation, son trucage de pyrotechnie et son trucage par machinerie théâtrale. Un trucage réussi est un trucage qui donne une crédibilité à ses effets; il demande en quelque sorte au spectateur d'en être complice et de l'apprécier, surtout s'il est complexe et performant. Le mot « trucage » tend à être remplacé par l'expression « effets spéciaux ».

truquage ▷ trucage.

truqueur, euse, truquiste ▪ Personne spécialiste dans la réalisation des trucages (*special effects technician*).

truquiste ▷ truqueur.

trust Edison ▷ Edison Company, Motion Picture Patents Company.

t-stop ▪ « T » pour transmission. Mesure du calcul de l'ouverture photométrique de l'objectif ou du diaphragme de la caméra permettant de contrôler la quantité de lumière admise (*t-stop*). Le repère de diaphragme correspond à une diminution ou à une augmentation de la lumière admise. À cause de la réflexion et de la réverbération de la lumière, la quantité de lumière qui impressionne la pellicule à son point focal n'est pas la même que celle qui atteint l'objectif. Le calcul du t-stop se fait électroniquement et donne la mesure idéale du f-stop.

T/T ▪ Abréviation exprimant l'ouverture photométrique de l'objectif (*T*).

tube allonge ▪ Cylindre métallique de longueur variable qu'on peut fixer ou visser entre l'objectif et la caméra pour la prise de vues macrocinématographique (*extension tube*).

tuilage ▪ Déformation latérale de la pellicule (*cupping*). La pellicule déformée s'incurve sur ses bords. Le tuilage provient d'un chauffage trop intense par l'immobilisation de l'image dans le pro-

jecteur, du passage en accéléré de la pellicule au moment de la réembobiner ou du survoltage des lampes. ▷ **anti-curl**, **curling**.

tuner ANGLIC. ▷ **syntoniseur**.

tungstène ▪ Métal constituant les filaments des lampes à incandescence et des lampes à quartz (*tungsten*).

tunnel ARG. ▪ Long monologue. Le tunnel est redouté par les acteurs dotés d'une mémoire défaillante.

Turner Broadcasting System [TBS] ▪ Important groupe de l'industrie des communications appartenant au magnat Ted Turner et comprenant les chaînes câblées Cable News Network [CNN], Turner Network Television [TNT], Cartoons Network, Headline News et les compagnies de films New Line Cinema, Castle Rock Entertainment et Turner Pictures. La Turner Broadcasting System s'affilie en 1995 avec le groupe Time Warner Inc., le deuxième géant mondial de la communication et du multimédia, dont Ted Turner devient alors le vice-président. TBS dirige Turner Entertainment qui détient les catalogues des films suivants: celui de la MGM d'avant 1986, celui de la Warner Bros. d'avant 1948 et celui de la RKO.

turquoise ▷ cyan.

tutoriel ▪ Programme de présentation guidant l'utilisateur dans l'apprentissage d'un matériel, d'un logiciel ou d'un jeu vidéo (*tutorial*). Pour un jeu vidéo, il est important que le joueur connaisse les épreuves à affronter et sache manipuler facilement et rapidement les commandes pour les gestes des personnages.

tweeter ANGL. ◼ Mot n'ayant pas d'équivalent français, malgré des essais infructueux comme «tuiteur». Haut-parleur de petit diamètre restituant les sons aigus.

Twentieth Century-Fox ◼ Ancienne graphie de Twentieth Century Fox.

Twentieth Century Fox ▷ Twentieth Century Fox Film Corp.

Twentieth Century Fox Film Corp [Twentieth Century Fox, Twentieth Century Fox, 20th Century Fox, Fox] ◼ Major américaine fondée en 1935 par Joseph M. Schenck et Darryl F. Zanuck par la fusion de la Fox Film Corporation, née en 1915, avec la Twentieth Century Pictures, créée en 1933. La compagnie ne possède alors que des salles mais pas de studios. Sa production est dirigée durant 20 ans par Zanuck. Au moment de sa fondation, la Fox Film Corporation a sous contrat deux vedettes : Shirley Temple et Will Rogers. En quelques années, de nouvelles vedettes s'ajoutent, entre autres, Betty Grable et Tyrone Power, que rejoindront plus tard Dana Andrews, Linda Darnell, Gregory Peck et Gene Tierney. La compagnie produit des comédies musicales, des westerns et des films noirs. Des réalisateurs comme Elia Kazan, John Ford, Joseph L. Mankiewicz et Otto Preminger travaillent pour elle. Parmi les films importants produits dans les années 1940, citons *Les raisins de la colère* (1940) de John Ford et *Le mur invisible* (1947) d'Elia Kazan. En raison du choc provoqué par l'arrivée de la télévision, elle concentre ses efforts pour lancer des stars comme Marilyn Monroe et Robert Wagner. Pour reconquérir le marché, elle adopte également le CinémaScope, mais sa popularité est de courte durée. L'équilibre financier est difficile à maintenir avec l'augmentation des frais et, en particulier, avec le tournage interminable de *Cléopâtre* (1962) de Joseph L. Mankiewicz qui coûte 40 M$. Zanuck, qui travaille en indépendant depuis 1956, revient en 1962 comme président, et son fils Richard devient le directeur de la production. La compagnie connaît des triomphes avec *La mélodie du bonheur* (1965) de Robert Wise et *M.A.S.H.* (1970) de Robert Altman. Dans les années 1970, une nouvelle génération de cinéastes apparaît au sein de laquelle on distingue Mel Brooks, George Lucas et Paul Mazursky. *La guerre des étoiles* que la 20th Century Fox produit en 1976 sera l'un des succès les plus marquants de cette décennie. Le magnat du pétrole Martin Davis achète la Fox en 1981, mais il revend en 1985 la moitié de ses parts au patron de presse Rupert Murdoch. Le trait d'union disparaît de son nom en 1984. Dans les années 1990, la Twentieth Century Fox lance un réseau de télévision à péage (Fox Television, avec cinq chaînes), distribué par câble et satellite, contrôlé par le magnat Rupert Murdoch, et acquiert ainsi un cinquième du marché mondial de la télédistribution. Elle fait alors partie du Fox Film Entertainment dont les activités couvrent le cinéma, la vidéo, la télévision et des clubs sportifs. On fait construire des studios de cinéma ultramodernes en Australie, inaugurés en 1998. La société est associée en France avec l'Union générale du cinéma [UGC]. La Twentieth Century Fox Film Corp comprend les filiales suivantes : 20ᵗʰ Century Fox, 20ᵗʰ Century Fox Español, 20ᵗʰ Century Fox Home Entertainment, 20ᵗʰ Century Fox International, 20ᵗʰ Century Fox Television, Blue Sky Studios (pour l'animation), Fox Searchlight Pictures, Fox Studios Australia, Fox Studios Baja (studios construits à Baja California, au Mexique, pour le tournage de *Titanic* de James Cameron), Fox Studios L.A. et Fox Television Studios. Parmi les films produits depuis sa création, citons : *Vers sa destinée* (1939) de John Ford, *Les pionniers de la Western Union* (1941) de Fritz Lang, *Laura* (1944) et *Crime passionnel* (1945) d'Otto Preminger, *Le miracle de la 34ᵉ Rue* (1947) de George Seaton, *La mélodie du bonheur* (1965) de Robert Wise, *La flèche brisée* (1950)

de Delmer Daves et *Derrière le miroir* (1956) de Nicholas Ray. L'emblème sur ces films : le nom de la compagnie monté en pyramide et éclairé par un faisceau de projecteurs. ▷ **Grandeur**.

Tyler ■ Marque de commerce d'un système antivibratoire pour le tournage en hélicoptère. Son seul et grand défaut est que la caméra doit rester absolument immobile durant le vol. ▷ **Wescam**.

typage ■ [1] Façon de figer un personnage par des tics ou des attitudes (*typage*). Le typage donne généralement des personnages stéréotypés. ■ [2] Nom donné par le cinéaste S.M. Eisenstein aux interprètes non professionnels de ses films, qui doivent alors représenter des types humains aisément identifiables par le public (*typage*).

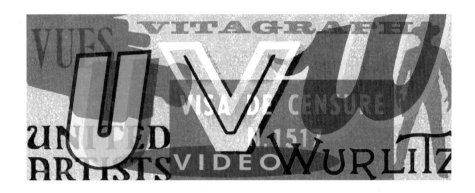

UA ▪ Sigle de United Artists Corporation.

UCI ▪ Sigle de l'Unione Cinematografica Italiana.

UFA ▪ Sigle de Universum Film Aktien Gesellschaft.

Ufacolor ▪ Marque de commerce d'un procédé de cinéma en couleurs bichrome mis au point par la firme allemande Universum Film Aktien Gesellschaft [UFA] dans les années 1930.

UGC ▪ Sigle de l'Union générale du cinéma.

Uher ▪ Marque de commerce d'un magnétophone allemand à usage semi-professionnel et professionnel pour le cinéma, variante de l'appareil suisse Nagra, de la compagnie Uher Werke Munchen créée en 1954. Le premier magnétophone est lancé en 1955 à la foire de la radiodiffusion de Düsseldorf. Peu d'années après sa vente en 1974 à l'entreprise Assmann de Hambourg, la société cesse de fabriquer de nouveaux appareils. Les grands modèles de magnétophones Uher sont le Uher 4000 Report (de 1961), le Uher Universal 5000 (de 1962), le Uher Royal de Luxe (de 1966), le Uher CR124 (de 1971) et le Uher CR240 (de 1977).

ultracinéma ▪ Variante de cinématographie ultrarapide.

ultra grand angulaire ▷ œil-de-poisson.

Ultra Panavision ▪ Procédé de film large lancé par Panavision en 1959, semblable à celui du Todd-AO.

UltraScope ▪ Format du CinémaScope en Allemagne. L'UltraScope est de 2 :35 :1.

ultrason ▪ Son dont la fréquence est plus élevée que celle audible par l'oreille humaine (*ultrasound*). La fréquence d'un ultrason est supérieure à 20 000 Hz.

ultraviolet [UV] ▪ Lumière à l'extrémité du spectre visible des couleurs (*ultraviolet*). L'ultraviolet peut modifier l'émulsion des films ; on l'élimine par l'utilisation de filtres ultraviolets. On utilise l'ultraviolet dans trois domaines cinématographiques : le cinéma en ultraviolet réfléchi (avec des lampes à cadmium, par exemple), le cinéma ultraviolet à grand pouvoir séparateur (avec des condensateurs à quartz) et le cinéma de fluorescence (avec des lampes fluorescentes).

underground ▷ cinéma underground.

UNI FAM. ▪ Forme abrégée de Universal Pictures.

Unifrance Film ▪ Association sans but lucratif fondée en 1949 en collaboration avec des organisations professionnelles afin de promouvoir le cinéma français à l'étranger. Placée sous la tutelle directe du Centre national de la cinématographie [CNC], Unifrance Film organise des rencontres et des manifestations, aide les distributeurs étrangers dans la publicité des films français et publie des bulletins d'information. L'organisme, qui n'est ni vendeur ni distributeur de films, est présent à toutes les étapes de la carrière d'un film français à l'étranger. Il compte près de 500 adhérents (producteurs de longs et de courts métrages, exportateurs, metteurs en scène et comédiens). Ses bureaux sont à Paris.

unigrudi PORT. ■ Mot du Brésil signifiant underground. Nom que donne à leur cinéma un groupe de réalisateurs brésiliens dans les années 1970, de Curuaru, ville de l'État de Pernambuco, en réaction contre le cinéma Nôvo qu'ils trouvent académique et dont certains de ses auteurs se sont compromis avec la dictature. On y produit des films expérimentaux qui mêlent musique, danse, texte, théâtre et arts plastiques au cinéma. On y sent l'influence de la musique rock et du psychédélisme ainsi que de la culture de la région agreste qu'est celle de Pernambuco. Les représentants de l'*unigrudi* sont Júlio Bressane, Carlos Reichenbach, Rogério Sganzerla et Andrea Tonacci.

Unione Cinematografica Italiana [UCI] ■ Consortium financier fondé en 1919 à Rome par la Banque commerciale italienne, la Banque italienne d'escompte et le Crédit indépendant de Venise et regroupant 11 compagnies de produc-tion de films. Le consortium compose une intégration verticale du cinéma italien (production, distribution et diffusion par des salles de cinéma) pour contrer l'invasion du cinéma américain. Elle produit des films comme *Rapsodia satanica* (1915) de Nino Oxilia et *La signorina Ciclone* (1916) d'Augusto Genina. En 1923, trois nouvelles compagnies entrent dans le consortium. Une crise financière empêche la production de films entre 1925 et 1926. L'arrivée du parlant met fin à la production du muet qui est presque totalement détenue par l'UCI, qui est liquidée en 1927.

Union générale du cinéma [UGC] ■ Société fondée en 1971 et regroupant des exploitants indépendants français. Au fil des années, l'UGC étend ses activités à la production, à la distribution et à la diffusion de films en France et à l'étranger, à la régie publicitaire et à la commercialisation des droits audiovisuels. Ce groupe exploite plus de 350 salles en France et plus de 200 autres dans le reste de l'Europe, avec près de 40 millions d'entrées au début de l'année 2005. Elle produit annuellement une dizaine de films et distribue annuellement environ 25 films par l'intermédiaire de l'UGC Fox Distribution ; ▷ **Twentieth Century Fox Film Corp.** Circuit A, une de ses sociétés, assure la régie publicitaire de 40 % des salles françaises. L'UGC détient en outre un portefeuille de 5000 films (dont l'œuvre complète de Luis Buñuel) et de 2000 heures de télévision (dont la série *Chapeau melon et bottes de cuir*) par l'entremise de sa division axée sur les droits audiovisuels. Sur le marché européen de la télévision, son avance est confortée grâce à son rapprochement en 1996 avec Canal+ en vue de développer la télévision numérique. UGC International est créée en 1998. Son chiffre d'affaires annuel est d'environ 474 M$ en 2006.

Unitalia ▪ Organisme italien subventionné par l'État s'occupant de l'exportation de films. Il publie depuis 1951 un bimensuel, *Unitalia Film,* sur la diffusion du film italien à l'étranger.

United Artists Corporation [UA, MGM-UA]
▪ Compagnie fondée en 1919 par Charles Chaplin, Mary Pickford, Douglas Fairbanks et D.W. Griffith dans le but de distribuer les films des producteurs indépendants. Les réalisateurs ont le contrôle artistique de leurs œuvres et partagent les profits avec les studios. À ses débuts, la compagnie privilégie les réalisations de ses fondateurs, limitant la production extérieure, mais, sous la pression des bailleurs de fonds, elle doit acquérir des salles et faire appel de plus en plus à d'autres auteurs. Avec des partenaires comme Samuel Goldwyn, David O. Selznick et Alexander Korda, les années 1930 deviennent pour elle les plus fructueuses, avec des films comme *Les lumières de la ville* (1930) de Charles Chaplin, *La vie privée d'Henri VIII* (1933) d'Alexander Korda, *Rue sans issue* (1937) et *Le cavalier du désert* (1940) de William Wyler, et *Une étoile est née* (1937) de William Wellman. Après la Deuxième Guerre mondiale, United Artists investit dans la série B et tire profit des avantages consentis aux indépendants avec le décret Paramount de 1948, deux facteurs qui l'aident à se redresser financière-

ment; ▷ **Paramount decision**. Elle produit de grandes œuvres comme *La nuit du chasseur* (1955) de Charles Laughton et *Un Américain bien tranquille* (1958) de Joseph L. Mankiewicz. Sa réputation se consolide dans les années 1960 avec l'apport de réalisateurs comme Billy Wilder et Stanley Kramer, et les débuts des séries *James Bond* et *La panthère rose*. En 1967, la Transamerica Corporation l'absorbe et obtient la distribution des films de la MGM. Durant les années 1970, de nouveaux réalisateurs comme Woody Allen, Milos Forman et Martin Scorsese travaillent pour elle. En 1978, ses deux coprésidents, Arthur Krim et Robert Benjamin quittent la compagnie et fondent Orion Pictures. La compagnie perd énormément d'argent dans la production de *La porte du paradis* (1980) de Michael Cimino; ▷ **superproduction [2]**. Dans ces conditions défavorables, elle est rachetée en 1981 par la MGM de Kirk Kerkorian et devient la MGM-UA. De 1981 à 1987, aucun film ne sort de ses studios. Dans les déboires qui suivent les achats consécutifs de la MGM, United Artists devient un studio spécialisé et s'occupe des franchises des films mettant en scène James Bond, de la série des *Pink Panther* et des *Rocky*. Techniquement MGM et UA sont deux entités indépendantes du conglomérat de Sony qui y a des parts; ▷ **Columbia Pictures**. Dans une volonté de retourner aux sources qui ont fait la gloire de la United Artists, MGM-UA annonce en 2006 un partenariat avec Tom Cruise et Paula Wagner, qui s'occuperont des projets de films pour la United Artists, tandis que la MGM aura la gestion des opérations. Quatre films sont prévus chaque année. Le catalogue de la UA contient 1200 titres. Son emblème : les lettres argentées « UA » réunies. Parmi les principaux films de la société, citons *Le voleur de Bagdad* (1924) de Raoul Walsh, *Scarface* (1932) de Howard Hawks, *Rebecca* (1940) d'Alfred Hitchcock, *African Queen* (1951) de John Huston, *La garçonnière* (1960) de Billy Wilder, *West Side Story* (1961) de Robert Wise, *Macadam cowboy* (1969) de John Schlesinger, *Le dernier tango à Paris* (1972) de Bernardo Bertolucci, *Vol au-dessus d'un nid de coucou* (1975) de Miloš Forman, *Manhattan* (1979) de Woody Allen, *Rain Man* (1988) de Barry Levinson, *Bowling for Columbine* (2002) de Michael Moore et *Capote* (2005, avec Sony Pictures Classics) de Bennett Miller.

Universal ▪ Forme abrégée de Universal Pictures.

Universal Pictures [Universal, UNI] ▪ Compagnie de production fondée en 1912 par Carl Laemmle avec la fusion de la Motion Picture Company et de plusieurs organisations indépendantes. Après la production de courts métrages et de *serials*, elle se lance en 1915 dans le long métrage avec l'ouverture des studios d'Universal City dans la vallée de San Francisco. Elle engage des cinéastes comme Ted Browning, Erich von Stroheim, John Ford, Allan Dwan et Maurice Tourneur, qui tournent des films à petit budget mais de grande qualité. Elle a sous contrat la fameuse star Rudolph Valentino. Dans les années 1930, ses productions deviennent plus riches ; elle lance parallèlement les comédies avec Bud Abbott et Lou Costello. Après la Deuxième Guerre mondiale, elle produit des films noirs. Universal fusionne en 1946 avec International Pictures et porte un nouveau nom, Universal-International. En 1952, elle redevient Universal, soit juste avant d'être rachetée par Decca Records. Son « écurie » d'acteurs compte alors James Stewart, Tony Curtis, Doris Day et Rock Hudson. Music Corporation of America [MCA] la partage avec Decca en 1959. En 1964, une partie de ses studios sont transformés en parc d'attractions à Hollywood ; un autre parc ouvre en Floride en 1988. Universal produit de plus en plus pour la télévision. *American graffiti* (1973) de George Lucas, *Les dents de la mer* (1975) de Steven Spielberg et *Voyage au bout de l'enfer* (1978) de Michael Cimino lui apportent le succès dans les années 1970. *E.T.* (1980) de Steven Spielberg est son plus grand triomphe. Dans les années 1990, tout en faisant partie intégrante de MCA, elle établit une alliance par la compagnie japonaise Matsushita, pour 6 MD $, qui s'en dégage en 1995 au profit de la société Seagram, qui appartient à la famille canadienne Bronfman et qui possède PolyGram. Elle devient alors la plus grande société musicale au monde. En 1997, elle aide à la création de DreamWorks SKG. En juin 2000, Vivendi, de France, l'intègre pour former Vivendi Universal. La société est associée à Studio Canal qui dépend du Groupe Canal +. En mai 2004, General Electric la rachète et l'intègre dans un nouveau conglomérat, NBC Universal. Son emblème : son nom tournant autour du globe terrestre à la façon de l'anneau de Saturne. Son catalogue compte environ 9000 films. Parmi les principaux films portant l'emblème de Universal Pictures, citons À l'Ouest rien de nouveau (1930) de Lewis Milestone, Images de la vie (1934) de John M. Stahl, La cité sans voiles (1948) de Jules Dassin, Spartacus (1960) de Stanley Kubrick, La party (1968) de Blake Edwards, E.T., l'extraterrestre (1982) et Le parc jurassique (1993) de Steven Spielberg, La féline (1982) de Paul Schrader, The Thing (1982) de John Carpenter, L'impasse (1993) de Brian de Palma et King Kong (2005) de Peter Jackson. ▷ **Black Tower.**

Universum Film Aktien Gesellschaft [UFA] ▪ Compagnie de production et de distribution nationale et internationale fondée en Allemagne en 1917. Le gouvernement participe à sa fondation avec des compagnies privées. On veut produire des œuvres patriotiques, mais la fin de la guerre met fin à ces projets et on se réoriente vers la comédie; on produit les premiers films d'Ernst Lubitsch, Carmen (1918) et Madame Dubarry (1919). L'UFA prend alors rapidement de l'expansion en contrôlant plusieurs autres compagnies de production et la chaîne de distribution Nordisk Film en 1919. Elle inaugure cette même année sa première salle de cinéma à Berlin. En 1921, elle prend le contrôle de sa plus féroce concurrente, Decla Bioskop, qui produit les films de Robert Wiene. Elle recrute des cinéastes comme Fritz Lang et F.W. Murnau. Elle construit des studios à Neubabelsberg, près de Berlin, et sa manière de fonctionner ressemble à celle des stu-

dios américains. Elle produit des films à grand déploiement, très originaux, qui font partie de l'expressionnisme allemand. En 1925, la crise économique l'oblige à signer des ententes de distribution avec la Paramount Pictures et la MGM. Metropolis (1927) de Fritz Lang est un échec commercial. Avec l'arrivée du parlant, elle se modernise, agrandit ses studios et en ouvre de nouveaux à Tempelhof et Neubabelsberg. Le pronazi Dr Alfred Hugenbert est nommé à sa présidence et impose une idéologie d'extrême-droite aux productions, particulièrement aux actualités filmées. Elle intègre dans les années 1930 toutes les firmes allemandes et même autrichiennes, puis polonaises et tchécoslovaques, et est complètement nazifiée. En 1936, elle achète le brevet de l'Agfacolor; ▷ **Sovcolor.** Hitler la nationalise totalement en 1940 et sa production augmente considérablement avec des films à la gloire de l'histoire germanique et antisémite. Après la Deuxième Guerre mondiale, elle est mise sous séquestre et son capital est dispersé. Une partie de ses salles sont sous contrôle soviétique, de même que ses studios de Neubabelsberg. En 1955, un consortium la ressuscite, elle recommence la production de films mais la concurrence de la télévision amène sa dissolution en 1962. Ses studios de Neubabelsberg deviennent, avec la création de l'Allemagne de l'Est, l'embryon de la DEFA, studios de production de la République démocratique allemande. Après la chute du mur de Berlin et avec la crise de la production, on menace de démolir ses studios; les cinéastes allemands s'insurgent et, en 1993, le gouvernement allemand nomme à leur direction le cinéaste Volker Schlöndorff. Elle porte désormais le nom de UFA-Gruppe et sa production est majoritairement destinée à la télévision, en association avec le Bertelsmann-CTL. Une grande partie de son catalogue disparaît durant les bombardements de 1944 et 1945, sauf pour les films réalisés entre 1920 et 1930, dont des copies existent à l'étranger pour la plupart.

usine à rêves ■ Surnom donné à Hollywood. ▷ **Babylone, Mecque du cinéma.**

UV ■ Abréviation de ultraviolet.

vamp ■ Forme abrégée de « vampire », du mot allemand *vampir* qui signifie « fantôme ». Femme fatale, séduisante, sulfureuse, qui fait succomber les hommes par ses charmes (*vamp*). Le mot apparaît en 1914, à la sortie du film de Frank Powell, *A Fool There Was*, qui est une adaptation d'un poème de Rudyard Kipling intitulé « La vampire »; le film met en vedette Theodosia Goodman dont le pseudonyme Theda Bara est un anagramme d'*Arab Death*, c'est-à-dire « mort arabe »; les photos de publicité la montrent dans des poses provocantes; elle deviendra la première vamp. La vamp a un maquillage très pâle, de grands yeux charbonneux, des lèvres sanglantes, de longs ongles fins et un corps mince; elle porte des robes moulantes de soie noire, agrémentées de boas de plumes blanches. C'est une femme qu'on aime mais qu'on redoute, maléfique mais éternelle. ▷ **sex-symbol.**

variateur de vitesse ■ Accessoire qu'on peut brancher sur une caméra munie d'un moteur à vitesse variable afin de faire varier électroniquement la vitesse de prise de vues (*speed variator*). Le variateur de vitesse est compatible avec la plupart des marques de caméra.

variétés ▷ théâtre de variétés.

Variety ■ Hebdomadaire américain publié à New York portant sur l'industrie cinématographique. Fondé en 1905 par Sime Silverman et Sid Silverman, il est constitué de nombreuses rubriques couvrant tous les aspects de l'industrie, de critiques de films et des résultats du box-office. Un pendant à *Variety* est publié à Hollywood, *Daily Variety*, fondé lui aussi par les Silverman en 1933, quotidien de nouvelles et des commentaires sur l'industrie du film et de la télévision. Le tirage de son quotidien et de son hebdomadaire tourne autour de 30 000 exemplaires. Il a un site Web très élaboré, dont une partie est disponible sur abonnement, qui a des liens avec de nombreux blogues.

v-cinéma ■ Désigne un film produit à petit budget qui sort directement sur support vidéo (*v-cinema*). Le Japon a développé un grand marché de v-cinéma.

vedette ■ [1] Acteur jouissant d'une grande renommée (*star*). ■ [2] Dans un film, personne qui tient un rôle important (*star*). ◊ SYN. étoile, star.

véhicule ■ [1] Dans le cinéma américain, film entièrement conçu pour un acteur (*vehicle*). *Feuilles d'automne* (1956) de Robert Aldrich est un exemple de véhicule : il est tourné pour Joan Crawford. ■ [2] En audiovisuel, tout média comme le journal, la télévision ou le film lui-même (*vehicle*).

vélocilateur ▪ Chariot plus large que la dolly et muni d'une petite grue pouvant élever la caméra jusqu'à 90 centimètres (*velocilator*). Le vélocilateur peut soutenir un caméraman et un assistant. Il est mû manuellement ou par un moteur.

Venise ▪ Ville italienne où est créé le premier festival de film en 1932, le Festival du film de Venise.

ventouses ARG., PLUR. ▪ Tout le matériel roulant de la production: les voitures, les camions, etc. On dit «dégager les ventouses» pour demander de dégager le plateau du matériel roulant.

verre de contraste ▪ Filtre ou verre dont se sert l'opérateur de prise de vues avant l'enregistrement afin de vérifier le contraste de l'image (*contrast glass, viewing glass*). Le verre de contraste donne une idée approximative du rendu de l'image qu'on verra à l'écran. ◊ VAR. verre de vision.

verre de vision ▪ Variante de verre de contraste.

verrouillage principal ▪ Enclenchement de départ des défileurs de bandes son et du projecteur lors des opérations de mixage du son (*head lock*).

version ▪ [1] Variante dans l'exploitation d'un film (*version*). On distingue plusieurs versions d'un film: un film peut avoir une version pour les salles, une seconde pour la télévision et, parfois, une troisième pour le marché du DVD. Pour certains films d'un pays, on distingue une version pour le marché intérieur et une autre pour le marché outre-frontières. Certains films ont des versions

censurées. Des films en CinémaScope peuvent être présentés en version recadrée, dite version plate. ▷ *pan and scan*, version doublée, version originale. ▪ [2] ▷ remake.

version doublée ▪ Grâce au doublage, version d'un film dans une langue déterminée (*dubbed version*). ◊ VOISIN version étrangère.

version étrangère ▪ Version destinée à la distribution à l'étranger, traduite ou adaptée par un doublage. ◊ VOISIN version doublée.

version française [VF] ▪ Version doublée en langue française.

version internationale [VI] ▷ bande internationale.

version originale [VO] ▪ Forme abrégée de film en version originale.

version rose ▪ Film interprété par une vedette, comme Jean Harlow et Stefana Sandrelli, qui ose apparaître dans certaines scènes osées (*pink version*).

version sous-titrée ▪ Film présenté avec des sous-titres (*version with subtitles*). La version sous-titrée conserve le contenu du dialogue de la version originale. ▷ **VOST**.

vert SUBST. ▪ Avec le bleu et le rouge, couleur primaire du spectre (*green*).

VF ▪ Abréviation de version française.

VGIK ▪ École de cinéma de l'Institut national de la cinématographie fondée en 1919 à Moscou par V.I. Lénine et dirigée par Vladimir Gardine. Un de ses premiers professeurs est Lev Koulechov. Dans les premières années, on ne forme que des acteurs. L'école change de nom en 1925 (GTK) et en 1930 (GIK). La formation s'élargit et est destinée aux futurs acteurs, réalisateurs, scénaristes, opérateurs et décorateurs. S'y ajoute plus tard une section pour les critiques de cinéma. Son appellation actuelle, VGIK, date de 1934. Ses professeurs sont des cinéastes connus, dont S.M. Eisenstein (qui y enseigne de 1928 à 1935), Vladimir Poudovkine, Abram Room et Édouard Tissé. Les études qu'on y effectue sont exigeantes; elles sont réparties sur quatre ou cinq ans selon les facultés et couvrent tous les secteurs pratiques de l'industrie (la mise en scène, la photo, le décor, le son, etc.) et ceux de la théorie (l'histoire, la critique, la théorie, etc.). Elle donne également une formation à distance. Le VGIK possède un studio d'études avec un cycle technologique complet pour la production de films; le studio dispose de quatre pavillons et différentes unités couvrant toutes les étapes de la réalisation d'un film. Le diplôme de fin d'études de certaines facultés comprend la réalisation d'un film ou la participation à la réalisation d'un film. On y accepte 250 étudiants annuellement, entre autres, de nombreux étrangers des pays de l'Est et de l'Afrique. Ainsi, la VGIK forme les cinéastes Souleymane Cissé, Marta Meszaros, Ousmane Sembene, Abderrhamane Sissako et Konrad Wolf. Depuis 1986, l'organisme porte le nom du célèbre réalisateur, acteur et pédagogue S.A. Guérassimov et devient officiellement l'Institut d'État fédéral de la cinématographie S.A. Guérassimov. Celui-ci dépend actuellement du ministère de la Culture de la Fédération de la Russie.

VHF ■ Procédé d'origine japonaise de magnétoscopie de format demi-pouce. ▷ **magnétoscope.**

VI ■ Abréviation de version internationale.

Viacom ■ Nom formé par la contraction de Video Audio Communication. Important groupe américain de l'industrie des communications. Avant de se scinder en 2005, Viacom englobe CBS et Viacom. Les deux secteurs sont indépendants et le nouveau Viacom gère la compagnie de production cinématographique et télévisuelle Paramount Communications, qui comprend DreamWorks SKG, la chaîne de location et de vente de vidéocassettes et DVD Blockbuster, le réseau câblé Tele-Communications, qui comprend Music Television [MTV], Discovery Channel et Showtime, ainsi que Viaparamount à qui appartient le réseau de salles Famous Players, dont les salles d'Alliance Atlantis, qui est vendu en 2005 à Cineplex Galaxy.

vibration ■ Phénomène acoustique causé par un mauvais fonctionnement de l'appareil d'enregistrement ou de reproduction des sons (*vibration*).

vidéo ■ Forme abrégée de vidéographie (*video*).

vidéo à la demande (VOD) ■ Son abréviation VOD vient de l'anglais et signifie *Video On Demand* (vidéo à la carte). Technique de diffusion interactive de contenus vidéo numériques offerts ou vendus par les réseaux câblés et par Internet. ◇ VAR. vidéo sur demande (VSD).

vidéocassette ■ Variante de cassette vidéo.

vidéoclub ■ Variante de club-vidéo et de club de vidéo.

vidéoclip ▷ clip.

vidéo d'art ■ Variante d'art vidéo.

vidéodisque ▷ disque laser.

vidéodisque numérique ▷ DVD.

vidéo familial, vidéo de famille ▷ film de famille.

vidéogramme ■ Chaque image d'une bande vidéographique (*videogram*).

vidéographie [vidéo] ■ Du latin *video*, qui signifie « je vois » (*videography*). ■ [1] Transmission de l'image et du son en télévision (*video*). ■ [2] L'image comme élément distinct du son dans le système de télévision (*video*). ■ [3] Tout ce qui est enregistré sur une bande magnétoscopique (*video*). Pour sa définition, son contraste, sa brillance et sa couleur, l'image vidéo n'est pas encore comparable, sur le plan de la qualité, à celle de l'image sur film. Depuis les années 1980, l'importance de la vidéo est acquise, tant sur le plan de la conception, de la fabrication que sur celui de la diffusion du film. Son influence est marquante dans le récit cinématographique ; voir, pour le constater, les films de Jean-Luc Godard, Peter Greenaway et Wim Wenders, des cinéastes qui interrogent ce médium. La vidéographie est dorénavant un élément permanent du tournage de film : la caméra vidéo est attachée à l'appareil de prise de vues et retransmet immédiatement sur un moniteur la scène en train d'être tournée, scène qu'on pourra également revoir avant une nouvelle prise ; ▷ **combo**. On emploie la vidéographie pour le tournage des effets spéciaux (les trucages et les images de synthèse) ainsi que pour le montage grâce à la mise au point et au perfectionnement du montage vidéo et à l'utilisation de l'ordinateur ; ▷ **Avid Media Composer**. La diffusion, par achat ou par location, de films en vidéocassettes et DVD bouleverse le marché de l'exploitation du film ; elle constitue dorénavant la moitié des recettes tirées de l'exploitation. Le lecteur de vidéos domestique permet de voir et de revoir les films, ou de les enregistrer lors de leur passage à la télévision. En 1996, aux États-Unis, certaines salles commencent à être équipées pour la diffusion de films, diffusion réalisée par voie hertzienne comme cela est le cas actuellement pour la diffusion de spectacles, de concerts et d'événements sportifs, mais le projet est retardé par les producteurs d'Hollywood qui ne sont pas satisfaits de la qualité de la diffusion. ▷ **art vidéo, cinéma électronique**.

Video8 ■ Format vidéographique d'enregistrement analogique des images et des sons mis au point par Sony en 1985. Plus compacte que les caméras VHS et Betamax, mais offrant des performances techniques semblables, la caméra Video8 devient rapidement populaire ; elle peut, entre autres, tenir dans la paume de la main. L'enregistrement est meilleur par le défilement de la bande de type hélicoïdal (en forme de U), chaque image étant codée par deux pistes. La durée des cassettes est de 60 minutes. Mais la Video8 ne peut dominer le marché des caméscopes à cause de l'arrivée de la caméra mini-DV.

vidéoludique ADJ. ▪ Relatif au jeu vidéo (*videogaming*). On parle de l'industrie vidéoludique, de personnages vidéoludiques, de séries vidéoludiques.

vidéo sur demande (VSD) ▪ Variante de vidéo à la demande.

vignettage ▪ Défaut optique qui présente des assombrissements sur les bords d'une image photographique (*vignetting*).

24 images ▪ Revue de cinéma québécoise fondée en 1979 par Benoît Patar. Son éditeur actuel, nommé en 2004, est Philippe Gajan. Les rédacteurs de la revue défendent le cinéma d'auteur et s'intéressent particulièrement au cinéma québécois qu'ils critiquent sévèrement. Ils tentent d'élaborer une approche neuve des questions cinématographiques. Chaque numéro comprend un dossier sur un aspect soit technique, soit culturel du cinéma. La présentation graphique est remarquable. Elle a un site Web avec des articles exclusifs. Ses principaux rédacteurs en chef sont Thierry Horguelin, Marcel Jean et Marie-Claude Loiselle. Parution : cinq numéros par année.

virage ▪ En laboratoire, conversion d'une image noir et blanc en image teintée (*toning*). Plusieurs méthodes de virage sont employées, entre autres, le virage par mordançage et le virage par sulfuration.

virage par mordançage ▪ Méthode de virage qui utilise l'argent métallique comme réducteur ou qui transforme l'argent métallique en un sel coloré.

virage par sulfuration ▪ Méthode de virage qui transforme l'argent métallique en sulfure.

visa de censure ▪ Document certifiant que le film est autorisé pour sa diffusion (*censor's certificate*). Le visa de censure est émis par un organisme délégué, généralement un organisme d'État. En France, c'est la Commission de contrôle qui l'émet. Il indique le classement du film. ▷ **censure, *rating***.

visa d'exploitation ▪ Nom officiel du permis délivré en France par la Commission de contrôle pour l'exploitation légale d'un film (*certificate*). ▷ **censure**.

visée ▪ Sous la responsabilité du cadreur, détermination du champ du plan et contrôle de son cadrage durant l'enregistrement par l'appareil de prise de vues (*finding*).

visée reflex ▪ Système permettant de voir l'image fournie par l'objectif de la caméra lors des prises de vues (*reflex viewfinder*). La visée reflex utilise un miroir placé en face de l'obturateur, appelé obturateur reflex (*mirror shutter*) ; un cube-diviseur renvoie l'image à la visée. Elle évite la vision en parallaxe.

viseur ▪ Dispositif optique placé sur une caméra, indépendant de l'objectif. Le viseur donne une image précise du plan à tourner (*finder*). ▷ **visée reflex**.

viseur de champ ▷ **chercheur de champ**.

vision d'un film ▪ Fait de regarder un film (*film viewing*).

visionnage ▪ Action de visionner un film ou une émission de télévision (*viewing*). Le visionnage suppose un regard critique lors de la vision du film. ▷ **visionnement**.

visionnement QUÉB. ▪ Visionnage.

visionner ▪ [1] Regarder un film sur une visionneuse ou sur un écran de visualisa-

tion comme un moniteur (*view prints*).
■ [2] Examiner un film ou une émission de télévision d'un œil critique (*view*).

visionneuse ■ Appareil de projection individuel muni d'un écran et servant au montage (*viewer*). ▷ **table de montage.**

visser ■ ARG. Pour le cadreur, action de faire faire à un objet une rotation sur lui-même dans le sens des aiguilles d'une montre. On peut ainsi cacher une étiquette publicitaire sur une bouteille sans la changer de place. ◊ CONTR. dévisser.

VistaVision ■ Marque de commerce d'un procédé de prise de vues pour écran large mis au point en 1954 et dont la projection recourt au défilement horizontal d'une pellicule 35 mm. Paramount met au point ce procédé pour répondre au lancement, en 1953, du procédé Cinémascope par la Twentieth Century Fox. Son standard est approximativement de 1:85:1. Le premier film en VistaVision est *Noël blanc* (1954) de Michael Curtiz. Alfred Hitchcock adopte ce procédé pour *Sueurs froides* (1958). Après 1960, Vista-Vision est abandonné. Industrial Light and Magic rééquipe toutefois en 1995 la caméra Dykstraflex avec le procédé pour le tournage des effets spéciaux du premier chapitre de *La guerre des étoiles* (1997) de George Lucas. Mais les techniques du numérique le rendent définitivement obsolète. ▷ **Hypergonar.**

visualisateur ARCH. ■ Dans les années 1930, terme employé pour désigner le metteur en scène. Créé par Marcel L'Herbier, il est remplacé, comme bien d'autres mots à l'époque, par le terme « cinéaste ». ▷ **cinégraphe, cinéplaste, écraniste.**

visualiser ARCH. ■ Mettre en images un sujet de film (*display*).

Vitagraph ■ Un des tout premiers studios fondé en 1896 à New York par J. Stuart Blackton et Albert E. Smith. Les deux fondateurs, après avoir acheté le Vitascope et des films de Thomas Edison, mettent au point leur propre caméra et commencent à produire des films en tournant sur le toit de l'édifice où se situent leurs bureaux, rue Nassau. Leur premier film est *Burglar on the Roof* et date de 1897. Stuart Blackton et Albert Smith se lancent dans les films de fiction et les films d'actualité plus ou moins trafiqués. Parce que ses films sont compatibles avec le projecteur d'Edison, la société prospère rapidement et produit jusqu'à huit films hebdomadairement. En 1911, elle s'établit en Californie et réussit à survivre grâce à la loi antitrust qui dissout la Motion Picture Patents Company [MPPC]. Elle lance la *Vitagraph Girl*, Florence Turner, et inaugure ainsi une politique de vedettariat, embryon de ce qui deviendra le star-système. Elle est rachetée en 1925 par la Warner Bros.

Vitaphone ■ Marque de commerce d'un procédé sonore sur disque mis au point par la Western Electric. En 1926, Western Electric crée la Vitaphone Company avec la Warner Bros. Le premier film synchronisé avec une musique enregistrée sur le système Vitaphone est *Don Juan* (1926) qui met en vedette John Barrymore. Mais c'est *Le chanteur de jazz*, en 1927, qui sonne le glas du muet et annonce l'engagement de l'industrie dans le film sonore. Il est utilisé également pour 2000 courts métrages jusque dans les années 1930. Synchronisé avec le projecteur et contrôlé par un système de verrouillage, le Vitaphone est équipé d'un phonographe et des disques 33 ½ tours. À partir de l'année 1930, on arrête l'enregistrement du son sur disque et on le transfère sur la pellicule. On adapte l'ancien appareil pour les salles déjà équipées et pour le rendre compatible avec le nouveau procédé. Il est utilisé jusqu'en 1937. ▷ **Movietone.**

Vitasound ▪ Marque de commerce d'un procédé sonore brièvement employé par la Warner Bros. dans les années 1950. Le Vitasound utilise trois haut-parleurs derrière l'écran et deux sur les côtés de la salle; l'effet produit est semblable au son stéréophonique.

vitesse ▪ Cadence de défilement de la pellicule dans la caméra ou le projecteur (*speed*). La vitesse est calculée en métrage par seconde. La vitesse standard, celle du film 35 mm, est de 0,456 mètre par seconde. On ne doit pas confondre la vitesse et la fréquence.

vitesse d'obturation ▪ Temps relatif d'occultation de la pellicule au moment de l'obturation dans une caméra ou un projecteur (*shutter speed*). ◊ VAR. temps d'obturation. ▷ **croix de Malte.**

Vivendi Universal ▷ **Universal Pictures.**

VO ▪ Abréviation de version originale.

voile ▪ Perte de densité de l'image (*fog*). Le voile apparaît sous forme de taches, d'effluves ou de noircissement plus ou moins prononcé. Il est généralement accidentel. On distingue le voile atmos-

phérique (ou voile du lointain), le voile chimique, le voile contrôlé et le voile de vieillissement.

voile atmosphérique ▪ Dans un plan éloigné, phénomène voilant l'image à cause du brouillard (*haze*). ◊ VAR. voile de lointain.

voile chimique ▪ Noircissement plus ou moins prononcé de la pellicule au cours du développement (*chemical fog*). Le voile chimique, qui est accidentel, apparaît sous forme de taches.

voile contrôlé ▷ flashage.

voile de lointain ▪ Variante de voile atmosphérique.

voile de vieillissement ▪ Opacification générale de l'émulsion. Le voile de vieillissement, plus ou moins prononcé, apparaît lors du développement d'une pellicule périmée ou conservée dans de mauvaises conditions.

voiler ▪ Exposer accidentellement à la lumière une pellicule vierge ou impressionnée du film (*fog*). On peut toutefois voiler délibérément un film pour fabriquer des amorces.

voix ▪ Sons produits par l'être humain. Au cinéma, la voix est importante. À l'époque du muet, des bonimenteurs accompagnent la projection du film. La reproduction de la voix est une préoccupation constante et on tente diverses expériences pour rendre sonore le cinéma; ▷ **Kinetograph.** L'invention du Vitaphone marque une étape: la naissance du parlant; ▷ **Warner Bros.** Intervenant comme élément de la représentation, la voix se définit par rapport à l'image et aux autres sons (bruits, musique). Elle peut être celle d'un acteur ou d'une actrice ou celle d'un commentateur ou narrateur. ▷ **voix off**.

voix off ▪ Voix dont la source sonore n'est pas visible à l'écran (*voice-off*). La voix n'est pas en synchronisme avec l'image de la personne qui parle. Une voix off peut être : *a)* celle qui dit un commentaire dans un documentaire ; *b)* celle, en principe objective, d'un narrateur dans un film de fiction racontant des événements passés, commentant l'action ou l'anticipant ; *c)* celle, en principe subjective, d'un personnage du film, racontant le même genre de situation qu'en [*b*)] ; *d)* celle reflétant les pensées (ou la voix de la conscience) d'un personnage au cours des scènes du film ; *e)* celle d'un personnage qu'un autre personnage entend (la lecture d'une lettre, par exemple) ; *f)* celle d'un personnage dans un appartement ou dans un véhicule, mais où le spectateur ne voit que l'appartement ou le véhicule à l'écran, le plus souvent au loin, en plan d'ensemble ou de grand ensemble ; et *g)* celle d'un personnage qu'on entend avant de l'avoir vu ou après l'avoir vu à l'écran (la voix chevauche alors une scène). La voix d'un ou de plusieurs personnages présents dans une scène, que le spectateur ne voit pas, est appelée « voix hors-champ ». La voix off est peu employée à partir des années 1960 ou elle est utilisée pour remettre en question son emploi ; voir le film *Son nom de Venise dans Calcutta désert* (1976) de Marguerite Duras. ▷ **énonciation, narration, point de vue.**

volet ▪ [1] ▷ **coupe-flux.** ▪ [2] Trucage exécuté en laboratoire dans lequel une image est chassée par une autre image, qu'une ligne de séparation, horizontale, verticale ou oblique, démarque (*wipe*). ▷ **rideau**

volet mobile ▷ **modulateur de lumière.**

volpi ▪ Nom donné aux deux prix d'interprétation (masculine et féminine) décernés au Festival du film de Venise. Le volpi tire son nom du comte Giuseppe Volpi di Misurata, industriel et homme politique, président-fondateur du festival (1936). La récompense est symbolisée par une coupe. Le premier acteur à la recevoir est le Français Pierre Blanchard pour son rôle de Raskolnikov dans *Crime et Châtiment* (1935) de Pierre Chenal ; pour l'interprétation féminine, la coupe est allée à l'Autrichienne Paula Wessely pour son rôle de Valerie Gärtner dans *Épisode* (1935) de Walter Reisch.

VOD ▪ Sigle de vidéo à la demande, de l'anglais *Video On Demand*.

volume sonore ▷ **intensité sonore.**

VOST ▪ Abréviation de version originale sous-titrée.

voyage éclair ▪ Voyage organisé pour les journalistes d'un pays tout entier, voire d'un continent (comme le continent nord-américain), invités tous frais payés (transport et séjour) par la société de production à l'occasion de la sortie d'un film (*junket*). Le voyage éclair donne lieu à une projection de presse, à une conférence de presse et à des interviews individuelles avec les artisans du film (les principaux interprètes et le réalisateur). Il est intégré dans la campagne publicitaire du film et organisé par l'attaché de presse.

vraisemblable SUBST., ADJ. ▪ [1] Ce qui est logique par rapport au récit (*plausible*).

Le vraisemblable participe de l'illusion de la réalité et des effets de réalité. Il est souvent synonyme de ce qui pourrait arriver dans la réalité, l'image du monde représenté étant conforme à l'image que le spectateur se forme du monde. ■ [2] Qui s'articule au genre adopté. C'est une norme. Les éléments qu'on trouve dans une comédie burlesque ne se retrouvent nécessairement pas dans un western.

vue ■ [1] vx Scène tournée en un seul plan et dans le même axe (*view*). ■ [2] vx Photogramme. ■ [3] FAM. Au Québec, un film ou une séance de cinéma. ▷ **petites vues.**

vu-mètre ■ Accessoire des appareils d'enregistrement et de restitution du son permettant la visualisation du niveau sonore grâce à un cadran gradué (*VU meter*).

W ■ Symbole de watt (*W*).

Walt Disney Company ■ Le plus grand groupe de divertissement au monde fondé en 1923. La compagnie est créée par Walt Disney, un artiste commercial né à Kansas City, qui commence sa carrière en 1919 en produisant avec un autre artiste, Ub Iwerks, des dessins d'animation publicitaires. Ensemble, ils fondent en 1920 la société Iwerks-Disney Commercial Artists pour la mise au point des *Laugh-O-Grams* qui deviendront la base comique des futurs contes de fées. La compagnie dépose son bilan en 1923, mais Walt Disney, avec son frère Roy et Ub Iwerks, fonde une nouvelle société, Disney Brothers Studios, et crée les *Alice in Cartoonland* dans lesquels ils mêlent dessin et tournage direct. En 1926, on baptise la compagnie Walt Disney Studio. On crée en 1927 *Oswald le Joyeux Lapin* et, entre-temps, Walt Disney met au point une technique rapide d'animation appelée «intervallisme» (*inbetween*), qu'il appliquera à la création d'une souris qui s'appellera, en 1928, Mickey, dans *Steamboat Willie*, premier dessin animé sonore. Le nom de la société devient Walt Disney Productions en 1928. À partir de 1929, Walt Disney poursuit ses recherches avec des films d'animation musicaux; ce sont les courts métrages musicaux *Silly Symphonies*. Il crée la Walt Disney Enterprises pour la fabrication de produits dérivés de la souris Mickey qui connaît un énorme succès. En 1932, il met au point la technique du story-board et produit le premier dessin animé en couleurs, *Fleurs et arbres*, qui gagne un oscar; ▷ **style en O.** À partir de 1935, d'autres créatures sont inventées: Donald le Canard et le chien Pluto. En 1937, il invente la caméra multiplane qui donne un effet de relief au dessin (*Le vieux moulin*). Grâce à des équipes formées dans des classes d'art, la compagnie produit son premier long métrage en 1938 et utilise le Technicolor: *Blanche-Neige et les sept nains*. Suivent, en 1940, *Pinocchio* et *Fantasia* (en son stéréophonique); en 1941, *Dumbo*; en 1942, *Bambi*. À partir de 1944, est établie la tradition de ressortir à tous les sept ans les films. Dans les années 1950, le groupe Walt Disney se lance dans le film d'action pour toute la famille et la production de documentaires sur la vie des animaux; ▷ **film animalier.** *Cendrillon* sort en 1950, *Alice au pays des merveilles* en 1951 et *Peter Pan* en 1953. On crée en 1955 le premier parc d'attractions, Disneyland, à Anaheim, en Californie. La même année, on produit *Mickey Mouse Club,* une série d'émissions quotidiennes pour la télévision, et *Disneyland,* une émission hebdomadaire d'anthologie présentée par Walt Disney lui-même, connue désormais sous le nom: *Le merveilleux monde de Walt Disney.* En 1956, sort sur les écrans le premier dessin animé en 3D, *3D Jamboree.* En 1964, on achète un terrain en Floride, au sud-est d'Orlando, pour construire un nouveau parc d'attractions. Walt Disney meurt en 1966, deux ans après le succès de la comédie musicale *Mary Poppins.* Walt Disney Company devient une immense société de production: outre son fonds important de films, elle crée des parcs d'attractions à Tokyo, Paris, Hongkong et Shanghai, la maison de distribution Buena Vista et la compagnie Touchstone; ▷ **Buena Vista Motion Pictures Group.** À la fin des années 1980, Walt Disney Company ajoute à ses activités dans le cinéma Disney Channel, chaîne dont la diffusion s'étendra en Europe et à Taïwan. En août 1995, la compagnie se porte acquéreur de Capital Cities pour la somme de 19 MD$, et dans l'escarcelle se trouvent le réseau américain de télévision ABC et ses 225 stations, la chaîne sportive ESPN, la moitié de la chaîne Lifetime Television, 21 stations américaines de radio, 7 quotidiens et hebdomadaires, une maison d'édition (Disney Hyperion Books), des participations à Tele-Munchen et RTL 2 (en Allemagne),

à Scandinavian Broadcasting System (au Luxembourg), à Hamster Productions et Eurosport (en France) et à The Japan Sports Channel (au Japon). Elle devient ainsi le plus grand groupe mondial dans le domaine des médias et des loisirs; ▷ **industrie des communications.** La société investit dans le Web avec Disney. com, Family.com, Blast.com et shop.com, des sites fréquentés quotidiennement par plus d'un demi-million de personnes, et, en janvier 1999, se porte acquéreur du moteur de recherche Infoseek. En 2003, la performance médiocre des studios de cinéma, la baisse du taux d'audience d'ABC et le ralentissement dans la division des parcs amènent une fronde des actionnaires contre le p.-d. g. Michael Esner, nommé à ce poste en 1984. Son chiffre d'affaires annuel est d'environ 8 MD$. Trente oscars sont remis aux productions de Walt Disney.

Warner ■ Forme abrégée de Warner Brothers.

Warner Bros. ■ Forme abrégée de Warner Brothers, affichée régulièrement dans le générique des films de cette société.

Warner Brothers ▷ **Warner Brothers Entertainment.**

Warner Brothers Entertainment [Warner Brothers, Bros., Warner] ■ Compagnie de production fondée en 1923 par les quatre frères Warner, Harry, Albert, Sam et Jack. En 1925, ils achètent le Vitaphone et, le 6 octobre 1927, sortent, toujours avec le Vitaphone, le premier long métrage sonore, *Le chanteur de jazz,* qui propulse la compagnie parmi les Majors. En 1928, ils achètent la Stanley Company et ses 300 salles de cinéma et obtiennent également le tiers du parc de salles de la First National. Dans les années 1930, avec la Dépression, Warner Bros. produit avec un minimum de décors et d'effets des films dramatiques et sociaux de 90 minutes tirés de l'actualité ; voir les films *Le Petit César* (1931) de Mervyn Le Roy et *L'ennemi public* (1931), de William Wellman. Elle produit également durant la Dépression des comédies musicales aux chorégraphies très élaborées signées Busby Berkeley, entre autres, *42ᵉ rue* (1933) de Lloyd Bacon et *Les chercheuses d'or* (1933) de Mervyn Le Roy. Elle se lance dans le film biographique distingué, dont la réalisation est confiée à William Dieterle ; voir les films *La vie de Louis Pasteur* (1936) et *La vie d'Émile Zola* (1937). Dans les années 1940, une série de neuf films est produite mettant en vedette Humphrey Bogart, notamment *Le faucon Maltais* (1941) de John Huston, *Casablanca* (1942) de Michael Curtiz et *Le trésor de la Sierra Madre* (1948) de John Huston. La loi antitrust de 1948 la force à se séparer de ses salles et la rend précaire ; ▷ **Paramount decision**. Ses œuvres les plus impressionnantes sont toutefois *Une étoile est née* (1954) de George Cukor et *La fureur de vivre* (1955) de Nicholas Ray. La compagnie continue de produire de nombreuses comédies musicales dans les années 1960, comme *My Fair Lady* (1964) réalisée par George Cukor. Après son achat par Seven Arts en 1967, elle devient en 1969 la Warner Communications et commence à diversifier ses activités dans l'édition, le disque et la télévision. De nouveaux réalisateurs comme Stanley Kubrick, Francis Ford Coppola, George Lucas et Lawrence Kasdan travaillent pour elle. En 1988, le groupe Time l'achète pour 14 MD$ et elle devient Time Warner Inc. Une nouvelle fusion a lieu en 1995 avec la Turner Broadcasting System [TBS], ce qui la classe alors au deuxième rang des géants de l'industrie des communications et du multimédia. En 2000, Time Warner se fusionne avec AOL, une société de service Internet. Elle est affiliée en France à Canal +. Son catalogue compte 7000 titres, dont ceux de la Metro-Goldwyn-Mayer d'avant 1985 et ceux de la RKO. Son emblème : un écusson frappé aux initiales « WB ». Outre les films déjà cités, citons : *La charge de la brigade légère* (1936) de Michael Curtiz, *La grande évasion* (1941) de Raoul Walsh, *Un tramway nommé Désir* (1951) d'Elia Kazan, *Géant* (1956) de George Stevens, *La grande course autour du monde* (1965) de Blake Edwards, *Qui a peur de Virginia Woolf ?* (1966) de Mike Nichols, *Orange mécanique* (1971) et *Shining* (1980) de Stanley Kubrick, *Gremlins* (1984) de Joe Dante, *Batman* (1989) et *Batman 2* (1992) de Tim Burton, *JFK* (1991) d'Oliver Stone, *L.A. Confidential* (1997) de Curtis Hanson, *Minuit dans le jardin du Bien et du Mal* (1997) et *Space Cowboys* (2000) de Clint Eastwood, *Matrix* (1999) d'Andy et Larry Wachowski et *Aviator* (2004) de Martin Scorsese.

Warnercolor ▪ Mention signifiant que le film est développé par les laboratoires de la Warner Bros. Warnercolor ne constitue pas un procédé original. ▷ **De Luxe Color**, **Metrocolor**.

warpage ▪ Nouveau procédé de trucage, dit graphique ou numérique, permettant de déformer l'image à l'écran (*warping*). Le warpage est semblable, dans son exécution, au morphage. Ce procédé est utilisé dans des films comme *Le masque* (1994) de Charles Russell et *Batman Forever* (1995) de Joel Schumacher, dans lesquels le corps et le visage des personnages incarnés par l'acteur Jim Carrey subissent de multiples transformations.

watt [W] ▪ Unité de mesure électrique (*watt*). L'unité de puissance correspond à la production d'une énergie de un joule en une seconde.

waxage ▷ lubrification.

webcam ▪ Forme abrégée répandue de webcaméra.

webcaméra [webcam] ▪ Petite caméra numérique, branchée sur l'ordinateur, qui permet de diffuser régulièrement et en temps réel sur le Web des images vidéo en provenance de différents endroits ou de réaliser des visioconférences par Internet (*Webcam*). La webcaméra reliée à Internet permet de voir le monde en direct ou de communiquer avec des interlocuteurs éloignés, comme au téléphone. ◊ SYN. caméra Internet.

Weinstein Company (The) ▷ Miramax Films Corp.

Wescam ▪ Marque de commerce canadienne d'une boule stabilisée qui entoure la caméra durant le tournage en hélicoptère. La Wescam absorbe toutes les vibrations. La caméra est mobile et est contrôlée par un manche à balai, avec écran de contrôle vidéo. ▷ **Tyler.**

western ANGLIC. ▪ Genre cinématographique populaire ayant pour cadre l'Ouest américain (Canada et Mexique compris), pour sujet les légendes de ses pionniers, et pour époque la dernière moitié du XIXe siècle (*western*, ARG. *hick pic, horse opera, oater, oats opera*). Grâce à lui, et plus qu'avec tout autre genre de récits, les Américains façonnent une image de leur pays et d'eux-mêmes et créent un sentiment d'immensité, d'expansion et d'indépendance, le fameux *self-made man* : l'indigent devient riche et l'homme indépendant se sent responsable des autres. Le héros est un homme solitaire, sans bagages, totalement libre et ayant un grand sens de la justice. Presque aussi ancien que le cinéma, le western possède ses propres conventions : le shérif et le hors-la-loi comme personnages et le paysage (montagnes et plaines) et le saloon comme décors. Sa matière principale est l'histoire des États-Unis : la lutte contre les Indiens, la guerre de Sécession, la conquête des terres de bétail, la défense des frontières, le combat contre les hors-la-loi, la ruée vers l'or, le mouvement des pionniers solitaires et les voyages en caravanes. Le cheval est l'animal fétiche du genre ; c'est pourquoi on surnomme le western *horse opera* et *oats opera* (parce que cet animal mange de l'avoine). La femme joue surtout les utilités, mais sa présence, quand elle est importante, donne un accent psychologique, voire mélodramatique au film ; voir le film *Vera Cruz* (1954) de Robert Aldrich. Les personnages des Indiens, considérés comme l'incarnation du Mal, évoluent en même temps que le genre ; les Cheyennes et les Appaches deviennent des exemples de bons Indiens. Le pistolet est au centre du rituel du western: on doit s'en servir rapidement et adroitement; c'est le symbole phallique par excellence, car le western est la glorification de la virilité. *L'attaque du Grand Rapide* produit en 1903 et tourné dans le New Jersey est non seulement le premier western, mais aussi le premier film ayant un découpage narratif et contenant tous les ingrédients potentiels du genre. Les ingrédients du western se perfectionnent jusqu'en 1930, soit jusqu'à la Dépression qui ne favorise pas la célébration d'un esprit national. Dans les années 1940 et 1950, l'esprit communautaire et patriotique renaît et le genre acquiert alors ses lettres de noblesse avec des cinéastes renommés comme Delmer Daves, John Ford, Howard Hawks, Anthony Mann, Nicholas Ray et King Vidor. Presque tous les auteurs hollywoodiens se frottent un jour ou l'autre au western, même les cinéastes européens exilés aux États-Unis, comme Fritz Lang et Fred Zinnemann. Par la couleur et le CinémaScope, on lui donne une ampleur spectaculaire et on renouvelle ses thèmes: humanisme, intériorité du héros, valeurs esthétiques; c'est l'époque du surwestern. Les genres cinématographiques sont en crise dans les années 1960; le western n'est pas en reste et on en tourne beaucoup moins. L'Europe s'approprie le genre avec les westerns-spaghettis et le travail de Sergio Leone. Le récit devient plus violent avec Sam Peckinpah, plus drôle avec George Roy Hill et plus sombre avec Clint Eastwood. Depuis les années 1980, il semble ne plus faire partie de l'héritage culturel des Américains. L'Ita-

lien Sergio Leone transforme le western en opéra hiératique. Selon le critique français André Bazin, le western est « le cinéma par excellence ». Parmi les westerns importants, citons *La chevauchée fantastique* (1939) de John Ford, *Rivière rouge* (1948) de Howard Hawks, *La flèche brisée* (1950) de Delmer Daves, *La cible humaine* (1950) de Henry King, *Le train sifflera trois fois* (1952) de Fred Zinnemann, *Johnny Guitare* (1954) de Nicholas Ray, *La prisonnière du désert* (1956) de John Ford, *Rio Bravo* (1959) de Howard Hawks, *L'homme qui tua Liberty Valance* (1962) de John Ford, *Butch Cassidy et le Kid* (1969) de George Roy Hill, *Il était une fois dans l'Ouest* (1969) de Sergio Leone, *La horde sauvage* (1969) de Sam Peckinpah et *Impitoyable* (1992) de Clint Eastwood. ◊ SYN. film de cowboys.

Western Electric ■ Importante compagnie américaine spécialisée dans la fabrication de matériel sonore. C'est à la Western Electric que sont conçus les deux grands procédés du film parlant: le Vitaphone, exploité par Warner Bros. et le Movietone, exploité par la RKO.

Westrex ■ Marque de commerce d'appareils américains d'enregistrement et de diffusion du son pour les studios de son et les salles de cinéma.

William Morris Agency ■ L'une des plus anciennes et importantes agences d'artistes américaines fondée à New York en 1898 par William Morris, dont le surnom était « Vaudeville Agent ». Ses premiers clients sont Charles Chaplin, Mae West et les Marx Brothers. Des années 1930 aux années 1960, l'agence a sous contrat les plus prestigieux acteurs du cinéma, dont Clark Gable, Jim Cagney, Judy Garland, Rita Hayworth, Marilyn Monroe, Kim Novak et Frank Sinatra. Dans les années 1960, elle élargit l'éventail de ses clients et s'occupe de groupes rock ; c'est pourquoi elle ouvre un bureau à Nashville, Tennessee. Puis à partir des années 1990, elle inclut dans sa liste de clients des professionnels de la communication, des technologies, de la publicité, des produits électroniques, de la mode et des cosmétiques. Ses bureaux sont situés à Beverly Hills, Londres, Nashville, Miami, New York et Shanghai.

Windows Media Player ▪ Nom d'un lecteur multimédia mis au point par Microsoft et fonctionnant sur Windows. Il comprend un lecteur audio, un lecteur vidéo, un lecteur DVD et un lecteur d'images (jpeg, bitmap, mpeg, etc.) pour la lecture en continu et le téléchargement. Il donne également la possibilité d'adapter le rendu audio à plusieurs haut-parleurs, d'enregistrer des photos, des émissions de télévision, d'organiser les contenus en choisissant la couleur, la taille et la police des sous-titres, de redimensionner la taille de l'image, d'accélérer ou de ralentir la vitesse de lecture, de laisser le lecteur toujours à l'avant-plan, de créer des listes d'écoute et de visionnage, des signets pour les favoris et de synchroniser les contenus sur des lecteurs portables (comme un baladeur numérique, un téléphone). Il permet d'accéder à des magasins et des services en ligne pour télécharger de la musique ou des films. Il est le logiciel indispensable pour lire tout support audio et vidéo sur ordinateur. Il possède plusieurs codecs qui permettent de lire immédiatement les fichiers. ▷ **RealPlayer, RealVideo.**

women's movies ANGL. ▷ **mélodrame.**

Wonderma - Arc 120 ▪ Marque de commerce d'un procédé de projection panoramique mis au point par L. Bornesky et V. Wells. Grâce à ce procédé, on tire les images en 35 mm ou en 65 mm sur une pellicule 35 mm après avoir divisé ces images en deux et les avoir fait pivoter sur 90 degrés.

woo sia pien, wu xia pian CHIN. ▪ Genre cinématographique de Hongkong se fondant sur la riche tradition des légendes et des romans chinois de « cape et d'épée ». Le *woo sia pien*, dont la graphie en pinyin est *wu xia pian*, naît dans les années 1920 en Asie à la suite du succès rapporté par les films de Douglas Fairbanks. On y met en scène un chevalier errant défendant les faibles, protégeant son souverain et punissant les méchants. Le *woo sia pien* est tourné en langue cantonaise et fait partie des films d'arts martiaux. S'inspirant des films de sabre de l'âge d'or japonais, comme *Les sept samourais* (1954) d'Akira Kurosawa, la maison de production Shaw Brothers les adapte à la culture chinoise assurant au cinéma de Hongkong une renommée mondiale. Dans les années 1970, le genre s'essouffle, mais c'est à ce moment qu'apparaît l'un de ses meilleurs représentants, Chu Yuan, et des films de King Hu, *Le clan des tueurs* (1975), *L'épée magique* (1976) et *L'homme d'épée sentimental* (1977). Tsui Hark, cinéaste de Hongkong, est un des grands réalisateurs de *woo sia pien*. Les films comme *Tigre et dragon*

(2000) d'Ang Lee, *Hero* (2002) et *Le secret des poignards volants* (2004) de Zhang Yimou familiarisent le spectateur occidental au genre. ▷ **film de kung-fu**, *wushu*.

Wratten ▪ Marque de commerce de filtres colorés ou non pour la prise de vues inventés par la firme Kodak. Les filtres Wratten absorbent les radiations colorées, à défaut de les éliminer.

Wurlitzer ▪ Marque de commerce d'un orgue utilisé durant le muet pour soutenir la narration des films. Le Wurlitzer est un appareil très complexe à partir duquel on peut créer un environnement sonore très riche. Dans les années 1930 et 1940, après l'arrivée du film parlant, on s'en sert pour divertir le public durant les entractes. Il disparaîtra par la suite.

wushu CHIN. ▪ Arts martiaux traditionnels chinois. En chinois, le terme signifie « art de se préserver ». Le *wushu* est intégré durant la Révolution culturelle chinoise dans les films de ballets révolutionnaires. Depuis la fin des années 1980, il est une composante principale des films d'arts martiaux, comme dans *Le temple de Shaolin* (1984) d'Allen Fong. Les récits s'appuient sur les thèmes de la maîtrise de soi et de la force physique, et les armes comme l'épée et le pieu sont des accessoires extrêmement importants car ils servent à se défendre et à tuer.

wu xia pian CHIN. ▷ *woo sia pien*.

X ▪ Dans plusieurs pays, dont la France et la Grande-Bretagne, classement des films pornographiques. Les films X sont soumis à une forte taxation. ▷ *X-rated*, **XXX**.

xénon ▪ Le plus lourd de la famille des gaz rares de l'air (argon, hélium, krypton, néon, radon, xénon) (*xenon*). Le xénon entre dans la fabrication des lampes à xénon.

X-rated ▪ Aux États-Unis, ancien classement d'un film pour adultes, un film qui ne peut être vu par des spectateurs de 17 ans et moins, ou, dans certains États, de 18 ans et moins. ▷ *NC17-rated*.

XX ▪ Désignation graphique de la pellicule Double X.

XXX ▪ Classement non officiel des films pornographiques. Un film portant cette mention doit, selon les distributeurs et les diffuseurs, attirer le public. ▷ **film adulte**, *snuff movie*.

yakusa-eiga JAP. ▪ Au Japon, ensemble des films de gangsters. *Yakusa* signifie « voyou »; un *yakusa* est un membre de la mafia. De nombreux yakusa-eiga sont tournés entre 1960 et 1980 et mettent en scène, plutôt qu'un affrontement avec la police comme dans les films de gangsters occidentaux, un conflit à l'intérieur d'un groupe mafieux. Le yakusa est loyal, courageux, dévoué et indéfectible; il est en fait un héros et il est très idéalisé. Plusieurs films des cinéastes Takeshi Kitano (*Sonatine,* 1995) et Takeshi Miike (*Les affranchis de Shinjuku,* 1994) sont des films de *yakusa* très originaux mais également très violents. ▷ **Toei**.

YouTube ▪ Site Web créé en 2005 par trois Américains, Chad Hurley, Steve Chen et Jawed Karim, offrant un service de partage et de visionnage de clips vidéo. YouTube utilise la technologie de diffusion Flash. Les vidéos sont accessibles par catégories et par mots-clés appelés « tags »; ils peuvent être importés sur un blogue personnel. Chaque vidéo a sa cote, soit le nombre de fois qu'il est vu. Tout internaute doit s'inscrire pour envoyer des vidéos, poster ses commentaires et noter les vidéos en ligne; un internaute non inscrit ne peut que visionner les vidéos. Le site compte un million de visiteurs par jour. YouTube est racheté en 2006 par Google pour un montant de 1,65 MD$. Comme tout site d'échanges, YouTube favorise la piraterie par des extraits de films et d'émissions de télévision. Le site signe des accords avec de grands studios, comme Warner, et les contenus protégés peuvent être, en principe, retirés immédiatement par un système de filtrage. ▷ **Dailymotion, Google Video.**

Zagreb Film ▷ **école de Zagreb.**

zapper ▪ Action de passer rapidement d'une chaîne de télévision à une autre à l'aide d'une télécommande (*zap*). On dit : faire du zapping. ▷ **pitonner.**

Zeiss ▪ Marque de commerce d'objectifs allemands de grande qualité de la compagnie Carl Zeiss fondée à Iéna, en 1846. La société Carl Zeiss est le leader mondial dans le domaine de l'optique de haute technologie, avec un chiffre d'affaires de plus de 2 M€ et 13 700 employés dans le monde. ▷ **Angénieux, Canon, Panavision.**

ZDF ▪ Sigle de la Zweites deutches fernsehen.

zoom ▪ [1] Marque de commerce devenue nom commun d'un objectif à focale variable (*zoom lens*). ▪ [2] Par extension, effet visuel qui rapproche ou éloigne le sujet à l'écran (*zoom*). ▪ [3] Plan qui donne l'impression que la caméra s'approche ou s'éloigne du sujet à l'écran (*zoom shot*). Le zoom est un travelling optique. On distingue le zoom arrière et le zoom avant. Des cinéastes comme F.W. Murnau et Roberto Rossellini utilisent abondamment le zoom.

zoom de Hitchcock ▷ **Transtrav.**

zoom arrière ▪ Zoom qui donne l'impression que la caméra s'éloigne du sujet (*zoom back, zoom out*). ◊ SYN. travelling optique arrière.

zoom avant ▪ Zoom qui donne l'impression de s'approcher du sujet (*zoom in*). ◊ SYN. travelling optique avant.

Zoetrope ▪ Marque de commerce d'une machine inventée en 1834 par le mathématicien anglais William George Horner et appelée originalement « Daedalum » ou, en français, « machine à tourner le vivant ». En tournant un tambour ouvert à sa partie supérieure et percé de petites fenêtres, le spectateur peut voir s'animer des personnages dessinés sur une bande de papier. Il est un dérivé du Phénakistiscope de Joseph Plateau. Le Zoetrope fait partie des appareils de la préhistoire du cinéma. Francis Ford Coppola et George Lucas ressuscite le terme en 1969 en fondant la compagnie American Zoetrope. Variante orthographique : Zootrope.

Zoogyroscope ▪ Marque de commerce d'un appareil inventé par Eadweard James Muybridge en 1870, qui projette des instantanés successifs. Le Zoogyroscope est l'un des appareils ancêtres du Cinématographe. ▷ **feuilleteur.**

Zoopraxiscope ▪ Marque de commerce d'un projecteur inventé par Eadweard James Muybridge en 1889, directement inspiré du Praxisnoscope d'Émile Reynaud. Dans le but d'enregistrer la locomotion humaine et animale, le Zoopraxiscope est construit pour animer les clichés, qu'il prend grâce à 12, puis à 24 appareils photographiques. Sa mise au point est une suite logique de la mise au point 10 ans plus tôt du Zoogyroscope du même inventeur. Il est l'une des nombreuses inventions à l'origine du Cinématographe des frères Lumière. ▷ **Phénakistiscope.**

Zootrope ▪ Variante orthographique de Zoetrope.

Zweites deutches fernsehen [ZDF] ▪ Deuxième chaîne généraliste de télévision allemande fondée en 1961 par les gouvernements des différents Länders. Son but est de pouvoir être vu en République démocratique allemande et elle commence à émettre en 1963. La ZDF investit dans la production de films, prioritairement les documentaires, les films expérimentaux et les premières œuvres. Elle produit les films de cinéastes allemands comme Werner Rainer Fassbinder, Werner Nekes, Helma Sanders-Brahms et Wim Wenders. Elle signe également des coproductions avec des partenaires européens. Dans le but de promouvoir et de planifier une chaîne de télévision culturelle, elle décide de créer Arte en 1992 avec La Sept française. Son siège social est à Mayence.

Bibliographie

BEAVER, Frank E., *Dictionary of Film Terms,* New York, McGraw-Hill, 1983.

BELLOUR, Raymond et BROCHIER, Jean-Jacques, *Dictionnaire du cinéma,* Paris, Éditions Universitaires, 1966.

BESSY, Maurice et CHARDANS, Jean-Louis, *Dictionnaire du cinéma* (4 volumes), Paris, Jean-Jacques Pauvert, 1965-1971.

BEYLIE, Claude et CARCASSONNE, Philippe, *Le cinéma,* Paris, Bordas, 1983.

BOUSSINOT, Roger (Sous la direction de), *L'encyclopédie du cinéma* (2 volumes), Paris, Bordas, 1989.

BROWNE, Steven E., *Film – Video Terms and Concepts,* Boston et Londres, Focal Press, 1992.

DE MONVALON, Christine, *Les mots du cinéma,* Paris, Belin, 1987.

DOHEB, Charles, *Fou d'images,* Paris, Sybex, 1995.

Dictionnaire du cinéma, Seghers, Paris, 1962.

Elsevier. Dictionnaire de cinéma, son et musique, en six langues, anglais/améri-cain, français, espagnol, italien, hollan-dais et allemand (par ordre alphabétique anglais), Paris, Dunot Éditeur, 1956.

FORD, Jeanne et René, *Dictionnaire universel du cinéma,* Paris, Robert Laffont, 1970.

GARDIES, André et BESSADEL, Jean, *200 mots-clés de la théorie du cinéma,* Paris, Cerf, 1992.

Glossaire (français-anglais et anglais-français), Montréal, Office national du film du Canada / National Film Board of Canada, 1964.

Glossary of Filmographic Terms (français, allemand, espagnol, hollandais, italien, magyar, portugais, suédois, russe), Bruxelles, FIAF, 1988.

Grand dictionnaire illustré du cinéma (en 3 volumes), Paris, Atlas, 1984-1985.

Grand dictionnaire terminologique de l'Office de la langue française du Québec: http://www.granddictionnaire.com/ BTML/FRA/r_motclef/index1024_1.asp

HAYWARD, Susan, *Key Concepts in Cinema Studies,* Londres et New York, Routledge, 1996.

KATZ, Ephraim, *The Film Encyclopedia,* Londres, PapermacMacmillan, 1980.

HAUSTRATE, Guy, *Le guide du cinéma* (en 3 volumes), Paris, Syros, 1984-1985.

KONIGSBERG, Ira, *Complete Film Dictionary,* New York, Meridian, 1997.

LABARRÈRE, André Z., avec la collaboration d'Olivier Labarrère, *Atlas du cinéma,* Paris, Librairie générale française / Le livre de poche, coll. « Encyclopédies d'aujourd'hui », série « La pochothèque », 2002.

LAROCHE, Pierre, *Lexique technique de télévision* (français-anglais et anglais-français), Montréal, Éditions Leméac, 1984.

La vidéo numérique (avec la collaboration de José Roda), s.l., Marabout, 1998.

LEGUÈBE, Éric, *Cinéguide,* Paris, Nathan, coll. « Omnibus », 1997.

MANVELL, Roger, *The International Encyclopedia of Film,* Londres, Michael Joseph, 1972.

NOTAISE, Jacques, BARDA, Jean et DUSANTER, Olivier, *Dictionnaire du multimédia, Audiovisuel-Informatique-Télécommunications,* Paris, AFNOR, 1996.

PASSEK, Jean-Loup (Sous la direction de), *Dictionnaire du cinéma* (2 volumes), Paris, Larousse-Bordas, 1995-1996.

PESSI-PASTERNAK, Guitta, *Dictionnaire de l'audiovisuel* (anglais-français et français-anglais), Paris, Flammarion, 1976.

PINEL, Vincent, *Vocabulaire technique du cinéma,* Paris, Nathan, 1996.

—, *Écoles, genres et mouvements au cinéma,* Paris, Larousse, 2000.

POISSANT, Louise (Sous la direction de), *Dictionnaire des arts médiatiques,* Presses de l'Université du Québec, Sainte-Foy, 1997.

POLLET, Ray J., *Le cinéma d'amateur. Lexique des termes usuels* (français-anglais et anglais-français), Montréal, Éditions Leméac, 1971.

TULARD, Jean, *Guide des films* (2 volumes), Paris, Robert Laffont, coll. « Bouquins », 1990.

VIRMAUX, Alain et Odette (Sous la direction de), *Dictionnaire du cinéma mondial. Mouvements, écoles, courants, tendances et genres.* Paris, Éditions du Rocher et Jean-Paul Bertrand Éditeur, 1994.

VORNTZOFF, Alexis N., *Dictionnaire technique anglais-français du cinéma et de la télévision. English-French Film and Television Dictionary*, Paris, Technique et Documentation – Lavoisier, 1991.

Glossaire anglais-français

A-and-B winding ▪ Enroulement A et B
A and B cutting ▪ Montage A et B
A and B printing ▪ Tirage A et B
aberration ▪ Aberration
abrasion ▪ Abrasion
absolute film ▪ Film absolu
accessory ▪ Accessoire. ◊ SYN. *attachment*
accreditation ▪ Accréditation
ace ARG. ▪ Projecteur Fresnel
acetate ▪ Acétate
achievement ▪ Réalisation. ◊ SYN. *film-making*
achromatic lens ▪ Doublet achromat, objectif achromatique
achrome ▪ Achrome
acoustics PLUR. ▪ Acoustique
acoustic feedback ▪ Effet Larsen, larsen (FAM.). ◊ SYN. *Larsen effect*
act V. ▪ Jouer. ◊ SYN. *perform, play*
acting ▪ Jeu. ◊ SYN. *play*
actinicity ▪ Actinisme
action ▪ Action
«Action!» ▪ «Action!»
action film ▪ Film d'action
action print ▪ Action
actor ▪ Acteur
actress ▪ Actrice
acutance ▪ Acutance
A / D ▪ Sigle de *analog digital*. Signal analogique

adaptation ▪ Adaptation. ◊ SYN. *treatment*
adapter, adaptor ▪ [1] Adaptateur (personne). [2] Adaptateur (appareil)
added scenes PLUR. ▪ Scènes additionnelles
additional lens ▪ Bonnette
additive printer ▪ Tireuse additive
additive process ▪ Procédé additif
admission ▪ Entrée
admission fee ▪ Prix d'entrée
ADR ▪ Abrév. de *automatic dialogue replacement*
ADSL ▪ Abrév. de *asymetric digital subscriber line*
adult film ▪ Film pour adultes, film pornographique. ◊ SYN. *blue movie, blue porn, porn film*
advance against distribution ▪ À-valoir distributeur
advance against takings ▪ Avance sur recettes
advance sale ▪ Prévente. ◊ SYN. *pre-sale*
adventure film ▪ Film d'aventures
advert G.-B. ▪ Flash publicitaire (ANGLIC.), message publicitaire, spot publicitaire (ANGLIC.). ◊ SYN. *commercial* (É.-U.)
advertisement ▪ Réclame
aerial picture ▪ Image aérienne
aerial shot ▪ Plan aérien

aesthetics ▪ Esthétique
A-festival ▪ Festival A
affiliated station ▪ Station affiliée
afterimage ▪ Image rémanente
agency ▪ Agence
agent ▪ Agent
agitfilm ▪ Agit-film
agitprop ▪ Agit-prop
air-gap ▪ Entrefer
air-gap lenght ▪ Longueur d'entrefer
Alec ARG. ▪ Électricien de plateau
aliasing ▪ Crénelage
allegory ▪ Allégorie
allusion ▪ Allusion
alternation ▪ Alternance
amateur cinematography ▪ Cinéma amateur, cinéma d'amateur
ambient light ▪ Éclairage ambiant
american loop É.-U. ▪ Boucle de Latham.
◊ SYN. *Latham loop*
american shot ▪ Plan américain. ◊ SYN.
medium close shot, two-shot
amp ▪ Abréviation de *ampere*
ampere ▪ Ampère
amplifier ▪ Amplificateur
amplitude ▪ Amplitude
anaglyphes process ▪ Stéréoscopie par anaglyphes
anaglyphoscope ▪ Anaglyphoscope
anaglyph process ▪ Anaglyphe
analog digital ▪ Signal analogique.
▷ *A/D*
analog editing ▪ Montage analogique
analog picture ▪ Image analogique
analog sound ▪ Son analogique
analogy ▪ Analogie
analysis ▪ Analyse
anamorphic lens ▪ Lentille anamorphoseuse
anamorphic process ▪ Anamorphose
anastigmat lens ▪ Lentille correctrice, lentille de correction

angle of view ▪ Angle de prise de vues
Angry Young Men ▪ Jeunes hommes en colère
animated short film ▪ Court métrage d'animation (appellation officielle dans l'industrie américaine)
animatics ▪ Animatique
animation ▪ Animation
animation stand ▪ Banc-titre
animator ▪ Animateur
animatronics ▪ Animatronique
announcement ▪ Annonce
answer print ▪ Copie zéro
antenna ▪ Antenne parabolique.
▷ *satellite dish*
anti-abrasion ▪ Anti-abrasif
anti-curl ▪ Anti-curl
anti-halation ▪ Antihalo
antihero ▪ Antihéros
anti-jam ▪ Antibourreur
antistatic ▪ Antistatique
aperture ▪ Ouverture, diagramme
aperture plate ▪ Fenêtre, plaque couloir
aperture ratio ▪ Ouverture relative
A-picture ▪ Film principal, grand film.
◊ SYN. *feature film, main feature*
appearance ▪ Apparition, participation
apple box ▪ Cube
aquarium ARG. ▪ Salle de montage
archetype ▪ Archétype
archive ▪ Archives du film
archives PLUR. ▪ Archives (institution)
arc light ▪ Arc électrique
area ▪ Élongation variable, densité fixe
arrangement ▪ Arrangement
arranger ▪ Arrangeur
art director ▪ Directeur artistique, chef décorateur. ◊ SYN. *production designer*
artefact ▪ Artefact
art film ▪ Film d'art
art house ▪ Cinéma d'art et essai
artificial light ▪ Lumière artificielle

artificial lighting ▪ Éclairage artificiel

artisan ▪ Artisan

artsploitation NÉOL. ▷ entrée dans le dictionnaire

aspect ratio ▷ entrée dans le dictionnaire

assistant ▪ Assistant

assistant cameraman ▪ Pointeur. ◊ SYN. *first assistant cameraman*

assistant director ▪ Premier assistant réalisateur

assistant production manager ▪ Régisseur adjoint

associate producer ▪ Producteur associé

assymetric digital subscriber line ▪ Ligne d'abonné numérique à débit asymétrique ▷ *ADSL*

astigmatism ▪ Astigmatisme

atmosphere ▪ Ambiance. ◊ SYN. *mood*

atmosphere player ▪ Figurant

attachment ▪ Accessoire. ◊ SYN. *accessory*

attractions PLUR. ▪ Attractions

audience ▪ Public

audio ▪ Audio

audio operator ▪ Ingénieur du son. ◊ SYN. *dial twister* (ARG.), *sound recordist*

audiotape ▪ Bande audio, cassette audio

audiovisual ▪ Audiovisuel

auditorium ▪ Auditorium, studio d'enregistrement. ◊ SYN. *recording studio*

author ▪ Auteur

autofocal ▪ Autofocus

automapping ▪ Automappage

automate ▪ Automate. ◊ SYN. *motion control*

automatic control ▪ Automatisme

automatic dialogue replacement (ADR) ▪ Doublage en boucle

automatic iris control switch ▪ Commande automatique

automatic start mark ▪ Clap électronique

automatic switch-off ▪ Commande d'arrêt automatique

available light ▪ Lumière ambiante

avant-garde film ▪ Film d'avant-garde

azimuth ▪ Azimut

azimuth adjustment ▪ Azimutage

baby spot ▪ Baby spot (ANGLIC.)

backer FAM. ▪ Commanditaire

background ▪ [1] Arrière-plan, second plan. [2] Découverte

background atmosphere ▪ Son d'ambiance

background noise ▪ Bruit de fond

back light ▪ Contre-jour, décrochage, lumière par derrière

back projection ▪ Projection par transparence, rétroprojection. ◊ SYN. *backscreen projection, rear projection*

backscreen projection ▷ *back projection*

baffle ▪ Baffle

balance ▪ Balance

balanced film ▪ Copie étalonnée, film équilibré

balance stripe ▪ Piste de compensation

balcony ▪ Balcon

ballet film ▪ Film de ballet

banning ▪ Interdiction

bandwidth ▪ Bande passante, large bande, largeur de bande

B & W (BW) ▪ Abrév. de *black and white*. N & B (abrév. de noir et blanc)

B & W dupe positive ▪ Copie marron (interpositif noir et blanc)

barker ▪ Bonimenteur

barney ▪ Manchon de chargement

base ▪ [1] Base (projection). [2] Support (pellicule)

basher ▪ Basher (ANGLIC.)

batch É.-U. ■ Axe optique. ◊ SYN. *axis*
(G.-B.)

bath ■ Bain de développement

battery ■ Batterie

battery belt ■ Batterie de ceinture

bayonet ■ Baïonnette

beam of light ■ Faisceau lumineux

beat ■ Battement

beater mechanism ■ Mécanisme à
rampe, mécanisme batteur

beep tone ■ Bip

*Berlin International Film
Festival* ■ Festival international du
film de Berlin

best boy ■ Chef électricien adjoint, sous-
chef électricien

bi-directional microphone ■ Microphone
bidirectionnel

big caper film ■ Film de « casse »
▷ entrée **cinéma criminel**

big close-up ■ Très gros plan. ◊ SYN.
extreme close-up

big screen ■ Grand écran

bill ■ Affiche. ◊ SYN. *poster*

biog ■ Forme abrégée de *biographical
film*

biographical film ■ Film biographique

biopic ■ Contraction de *biographical* et
de *picture*. Film biographique

bipack ■ Bipack

bird's nest ■ Perruque (ARG.)

bit ■ Bit

bitmap ■ Bitmap

bitmap graphics PLUR. ■ Graphique
pixelisé

bit part ■ Petit rôle

black and white ■ Noir et blanc

black and white film ■ Film noir et blanc

black comedy ■ Comédie dramatique

black backing ■ Fond noir

black bag ■ Sac noir

blacklist ■ Liste noire

black movie ■ Film black (film signé par
un Noir)

Black Tower FAM. ▷ entrée dans le
dictionnaire

blank ■ [1] Blanc. [2] Blank (procédé
Technicolor)

blaxploitation NÉOL. ▷ entrée dans le
dictionnaire

bleeding ■ Frange

blimp ■ Blimp, caisson

blind bidding ■ Réservation aveugle.
◊ SYN. *blind booking*

blind booking ▷ *blind bidding*

block booking ■ Location en lot, location
en bloc, réservation en lot, réservation
en groupe

blockbuster ■ [1] Superproduction.
[2] Gros calibre, locomotive rouleau
compresseur

bloop ■ Plop

blooping ■ Raccord son, zapponage

blower brush ■ Soufflette

blow-up ■ Agrandissement, gonflage

blow up V. ■ Gonfler

blue SUBST. ■ Bleu

blue backing ■ Écran bleu. ◊ SYN. *blue
screen*

blue movie ▷ *adult film*

blue porn ▷ *adult film*

blue screen ▷ *blue backing*

blurred ADJ. ■ Flou

body mount ■ Harnais

booker ■ Programmateur (de salles).
▷ *programmer*

booking ■ [1] Réservation (distribution).
[2] Programmation. ◊ SYN. *programming*

boom ■ Girafe, perche. ◊ SYN. *fishpole*

boomer ■ Boomer (ANGLIC.)

boom man ■ Perchiste, perchman.
▷ *mike monkey* (ARG.)

booth porthole ■ Fenêtre (d'une cabine
de projection), hublot de cabine

boxed set ▪ Coffret

box office ▪ [1] Box-office (ANGLIC.).
[2] Guichet, caisse. [3] Forme abrégée
de *box office receipts*

box office receipts PLUR. ▪ Recettes. Box
office (ANGLIC.). ◊ SYN. *gross profits*

Boy Meets Girl ▷ entrée dans le
dictionnaire

B-picture ▪ Film de série B

break ▪ [1] Cassure. [2] Pause

breakdown ▪ Dépouillement

breathing ▪ Pompage

Breen Code ▪ Code Breen

bridge plate ▪ Plaque de décentrement

bridging shot ▪ Plan de liaison

brit flick ARG. ▪ Film britannique

British New Wave ▪ Nouveau cinéma
britannique

broadcast design ▪ Habillage

broadcaster ▪ Diffuseur

broadcasting ▪ Diffusion

browsing ▪ Furetage, navigation

brush ▪ Pinceau

brute ▪ Brute (ANGLIC.)

buddy movie ▪ Film de copains

budget ▪ Budget

buggy ARG. ▪ Chariot ▷ *dolly*

bungalow ▪ Bungalow (ANGLIC.)

burning up FAM. ▪ Surexposition.
▷ *overexposure*

buzz ▪ Bourdonnement

buzz track ▪ Piste de localisation

BW ▷ *B & W*

byte ▪ Octet

cable ▪ [1] Câble (ensemble de fils).
▷ *wire*. [2] Service de distribution par
câble

cablecasting ▪ Télédistribution.
◊ SYN. *cable release*

cable man ▪ Câbliste

cable network ▪ Réseau câblé

cable-operator ▪ Câblodistribution
(QUÉB.), câblo-opérateur

cable release ▷ *cablecasting*

cable television ▪ Télévision par câble

cadmium ▪ Cadmium

cadmium sulphide ▪ Sulfure de
cadmium

cafeteria ▪ Cantine

calligraphy ▪ Calligraphie

call sheet ▪ Feuille de service

cam ▪ Came

camcorder ▪ Caméscope

cameo ▪ Forme abrégée de *cameo role*

cameo role ▪ Camée

camera ▪ Appareil de prise de vues,
caméra

camera aperture ▪ Fenêtre de prise de
vues, fenêtre d'exposition, fenêtre
d'impression. ◊ SYN. *camera gate*

camera gate ▷ *camera aperture*

camera hood ▪ Parasoleil, pare-soleil

cameraman É.-U. ▪ Assistant opérateur

camera move ▪ Mouvement d'appareil

camera operator ▪ Cadreur. ◊ SYN.
operator, operating cameraman

camera report ▪ Rapport image

camera set-up ▪ Emplacement de la
caméra, position de la caméra

camera test ▪ Essais caméras (PLUR.)

camp ▪ Camp

can ▪ Boîte

candela ▪ Bougie, candela

candy ▪ Friandise

*Cannes International Film
Festival* ▪ Festival international du
film de Cannes

canvas flat ▪ Châssis

captation ▪ Captation

caption ▪ Titre. ◊ SYN. *title*

capture ▪ Capture

carbon ▪ Charbons (PLUR.)

career ▪ Carrière

carpenter shop ▪ Atelier de menuiserie

cartel ▪ Cartel

cartoon ▪ Dessin animé

cassette ▪ Cassette

cast ▪ Distribution (interprètes)

casting ▪ Casting (ensemble des interprètes d'un film)

catalogue ▪ Catalogue

cat-and-mouse thriller ARG. ▪ Film de poursuite. ▷ *chase film*

caterer ▪ Traiteur

cathode ray tube ▪ Analyseur électronique, tube cathodique

cathodic receiver ▪ Récepteur cathodique

cathodic screen ▪ Écran cathodique

catwalk ▪ Passerelle

CD-ROM ▪ CD-Rom, cédérom, Doc

CdS ▪ CdS

cel ▪ Celluloïd

cel animation ▪ Animation par cellos

cellular phone movie ▪ Film de téléphone mobile, film de téléphone portable

cellulose diacetate ▪ Diacétate de cellulose

cellulose nitrate ▪ Nitrate de cellulose

cellulose nitrate film ▪ Film flam

cement ▪ Colle

censor's certificate ▪ Visa de censure

censorship ▪ Censure

certificate ▪ Visa d'exploitation

chamber film ▪ Film de chambre

change-over ▪ Enchaînement

change-over cue ▪ Marque de fin de bobine, repère de fin de bobine

channel FAM. ▪ Chaîne (FAM.) ▷ *television channel*

chapter play ARG. É.-U. ▪ Feuilleton télévisé. ▷ *television serial*

character ▪ Personnage, rôle

characterisation ▪ Caractérisation, interprétation

character part ▪ Rôle de composition

charged coupled device ▪ Dispositif de transfert de charge

chase film ▪ Film de poursuite. ◊ SYN. *chaser*. ▷ *cat-and-mouse thriller*

chaser ▷ *chase film*

cheapie ARG. ▪ Petit film, ▷ *Cinderella film* ARG.

checking ▪ Réglage

chemical fog ▪ Voile chimique

cherry picker ARG. ▪ Grue. ◊ SYN. *whirly*

chicken porn film ARG. ▪ Film pédophile. ▷ *p(a)edophile movie*

China girl ▪ Tête de femme

chloride ▪ Chlorure

choral movie ▪ Film choral

choreographer ▪ Chorégraphe

choreography ▪ Chorégraphie

chorus girls ▷ entrée dans le dictionnaire

chroma key ▪ Incrustation

chromatic aberration ▪ Chromatisme, aberration chromatique, aberration de chromaticité

chromatic distortion ▪ Dérive chromatique

chromaticism ▪ Chromatisme

chrominance ▪ Chrominance

chromo ▪ Chromo

chronophotography ▪ Chronophoto-graphie

cinch mark ▪ Rainures (PLUR.)

Cinderella film ARG. ▪ Film indépendant, petit film ▷ *cheapie*

cine ▪ Ciné

cinema ▪ [1] Cinéma. [2] Salle de cinéma

cinema manager ▪ Directeur de salles, exploitant de salles. ◊ SYN. *exhibitor*

cinema of poetry ▪ Cinéma de poésie

cinema of prose ▪ Cinéma de prose

Cinema Nôvo ■ Cinéma Nôvo

CinemaScope (Scope) ■ CinémaScope

cinematic ■ Cinématic

cinematic dialectic ■ Dialectique filmique

cinematographer ■ Chef opérateur, directeur de la photographie. ◊ SYN. *director of photography*

cinematographic language ■ Langage cinématographique

cinematography ■ Cinématographie

cinema truth ■ Cinéma-vérité

cineplastic ■ Film cinéplastique

cineplex ■ Complexe multisalles

Cinerama ■ Cinérama

circled take ■ Prise retenue

circuit ■ Circuit (du film)

circulor shot ■ Travelling circulaire

clapboard ■ Forme abrégée de *clapper board*

clapman ■ Clapman

clapper board, clapboard ■ Clap. ◊ SYN. *clapstick board*

clapper boy ▷ *clapman*

clapstick board ▷ *clapper board*

classic film ■ Classique

classic Hollywood cinema ■ Cinéma classique hollywoodien

classification ■ Classification

claymation ■ Animation de figurines

claw ■ Griffe. ◊ SYN. *pin*

clear the stage v. ■ Déblayer le décor

clicking ■ Claquage

cliffhanger ARG. ▷ entrée **film à suspense**

climax ■ Climax, nœud de l'action

clip ■ Clip. ▷ *video clip*

cloak and dagger film ■ Film de cape et d'épée

cloning ■ Clonage

close shot RARE ■ Gros plan. ▷ *close up*

close-up ■ Gros plan. ◊ SYN. *close shot* (RARE)

coach ■ Coach (ANGLIC.), répétiteur

coated lens ■ Objectif traité

coating ■ Empâtage

coaxial cable ■ Câble coaxial

coaxial magazine ■ Magasin coaxial

code ■ Code

codec ■ Codec

code rating ■ Cote

cold ADJ. ■ Froid

cold mirror ■ Miroir froid

color É.-U. ■ Couleur. ▷ *colorer*

color analysis ■ Analyse

color balance ■ Balance

color cast ■ Couleur dominante

color chart ■ Charte. ◊ SYN. *lily*

color contamination ■ Distorsion chromatique

color correction É.-U. ■ Correction de couleur. ▷ *colour correction*

color developing ■ Développement chromogène

colorer ■ Gouacheur. ◊ SYN. *painter, opaquer*

color fidelity ■ Fidélité des couleurs

color film ■ Film couleur, film en couleurs

color fraying ■ Effilochage

colorimetry ■ Colorimétrie

coloring machine ■ Machine à colorier

colorization ■ Colorisation

colorize v. ■ Colorier

colorizer ■ Colorieur

color mosaic ■ Réseau coloré (procédé couleur)

color pilot ■ Chenille

color reversal intermediate (CRI) ■ Internégatif couleur

color sensitizer ■ Sensibilisateur

color separation ■ Extraction trichrome

color system ■ Synthèse

color temperature ■ Couleur de température

color temperature meter ■ Photocoloro
métrie

colortoon FAM. ■ Dessin animé en
couleurs

colour G.-B. ■ Couleur. ▷ *color*

colour correction G.-B. ▷ *color correction*

coma ■ Coma

combined negatif ■ Négatif combiné

combo ARG. ■ Programme double

comedy ■ Comédie. ◊ SYN. *comical film*

comedy italian style ■ Comédie « à
l'italienne »

comedy of manners ■ Comédie de
mœurs

comical film ■ Film comique. ◊ SYN.
comedy

comic film ■ Burlesque

commentary ■ Commentaire

commentator ■ Narrateur

commercial ■ Flash publicitaire (ANGLIC.),
message publicitaire, spot publicitaire
(ANGLIC.). ◊ SYN. *advert* (G.-B.)

communication ■ Communication

comp ARG. ■ Billet de faveur

compact disc ■ Disque compact. ▷ entrée
CD

Compact Disc-Interactive ■ Disque
compact interactif

compilation film ■ Film de montage

complementary colors PLUR. ■ Couleurs
complémentaires

complementary ticket ■ Billet de faveur.
▷ *comp*

composite image ■ Image combinée,
image composite

composite shot ■ Plan multi-image

compositing ■ Compositing (ANGLIC.)

composition ■ Composition

compression ■ Compression

compression driver ■ Haut-parleur à
chambre de compression

computer ■ Ordinateur

computer-aided ■ Conception assistée
par ordinateur. ◊ SYN. *computer-assisted
design*

computer-aided drafting ■ Dessin assisté
par ordinateur

computer animation ■ Animation par
ordinateur

computer-assisted design ▷ *computer-
aided*

computer-generated image ■ Image de
synthèse

computer graphics ■ Infographie

computer program ■ Programme
informatique

computer science ■ Informatique

concave lens ■ Lentille concave

concept ■ Concept

conclusion ■ Dénouement

condenser lens ■ Condenseur, lentille
condensatrice

cone ■ Cône

conforming ■ Conformation, montage
négatif. ◊ SYN. *negative cutting*

console ■ Console

construction manager ■ Chef
constructeur

contact printer ■ Tireuse par contact

contact printing ■ Tirage humide, tirage
contact, tirage par contact

content ■ Contenu

continuity ■ Continuité dialoguée

continuity clerk ■ Scripte assistante.
◊ SYN. *continuity girl, script girl*

continuity cut ■ Raccord image

continuity cutting ■ Bobine de choix.
◊ SYN. *first cut*

continuity girl ▷ *continuity clerk*

continuity script ■ Continuité

continuity sheet ■ Rapport de montage.
◊ SYN. *log sheet*

continuous performance theater
■ Cinéma permanent. ▷ *grind house*

continuous printer ■ Tireuse continue, tireuse en continu

continuous projector ■ Déroulement

contract ■ Contrat

contrast ■ Contraste

contrast factor ■ Facteur de contraste

contrast filter ■ Filtre à contraste

contrast glass ■ Verre de contraste, verre de vision. ◊ SYN. *viewing glass*

control frequency ■ Fréquence pilote. ◊ SYN. *pilot frequency*

control head ■ Tête de contrôle

control room ■ Régie, salle de contrôle

control track ■ Piste de commande

convex lens ■ Lentille convexe

coprod ■ Forme abrégée de *coproduction*. Coprod

coproducer ■ Coproducteur

coproduction (coprod) ■ Coproduction. ◊ SYN. *joint production*

cops FAM. PLUR. ■ Flics, poulets. ▷ entrée dans le dictionnaire

copyright ■ Droits d'auteur

core ■ [1] Trame musicale. [2] Noyau

correction filter ■ Filtre correcteur

co-starring ▷ entrée dans le dictionnaire

cost estimates ■ Devis

costumer ■ Chef costumier. ◊ SYN. *costume director, wardrobe master*

costume designer ■ Créateur de costumes

costume director ■ Chef costumier. ◊ SYN. *costumer, wardrobe master*

costume film ■ Film à costumes (FAM.)

costumer ▷ *costume director*

courtroom drama ■ Drame judiciaire. ▷ entrée **film judiciaire**

counter-cinema ■ Contre-cinéma

counter matte ■ Contrecache

coupler ■ Copulant, coupleur

coverage ■ Reportage. ◊ SYN. *reporting*

coverage area ■ Couverture

crab dolly ■ Crab dolly (ANGLIC.), chariot-crabe

crack a mike ARG. ■ Ouvrir un micro. ▷ *open a mic*

crane ■ Grue. ◊ SYN. *cherry picker* (ARG.), *whirly* (ARG.)

crane crew ■ Grutiers (PLUR.)

crank ■ Manivelle

cream pie ■ Tarte à la crème

credit ■ Crédit

credits PLUR. ■ Générique. ◊ SYN. *credit title*

credit title ▷ *credits*

crew ■ Équipe

CRI ■ Sigle de *color reversal intermediate*

criminal film ■ Cinéma criminel

critic ■ Critique (exercice de la critique)

crix FAM. ■ Critique de cinéma (personne). ▷ *film critic*

cross-cutting ■ Montage alterné

cross dissolve ■ Fondu enchaîné. ◊ SYN. *lap dissolve, mix dissolve*

cross fade ■ [1] Fondu en couleurs. [2] Fondu enchaîné en couleurs

cross light ■ [1] Lumière croisée. [2] Lumière latérale. ◊ SYN. *side light*

crow glass ■ Crown-glass (ANGLIC.)

crows foot ■ Patte d'oie

crystal sync ■ Quartz. ▷ entrée **quartz [2]**

CS ■ Abrév. de *close shot*

CU ■ Abrév. de *close-up*

cue ■ Top

cue dot ■ Marque, repère

cue mark ■ Marque au sol, repère au sol. ◊ SYN. *floor mark*

cult film ■ Film-culte. ◊ SYN. *cult flick* (FAM.), *cult movie*

cult flick FAM. ■ Film-culte. ▷ *cult film*

cult movie ▷ *cult film*

curling ■ Curling
curvature ■ Sabrage
cushion distortion ■ Distorsion en coussinet
cut ■ [1] Collure. [2] Coupe. [3] Coupure. [4] Coupe franche. [5] Plan. ◇ SYN. *shot.* [6] Raccord
« *Cut!* » ■ « Coupez! »
cutaway shot ■ Plan de coupe
cut-outs ■ Chutes, déchets du film. ▷ *tails*
cutting ■ Montage. Différent de *editing* et de *montage.* ▷ entrée **montage**
cutting room ■ Salle de montage. ▷ *editing room*
cyan ■ Cyan
cyberculture ■ Cyberculture
cyberspace ■ Cyberespace
cyborg ■ Cyborg
cyc ■ Forme abrégée de *cyclorama*
cycle ■ Cycle
cyclorama ■ Cyclorama
cylindrical lens ■ Lentille cylindrique

Dadaism ■ Dadaïsme
daguerreotype ■ Daguerréotype
dailies PLUR. ■ Rushes
daily log ■ Rapport horaire
darkroom ■ Chambre noire
Dawn process ■ Procédé Dawn. ◇ SYN. *glass shot*
day ■ Jour
day for night (day-for-night, D/N) ■ Nuit américaine
day-for-night ▷ *day for night*
daylight ■ Lumière du jour
day of release ■ Jour de sortie
d-cinema ■ D-cinéma. ▷ *digital cinema*
decoded ■ En clair
decoder ■ Décodeur
decoding ■ Dématriçage
decomposition ■ Décomposition

dedication ■ Dédicace
definition ■ Définition. ◇ SYN. *resolution*
degausser ■ Démagnétiseur
degradation ■ Dégradation
densitometer ■ Densitomètre
densitometry ■ Densitométrie
density ■ Densité
department ■ Département
depolishing ■ Dépolissage
deposit ■ Dépôt. ◇ SYN. *shedding*
depth of field ■ Profondeur de champ
depth of focus ■ Profondeur de foyer
desaturation ■ Désaturation
descambling ■ Désembrouillage
descratching ■ Dérayage. ◇ SYN. *polishing*
designer ■ Concepteur
detachable grip ■ Poignée détachable
detective film ■ Film de détective. ◇ SYN. *private-eye film*
detector ■ Détecteur
developer ■ Révélateur
developing ■ Développement. ◇ SYN. *processing*
developing machine ■ Développeuse
developing machine operator ■ Développeur
developing tank ■ Cuve
dewaxing ■ Déshuilage
dialogian ARG. ■ Dialoguiste. ▷ *dialogue writer*
dialogue coach ■ Coach (ANGLIC.)
dialogue continuity ■ Continuité
dialogue writer ■ Dialoguiste. ◇ SYN. *dialogian* (ARG.)
dial twister ARG. ■ Sondier. ▷ *audio operator*
diaphragm ■ Diaphragme
diary film ■ Journal
diegesis ■ Diégèse
diffuser ■ Diffuseur
diffusion ■ Diffusion
digital ■ Numérique

digital cinema ▪ cinéma numérique.
▷ entrée **d-cinema**
digital code ▪ Code générique
digital image ▪ Image numérique
digital process ▪ Procédé numérique
digital reading ▪ Lecture numérique
digital sound ▪ Son numérique
digital sound process ▪ Procédé
audionumérique
digital television ▪ Télévision
numérique
Digital Versatile Disk ▪ Disque
numérique à usage multiple, disque
numérique polyvalent
Digital Video Disk (DVD) ▪ Disque
compact vidéonumérique, disque
optique vidéo
Digital Video Express (DivX) ▪ Disque
compact vidéo express
digitization ▪ Numérisation
dioptric drum ▪ Tambour dioptrique
direct v. ▪ Diriger, réaliser, mettre en
scène
direct animation ▪ Dessin sur film,
peinture sur film. ◊ SYN. *handmade film.*
▷ *noncamera film*
Direct Cinema ▪ Cinéma direct
directed by ▪ Réalisé par
directionality ▪ Directionnalité
directional microphone ▪ Microphone
directionnel
direction of glance ▪ Direction du
regard. ◊ SYN. *direction of look*
direction of look ▷ *direction of glance*
directivity ▪ Directivité
director ▪ Metteur en scène, réalisateur.
◊ SYN. *megger* (ARG.). ▷ *film-maker*
director of photography ▷
cinematographer
Directors Fortnight ▪ Quinzaine des
réalisateurs

dirty movie ▪ Film sale. ▷ entrée **film
extrême**
disaster film ▪ Film catastrophe
discharge lamp ▪ Lampe à décharge
disclaimer ▷ entrée **Avertissement**
discourse ▪ Discours
discovery ▪ Révélation
disk ▪ Disque
dispersion ▪ Dispersion
display ▪ [1] N. affichage. [2] V. Visualiser
(ARCH.)
display screen ▪ Écran. ◊ SYN. *screen.*
▷ *monitor*
dissolve ▪ Fondu enchaîné
distortion ▪ Distorsion
distributor ▪ Distributeur. ◊ SYN. *releaser*
DIVX ▪ Sigle de *Digital Video Express*
DL ▪ Abréviation de *double layer.*
D/N ▪ Abrév. de *day for night*
doc ▪ Abrév. de *documentary*
docudrama ▪ Docudrame
documentary (doc) ▪ Documentaire
documentary feature ▪ Long métrage
documentaire. Ce terme est une
appellation officielle dans l'industrie
américaine
documentary film-maker (ou
filmmmaker) Documentariste
documentary short subject ▪ Court
métrage documentaire. Ce terme est
une appellation officielle dans
l'industrie américaine
Dolby System ▪ Dolby
dolly ▪ Chariot, petite grue. ARG. *buggy*
dolly shot ▪ Travelling (ANGLIC.). ◊ SYN.
track shot
domestic market ▪ Marché intérieur
double band ▪ Double bande. ◊ SYN.
double-head
double exposure ▪ Surimpression. ◊ SYN.
surimposition

double feature ■ Programme double

double-head ▷ *double band*

double-head projection ■ Projection double bande

double layer ■ Double couche. Abréviation : DL

double run film ■ Pellicule double huit

double take ■ Plan doublé

down shot ■ Plongée. ◊ SYN. *high-angle shot, high shot*

double super 8(DS-8) ■ Pellicule Super 8 double

double take ■ Plan doublé

double track ■ Bipiste

downloading ■ Téléchargement

dramatic film ■ Drame, film dramatique

dresser ■ Habilleur

dressing room ■ Loge, salle d'habillage

dressmaker ■ Couturière

drive-in ■ Ciné-parc (ou cinéparc) (QUÉB.), drive-in (ANGLIC.). ◊ SYN. *ozoner* (ARG.)

driver ■ Chauffeur

drop curtain ■ Rideau de fond, rideau de scène

drop-out ■ Désexcitation

drum ■ Tambour

drying ■ Séchage

drying case ■ Armoire de séchage

dry run ■ Répétition (tournage). ▷ *rehearsal*

DS-8 ■ Abrév. de *double super 8*

dub v. ■ [1] Contretyper, copier. [2] Doubler. [3] Postsynchroniser. [4] Sonoriser

dubbed version ■ Version doublée

dubber ■ Défileur

dubbing ■ [1] Doublage. [2] ARCH. Mixage

dubbing director ■ Chef de plateau

dubbing mixer ■ Mixeur. ◊ SYN. *rerecording mixer*

dull side ■ Côté mat

dumping ■ Dumping (ANGLIC.)

Dunning-Pomeroy self-matting process ■ *(Dunning process)* ■ Dunning (OBS)

Dunning process Forme abrégée de *Dunning-Pomeroy self-matting process*

dupe ■ Forme abrégée de *duplicate negative*

dupe neg ■ Forme abrégée de *duplicate negative*

dupe negative ■ Forme abrégée de *duplicate negative*

duplicate ■ Duplicata

duplicate negative (dupe, dupe neg, dupe negative) ■ Contretype

duplication ■ Duplication

duplitized ■ Bipack

DV ■ Caméra numérique

DV compact cassette ■ Cassette Mini-DV

DVD ■ Sigle de *Digital Video Disk*

dye transfer ■ Dye transfer (ANGLIC.)

Dynamic Motion Simulator ■ Cinéma dynamique

dynamic range ■ Dynamique

echo ■ Écho

echo box ■ Chambre d'échos. ◊ SYN. *echo chamber*

echo chamber ▷ *echo box*

e-cinema ■ E-cinéma

ECU (XCU) ■ Abrév. de *extreme close-up*

editing ■ Montage. Différent de *cutting* et de *montage*. ▷ entrée **montage**

editing block ■ Bloc de montage. ◊ SYN. *splicing block*

editing room ▷ *cutting room*

editing sheet ■ Fiche de montage

editor ■ Chef monteur, monteur

editor ■ Éditeur (en audiovisuel)

educational film ■ Film éducatif

effects lighting ■ Lumière d'effet, lumière à effet

EI ■ Abrév. de *expose index*

electret condenser microphone ■ Microphone à électrets

electrician ■ Électricien. ◊ SYN. *sparks* (ARG.)

electronics ■ Électronique (N.)

electronic cinema ■ Cinéma électronique. ▷ entrée **e-cinéma**

electronic editing ■ Montage électronique. ▷ entrée **e-cinéma**

element ■ Élément

elephant ears ARG. PLUR. ■ Drapeaux. ▷ *flag*

ellipsis ■ Ellipse

ELS (XLS) ■ Abrév. de *extreme long shot*

embossed film ■ Film gaufré

emulsion ■ Émulsion

emulsion checking ■ Identification des émulsions

emulsion coating ■ Enduction

emulsion number ■ Numéro d'émulsion

End (The) ■ Fin

endoscope ■ Endoscope

end tailer ■ Amorce de fin

end titles ■ Générique de fin

entertainment ■ Divertissement

entertainment movie ■ Cinéma de divertissement

enunciation ■ Énonciation

epic ■ Forme abrégée de *epic film*

epic film (epic) ■ Film épique

episcope É.-U. ■ Épiscope. ◊ SYN. *opaque projector* (G.-B.)

EQ ■ Abrév. de *equalization*

equalization (EQ) ■ Égalisation

equalizer ■ Égaliseur

eraser ■ Éraseur (ANGLIC.)

ES ■ Abrév. de *establishing shot*

escapist film ■ Film d'évasion

establishing shot (ES) ■ Plan d'ambiance

ethnographic film ■ Film ethnographique

evening performance ■ En soirée

exciter lamp ■ Excitatrice, lampe excitatrice, lampe phonique

executive producer ■ Producteur délégué, producteur exécutif (ANGLIC.)

exhibition ■ Exploitation, projection

exhibitor ▷ *cinema manager*

expanded cinema ■ Cinéma élargi

experimental film ■ Film expérimental

expiry date ■ Date de péremption

exploitation film ■ Film d'exploitation

exposure ■ Exposition, impression

exposure index (E) ■ Indice de sensibilité, indice de pose, indice de rapidité, indice d'exposition

exposure meter ■ Posemètre. ◊ SYN. *light meter*

EXT ■ Abrév. de *exterior*

extension ring ■ Bague allonge

extension tube ■ Tube allonge

exterior ■ Extérieur(s)

extra ■ Extra, figurant, figuration. ▷ entrée **extras**

extra bit player ■ Silhouette

extract ■ Extrait

extras ■ Figuration

extreme close-up (ECU, XCU) ▷ *big close-up*

extreme long shot (ELS) ■ Plan général, plan de grand ensemble

extreme movie ■ Film extrême

eyepiece ■ Oculaire, œilleton

fade ■ Fondu

fade V. ■ Fondre

fade in ■ Ouverture en fondu

fade out ■ Fermeture en fondu

fader ▪ Potentiomètre
fade-to-black ▪ Fondu au noir
fade-to-white ▪ Fondu au blanc
fan ▪ Fan (ANGLIC.)
fantastic film ▪ Film fantastique. ◊ SYN.
 fantasy horror film. ▷ entrée **cinéma
 fantastique**
fantasy horror film ▪ Film fantastique.
 ◊ SYN. *fantastic film*
farce ▷ ▪ entrée dans le dictionnaire
fast film ▪ Film rapide, pellicule sensible
fast forward ▪ Avance rapide
fast motion ▪ Accéléré
fatty FAM. ▪ Gras. ▷ entrée dans le
 dictionnaire
feature film ▪ Long métrage, film
 principal, grand film, POP. programme
 principal. ◊ SYN. *A-picture, main film,
 feature programm*
fee ▪ Cachet, honoraires (PLUR.), salaire
feeding ▪ Alimentation
feed magazine ▪ Magasin débiteur
feed plate ▪ Plateau débiteur. ◊ SYN. *take-
off plate*
feed spool ▪ Bobine débitrice. ◊ SYN. *take-
off spool*
feed sprocket ▪ Pignon débiteur
festivalgoer ▪ Festivalier
fetishism ▪ Fétichisme
fiction ▪ Forme abrégée de *fiction film.*
 Fiction
fiction film (fiction) ▪ Film de fiction
field ▪ Champ
field angle ▪ Angle de champ
field chart ▪ Mire de réglage
field curvature ▪ Courbure de champ
file ▪ Fichier
fill-in light (fill light) ▪ Lumière
 d'ambiance, lumière bouchage
fill light ▪ Forme abrégée de *fill-in light*
fill up ▪ Complément de programme

film ▪ [1] Bande, pellicule. [2] Cinéma,
 film
film v. ▪ Filmer
film archives ▪ Cinémathèque. ◊ SYN.
 morgue (ARG.)
film buff FAM. ▪ Cinéphile. ◊ SYN. *movie
 fan* (FAM.). ▷ *moviegoer*
film camera ▪ Caméra argentique
film capital ARG. ▪ Hollywood. ◊ SYN. *Hi-
wood, tinseltown* (ARG.), *movie village*
 (FAM.)
film counter ▪ Métreuse
film critic ▪ Critique de cinéma (métier).
 ◊ SYN. *crix* (FAM.)
filmdom ARG. ▪ Monde du cinéma.
 ▷ *picturedom*
film feed ▪ Entraînement du film
film festival ▪ Festival de films, festival
 du film
film journal ▪ Revue de cinéma
filmic ADJ. ▪ Filmique
film industry ▪ Industrie
 cinématographique, industrie du
 cinéma
filmic text ▪ Texte filmique
filming ▪ Filmage, tournage, prise de
 vues. ◊ SYN. *shooting*
film jam ▪ Bourrage ▷ *salad*
film library ▪ Filmothèque
film look ▪ Effet-film
film made up of sketches ▪ Film à
 sketches
film magazine ▪ Magazine du cinéma
film-maker (filmmaker) ▪ Cinéaste
film-making ▪ [1] Cinéma.
 [2] ▷ *achievement, production*
film market ▪ Marché du film
film noir ▪ Film noir
film preservation ▪ Conservation des
 films
filmography ▪ Filmographie

filmology ▪ Filmologie

film on art ▪ Film sur l'art

fim preservation ▪ Conservation des films

film presentation ▪ Diffusion (film présenté à la télévision)

film print FAM. ▪ Copie film (FAM.) ▷ *print*

film review ▪ Critique d'un film (jugement, commentaire, analyse)

film show ▪ Séance

film size ▪ Format (de pellicule)

film society ▪ Ciné-club

film speed ▪ Rapidité

film story ▪ Ciné-roman

film theory ▪ Théorie du cinéma

film transfert ▪ Kinescopage

filmviewer ▪ Spectateur (cinéma). ◊ SYN. *member of the audience*

film viewing ▪ Vision d'un film

filter ▪ Filtre

filter density ▪ Densité

filter holder ▪ Cadre porte-diffuseur. ◊ SYN. *filter mount*

filter mount ▷ *filter holder*

final cut ▪ Montage final

financial deal ▪ Montage financier

financing ▪ Financement

finder ▪ Viseur

finding ▪ Visée

fine grain ▪ Grain fin

fine grain master ▪ Positif, lavande, marron

first assistant cameraman ▷ *assistant cameraman*

first cut ▷ *continuity cutting*

first generation ▪ Première génération

first part ▪ Première partie

first run ▪ Exclusivité

first shooting day ▪ Premier tour de manivelle

first screening ▪ Sortie (projection). ▷ *release*

fisheye ▪ Œil-de-poisson

fixed grip ▪ Poignée fixe

fix focus ▪ Foyer fixe

fixing ▪ Fixage

FL ▪ Abrév. de *full shot*

flag ▪ Drapeau, coupe-flux. ▷ *elephant ears*

flam ▪ Flam, film flam, film flamme

flange ▪ Flasque

flap over ▪ Inversion droite-gauche

flash ▪ Flash

flash-ahead ▷ *flash-forward*

flash back ▪ Flash-back (ANGLIC.), retour en arrière

flash-forward ▪ Saut dans le futur

flash frame ▪ Flash

flat-bed editing machine ▪ Table de montage horizontale.

flat image ▪ Image plate

flat planel display ▪ Écran plat (du téléviseur)

flat screen ▪ Écran plat

flick FAM. ▪ Film

flicker ▪ Scintillement

flickers VX PLUR. ▷ entrée dans le dictionnaire

flicker fan FAM. ▪ Cinémaniaque, cinéphage. ◊ SYN. *movie fan*

flicks FAM. ▪ Cinoche

flint glass ▪ Flint-glass (ANGLIC.)

flip book ▪ Feuilleteur

floating wall ▪ Paroi mobile

floats G.-B. PLUR. ▪ Rampe. ◊ SYN. *footlights* (É.-U.)

flood lamp ▪ Flood, lampe flood, lampe survoltée

floor mark ▷ *cue mark*

floor mixer ▷ entrée **mixeur**

fluid head ▪ Tête fluide

flutter ▪ Sautillement

flying spot ▪ Spot analyseur

focal lenght ▪ Distance focale

focus ▪ Foyer, mise au point

focus v. ▪ Faire la mise au point

focusing ▪ Mise au point

focus puller ▪ Assistant-caméraman (en Europe)

focus ring ▪ Bague de mise au point

fog ▪ Voile

fog v. ▪ Voiler

fog filter ▪ Filtre brouillard

fogging ▪ Flashage

folding chair ▪ Fauteuil pliant

folding grip ▪ Poignée escamotable

Foley artist ▷ entrée dans le dictionnaire

footage ▪ Métrage, piétage

footage counter ▪ Compteur, palpeur

foot-candle ▪ Bougie-pied

footage machine ▪ Machine à piétage

footage number ▪ Numéro de piétage

footlights É.-U. ▪ Rampe. ◊ SYN. *floats* (G.-B.)

forced developing ▪ Développement forcé

foreground ▪ Avant-plan, premier plan

form ▪ Forme

formalism ▪ Formalisme

format ▪ Format

forum ▪ Forum

four-color process ▪ Quadrichromie

FPF ▪ Abrév. de *frames per foot*

FPS ▪ Abrév. de *frames per second*

fractal image ▪ Image fractale

frame ▪ [1] Cadrage, cadre, champ. [2] image, photogramme (reproduction photographique). ◊ SYN. *picture frame*. [2] Trame (vidéographie)

frame v. ▪ Cadrer

frame by frame ▪ Image par image

frame frequency ▷ *frequency*

frame line ▪ Barre de cadrage, cadre de visée, interimage

frame pitch ▪ Pas de l'image

framer ▪ Appareil de cadrage, dispositif de cadrage

frame rate ▷ *frequency*

frames per foot ▪ Images au pied

frames per second ▪ Images à la seconde

framework ▪ Trame (histoire)

framing ▪ Cadrage

flapper VX ▷ entrée dans le dictionnaire

freeze v. ▪ Geler

freeze frame ▪ Arrêt sur image, gel d'image, image gelée, plan arrêté. ◊ SYN. *stop frame*

freeware ▪ Gratuiciel

frequency ▪ Cadence, fréquence. ◊ SYN. *frame frequency, frame rate*

frequenting ▪ Fréquentation

Fresnel lens ▪ Lentille de Fresnel

friction head ▪ Tête à friction

front projection ▪ Projection frontale

front stalls G.-B. PLUR. ▪ Orchestre. ◊ SYN. *orchestra* (É.-U.)

frying nose ▪ Friture

FS ▪ Abrév. de *full shot*

f-stop ▪ F-stop

full screen ▪ Plein écran

full shot (FL) ▪ Plan moyen. ◊ SYN. *medium shot*

fuse ▪ Fusible

Futurism ▪ Futurisme

FX (F/X) ▪ Abrév. de *special effects*

gaffer ▪ Chef électricien

gafoon ARG. ▪ Bruiteur. ▷ *sound effects man*

gag ▪ [1] Gag (ANGLIC.), blague. [2] ▷ entrée dans le dictionnaire

galopping tintypes ANGL. VX ▷ *colored tintypes*

galvanometer ▪ Galvanomètre

gameware ▪ Ludiciel

gamma ▪ Gamma

gamma corrector ■ Correcteur de gamma

gangster film ■ Film de gangsters

gate ■ Couloir

gauge ■ Format

gauze ■ Trame (accessoire)

gaze ■ Regard. ◊ ѕʏɴ. *look*

geared head ■ Tête à manivelles

gelatin ■ Gélatine, filtre

gelatin blow-up process ■ Gonflage de gélatine

general-interest station ■ Chaîne généraliste

generation ■ Génération

generator ■ Groupe électrogène

generator man ■ Groupiste

Geneva wheel ▷ *Maltese cross*

genre ■ Genre

German abstraction ■ Abstraction allemande

German expressionism ■ Expression-nisme allemand

gigabyte ■ Gigaoctet

glamour ■ Glamour (ᴀɴɢʟɪᴄ.)

glass shot ▷ *Dawn process*

glycerin ■ Glycérine

gobo ■ Gobo

goddess ■ Déesse

Golden Age ■ Âge d'or

Goldwyinism ■ Goldwynisme

gonzo porn ▷ entrée dans le dictionnaire

gore ■ Gore (ᴀɴɢʟɪᴄ.)

gore film ■ Film gore (ᴀɴɢʟɪᴄ.). ◊ ѕʏɴ. *splatter film*

Gossips ■ Commères

gost travel ■ Filage

gothic film ■ Film gothique

gouache ■ Gouache

government measures ■ Loi d'aide

grading ɢ.-ʙ. ■ Étalonnage. ▷ *timing*

grading card ■ Carton d'étalonnage, fiche d'étalonnage. ◊ ѕʏɴ. *grading sheet*

grading print ɢ.-ʙ. ■ Copie d'étalonnage, copie « Ô ». ▷ *timing print*

grading sheet ▷ *grading card*

graduated filter ■ Filtre dégradé

grain ■ Grain

graininess ■ Granulation

grammar of cinema ■ Grammaire cinématographique, grammaire du cinéma

gramophone ■ Gramophone

granularity ■ Granularité

granulometry ■ Granulométrie

graphic ■ Graphique

graphite ■ Graphite

green ѕᴜʙѕᴛ. ■ Vert

grid ■ Gril

grind house ᴀʀɢ. ■ Cinéma permanent

grip ■ Machiniste

gross ■ Forme abrégée de *gross profits*

gross profits ᴘʟᴜʀ. ▷ *box office receipts*

ground glass viewfinder ■ Dépoli

guide roller ■ Cheville de guidage, galet de guidage

guide track ■ Son témoin

gunlike camera ■ Fusil photographique

gyro head ■ Tête gyroscopique

haemoglobin ■ Hémoglobine

hacking ■ Piratage. ◊ ѕʏɴ. *piracy*

hairdresser ■ Coiffeur

halation ■ Effet de réflexion

halogen ■ Lampe halogène

hand camera ■ Caméra à main, caméra portable. ◊ ѕʏɴ. *hand-held camera*

H & D curve ■ Courbe H et D, courbe sensitométrique

handgrip ■ Crosse, poignée. ▷ *handle*

hand-held shot ■ Plan à l'épaule

handle ■ Manche, manivelle, poignée. ▷ *handgrip*

handmade film ■ ◊ ѕʏɴ. *direct animation*. ▷ *noncamera film hand-painted* ■ Coloriage à la main

happy ending ■ Happy end (ANGLIC.)

hard ADJ. ■ Dur

hard disk ■ Disque dur, disque rigide

hardening ■ Durcissement, tannage

hardtop ARG. ■ Salle de cinéma. ◊ SYN. *Kodak cathedral* (ARG.). ▷ *movie house*

hardware ■ Matériel (informatique), hardware

has-been ■ Fini. ▷ entrée dans le dictionnaire

Hays Code ■ Code Hays

haze ■ Voie atmosphérique, voile de lointain

haze filter ■ Filtre brouillard

head ■ Tête

head demagnetizer ■ Démagnétiseur

head grip ▷ *key grip*

head lock ■ Verrouillage principal

headphones PLUR. ■ Écouteurs

headset ■ Casque d'écoute

head tailer ■ Amorce de début

heat-absorbing filter ■ Filtre anticalorique

Heimlich film ▷ entrée dans le dictionnaire

hentai ■ Hentai

hero ■ Héros

heroic fantasy ■ Épopée fantastique

heroine ■ Héroïne

hertz ■ Hertz

hertzian network ■ Réseau hertzien

hertzian television ■ Télévision hertzienne

hi-cat ■ Pied court

hick pic ARG. ■ Film de cow-boys, western (ANGLIC.). ◊ SYN. *oater, oaters opera.* ▷ *western*

high-angle shot ▷ *down shot.* ◊ SYN. *high shot*

high contrast ■ Haut contraste

high definition ■ Haute définition

high definition television ■ Télévision à haute définition

high fidelity ■ Haute fidélité

high key ■ High key (ANGLIC.)

high-speed camera ■ Caméra G.V., caméra ultrarapide

high-speed film ■ Pellicule très rapide

high-speed Internet access ■ Accès à haut débit à Internet, accès à haute vitesse à Internet

historical film ■ Film historique

Hi-wood ARG. ■ Hollywood. ◊ SYN. *film capital, tinseltown* (ARG.), *movie village* (FAM.)

HMI ■ HMI, lampe HMI

hold take ■ Prise retenue

Hollyrom ▷ entrée dans le dictionnaire

Holocaust film ■ Film d'Holocauste

hologram ■ Hologramme

holographic movie ■ Cinéholographie

Hollywood Foreign Press Association ■ Association de la presse étrangère d'Hollywood. ▷ entrée **golden globes**

Hollywood Ten ▷ entrée dans le dictionnaire

home movie ■ Film de famille, film familial. ◊ SYN. *home videos*

home theater ■ Cinéma maison

horizontal bars PLUR. ■ Bretelles, barres horizontales

horror film ■ Film d'épouvante, film d'horreur, film de terreur. ◊ SYN. *slice-and-dice film* (ARG.), *splatter film* (ARG.)

horse ■ Herse, lyre

horse opera ARG. ■ Film de cow-boys, western. ◊ SYN. *oater, oats opera*

hot ADJ. ■ Chaud

House Committee on Un-American Activities ■ Commission parlementaire des activités antiaméricaines

housing ■ Carter

hybridization ▪ Hybridation
hydraulic head ▪ Tête hydraulique
hyperfocal distance ▪ Distance
hyperfocale
hypermedia ▪ Hypermédia
hypersensitising ▪ Hypersensibilisation
hypertext ▪ Hypertexte
hyposulfite ▪ Hyposulfite

iconic NÉOL. ▪ Iconique
identification ▪ Identification
idle roller ▪ Galet libre
illumination ▪ Éclairement
image ▪ Image. ◊ SYN. *picture*
image bank ▪ Banque d'images. ◊ SYN.
picture bank
image processing ▪ Traitement de
l'image
image track ▪ Bande image
imaginary line ▪ Ligne imaginaire
imbibition process ▪ Coloriage par
imbibition
Impressionists PLUR. ▪ Impressionnistes
improvisation ▪ Improvisation
inbetween ▪ Intervalle, intervallisme
inbetweener ▪ Intervalliste
inch (inches) ▪ Pouce (pouces)
inches per second (IPS) ▷ entrée dans le
dictionnaire
incident light ▪ Lumière incidente
in competition ▪ En compétition
incunabulum ▪ Incunable
independent (indie) SUBST. ▪ Indépendant
independent feature ▪ Film
indépendant. ◊ SYN. *independent film,*
maverick
independent film [indie, indie
film] ▷ *independant feature.* ◊ SYN.
maverick
independent film-maker (ou *filmmaker*)
(*indie, indie film-maker* ou *filmmaker*)
▪ Indépendant, cinéaste indépendant

independent producer ▪ producteur
indépendant
independents PLUR. ▪ Indépendants
indie ▪ [1] Forme abrégée de
independent. [2] Forme abrégée de
independent film, indie film-maker (ou
filmmaker)
indie circuit ▪ Circuit indépendant
indie film ▪ Forme abrégée de
independent film
indie film-maker (ou
filmmaker) ▪ Forme abrégée de
independent film-maker (ou
filmmaker)
infinity ▪ Infini
inflammable ADJ. ▪ Inflammable
influence ▪ Influence
in focus ▪ Netteté. ◊ SYN. *sharp*
information ▪ Information
information superhighway ▪ Autoroute
de l'information
infrared ▪ Infrarouge
infrasound ▪ Infrason
ingenue ▪ Ingénue
inky-dinky ▪ Inky dinky (ANGLIC.)
in line ▪ En ligne
in-line editing ▪ Montage en ligne
in-line multimedia ▪ Multimédia en
ligne
insert ▪ Forme abrégée de *insert shot.*
Insert
insert shot (insert) ▪ Insert image
insert title ▪ Insert, insert titre
insert titles PLUR. ▪ Carton, intertitre.
◊ SYN. *intertitles*
insurance ▪ Assurance
insurance print ▪ Bande de sécurité
interactive movie ▪ Cinéma interactif
interactive television ▪ Télévision
interactive
interactivity ▪ Interactivité
interface ▪ Interface

interference ■ Brouillage, parasites (PLUR.)

interior ■ Intérieurs (PLUR.)

intermediate ■ Copie intermédiaire

intermission ■ Entracte

intermittent movement ■ Mouvement intermittent

International Alliance for Mountain Film ■ Alliance internationale du cinéma de montagne

International Critic's Week ■ Semaine internationale de la critique

International Federation of Film Producers Associations ■ Fédération internationale des associations de producteurs de films (FIAPF)

international track ■ Bande internationale. ◊ SYN. *M and E*

internegative ■ Internégatif, négatif intermédiaire

Internet ■ Internet

Internet Protocol (IP) ■ Protocole de communication

interoperability ■ Interopérabilité

interpositive ■ Copie marron (pour le noir et blanc), interpositif, positif intermédiaire. ▷ *B & W dupe positive*

interpretation ■ Interprétation

intertitles PLUR. ▷ *insert titles*

in the can ■ Dans la boîte

introducing ■ Pour la première fois à l'écran

introduction ■ Présentation

inversion ■ Inversion

invisible cutting ■ Montage invisible. ◊ SYN. *invisible editing*

invisible editing ▷ *invisible cutting*

involvement ■ Participation

IP ▷ *Internet Protocol*

iris ■ Iris

iris-in ■ Ouverture à l'iris

irisation ■ Irisation

iris out ■ Fermeture à l'iris

iron oxide ■ Oxyde de fer

irradiation ■ Halo de dispersion, halo d'irradiation

itgirl ARG. ▷ entrée dans le dictionnaire

jack ■ Fiche

Japanese New Wave ■ Nouvelle vague japonaise

Java applet ■ Applet Java, applet, appliquette

jitter ■ Instabilité

joint production ▷ coproduction

joystick ■ Manche à balai, manette de jeu

juice ARG. ■ Jus

jump ■ Saute

jump cut ■ Faux raccord

junket ■ Voyage éclair

K ■ K (pour kelvin)

karate film FAM. ■ Film-karaté. ▷ *kung fu film*

Kelvin scale ■ Unité de mesure kelvin. ▷ entrée **kelvin**

key animation ▷ entrée dans le dictionnaire

Keycode number ▷ entrée **numéro de bord**

keystoning ■ Distorsion trapézoïdale

key grip ■ Chef machiniste

key light ■ Key light (ANGLIC.), lumière de base

kidpix FAM. ▷ *kids cinema*

kids cinema ■ Cinéma pour enfants. ◊ SYN. *kidpix* (FAM.)

kinescope ■ Kinéscope. ◊ SYN. *tape-to-film transfer*

Kino-Eye ■ Ciné-Œil

Kinetophone ■ Kinétophone

Kinetoscope ■ Cinétoscope, kinetoscope

knee shot ■ Plan italien

knob-twister ARG. ▪ Chef opérateur du son, ingénieur du son. ▷ *sound man*

Kodak cathedral ARG. ▪ Salle de cinéma. ◊ SYN. *hardtop* (ARG.). ▷ *movie house*

Kuleshov effect ▪ Effet Koulechov

kung fu film ▪ Film de kung-fu, film-karaté. ◊ SYN. *karate film* (FAM.)

lab ▪ Forme abrégée de *laboratory*. Labo

laboratory (lab) ▪ Laboratoire

laboratory effects PLUR. ▪ Effet de laboratoire

lacquering ▪ Laquage

lamp ▪ Lampe

lamp house ▪ Lanterne. ◊ SYN. *lantern*

Lamposcope ▪ Lamposcope

lamp rack ▪ Panneau

language ▪ Langue

lantern ▷ *lamp house*

lap dissolve ▷ *cross dissolve*

laptop computer ▪ Ordinateur portable, portable

large syntagmatic ▪ Grande syntagmatique

Larsen effect ▷ *acoustic feedback*

laser ▪ Laser

latensification ▪ Latensification

latent image ▪ Image latente

Latham loop ▪ Boucle de Latham. ◊ SYN. *american loop*

laughing ▪ Rire

lavalier microphone ▪ Micro-cravate

lavender print ▪ Copie lavande

layer ▪ couche

laying ▪ Dédoublage, dégroupage

layout ▪ Découpage (en cinéma d'animation)

layout designer ▪ Maquettiste

layout man ▪ Dessinateur de fonds

leader ▪ Forme abrégée de *projection leader*

leading role ▪ Première rôle, rôle principal

Legion of Decency ▪ Légion de la décence, Ligue de la décence

lenght ▪ Amplitude

lens ▪ Lentille, objectif

lens adapter ▪ Bague d'accouplement

lens cap ▪ Bouchon d'objectif

lens turret ▪ Tourelle, tourelle d'objectif

lenticular embossed screen ▪ Écran gaufré, écran lenticulaire, écran prismatique

letterbox ▪ Écran panoramique. ◊ SYN. *widescreen*

level ▪ Niveau

library shot ▪ Plan d'archives. ◊ SYN. *stock shot, stock footage*

light ▪ Lumière

light v. ▪ Éclairer

light balancing filter ▪ Filtre de conversion

lighting ▪ Lumière, éclairage

lighting effects PLUR. ▪ Effets lumineux, jeux de lumière

lighting engineer ▪ Éclairagiste

light intensity ▪ Intensité lumineuse

light measure ▪ Mesure de lumière

light meter ▷ *exposure meter*

light source ▪ Source lumineuse

light valve ▪ Modulation de lumière, relais optique

lily ▪ Charte. ANGLIC. ◊ SYN. *color chart*

limpet ▷ entrée dans le dictionnaire

line ▪ [1] Ligne (en télévision). [2] É.-U. Queue. ◊ SYN. *queue* (G.-B.). [3] Réplique

linear editing ▪ Montage linéaire

line producer ▪ Directeur de production. ◊ SYN. *production manager, unit manager* (RARE)

link ▪ Lien

lip-sync ▪ Forme abrégée de *lip synchronisation*

lip-sync band ▪ Bande synchro

lip synchronisation (lip-sync) ▪ Synchronisation labiale (RARE)

liquid crystal display ▪ Écran à cristaux liquides

liquid gate printing ▪ Tirage humide, tirage par immersion

little guy ▪ Producteur indépendant (États-Unis)

live ▪ En direct

live action short film ▪ Court métrage de fiction. Ce terme est une appellation officielle dans l'industrie américaine

live shooting ▪ Tournage sur le vif

live sound ▪ Son direct

livestock show ARG. ▪ Audition. ▷ *screen test*

living allowance ▪ Allocation quotidienne. ▷ *living expenses*

living expenses ▪ Frais de séjour. ▷ *living allowance*

loading ▪ Armement (RARE), chargement

loading slot ▪ Fente de chargement

location manager ▪ Régisseur d'extérieurs

locations PLUR. ▪ Repérages

Łódz Film School ▪ École de cinéma de Lodz. ▷ National Film, Television and Theatre School of Łódz

log ▪ Forme abrégée de *log sheet*

log sheet ▷ *continuity sheet*

logging ▪ Dérushage

long shot (LS) ▪ Plan d'ensemble

look ▪ Regard. ◊ SYN. *gaze*

loop ▪ Boucle

loop film ▪ Film en boucle

looping ▪ Mise en boucle

loudspeaker ▪ Haut-parleur. ◊ SYN. *speaker*

loudspeaker baffle ▪ Enceinte acoustique

loudness ▪ Hauteur

low-angle shot ▪ Contre-plongée

low contrast ▪ Faible contraste

low-contrast original ▪ Original bas contraste. ▷ entrée **film inversible**

lower loop ▪ Boucle inférieure

LS ▪ Abréviation de *long shot*

lubricating ▪ Lubrification

lumen ▪ Lumen

luminance ▪ Luminance

lumination ▪ Lumination

luminous flux ▪ Flux lumineux

lux ▪ Lux

luxmeter ▪ Luxmètre

lyricist ▪ Parolier

maccarthysm ▪ Maccarthysme

machine ▪ Machine

macrocinematography ▪ Macrocinématographie

magazine ▪ Chargeur

magenta ▪ Magenta

magic ▪ Magie

Magic Carpet ▪ Tapis magique

magic lantern ▪ Lanterne magique

magnate ▪ Magnat. ◊ SYN. *tycoon*

magnetic master ▪ Bande-mère, son mixé. ▷ *master tape*

magnetic sound ▪ Son magnétique

magnetic stripping ▪ Pistage

magnetic tape ▪ Bande magnétique, ruban magnétique (ANGLIC.)

magnifying glass ▪ Loupe

magoptic ▪ Magoptic (ANGLIC.)

main character ▪ Personnage principal

make-up ▪ Maquillage

make-up artist ▪ Chef maquilleur

make-up man ▪ Maquilleur

make-up woman ▪ Maquilleuse

making of... ▪ Making of... (ANGLIC.)
main feature ▪ Film principal, grand film. ◊ SYN. *A-picture, feature film,* POP.
main program
main program POP. ▪ Programme principal
Maltese cross ▪ Croix de Malte. ◊ SYN. *Geneva wheel*
M and E ▪ Abrév. de *Music et Effects Track*
mapping ▪ Mappage
marxism ▪ Marxisme
mask ▪ [1] Masque (tirage). [2] Masque (maquillage)
master ▪ Copie-mère
mastering ▪ Matriçage
masterpiece ▪ Chef-d'œuvre
master tape ▪ [1] Bande maîtresse. [2] Bande-mère
matinée ▪ Matinée
matrix ▪ Matrice
matrixing ▪ Matriçage
matte box ▪ Porte-diffuseurs, porte-filtres
matte screen ▪ Écran mat
maverick ▷ *independent feature*
maxibrute ▪ Maxibrute (ANGLIC.)
MCS ▪ Abréviation de *medium close shot*
MDS ▪ Sigle de *multipoint distribution system*
meaning ▪ Sens
media ▪ Média
media art ▪ Art médiatique
media industry ▪ Industrie des médias, industrie de la communication, industrie des communications
medium close shot (MCS) ▪ Plan américain serré, plan rapproché. ▷ *american shot, medium close up, two-shot*
medium close up ▪ Plan rapproché, plan de taille, plan poitrine. ◊ SYN. *medium close shot*

medium-length film ▪ Moyen métrage
medium lens ▪ Focale moyenne, focale normale, moyen foyer
medium long shot (MLS) ▪ Plan de demi-ensemble [plan demi-ensemble]
medium shot (MS) ▷ *full shot*
megabyte ▪ Mégaoctet
megaphone ▪ Mégaphone, porte-voix
megascope ▪ Mégascope
megger ARG. ▪ Réalisateur. ◊ SYN. *director.* ▷ *film-maker*
melodrama ▪ Mélodrame
member of the audience ▷ *filmviewer*
Men With Beards ▷ entrée **Barbus**
metallic screen ▪ Écran aluminisé, écran métallique
metal mount ▪ Armature métallique
Method (the) ▪ La Méthode. ▷ entrée **Actors Studio**
metonymy ▪ Métonymie
Metrocolor ▪ Métrocolor
mic ▪ Abréviation de *microphone.* Micro. ◊ SYN. *mike*
mickey ▪ Mickey (ANGLIC.)
Mickey Mouse ▪ Mickey la Souris
microcinematography ▪ Microcinématographie
microphone ▪ Microphone
mike FAM. ▪ Micro. ▷ *mic*
mike monkey ARG. ▪ Perchiste. ▷ *boom man*
military drama ▪ Drame militaire. ▷ entrée **cinéma militaire**
mime ▪ Pantomime
miniature ▪ Maquette. ◊ SYN. *model*
minicam ▪ Mini-caméra
minibrute ▪ Minibrute
minor figure ▪ Second couteau
mirror ▪ Miroir
mirror shutter ▪ Obturateur reflex
mise-en-abyme ▪ Mise en abîme, mise en abyme

mise-en-scène ▪ Mise en scène

misframe ▪ Décadrage. ◊ SYN. *out of rame
condition*

mix (mixing) ▪ Mixage. ▷ *dubbing*

mix v. ▪ Mixer

mix dissolve ▷ *cross fade*

mixer ▪ Mixeur

mixing ▷ *mix*

mixing booth ▪ Salle de montage. ◊ SYN.
aquarium (ARG.)

mixing console ▪ Console de mixage.
◊ SYN. *tea-wagon* (ARG.)

MLS ▪ Abréviation de *medium long shot*

mobile camera ▪ Caméra mobile

model ▪ modèle

model ▷ *miniature*

model building ▪ Modélisation. ◊ SYN.
modeling

modeling ▪ Modélisation. ◊ SYN. *model
building*

modem ▪ Modem

modulation ▪ Modulation

mogol (mogul) ARG. É.-U. ▪ Magnat, nabab.
▷ *tycoon*

monitor ▪ Écran (du téléviseur ou de
l'ordinateur), écran de visualisation,
écran témoin. ▷ *screen, display screen*

monitor loudspeaker ▪ Haut-parleur
témoin

monochromatic light ▪ Lumière
monochromatique

monochromatic print ▪ Film
monochromatique

monochrome ▪ Monochrome

monopack ▪ Monopack

monster movie ▪ Film de monstres

monstration ▪ Monstration

montage ▪ Montage. ▷ entrée **montage**

montage of attractions ▪ Montage des
attractions

mood ▪ Ambiance. ◊ SYN. *atmosphere*

morgue ARG. ▪ Cinémathèque. ▷ *film
archives*

morph ▪ Morph

morphing ▪ Morphage

motion control ▷ *automate*

motor ▪ Moteur

«*Motor!*» ▪ «Moteur!»

mount ▪ Monture

mountain film ▪ Film de montagne

movement ▪ Déplacement

movement-image ▪ Image-mouvement

movie ▪ [1] Cinéma. [2] Film. [3] G.-B. Salle
de cinéma. [4] Séance de cinéma

movie buff ▪ Cinémaniaque, cinéphage.
◊ SYN. *film buff*. ▷ *movie fan*

movie fan ▪ Cinémaniaque, cinéphage.
◊ SYN. *flicker fan* (FAM.). ▷ *movie buff*

moviegoer ▪ Amateur de cinéma,
amateur de films, cinéphile

movie house ▪ Cinéma, salle de cinéma.
◊ SYN. *hardtop* (ARG.), *Kodak cathedral*
(ARG.), *movie theater* (É.-U.), *picture
house* (FAM.), *pic spot* (FAM.),
abréviations : *theatre* (G.-B.), et *theater*
(É.-U.) ▷ *movie*

movie theater É.-U. ▷ *movie house*

movie village FAM. ▪ Hollywood. ◊ SYN.
film capital, Hi-wood, tinseltow (ARG.)

moving period ▪ Période de mouvement,
phase de mouvement

MS ▪ Abréviation de *medium shot*

multi-image ▪ Multi-image, multiple
image. ◊ SYN. *split screen*

multimedia ▪ Multimédia

multiplane ▪ Animation multiplane

*multipoint distribution system
(MDS)* ▪ Système de distribution
multipoint, système de
télédistribution multidirectionnelle

music ▪ Musique

musical editing ▪ Montage musical

musical short ▪ Court métrage musical
musician ▪ Musicien
music composer ▪ Compositeur
music mixer ▷ entrée **mixeur**
mute part ▪ Rôle muet
mutte print ▪ Copie muette
mystery film ▪ Film à suspense
myth ▪ Mythe

narration ▪ Narration
narrative continuity ▪ Continu (ADJ.)
narrative film ▪ Film narratif
National Film Board of Canada ▪ Office national du film du Canada
National Film, Television and Theatre School of Łódz ▪ École nationale supérieure de cinéma, de télévision et d'art dramatique de Lodz
naturalism ▪ Naturalisme
natural light ▪ Lumière naturelle
natural lighting ▪ Éclairage naturel
NC17-rated ▷ entrée dans le dictionnaire
negative ▪ Film négatif, image négative, négatif (SUBST.) ▷ *negative film*
negative cutting ▷ *conforming*
negative film ▪ Film négatif. ▷ *negative*
negative perforation ▪ Perforation Bell and Howell, perforation BH
neighborhood movie house É.-U. ▪ Cinéma de quartier
neon ▪ Néon
Neorealism ▪ Néoréalisme
neutral density filter ▪ Filtre gris, filtre neutre
neutral image ▪ Image neutre
New German Cinema ▪ Nouveau cinéma allemand
newsflash ▪ Flash (ANGLIC.), nouvelle-éclair
newsreel [news reel] ▪ Actualités

newsreel cameraman ▪ Opérateur d'actualités
New Wave ▪ Nouvelle Vague
nickelodeon ▪ Nickelodéon (ANGLIC.)
night ▪ Nuit
night for night (nite for nite) ▪ Nuit réelle
nite for nite ▷ *night for night*
nitrate ▪ Nitrate
nodal point ▪ Point nodal
noise reduction ▪ Réduction de bruit
nomination ▪ Nomination (ANGLIC.)
noncamera animation ▪ Animation sans caméra. ▷ *direct animation, handmade film*
nonfiction film ▪ Film de non-fiction
non flam ▪ Non flam
non-flammable ADJ. ▪ Ininflammable
nonlinear editing ▪ Montage virtuel. ◊ SYN. *ramdom access editing*
non-professional ▪ Non professionnel (SUBST.)
non-professional actor ▪ Acteur amateur
nonsense ▪ Non-sens
nonsynchronous ADJ. ▪ Non synchrone
normal angle ▪ Angle normal
normal focus ▪ Foyer normal
notch ▪ Encoche
novelization ▷ entrée dans le dictionnaire
nudie VX ▪ Film nudiste. ◊ SYN. *skinflick, stag film* ▪ (ARG.)
numeriscope ▪ Numériscope
nuts-and-bolts film FAM. ▪ Film industriel

oater ARG. ▪ Film de cowboys, western (ANGLIC.). ◊ SYN. *hick pic* (ARG.), *oaters opera* (ARG.)
oaters opera ARG. ▪ Film de cowboys, western (ANGLIC.). ◊ SYN. *hick pic* (ARG.), *oater*

object animation ▪ Animation d'objets
objective camera ▪ Caméra objective
oblique angle ▪ Angle oblique
off ▪ Arrêt. ◊ SYN. *stop*
off-line editing ▪ Montage hors ligne
off-line multimedia ▪ Multimédia hors-
   ligne
off-screen ▪ Hors-champ, son off, voix
   off
« Okay for sound !» ▪ « Bon pour le son »
« Okay inspection !» ▪ « Bon pour
   l'image », « Bon pour caméra !»
Omegascope ▪ Omegascope
omnidirectional
   microphone ▪ Microphone
   omnidirectionnel
180-degree rule ▪ Loi des 180 degrés
one-light print ▪ Lumière unique
one-shot ▷ entrée dans le dictionnaire
one turn, one picture ▪ Tour de
   manivelle
on location ▷ entrée dans le dictionnaire
opacity ▪ Opacité
opaque ▪ Opaque
opaque projector G.-B. ▪ Épiscope.
   ▷ *episcope*
open V. ▪ Ouvrir
open a mic FAM. ▪ Ouvrir un micro.
   ◊ SYN. *crack a mike* (ARG.)
opening night ▪ Première
open titles ▪ Générique de début
opera film ▪ Film d'opéra
operating cameraman ▪ Cadreur.
   ◊ SYN. *camera operator, operator*
operator ▪ [1] Cadreur. ◊ SYN. *camera*
   operator, operating cameraman.
   [2] Opérateur (FAM.). [3] Opérateur
   (société)
optical ▪ Optique
optical axis ▪ Axe optique
optical cable ▪ Câble en fibre optique
optical distortion ▪ Distorsion optique

optical effects PLUR. ▪ Effets optiques
optical fiber ▪ Fibre optique
optical printer ▪ Tireuse optique
optical printing ▪ Tirage optique
optical reader ▪ Lecteur optique
optical slit ▪ Fente de lecture. ◊ SYN.
   sound gate, sound scanning slit
optical sound ▪ Son optique
optical sound track ▪ Piste optique
   photographique
orchestra É.-U. ▪ Orchestre. ◊ SYN. *front*
   stalls (G.-B.)
organ ▪ Orgue
original negative ▪ Négatif original
original script ▪ Scénario original
original score ▪ Bande originale du film
original sound ▪ Son original
original title ▪ Titre original
original version ▪ Version originale
ortho ▪ Forme abrégée de
   orthochromatic print
orthochromatic print (ortho) ▪ Film
   orthochromatique
orthopanchromatic print ▪ Film
   orthopanchromatique (VX)
Oscar ▪ Oscar
outline ▪ argument
out of focus ▪ Flou
out of frame condition ▪ Décadrage.
   ◊ SYN. *misframe*
out of frame image ▪ Décadrage
out-of-sync ▪ Désynchronisation
outside-broadcasting van ▪ Car de
   reportage, cinébus
out-take ▪ Prise refusée
overdevelop V. ▪ Pousser
overdevelopment ▪ Surdéveloppement
overexposure ▪ Surexposition.
   ◊ SYN. *burning up* (FAM.)
overhead projector ▪ Rétroprojecteur
overlap ▪ Chevauchement
overload ▪ Surcharge

overspending ▪ *(overspend on budget)* ▪ Dépassement
overspend on budget ▷ *overspending*
over-the-shoulder shot ▪ Amorce
oxidation ▪ Oxydation
ozoner ARG. ▪ Ciné-parc (ou cinéparc) (QUÉB.), drive-in (ANGLIC.). ▷ *drive-in*

package ▪ Package
p(a)edophile movie ▪ Film pédophile. ◊ SYN. *chicken porn film* (ARG.)
painting ▪ Gouachage
palace ▪ Palace (ANGLIC.)
pan ▪ Forme abrégée de *pan shot*
pan v. ▪ Panoramiquer
panchromatic print ▪ Film panchromatique
panoramic screen ▪ Écran panoramique
pan shot (pan) ▪ Panoramique horizontal
paper to paper ▪ Fil à fil
paradigm ▪ Paradigme
parallax ▪ Parallaxe
parallax correction ▪ Correction de parallaxe
parallel É.-U. ▪ Praticable. ▷ *rostrum*
parallel cutting ▪ Montage parallèle. ◊ SYN. *parallel editing*
parallel editing ▷ *parallel cutting*
parody ▪ Parodie
part RARE ▪ Emploi (interprétation)
partners PLUR. ▪ Partenaires
passband ▪ Bande passante. ▷ *bandwidth*
pastedboard ▪ Carton-pâte (VX)
pattern ▪ Motif
pause ▪ Pause. ▷ *stop action*
paying off ▪ Amortissement
pay-per-view ▪ Paiement à la séance
pay tv ▪ Télévision à péage
PC ▪ Abréviation de *personal computer*

PDP ▪ Abréviation de *plasma display panel*
pearl screen ▪ Écran perlé
peplos ▪ Péplum
perception ▪ Perception
perforated screen ▪ Écran perforé
perforating machine ▪ Machine à perforer
perforation pitch ▪ Pas des perforations
perform v. ▪ Interpréter, jouer. ◊ SYN. *act*, *play*
performance ▪ [1] Interprétation, prestation. [2] Présentation, représentation
performer ▪ Comédien, interprète
perforation ▪ Perforation. ◊ SYN. *sprocket hole*
period ▪ Période
period film ▪ Film d'époque
periodical ▪ Périodique
periodic effects PLUR. ▪ Phénomènes périodiques
periscope ▪ Périscope
persistence of vision ▪ Persistance rétinienne
personal computer ▪ Ordinateur personnel. Abréviation : *PC*
perspective ▪ Perspective
phase ▪ Phase
phenomenology ▪ Phénoménologie
phi effect (phi phenomenon) ▪ Effet « phi »
phi phenomenon ▷ *phi effect*
phonograph ▪ Phonographe
photocell ▪ Forme abrégée de *photoelectric cell*
photoelectric cell ▪ Cellule photoélectrique
photo-electric meter ▪ Photomètre. ◊ SYN. *photometer*
photoflood ▪ Photoflood (ANGLIC.)

photogenic ADJ. ■ Photogénique. ▷ entrée **photogénie**

photography ■ Photographie

photokinesis ■ Photokinésie

photometer ▷ *photo-electric meter*

photometry ■ Photométrie

photonic crystal cable ■ Câble à cristaux photoniques

photoplay ■ [1] Film. ▷ entrée dans le dictionnaire. [2] Scénario. ◊ SYN. *script, screenplay*

photosensitivity ■ Photosensibilité

physical reading ■ Lecture mécanique

pic actor FAM. ■ Acteur (de cinéma). ▷ *actor*

pic biz FAM. ■ Industrie du cinéma. ▷ *film industry*

pic factory FAM. ■ Studio. ▷ *studio complex*

pic spot FAM. ■ Salle de cinéma. ◊ SYN. *picture house* (FAM.). ▷ *movie house*

picture ▷ *image.* [2] film

picture bank ▷ *image bank*

picturedom FAM. ■ Monde du cinéma. ▷ *filmdom*

picture frame ▷ *frame* [2]

picture house FAM. ■ Salle de cinéma. ◊ SYN. *pic spot* FAM. ▷ *movie house*

picture negative ■ Négatif image

picture positive ■ Positif image

pigment ■ Pigment

pilot frequency ▷ *control frequency*

pilot movie ■ Film pilote

pilotone ■ Piloton

pilot program ■ Émission pilote

pilot tone ■ Signal pilote

pin ▷ *claw*

pinhole ■ Sténopé

pink cinema ■ Cinéma rose. ▷ *pink eiga*

pink version ■ Version rose

pin screen ■ Écran d'épingles

pin up girl ■ Pin up

piracy ■ Piratage. ◊ SYN. *hacking*

pix FAM. ■ Cinéma

pixel ■ Pixel (ANGLIC.)

pixilation ■ Pixilation

plane glass ■ Glace optique

plasma display panel ■ Écran à plasma. Abréviation : *PDP*

plasterer ■ Staffeur

plastic coating ■ Plastification

plates PLUR. ■ Plateaux

plausible ADJ. ■ Vraisemblable

play ▷ *acting*

play V. ▷ *act.* ◊ SYN. *perform*

playback ■ [1] Lecture. ◊ SYN. *reading.* [2] Play-back (ARG.), présonorisation. ▷ *pre-scoring*

plot ■ Intrigue

plugging ■ Branchement

poetic cinema ■ Cinéma poétique

poetic realism ■ Réalisme poétique

point of view ■ Point de vue

point of view shot ■ Plan subjectif

polarization ■ Polarisation

pola-screen ■ Filtre polarisant

Policy of authors ■ Politique des auteurs

polish V. ■ Polir (un scénario)

polishing ▷ *descratching*

polish out V. ■ Dérayer, polir

political drama ■ Drame politique. ▷ entrée **cinéma politique**

polyester ■ Polyester

popcorn ■ Pop-corn

porn film ■ Forme abrégée de *pornographic film*

pornography ■ Pornographie

pornographic film (porn film) ■ Film pornographique. ◊ SYN. *adult film, blue movie*

positive ■ Film positif, image positive

positive cutter ■ Monteur positif

positive cutting ■ Montage positif

positive film ■ Film positif

positive perforation ▪ Perforation Kodak, perforation KS

poster ▪ Affiche. ◊ SYN. *Bill*

poster designer ▪ Affichiste

postflashing ▪ Postflashage

postproduction ▪ Postproduction

postrecording ▪ Postsonorisation

postsync ▪ Forme abrégée de *postsynchronisation.* Postsynchro

postsynchronisation (postync) ▪ Postsynchronisation

POV ▪ Abréviation de *point of view*

power adaptor ▪ Alimentation secteur, bloc d'alimentation

power supply ▪ Alimentation. ◊ SYN. *power unit*

power unit ▷ *power supply*

preamplifier ▪ Préamplificateur

predub ▪ Prémixage. ◊ SYN. *premix*

preflashing ▪ Préflashage

premix ▷ *predub*

preproduction ▪ Préproduction

prequel ▪ Antépisode

pre-recorded ▪ En différé. ◊ SYN. *recorded*

pre-sale ▷ *advance sale*

pre-scoring ▷ *playback*

presence ▪ Présence

presentation ▪ Présentation

press agent ▪ Attaché de presse. ◊ SYN. *publicist*

press book ▪ Press-book (ANGLIC.). ▷ entrée *press-book*

press kit ▪ Cahier de presse, press-book (ANGLIC.)

pressure plate ▪ Cadre presseur, presse-film, presseur

pre-timing ▪ Préminutage

preview ▪ [1] Bande annonce, film annonce. ◊ SYN. *trailer.* [2] Avant-première. [3] ▷ entrée dans le dictionnaire

primary colors PLUR. ▪ Couleurs primaires

primary sources PLUR. ▪ Sources primaires (lumière)

prime lens ▪ Objectif primaire

print Copie ▷ *film print*

printer ▪ Tireuse

printing ▪ Tirage

print-light ▪ Lumière (d'une tireuse)

print-through ▪ Effet d'écho

prism ▪ Prisme

prison film ▪ Film de prison

private-eye ▪ Privé

private-eye film ▷ *detective film*

private screening ▪ Projection privée

prize ▪ Prix

prize-winning ▪ Primé (ADJ.)

processing ▪ Traitement du film. ▷ *developing*

producer ▪ Producteur

production ▪ [1] Réalisation, mise en scène. ▷ *achievement, film-making.* [2] Production

production accountant ▪ Administrateur. ◊ SYN. *production auditor*

production auditor ▷ entrée **production assistant**

production department ▪ Régie, service de production

production designer ▷ *art director*

production management ▪ Régie

production manager ▪ Régisseur. ▷ *line producer.* ◊ SYN. *unit production manager*

production report ▪ Rapport de production

production schedule ▪ Plan de travail

production secretary ▪ Secrétaire de production

production unit ▪ Équipe de production, équipe principale

production year ■ Date de production,
année de production
professional ■ Professionnel (subst.)
professional workstation ■ Ordinateur
professionnel. fam. ■ ordinateur de
plancher
program (1) ■ Programme. ▷ *schedule*
program (2) é.-u. v. ■ Programmer (appareil sonore). ◊ syn. *programme* (g.-b.)
programme g.-b. v. ▷ *program*
programmer ■ [1] ▷ *booker*. [2] ▷ entrée
dans le dictionnaire
programming ▷ *booking*
progressive titles ■ plur. Titres
progressifs
projection ■ Projection
projection angle ■ Angle de projection
projection aperture ■ Fenêtre de
projection. ◊ syn. *projection gate*
projection axis ■ Axe de projection
projection booth ■ Cabine de projection
projection gate ▷ *projection aperture*
projectionist ■ Projectionniste
projection leader ■ Amorce. ◊ syn. *spacer*
projector ■ Appareil de projection,
projecteur
projector head ■ Bloc optique
promotion ■ Lancement (d'un film).
▷ entrée **promotion**
prompter ■ Souffleur
prompter system ■ Télésouffleur
prop ■ Forme abrégée de *property*
propaganda film ■ Film de propagande
property (prop) ■ Accessoire
property man (prop man) ■ Accessoiriste
prop man ■ Forme abrégée de *property
man*
prop room ■ Entrepôt d'accessoires
protagonist ■ Protagoniste
protective coating ■ Traitement
multicouche
psychodrama ■ Psychodrame

psychotronic film ■ Film psychotronique
publicist ▷ *press agent*
publicity department ■ Département de
publicité (anglic.). ▷ entrée **publicité**
public service channel ■ Chaîne
publique
pull-down claw ■ Griffe d'entraînement
pulse lamp ■ Lampe pulsée
punch ■ Encocheuse, poinçonneuse
puppet ■ Marionnette
puppet animation ■ Animation de
marionnettes
puppet film ■ Film de marionnettes
pure cinema ■ Cinéma pur
purveyor ■ Fournisseur
push-button release ■ Bouton-pressoir
de mise en marche
push off ■ Chassé, effet de chassé.
◊ syn. *pushover*
pushover ▷ *push off*
pyrotechnics plur. ■ Pyrotechnie

quarter-inch tape ■ Bande quart de
pouce
quartz ■ Quartz. ▷ *crystal sync*
quartz lamp ■ Lampe à quartz
Quebecois Direct Cinema ■ Cinéma
direct québécois
queer cinema ■ Cinéma homosexuel
queue g.-b. ■ Queue. ◊ syn. *line*
quickies arg. plur. ▷ entrée dans le
dictionnaire
quota ■ Quota

rack-over camera ■ Caméra à
crémaillère
rack-over system ■ Système à
crémaillère
radiosity ■ Radiosité
rain effect ■ Effet de pluie
random access editing ▷ *nonlinear
editing*

rangefinder ■ Télémètre. ◊ SYN. *telemeter*
raster image ■ Image matricielle
ratings PLUR. ■ Audience
ray-tracing ■ Lancé de rayons (RARE),
  tracé de rayons
reading ■ Lecture. ◊ SYN. *playback*
« *ready for shooting* » ■ « Prêt à tourner »
real image ■ Image réelle
realism ■ Réalisme
reality effect ■ Effet de réalité
rear projection ▷ *back projection*
reciprocity failure ■ Écart de réciprocité
recorded ▷ *pre-recorded*
recording ■ Enregistrement. ▷ *sound
  recording*
recording studio ▷ *auditorium*
record library ■ Discothèque,
  musicothèque
red SUBST. ■ Rouge
reduction print ■ Copie de réduction,
  copie réduite, film réduit
reduction printing ■ Réduction
reflected light ■ Lumière réfléchie
reflection law ■ Loi de réflexion
reflective display ■ Écran réflectif
reflector ■ Diffuseur, réflecteur
  (projection)
reflector board ■ Diffuseur (éclairage),
  panneau diffuseur, réflecteur, panneau
  réflecteur
refraction index ■ Indice de réfraction
refraction law ■ Loi de réfraction
reframing ■ Recadrage
register v. ■ Registrer (ANGLIC.)
registration of copyright ■ Dépôt légal
registration pin ■ Contre-griffe
rehearsal ■ Répétition
release ■ [1] Diffusion, distribution.
  [2] Sortie (d'un film)
release date ■ Date de sortie
release print ■ Copie d'exploitation,
  copie de série, copie standard

releaser ▷ *distributor*
release title ■ Titre de sortie
releasing organization ■ Distributeur,
  maison de distribution
religious film ■ Film religieux
remanence ■ Rémanence
remote control ■ Télécommande
rendering ■ Rendu
repolishing ■ Repolissage
report ■ Rapport
reporter ■ Reporter, reporter
  caméraman. ◊ SYN. *reporter cameraman*
reporter cameraman ▷ *reporter*
reporting ▷ *coverage*
repertory film ■ Film de répertoire
repertory theater ■ Cinéma de
  répertoire
report sheet ■ Conduite de montage
representation ■ [1] Figuration. [
  2] représentation
reproduction ■ Reproduction
re-recording ■ Réenregistrement
re-recording mixer ▷ *dubbing mixer*
rerelease ■ Reprise. ◊ SYN. *rerun*
rerun ▷ *rerelease*
researcher ■ Recherchiste
resolution ▷ *definition*
resolution chart ■ Mire de définition
resolution power ■ Pouvoir de
  résolution, pouvoir résolvant
resolving power ■ Pouvoir de séparation,
  pouvoir séparateur,
resonance ■ Résonance
retake ■ [1] Reprise (tournage).
  [2] Nouvelle prise, plan refait, reprise.
  ▷ entrée **retake**
reticle ■ Réticule
retrofocus lens ■ Rétrofocus
retrospective ■ Rétrospective
revealed image ■ Image révélée
reverberation ■ Réverbération
reversable film ■ Film inversible

reverse action ▪ Inversion

reverse angle ▪ Contrechamp

rewinding ▪ Réenroulement, rembobinage, rembobinement

RGB ▪ RVB

rhetoric of the image ▪ Rhétorique de l'image

ribbon RARE ▪ Ruban

« *rich and famous* » ▷ entrée dans le dictionnaire

Rin-Tin-Tin ▪ Rin Tin Tin

road movie ▪ Road movie (ANGLIC.), film d'errance (RARE)

rock documentary ▪ Documentaire rock

role RARE ▪ Emploi

roll ▪ Galette

roller ▪ Galet

roller titles PLUR. ▪ Déroulant, titres roulants. ◊ SYN. *rolling titles*

rolling titles PLUR. ▷ *roller titles*

romance ▪ Film d'amour

rostrum G.-B. ▪ Praticable. ▷ *parallel*

rotoscope ▪ Rotoscope

rough cut ▪ Bout à bout

royalties PLUR. ▪ Droits, redevances

rubbishy ▪ Navet

run ▪ Défilement. ▷ *scrolling*

runaway production ▪ Production délocalisée

running gag ▪ Gag à répétition

running time ▪ Durée

run through ▪ Filage

rythm ▪ Rythme

safe film ▪ Forme abrégée de *safety film*

safety base (safe film) ▪ Support de sécurité

safety film ▪ Copie de sécurité

salad ARG. ▪ Bourrage

sample ▪ Échantillon

sampler ▪ Échantillonneur

sampling ▪ Échantillonnage

satellite ▪ Satellite

satellite dish ▪ Antenne parabolique (TV)

satellite television ▪ Television par satellite

saturation ▪ Saturation

saturday night movie ▪ Cinéma du samedi soir

scanner ▪ Scanner (ANGLIC.), scanneur

scanning ▪ Numérisation, scannage

scanning print ▪ Copie numérisée

scene ▪ Scène

scene dock ▪ Entrepôt de décors

scenography ▪ Scénographie

schedule ▪ Programme

schedule v. ▪ Ordonnancer, programmer

Schüfftan process ▪ Procédé Schüfftan

science-fiction film (sci-fi film) ▪ Film de science-fiction

science film ▪ Film scientifique

sci-fi film ▪ Forme abrégée de *science-fiction film*

scissors ▪ Ciseaux

Scientific Film Institut ▪ Institut du film scientifique

scoop ▪ Bol

Scope ▪ Forme abrégée de *CinemaScope*. Scope

score ▪ Composition

Scotchlite process ▪ Procédé Scotchlite

scrambling ▪ Cryptage, embrouillage

scratches PLUR. ▪ Rayures

scratch-video ▪ Scratch vidéo (ANGLIC.)

screen ▪ Écran. ◊ SYN. *display screen*. ▷ *monitor*

screen v. ▪ Visionner (critique). ▷ *view prints*

screening ▪ Séance de cinéma

screening room ▪ Salle de projection

screen mask ▪ Cache

screenplay ▪ Scénario. ◊ SYN. *script,*
photoplay (VX)

screen test ▪ Audition, bout d'essai.
◊ SYN. *livestock show* (ARG.)

screenwriter ▪ Scénariste

screwball comedy ▪ Comédie fantaisiste,
comédie loufoque

scrim ▪ Écran réflecteur

script ▪ [1] Découpage, script (ANGLIC.).
◊ SYN. *shooting script.* [2] ▷ *screenplay*

script doctor ▪ Consultant en scénario

script girl ▷ *continuity clerk*

scriptwriter ▷ *screenwriter*

scrolling ▪ Défilement (en audiovisuel)

scrubbing ▪ Décapage

S distortion ▪ Distorsion en S

seat ▪ Fauteuil

secondary sources PLUR. ▪ Sources
secondaires (lumière)

second banana ARG. ▪ Rôle secondaire.
▷ *supporting role*

second fiddle FAM. ▪ Second violon

second generation copy ▪ Copie de
seconde génération

second unit ▪ Deuxième équipe

selected take ▪ Sélection de la prise

selection ▪ Sélection

selection committee ▪ Comité de
sélection

selenium ▪ Sélénium

self-blimped ▪ Autoblimpé

semiology of the cinema ▪ Sémiologie du
cinéma

semiotics ▪ Sémiotique

semiotics of the cinema ▪ Sémiotique du
cinéma

sensitive layer ▪ Couche sensible

sensitivity ▪ Sensibilité

sensitogram ▪ Sensitogramme

sensitometer ▪ Sensitomètre

sensitometric strip ▪ Coin
sensitométrique. ◊ SYN. *step wedge*
(RARE)

sensitometry ▪ Sensitométrie

sensor ▪ [1] Palpeur. [2] Capteur

separating printing ▪ Sélection

separation master ▪ Tirage par
extraction

sequel ▪ Film de série, suite

sequence ▪ [1] Épisode. [2] Séquence

sequence shot ▪ Plan-séquence

serial ▪ Feuilleton

serialization ▪ Adaptation en feuilleton
(TV)

serial-killer movie ▪ Film de psycho-
killer

server ▪ Serveur

servo control ▪ Servocommande

set ▪ [1] Décor. [2] Plateau de cinéma,
studio

set decorator ▪ Ensemblier

setting-up ▪ Plantation du décor

sex appeal ▪ Sex-appeal (ANGLIC.)

shadow ▪ Ombre

share ▪ Participation

sharp ▷ *in focus*

sharpness ▪ acuité, piqué

shedding ▷ *deposit*

sheet ▪ Feuille

shoot V. ▪ Tourner

shooting ▷ *filming*

shooting ratio ▪ Rapport de métrage

shooting script ▷ *script* [1]

shooting script ▪ Découpage technique

short ▪ Forme abrégée de *short film*

short film (short) ▪ Court métrage.
◊ SYN. *short subject*

short focal-lenght lens ▪ Courte focale

shortie ARG. ▪ Court métrage

short subject ▷ *short film*

shot ▪ Plan, prise de vues. ◊ SYN. *cut, take*

shotgun microphone ■ Micro canon
shot number ■ Numéro de plan
shot-reverse shot ■ Champ-contrechamp
show ■ Spectacle
show business ■ Industrie du spectacle
showing ■ Passage
shrinkage ■ Retrait
shunt v. ■ Fondre
shunter ■ Shunter (ANGLIC.)
shutter ■ Obturateur
shutter blade ■ Lame d'obturateur, pale
d'obturateur
shutter blackout ■ Obturation
shutter frequency ■ Fréquence
d'obturation
shutter opening ■ Ouverture de
l'obturateur
shutter speed ■ Vitesse d'obturation
sidekick ■ Faire-valoir
side light ▷ *cross light*
sign ■ Signe
silent film ■ Film muet, cinéma muet
silent track ■ Silence modulé, silence
plateau, silence technique
silhouette animation ■ Animation de
silhouettes
silhouette lighting ■ Silhouettage
silicon ■ Silicium
silver bromide ■ Bromure d'argent
silver iodide ■ Iodure d'argent
simulation ■ Simulation
simulation game ■ Jeu de simulation
singing voice ■ Doublure-chant
single chamber magazine ■ Magasin à un
seul boîtier
single 8 ■ Simple 8
single system ■ Single-system (ANGLIC.)
sinusoidal law ■ Loi sinusoïdale
Sing-Sing ARG. É.-U. ▷ entrée dans le
dictionnaire
16 mm ■ 16 mm
size ■ Largeur, format

skinflick ARG. ▷ *nudie*
slacker ARG. ▷ entrée *slasher*
slapstick ■ Coup de bâton. ▷ entrée dans
le dictionnaire
slapstick comedy ■ Comédie « tarte à la
crème ». ▷ *slapstick*
slasher ARG. ▷ entrée dans le dictionnaire
slate ■ Ardoise, pancarte
slave ■ Asservissement
slice-and-dice film ARG. ■ Film gore.
◊ SYN. *splatter film, stalk-and-slash film*
slow film ■ Film lent
slow motion ■ Ralenti
small part in action ■ Second plan
sneak preview ■ Avant-première
fugitive
snoot ■ Abréviation de *snoot cone*
snoot cone (snoot) ■ Nez
snuff movie ▷ entrée dans le dictionnaire
social consciousness film ■ Film social
*Society for Eccentric Actors (FEX
Group)* ■ Fabrique de l'acteur
excentrique (FEKZ)
soft ADJ. ■ Doux
softcore ▷ entrée dans le dictionnaire
softcore film ■ Film érotique. ◊ SYN. *soft
porn film*
soft focus ■ [1] Diffusion, foyer doux.
[2] Flou
soft light ■ Lumière douce
soft porn film ▷ *sotfcore film*
software ■ Software, logiciel
song ■ Chanson
sound ■ Son
sound advance ■ Décalage
sound break ■ Trou sonore
sound distortion ■ Distorsion sonore
sound editor ■ Monteur sonore
sound effect ■ Bruit
sound effects PLUR. ■ Effets sonores
sound effects machine ■ Machine à
bruits (RARE)

sound effects man ▷ *Foley artist, gafoon*
sound effects production ■ Bruitage
sound gate ▷ *optical slite*
sound log ■ Rapport son
sound library ■ Sonothèque
soundman ■ Chef opérateur du son.
◊ SYN. *knob-twister* (ARG.), *sound supervisor*
sound motion-picture ■ Cinéma parlant, film parlant
sound negative ■ Négatif son
sound-on-disc ▷ entrée **platine**
sound positive ■ Positif son
soundproofing ■ Insonorisation
sound reader ■ Lecteur sonore
sound recording ■ [1] Enregistrement sonore, prise de son. [2] Report optique, transfert optique
sound recordist ▷ *audio operator*.
◊ SYN. *dial twister* (ARG.)
sound scanning slit ▷ *optical slit*
sound spectrum ■ Spectre sonore
sound supervisor ▷ *soundman*. ◊ SYN. *knob-twister* (ARG.)
sound take ■ Prise de son directe (en tournage)
sound test ■ Essais sons (PLUR.)
sound trace ■ Trace sonore
sound track ■ Bande son, piste sonore
sound truck ■ Camion son
sound volume ■ Intensité sonore
space ■ Espace
space light ■ Chaussette
space opera ■ Opéra de l'espace
spacer ■ Amorce
sparks ARG. ■ Électricien. ▷ *electrician*
speaker ▷ *loudspeaker*
special effects PLUR. ■ Effets spéciaux
special effects generator ■ Pupitre de trucages
special effects technician ■ Truqueur, truquiste

special features ■ Bonus, suppléments
spectacles PLUR. ■ Lunettes (cinéma 3D)
spectrum ■ Spectre
speed ■ Vitesse
speed controller ■ Régulateur de vitesse
speed variator ■ Variateur de vitesse
spherical lens ■ Lentille sphérique
splatter film ARG. ■ Film gore. ◊ SYN. *gore film*
splice ■ Collure
splicer ■ Colleuse
splicing ■ Collage
splicing block ▷ *editing block*
split screen ■ Double image
splitter ■ Prisme diviseur
sponsor ■ Commanditaire
spool ■ Bobine
spot ■ [1] Projecteur. [2] Spot (ANGLIC.)
spotlight ■ Spot
spotmeter ■ Spotmètre
spreader ■ Base de pied
sprocket ■ [1] Débiteur. [2] Tambour denté
sprocket hole ▷ *perforation*
sprocket noise ■ Bruit de cadre, bruit de perforation
sprocket wheel ■ Galet denté
spy film ■ Film d'espionnage
stability ■ Fixité, stabilité
staff ■ Staff (décor)
stage ■ Plateau de cinéma, studio.
◊ SYN. *set*
stage manager ▷ *floor manager*
stage settings painter ■ Peintre de plateau
stage weight ■ Gueuze
stag film ARG. ■ ▷ *nudie*
Stalk-and-slice film ■ Film gore.
◊ SYN. *slice-and-dice film*, *splatter film*
stand alone disponibility ■ Autonomie
standard film ■ Film standard
standards PLUR. ■ Standard

stand-by ■ En attente

stand-in ■ Doublure. ◊ SYN. *understudy*

stand-in v. ■ Doubler

star ■ Étoile, star, vedette

starlet ■ Starlette

start mark ■ Marque de départ, repère de départ

static mark ■ Effluve

station ■ Station (radio, TV)

steadiness chart ■ Mire de fixité

stencil-tinting process ■ Coloriage au pochoir

step printer ■ Tireuse alternative, tireuse intermittente

step wedge RARE ■ Coin sensitométrique. ◊ SYN. *sensitometric strip*

stereo ■ Forme abrégée de *stereophony*. Stéréo

Stereokino ■ Stéréokino

stereophonic sound ■ Son stéréophonique

stereophony (stereo) ■ Stéréophonie

stereoscope ■ Stéréoscope

stereoscopy ■ Stéréoscopie

still man ■ Photographe de plateau

still photography ■ Photographie de plateau

still shot ■ Plan fixe

stock footage ▷ *library shot*

stock shot ▷ *library shot, stock footage*

stop ▷ *off*

stop action ▷ *pause*

stop frame ▷ *freeze frame*

stop motion ▷ entrée dans le dictionnaire

stopwatch ■ Chronomètre

storage ■ Stockage

story ■ Histoire, récit

storyboard ■ Scénarimage, story-board (ANGLIC.)

story in cinema ■ Récit cinématographique

straight cut ■ Coupe franche

stray light ■ Lumière parasite

streaming ■ Streaming (ANGLIC.), lecture en continu, lecture en transit

stretch printing ■ Impression extensible

street film ■ Film de rue

strike a shot ■ (ARG.) ■ Casser un plan

stripping ■ Diffusion en rafale

strobe effect ■ Phénomène de stroboscopie

Stroboscope ■ Stroboscope (appareil de projection)

stroboscope ■ Stroboscope (pièce de caméra)

stroboscopy ■ Stroboscopie

stucco ■ Stuc

studio ■ Studio

studio complex ■ Studio

studio film ■ Film de studio. ▷ *pic factory*

studio lighting ■ Éclairage de studio

studio manager ■ Régisseur de plateau (télévision)

stunt ■ Cascades (PLUR.)

stuntman MASC. ■ Cascadeur

stuntwoman FÉM. ■ Cascadeuse

style ■ Style

subbing layer ■ Substratum. ◊ SYN. *substratum*

substratum ▷ *subbing layer*

subjective camera ■ Caméra subjective

subjective shot ■ Plan subjectif

subsidiary company ■ Filiale

substandard film ■ Film substandard

substitution ■ Substitution

subtitle ■ Sous-titre

subtitle cue sheet ■ Feuille de sous-titres

subtitle negative ■ Négatif sous-titre

subtitler ■ Titreur VX

subtitling ■ Sous-titrage

substandard film ■ Film substandard

subtractive color system ▪ Synthèse soustractive

subtractive printer ▪ Tireuse soustractive

subtractive process ▪ Procédé soustractif

Sundance Film Festival ▪ Festival du film de Sundance

sunlight ▪ Lumière du soleil

sunspot ▪ Sunlight (ANGLIC.)

super 8 ▪ Super-8

superpanchromatic film ▪ Film superpanchromatique

supersensitive film ▪ Film ultrarapide. ◊ SYN. *ultra-high-speed film*

super star ▪ Monstre sacré, superstar

supervisor ▪ Superviseur

support ▪ Support

supporting role ▪ Rôle secondaire, second rôle

supers ▪ Abréviation de *superimposed titles*

superimposed titles (supers) PLUR. ▪ Titres en surimpression

surf v. ▪ *Surfer*

surimposition ▷ *double exposure*

suspense ▪ Suspense. ▷ *mystery film*

Swedish Film Institute ▪ Institut suédois du film

sweep ▪ Balayage

swish pan ▪ Fouettage

symbol ▪ Symbole

sync ▪ Abréviation de *synchronization*

sync beep ▪ Mille

sync pulse ▪ Top de synchronisation

synchroniser ▪ Synchroniseuse

synchronism ▪ Synchronisme

synchronization (sync) ▪ Synchronisation

synchronous sound ▪ Son synchrone

sync mark ▪ Repère (tirage, projection)

syndicate ▪ Syndicat de distribution

syndication ▪ Distribution sous licence

synopsis ▪ Synopsis

syntax ▪ Syntaxe

tachometer ▪ Tachymètre

tail ▪ Queue. ▷ *tails*

tail leader ▪ Élément

tail on ▪ Tête-à-queue

tails ▪ Chutes, queues

take ▪ Prise, prise de vues

take-off plate ▷ *feed plate*

take-off spool ▷ *feed spool*

take-up ▪ Récepteur

take-up plate ▪ Plateau débiteur

take-up spool ▪ Bobine réceptrice

take-up sprocket ▪ Pignon récepteur

talent scout ARG. ▪ Chasseur de talent

talkies ▪ Parlant (le)

talking picture ▪ Film parlant VX

tape recorder ▪ Magnétophone

tape-to-film transfer ▷ *kinescope*

tax shelter ▪ Abri fiscal

tear ▪ Déchirure

tearjerker ARG. ▪ Mélodrame. ◊ SYN. *weepie*

teaser ▪ Accroche

tea-wagon ARG. ▪ Console de mixage. ▷ *mixing console*

technical adviser ▪ Conseiller technique

technician ▪ Technicien

teens-slasher ARG. ▷ entrée *slasher*

telecine ▪ Télécinéma

telecommunications PLUR. ▪ Télécommunications

telefilm ▪ Téléfilm. ◊ SYN. *telepix* (FAM.)

telegenic ADJ. ▪ Télégénique

telemeter ▷ *rangefinder*

telephoto lens ▪ Téléobjectif

telepix FAM. ▪ Téléfilm. ▷ *telefilm*

teleputer ▪ Téléordinateur

teletext ▪ Télétexte

television ▪ [1] Télévision. [2] Téléviseur (FAM.)

television camera ▪ Caméra électronique, caméra de télévision
television channel ▪ Chaîne de télévision. ◊ SYN. *television station*
television fan ▪ Téléphile
television network ▪ Réseau de télévision
television print ▪ Copie antenne
television projector ▪ Téléprojecteur
television series ▪ Série télévisée
television serial ▪ Feuilleton télévisé. ◊ SYN. *chapter play* (ARG. É.-U.)
television station ▷ *television channel*
Ten Minutes Take ▪ Prise de 10 minutes
tension roller ▪ Tendeur
test ▪ Essai, bout d'essai. ▷ *testing bench, test strip*
test film ▪ Film d'essai
testing bench ▪ Banc d'essai
test strip ▪ Essai
text ▪ Texte
texture ▪ Texture
theater É.-U. ▪ Abréviation de *movie theatre*
theatrical circuit ▪ Circuit de salles
theatrical film ▷ *feature film*
test chart ▪ Mire
theme ▪ Thème
thesis film ▪ Film à thèse
Third World cinema ▪ Cinéma du Tiers Monde
30-degree rule ▪ Loi des 30 degrés
threading ▪ Amorçage
three-color process ▪ Trichromie
3-D ▪ Cinéma en relief, 3D
thriller ▪ Thriller
throw ▪ Distance de projection
thump ▪ Effet de battement, effet vibratoire
Tiger Award ▪ Tigre
tilt ▪ Forme abrégée de *tilt shot*
tilt v. ▪ Basculer

tilt shot (tilt) ▪ Basculement, panoramique vertical
time ▪ Temps
time code ▪ Marquage temporel
time-image ▪ Image-temps
timing É.-U. ▪ [1] Étalonnage. ◊ SYN. *grading* (G.-B.). [2] Minutage
timing print É.-U. ▪ Copie d'étalonnage, copie « Ô ». ▷ *grading print*
timing track ▪ Bande rythmographique, bande rythmo
tinseltown ARG. ▪ Hollywood. ◊ SYN. *film capital, Hi-wood* (ARG.), *movie village* (FAM.)
tint ▪ Teinte
tinting ▪ Teintage, teinture
title ▪ Titre
title background ▪ Fond neutre
title negative ▪ Négatif titre
titler ▪ Titreuse
title role ▪ Rôle-titre
titling ▪ Titrage
to-camera glance ▪ Regard-caméra
toning ▪ Virage
track ▪ [1] Piste sonore. [2] Rails (PLUR.)
track back ▪ Travelling arrière. ◊ SYN. *track out*
track in ▪ Travelling avant
track out ▷ *track back*
track shot ▷ *dolly shot*
trailer ▷ *preview* [1]
trainee ▪ Stagiaire
transfer ▪ [1] Kinescope (film). [2] Repiquage
« transfer for the screen » v. ▪ « Porter à l'écran »
transition ▪ Transition
transitional effects PLUR. ▪ Effet de liaison
transmissive display ▪ Écran transmissif
transreflective display ▪ Écran transréflectif

trash movie ▪ Film-poubelle
travelling matte ▪ Cache mobile
treatment ▪ Développement.
  ▷ *adaptation, continuity*
tree ▪ Arborescence
tribute ▪ Hommage
tri-film projector ▪ Projecteur triformat
trigger ▪ Déclencheur
trim bin ▪ Chutier
tripack ▪ Tripack
tripod ▪ Trépied
tripod leg ▪ Branche de trépied
tripod socket ▪ Articulation (de trépied)
trucking shot ▪ Travelling latéral
t-stop ▪ T-stop
tuner ▪ Syntoniseur
tungsten ▪ Tungstène
turkey ARG. ▪ Navet
tutorial ▪ Tutoriel
tweeter ▷ entrée dans le dictionnaire
$20 Million Club ▪ Club des
  20 millions $
two-color process ▪ Bichromie
2D-image ▪ Image 2D
two-shot ▪ Plan américain (de deux
  personnages). ▷ *american shot,*
  medium close shot
tycoon ▪ Magnat. ◊ SYN. *magnate.*
  ▷ *mogol*
typage ▪ Typage

ultra-high-speed film ▷ *supersensitive*
  film
ultra-high-speed photography ▪ Ultracin
  éma
ultrasound ▪ Ultrason
ultraviolet ▪ Ultraviolet
ultraviolet filter ▪ Filtre ultraviolet
ultraviolet travelling matte ▪ Cache
  mobile ultraviolette
underexposure ▪ Sous-exposition

underground film ▪ Cinéma
  underground
understudy ▷ *stand-in*
unit producer manager ▪ Régisseur.
  ◊ SYN. *production manager*
universal camera filter ▪ Filtre
  universel
unloading ▪ Déchargement
unsqueeze v. ▪ Désanamorphoser
unwinder ▪ Dérouleur
upper loop ▪ Boucle supérieure
upside down shot ▪ Inversion
ushrette ▪ Ouvreuse (FÉM.)

vamp ▪ Vamp
variety show ▪ Théâtre de variétés,
  spectacle de variétés
v-cinema ▪ V-cinéma
vector graphics ▪ Dessin vectoriel
vehicle ▪ Véhicule
velocilator ▪ Vélocilateur
Venise Film Festival ▪ Festival du film
  de Venise
version ▪ Version
version with subtitles ▪ Version sous-
  titrée
vertical integration ▪ Intégration
  verticale
vibration ▪ Vibration
video ▪ Forme abrégée de *videography*
video art ▪ Art vidéo
video camera ▪ Caméra vidéo
video clip ▪ Clip, vidéoclip
video club ▪ Club de vidéo, club vidéo,
  vidéoclub
video copy ▪ Vidéo copie
video film ▪ Film vidéo
video game ▪ Jeu video
videogaming ▪ Vidéoludique (ADJ.)
videogram ▪ Vidéogramme
videography (video) ▪ Vidéographie

Video On Demand ■ Vidéo à la demande, vidéo sur demande

video recorder ■ Magnétoscope

video-recording tape ■ Bande vidéo d'enregistrement

video synthesizer ■ Synthétiseur vidéo

videotape ■ Bande vidéo, cassette vidéo, film vidéo

view ■ [1] Vue (vx). [2] Photogramme. [3] ▷ entrée **vue** [3]

view v. ■ Visionner

viewer ■ [1] Téléspectateur. [2] Visionneuse

viewfinder axis ■ Axe de visée

viewing ■ Visionnage, visionnement (QUÉB.)

viewing glass ▷ *contrast glass*

view prints v. ■ Visionner (sur une visionneuse ou sur un écran). ▷ *screen*

vignetting ■ Vignettage

virtual image ■ Image virtuelle

virtual immersion ■ Immersion virtuelle

virtual reality ■ Réalité virtuelle

virtual sound ■ Son virtuel

visual effects ■ Effets visuels

voice-off ■ Voix off

voltaic cell ■ Cellule voltaïque

VU indicator ■ Vu-mètre. ◊ SYN. *Vu meter*

VU meter ▷ *Vu indicator*

W ■ (pour watt)

wardrobe ■ Garde-robe (entrepôt de costumes)

wardrobe master ▷ *costume director*

war film ■ Film de guerre

warning ■ Avertissement

warping ■ Warpage

washed off color (washed out color) Couleur délavée

washed out color ▷ *washed off color*

washing ■ Lavage

watering ■ Moirage

watt ■ Watt

wavelenght ■ Longueur d'onde

waxing ■ Waxage

Webcam ■ Webcaméra, webcam

Web site ■ Site Web

wedge ■ Cale. ■ v. Caler

wedging ■ Calage. ▷ *wedging test*

wedging test ■ Calage

weepie ARG. ■ Mélodrame. ◊ SYN. *tearjerker*

weighting ■ Pondération

western ■ Western (ANGLIC.), film de cow-boys

whip pan ■ Filé. ◊ SYN. *whip shot*

whip shot ▷ *whip pan*

whirly ARG. ■ Grue. ◊ SYN. *cherry picker*

white SUBST. ■ Blanc

whodunit ARG. ■ Polar (FAM.)

wide angle lens ■ Grand angle, grand angulaire

wide film ■ Film large

wide screen ■ Écran large

widescreen ▷ *letterbox*

wig ■ Perruque

wigmaker ■ Perruquier

wildlife film ■ Fim animalier

wild sound ■ Prise de son des ambiances (en tournage)

wind ■ Embobinage

winder ■ Bobineuse

winding ■ Enroulement

window filter ■ Filtre pour vitre, gélatine pour fenêtre

wind screen ■ Bonnette, boule anti-vent

wings PLUR. ■ Coulisses

wipe ■ Cache en rideau

wire ■ Fil

woden v. ■ Élargir

women cinema ■ Cinéma de femmes

women's movies ▷ entrée **mélodrame**
woofer ■ Boomer (ANGLIC.)
work print ■ Copie de travail
working take ■ Prise provisoire
working title ■ Titre de travail, titre
  provisoire
work permit ■ Autorisation de travail,
  permis de travail
world television ■ Mondovision
wraparound screen ■ Écran courbe
wrist-strap ■ Dragonne
write a script v. ■ Scénariser

XCU ▷ *ECU*
xenon ■ Xénon
xenon lamp ■ Lampe à xénon

XLS ▷ *ELS*
X-ray ARG. G.-B. ■ Gros plan

yellow SUBST. ■ Jaune
Young German Cinema ■ Jeune cinéma
  allemand
Young Turks ■ Jeunes turcs

zap v. ■ Zapper, pitonner (QUÉB.)
zoom ■ Zoom
zoom back ■ Travelling optique arrière,
  zoom arrière. ◊ SYN. *zoom out*
zoom in ■ Travelling optique avant,
  zoom avant
zoom shot ■ Zoom (plan)
zoom out ▷ *zoom back*

Ce livre a été imprimé au Québec en août 2007
sur du papier en partie recyclé
sur les presses de l'imprimerie Gauvin